AF399297

Marianne Schuler

Die Zürcher Schule

Und der Kampf um Friedrich Lieblings Vermächtnis

Marianne Schuler, 1951, ist Lehrerin und Heilpädagogin; bis zu
ihrer Pensionierung 2012 arbeitete sie an einer Primarschule im
Kanton Zürich.

Zugunsten einer besseren Lesbarkeit wird die männliche
und weibliche Form nebeneinander verwendet.

Erste Auflage Herbst 2019
Alle Rechte vorbehalten
Copyright © 2019 by Marianne Schuler
Edition 381 | www.edition381.ch

Bildnachweis Umschlag:
© Florian Kopp/imageBROKER/Alamy Stock Foto

Druck und Bindung: Books on Demand GmbH, Norderstedt
Papier: Cremeweiss, 90 g/m²

ISBN: 978-3-907110-06-5

Für meinen Ehemann David, der mich stets
unterstützt und ermutigt hat.

0 | Einleitung

Noch heute spaltet der Name Friedrich Liebling die Gemüter. Die einen beurteilen ihn als bedeutenden psychologischen Lehrer und Therapeuten, andere sehen in ihm einen Volksverführer und Begründer einer Sekte. Jetzt, bald vierzig Jahre nach seinem Tod, zeigt diese Dokumentation Friedrich Lieblings engagiertes Eintreten für die psychologische Bildung eines jeden Menschen; zugleich legt sie dar, wie es zur Zerstörung seines guten Rufs und Zerschlagung seines Lebenswerks kommen konnte.

Weshalb hielt Friedrich Liebling es für wesentlich, dass jeder – unabhängig von seinen finanziellen Möglichkeiten – psychologische Bildung erhielt? Mit welcher Haltung blickte er auf den Menschen und sein Entwicklungspotenzial? Was war das Besondere an Friedrich Lieblings 30-jähriger psychologischer Arbeit (1952–1982) in Zürich?

Menschenbild: Friedrich Liebling und sein Kreis gingen davon aus, dass der Mensch alles lernt: seine Charaktereigenschaften, seine Haltung im Leben, seine Meinung über sich und die Welt. Man sah den Menschen als soziales Wesen, der durch die Erlebnisse seines Werdegangs zu dem wird, der er ist. Durch richtige Informationen über psychologische Zusammenhänge konnte der Ratsuchende seine Überzeugungen über sich und die Mitmenschen hinterfragen, neue Verhaltensweisen ausprobieren und dadurch neue Erfahrungen machen, wodurch sich auch die Gefühle ändern konnten. So war der Ratsuchende kein Patient, sondern Schüler der Psychologie, damit er selber die Ursachen seiner Lebensschwierigkeiten erkennen und verändern konnte.

Gruppentherapie: Friedrich Liebling und Josef Rattner begannen in den 1950er-Jahren mit Gruppentherapie. Die Gruppen reichten von wenigen bis zu mehreren hundert Personen und waren vom Alter, Geschlecht, Beruf, von der Bildung sowie vom sozialen und kulturellen Hintergrund der Teilnehmenden her gemischt. Ratsuchende trugen persönliche Lebensfragen vor, alle Anwesenden wandten sich der Frage zu, versetzten sich in die Lage des Ratsuchenden und versuchten ihm weiterzuhelfen. Auch allgemeine Fragen oder Themen wurden aufgeworfen und bearbeitet. In diesen Gesprächen machte der Einzelne die Erfahrung, dass er mit seinen Lebensschwierigkeiten nicht allein steht, und er lernte den Werdegang anderer und die sich daraus ergebenden Stärken und Schwächen verstehen. Einfühlungsvermögen, Mitgefühl und Solidarität wurden geweckt und geschult, psychologisches Wissen wurde vermittelt. Durch diese Gespräche konnten viele Teilnehmende ihre Schwierigkeiten in Partnerschaft, Erziehung, Beruf und Ausbildung, Umgang mit sich selbst und anderen Menschen mehr und mehr überwinden. Da auch die gegenseitige Hilfe gepflegt wurde, erhielten viele Menschen zudem in ganz praktischen Dingen durch andere Teilnehmer/innen Unterstützung. Viele, die ein Studium an der Universität absolvierten oder abgeschlossen hatten, bildeten sich hier weiter. Menschen, die anderswo fallen gelassen worden und vereinsamt wären, fühlten sich hier aufgehoben und konnten sich entwickeln. Durch die Gruppengespräche erweiterten alle ständig ihr psychologisches Wissen, und die bisherigen psychologischen Resultate wurden in jedem Einzelfall neu überprüft.

Verstehen des eigenen Werdegangs: Als Schüler Alfred Adlers ging Friedrich Liebling, zusammen mit seinen Schüler/innen und Mitarbeiter/innen, von den Erkenntnissen der Individualpsychologie aus, wobei auch die beiden andern Urväter der Tiefenpsychologie Sigmund Freund und Carl Gustav Jung sowie spätere tiefenpsychologische Forschungen einbezogen wurden. Wie viele andere Psychologen betrachteten Friedrich Liebling und sein Kreis den Menschen nicht als durch Vorsehung oder Vererbung determiniert, sondern als durch die bisherigen Erlebnisse, insbesondere die frühe Kindheit, geprägt. Diese sah man aber umfassend: Nicht nur ein bestimmtes traumatisches Ereignis war entscheidend für den Werdegang, sondern die Gesamtheit der Eindrücke; herausragende Erlebnisse wurden eher als Ausdruck der ganzen Stimmung betrachtet. Es war nicht notwendig, jedes Detail der Kindheit zu erforschen, sondern das Verstehen und Nachempfinden der Kindheitssituation wurde als Mittel gesehen, um einen anderen gefühlsmässigen Zugang zu sich selbst und zu den Mitmenschen zu finden. Auf dieser Grundlage konnte es gelingen, sich im aktuellen Leben besser zu fühlen und die Lebensaufgaben besser zu bewältigen.

Einbezug der sozialen Frage: Friedrich Liebling und seine Schüler/innen und Mitarbeiter/innen legten grosses Gewicht auf das sogenannte soziale Problem: Die sozialen und kulturellen Aspekte des Elternhauses, der Schule und der Umgebung, in der das Kind aufwuchs, wurden einbezogen. Die damit zusammenhängenden Gefühle wurden reflektiert und gewichtet, ebenso die Weltanschauung und die sich daraus ergebenden Denkweisen und Emotionen. Die gegenwärtigen gesellschaftlichen Verhältnisse und historischen Zusammenhänge und ihre Wechselwirkung mit dem Individuum flossen oft im Sinn einer Information und Aufklärung in die Gespräche ein; man setzte sich auch mit Lektüre, die die Problematik erhellte, auseinander. So kam in diesen Gesprächen viel Hintergrundwissen der Teilnehmenden zusammen; jeder Einzelne konnte mit seinen Ressourcen zu einem ideellen und kulturellen Mehrwert beitragen.

Ökonomisches Modell: In ökonomischer Hinsicht schufen Friedrich Liebling und sein Kreis ein Modell, das jedem Interessierten, unabhängig von seinen finanziellen Ressourcen, psychologische Hilfe und Bildung ermöglichte. Die Mitarbeitenden leisteten ihre Tätigkeit unentgeltlich; wenn überhaupt, wurden nur geringe Unkostenentschädigungen bezogen. Die meisten hatten eine Teilzeitstelle und arbeiteten in ihrer freien Zeit mit. Die Mitarbeit wurde als eigenes Lernen und Forschen sowie als gegenseitige Hilfe betrachtet. Die Ratsuchenden leisteten ihre Beiträge entsprechend ihren Möglichkeiten. Die Ansätze waren im Vergleich zu anderen psychologischen Beratungen jener Zeit eher tief. Zudem konnten individuelle Vereinbarungen getroffen werden, viele bezahlten wenig oder nichts. Es wurden Rechnungen ausgestellt, sogenannte Honorarnoten, für die aber keine Zahlungspflicht bestand; niemand wurde je gemahnt oder betrieben, und viele erhielten überhaupt keine Rechnung. Teilnehmende, die für Beratung und Ausbildung bezahlten, leisteten diese Beiträge auch für andere, die sonst nicht hätten teilnehmen können.

* |

Mit dem vorliegenden Buch möchte ich einen Beitrag zur Erhellung der Frage leisten, was die Zürcher Schule für Psychotherapie war und welche Ursachen mitspielten, dass sie nach Friedrich Lieblings Tod zerschlagen wurde. Zusammen mit Jutta Siegwart-Gensch, einer nahen Mitarbeiterin Friedrich Lieblings, ging ich dieser Frage über Jahre nach. Die ausgewerteten Unterlagen (Prozessakten, Briefe, Gespräche, Zeitungsberichte) werden nach Publikation des Buchs dem Archiv für Zeitgeschichte übergeben.

Einige Diffamierungen gegenüber Friedrich Liebling und Jutta Siegwart-Gensch sowie weiteren Betroffenen, deren Namen immer wieder im Zusammenhang mit unwahren, ehr- und persönlichkeitsverletzenden Beschuldigungen vorkommen, habe ich wörtlich in dieses Buch aufgenommen. Ohne diese Äusserungen darzulegen, wäre der Ablauf der Geschehnisse nicht verständlich.

Lange habe ich mit mir gerungen, ob ich die Namen der hauptsächlichen Akteure nennen soll. Zugunsten einer grösseren Transparenz der Ereignisse habe ich mich dafür entschieden. Diesen Entscheid beeinflusst hat auch die Tatsache, dass die genannten Personen teilweise Mitglieder des Stiftungsrats der Stiftung Psychologische Lehr- und Beratungsstelle waren, als Autoren bereits an die Öffentlichkeit traten oder eine sehr bedeutende Rolle in der ganzen Entwicklung spielten.

Wenn aus Rechtskommentaren zitiert oder auf solche verwiesen wird, handelt es sich um Publikationen jener Zeit; Änderungen oder Weiterentwicklungen des Rechts wurden nicht berücksichtigt, weil das Buch die damaligen Verhältnisse und Überlegungen darstellt.

Ich danke allen, mit denen ich in zahlreichen Gesprächen die Zürcher Schule und die spätere Entwicklung thematisieren konnte. Ganz herzlichen Dank jenen Menschen, die das Manuskript gelesen und mir wichtige Anregungen gegeben haben.

1 | Ein interessanter psychologischer Lehrer wirkt in Zürich

Viele Menschen glauben zu wissen, wer Friedrich Liebling und die Zürcher Schule für Psychotherapie waren. Vielleicht nehmen auch Sie an, dass es sich dabei um eine »*Sekte*« handelte, die nach dem Tod des Gründers wegen Kämpfen um Macht und Geld auseinandergebrochen sei. Vielleicht haben Sie selber miterlebt, dass Menschen anmassend auftraten oder sich über ihren Hintergrund bedeckt hielten, und dass dabei gemunkelt wurde, es handle sich bei diesen Personen um die sogenannten »*Lieblinge*«. Oder Sie waren selber Teilnehmer der Zürcher Schule und haben die traumatische Entwicklung miterlebt. Sie glauben zu wissen, wer dafür verantwortlich ist: diejenigen, die eifersüchtig waren, die intrigierten, die den Betrieb störten. Oder Sie sind zur Überzeugung gelangt, Sie hätten sich in Friedrich Liebling getäuscht, er habe nicht Ordnung gehalten, seine Nachfolge nicht geregelt, nicht vorgesorgt. Möglicherweise treffen Sie aber auch zum ersten Mal auf diesen fortschrittlichen Psychologen, dessen Lebenswerk nach seinem Tod mutwillig zerstört wurde.

Lassen Sie sich auf die Suche nach der Wahrheit mitnehmen und erfahren Sie, was Jutta Siegwart-Gensch und ich in jahrelangen, aufwändigen Recherchen herausgefunden haben.

* |

Dreissig Jahre lang existierte in Zürich die Psychologische Lehr- und Beratungsstelle unter der Leitung von Friedrich Liebling. Bei ihm, seinen Mitarbeitern und an der von ihm begründeten psychologischen Schule erhielten viele Menschen Rat und Hilfe bei psychischen Problemen und Lebensfragen. Viele Menschen studierten hier und erwarben psychologische Kenntnisse.

Als ich 1972 zum ersten Mal eine Arbeitstagung der Psychologischen Lehr- und Beratungsstelle besuchte, fiel mir während eines Vortrags ein älterer Herr mit weissem Haar auf, der, gestützt auf einen Stock, durch eine Seitentüre den Saal betrat. Womöglich hatte er sich in der Türe geirrt, da lauter junge Menschen die Veranstaltung besuchten. Mein Bruder flüsterte mir zu: »Das ist Herr Liebling.«

Im Sommer 1972 hatte ich mit 21 Jahren meine Ausbildung als Primarlehrerin in Luzern abgeschlossen und unterrichtete eine gemischte 3. und 4. Klasse in einem Dorf im Kanton Luzern. Ich war begeistert von Alexander Sutherland Neills Buch »Theorie und Praxis der antiautoritären Erziehung. Das Beispiel Summerhill« und versuchte, mit den Schülerinnen und Schülern nicht autoritär umzugehen.

Charakterlich war ich eher zurückhaltend und liess die Kinder gewähren. Diese hatten mich zwar gern, aber es herrschte oft Chaos, und einige Kinder hatten sehr wenig Respekt vor mir. Mein Didaktiklehrer hielt mich für den Lehrerberuf ungeeignet und so wurde die Schule für mich zunehmend zu einem Albtraum.

Mein Bruder hatte mich während meiner Herbstferien zu einer Arbeitstagung der Psychologischen Lehr- und Beratungsstelle eingeladen. Ich sollte da mal hineinschnuppern und mir überlegen, ob dies eine Möglichkeit für mich wäre, meine Berufsfragen zu besprechen. Die Vorträge sprachen mich an, die Stimmung war offen und freundlich.

Am nächsten Morgen fuhren wir auf seiner Vespa zur Spyristrasse 14. Ich löste eine Einzelkarte, die 5 oder 10 Franken kostete, und setzte mich in eine hintere Ecke des Vortragsraumes, in dem sich etwa 50 Personen aufhielten. Das Thema betraf die Sexualität, und es ging um die Frage, ob die Stellung »69« normal oder pervers sei. Befangen und zugleich beeindruckt hörte ich, wie offen und trotzdem respektvoll diese Menschen über sexuelle Fragen sprachen. *»Worüber wurde gesprochen?«*, fragte mich mein Bruder, als ich wieder ins Studentenhaus kam, wo er wohnte. *»Über die Stellung 69, ob das pervers oder normal sei.«* Mein Bruder sah mich überrascht an: *»Was? Ich glaube, da muss ich nun doch mitkommen!«* Wir besuchten noch ein weiteres Gruppengespräch an der Badenerstrasse 256, das in einer sehr kleinen Gruppe von vielleicht fünf Personen stattfand. Danach beschloss ich, mich wegen meiner Berufsprobleme an Friedrich Liebling zu wenden.

Zu jener Zeit nahm Friedrich Liebling noch persönlich das Telefon ab, und wir vereinbarten einen Termin. Es muss wohl im November 1972 gewesen sein, als ich nach Zürich reiste und ihn an der Stampfenbachstrasse 153 aufsuchte. Seine freundliche Haushälterin führte mich in ein Zimmer, in dem Friedrich Liebling mich begrüsste, mich fragte, wie es mir gehe, was mich zu ihm führe und wer mir empfohlen habe, mich an ihn zu wenden. Ich war blockiert, es überfielen mich Ängste, er könnte eine schlechte Meinung von mir haben, wenn ich von meinen Problemen erzählen würde. Damals stellte ich mir unter einem Psychologen jemanden vor, der mich sofort durchschauen und mir einige Ratschläge mitgeben könne, die dann alle meine Probleme lösen würden. Friedrich Liebling war aber offenbar kein Hellseher, und ich hatte Angst, mich zu öffnen. Ich erinnere mich noch, dass er mich fragte, wie es in der Schule gehe. Ich antwortete: »*Schlecht.*« – »*Folgen die Kinder nicht?*« Ich bejahte. »*Schimpfen Sie?*«, worauf ich antwortete: »*Ja, ab und zu schon.*« Da sagte Friedrich Liebling leichthin, aber sehr freundlich: »*Das sollte man nicht.*«

Ich fühlte mich kritisiert und dachte, dass nun auch Friedrich Liebling mich für unfähig halte. Mir war sehr unwohl, ich war wie gelähmt und sagte schliesslich, dass ich wieder gehen müsse. Friedrich Liebling war erstaunt: »*Müssen Sie schon gehen?*« – »*Ja.*« Er begleitete mich freundlich zur Tür, half mir in den Mantel und verabschiedete mich. Als ich auf der Strasse stand, brach ich in Tränen aus und ging, immer noch weinend, zu meinem Freund, der seit Kurzem in Zürich studierte. Er fragte mich, was denn Schlimmes passiert sei. Aber ich verstand es selber nicht und war von mir selbst, von Friedrich Liebling und von der ganzen Welt enttäuscht.

Mein Bruder meinte, ich hätte wohl Angst gehabt, ich solle Friedrich Liebling nochmals anrufen und ihm dies sagen. Friedrich Liebling fragte am Telefon, ob ich mich vielleicht weniger vor einer Frau ängstigen würde und deshalb mit seiner Assistentin sprechen wolle. Ich war einverstanden und begab mich erneut nach Zürich. Dort erwartete mich Annemarie Kaiser, die mich verschiedenes fragte, und diesmal gelang es mir, meine Lebenssituation darzulegen. Gegen Ende der Stunde kam Friedrich Liebling dazu, erkundigte sich, ob es gut gegangen sei und was wir besprochen hätten. Nachdem Annemarie Kaiser ihm berichtet hatte, fragte er mich, ob sie alles richtig erzählt habe. Ich bejahte. Nun vereinbarten wir, dass ich jeweils am Mittwochnachmittag nach Zürich kommen und mit jemandem über meine Schulsituation sprechen könne. Friedrich Liebling lud mich zudem ein, eine Gruppe zu besuchen, die im gleichen Gebäude stattfand. Während des folgenden halben Jahres konnte ich jeden Mittwochnachmittag in einem Einzelgespräch meine Schwierigkeiten beim Unterrichten besprechen und danach ein Gruppengespräch besuchen. Beim zweiten Mal kam Annemarie Cho hinzu, die dann über mehrere Jahre meine Gesprächspartnerin blieb. Ich konnte mich ihr gegenüber öffnen und hatte Vertrauen zu ihr. Mit ihrer Unterstützung gelang es mir, das Schuljahr zu beenden. Danach wollte ich mich während eines Jahres an der Psychologischen Lehr- und Beratungsstelle weiterbilden, um mich selbst und meinen Beruf besser verstehen zu lernen.

In diesem Jahr, 1973/1974, lernte ich die Tätigkeit der Psychologischen Lehr- und Beratungsstelle näher kennen. Ich besuchte täglich mehrere Gruppen- und meistens wöchentlich zwei Abendgespräche. Dazu kamen ein oder mehrere Einzelgespräche pro Woche mit Annemarie Cho, später auch mit ihrem Ehemann Antonio Cho. Annemarie Cho hatte ein Praxiszimmer an der Spyristrasse 14, Antonio Cho an der Hochstrasse 1. Wir sprachen aber oft auch in einem Gruppenraum oder auf einem Spaziergang. Im Einzelgespräch mit ihnen fühlte ich mich verstanden und gestärkt. Ich lernte, meine Gefühle und meinen Charakter genauer zu erkennen, meine Betrachtungsweise mehr und mehr zu hinterfragen und meine Wirkung auf andere besser zu verstehen. Oftmals hatte ich nach einem Gespräch den Eindruck, die Trams in der Stadt seien kleiner als zuvor; in Wirklichkeit war natürlich ich selbst aufrechter geworden.

Die Gemeinschaft an der Psychologischen Lehr- und Beratungsstelle war für mich ein wichtiger Faktor. Es beeindruckte mich, wenn andere Lehrer/innen in aller Offenheit ihre Probleme schilderten und sich bemühten, sich selbst und die Verhaltensweisen eines Kindes oder einer Klasse besser zu verstehen.

Die Erkenntnis, dass man den Lehrerberuf lernen kann und dass dies nicht eine Frage der Begabung ist, war für mich eine grosse Erleichterung. Ich begann, meine Wirkung in der Schule zu erkennen, und mir wurde bewusst, dass die Kinder auf ihre Lehrperson ausgerichtet sind, dass ich mich nicht in mein Schneckenhaus zurückziehen durfte, sondern ihnen durch mein Vorbild und meine Haltung eine Orientierung geben musste.

Eine andere neue Teilnehmerin war ebenfalls seit Sommer 1973 regelmässig bei allen Morgen-, Nachmittags- und Abendgesprächen dabei. Sie hiess Jutta Gensch, war Ärztin aus Berlin, hatte das Studium soeben abgeschlossen und bildete sich nun ein Jahr an der Psychologischen Lehr- und Beratungsstelle weiter. Wenn ich ihr von meinen Problemen erzählte, meinte sie oft: *»Du hast wenigstens einen richtigen Beruf.«* Ich wunderte mich, denn sie war ja schliesslich Ärztin! Ich erfuhr, dass dies nicht ihr Wunschberuf gewesen war und dass sie diesen nur ergriffen hatte, weil ihre Eltern der Meinung waren, sie müsse *»etwas Richtiges«* lernen. Ihr Herz gehörte aber schon immer der Psychologie.

In Zürich bewohnte ich ein günstiges Zimmer bei einem freundlichen und hilfsbereiten Ehepaar. Während des Jahres freundete ich mich mit einer gleichaltrigen Kollegin an, und wir beschlossen, zusammen mit ihrem Freund eine Wohngemeinschaft zu gründen. Auch mein Freund war oft bei uns, sodass auch er nach und nach meinen Freundeskreis kennenlernte. Er besuchte mit mir zusammen den Winterkongress 1973 und entschied sich danach, ebenfalls Gruppengespräche zu besuchen und seine persönlichen Fragen mit Antonio Cho zu besprechen.

In diesem Jahr erzählte mir Annemarie Cho freudestrahlend, dass die Psychologische Lehr- und Beratungsstelle nun eine Stiftung sei. Meine Eltern bezahlten für meine ganztägige Teilnahme einen monatlichen Beitrag von 500 Franken. Darin eingeschlossen war alles: Sämtliche Einzel- und Gruppengespräche, Abendkurse, zwei Tagungen im Herbst und zwei zweiwöchige Kongresse im Dezember 1973 und Juli 1974. Sie waren beruhigt, dass ich meine Unsicherheit und Verzweiflung bezüglich meines Berufs überwinden konnte und allmählich zuversichtlicher wurde.

Nach den Sommerferien 1974 übernahm ich an der Primarschule der Stadt Zürich eine Stellvertretung und bewarb mich um eine feste Anstellung. In meinem Lebenslauf hatte ich die Ausbildung an der Psychologischen Lehr- und Beratungsstelle angegeben, die in den 1970er-Jahren einen guten Ruf gehabt haben musste, denn der damalige Präsident der Kreisschulpflege erklärte mir, er sei froh, eine Lehrerin mit einer solch guten Zusatzausbildung zu erhalten. Er habe gerade eine schwierige Situation in einer ersten Klasse; zwischen Frühling und Herbst hätten bereits zwei Lehrerinnen diese verlassen, die Eltern seien deshalb beunruhigt. Er wäre erleichtert, wenn ich diese Klasse übernehmen könnte, ich solle ihm versprechen, nicht davonzulaufen.

Ich sagte zu, und es ging recht gut. Mehr und mehr lernte ich, die Kinder in Ruhe zu führen, ihnen den Weg zum Lernen zu zeigen. Auch konnte ich einmal pro Woche mit einer erfahreneren Kollegin meinen Unterricht vorbereiten. Ich fühlte mich bedeutend sicherer, konnte von ihr viel für meinen Unterricht übernehmen und machte die Erfahrung, dass auch meine Ideen brauchbar waren. Wir konnten unsere Arbeitsergebnisse vergleichen, und ich erlebte, dass meine Klasse ebenso gute Lernfortschritte machte wie ihre. Auch den Lehrerkurs[1] besuchte ich wöchentlich und hatte dort Gelegenheit, von anderen Kolleginnen und Kollegen zu lernen oder eigene Fragen einzubringen.

Friedrich Liebling, wie ich ihn erlebte

Friedrich Liebling (25.10.1893–28.2.1982), der Begründer und Leiter der Psychologischen Lehr- und Beratungsstelle, bezeichnete Alfred Adler als seinen Lehrer. In seinem Denken und seinem Verständnis für den Menschen sowie in seiner Art, psychologische Erkenntnisse umzusetzen, beschritt Friedrich Liebling neue Wege. Bis wenige Monate vor seinem Tod führte er täglich während mehrerer Stunden Einzel- und Gruppengespräche und war überall, ob er Kaffee trank, beim Essen, auf Spaziergängen, selbst in den Ferien, begleitet und umgeben von Menschen, mit denen er über ihre Lebensprobleme oder allgemeine Fragen des menschlichen Zusammenlebens sprach.

Friedrich Liebling war von mittlerer Grösse, hatte kurzes weisses Haar, war schlank, stets gepflegt und gut angezogen. Er stützte sich auf einen Stock, auf den er öfter humoristisch hinwies, wenn Ratsuchende von ihren Ängsten sprachen, und deutete an, ob sie vielleicht Angst vor dem Stock hätten; zu jener Zeit waren noch viele Menschen in ihrer Kindheit mit einem Stock geschlagen worden. Sein Blick war aufmerksam und wach, sein Gesicht entspannt und freundlich.

Personenkult mochte Friedrich Liebling nicht. Da viele Menschen sich von ihm verstanden fühlten, von ihm lernen wollten und ihn verehrten, war es naheliegend, dass manche einen Kult um ihn zu machen versuchten. Er lehnte dies jedoch klar ab und erzählte auch kaum über sich und sein langes Leben.[2] Als prägendes Lebensereignis erwähnte er öfter, dass er als junger Mensch freiwillig und voller Enthusiasmus für Gott, Kaiser und Vaterland in den I. Weltkrieg gezogen sei. Die schrecklichen Erlebnisse dieses Krieges, wo er unzählige Menschen unter unwürdigsten Bedingungen habe sterben sehen, hätten dazu geführt, dass er nicht mehr geglaubt, sondern alles hinterfragt habe. Er war gegen Krieg, sowohl im zwischenmenschlichen Bereich als auch zwischen Staaten und Völkern. In vielen Gesprächen kam Friedrich Liebling auf das Problem des Krieges zu sprechen und wurde nicht müde, der Frage nachzugehen, wie es komme, dass der Mensch in der heutigen Zeit immer noch Kriege führe und sich in den Krieg schicken lasse.

Nicht nur beruflich war Friedrich Liebling Psychologe, die Psychologie war sein Leben, und er lebte und lehrte die Psychologie. Er achtete den Mitmenschen und sich selbst. Man sah ihm an, dass er die Menschen liebte und gute Gefühle für sie hegte. Liebling zeigte Mitgefühl, Verständnis und Solidarität, ungeachtet dessen, wie schwierig, gesellschaftlich verpönt oder gar geächtet ein Problem auch sein mochte. Er war optimistisch und zugleich realistisch, weil er überzeugt war von der Möglichkeit jedes Menschen, sich zu entwickeln und seine Probleme zu bewältigen.

Die Kunst Friedrich Lieblings war das Wort. Er sprach verständlich, sodass jede Person, auch ohne akademische Vorkenntnisse, seinen Ausführungen folgen konnte.[3] Selten benutzte er

Fremdwörter, und falls doch, übersetzte er sie sogleich oder umschrieb mit einigen Sätzen, was er damit meinte. Was und wie er sprach war klar, verständlich, zugleich so schwierig und auf einem solch anspruchsvollen Niveau, dass seine Zuhörer den Inhalt kaum wiederzugeben vermochten. Seine Sprache berührte sowohl das Verstehen als auch das Fühlen. Bei jedem aufgeworfenen Problem ging es zuerst um die genaue Umschreibung und die aktuelle Ausprägung der Schwierigkeiten, dann um deren Entstehung und Ursachen, und schliesslich um einen Ausblick auf die Möglichkeiten, das Problem zu beheben. Friedrich Liebling nahm die Probleme Einzelner stets zum Anlass, um auf psychologische Erkenntnisse hinzuweisen und die Psychologie zu lehren.

Die Ratsuchenden betrachtete Friedrich Liebling nicht als krank, sondern als irritiert. *»Irritieren«* bedeutet laut Duden unter anderem, jemanden *»unsicher machen, verwirren, desorientieren«*. Psychische Probleme eines Menschen führte er nicht auf eine körperliche Krankheit zurück, sondern auf einen Zustand der Verwirrung, des Irrtums über sich selbst und die Welt.[4] Nicht nur einzelne Erlebnisse, sondern die alltägliche Atmosphäre im Elternhaus und später in Schule und Ausbildung, der Umgang, die Auffassungen und Anschauungen über die Welt waren die Ursache dafür und störten die gesunde Entwicklung. So waren Ratsuchende keine Patienten, sondern Schüler: Indem sie sich selbst besser verstehen lernten und psychologische Erkenntnisse auf sich anwandten, konnten sie ihre Situation verändern.

Friedrich Liebling hörte aufmerksam zu und wiederholte, was er vom Ratsuchenden verstanden hatte. Zugleich *»legte er den Finger in die Wunde«*, er korrigierte, gab einen Hinweis, wo die Sichtweise falsch war und die Probleme erzeugte oder verstärkte, deckte durch Fragen die Ursachen auf und konnte mit grossem Einfühlungsvermögen Perspektiven eröffnen, wie das Problem gelöst und das Leben glücklicher gestaltet werden könnte. Oft stellte er aufgeworfene Fragen auch in einen grösseren gesellschaftlichen, kulturellen und historischen Rahmen, solidarisierte sich mit den Ratsuchenden und machte deutlich, inwiefern die Welt überhaupt an diesem Problem krankt.

In der Zeitschrift »Psychologische Menschenkenntnis« skizzierte
Friedrich Liebling 1964, welche Eigenschaften ein Psychologe seiner Meinung nach aufweisen müsse. Nachdem er sich mit verschiedenen Verfahren zum Verständnis des Menschen – Astrologie,
Physiologie und Tests – auseinandergesetzt hatte, führte er aus:
»*Die moderne Psychologie lehrt uns, dass der Menschenkenner sich
nicht auf ›objektive Methoden‹ verlassen darf; sein Anliegen ist ebenso künstlerisch wie wissenschaftlich, und er muss es verstehen, sich
in den andern zu versetzen, sich in ihn einzufühlen, seine Eigenart
gefühlsmässig zu erfassen. Diese Art von Menschenkenntnis bedingt
die Selbsterkenntnis, denn nur wer über sich selbst Bescheid weiss,
wird andere richtig beurteilen können. Die persönliche Reife des
Menschenkenners gibt die Grenze an, bis zu der er einen anderen verstehen kann. Um in der Menschenkenntnis voranzukommen, muss man
die eigene Persönlichkeit entwickeln; während man ein technisches Verfahren erlernen kann, ohne auf seine menschlichen Qualitäten geprüft
zu werden, gibt es einen Fortschritt im Verständnis des Mitmenschen
nur durch das innere Wachstum der Person, durch den Aufschwung in
Erkenntnis und Sittlichkeit, was man etwa mit den Worten klarstellen
könnte: Man muss die Menschen besser lieben, um sie besser zu verstehen. Goethe scheint einen ähnlichen Zusammenhang im Auge gehabt
zu haben, als er formulierte: ›Der Mensch kennt sich selbst, insofern
er die Welt – und die Welt, insofern er sich selber kennt.‹*«[5]

Aufbau der Psychologischen Lehr- und Beratungsstelle

Der Name »Psychologische Lehr- und Beratungsstelle« erschien im
Telefonbuch der Stadt Zürich erstmals im Jahrgang 1953/54. Er war
fett gedruckt, darunter stand: »*Liebling Friedrich und Rattner Josef,
Erziehungs-, Berufs- und Eheberatung.*«[6] Josef Rattner hielt dazu im
Jahr 2002 fest: »*1952 war ich ein frischgebackener Doktor der Philosophie und Psychologie. Mit Liebling zusammen eröffnete ich in Zürich etwas später die ›Psychologische Lehr- und Beratungsstelle‹, in
der wir fast fünfzehn Jahre zusammenarbeiteten.*«[7]

Josef Rattner nahm 1967 einen Lehrauftrag an der Freien Universität Berlin an und zog von Zürich weg. Von älteren Teilnehmern
erfuhr ich, dass er Friedrich Lieblings Pflegesohn war, Psychologie

und Medizin studiert und beim Aufbau der Psychologischen Lehr- und Beratungsstelle eine wichtige Rolle gespielt hatte. Ebenso wichtig war die ihren Ehemann kräftig unterstützende Ehefrau Friedrich Lieblings, Maria Liebling-Ulbl, die im Februar 1972 verstarb.

Friedrich Liebling und Josef Rattner führten nicht nur Einzelgespräche, sie brachten die Ratsuchenden auch in einem Kreis zusammen und bauten eine Gesellschaft psychologisch interessierter Menschen auf, in der psychologische Grundlagen des Zusammenlebens erarbeitet, angewandt und gelebt wurden. Immer wieder wies Friedrich Liebling darauf hin, dass der Mensch nicht nur in der Einzelbeziehung zum Psychologen gesunde, sondern dass es dazu der Gemeinschaft bedürfe. Er verwies auf die Erkenntnisse Alfred Adlers und auf den individualpsychologischen Kreis in Wien, die unter der Bezeichnung *Gemeinschaftsgefühl* dazu geforscht und die Grundlagen erarbeitet hatten.

Als ich im Herbst 1972 die Psychologische Lehr- und Beratungsstelle kennenlernte, war diese bereits ein grosses Forschungs-, Lehr- und Beratungszentrum. Friedrich Liebling wohnte an der Stampfenbachstrasse 153, wo er auch als Psychologe arbeitete. Auch verschiedene Mitarbeiter/innen führten in der gleichen Wohnung sowie an anderen Adressen in der Stadt Zürich[8] Einzel- und Gruppengespräche oder erteilten Kindern Nachhilfeunterricht. Im Frühjahr 1973 zog Friedrich Liebling an die Susenbergstrasse 53, ein Einfamilienhaus, in dem er selbst wohnte und, wie auch verschiedene Mitarbeiter/innen, Einzel- und Gruppengespräche führte. An der Badenerstrasse 256, wo ein grosser Raum gemietet war, gab es bereits 1972 Abendgespräche, nämlich jeweils den sogenannten *Elternkurs* und den erwähnten *Lehrerkurs* sowie den themenoffenen Samstagabend. Später gab es je einen weiteren Abend für Psychologen und Ärzte. Alle diese Abendgespräche waren offen für alle Teilnehmer, lediglich die Themen waren für die jeweiligen Berufsgruppen reserviert.

Ab Frühjahr 1977 begann der Lehrgang für Psychagogik und Psychologie (Charakter- und Lehranalyse), an dem mehrere hundert Kandidatinnen und Kandidaten vollzeitlich oder nebenberuflich teilnahmen. Als immer mehr Menschen kamen, wurde 1979 die »Rote Villa« an der Seestrasse 110 dazugemietet, eine denkmalgeschützte Villa aus rotem Backstein, die der Stadt Zürich gehörte und heute als Museum genutzt wird. Hier führte Friedrich Liebling meistens am Vormittag und späten Nachmittag Gespräche mit Ratsuchenden in einem kleinen Raum, die in die anderen Räume übertragen wurden. Die Zuhörer konnten sich aktiv am Gespräch beteiligen, indem sie in den Gesprächsraum gingen und sich äusserten. Meistens waren alle Räume zum Bersten voll.

Friedrich Liebling schuf mit der Psychologischen Lehr- und Beratungsstelle ein Modell dafür, wie jeder Interessierte, unabhängig von finanziellen Möglichkeiten und Bildungsstand, psychologische Hilfe und psychologisches Wissen erhalten kann. Die Ansätze betrugen 50 Franken für ein Einzelgespräch, 25 Franken für ein Gespräch in einer Kleingruppe und 10 Franken für ein Abendgespräch. Wer öfter kam, konnte einen Pauschalbetrag ausmachen. Die Teilnahme rund um die Uhr am Ausbildungslehrgang kostete 1000 Franken im Monat. Wer nicht bezahlen konnte, traf eine persönliche Vereinbarung.

Gegen Ende von Friedrich Lieblings Leben, im Jahr 1981, standen etwa 4000 Menschen mit der Psychologischen Lehr- und Beratungsstelle in Verbindung.[9] Über 400 Kandidaten nahmen am Ausbildungslehrgang teil, jede Woche fanden über 90 Gruppengespräche und monatlich mehr als 5000 Einzelberatungen statt.[10] Jeden Herbst wurden zwei Arbeitstagungen und zweimal jährlich vierzehntägige Kongresse durchgeführt, 1981 besuchten 1500 Teilnehmer diese Kongresse.[11]

Mitarbeiter/innen und Teilnehmende waren gleichwertig und galten alle als Schüler der Psychologie; in einem Brief an den Journalisten Dieter Hanhart bezeichnete Friedrich Liebling die Arbeit der Psychologischen Lehr- und Beratungsstelle als »*Teamarbeit*«.[12] Er und seine Schüler/innen und Mitarbeiter/innen waren verbunden im gemeinsamen ideellen Zweck, ein Zentrum für psychologische Forschung, Lehre und Beratung zu bilden sowie Hilfeleistung und Ausbildung für jede interessierte Person zu ermöglichen. Menschen, die die psychologische Beratung und Ausbildung bezahlten, ermöglichten Hilfe für andere, denen die Mittel dafür fehlten. Friedrich Liebling und sein Team übten ihre Forschungs-, Lehr- und Beratungstätigkeit ehrenamtlich aus, es gab keine Löhne. Deshalb erhielt jeder Ratsuchende psychologische Hilfe, auch jene, die sich dies nicht hätten leisten können.

Die Mitarbeit wurde als Möglichkeit betrachtet, selber zu lernen. Die meisten Mitarbeiter/innen hatten ausserhalb eine Teilzeitanstellung und arbeiteten in ihrer Freizeit an der Psychologischen Lehr- und Beratungsstelle mit; Mitarbeitende, die ganztags dort tätig waren, erhielten Unkostenentschädigungen, wenn sie diese benötigten. Der allgemeine materielle Lebensstandard der Menschen an der Psychologischen Lehr- und Beratungsstelle war zumeist bescheiden; es wurden keine oder keine teuren Autos gefahren, und man lebte in Wohngemeinschaften. Seelisch-geistig hingegen war dieses Leben sehr reich und Ausdruck davon, dass diese Menschen den Anspruch auf ein erfülltes und interessantes Leben erhoben.

Als Lehrerin nahm ich von Herbst 1977 bis Frühjahr 1980 nebenberuflich am Lehrgang für Psychagogik und Psychotherapie teil. Ich engagierte mich vorerst besonders im Nachhilfeunterricht für Kinder. Im April 1980 gab ich meine Lehrtätigkeit auf und nahm ganztags an diesem Lehrgang teil, und ab 1981 begann ich mit dem Psychologiestudium an der Universität Zürich. Neben der Arbeit mit Kindern kamen zunehmend Einzelgespräche mit Ratsuchenden dazu. Es war für mich klar, dass diese Tätigkeit ohne Entschädigung erfolgte, ich betrachtete sie als Gelegenheit, in gemeinschaftlicher Zusammenarbeit zu lernen und mich weiterzuentwickeln. Auch wollte ich einen Beitrag an das gemeinsame Forschungs-, Lehr- und Beratungszentrum leisten.

Während meiner Tätigkeit als Lehrerin bezahlte ich einen Betrag von 500 Franken für die nebenberufliche Teilnahme am Lehrgang. Ab Frühjahr 1980 lebte ich von Ersparnissen und später von Erbschaftsvorbezügen. Ein Jahr lang bezahlte ich den vollen Ausbildungspreis von 1000 Franken, danach ersuchte ich um Reduktion auf 500 Franken. Ich leistete diese Beträge freiwillig, denn das, was ich dafür erhielt, war für mich sehr kostbar und nicht mit Gold aufzuwiegen.

* |

Eine wichtige Grundlage der Gemeinschaft war die Vertrauensbeziehung vieler Teilnehmenden zu Friedrich Liebling bzw. zu einem oder einer seiner Mitarbeitenden, die viele Menschen in Einzelgesprächen berieten. Im Allgemeinen fällt es dem Menschen leichter, sich im Einzelgespräch zu öffnen. Indem man zu einem Menschen Vertrauen fasst und sich und den andern richtiger zu sehen lernt, kann man dieses Vertrauen auch auf andere ausweiten. Als 1977 jemand vorschlug, die Einzelgespräche abzuschaffen und ausschliesslich Gruppengespräche zu führen, wandte eine Mitarbeiterin ein: »*Der Mensch, der den Mut nicht hat, in der Gruppe zu sprechen, soll die Gelegenheit haben, mit einem Menschen unter vier Augen sprechen zu können.*« Friedrich Liebling bekräftigte diese Meinung und sagte mit Bezug auf Menschen, die Angst in der Gemeinschaft haben: »*Er kann nicht. [...] Er hat Angst vor dem Menschen. [...] Bei einem kann er anfangen, sich zu befreunden. Wir geben ihm Gelegenheit, sich zu befreunden, dass er sich findet, dass er die Hilfe annimmt, die man ihm bietet.*«[13]

An den Gruppengesprächen lernten Ratsuchende, sich im andern zu sehen, sich zu »spiegeln«, wie man es nannte, und dadurch sich selber und andere besser zu verstehen sowie Einfühlungsvermögen und Mitgefühl zu schulen. Die Teilnehmer waren frei, sich auch ausserhalb der Gruppengespräche zu treffen und Beziehungen zu pflegen, und dies machten viele sehr gerne. Dadurch entstand mit der Zeit eine Gemeinschaft, in der viele einander kannten und ihre Freizeit, ihr Wohnen, ihr Leben gemeinsam gestalteten.

Die Gemeinschaft, wie sie angestrebt und auch verwirklicht wurde, war eine therapeutisch orientierte; sie beruhte auf klaren Grundprinzipien, die ermöglichten, dass der Mensch sich wohlfühlen, wachsen und gesund werden konnte. Diese Grundprinzipien waren nicht als »*Hausordnung*« festgehalten, sondern ergaben sich aus dem Menschenbild, daraus, was dem Menschen guttut und was ihm schadet.

Ein wichtiges Grundprinzip war die Freiheit: Jeder war frei, zu kommen, zu bleiben oder auch wieder zu gehen. Es gab keinen Vorsitzenden, keinen »*Hinauswerfer*«. Die Rede war frei: Jeder konnte so lange sprechen, wie er wollte, ohne Verpflichtung auf ein Thema. Dies funktionierte selbst an Kongressen mit über 1000 Teilnehmenden. Friedrich Liebling charakterisierte diese Gemeinschaft als eine »*Gesellschaft, wo die absolute Freiheit des Wortes, des Redens, der Meinung praktiziert wird, geübt wird«.*[14]

Ein weiteres wichtiges Grundprinzip war die Gleichwertigkeit: Keiner war dem anderen übergeordnet. Jedes Individuum war einmalig und einzigartig, es gab keine Hierarchie. Niemand hatte darüber zu bestimmen, was ein anderer zu tun oder zu lassen hatte. Alles basierte auf freiwilliger Vereinbarung. Friedrich Liebling: »*Indem wir uns das zulegen, die Achtung vor der Persönlichkeit unseres Nachbarn – indem wir ihm zuschreiben, was ich mir zuschreibe, nehm' ich mir das vor: weder dass ich mehr bin als er, noch dass ich weniger bin, dann fängt der Mensch an! Dann fängt das Gespräch an.«*[15]

Ein drittes Grundprinzip war die Gewaltlosigkeit, die eine Voraussetzung von Freiheit ist: Niemand hatte das Recht, einem andern gegenüber Gewalt oder Zwang auszuüben, weder in psychischer Hinsicht wie etwa, jemanden zu beleidigen, zu kränken, unter Druck zu setzen, noch in physischer Hinsicht wie jemandem die Teilnahme an gewissen Veranstaltungen zu untersagen oder jemanden ganz auszusperren. Fühlte sich jemand gezwungen, beleidigt, gekränkt oder übergangen, wurde er ermutigt, dies mit den beteiligten Personen zu klären oder allenfalls in einem grossen Kreis zu besprechen. Solche Vorfälle wurden sehr ernst genommen. Friedrich Liebling nannte das den »*gefährlichen Fehler«: »Es gibt andere, gefährliche Fehler, wo wir jemanden verletzen können, beleidigen. Unsere Gedanken, die wir haben, die dann sich herausstellen als Phantastereien: Immer das Negative im Menschen. Wir sehen das, wir spüren das gern, wenn die anderen klein sind, die anderen sind die Dummen. So hat man uns zugerichtet in unserer Erziehung. Es lebt nicht in uns die Beziehung, die Freundschaft, die sind nicht vorhanden.«*[16]

Wie ist es möglich, in einer solch grossen Gemeinschaft in Freiheit, Gleichheit und Gewaltlosigkeit zu leben? Wer übernimmt die Verantwortung für das Ganze und schaut zum Rechten? Dazu Friedrich Liebling: »*Wenn wir Verantwortung sagen, dann meinen wir, dass jeder die Verantwortung für sein Tun und Lassen übernimmt. Das ist gemeint. Nicht dass wir jemandem die Verantwortung übergeben: Er soll verantworten. Nein, das machen wir nicht. [...] Wir lernen, Verantwortung zu übernehmen, Verantwortung zu tragen.«*[17]

Auch Friedrich Liebling sah sich nicht als eine übliche Autorität, obwohl er vielleicht von etlichen so gesehen wurde. Eine diesbezügliche Frage verneinte er und verglich sich eher mit einem Erfinder, der eine Idee in seinem Fach umsetzt: *»Das Elend – ohne Kenntnisse der menschlichen Seele, ohne die Erkenntnis der menschlichen Natur – ist so gross, dass es erschütternd ist, das zu sehen, das zu erleben. Und das hat dazu geführt, dass ich mir da so was phantasiert hab: In Gruppen das psychologische Problem vorzutragen; so vorzutragen, dass jeder Mensch, ohne Ausnahme – gebildete oder un Und das hat sich als richtiger Gedanke erwiesen. Das, was sich hier abspielt, an der Psychologischen Lehr- und Beratungsstelle in Zürich, das gibt es nirgends, das gibt es auf der ganzen Welt nicht.«*[18]

Neben den drei Grundprinzipien Freiheit, Gleichheit und Gewaltlosigkeit waren die Erkenntnisse der Psychologie entscheidend für den humanen Umgang in der Gemeinschaft. Das Wissen darüber, dass alles, der Charakter, die Haltung und Einstellung eines Menschen, durch die Erlebnisse in der Kindheit entstanden sind, drückte sich in gegenseitigem Verständnis, Toleranz, Mitgefühl und Geduld aus. Jedes Gruppengespräch war eine Gelegenheit, Einblick in eine Lebensgeschichte zu erhalten, und dadurch die eigene Empathie zu wecken und sich selbst und andere besser verstehen zu lernen. Friedrich Liebling: *»Alle Schwierigkeiten, die wir haben, in unserer Ehe, mit unseren Kindern, in unserem Beruf, das ist alles zurückzuführen darauf, wie wir das als Kind erlebt haben. Da ist das Fundament gelegt worden; da haben wir das erlebt und dann kennen wir uns nicht aus: Wir begehen etwas, was man nicht begehen soll. [...] Alle handeln wir als Schwachsinnige: Wenn es darauf ankommt, begehen wir etwas, was absolut mit dem Verstand, mit der Logik nicht zu vereinbaren ist. Und das ist alles zurückzuführen auf die Erziehung.«*[19]

Die gegenseitige Hilfe war eine wichtige Grundlage, die im täglichen Zusammenleben angewandt und verwirklicht wurde: Was jemand gelernt hatte, konnte, durfte und sollte er weitergeben. Indem er *»mittanzt im Reigen«*, konnte er gesunden. Es entstand mit den Jahren eine Gesellschaft von Helfern und Hilfesuchenden, von Lehrern und Lernenden, wobei alle zugleich Schüler der Psychologie, alle Lernende waren. Viele arbeiteten auch schulisch mit Kindern, Jugendlichen und jungen Erwachsenen und halfen ihnen, gute Schüler zu werden und ihre schulischen und beruflichen Ziele zu erreichen. Viele führten Gespräche mit neuen Teilnehmern und gaben ihnen mit, was sie bisher gelernt hatten. Es kam auch vor, dass ein solcher Schüler seinen Gesprächspartner überholte, indem er die psychologischen Erkenntnisse besser in seinem Leben umsetzen konnte.

Auch der Umgang mit Fragen war wichtig: Keine Frage sollte übergangen werden. Friedrich Liebling: *»Immer wieder passiert es uns, dass wir in den Sitzungen wichtige gestellte Fragen nicht beantworten. Wir lassen sie ganz einfach aus, als ob sie nicht gestellt wurden. Das sollen wir eigentlich nicht. Das ist doch eine Beleidigung für den Fragesteller. Das ist doch eine Entmutigung. [...] ›Wie wird man [eine] Persönlichkeit?‹ hat ein Teilnehmer hier gefragt. Und wir sind darüber hinweggegangen. [...] Das ist direkt – wie soll ich sagen – ein Ignorieren. Da muss sich der Fragesteller sagen: ›Die ignorieren mich. Jetzt frage ich ganz deutlich und möchte gerne wissen: Wie wird man Persönlichkeit?‹ Versuchen wir die Antwort zu geben!«*[20]

Nun könnte man einwenden, dass eine solche Gemeinschaft ja nicht nur aus lauter Engeln bestehe, bestimmt gab es auch Probleme im Zusammenleben. Als einmal berichtet wurde, dass eine Mitarbeiterin den Partner einer Kollegin nicht in einer Gruppe mitmachen lassen wollte, nahm Friedrich Liebling dies zum Anlass, um darzulegen, wie man in Zukunft mit einer solchen Situation umgehen könnte. Er bezog sich selber mit ein und meinte: *»Wenn einer so einen Fehler begeht, dann spricht man allein mit ihm: ›Schau, was machst denn du, was ist denn das?‹ Oder man [...] legt das der Gruppe vor, wie heute zum Beispiel, aber im Ruhigen. Das soll keine Anklage sein, der heutige Abend, sondern eine verständnisvolle Geste. Wir wollen ihm sagen: ›Also, das war nicht richtig‹, dass er nächstes Mal sich das anders überlegt. Wir machen ihn aufmerksam, dass er da einen Fehler begangen hat, mit dem Wissen, dass ich den Fehler auch begehen kann, dass mir das auch passieren kann.«*[21]

* |

Schon seit Sommer 1964 gaben Friedrich Liebling und Josef Rattner eine Monatszeitschrift heraus, die »Psychologische Menschenkenntnis«. Darin wurde der Öffentlichkeit die Tätigkeit der Psychologischen Lehr- und Beratungsstelle vorgestellt. In den ersten zwei Jahrgängen publizierte Friedrich Liebling verschiedene grundlegende Artikel, u.a. »Das Problem der Ehescheidungen«, »Psychologische Berufsberatung«, »Der nervöse Mensch und seine Heilung«.[22] Josef Rattner verfasste u.a. »Erziehung ohne Zwang und Strafe«, »Psychologie des Verbrechens«, »Gruppentherapie – die Zukunft der Psychohygiene«.[23] Ausserdem erschienen Beiträge weiterer Autoren und Autorinnen, zum Teil unter Pseudonymen. Im ersten Jahrgang gab es zudem die Rubrik: »Psychologische Beratung«, worin die Frage eines Ratsuchenden wiedergegeben und vom Psychologen beantwortet wurde. Eine weitere Rubrik über mehrere Jahrgänge hinweg lautete »Das psychologische Buch«; pro Jahr wurden etwa 80–100 Bücher kurz inhaltlich vorgestellt. In späteren Jahrgängen wurden zunehmend Artikel und Vorträge von Teilnehmern der Psychologischen Lehr- und Beratungsstelle, zum Teil auch unter Pseudonymen, veröffentlicht.

Vom 4. Jahrgang an wurden – damals eine Seltenheit – stets auch wörtlich wiedergegebene Gruppengespräche abgedruckt. Die Themen waren mannigfaltig: Im ersten Gruppengespräch ging es um die Versagensängste einer Frau hinsichtlich eines Vortragsabends in der Musikakademie;[24] das nächste betraf Erziehungsfragen bezüglich eines bettnässenden Kindes, das auch Schwierigkeiten in der Schule und mit der Sprache hatte.[25] Weitere Themen u.a. waren »Angstgefühle«, »Sexual- und Partnerschaftsprobleme«, »Gleichgültigkeit«.[26]

Durch die Zeitschrift konnte sich jeder Interessierte ein Bild über die Arbeitsweise und die Forschungsresultate der Psychologischen Lehr- und Beratungsstelle machen, was gemäss Friedrich Lieblings und Josef Rattners Geleitwort im ersten Heft auch dem Beweggrund für die Herausgabe entsprach: *»Unsere neue Zeitschrift wendet sich an Leser aus allen Volksschichten und Bildungskreisen und wird sich bemühen, tiefenpsychologische Einsichten in allgemeinverständlicher Sprache darzustellen. [...] Es liegt uns daran, mit unseren Lesern Kontakt zu haben, und wir werden gerne Fragen und Hinweise berücksichtigen, die uns von Ihnen zukommen. Möge diese Zeitschrift bei allen, die sie zur Hand nehmen, Lebensmut und lebendiges Wissen fördern.«*[27]

Bis Dezember 1971 wurde als Herausgeberin der Zeitschrift die Psychologische Lehr- und Beratungsstelle angegeben sowie die beiden Namen »*Friedrich Liebling (dipl. Psychologe) – Josef Rattner (Dr. med. et phil.)*«. Nach Rattners Wegzug von Zürich lautete die Herausgeberin ab Januar 1972 »Psychologische Lehr- und Beratungsstelle, Leitung: Friedrich Liebling«. Darunter stand: »*Unter Mitarbeit von*«, und hier folgten 19 Namen, unter ihnen auch »*Josef Rattner, Berlin*«.[28]

Der spätere Stiftungsrat Peter Fuchs kannte Friedrich Liebling bereits seit 1954, hatte Jurisprudenz studiert, machte dann die Lehrer- und Heilpädagogikausbildung und war in diesem Beruf bis zu seiner Pensionierung tätig. Er erzählte Jutta Siegwart-Gensch und mir 1987 folgende Begebenheit:[29] Er bekam in jener Zeit, als nach dem Weggang von Josef Rattner der Herausgeber der Zeitschrift »Psychologische Menschenkenntnis« neu bezeichnet wurde, von Friedrich Liebling den Auftrag, die Trägerschaft der Zeitschrift rechtlich zu definieren. Diese Trägerschaft war – wie oben ausgeführt – die Psychologische Lehr- und Beratungsstelle unter der Leitung von Friedrich Liebling und der Mitarbeit von 19 Schülern und Mitarbeitern. Peter Fuchs qualifizierte diese Trägerschaft als einfache Gesellschaft, und Friedrich Liebling stimmte zu.

Artikel 530, Absatz 1, des Schweizerischen Obligationenrechts sieht vor: »*Gesellschaft ist die vertragsmässige Verbindung von zwei oder mehreren Personen zur Erreichung eines gemeinsamen Zweckes mit gemeinsamen Kräften oder Mitteln.*« Und Artikel 530, Absatz 2, bestimmt: »*Sie ist eine einfache Gesellschaft im Sinne dieses Titels, sofern dabei nicht die Voraussetzungen einer andern durch das Gesetz geordneten Gesellschaft zutreffen.*«[30]

Gemäss dem grundlegenden Werk zum Gesellschaftsrecht von Arthur Mayer-Hayoz und Peter Forstmoser kann der Vertrag, der die einfache Gesellschaft begründet, »*in beliebiger Form*«, auch lediglich »*durch konkludentes Verhalten abgeschlossen werden*«. Und sie halten sogar fest: »*Häufig wird es den Parteien gar nicht zum Bewusstsein kommen, dass sie eine einfache Gesellschaft bilden.*« Diese sei eine »*Grundform*« und »*Subsidiärform*«, die immer dann angewendet werden soll, wenn nicht die Voraussetzungen einer anderen Gesellschaftsform erfüllt sind; sie sei »*eine Art Auffangbecken im Gesellschaftsrecht*«.

Das Wesentliche an der einfachen Gesellschaft sei der gemeinsame Zweck, der mit gemeinsamen Kräften oder Mitteln verfolgt wird. Beliebige wirtschaftliche oder ideelle Zwecke können verfolgt werden, beispielsweise *»wissenschaftliche, kulturelle, wohltätige, religiöse, gesellige und ähnliche Ziele«*. Da die einfache Gesellschaft eine Personengesellschaft sei, komme es in erster Linie auf *»die Persönlichkeit des einzelnen Mitgliedes«* an, nicht auf seinen finanziellen Beitrag. Jedem Mitglied stünden grundsätzlich *»gleiche Rechte«* zu. Deshalb brauche es *»für gewisse besonders wichtige Rechtshandlungen«* die Zustimmung aller, wobei aber gewisse Bereiche wie die Geschäftsführung Einzelnen übertragen werden könne.

Für die innere Organisation könnten die Beteiligten *»eine Regelung nach den eigenen Bedürfnissen«* treffen. Auch habe eine einfache Gesellschaft *»keine eigene Rechtspersönlichkeit«*, könne also nicht eine Klage einreichen bzw. eingeklagt werden; dies können nur die einzelnen Gesellschafter. Sie könne auch nicht im Handelsregister eingetragen werden, und es sei ihr untersagt, ein *»nach kaufmännischer Art geführtes Gewerbe«* zu führen.[31]

Übertragen auf die Psychologische Lehr- und Beratungsstelle bedeutet dies: Zuerst bestand sie aus Friedrich Liebling und Josef Rattner, später aus Friedrich Liebling und seinen Schüler/innen und Mitarbeiter/innen. Sie war also eine Gemeinschaft von vorerst zwei, später von mehreren Personen. Diese Gemeinschaft trat unter dem Namen »Psychologische Lehr- und Beratungsstelle« auf, war nicht im Handelsregister eingetragen und war vor Gründung der »Stiftung Psychologische Lehr- und Beratungsstelle« nicht in einer anderen rechtlichen Form geregelt. Auch nach Gründung der Stiftung bestand die einfache Gesellschaft als Subsidiärform weiter, da eine Stiftung rechtlich nur ein materielles und immaterielles Vermögen umfasst, das einem bestimmten Zweck gewidmet ist. Die mit der Stiftung verbundenen Menschen bildeten weiterhin eine einfache Gesellschaft, die nun im Rahmen der gemeinnützigen Stiftung tätig war.

Der gemeinsame Zweck war wissenschaftlich, kulturell und wohltätig, indem alle zusammenwirkten, um ein Zentrum für psychologische Forschung, Lehre und Beratung aufzubauen und zu bilden. Die Beteiligten engagierten sich mit gemeinsamen Kräften und Mitteln, sei es durch Lernen, Lehren und/oder finanzielle Beiträge. Viele engagierten sich auch, indem sie in ihrer Wohnung Gäste, gefährdete Jugendliche oder Pflegekinder aufnahmen. Auch wurden eine Weile lang Gruppenräume gemeinsam renoviert und geputzt und die Seiten der Zeitschrift zusammengetragen und verpackt. Wichtige Angelegenheiten wurden in der ganzen Gemeinschaft diskutiert, die Geschäftsführung war Friedrich Liebling und einigen engen Mitarbeiter/innen als Vertrauenspersonen überlassen.

Die gesetzliche Regelung, wonach eine Gemeinschaft als einfache Gesellschaft zu qualifizieren ist, wenn sie in keiner anderen Rechtsform geregelt ist, dient dem Schutz des Einzelnen, der sich in einer Sache mit Zeit, Geld oder anderen Beiträgen engagiert. Die an der Psychologischen Lehr- und Beratungsstelle Mitwirkenden hatten Rechte als Gesellschafter einer einfachen Gesellschaft. Ab 1974 waren sie zudem durch die gemeinnützige Stiftung abgesichert.

Die Zürcher Schule für Psychotherapie | 1.1

So wie andere philosophische oder psychologische Schulen sich einen Namen geben, bezeichnete sich die im Rahmen der Psychologischen Lehr- und Beratungsstelle entstandene Forschungsgemeinschaft ab 1967 als »Zürcher Schule für Psychotherapie«, abgekürzt »Zürcher Schule«. Der Begriff »Schule« beinhaltet in der Psychologie *»ein Kollegium, das gemeinsam vertretene konsente Ansichten, eine gemeinsame wissenschaftliche Tradition und eine gemeinsame Lehrmeinung hat«.*[32] Der Brockhaus spricht davon, dass *»heute über 200 mehr oder weniger wissenschaftlich fundierte Schulen zur Psychotherapie«* gehören.

Friedrich Liebling hatte den Namen in einem Vortrag an der Arbeitstagung im Herbst 1967 vorgeschlagen. Dabei erklärte er, dass vieles, was man hier in Zürich an der Psychologischen Lehr- und Beratungsstelle lehre und vertrete, sich von den geltenden Auffassungen anderer tiefenpsychologischer Richtungen unterscheide. In einem historischen Überblick nahm er Bezug auf Freud und die Anfänge der Tiefenpsychologie, sodann auf die Vertreter der Neopsychoanalyse, die aber ebenfalls ausschliesslich das persönliche Problem bearbeiten und die kulturellen Einflüsse nicht einbeziehen würden. Anders Alfred Adler: Er habe auf die Bedeutung der Gemeinschaft hingewiesen. Viele Psychologen seien dagegen, die Psychologie allgemein bekannt zu machen, weil sie glaubten, der Laie könne das nicht verstehen. Es gebe niemanden, der die Sache der Tiefenpsychologie in diesem Sinne bearbeite, wie das in Zürich gemacht werde: *»Es ist niemand da, der sich der Sache der Tiefenpsychologie angenommen hat, in diesem Sinne wie wir hier es bearbeiten. Alle Psychologen, alle Richtungen sind religiös, national und bestehen auf der Grundlage der heutigen Gesellschaftsordnung. [...] Ich unterbreite Ihnen jetzt den Vorschlag, den wir dann diskutieren können, dass wir uns die Zürcher Schule nennen.«*[33]

Immer wieder gab es Gespräche, in denen Friedrich Liebling grundlegend das Besondere der Zürcher Schule und den Unterschied zu anderen Richtungen erklärte. So auch in einem Gespräch mit einer Gruppe aus dem Ausland, die die Frage aufwarf, weshalb es sich lohne, den weiten Weg nach Zürich zu machen, was denn der Unterschied zu einem Psychologen in ihrer Heimatstadt sei. Hier führte Friedrich Liebling aus: *»Zürich hat ganz das soziale Problem, das Problem der Gemeinschaft mit einbezogen. [...] Den Zusammenhang des gesellschaftlichen Lebens mit unseren persönlichen Problemen, unseren Beziehungen, unserer Lebensauffassung, unserer Religion. Wenn bei uns einer kommt, [...] wird ihm die Psychologie vermittelt. [...] Wenn Sie in München zu einem Therapeuten gehen, lernen Sie Ihr Problem, lernen Sie Träume deuten, drei Jahre, dreimal in der Woche, ganz genau.«*[34]

Grundlagen

In einem Interview am 18.6.1980 bestätigte Friedrich Liebling gegenüber den Journalisten Dieter Hanhart und Hans W. Grieder, dass sich die Arbeit der Zürcher Schule auf alle drei Pioniere der Tiefenpsychologie stütze: *»Bei uns gelten Freud, Adler, Jung. Das sind die Vorläufer unserer Arbeit. [...] Sie waren die Pioniere; auf den Grundlagen von ihren Erkenntnissen haben wir weiter experimentiert.«*[35]

Friedrich Liebling führte oft aus, dass Freud mit seiner Entdeckung des Unbewussten die Grundlage für ein wissenschaftliches

Verständnis des Menschen gelegt habe. Während der Mensch vorher nicht in der Lage gewesen sei, sich zu erkennen, habe Freud durch seine Entdeckung, dass der Mensch aufgrund unbewusster Motive handle, den Grundstein für die wissenschaftliche Psychologie gelegt.

Die Grundlagen seiner Arbeit hatte Friedrich Liebling in unzähligen Gesprächen, aber auch in verschiedenen Beiträgen in der Zeitschrift »Psychologische Menschenkenntnis« oder in anderen wie »Der Psychologe« ausführlich dargestellt. Im Artikel »Die Bedeutung Alfred Adlers für die moderne Psychologie« würdigte er seinen Lehrer Adler als *»Grundpfeiler«* der Tiefenpsychologie. Für Adler sei der Mensch *»ein freies Wesen, nicht allein durch die Triebe definiert, sondern hauptsächlich bestimmt durch die kulturellen Aufgaben, denen er sich zeit seines Lebens unausweichlich gegenübersieht«.* Der Charakter eines Menschen entstehe *»aus der Auseinandersetzung mit den frühkindlichen Lebensumständen, insbesondere den Erziehungseinflüssen«.* Zudem müsse für Adler in der Kindheit das *»Gemeinschaftsgefühl entwickelt werden, das für jegliche Einordnung und Kulturleistung im späteren Leben entscheidend ist«.*[36]

In jenem Artikel ging Friedrich Liebling auch auf sein Verhältnis zu anderen psychologischen Schulen ein: *»Wir sind heute weit darüber hinaus, in der Psychologie den Kampf um Prioritäten zu führen und wir haben kein Interesse daran, die Gegensätze zwischen den einzelnen Schulen und Richtungen zu vertiefen. Aber im Geiste der historischen Gerechtigkeit darf angedeutet werden, dass die Neopsychoanalyse, [...] durch die Erkenntnisse Adlers angeregt worden ist, was in den Schriften von Erich Fromm, Karen Horney und Theodor Reik zum Ausdruck kommt. Dort wo die Psychotherapie [...] das freie Gespräch und die lebendige Kooperation einsetzt, knüpft sie an die Adlersche Lehre an, dass der seelisch kranke Mensch vor allem nicht Mitleben und Mitdenken gelernt hat. Dass es im Wesentlichen in der Seelenführung auf das ›Gemeinschaftsgefühl‹ ankommt, ist auch zum Grundprinzip der sogenannten ›Daseinsanalyse‹ geworden [...]«*[37]

Naturwissenschaftliches Vorgehen und Menschenbild

In der eigenen Forschungsarbeit stützte sich die Zürcher Schule auf die Naturwissenschaften. Es wurde das induktiv-deduktive Vorgehen angewandt, also vom Einzelnen zum Allgemeinen und vom Allgemeinen zum Einzelnen, von der Theorie zur Überprüfung in der Praxis und von der Praxis zurück zur Überprüfung der Theorie. Die Orientierung an der Realität in der Betrachtung und im Verständnis des Menschen war grundlegend. Man sah den Menschen als Wesen der Natur, nicht geprägt und determiniert durch überirdische Wesen oder Einflüsse. Friedrich Liebling: *»Indem man neue, humanistische Gedanken, die Gedanken der Aufklärung aufnimmt, den Menschen als Naturwesen – nicht als etwas Mystisches – zu betrachten, dann fängt erst der Mensch an, Mensch zu sein – als Kollege, als Mitmensch den anderen zu betrachten und zu sehen.«*[38]

Dies war kein Gegensatz zum religiösen Glauben; jeder war frei zu glauben, was er wollte, es gab auch mehrere Pfarrer und Theolog/innen in der Zürcher Schule. Religiöser Glaube und wissenschaftliche Forschung wurden als grundlegend unterschiedliche Disziplinen betrachtet. Gegenstand der psychologischen Forschung waren nicht religiöse Inhalte, sondern die Wirkung der Erlebnisse auf das Individuum, insbesondere in seiner frühen Kindheit.

Der Mensch wurde als ein Wesen gesehen, das im Verlauf seines Lebens alles lernt. Da er als biologische Frühgeburt zur Welt kommt, in einer Phase, in der er ohne die physische und emotionale Fürsorge und Pflege der Artgenossen nicht überleben kann, wird er früh sozialisiert. Dies ist auch die tiefere Bedeutung der Aussage, wonach der Mensch von seiner Natur her »gut« sei. Dieser Satz wurde viel zitiert und dessen Bedeutung kritisch hinterfragt.

Die »gute« Natur des Menschen bedeutet, dass er sozial ist. Wenn er sich asozial verhält, dann ist er durch die bisherigen Erlebnisse seiner Entwicklung irritiert. Der Mensch ist sozial, weil er nicht anders überleben kann als durch die Zuwendung anderer Individuen, die ihn nähren, pflegen, liebkosen, mit ihm sprechen, ihn in jeder Beziehung physisch und psychisch so weit fördern, bis er selber in der Lage ist, seine Bedürfnisse und Wünsche zu artikulieren und zu erfüllen. Die Aussage, der Mensch sei »gut«, bedeutet auch, dass er auf Kooperation angelegt ist. Die gegenseitige Hilfe hatte in der Evolution das Überleben und Wachsen der Menschheit überhaupt ermöglicht. Wenn es dem Mensch gelingt, sich sozial zu verhalten, aus »gesundem Egoismus«, ohne seine eigenen Bedürfnisse zu vernachlässigen, lebt er seiner Natur entsprechend.[39]

Schon 1968 fasste Friedrich Liebling das Ergebnis vorangehender Gruppengespräche, die über längere Zeit geführt worden waren, zusammen: *»Wir haben in unserer Forschungsarbeit das Problem Mensch behandelt. Ob der Mensch gut ist – im Gegensatz zu der Behauptung der alten Meinung, der bestehenden Meinung. Wir haben das vom psychologischen, soziologischen, philosophischen Standpunkt uns zu erklären versucht und sind uns darüber einig geworden, dass der Mensch ein gutes Wesen, ein harmloses Wesen ist und dass er sich nicht umbringen wird [gemeint ist: einander/gegenseitig]. Dass der Mensch imstande ist, in der Gemeinschaft zu leben, ohne dass Schwierigkeiten entstehen. [...] Und wir können uns vorstellen, dass der Mensch ohne Gewalt, ohne Zwang, ohne Autorität in Gemeinschaft leben kann.«*[40]

Selbstverständlich wurde nicht geleugnet, dass aggressive Gefühle und Verhaltensweisen vorkommen und auch in der Vergangenheit der Menschheit vorkamen. Doch wurde dies nicht auf einen »Aggressionstrieb« zurückgeführt. Auch Krieg wurde nicht als Ausdruck einer dem Menschen innewohnenden Bösartigkeit oder Aggressivität gesehen. Es wurden Beispiele zitiert, wie feindliche Soldaten miteinander Vereinbarungen ausmachten oder gemeinsam Weihnachten feierten. Dass Menschen in kriegerischen Auseinandersetzungen Gräueltaten begehen, führte man darauf zurück, dass wir durch die Einführung ins Leben, durch Nationalismus und Obrigkeitsgläubigkeit zu autoritätsgläubigen Menschen erzogen werden. Der Krieg wurde vor allem auch als ein lukratives Geschäft betrachtet.

Der Mensch wird

»Der Mensch ist nicht, er wird«, war eine der zentralen Aussagen Friedrich Lieblings. Dies bedeutet, dass der Mensch ein lernendes Wesen ist. Seine Fähigkeiten und Charaktereigenschaften hat

er durch seine Lebensgeschichte erworben, was kein einfacher, linearer Prozess ist. So ruft zum Beispiel ein bestimmtes Verhalten der Beziehungspersonen nicht stets das gleiche Resultat hervor, sondern es gibt Tausende von Möglichkeiten, wobei das Kind selber auch aktiver Partner dieser Entwicklung ist; es reagiert und agiert, legt sich Bilder und Erklärungen zurecht und verhält sich demgemäss, was wiederum Reaktionen der Beziehungspersonen hervorruft. Entwicklung ist ein komplizierter und anspruchsvoller Prozess, und er verläuft unbewusst.

Friedrich Liebling postulierte eine auf breiter Grundlage durchgeführte Aufklärung der Eltern: *»Es gilt den Eltern klarzumachen, dass man die Erziehung und den Umgang mit dem Kinde nicht alleine auf den ›gesunden Menschenverstand‹ abstellen darf; dass hier, wie immer und überall in menschlichen Belangen, ein Wissen vonnöten ist, damit nicht seelisch kranke, verschrobene, eigensinnige Menschen aus der Erziehung hervorgehen, die sich im Leben nicht zurechtfinden können. Die Eltern müssen wissen, dass die theoretischen und praktischen Einsichten der modernen Pädagogik die Erkenntnis ergeben, dass das Autoritäts- und Strafprinzip in der Erziehung grosse seelische Schäden für das ganze Leben verursacht. Dies gilt auch für die Verzärtelung in der Erziehung. Also: zu wenig oder falsche Liebe kann verheerende Folgen in der Charakterentwicklung des Kindes zeitigen.«*[41]

Unermüdlich erklärte Friedrich Liebling die Bedeutung der Erziehung für die Entwicklung des Menschen und die Möglichkeit, daraus entstandene Unzulänglichkeiten zu verändern: *»Zumeist ist es so, dass die Eltern es sehr gut meinten. Aber sie waren nicht informiert. Sie wussten nicht, wie man mit dem Kind umgeht. Was der Umgang in den ersten paar Jahren für das Leben eines Kindes bedeutet, fangen wir erst jetzt an zu erkennen. Die Psychologie lehrt uns, das zu verstehen und zu erahnen, was die unsachliche Haltung unserer Erzieher auf die Bildung des Charakters des Kindes bewirkt. Alle Unzulänglichkeiten, die wir erleben, alle Schäden, alle Schwächen, alles Unglück sind die Auswirkungen der Haltung, der Eindrücke, die wir in der Kindheit erlebt haben. [...] Wenn wir diesen Gedanken aufnehmen, wenn wir in uns das richtige Bild schaffen, indem wir das wissen, können wir unser Leben einrichten. Dann sind wir nicht Fa-*

talisten und denken, das sei schon angeboren oder in den Sternen geschrieben, sondern wir wissen, dass wir es erlernt haben. Wir haben es erworben und können es ablegen. Wir überlegen es uns, legen diese Gefühle ab und versuchen, einen anderen Weg zu gehen, den richtigen, den natürlichen. Wir haben dann ein anderes Bild von unserem Leben, von unserem Partner. Wir benehmen uns natürlicher.«[42]

Ursachen von Lebensschwierigkeiten

Als Ursache von Lebensschwierigkeiten wurde an der Zürcher Schule nicht ein einziges Erlebnis betrachtet, sondern die Summe der Erlebnisse in der Kindheit: die Stimmung im Elternhaus, der Umgang, die Einstellung der Welt gegenüber usw. Ein einziges herausragendes Erlebnis, an das sich ein Erwachsener erinnert, wurde eher als Beispiel dieser Stimmung gesehen, wie ein Blitzlicht, das die ganze Atmosphäre im Elternhaus erhellt. Es wurde nicht als notwendig betrachtet, sich an jede Einzelheit zu erinnern. Das Aufarbeiten und Verstehenlernen der Kindheitssituation war kein Selbstzweck, sondern darauf ausgerichtet, sich im jetzigen Leben besser zu fühlen und die aktuellen Lebensaufgaben bewältigen zu können. Es ging darum, den eigenen Werdegang zu verstehen, um einen neuen Weg einschlagen zu können.

Friedrich Liebling führte dies in unzähligen Beispielen wie dem folgenden über die Entstehung und Ursachen der Angst aus: In einem Haus wohnen zwei Familien, je mit einem Sohn. In einer Familie erziehen die Eltern nach dem modernen Prinzip. Sie nehmen das Kind ernst, behandeln es als Mitglied der Familiengemeinschaft und fragen es nach seiner Meinung. Der Vater weiss viel, aber er ermutigt den Sohn, stets weiterzulernen und zu wachsen, auch das Problem der Sexualität wird offen behandelt. Der Nachbar nebenan ist streng und autoritär. Sein Sohn kriegt Schläge, er wird beschimpft. Und so entsteht die Angst. Wenn die beiden in die Schule kommen, projizieren sie ihre Erlebnisse in den Lehrer. Wenn der Lehrer ein Kind beschimpft, wird der erste Bub für es eintreten. Der andere Bub wird im Lehrer den Vater sehen. Er hat immer Angst.

Und weiter führte Friedrich Liebling aus: *»Die Menschen haben ge-glaubt, dass sie die Kinder schlagen müssen, dass sie die Kinder be-schimpfen müssen. Das hat sich als grosser Irrtum erwiesen.«*[43] Dies bewirke beim Kind das Leid. Das ganze Leben ringe der Mensch dann um die Anerkennung der Eltern. Er werde selber Kinder ha-ben, aber im tiefsten Innern ersehnen, dass die Eltern ihn anerken-nen. Wenn jemand zur Psychologischen Lehr- und Beratungsstelle komme, sei das erste Bestreben, ihn mit seinen Eltern zu versöh-nen. Oft sei das schwer, aber davon hänge es ab, wie rasch er seine Unzulänglichkeiten verstehen und darüber hinauswachsen könne.

<u>Was ist Psychotherapie?</u>

Friedrich Liebling betonte immer wieder, dass die Psychologie noch eine junge Wissenschaft sei und dass man noch am An-fang stehe. Die Bedeutung der Psychologie erläuterte er wie folgt: *»Indem wir uns der Psychologie zuwenden, eröffnet sich eine neue Welt. Ganz neue Gedanken, neue Gefühle, eine neue Sicht entsteht vor uns. Wer sich aneignet das Prinzip der Psychologie, der ist ein anderer Denker, er denkt anders, er sieht anders, er hat ein anderes Bild.«*[44] Psychotherapie kann passieren, wenn die innere Bereit-schaft des Ratsuchenden so weit ist, dass er eine Antwort möchte, und wenn der Psychotherapeut seine Sprache spricht, ihn so an-sprechen kann, dass er im Gefühl erreicht wird, gewissermassen eine Erschütterung stattfindet. Psychotherapie kann ein längerer, schrittweiser Prozess sein, kann aber auch von einem Moment auf den anderen geschehen, indem ein Mensch plötzlich etwas einsieht und erfühlt, was ihn veranlasst, eine Haltung umzustel-len, eine Angst aufzugeben, eine falsche Meinung grundlegend zu korrigieren. Friedrich Liebling brachte oft den Vergleich, dass der heutige Mensch wie ein in den Teer gefallenes Kätzchen sei: Jedes Haar müsse angeschaut und gereinigt werden. So sei der heutige Mensch vollgestopft mit Irrtümern über sich und die Welt.

Oft auch wurde davon gesprochen, dass in der Psychothera-pie kein Stein auf dem andern bleibe, alles werde gründlich an-geschaut und geprüft. Friedrich Liebling: *»Um die Angst aufgeben zu können, braucht man eine Hilfe. Und diese Hilfe ist der Mund, die*

Sprache, Psychotherapie, das ist die Arznei. Mittels der Psychologie kann man sich eine neue Sicht über das Leben erwerben, über sich selbst, über die Menschen, über die Welt. [...] Der kommt zum Psychologen und will erfahren, warum er Angst hat. Der Psychologe muss soweit sein, dass er das weiss, dass er das erklären kann, dass er das weiss, dass er das kennt, und dass er das vermitteln kann. [...] Wenn der Psychotherapeut dieses erkennt, das erfasst und ihn anspricht, dann kann er Erfolg haben.«[45]

So war Friedrich Liebling zum Beispiel bezüglich Ehe- und Partnerschaftsproblemen der Meinung, man sollte sich Klarheit darüber verschaffen, was sich in der Beziehung abspielt, bevor man sich trennt. Oft wurde das Bild gebraucht, bei einem Paar kämen zwei Welten zusammen; jeder Partner habe einen unbewussten Hintergrund und empfinde alles auf diesem Boden. Man solle sich die psychologische Sicht aneignen, um zu verstehen, was bei einem selbst und beim Gegenüber passiere. In einem Partnerschaftsgespräch erklärte er dies so: *»Diese Schwierigkeiten, die man mit dem Partner oder mit der Partnerin hat, machen wir uns nicht bewusst. Immer wieder kommen Dinge vor, bei denen wir Partner eben oft nicht imstande sind, das Gespräch zu führen. Das ist nicht gewollt. Der Mensch ist so sensibilisiert, als Kind hat sich die Empfindlichkeit so in seinem Gefühlsleben festgesetzt, dass er überhaupt, ohne zu denken, schon aus der Rolle fällt. Immer fühlt er sich gekränkt, fühlt sich beleidigt, weil er so zugespitzt ist. Er kann sich dann nicht helfen. [...] Je mehr man sich bewusst wird, je mehr Selbsterkenntnis man gewinnt, je mehr Einblick in die eigene Situation man hat, und je mehr man weiss, wie man reagiert und die Aufmerksamkeit darauf lenkt, desto mehr ertappt man sich bei Stellungnahmen, bei Gedanken, bei Gefühlen, die nicht der Realität entsprechen. Man sieht's dann eben und fängt an, sich in die Hand zu bekommen.«*[46]

An der Zürcher Schule sprach man über alles, es gab kein Tabu. Weltanschauliche Fragen wurden ebenso diskutiert wie persönliche und aus einer psychologischen Sicht betrachtet und beurteilt.

Friedrich Liebling machte kein Geheimnis daraus, was er über Politik dachte. Oft brachten Menschen das Problem auf, dass sie sich aufgrund ihrer sozialen Herkunft minderwertig oder unwohl fühlen, sei es als Töchter oder Söhne von Arbeitern, Bauern, Juden, Immigranten oder anderen Minderheiten. Hier wies Friedrich Liebling immer auf die Ungleichheit unserer Gesellschaft hin, auf die Ungerechtigkeit, dass wir diese verinnerlicht hätten und so erzogen seien, Hierarchien zu akzeptieren und auf Befehl zu gehorchen. Dies führe dazu, dass der Mensch sogar in den Krieg ziehe. Friedrich Liebling gab oft seiner Befürchtung Ausdruck, dass es zu einem Dritten Weltkrieg kommen könnte. Er meinte aber auch, dass die Menschen in der Zukunft den Krieg abschaffen würden, und vielleicht würden wir dies noch erleben.

Man las und diskutierte besonders auch die Aufklärer[47] und verschiedene Denker, die alternative Gesellschaftsentwürfe vertreten hatten.[48] Friedrich Liebling wies darauf hin, dass diese Denker vorausgesehen hätten, was die Psychologie bestätige, nämlich dass man den Menschen freilassen könne. Er würde sich organisieren, so wie er sich seit Menschengedenken in freien, gemeinschaftlichen Formen organisiert habe.

Wenn jemand die Frage nach dem Spannungsfeld zwischen kapitalistischen und kommunistischen Gesellschaften aufwarf, erläuterte er, wie er die Geschichte Russlands und seiner damaligen Satellitenstaaten sah. Er machte uns auf Schriftsteller aufmerksam, die schon früh das Scheitern der Entwicklung nach der Russischen Revolution kritisiert hatten.[49] Marx habe geglaubt, es brauche eine Übergangszeit, in der die Menschen zur Freiheit erzogen werden müssten. Kommissare hätten dann den Bauern vorgeschrieben, was diese zu tun oder zu lassen hätten, man habe Zwang und Gewalt ausgeübt. Es habe aber schon damals Menschen gegeben, die dieser Meinung das gewaltlose Prinzip entgegengehalten hätten: *»›Weder ich noch du kann zur Gewalt greifen!‹ Nur die freie Vereinbarung! ›Ich will leben, du willst leben, nun, spannen wir zusammen!‹ Nur so kann die Welt genesen. So wird die Welt, die Menschheit weiterkommen, indem sie sich auf freiwilliger Basis assoziieren wird. [...] Freiheit, Gleichheit und Brüderlichkeit! Die abgedroschenen Worte, aber die gelten. Es gibt nichts anderes!«*[50]

Friedrich Liebling wies jedoch auch darauf hin, dass es mit der Freiheit des Westens nicht weit her sei, dass hier mit dem Begriff »Freiheit« oftmals die Freiheit, andere besser ausbeuten zu können, gemeint sei. Das Problem sei die Macht, das Bestimmen der einen über die andern. Wenn der Mensch Macht habe, werde es schwierig für ihn, sich dadurch nicht korrumpieren zu lassen. Die heutigen Zustände seien etwas Unmenschliches, Unwürdiges. Der Mensch, der mit offenen Augen durch die Welt gehe, könne nicht des Lebens froh werden.

Unbegrenzte Lernfähigkeit

Die unbegrenzte Lernfähigkeit des Menschen war eine wichtige Grundlage der Zürcher Schule: Jeder gesunde, vollsinnige Mensch kann alles lernen. Die Intelligenz wurde nicht als angeboren betrachtet. Die Fähigkeit, Französisch oder etwas anderes zu lernen, betrachtete man nicht als etwas, das einem in die Wiege gelegt sei. Friedrich Liebling sagte öfters: *»In Paris spricht jeder Kutscher französisch«, oder: »Millionen Menschen machen die Schule – warum gerade Sie nicht?«* Die Erkenntnisse der Zürcher Schule über die unbegrenzte Lernfähigkeit werden heute auch durch Hirnforscher bestätigt.[51]

An der Zürcher Schule erteilten Studenten und Lehrer vielen Kindern, Jugendlichen und jungen Erwachsenen Nachhilfestunden auf psychologischer Grundlage. Dabei ging es wohl auch um das direkte schulische Lernen, aber im Vordergrund stand die Ermutigung: Dem Kind sollte Mut und Selbstvertrauen eingeflösst werden, damit es sich beispielsweise Mathematik oder Französisch zuzutrauen begann. Die Herausforderung war, das Kind in seinem Gefühl zu erreichen und zu stärken.

Auch die Eltern wurden einbezogen. Oftmals, wenn diese ruhiger wurden, ihre Angst aufgaben und im Gefühl beginnen konnten, das Lernen ihrem Kind zuzutrauen, stellte sich der Lernerfolg von selber ein. Es gab zahlreiche Kinder, Jugendliche oder junge Erwachsene, die wegen Lernschwierigkeiten kamen und mit Unterstützung der Zürcher Schule einen eindrücklichen Berufsweg durchliefen. So erinnere ich mich an Zwillinge, die als lernbehindert galten und eine Sonderklasse oder Sonderschule besucht hatten; der eine wurde Lehrer, der andere Sozialpädagoge. Viele Erwachsene, die durch mangelnde Förderung oder wegen des falschen Selbstbildes, sie seien dumm und könnten nicht lernen, keine weiterführende Ausbildung machen konnten, wurden mutiger. Sie begannen zu lernen, machten die Matura für Erwachsene und einen Studienabschluss.

Es war eindrücklich, wenn Friedrich Liebling über ein entmutigtes Kind sprach und vormachte, wie man ihm Mut zum Lernen einflössen kann. Auch die Lehrer ermutigte er und meinte, es gebe keinen schöneren und interessanteren Beruf: *»Der psychologisch geschulte Lehrer [...] ist mit dem Herzen dabei, er gibt gerne Schule. Die Schule interessiert ihn, die Schule ist ganz was Grosses. [...] Es gibt nichts Schöneres im Leben eines Menschen, als ein guter Lehrer zu sein, ein guter Menschenkenner. [...] Nicht einmal auf den Mond fahren kann so interessant sein wie eine Klasse von Kindern zu haben, und sich diesen zu widmen.«*[52]

Oft stellte er den Zusammenhang mit der Welt her, in der noch immer Kriege zum Alltag gehören. In der Schule zeige sich dem Lehrer die ganze Menschheitsgeschichte. *»Er sieht die Wirkungen der unsachgemässen Erziehung, die die Menschen hervorbringt, die dann als Erwachsene solche Zustände schaffen und aufrechterhalten.«*[53]

*|

Zu den Grundlagen der Zürcher Schule gibt es zahlreiche Publikationen: Die damaligen Veröffentlichungen der Psychologischen Lehr- und Beratungsstelle sowie einige spätere Forschungsarbeiten.[54]

*|

Was war das Geheimnis des Erfolgs Friedrich Lieblings? Friedrich Liebling gab im Gespräch vom 11.11.1980 den Journalisten Dr. Dieter Hanhart und Dr. Hans W. Grieder folgende Antwort auf diese Frage: *»Ich habe kein Interesse, Ihnen etwas zu sagen, was nicht stimmt. Das stimmt, das ist mein Gefühl, und das ist mein Charakter, und so lebe ich, und so handle ich. Und mein Erfolg ist darauf zurückzuführen.«*[55]

Friedrich Liebling war aufrichtig, er sagte jedem Menschen die Wahrheit: Ein Beispiel dafür ist die Antwort an eine Frau, die psychisch in grosser Bedrängnis war und sich von giftigen Gasen umgeben fühlte: Er sagte, es habe zwar Gase, aber sie seien nicht giftig. Unvergesslich ist mir auch, wie er Eltern oft bereits im allerersten Gespräch voller Empathie erklärte, wie unfähig wir in der Erziehung sind, dass wir da die Idioten sind. Mögen wir studiert haben und Doktor sein, aber in der Erziehung kennen wir nicht einmal das ABC.

Friedrich Liebling drückte sich so aus, dass ihn jede und jeder verstehen konnte; er benutzte kaum Fremdwörter und bediente sich einer Sprache, die auch Menschen verstehen konnten, die keine Hochschule besucht hatten. Ob ihn ein Zuhörer jedoch wirklich verstand in dem Sinn, dass er die Bedeutung seiner Ausführungen aufnehmen und ins Gefühl übertragen konnte, hing von anderen Vorbedingungen als dem Bildungsgrad ab. Es waren vor allem junge Menschen, die sich durch ihn angesprochen fühlten.

Friedrich Liebling verfügte über ein grosses Einfühlungsvermögen und ein umfassendes Wissen. Er empörte sich über die Ungerechtigkeit in der Welt und er liebte die Menschen. Er behandelte alle gleich, verständnisvoll und mit Achtung.

Bei der Frage nach den Ursachen des Erfolgs Friedrich Lieblings müssen auch seine Schüler/innen und Mitarbeiter/innen genannt werden: Mit enormem Engagement wirkten sie über Jahre am Aufbau und Betrieb der Psychologischen Lehr- und Beratungsstelle mit. Unentgeltlich betreuten sie neu Hinzukommende, führten sie in die Gemeinschaft der Psychologischen Lehr- und Beratungsstelle ein und machten sie mit den psychologischen Erkenntnissen bekannt.

Eine weitere Ursache des Erfolgs war auch das Modell der Zürcher Schule für Psychotherapie an sich. Die Grundlage des Zusammenlebens und gemeinsamen Forschens in Gleichheit, Freiheit und Gewaltlosigkeit begeisterte die Menschen und erfüllte ein Bedürfnis, das vielen innewohnt. Durch das psychologische Verständnis, die Toleranz, die gegenseitige Hilfe fühlte sich das Individuum in der Gemeinschaft aufgehoben. In der Einzelbeziehung und den Gruppengesprächen konnte man sich selbst und die eigenen unbewussten Gefühle besser verstehen lernen. Dass psychologische Beratung und Ausbildung unabhängig von den finanziellen Ressourcen ermöglicht wurden, eröffnete der persönlichen Entwicklung viele Möglichkeiten: Jeder und jede konnte lernen, wachsen und sich zu neuen Ufern aufmachen.

Friedrich Liebling sprach häufig davon, dass wir aufgrund unserer frühkindlichen Einführung ins Leben, die vom vorpsychologischen Denken und Verhalten geprägt war, nicht fliegen lernen könnten, aber wir könnten lernen zu hüpfen.

1.2 | Gründung der Stiftung Psychologische Lehr- und Beratungsstelle

Da die mit der Psychologischen Lehr- und Beratungsstelle in Verbindung stehende Gemeinschaft gewachsen war und inzwischen mehrere Hundert Personen regelmässig an Gruppen und Kursen teilnahmen, gemeinsam forschten, lernten und lehrten, wurden die Platzverhältnisse allmählich eng. Friedrich Liebling und sein Kreis suchten eine Organisationsform, die den Weiterbestand der Gemeinschaft über Friedrich Lieblings Tod hinaus sichern und es auch ermöglichen sollte, Räumlichkeiten zu mieten oder zu erwerben, damit genügend Platz für alle da wäre, ein *»Dach über dem Kopf«*, wie Liebling es nannte.

So wurde 1971 zunächst der »Verein zur Förderung psychologischer Ehe- und Erziehungsberatung« gegründet, von dem noch Protokolle aus den Jahren 1971 bis 1975 existieren; sie betreffen Mitgliederversammlungen.[56] Der Verein kaufte drei Liegenschaften (Spyristrasse 14, Hochstrasse 1 und Susenbergstrasse 53) und mietete Räume (Badenerstrasse 254/256). In diesen Häusern fanden Einzel- und Gruppengespräche, Nachhilfestunden, Lesegruppen und Abendkurse statt.

Doch ist ein Verein als Rechtsform nicht geeignet, um ein Werk über den Tod des Gründers hinaus fortzuführen, weil der Zweck jederzeit verändert werden kann. Eine Stiftung hingegen ist – im Unterschied zu einem Verein – an den Sinn und Geist des Stifters gebunden und als *»ewige Anstalt«* vorgesehen: *»Der Stifterwille bestimmt die Aufgabe und die Gestaltung der Stiftung und legt*

sie ›auf alle folgenden Zeiten‹ fest [...]. So wie er sie errichtet, soll sie
dauern, sie ist eine ›ewige Anstalt‹ [...]. Das Recht selbst sorgt sich
um die Dauer; das Aufsichtsrecht der Behörde soll Bestand und Zweckerfüllung sichern.«[57]

Der Stiftungsrat Peter Fuchs hatte Friedrich Liebling über das
Wesen einer Stiftung beraten. Peter Fuchs stützte sich damals auch
auf einen Kommentar zum Schweizerischen Zivilgesetzbuch aus
dem Jahr 1953: *»Die Stiftung ist die Schöpfung einer Privatperson,
die sie mit eigenen Gütern ausstattet und so lebensfähig macht. Deshalb muss für das rechtliche Schicksal der Stiftung in allererster Linie
der Wille des Stifters massgeblich sein.«*[58] Und weiter: *»Die Stiftung
besitzt nicht dieselbe Beweglichkeit und Fortschrittsmöglichkeit
wie der Verein. Entsprechen die ursprünglichen Statuten des Vereins
den Bedürfnissen nicht mehr, dann kann die Vereinsversammlung
sie abändern, die Organisation modifizieren, den Zweck erweitern
und eventuell bei Einstimmigkeit der Mitglieder sogar umwandeln.
Nichts von alledem ist an sich möglich bei der Stiftung. Diese wird
vom Stifterwillen, wie er in der Urkunde definitiv niedergelegt ist, be-
herrscht.«*[59]

Um den Willen des Stifters im Zweifelsfall auszulegen, müssen
neben der Urkunde auch andere Äusserungen des Stifters heran-
gezogen werden.[60] Friedrich Liebling hat in seinem Leben einiges
geschrieben und vor allem viel gesprochen. Die Gespräche an der
Psychologischen Lehr- und Beratungsstelle wurden schon in den
1960er-Jahren auf Spulen-, später auf Kassettenton- und Videobän-
dern aufgenommen und archiviert. Auch Privatpersonen konnten
Aufnahmen machen und bewahrten sie als persönliches Lehrmaterial auf, Friedrich Liebling konnte also sicher sein, dass sein Wille für die Nachwelt dokumentiert war.

Den Entwurf der Stiftungsurkunde liess Friedrich Liebling
am 8.3.1974 durch ein Rechts- und Verwaltungsbüro dem Eidgenössischen Departement des Innern (EDI) als Aufsichtsbehörde
zukommen. Mit Schreiben vom 1.4.1974 bemängelte das EDI die
ungenügende Vermögenswidmung: *»Die Prüfung der Stiftungsurkunde gibt uns Anlass zu einer Bemerkung hinsichtlich der Vermögenswidmung. Unseres Erachtens ist es völlig ausgeschlossen, mit
einer Vermögenswidmung von 10 000 Franken und einer ganz unge-*

wissen Inaussichtstellung weiterer Zuwendungen den weitgefassten Stiftungszweck auch nur einigermassen zu erfüllen. Wir ersuchen Sie höflich, das Problem der Vermögenswidmung mit Ihrer Klientschaft nochmals eingehend zu besprechen. Mit Stiftungen, die mit ungenügenden Mitteln ausgestattet sind, haben wir in den letzten Jahren sehr schlechte Erfahrungen gemacht und mussten wiederholt zu vorzeitigen Auflösungen schreiten.«[61]

Daraufhin hielt das EDI am 4.4.1974 auf einer Aktennotiz fest, dass die Stiftung ungefähr 500000 Franken von einer *»association fondatrice«* – also von einem Gründerverein – erhalten werde; unter diesen Bedingungen habe die Aufsichtsbehörde bestätigt, dass nichts der Gründung der Stiftung und der Eintragung ins Handelsregister entgegenstehe.[62] Die bereits für den Verein tätige Treuhandfirma Gubler übernahm am 29.4.1974 das Mandat als Kontrollstelle der Stiftung.[63]

Hierauf errichtete Friedrich Liebling in seinem einundachzigsten Altersjahr mit Öffentlicher Urkunde vom 11.6.1974 beim Notariat Zürich-Fluntern die Stiftung Psychologische Lehr- und Beratungsstelle. Darin hielt der Notar auf der letzten Seite fest: *»Die vorstehende Urkunde enthält die mir mitgeteilten Willenserklärungen des im Eingang bezeichneten Stifters; sie wurde von ihm selbst gelesen, als richtig anerkannt und eigenhändig unterzeichnet.«*[64]

In einem Schreiben vom 6.9.1974 des EDI an das Handelsregisteramt des Kantons Zürich wurde bestätigt, dass die Stiftung Psychologische Lehr- und Beratungsstelle in das Register eingetragen werden kann. Zufolge ihres umfassenden Charakters werde sie der Aufsicht des Bundes unterstellt. Die Stiftungsurkunde sei dem EDI seinerzeit unterbreitet worden, und nachdem die Vermögenswidmung inzwischen abgeklärt worden sei, hätten sie dazu keine Bemerkungen mehr anzubringen.[65] Am 16.9.1974 wurde die Stiftung Psychologische Lehr- und Beratungsstelle ins Handelsregister eingetragen[66] und als Neugründung am 28.9.1974 im »Schweizerischen Handelsamtsblatt« publiziert.[67] Mit Schenkungsvertrag vom 17.6.1975 übertrug der Verein zur Förderung psychologischer Ehe- und Erziehungsberatung seine Liegenschaften sowie deren Betriebseinrichtungen und Mobiliar auf die Stiftung Psychologischen Lehr- und Beratungsstelle, rückwirkend auf den 1.10.1974, den Beginn des Rechnungsjahrs der Stiftung.[68] Per 30.11.1976 wurden alle Aktiven und Passiven des Vereins auf die Stiftung übertragen; mit Beschluss vom 14.12.1976 löste sich der Verein auf. [69]

Der Briefwechsel zwischen dem EDI und dem Stifter ist im Hinblick auf die spätere Entwicklung von grossem Interesse: Zum einen empfanden alle Seiten den Stiftungszweck offenbar als klar, denn er wurde nicht bemängelt. Somit ist die spätere absurde Behauptung, der Stifter habe die Begünstigung einer angeblichen Einzelfirma bezweckt, eine Interpretation, die zur Zeit der Gründung der Stiftung niemandem in den Sinn gekommen ist. Zum Zweiten hatte die Aufsichtsbehörde klar festgestellt, dass es Probleme gibt, wenn eine Stiftung *zu wenige* Mittel hat. Die spätere Behauptung, die Stiftung verliere aufgrund *zu vieler* Mittel die Steuerbefreiung, war für den Stifter und den Stiftungsrat nicht vorhersehbar. Ihr Bemühen ging in die Richtung, möglichst *genug* Mittel zu haben. Sie konnten nicht ahnen, dass die Zuwendungen, die der Stiftung in den folgenden Jahren zukamen, zu Problemen mit den Behörden führen könnten, bzw. vorgeschoben wurden, um der Stiftung Schwierigkeiten zu bereiten.

* |

Mit Verfügung vom 1.10.1974 des EDI wurde die Stiftung Psychologische Lehr- und Beratungsstelle unter Aufsicht des Bundes gestellt. In dieser Verfügung wurde der Stiftungszweck wiedergegeben und ausgeführt: *»Die vorliegende Stiftung wird eine Beratungsstelle an einem festen Standort aufbauen, was als Indiz für die Zugehörigkeit zu einer Gemeinde gewertet werden könnte. Hier steht jedoch der umfassende Zweck der Stiftung im Vordergrund. Der Stiftungszweck ermöglicht eine Tätigkeit im Gebiet der ganzen Schweiz und schliesst auch eine Ausstrahlung ins Ausland nicht aus, eine Beaufsichtigung durch den Bund ist deshalb gerechtfertigt.«*[70] Bereits zu dieser Zeit und insbesondere in den folgenden Jahren kamen tatsächlich viele Menschen aus dem Ausland, um sich Rat und Hilfe zu holen und sich aus- und weiterzubilden.

Am 17.10.1974 verfügte die Finanzdirektion des Kantons Zürich, dass die Stiftung von der Staatssteuer und den allgemeinen Gemeindesteuern befreit werde. Auch hier wurde zum Stiftungszweck festgehalten: »*Gemäss § 16 lit d StG sind juristische Personen, die sich, ohne Erwerbs- oder Selbsthilfezwecke zu verfolgen, öffentlichen Zwecken, Kultuszwecken, Unterrichtszwecken oder gemeinnützigen Zwecken widmen und sie im Kanton oder im allgemein schweizerischen Interesse erfüllen, von der Steuerpflicht befreit. Die Stiftung widmet sich in uneigennütziger Weise der Förderung der Wissenschaft, indem sie Aufbau und Betrieb der Psychologischen Lehr- und Beratungsstelle als Lehr-, Forschungs- und Beratungszentrum bezweckt und Mittel für wissenschaftliche Forschung auf dem Gebiet der Psychologie einsetzt. Die Tätigkeit der Stiftung ist nach ständiger Praxis gemeinnütziger Natur. Es rechtfertigt sich daher, die Stiftung, gestützt auf § 16 lit d StG, von der Steuerpflicht zu befreien.«*[71]*

Die Tätigkeit Friedrich Lieblings, Josef Rattners und mehrerer Mitarbeiter/innen war in Zürich seit vielen Jahren bekannt. Die Zuwendungen, die nun der Stiftung zugutekamen, waren Früchte ihrer Aufbauarbeit – und diese sollten jetzt durch die Stiftung der Öffentlichkeit zukommen, nämlich dem Rat suchenden Ehepaar, dem unverstandenen Kind, dem psychologisch interessierten Studenten.

* |

In der Stiftungsurkunde legte Friedrich Liebling den Namen, die Gemeinnützigkeit, den Zweck, das Vermögen, die Organe und allfälliges Vorgehen bei einer Zweckänderung bzw. Auflösung der Stiftung fest.

»Der Zweck der Stiftung besteht im Aufbau und Betrieb der Psychologischen Lehr- und Beratungsstelle als Lehr-, Forschungs- und Beratungszentrum für

- *Ehe und Erziehungsberatung*
- *Berufs- und Studienberatung*
- *Erteilung von Nachhilfeunterricht auf psychologischer Grundlage*
- *Psychotherapie*
- *Gruppentherapie in Klein- und Grossgruppen*

Die Stiftung kann ihre Mittel auch einsetzen für Forschung, wissenschaftliche Veröffentlichungen, Aus- und Weiterbildung mit Gewährung von Stipendien und Studiendarlehen, Druck und Verlag von Broschüren, Zeitschriften und Büchern, Finanzierung von Schulungs- und Kursräumlichkeiten, sowie die Durchführung von Tagun-

gen, Seminarien und Kongressen zur Förderung der psychologischen Erkenntnisse.«[72]

Ähnliche Formulierungen des Zweckartikels gab es bereits bei anderen Zürcher Stiftungen, die sich psychologischen Interessen widmeten. So existierte seit 1948 das »C.G. Jung-Institut«, dessen Zweck in der *»Gründung eines Lehr- und Forschungsinstitutes«* bestand.[73] Seit 1969 gab es das »Szondi-Institut«, in dessen Statuten steht: *»Der Zweck der Stiftung besteht im Aufbau und Betrieb des ›Szondi-Institutes‹ als Lehr- und Forschungszentrum für Tiefenpsychologie.«*[74] 1973 wurde die Stiftung »Phönix-Haus« ins Handelsregister eingetragen; ihr Zweck bestand im *»Aufbau und Betrieb eines oder mehrerer sogenannter ›Phönix-Häuser‹ zur Hilfe-Leistung an seelisch gesunden Menschen im Sinne einer weiteren Persönlichkeitsentwicklung ...«*[75] Offensichtlich hatten sich Friedrich Liebling und seine Berater bei der Formulierung des Stiftungszwecks an bereits existierenden Stiftungen orientiert.

Indem Friedrich Liebling den Namen Psychologische Lehr- und Beratungsstelle auf die Stiftung übertrug, widmete er dieser das mit diesem Namen zusammenhängende immaterielle Vermögen, das im damaligen guten Ruf, in dem Goodwill, den wissenschaftlichen Forschungsergebnissen seines 20-jährigen Aufbauwerkes bestand.

Bereits in Artikel 1 legte Friedrich Liebling die Gemeinnützigkeit der Stiftung fest. Dadurch bestimmte er, dass der Kreis der Begünstigten, der sogenannten Destinatäre, offen sein sollte. Gemäss dem damals geltenden Kommentar zum Zürcher Steuergesetz *»wird juristischen Personen Steuerfreiheit gewährt, die statutengemäss und tatsächlich an eine grundsätzlich unbeschränkte Zahl Dritter zur Förderung der öffentlichen Wohlfahrt uneigennützig und ohne Verfolgung von Erwerbs- und Selbsthilfezwecken auf die Dauer Opfer erbringen«.*[76] Jedermann sollte Nutzniesser der Institution sein können,[77] und Friedrich Liebling legte stets Wert darauf, dass niemand abgewiesen werde. So sagte er am 18.6.1980 zu zwei Journalisten des »Tages-Anzeigers«: *»Keiner geht weg, ohne dass er Hilfe bei uns bekommt – niemand, der sich meldet, ob er Geld hat oder nicht. Wenn Sie das genau wissen wollen, wenn Sie sich das vergegenwärtigen wollen, laden wir Sie ein, wir legen Ihnen unsere Kor-*

respondenz mit denen vor, die zahlen, und denen, die nicht zahlen können.«[78] Auch vor dem Bezirksgericht Zürich sagte er am 23. 7. 1981: »Es handelt sich nicht um mein Geld, sondern es ist das Geld der armen Studenten, der Lehrlinge, denen wir helfen können.«[79] Es gibt viele Menschen, die die Offenheit des Destinatärkreises, also die Tatsache, dass zu Lebzeiten Lieblings niemand abgewiesen wurde, selbst erlebt haben und dies bezeugen können.

* |

Im Juli 1976 reichte die Stiftung ihren ersten Jahresbericht und die erste Jahresrechnung (1.10.1974 bis 31.12.1975) an die Aufsichtsbehörde ein. Laut dem Bericht der Kontrollstelle Gubler vom 10. 6. 1976 war der Stiftung durch Schenkungsvertrag *eine Zuwendung von CHF 638 000 gemacht worden. Gegenstand dieser Zuwendung waren die Liegenschaften Spyristrasse 14, Susenbergstrasse 53 und Hochstrasse 1, alle in Zürich, sowie diverse Mobilien und Betriebseinrichtungen. Mit den Liegenschaften sind die entsprechenden Passiven ebenfalls durch die Stiftung übernommen worden.«[80]

Dem Jahresbericht konnte die Stiftungsaufsichtsbehörde entnehmen, dass die Stiftung ein umfangreiches Forschungs-, Lehr- und Beratungszentrum war und die in den Statuten enthaltenen Tätigkeiten ausübte. So hiess es u. a.: *Täglich fanden bis zu fünfzehn Kleingruppen statt, die im gesamten von mehreren hundert Menschen besucht wurden, und wöchentlich fünf Grossgruppen; insgesamt wurden ca. 15 000 einzelpsychotherapeutische Sitzungen und mehrere zehntausend unentgeltliche telefonische Beratungen geführt.«[81] Auch wurden ein Kinderlager, zwei Arbeitstagungen und zwei Kongresse mit ca. 1000 Teilnehmern aus der Schweiz und aus Deutschland veranstaltet.

Einer Bestätigung, die ebenfalls beilag, konnte die Aufsichtsbehörde weiter entnehmen, dass Friedrich Liebling im Laufe des Berichtsjahres Zuwendungen von 750 000 Franken, die von Ratsuchenden für die Tätigkeit der Mitarbeiter/innen einbezahlt worden waren, in drei Tranchen auf das Stiftungskonto überwiesen hatte; Vizepräsident Thomas Marthaler und Stiftungsrat Leopold König bestätigten dort auch, dass ihnen die Zusammensetzung dieser Zuwendungen bekannt war.[82] Demnach konnte die Aufsichtsbehörde erkennen, dass Friedrich Liebling und weitere Stiftungsräte in diesem Jahr Honorareinnahmen für die Leistungen der Mitarbeiter/innen treuhänderisch verwaltet und periodisch auf das Stiftungskonto überwiesen hatten.

Aus dem Jahresbericht, der Jahresrechnung und der Bestätigung musste die Aufsichtsbehörde erkennen, dass es sich um eine grosse Stiftung handelte, die nicht nur – wie bei anderen Stiftungen oft üblich – ein Vermögen verwaltete und Erträge an Begünstigte ausschüttete, sondern dass hier eine lebendige Organisation mit vielen Mitarbeiter/innen und Begünstigten bestand.

* |

In den Jahren 1973 bis 1977 hatte ich Friedrich Liebling nur einige Male gesehen; laut meiner Gesprächspartnerin Annemarie Cho war er krank. Montags besuchte ich den Lehrerkurs, manchmal nahm ich auch an weiteren Abendkursen teil. Es ging gut in der Schule, die Partnerschaft mit meinem langjährigen Freund Paul Truttmann entwickelte sich positiv, und wir heirateten 1976. Ich war mit meiner Situation sehr zufrieden und beschäftigte mich stets mit einem besseren Verständnis meiner selbst, meines Ehepartners, meiner Schülerinnen und Schüler und der zwischenmenschlichen und gesellschaftlich-kulturellen Zusammenhänge.

In der Zürcher Schule gab es viele junge Leute in meinem Alter, die mit den älteren Schüler/innen Friedrich Lieblings ihre individuelle Lebensgeschichte besprachen und ihren Charakter, ihre Gefühle und Ansichten analysierten. Wir nannten sie Therapeuten und betrachteten die Beziehung zu ihnen als eine therapeutische. Wie ich waren viele junge Kolleginnen und Kollegen ihnen gegenüber von Dankbarkeit erfüllt und empfanden Hochachtung vor ihrem Engagement.

Ab 1977 begann Friedrich Liebling, persönliche Gespräche mit Ratsuchenden im grösseren Rahmen in einem Saal des Hotels Zürichberg zu führen, wohin er von seinem Wohnsitz aus zu Fuss gehen konnte. Viele kleine Gruppen bei den einzelnen Mitarbeiter/innen wurden dorthin verlegt, und man hatte Gelegenheit, Friedrich Liebling persönliche Probleme vorzutragen oder die Gespräche anderer mitzuerleben und sich daran zu beteiligen. Es war für mich ein Erlebnis, ihn, seine Arbeit und seine Stellungnahmen mitzuerleben.

Im April 1977 begann der Lehrgang für Psychagogik und Psychotherapie, an dem Lehrer, Sozialarbeiter, Ärzte, Psychologen, Hausfrauen, Angehörige anderer Berufe und Studenten verschiedener Fakultäten teilnahmen. Um das Platzproblem zu bewältigen, war jeder Teilnehmende einmal pro Woche einer Gruppe zugeteilt; alle anderen konnte man anfänglich ab Tonband am Tag danach nachhören; später wurden sie direkt in andere Räume übertragen, ab 1981 auch per Video.

In den Ausbildungsgruppen wurden meistens persönliche Probleme der Teilnehmenden besprochen; es ging stets darum, der vortragenden Person weiterzuhelfen und zugleich die psychologischen Zusammenhänge mit dem jeweiligen Werdegang innerhalb der Gesellschaft und Kultur zu verstehen. Im Rahmen dieses Lehrgangs begannen auch die Ausbildungskandidaten mitzuarbeiten, wodurch allmählich eine zweite Generation von Mitarbeitenden heranwuchs. Sie sprachen einzeln oder zu zweit mit neuen Teilnehmern und führten sie in die Psychologie ein; ich begann meine Mitarbeit, indem ich mit Kindern lernte.

Im Frühjahr 1977 beklagten sich eine junge Mitarbeiterin und ein junger Mitarbeiter, dass zwei ältere Kollegen ihnen nicht auf freundschaftlicher und gleichwertiger Ebene begegnet seien. Der jüngere Kollege bat den älteren um eine Tonbandaufnahme eines Mitarbeitergesprächs, das er nachhören wollte; der ältere verweigerte ihm die Herausgabe. Die jüngere Kollegin wollte das Telefon der Psychologischen Lehr- und Beratungsstelle benutzen, um die Mutter eines von ihr betreuten Kindes anzurufen; der ältere Kollege meinte, sie dürfe dieses Telefon nicht beanspruchen. Die beiden jungen Mitarbeiter brachten die Situationen in einem Mitarbeitergespräch auf, das ebenfalls offen für alle war. Die Frage wurde nicht zur Zufriedenheit aller gelöst und von Woche zu Woche weiter besprochen.

Mit der Zeit sprach es sich herum, dass hier ein wichtiges und interessantes Thema, nämlich die Gleichheit und Gleichwertigkeit oder das »Autoritätsproblem«, wie man es nannte, behandelt werde, und es nahmen mehr und mehr Interessierte daran teil. Vielen wurde bewusst, dass sie die älteren Mitarbeiter/innen als »Autoritäten« empfanden. Der Unterschied zwischen einer Autorität, die sich aufgrund einer Position oder Stellung ergab, sowie einer Autorität, die aufgrund einer fachlichen Kompetenz bestand, wurde ausführlich beleuchtet. Die Tatsache, dass es keine Hierarchie gab und alle gleichberechtigt voneinander und in der Gruppe lernten, wurde ebenso eingehend erörtert. Das Fazit: Die Verletzung der Gleichwertigkeit in einer Gemeinschaft führt dazu, dass das Individuum nicht wachsen und sich nicht wirklich entwickeln kann.

In einer oft diskutierten Stellungnahme setzte Friedrich Liebling sowohl den Ratsuchenden als auch den Ratgebenden auf die gleiche Stufe, denn: *»Die ganze Welt ist krank. Der, der Rat sucht, und der, der sich anmasst, Rat zu geben. Das ist auch einer von uns. Wir dürfen doch nicht verlangen von ihm, dass er anders ist als wir. Er ist das Produkt unserer Erziehung, unserer Kultur, unserer Erlebnisse.«*[83]

Da Psychologie das Schwierigste sei, was man sich denken könne, solle man sich bei der Klärung persönlicher Fragen nicht auf einen einzigen Menschen verlassen. Bis heute gebe es noch keine Psychologen, keine Psychotherapeuten. Alle seien in der vorpsychologischen Zeit aufgewachsen, belastet mit alten Vorstellungen, Meinungen, Gefühlen, *»kranke Leutchen, so wie wir alle«*. Das psychologische Denken und Fühlen, dass man den Menschen wirklich als Produkt seiner Erlebnisse sehe, sei ein Lernprozess. Fortan wurde nicht mehr von *»Therapeuten«* gesprochen, sondern die Bezeichnung *»Gesprächspartner«* verwendet.

* |

Am 18.6.1980 erklärte Friedrich Liebling gegenüber dem Journalisten Dieter Hanhart: *»Seit 25 Jahren haben wir bereits Tonbandaufnahmen.«* Befragt nach dem Sinn dieser Aufnahmen, sagte er: *»Für das Lernen unserer Schüler. Sie haben viel abgehört. Sie studieren.«*[84] Da Wahrnehmung und Erinnerung selektiv ist, kann es sehr unterschiedlich sein, was Menschen in einem Gespräch hören und empfinden. Die Aufnahmen gewährleisteten die Überprüfbarkeit des Gesagten.

Mit dem Aufkommen der Kassettengeräte nahmen viele Teilnehmende mit einem eigenen kleinen Gerät Gespräche auf und bewahrten die Kassetten bei sich zu Hause auf, um sie bei Gelegenheit wieder nachzuhören. Wenn ich Jutta Gensch, die Ärztin, die ich 1973 kennenlernte, sah, begleitete sie meistens Friedrich Liebling oder war in seiner unmittelbaren Nähe. Ab 1977 machte sie ganztags im Ausbildungslehrgang mit und begann, ihre persönlichen Aufnahmen von Lieblings Gesprächen in einem Raum der Stiftung zu archivieren. Kopien der Gespräche konnte man gegen Hinterlegen eines Depots wie in einer Bibliothek bei ihr ausleihen. Mit der Zeit halfen einige Mitarbeiter/innen, weil das Archiv rege benutzt wurde.

Für mich persönlich war dieses Archiv sehr wichtig. Wegen meiner Arbeit als Lehrerin konnte ich nicht ganztags an den Gesprächen mit Friedrich Liebling teilnehmen und hörte die Aufnahmen zu Hause nach. Durch die Aufnahmen lernte ich ihn viel besser kennen, denn sie eröffneten mir eine ganz andere, neue Dimension. In mir erwachte das Bedürfnis, mehr von Friedrich Liebling zu lernen und meine persönlichen Fragen mit ihm zu besprechen. Ich nahm nun öfter an seinen Gesprächen teil, und ich war nicht die Einzige, die diesen Wunsch verspürte. Wo immer er war, waren meist viele junge Menschen, die ihn hören und mit ihm sprechen wollten, und der Saal im Hotel Zürichberg war schnell überfüllt. Deshalb wurden seine Gespräche an der Susenbergstrasse und später in der Roten Villa direkt in andere Räume übertragen, wo man mithören und mitsprechen konnte.

1.3 | Regelungen Friedrich Lieblings für seine Nachfolge

Der Stiftungsrat bestand aus über zwanzig Mitgliedern; seit der Gründung war Friedrich Liebling Präsident, Thomas Marthaler Vizepräsident und Leopold König dritter Zeichnungsberechtigter. Auf Vorschlag des Gründers beschloss der Stiftungsrat am 5. Januar 1979 einstimmig drei Regelungen für den Fall seiner Handlungsunfähigkeit oder seines Todes:

1   Die langjährige Haushälterin wird nach Friedrich Lieblings Tod »weiterhin von der Stiftung Psychologische Lehr- und Beratungsstelle beschäftigt«.

2   »Die Kompetenzen des Stiftungsrates werden einem Ausschuss übertragen. Der Ausschuss konsultiert in Zweifelsfällen den Stif-

tungsrat, um zu einer Lösung der Probleme zu kommen. Folgen-
de Mitglieder des Stiftungsrates bilden den Ausschuss:
Herr Leopold König (Präsident)
Herr Prof. Dr. Thomas Marthaler (Vicepräsident)
Frau Dr. Annemarie Kaiser
Frau Margrit Beringer
Herr Dr. Heinz Hug
Der Ausschuss tritt in Funktion, wenn es Herrn Friedrich Lieb-
ling nicht mehr möglich ist, die Stiftung zu leiten. Die Verant-
wortung des Gesamtstiftungsrates bleibt bestehen.«

3 *»Frau Erna Grob wird einstimmig und unter grossem Beifall in*
den Stiftungsrat aufgenommen.«[85]

Alle fünf Ausschussmitglieder waren langjährige Stiftungsräte und Mitarbeiter/innen und nahmen bereits Leitungsaufgaben wahr. Da die Verantwortung des gesamten Stiftungsrats bestehen blieb, hatte dieser die Befugnis, die Handlungen des Ausschusses zu kontrollieren. Von diesem Beschluss erstellte der Protokollführer Peter Fuchs auf Wunsch Friedrich Lieblings einen separaten Protokollauszug.

Durch die Aufnahme der älteren Tochter Lieblings sollte eine Interessenkollision zwischen dieser Erbin und der Stiftung ausgeschlossen werden. Indem sie die Wahl annahm, verpflichtete sie sich, die Interessen der Stiftung auch nach Lieblings Tod zu wahren. Damit war alles geregelt, die Stiftung war Lieblings Vermächtnis. Er hatte mehrfach betont, dass er keinen Nachfolger haben werde, sondern dass ihn die Gemeinschaft, die er durch seine offen geführten Gespräche und die psychologische Ausbildung mit all seinen Kräften gefördert hatte, ersetzen werde.

2 | Angriffe und Abwehr

Zu Beginn der 1980er-Jahre griff die Presse, besonders der »Tages-Anzeiger«, die Stiftung Psychologische Lehr- und Beratungsstelle massiv an. Im November 1981 nahm der Regierungsrat Stellung zu angeblichen negativen Einflüssen der »Liebling-Schüler« im Erziehungswesen. Der damalige Erziehungsdirektor Dr. Alfred Gilgen bestätigte namens des Regierungsrates, dass man die Entwicklung beobachte, zurzeit aber nicht einschreiten könne, und er verwies auf die laufende Pressekampagne. Im Februar 1982 erfuhr die Öffentlichkeit, dass Friedrich Liebling und eine Mitarbeiterin wegen angeblicher Übertretung des Gesundheitsgesetzes und Verstosses gegen die Ärzteverordnung zu einer Höchstbusse verurteilt worden seien. Am 5.3.1982 erschien eine kurze Notiz, die den Tod Friedrich Lieblings am 28.2.1982 im Alter von 88 Jahren meldete.

Doch der Reihe nach.

Am 25.7.1977 rief Fürsprecher[1] Bernhard Hahnloser, Chef der Eidgenössischen Stiftungsaufsicht und Stellvertretender Generalsekretär des EDI, die Rechtsabteilung des Kantonalen Steueramts des Kantons Zürich an. Der Inhalt dieses Telefonats wurde vom Steuersekretär und Juristen Dr. Eugen Gallasz in einer Aktennotiz festgehalten. Fürsprecher Hahnloser beschuldigte nun Friedrich Liebling und die Stiftung, dass angeblich *die Geschäftsführung der Stiftung und die private Buchhaltung des Stifters Friedrich Liebling derart ineinander verflochten seien, dass eine klare Übersicht über die Buchhaltung und Finanzlage der Stiftung nicht möglich sei«*. Die Kontrollstelle habe *»verschiedene Positionen der Bilanz sowie die Gewinn- und Verlustrechnung 1976 beanstandet und den vorbehaltlosen Kontrollstellbericht verweigert. Schon gemäss Bilanz 1975 der Stiftung seien 600 000 Franken ohne ersichtlichen Grund auf das Privatkonto des Friedrich Liebling übertragen worden.«* Gallasz hielt zum weiteren Vorgehen fest: *»Bei dieser Sachlage drängt sich eine*

Kontrolle der Steuerbefreiung auf. Wir teilen Fürsprecher Hahnloser mit, dass wir in der nächsten Zeit ein Überprüfungsverfahren über die der Stiftung mit Verfügung der Finanzdirektion vom 17. Oktober 1974 gewährte Steuerbefreiung eröffnen werden.«[2] Eugen Gallasz hatte drei Jahre zuvor die Verfügung vom 17.10.1974, mit der der Stiftung die Steuerbefreiung gewährt wurde, unterzeichnet.

Fürsprecher Hahnloser stellte in seinem Telefonat seine Behauptungen so dar, als handle es sich um Tatsachen. In Wirklichkeit hatte er zur Jahresrechnung 1975 keine Auskünfte verlangt, und der Kontrollstellbericht und die Jahresrechnung 1976 wurden sogar erst später verfasst.[3] Fürsprecher Hahnloser hatte nicht einmal den schriftlichen Bericht der Kontrollstelle für das Jahr 1976 abgewartet, geschweige denn dem Stiftungsrat oder dem Stifter rechtliches Gehör gewährt, bevor er mitten in den Sommerferien zum Hörer griff.

Eine Kontaktaufnahme der Stiftungsaufsichtsbehörde mit der Steuerbehörde ist sehr ungewöhnlich. Die Geschäftsprüfungskommission des Nationalrates befasste sich 1986 schwerpunktmässig mit den Aufgaben der Stiftungsaufsicht. In ihrem Bericht an die Nationalversammlung hielt sie fest: *»Eine besondere Zurückhaltung auferlegt sich die Stiftungsaufsicht zu Lebzeiten des Stifters, solange dieser die Geschäfte führt, da vermutet werden darf, dass er der beste Garant für eine zweckgerechte Auslegung seines Willens ist. Gegen Missbräuche wird jedoch eingeschritten. Die Stiftungsaufsicht greift nicht in den Aufgabenbereich der Steuerverwaltung ein. [...] In Extremfällen kann die Aufsichtsbehörde die Steuerverwaltung einschalten.«*[4]

Beinahe drei Jahre lang blieben der Stiftung die Anzeige der Aufsichtsbehörde und auch der Inhalt der Vorwürfe verborgen. Als sei nichts geschehen, forderte die Stiftungsaufsicht die Stiftung drei Wochen später auf, den Bericht und die Rechnung für das Jahr 1976 einzureichen.[5] Auch eine Fristerstreckung wurde mit einem weiteren vorgedruckten Formularbrief, diesmal unterzeichnet von Bernhard Hahnloser persönlich, gewährt.[6]

Der Kontrollstellbericht für das Jahr 1976 datiert erst vom 06.10.1977 und traf am 17.11.1977 bei der Aufsichtsbehörde ein. Die Stiftung schloss wieder mit einem sehr guten Ergebnis ab. Obwohl der Kontrollstellbericht in scharfer Form abgefasst war, bestätigte er inhaltlich die gravierenden Anschuldigungen der Stiftungsaufsicht nicht. So führte die Treuhandstelle entlastende Momente auf, wenn sie von *»Verflechtung«* sprach: Sie meinte damit Ein- und Auszahlungen, die noch aus der Zeit vor Gründung der Stiftung stammten, und fügte bei: *»Dies ist in Anbetracht der Langfristigkeit der erbrachten Leistungen an sich auch verständlich.«*[7] Eine weitere Kritik betraf Eintragungen mit dem Vermerk *»oR«*, was *»ohne Rechnung«* bedeutete. Auch hier meinte sie: *»Es ist dies im Rahmen Ihrer gemeinnützigen Tätigkeit auch ohne weiteres verständlich.«* Und abschliessend bemerkte sie: *»Die relativ umfangreichen Beanstandungen unsererseits könnten nun den Eindruck entstehen lassen, Ihr Rechnungswesen sei in jeder Beziehung ungenügend. Ein solches Urteil steht uns aber nicht zu, denn wir haben ebenfalls bemerkt, dass sich die von Ihnen mit der Administration und Buchführung beauftragten Personen redlich Mühe geben. Es will uns aber scheinen, dass bis heute diesen doch sehr wichtigen Belangen einfach zu wenig Bedeutung beigemessen worden ist. Als Stiftung unterstehen Sie aber der Aufsicht durch das Gemeinwesen, weshalb wir Ihnen neuerdings wärmstens empfehlen, alles daran zu setzen, um gegenüber der Aufsichtsbehörde jederzeit und über alles Rechenschaft ablegen zu können. Als Kontrollstelle Ihrer Institution machen wir Sie in aller Deutlichkeit auf diesen Umstand aufmerksam.«*[8]

Nach Erhalt des Kontrollstellberichts reagierte Bernhard Hahnloser am 6.12.1977 mit einem Schreiben an den Stiftungsratspräsidenten Friedrich Liebling. Er hielt fest, dass *»die Aufsichtstätigkeit nicht etwa eine Art ›Vormundschaft‹«* sei; namentlich sei *»auch einem Stifter ein recht grosser Handlungsspielraum zuzubilligen, wenn er etwa die gegründete Stiftung aus eigenem privatem Vermögen speist«*. Er bat darum, *»die Verbesserungsvorschläge zur Rechnungsführung möglichst bald im Schosse des verantwortlichen Stiftungsrates zu beraten und in die Tat umzusetzen«*. Er verlangte einen Ergänzungsbericht, namentlich zum Posten *»Miete«* und zur Frage, *»warum die Liegenschaften im Stiftungsbesitz keinen grösseren Ertrag abwerfen«*.[9] Zu seinen Behauptungen vom 25.7. beim kantonalen Steueramt betreffend *»Verflechtung«* sowie angebliche Übertragung von Geld auf ein *»Privatkonto des Stifters Friedrich Liebling«* stellte er keine Fragen.

Der Gesamtstiftungsrat führte in einem Schreiben vom 24.2.1978 an die Aufsichtsbehörde aus, dass er in zwei Sitzungen den Kontrollstellbericht genau überprüft habe. *»Befremden haben bei den Stiftungsratsmitgliedern die Beanstandungen ausgelöst, vor allem der Vorwurf der Verflechtung zwischen der Stiftung und Herrn Liebling, der ja die Stiftung sowohl ideell als auch materiell ins Leben gerufen hat. Die gesamte Tätigkeit der Stiftung steht unter seiner Leitung und Führung. Zu vermuten, dass von seiner Seite der Stiftung gegenüber Unregelmässigkeiten vorgekommen sind, erscheint uns umso unverständlicher, als Herr Liebling seine ganze Arbeit und Energie, ebenfalls seine freiwilligen finanziellen Zuwendungen in den Dienst der Stiftung und der Psychologischen Lehr- und Beratungsstelle stellt.«* Weiter legte der Stiftungsrat grosses Gewicht auf die Feststellung, dass die Kontrollstelle *»offenbar eine Informationsquelle hat, die nicht genannt werden will. Folgende Fragen drängen sich in diesem Zusammenhang auf: Bei wem wurden ›Recherchen‹ angestellt? Von wem stammen die ›uns zugegangenen Informationen‹? Warum wird kein Name genannt? [...] Die unterzeichneten Stiftungsratsmitglieder betonen an dieser Stelle nochmals mit Nachdruck, dass sie dem Gründer und Präsidenten der Stiftung, Herrn Friedrich Liebling, ihr uneingeschränktes Vertrauen aussprechen.«* Abschliessend bemerkte der Stiftungsrat, er wolle der *»dunklen, mysteriösen Affaire«* nachgehen; es scheine, dass die Kontrollstelle auf einen *»falschen Informanten«* hereingefallen sei.[10] Das Schreiben wurde von Friedrich Liebling und 16 Stiftungsräten unterzeichnet, sechs vorgedruckte Namen blieben ohne Unterschrift.

In einem beigelegten Ergänzungsbericht, ebenfalls vom 24. 2.1978, erklärte der Stiftungsrat, dass es sich beim Posten »Miete« um Ausgaben handle für Räume, die die Stiftung gemietet habe, *»zusätzlich zu ihren Liegenschaften, die für spezielle Veranstaltungen (Tagungen, Kongresse usw.) keine genügend grosse Räume enthalten«.*[11] Zur Frage betreffend »Ertrag der Liegenschaften« hielt er fest: *»In den Räumen der Liegenschaften finden die Einzelgespräche, die Kurse und die Schulung der Psychologischen Lehr- und Beratungsstelle statt.«*[12] Dies bedeutet, dass die Einnahmen für Einzelgespräche, Kurse und Schulung, die als *»Honorarerträge«* in den Jahresrechnungen der Stiftung aufgeführt wurden und zum Beispiel im

Jahr 1976 gegen zwei Millionen Franken betrugen, die Erträge der Liegenschaften waren. Auch die Kontrollstelle hatte einen Ergänzungsbericht verfasst und bestätigte diesen Sachverhalt.[13]

Als Antwort auf den Brief und den Ergänzungsbericht des Gesamtstiftungsrates schrieb Fürsprecher Hahnloser am 7.3.1978: *»Nach telefonischer Rücksprache des Unterzeichneten mit Herrn Gubler können wir Ihnen bestätigen, dass keinesfalls irgendwelche Machenschaften behauptet oder vermutet wurden. Es geht vielmehr um die Bereinigung der früher unbefriedigend geführten Buchhaltung, wobei wir überzeugt sind, dass dies dank den Kenntnissen von Herrn Baumann, der eidgenössisch diplomierter Buchhalter ist, ohne weiteres möglich sein dürfte.«*[14] Mit diesem Schreiben unterliess es die Stiftungsaufsicht nicht nur, den Stiftungsrat und insbesondere Friedrich Liebling zu den Verdächtigungen zu befragen, sondern täuschte die Stiftung aktiv, da sie ja selber gegenüber der Steuerbehörde am 25.7.1977 Machenschaften behauptet hatte.

Die Aufsichtsbehörde ist eine Autorität und geniesst Glaubwürdigkeit; sie kann gewissermassen als Insiderin gelten, weil sie die Tätigkeitsberichte und Rechnungsablagen aller Stiftungen kennt. Die Anzeige der Aufsichtsbehörde vom 25.7.1977 ruhte, vergleichbar dem geheim gehaltenen Dokument im berühmten Fall des Hauptmanns Alfred Dreyfus Ende des 19. Jahrhunderts,[15] in den Akten und entfaltete von dort aus eine rufschädigende Wirkung bei Behörden, Gerichten und schliesslich auch in der Presse.

2.1 | Verfahren zur Überprüfung der Steuerbefreiung

Als Folge der telefonischen Anzeige der Aufsichtsbehörde vom 25.7.1977 leitete das Kantonale Steueramt Zürich ein Verfahren zur Überprüfung der Steuerbefreiung gegen die Stiftung ein. Die Rechtsabteilung des Kantonalen Steueramts durfte in guten Treuen davon ausgehen, dass es sich bei dieser Anzeige um abgeklärte Tatsachen handelte. Üblicherweise gingen die Jahresberichte der Stiftungen Ende März bei der Aufsichtsbehörde ein; so hätten die Behauptungen von Fürsprecher Hahnloser bereits das Ergebnis einer Überprüfung sein können.

Der Verlust der Steuerbefreiung ist für eine gemeinnützige Stiftung nicht nur ein finanzielles Problem, sondern auch ein Imageschaden. Zwar kann die Steuerbefreiung neu beantragt werden, wenn die Fehler behoben sind. Das grosse Problem war aber, dass das ganze Verfahren auf Entzug der Steuerbefreiung mit einer durch die massive Pressekampagne ausgelöste Untergrabung des guten Rufs der Stiftung zusammenhing. Wie stark sich das für die Stiftung auswirken sollte, zeigt die eindrückliche Publikation »Die Psychologie und die Zürcher Presse«, Band 1 und 2, die von der Stiftung herausgegeben wurde.

Von den Steuern befreit werden laut §16 des Zürcher Steuergesetzes *»juristische Personen, die sich, ohne Erwerbs- oder Selbsthilfezwecke zu verfolgen, öffentlichen Zwecken, Kultuszwecken, Unterrichtszwecken oder gemeinnützigen Zwecken widmen und sie im Kanton oder im allgemein schweizerischen Interesse erfüllen«*. Im Kommentar steht erklärend dazu, der Staat bedürfe der Mithilfe privater Organisationen, die zugunsten der Bevölkerung in gemeinnütziger Weise Aufgaben erfüllten. Diese Organisationen entlasteten den Staat und würden deshalb von der Steuerpflicht befreit.[16] Gemeinnützig sind nur juristische Personen, *»die statutengemäss und tatsächlich an eine grundsätzlich unbeschränkte Zahl Dritter zur Förderung der öffentlichen Wohlfahrt uneigennützig und ohne Verfolgung von Erwerbs- oder Selbsthilfezwecken auf die Dauer Opfer erbringen«.*[17] Verfolgt eine Organisation *»Erwerbs- oder Selbsthilfezwecke«*, dient sie eigenen und nicht öffentlichen Interessen und wird deshalb nicht von den Steuern befreit. *»Erwerbszwecke liegen vor, wenn eine juristische Person im ›wirtschaftlichen Konkurrenzkampf‹ oder in wirtschaftlicher Monopolstellung mit dem Zweck der Gewinnerzielung Kapital und Arbeit einsetzt und dabei für ihre Leistungen insgesamt ein Entgelt fordert, wie es im Wirtschaftsleben üblicherweise bezahlt wird‹.«*[18]

* |

Am 17.8.1977 forderte das Kantonale Steueramt die Stiftung auf, zwecks Überprüfung der Steuerbefreiung innerhalb von 10 Tagen die Jahresberichte und Jahresrechnungen der letzten drei Jahre einzureichen. Dieser Aufforderung kam die Stiftung nach. Gemäss

Aktenverzeichnis der Rechtsabteilung des Kantonalen Steueramtes wurden keine weiteren Unterlagen eingefordert und auch kein Beweisverfahren durchgeführt. Somit fand weder eine Befragung statt, noch wurden Belege zur Buchhaltung oder Korrespondenz verlangt. Aus der Dokumentation »Die Psychologie und die Zürcher Presse« geht aber hervor, dass der damalige Buchhalter der Stiftung ohne Wissen von Friedrich Liebling auf dem Steueramt einvernommen wurde.[19] Darüber existiert jedoch weder ein Aktenstück, noch wird ein diesbezügliches Dokument im Aktenverzeichnis aufgeführt.

Am 4.5.1979 hob die Finanzdirektion des Kantons Zürich die Steuerbefreiung ab 1977 und rückwirkend für die Jahre 1974, 1975 und 1976 auf, und zwar ohne einleuchtende Begründung. Es wurden lediglich die Zahlen aus den Jahresrechnungen 1974–1977 aufgelistet und festgestellt, dass der Stiftung in diesen Jahren nach Abzug des Aufwands total 4 681 405,19 Franken Netto-Honorar-Einkünfte zugekommen waren, gefolgt von der Behauptung: *»Diese von der Stiftung satzungsgemäss entfalteten Schulungen, Kurse und Beratungen qualifizieren sich als Unternehmungen mit Erwerbscharakter. Die Besucher haben für die Teilnahme an Kursen und Schulungen Entgelte zu entrichten, aus denen sich, wie die Stiftungsrechnungen 1974–1977 zeigen, für die Stiftung hohe Reineinkünfte ergeben.«*[20]

Berücksichtigt man, dass zu jener Zeit etwa 2000 Menschen an Schulungen, Kursen und Beratungen teilgenommen hatten, ging es pro Person um etwa 700 Franken pro Jahr.[21] Es wurden demnach viele Menschen beraten, die wenig oder gar nichts bezahlen konnten. Somit trügen jene Menschen, die für erhaltene Leistungen bezahlten, sowie Friedrich Liebling und dessen Mitarbeiter/innen, die auf ein Entgelt ihrer Arbeit verzichteten, die Schuld am Verlust der Steuerbefreiung. Denn hätten sie nicht bezahlt bzw. nicht auf ihre Honorare verzichtet, wäre der Stiftung weniger Geld zugeflossen, und sie hätte die Steuerbefreiung nicht verloren. Um ihren gemeinnützigen Zweck dauerhaft erfüllen zu können, war die Stiftung auf diese finanziellen und personellen Zuwendungen angewiesen.

Weil die Stiftung wegen zu hoher Zuwendungen die Steuerfreiheit zu verlieren drohte, konnten Friedrich Liebling und die geschäftsführenden Personen in den folgenden Jahren die Honoreinnahmen der Mitarbeiter nicht mehr direkt auf das Stiftungskonto übertragen. Die Stiftung befand sich zwischen Stuhl und Bank: Die Stiftungsaufsicht fragte, weshalb die Liegenschaften keinen grösseren Ertrag abwerfen, die Steuerbehörde fand die Einnahmen zu hoch. Deshalb liessen Liebling und der Stiftungsrat für die Räumlichkeiten der Stiftungsliegenschaften einen ortsüblichen Mietzins ausrechnen, der dann jährlich aus den Honorareinnahmen auf das Stiftungskonto überwiesen wurde. Die Mehreinnahmen beliessen sie – wohl in der Absicht, den Abschluss des Verfahrens betreffend Steuerbefreiung abzuwarten – auf dem Postcheckkonto der Psychologischen Lehr- und Beratungsstelle; es war geplant, einen Saal für grosse Veranstaltungen zu bauen. Das Verfahren wurde von den Gerichten jedoch bis über Friedrich Lieblings Tod hinaus verzögert, weshalb danach andere über diese stiftungszweckgebundenen Gelder zu entscheiden begannen.

Rekurs an das Verwaltungsgericht des Kantons Zürich

Die Stiftung wehrte sich am 25.5.1979 mit einem Rekurs[22] an das Verwaltungsgericht. Dieser Rekurs ist ein Zeugnis für das Selbstverständnis und die Einmaligkeit der Stiftung, wie sie zu Lebzeiten Friedrich Lieblings existierte und funktionierte.

»Zunächst ist festzustellen, dass jedermann berechtigt ist, die Dienste der Stiftung in Anspruch zu nehmen und ihm auch diese ungeachtet seiner finanziellen Verhältnisse zur Verfügung gestellt werden. Die Stiftung betreut heute ungefähr zweitausend Personen. [...] Das Honorar pro Sitzung beträgt 50 Franken, der offizielle Tarif ist demgegenüber 80 bis 120 Franken. Sehr viele Ratsuchende bzw. Patienten sind nicht in der Lage, diesen Betrag zu bezahlen, werden jedoch trotzdem beraten und behandelt. [...]

Für die Ausbildung in Psychologie und Psychotherapie bezahlen die Schüler ein Entgelt, das etwa die Hälfte des marktüblichen Honorars beträgt. So kostet z.B. die drei Jahre dauernde Ausbildung zum Psychologen lediglich 36 000 Franken, d.h. 1000 Franken pro Monat. [...] Für vergleichbare Leistungen müssten an anderen Orten bedeutend höhere Preise bezahlt werden. Wer nicht in der Lage ist, diese Kosten zu bezahlen, erhält die Ausbildung gratis. [...]

Minderbemittelten Schülern wird auch in der Weise geholfen, dass sie von der Stiftung für die Finanzierung der Ausbildung ein Stipendium erhalten. Im Jahr 1977 waren ca. 160, d.h. etwa die Hälfte aller Teilnehmer an Ausbildungskursen, Stipendiaten. [...] Wesentlich ist dabei die Feststellung, dass keine Rückzahlungspflicht des Stipendiums besteht. [...]

Die Schüler und Ratsuchenden werden eingeteilt in zahlreiche Gruppen. Dabei werden die Gruppen mit Neueintretenden geführt von Schülern in höheren Semestern, und zwar zum grössten Teil kostenlos. Nur diejenigen ausbildenden und beratenden Schüler, die für ihren Lebensunterhalt dringend darauf angewiesen sind, erhalten ein bescheidenes Entgelt, das weit unter der üblichen Entlöhnung liegt. [...] Alle diese als Lehrkräfte und Berater tätigen Schüler sind zu diesem persönlichen Opfer bereit, weil sie von der Idee, die der Stiftung zugrunde ruht, beseelt und überzeugt sind.

Die Herausgabe der Monatszeitschrift ›Psychologische Menschenkenntnis‹ bei einem Jahresabonnementspreis von nur 32 Franken führt zu einem Verlust, da dieser Preis nicht auf kommerziellen Berechnungen beruht. Der Verlust kann nur deshalb in erträglichem Rahmen gehalten werden, weil die für die Herausgabe der Zeitschrift anfallenden Arbeiten (Redaktion, Druck und Versand) von den Gruppenteilnehmern unentgeltlich übernommen werden. [...]

Der Teilnehmer bezahlt für 14 Tage Kongressdauer eine Kursgebühr von lediglich 60 Franken [...]. Auch dieser absolut nicht auf wirtschaftlicher Kalkulation beruhende Preis ist nur möglich, weil die Referenten keine Honorare beziehen.

Die Rekurrentin betreibt auch Kindergärten für Kinder, die altersmässig noch nicht in einen öffentlichen Kindergarten eintreten können. [...] Die Eltern der Kinder bezahlen für den Aufenthalt in einem solchen Kindergarten lediglich einen Unkostenbeitrag. Minderbemittelte bezahlen überhaupt nichts oder einen stark reduzierten Preis. Auch hier ist diese Dienstleistung nur möglich, weil die Erzieherinnen aus Idealismus ihre Arbeitskraft unentgeltlich zur Verfügung stellen und weil das Ganze getragen wird von Patenschaften, die Teilnehmer an den obenerwähnten Kongressen für Kinder in Kindergärten übernehmen.

Einmal im Jahr veranstaltet die Stiftung 14-tägige Kinderferien. Für Kinder, deren Eltern den Unkostenbeitrag für Unterkunft, Verpflegung und Reise nicht bezahlen können, werden die Ferien teilweise oder ganz von der Stiftung übernommen. Es soll jedes Kind, das sich meldet, Gelegenheit haben, einmal im Jahr gesunde und unbeschwerte Ferien zu verbringen. Die Kinder werden kostenlos von ungefähr 100–150 Erwachsenen (Lehrer und Psychologen, die zum Teil noch in Ausbildung sind) betreut [...].«[23]

Im rechtlichen Teil führte die Stiftung unter anderem aus: »*Es kann in diesem Zusammenhang nicht genügend betont werden, dass diese Gewinne nur entstehen konnten durch den uneigennützigen Einsatz der für die Stiftung tätigen Personen. Diese erbringen aus innerer Überzeugung und aus Begeisterung für die Sache dauernd erhebliche Opfer, indem sie für ihre Arbeit praktisch keine Entlöhnung beziehen. Ohne diese Opferleistung wäre es der Stiftung überhaupt nicht möglich gewesen, den komplexen Stiftungszweck befriedigend zu erfüllen.«*[24] Es handle sich hier um die Verwendung von Gewinnen zu gemeinnützigen Zwecken, die »*nicht in einem nach wirtschaftlichen Gesichtspunkten geführten Unternehmen, sondern auf Grund von Opferleistungen der in der Stiftung tätigen Personen entstanden sind*«. Demnach verfolge die Stiftung keinen Erwerbszweck.

Zum Schluss hielt die Stiftung fest: »*So steht die Rekurrentin mit ihren Diensten einer unbestimmten Zahl Dritter uneigennützig zur Verfügung, indem sie jedermann, auch Minderbemittelte oder Mittellose aufnimmt und sie im Rahmen des Stiftungszweckes unterstützt mit Rat und Tat. [...] Niemand in der Stiftung verfolgt individuelle Interessen. Jeder Franken soll allein den vielen Hilfesuchenden zugute kommen.«*[25] Die Stiftung hatte dem Verwaltungsgericht die Buchhaltung, die Korrespondenz, die Honorarerträge gemäss Jahresrechnung, die Stipendienabrechnungen und die Befragung verschiedener Zeugen angeboten; alle Beweisangebote blieben jedoch unberücksichtigt.

Das Kantonale Steueramt gab am 19.6.1979 zu diesem Rekurs eine Vernehmlassung ab.[26] Der Stiftung wurde diese Vernehmlassung nicht zugestellt, weshalb sie nicht dazu Stellung nehmen konnte. Darin behauptete der Sekretär des Kantonalen Steueramtes, Eugen Gallasz, die Schulungen, Beratungen und Kurse der Stiftung Psychologische Lehr- und Beratungsstelle unterschieden sich im Wesentlichen nicht von anderen, nach kaufmännischer Art geführten, gewinnstrebenden Schulinstituten wie zum Beispiel Institut Juventus, Minerva, Akademikergemeinschaft für Erwachsenenfortbildung AG usw. Für ihre Dienstleistungen verlange die Stiftung hohe Gegenleistungen. *»Damit verschafft sie sich ihre Mittel im Wesentlichen mittels eines nach kaufmännischen Grundsätzen geführten Betriebes. Fast alle der Rekurrentin zufliessenden Mittel stammen aus der geschäftlichen Tätigkeit.«*[27] Hier wurde zum ersten Mal von einem *»nach kaufmännischen Grundsätzen geführten Betrieb«* und einer *»geschäftlichen Tätigkeit«* gesprochen, ein falsche Vorstellung, die verheerende Folgen nach sich zog.

Weiter fragte sich der Steuersekretär, woher das Geld komme, das der Stiftung zufliesse: *»Wenn in der Rekurseingabe geltend gemacht wird, die Lehrkräfte erbringen Opfer, indem sie auf eine angemessene Salärierung verzichten, die Rekurrentin verlange für ihre Leistungen nur ein Entgelt, das unter den marktüblichen Honoraren liegt, sie veranstalte Gratis-Schulungen, erlasse früher gewährte Stipendien, erteile unentgeltliche Ehe- und Erziehungsberatungen, so ist es zumindest unerklärlich und unbegreiflich, weshalb sich so grosse Honorareinnahmen ergeben und für was und von wem sie bezahlt worden sind.«*[28]

Diese Frage wiederholte am 20.09.1980 – während des hängigen Verfahrens vor Bundesgericht – der Journalist und Psychologe Dr. Dieter Hanhart in seinem Artikel im »Tages-Anzeiger-Magazin«:[29] *»Woher kommt das viele Geld, das der Stiftung in den letzten Jahren zugeflossen ist?«* Er beantwortete sie mit der Behauptung, dass Friedrich Liebling die Psychologische Lehr- und Beratungsstelle neben der gleichnamigen Stiftung als »seine private Praxis« führe; dagegen wehrte sich Friedrich Liebling bis zu seinem Lebensende mit Wort und Tat. Dass Hanhart behördliche Informationen hatte, räumte er ein, indem er in jenem Artikel festhielt: *»Wie von der Rechtsabteilung des Kantonalen Steueramtes zu erfahren war, gelang es der Stiftung nicht, im Kanton Zürich Steuerfreiheit zu erwirken.«* Dies ist unwahr, denn die Stiftung hatte die Steuerbefreiung erhalten, und zur Zeit des Artikels war das Verfahren noch hängig.

*|

Am 16.8.1979[30] entschied das Verwaltungsgericht des Kantons Zürich, liess sich aber acht Monate Zeit mit der Zustellung des Entscheids bis zum 10.4.1980. Auf Seite drei wurde die telefonische Anzeige der Stiftungsaufsichtsbehörde zitiert, wodurch die Stiftung und Friedrich Liebling endlich Kenntnis von Fürsprecher Hahnlosers Beschuldigungen erhielten. Sie hatten sich aber auch vor Verwaltungsgericht nicht dazu äussern können, weil ihnen diese erst im Entscheid bekannt gegeben wurden.

Es ist nicht nur eine Verletzung des Gebotes, dass der Beschuldigte innerhalb einer angemessenen Frist über die Beschuldigung informiert werden muss, sondern zudem eine Verletzung des Rechts auf wirksame Verteidigung, dass Friedrich Liebling nicht zu diesen gravierenden Beschuldigungen Stellung nehmen konnte. Wie Hohn liest es sich deshalb, wenn das Verwaltungsgericht ausführt: *»Wie sich das Privatvermögen des Stifters Friedrich Liebling zum Stiftungsvermögen verhält, kann desgleichen offen bleiben. [...] Die Frage, ob die Stiftung ihre Buchhaltung rechtsgenügend führe – sie wird im Kontrollstellbericht der Gubler Treuhand AG zum Rechnungsjahr 1976 aufgeworfen –, muss hier indessen angesichts der offenkundig ausgeübten Erwerbstätigkeit der Rekurrentin nicht beurteilt werden.«*[31]

Auch das Verwaltungsgericht entschied ohne Beweisverfahren. Wie bereits das Kantonale Steueramt in seiner Vernehmlassung vom 19.06.1979, ging es davon aus, die Stiftung führe einen *»gewerblichen Betrieb«*. In den Erwägungen berief es sich auf eine *»Änderung der Rechtsprechung«* aus dem Jahr 1975.[32] Danach könne ein Erwerbszweck auch nicht durch *»Opfer zugunsten des Betriebs«* ausgeschlossen werden. Auch die Rechtsform einer Stiftung sei kein Grund, bei dem *»von ihr getragenen Betrieb«* über den Erwerbszweck hinwegzusehen.

Das Verwaltungsgericht kam zum Schluss, die Stiftung habe in den Jahren 1974–1977 eine umfangreiche Erwerbstätigkeit entfaltet und laut Jahresrechnungen Gewinne von mehreren Millionen Franken erwirtschaftet. Die unentgeltliche Arbeitsleistung der Mitarbeitenden, die Vergabe von Stipendien sowie die kostenlosen Beratungen für mittellose Hilfesuchende sprächen aufgrund der geänderten Rechtsprechung nicht gegen die Annahme einer Erwerbstätigkeit der Stiftung.

Die Stiftung erhob am 12.5.1980 gegen diesen Beschluss eine Staatsrechtliche Beschwerde. Darin kommt die Empörung über das unfaire Verfahren und über die stossende Ungerechtigkeit des Verwaltungsgerichtsentscheids zum Ausdruck. Aus heutiger Sicht ist diese Rechtsschrift ein weiteres Dokument für das Selbstverständnis und die Funktionsweise der Stiftung zu Lebzeiten des Stifters.

Die Behauptung des Verwaltungsgerichts, die Opferleistungen der Mitarbeiter/innen seien aufgrund der geänderten Rechtsprechung nicht mehr ausschlaggebend, wurde als Willkür gerügt, da diese neue Rechtsprechung sich auf eine AG beziehe und nicht einfach auf die Verhältnisse einer Stiftung übertragen werden dürfe. Die dem Stiftungsvermögen zugeflossenen Erträge dürften gestützt auf Art. 2 der Stiftungsurkunde nur zu gemeinnützigen Zwecken verwendet werden, woraus folge, dass diese Opferleistungen als einzige Äufnungsquelle des Stiftungsvermögens zwingend gegen die Erwerbstätigkeit der Beschwerdeführerin spreche.

Weiter hielt die Stiftung fest, nach der Argumentation des Verwaltungsgerichts müsse jede wohltätige Institution, die einen Nettoeinnahmenüberschuss aufweise, als erwerbstätig bezeichnet werden. Würde dieser Entscheid des Verwaltungsgerichts konsequent angewandt, würden die meisten aller in der Schweiz anerkannten wohltätigen Stiftungen die Steuerbefreiung verlieren.

Ferner erklärte die Stiftung, sie erfülle die Anforderungen der Gemeinnützigkeit, indem sie statutengemäss und tatsächlich uneigennützig und dauerhaft für einen offenen Destinatärkreis Opfer erbringe. Die Stiftung habe überdies zwecks Abklärung des Sachverhalts unzählige Beweismittel zur Verfügung gestellt, die aber nicht zur Kenntnis genommen worden seien, was als Verweigerung des rechtlichen Gehörs empfunden werde.

Und weiter hiess es, weder sei die Stiftung ein gewerblicher Betrieb, noch betreibe sie einen solchen und dass sie sich *»weder im wirtschaftlichen Konkurrenzkampf noch in wirtschaftlicher Monopolstellung betätigt und schon gar nicht nach kaufmännischer Art und auch nicht gewerbsmässig«*.[33] Die Aktivitäten der Stiftung seien in der Rekursbegründung ausführlich beschrieben und für die geschilderten Sachverhalte Beweise angeboten worden.

Schliesslich nahm die Stiftung auch Stellung zu den Beschuldigungen der Stiftungsaufsichtsbehörde in der Anzeige vom 25. 7.1977: *»Herr Liebling hat der Stiftung, die sein Lebenswerk krönt, in höchst uneigennütziger Weise finanzielle Mittel und das Wissen zur Verfügung gestellt. Dies u.a. auch in der Form von zinslosen Darlehen, wodurch beispielsweise das erwähnte Kontokorrentguthaben leicht erklärlich ist. Auch die Buchhaltung der Beschwerdeführerin ist – nach ersten administrativen Schwierigkeiten – tadellos und rechtsgenügend geführt, weshalb die Offenlassung dieser Frage, die in der Gesamtbeurteilung und Würdigung durchaus von Bedeutung ist, ebenfalls krass stossend erscheint.«*[34] Es seien Beweisofferten zu dieser Frage in der Rekursbegründung enthalten gewesen; deren Prüfung hätte klar gezeigt, dass sowohl bezüglich Geschäftsführung wie auch bezüglich Buchhaltung es bei der Stiftung absolut zum Besten stehe.

Zum Schluss fasste die Stiftung nochmals zusammen: *»Abschliessend bleibt festzustellen, dass vom Entscheid der Vorinstanz Tausende von Menschen betroffen werden. Zum einen sind dies die Bedürftigen, Leidenden und Hilfesuchenden, denen der Staat ja effektiv zu helfen nicht in der Lage ist (vgl. Frauenhäuser, Drogenprobleme, Dargebotene Hand etc.). Zum andern sind dies die unzähligen Helfer, Lehrer, Berater etc., die alle mit ihrem Opferwillen der Stiftung zum Durchbruch verhelfen wollen und die für sich mit keinem Franken aus der Stiftung je profitieren oder noch profitieren werden. Ihre Leistungen und Zuwendungen werden im angefochtenen Entscheid rückwirkend angezweifelt und zunichte gemacht. Die Zukunft der Stiftung, insbesondere die Verwirklichung ihrer wohltätigen Zwecke wie auch die Verwirklichung der Unterrichtszwecke werden durch den angefochtenen Entscheid in Frage gestellt. Die Aufhebung des angefochtenen Entscheides drängt sich daher – wie aufgezeigt – nicht bloss auf, weil Teile seiner Begründung unhaltbar sind, sondern weil er im Ergebnis absolut stossend und willkürlich ist.«*[35]

* |

Bei den Akten der Einschätzungsabteilung des Kantonalen Steueramtes,[36] die ich 1986 vom EDI erhielt, befand sich der Artikel »Lebenshilfe vom Zürichberg« des »Tages-Anzeiger-Magazin« vom 20.9.1980. Die Stiftung hatte gegen diesen Artikel eine Ehrverletzungsklage eingereicht, zwei Dokumentationen herausgegeben sowie eine öffentliche Veranstaltung im Börsensaal durchgeführt. Das Magazin in den Akten des Steueramtes war auf Seite 26 aufgeschlagen, wo der Journalist Dieter Hanhart unter dem Titel »Organisation, Finanzen, Ausbildung an der Zürcher Schule – das heimliche Imperium« ein groteskes Bild über die Stiftung ausbreitete. Die Stichworte »*Entschädigung für vermietete Räumlichkeiten an Praxis F. Liebling*«, »*600 000 Franken, 1978 war es eine Million*« und »*›Mietanteil Friedrich Lieblings‹ (steuerfrei?)*« waren markiert. Hanhart beschuldigte Liebling, neben der Stiftung die Psychologische Lehr- und Beratungsstelle als »*seine private Praxis*« zu führen und die Gelder »*nicht als Präsident der Stiftung, sondern als Privatmann*« zu kassieren. Er unterstellte ihm sogar, dies selber bestätigt zu haben: »*Hier scheint ein Rätsel vorzuliegen, das sich erst durch die von Friedrich Liebling bestätigte Einsicht löst, dass er die gesamte Psychologische Lehr- und Beratungsstelle als seine private Praxis führt. [...] Dass Friedrich Liebling nicht schlecht fährt, zeigt ein Auszug aus seiner letzten Steuererklärung. [...] Der Kreislauf schliesst sich, wenn die nächste Million als ›Mietanteil Friedrich Liebling‹ (steuerfrei?) in die von ihm präsidierte Stiftung fliesst.*« Durch diese Darstellung hatte Dieter Hanhart die Behauptung des Steueramtes, dass die Stiftung sich ihre Mittel durch einen »*nach kaufmännischen Grundsätzen geführten Betrieb*« beschaffe,[37] an die Öffentlichkeit getragen. Der Artikel wurde wohl zu den Akten gelegt, um das Bundesgericht darüber zu informieren, was der Autor über diese Stiftung herausgefunden zu haben glaubte.

Das Bundesgericht erteilte am 25.6.1980 der Staatsrechtlichen Beschwerde die aufschiebende Wirkung. Dann liess es sich mit der Beurteilung des Falls bis über Friedrich Lieblings Tod hinaus Zeit. Als es am 13.4.1983 entschied, hatten sich die Verhältnisse grundlegend geändert.

* |

In den 1970er-Jahren wurde das auflagenstarke Gratiswochenblatt »Züri Leu« in jeden Haushalt der Stadt Zürich verteilt. Am 20. Januar 1978 erschien der Artikel »Pfuschwerk an Zürcher Seelen«, den es danach auch als »Extra-Ausgabe« gab. Die Journalistin Margrit Sprecher im Vorspann: *»Immer mehr selbsternannte ›Psychologen‹ beackern zwischen kantonalen Gesetzeslücken ein weites Feld: die Ängste und Depressionen ihrer Mitmenschen. Die Krankenkassen üben Zurückhaltung, die Fachleute sind sich uneins – und viele Patienten werden zu Opfern.«*[38]

Dann heisst es: *»Die Villa am Zürichberg ist Abend für Abend hell erleuchtet wie zu einem grossen Fest. Doch der Anblick täuscht. In den Räumen sitzen sich stumm Menschen gegenüber und flüstern wie vor dem Gottesdienstbeginn. Plötzlich greift eine frisch frisierte, hübsche Frau zum Mikrophon, sagt: ›Donnerstag, 5. Januar. Ich möchte von mir erzählen.‹ [...] Zweck dieses Seelenstripteases: In den zehn bis hundert Zuhörern sollen dabei Ketten von Bildern, Erinnerungen und Gedanken durch den Kopf schiessen, auch in der Kehle zusammenklumpen und vielleicht in der Erkenntnis gipfeln: ›Genau wie bei mir ...‹ Dr. Friedrich Liebling, der bis zu neunzig Gruppen pro Woche durch sein Institut schleust, gehört zu den Ausnahmen, die Fachpersonal zu deren Betreuung anheuert.«*[39]

Der Artikel endet wie folgt: *»Wer also Wert darauf legt, nicht nur finanziell, sondern auch seelisch erleichtert nach Hause zurückzukehren, tut gut daran, die Seriosität seines ausgekundschafteten Helfers vorher zu überprüfen. Als ersten groben ›Seriositätsraster‹ empfiehlt Dr. Hans Langmack, ›kontrollieren, ob er den Doktortitel hat‹. Um grimmig hinzuzufügen: ›Und hoffen, er sei echt.‹ Denn auch Doktortitel kann man hierzulande selbst fabrizieren.«*[40]

Im Artikel dichtete die Autorin Friedrich Liebling einen Doktortitel an. An der Psychologischen Lehr- und Beratungsstelle bezeichnete niemand Friedrich Liebling als Doktor, auch auf dem Briefpapier und in der Monatszeitschrift stand sein Name ohne Doktortitel, da er nämlich keinen besass. In der nächsten Ausgabe des »Züri Leu« wurde ein Leserbrief abgedruckt, der mit gehässigen Worten die Ausbildung an der Psychologischen Lehr- und Beratungsstelle verunglimpfte und zwischen Gedankenstrichen betreffend Friedrich Liebling meinte: »... *der Nachweis, ob ihm zu Recht die Doktorwürden zugeschrieben werden, wäre noch zu erbringen.*«[41]

Nationalrat Professor Dr. Gion Condrau wurde im Artikel zitiert mit: »*Wenn wir so weitermachen, wird Zürich zum psychologischen Kurpfuscherkanton der Schweiz.*« Die Journalistin: »*Niemand wagt es, die Zahl der Zürcher Psychologen zu schätzen, von denen nur der kleinere Teil eine seriöse Ausbildung hat. Der Rest fühlt sich eines Tages einfach zum Beruf berufen, befestigt ein Schild neben der Hausglocke ›Psychologische Beratungen‹, klappt tagsüber das Bett im Wandschrank hoch und stellt dafür eine Couch ins Zimmer.*« Deshalb habe Condrau im November 1975 eine Motion gestartet. Er fordere, Zürich solle den Titel »Psychologe« schützen, die Ausbildung des Psychologen festlegen und den Psychologen dem Gesundheitsgesetz unterstellen. Dies bedeute, dass der seriöse Psychologe endlich krankenkassenwürdig sei und die Psychiater entlaste.

Weiter erfuhr man, dass sich ein zwölfköpfiges Gremium, bestehend aus Psychologen und Psychiatern sowie aus Dr. Hans Langmack von der zürcherischen Gesundheitsdirektion als Behördenvertreter, mit diesen Fragen beschäftige. Dem Juristen Langmack sei allein schon der Begriff »Seele« verdächtig, weil man ihn nicht definieren könne. Die Psychologen und Psychiater in diesem Gremium seien sich nicht einig. Viele Psychiater fürchteten »*um ihre fetten, gesetzlich geschützten Pfründe und schauen auf die nichtärztlichen Therapeuten, die sich da in ihr Revier drängen, herunter wie Generale auf kommune Landsknechte*«. Die Psychologen würden zerfallen »*in viele sich heftig bekämpfende, sich zähneknirschend tolerierende Splittergruppen, je nachdem, ob ihr Glaubensbekenntnis Adler oder Freud, Jung oder Szondi lautet*«.

Optisch wurde die Problematik dem Leser veranschaulicht, indem in fünf Fotos die »*wundersame Verwandlung des Versicherungsagenten K.W.*« dargestellt wurde. Dieser habe nach einem »*sechswöchigen Psychologie-Fernkurs*« das »*Nähstübchen seiner Frau in ein Sprechzimmer*« umfunktioniert, an seiner »*Haustür ein Schild ›Psychologische Beratung‹*« befestigt und so seine »*lukrative Psychologie-Laufbahn*« begonnen.[42]

An der Psychologischen Lehr- und Beratungsstelle wurde kaum über diesen Artikel gesprochen. In einem Gespräch mit den »Tages-

Anzeiger«-Journalisten Hans W. Grieder und Dieter Hanhart vom 18.6.1980[43] kamen Friedrich Liebling und einige Mitarbeiterinnen auf die Entstehung dieses Artikels zurück. Friedrich Liebling führte aus, man habe der Redaktionsleitung geschrieben und die Journalistin eingeladen. *»Wir stellen die Korrespondenz und die Tonbänder zur Verfügung. Sie kann in der Arbeit mitmachen.«*[44] Trotz dieses Schreibens sei der Artikel dann erschienen.

Der Brief an den Chefredaktor des »Züri Leu« findet sich abgedruckt im Anhang der 1980 erschienenen Dokumentation »Die Psychologie und die Zürcher Presse«. Da steht, Margrit Sprecher habe sich telefonisch als Patientin zur Abklärung ihrer allgemeinen Lebensprobleme angemeldet. Eine Mitarbeiterin habe ihr einen Termin zum Besuch eines Einführungsgesprächs gegeben. Es habe sich dann herausgestellt, dass sie eine Reportage über die Arbeit der Psychologischen Lehr- und Beratungsstelle schreiben wolle. Frau Sprecher habe *»es von sich gewiesen, von der Psychologie etwas zu verstehen, und sie hat von der Psychologie analog der Kurpfuscherei in Appenzell gesprochen«*. Man bat darum, keinen Artikel abzudrucken, bevor Margrit Sprecher sich nicht mit der Psychologischen Lehr- und Beratungsstelle in Verbindung gesetzt und genaueren Einblick erhalten habe. Abschliessend wurde hervorgehoben, *»dass wir Frau Sprecher gerne zu einer Besprechung empfangen würden, um ihr genaue Informationen über unsere Arbeit und Einblick in unsere Korrespondenz zu geben«*.[45]

Ich erinnere mich, wie ich nach der Schule nach Hause kam, den »Züri Leu« aufschlug und am Küchentisch den Artikel las. Ich erschrak zutiefst, als ich die Arbeit der Zürcher Schule und den Namen Friedrich Lieblings in diesem Licht dargestellt sah. Was wohl meine Kolleginnen und Kollegen an der Schule von mir denken würden? Sie wussten, dass ich mich dort weiterbildete, doch alle schwiegen, und der Alltag nahm seinen gewohnten Lauf. Aus heutiger Sicht erscheint mir der Artikel im »Züri Leu« wie das Wetterleuchten, das das aufziehende Gewitter ankündigte.

*|

Von Februar 1975 bis September 1979 erschien in Zürich 14-täglich die »LeserZeitung«, die sich als *»Alternativmagazin«* verstand. Die

Zeitung gehörte »*nicht irgendwelchen finanzkräftigen Personen oder Interessengruppen*«,[46] sondern den Abonnenten, die mit dem Kauf eines Jahresabonnements automatisch Vereinsmitglieder wurden, ausser, sie erklärten das Gegenteil.

Im November 1978[47] und Januar 1979[48] erschienen unter den Titeln »Schaumkrone der Psychowelle« und »Solidarität ohne Autonomie« zwei Beiträge über Friedrich Liebling und die Zürcher Schule für Psychotherapie. Zu diesen wurden zahlreiche Leserbriefe publiziert.[49] Die Autoren von »Schaumkrone der Psychowelle«, Dieter Grünenfelder und Matthias Klemm, stützten sich vor allem auf Emilio Modena, Arzt und Psychoanalytiker, der gemäss den beiden Autoren sagte, er sei »*ein politischer Gegner von Liebling*«[50] gewesen.

In »Schaumkrone der Psychowelle« wurde zum ersten Mal die Behauptung aufgestellt, die Zürcher Schule sei eine Sekte. Modenas Worte wurden hervorgehoben: »*Für mich erhärtet sich der Eindruck, die ZS ist eine Sekte. Alle Elemente sind vorhanden: Ein idealisierter, hochgeschätzter Führer ist da, eine Ideologie, die teilweise wissenschaftlich erhärtet ist, und Glaubenssätze sind vorhanden. In den Bereichen, wo die Wissenschaft keine genauen Antworten hat – Erziehung, Charakter, Entwicklung der Persönlichkeit – ist ein weites Feld für Glaubensbekenntnisse. Die ZS hat auch eine eigene Gruppenideologie, die engen Zusammenhalt sichert, fast mit einem totalitären Anspruch an die einzelnen Mitglieder. [...] Wie bei jeder Sekte besteht auch der Anspruch, andere zu überzeugen. Davon lebt die Gruppe und stabilisiert sich durch die ständige persönliche Agitation nach aussen, um sich zu vergrössern. Dazu gehört auch der hierarchische Aufbau in konzentrischen Kreisen, die von der Führergestalt in immer grösser werdende Gruppen bis zur Basis gezogen werden.*«[51]

Weil es in unserer Gesellschaft fast nur politische und religiöse Gemeinschaften sowie Vereine gibt, fiel es offenbar schwer, die Zürcher Schule für Psychotherapie einzuordnen. Es gab keine Glaubenssätze oder Ideologie, wohl aber überprüfbare wissenschaftliche Forschungsresultate, die heute teilweise durch die Hirnforschung bestätigt werden.[52] Die Zürcher Schule stellte keinen »*totalitären Anspruch an die einzelnen Mitglieder*«. Die Motive, weshalb viele teilweise intensiv teilnahmen, waren individuell; sie waren von der Idee der Hilfeleistung beseelt, wollten sich selbst und die Mitmenschen besser verstehen lernen, wollten vielleicht auch zu einer weltoffenen Gemeinschaft gehören, viele Freunde haben, zur Geltung kommen, an einer neuen Idee mitwirken usw. Die weitere Behauptung, wie bei jeder Sekte habe der Anspruch bestanden, andere zu überzeugen und die Gruppe habe sich durch neu Hinzukommende ständig stabilisiert, trifft ebenfalls nicht zu. Es war eher schwierig, allen neu Hinzukommenden gerecht zu werden. Auch ein angeblicher Aufbau in hierarchischen Kreisen existierte nicht. Die Zürcher Schule war ein Modell, in dem ein Zusammenleben und Zusammenarbeiten in Freiheit, Gleichheit und Gewaltlosigkeit angestrebt und zum grossen Teil auch verwirklicht wurde.

Die Autoren Grünenfelder und Klemm bemängelten, viele *»engagierte Linke«* verschwänden *»in der Versenkung«* und distanzierten sich von fortschrittlichen Bewegungen, wenn sie die Zürcher Schule kennenlernten. Das Gegenteil war der Fall: Viele bezeugten, Geschichte und gesellschaftliche Zusammenhänge besser verstehen gelernt zu haben. Politisches Denken und Handeln wurde jedoch nicht mit Aktionen gleichgesetzt. Es ging nicht darum, einer Partei zu folgen, sondern eigenständig zu denken, sich seiner Prägung durch Lebensgeschichte und Kultur bewusst zu werden.

In einem weiteren Artikel versuchten Felix Küng und Jürg Weber im Januar 1979 unter dem Titel »Solidarität ohne Autonomie«[53] erneut, *»Licht in das Dunkel des Psycho-Sumpfes«* zu bringen. Über Friedrich Liebling hiess es, er sei *»kränkbar, ängstlich, unfähig [...], mit Kritik umzugehen«*, er sei der *»Alleswisser«*, die Schüler die *»Nichtwisser«*, er missbrauche die Schwierigkeiten seiner *»Anhänger«*, um *»sich selbst und seine diffusen Theorien zu bestätigen«*, und weiter: *»In seiner Ignoranz gegenüber den Bedürfnissen seiner Schüler, in seinen Vorurteilen und vorgefassten Meinungen und in seinem Anspruch, die Wahrheit zu vertreten, erweist sich Friedrich Liebling als ausgesprochen autoritäre Persönlichkeit, wiewohl die Zürcher Schule von sich behauptet, antiautoritär zu sein.«* Das Ganze war untermauert mit Zitaten aus einem Gruppengespräch über Sexualität unter Männern, das in der Zeitschrift »Psychologische Menschenkenntnis« im Dezember 1978 in anonymisierter Form abgedruckt war. Diese Zitate waren so zusammengestellt, dass der Zusammenhang des Gesprächs verfälscht dargestellt wurde, denn die vielen Ausführungen Friedrich Lieblings über die Ursachen von Sexualproblemen wurden nicht wiedergegeben bzw. abgetan: *»Man höre und staune: Für Friedrich Liebling liegen die Ursachen von verschiedenen sexuellen Schwierigkeiten, die die Teilnehmer erzählen, in der sexualfeindlichen Erziehung und in mangelnder Aufklärung, und daran sind allein die Religion und die Kirche schuld. So einfach ist das!«* Das Ganze gipfelte in der Feststellung: *»Die schönen Gefühle von ›Solidarität‹, Geborgensein, Einigkeit und Akzeptiertsein, die sich die Mitglieder untereinander vermitteln, lassen die Zürcher Schule mehr und mehr zu einer Sekte werden, ihre Ideologie wird zur Heilsleere (Entschuldigung, -lehre).«*[54]

Auf Seite 2 der »LeserZeitung« vom 2.1.1979 wurde unter dem Titel »Echo« zwischen Leserbriefen der Steuerausweis von Friedrich Liebling wiedergegeben. Dieser hielt für das Jahr 1976 ein Reineinkommen, das offenbar auf einer Einschätzung beruhte [das Wort »Steuererklärung« war durchgestrichen und handschriftlich überschrieben mit »Einsch.«] von 461 300 Franken fest, während für das Jahr 1977 ein Reineinkommen von 0 Franken stand. Demnach wurde Friedrich Liebling zum einen als Grossverdiener hingestellt, zum andern als eine Person, die das hohe Einkommen offenbar nicht versteuern wollte bzw. Steuerhinterziehung beging.

Die »LeserZeitung« kaufte ich öfter am Kiosk, wenn mich ein Artikel interessierte. Ich erschrak, als ich den Aushang vom 28.11.1978 mit dem Titel »Schaumkrone der Psychowelle« bemerkte. Den Artikel las ich zu Hause, wobei mich die Karikaturen abstiessen und der Inhalt schockierte. In den Gruppengesprächen und bei privaten Treffen wurde der Artikel kaum thematisiert. Ich versuchte, die Sache möglichst bald zu vergessen, und empfand es als tröstlich, dass die »LeserZeitung« nicht sehr verbreitet war.

Am 12.2.1982 meldete der »Tages-Anzeiger«: »Friedrich Liebling mit Höchstbusse bestraft.« Dem Vorspann konnte man entnehmen, dass Friedrich Liebling, Leiter der Psychologischen Lehr- und Beratungsstelle, *»wegen wiederholter und fortgesetzter Widerhandlung gegen das Gesundheitsgesetz«* und eine seiner Mitarbeiterinnen *»wegen Verstosses gegen die Ärzteverordnung«* vom Einzelrichter in Strafsachen des Bezirksgerichts Zürich verurteilt wurden.[55]

In den 1970er-Jahren galt im Kanton Zürich das Gesundheitsgesetz vom 4.11.1962. Dort war unter §7 festgehalten, dass es einer Bewilligung durch die Direktion des Gesundheitswesens bedarf, um *»Krankheiten, Verletzungen oder sonstige gesundheitliche Störungen festzustellen und zu behandeln oder überhaupt Verrichtungen vorzunehmen«*. In der Verordnung über die medizinischen Hilfsberufe waren unter §2 Tätigkeiten aufgelistet, die *»nicht als medizinische Verrichtungen im Sinne von §7 des Gesetzes über das Gesundheitswesen gelten«*, also keiner Bewilligung durch die Gesundheitsdirektion bedurften, wie unter Ziffer 5: *»die psychologische Beratung und psychotechnische Beurteilung gesunder Personen«*. In der Verordnung über die Ärzte war geregelt, wer einer Bewilligung *»zur selbständigen ärztlichen Tätigkeit (Praxisbewilligung)«* bedurfte.

Seit Herbst 1975 wurde an einem neuen Gesundheitsgesetz gearbeitet, das regeln sollte, wer berechtigt sei, Psychotherapie auszuüben. Am 1.10.1979 hatte der damalige Regierungsrat und Gesundheitsdirektor, Dr. iur. Peter Wiederkehr, zur rechtlichen Lage festgestellt: *»Zur Psychotherapie ist an sich jeder Arzt berechtigt. In der Regel wird aber die psychotherapeutische Tätigkeit vom eigens hiefür ausgebildeten Spezialarzt für Psychiatrie und Psychotherapie ausgeübt. Neben dem Arzt befassen sich auch die Psychologen – entweder in selbständiger Berufsausübung oder als Angestellte eines Arztes – mit der Psychotherapie. Der Psychologe ist kein Arzt. Seine Berufsausübung ist nicht an bestimmte Voraussetzungen gebunden, und seine Ausbildung ist nicht vorgeschrieben. Der Psychologe kann beispielsweise im Besitz eines abgeschlossenen Hochschulstudiums sein oder über eine in einem psychologischen Institut erworbene Aus-*

bildung verfügen oder lediglich autodidaktisch erworbene Kenntnisse haben. Unter diesen Umständen ist es zum Schutz des Patienten notwendig, die minimalen Voraussetzungen festzulegen, unter denen ein Psychologe psychotherapeutisch tätig sein darf. Der Kanton Zürich wird dies in einer vor dem Abschluss stehenden Psychotherapeutenverordnung tun.«[56]

Dieses neue Gesundheitsgesetz wurde in einer Volksabstimmung am 25.4.1982 abgelehnt. Erst 25 Jahre später enthält das Gesundheitsgesetz vom 2.4.2007 das Wort »Psychotherapie« und eine Regelung für nicht ärztliche Psychotherapeutinnen und Psychotherapeuten.[57]

* |

Den Akten des Strafverfahrens ist zu entnehmen, dass am Anfang offenbar Nachbarn standen. Der Polizeirapport vom 8.11.1979 hält fest: *»Mit Schreiben an den Briefkasten des Stadthauses, Stadtkanzlei und telefonisch über den ›Blauen Draht‹ an den Polizeivorstand, beschwerten sich anfangs 1978 verschiedene Einwohner der näheren Umgebung des Hauses Susenbergstrasse 53, 8044 Zürich gegen die Stiftung Psychologische Lehr- und Beratungsstelle F. Liebling. Zu diversen Beschwerdepunkten wurden in der Folge durch die Gewerbepolizei, Sicherheitspolizei, Baupolizei und andere Ämter Abklärungen vorgenommen. In der Eingabe der Anwohner wurde darauf hingewiesen, dass diese Stiftung viel von Personen mit deutschen Autos besucht werde. Es müsse angenommen werden, dass deutsche Personen dort ohne Bewilligung arbeiten.«*[58]

Die Polizei nahm »umfangreiche Erhebungen« vor. *»Vom 3.– 29. Oktober 1979 habe ich durchschnittlich jeden 2. Tag bei diversen Örtlichkeiten Kontrollen betreffend parkierten Personenautos mit deutschen Kontrollschildern vorgenommen. Ich habe [...] sehr viele deutsche Autos vorgefunden. Im ganzen Monat Oktober 1979 konnte ich jedoch nur 3 Autos feststellen, welche ein 2. Mal dort parkiert waren.«*[59] Auch führte die Polizei eine Kontrolle im Haus Susenbergstrasse 53 und eine Befragung von Friedrich Liebling und Jutta Siegwart-Gensch durch. Der Bericht schloss: *»Det. Wm. Oggier und ich konnten keinen Verstoss im Sinne des Ausländergesetzes feststellen.«*[60] Dank dieser Abklärungen wurde der Verdacht der

»Schwarzarbeit« fallen gelassen.[61] Gleichzeitig wurden Abklärungen betreffend Verletzung des Gesundheitsgesetzes getroffen, obwohl die Tätigkeit des Psychologen – wie erwähnt – gemäss gesetzlicher Grundlage nicht als medizinische Verrichtung galt und nicht dem Gesundheitsgesetz unterstand.

Das Verfahren war durch die Gesundheitsdirektion, durch den damaligen Kantonsarzt Dr. med. Carl Heinrich Spengler,[62] eingeleitet worden. Dieser erstattete die Anzeige und war zugleich zuständiger Fachmann und Auskunftsperson. Die Polizei nahm zwar gewisse Untersuchungen vor, hielt aber in verschiedenen Berichten fest, dass sie nicht abklären könne, ob diese Stiftung gegen das kantonale Gesundheitsgesetz verstossen habe. *»Diese Abklärungen müssten von der Gesundheitsdirektion vorgenommen werden.«*[63] Die Polizei, das Statthalteramt und selbst das Gericht stützten sich in der Folge auf den Kantonsarzt; dieser trat jedoch weder mündlich noch schriftlich jemals mit Friedrich Liebling in Verbindung.

Der Kantonsarzt ging von verschiedenen Gesuchen oder Bestätigungen der Psychologischen Lehr- und Beratungsstelle an die Fremdenpolizei aus. Darin wurde um Aufenthaltsbewilligungen für Ratsuchende aus Deutschland ersucht, die sich zwecks *»psychotherapeutischer Behandlung«* an der Psychologischen Lehr- und Beratungsstelle befänden.

* |

Friedrich Liebling hatte schon seit vielen Jahren solche Schreiben an die Behörden ausgestellt. So findet sich in den Akten ein Schreiben der Psychologischen Lehr- und Beratungsstelle aus dem Jahr 1966, unterzeichnet von Friedrich Liebling und Josef Rattner. Dieses bestätigt zuhanden der Fremdenpolizei, dass sich ein junger Erwachsener *»aus Gründen der psychotherapeutischen Behandlung bei uns befindet«*. Weiter steht darin: *»Sein Vater hat ihn zu uns gebracht, weil er im vorliegenden Fall nur zu uns das Vertrauen besitzt, seinem entwicklungsgehemmten Sohne helfen zu können. [Name, Anm. d. V.] wird ganztägig bei uns betreut; auch haben wir ihn bei einem Schüler-Ehepaar [Name, Anm. d.V.] einquartiert, wo er bestens aufgehoben ist. Die finanziellen Grundlagen seines Aufenthaltes werden durch seinen Vater [Name, Anm. d.V.] bestritten.«*[64]

Weitere ähnliche Bestätigungen finden sich auch aus den folgenden Jahren. Diese sind teils von Friedrich Liebling allein unterzeichnet, 1978 und 1979 zusammen mit Jutta Siegwart-Gensch, die damals noch nicht verheiratet war und mit *»Dr.med. Jutta Gensch«* unterschrieb. Alle Gesuche waren mit Briefkopf und Stempel der Psychologischen Lehr- und Beratungsstelle versehen. In einem Schreiben vom 21.5.1979 steht beispielsweise bezüglich eines Jungen: *»Es handelt sich um* [Name, Anm. d.V.], *der sich bei uns in psychotherapeutischer Behandlung befindet.«* Der Junge stamme aus einer gescheiterten Ehe und sei von seiner Mutter der Behandlung zugeführt worden, da er von nächtlichen Angstanfällen geplagt werde. Die Abklärung habe ergeben, dass er unter dem Weggang des Vaters sehr gelitten und in der Folge eine starke Nervosität entwickelt habe. Er habe eine Beziehung zu einigen Mitarbeitern der Psychologische Lehr- und Beratungsstelle gefunden und fühle sich auch bei seinen Pflegeeltern sehr wohl. *»Im Interesse einer gesunden Entwicklung halten wir eine einjährige intensive Psychotherapie für dringend angezeigt.«*[65]

Seit 1964 konnte die Öffentlichkeit in der Monatszeitschrift »Psychologische Menschenkenntnis« Einblick in die von Liebling begründete und geleitete Tätigkeit der Psychologischen Lehr- und Beratungsstelle nehmen. Hätte der Kantonsarzt Zweifel gehabt, hätte er sich mit ihm in Verbindung setzen müssen, um abzuklären, ob dessen Tätigkeit zu den medizinischen Verrichtungen gehöre. Auch hätte er Friedrich Liebling angesichts dessen langer Berufsausübung gemäss dem Grundsatz von Treu und Glauben zuerst verwarnen müssen.

In den Jahren 1978 und 1979 erteilte der Kantonsarzt Spengler verschiedenen Amtsstellen, von denen er als Fachmann und Auskunftsperson angefragt wurde, folgende Information:

- die Psychologische Lehr- und Beratungsstelle habe keine Bewilligung der Gesundheitsdirektion zur Durchführung psychotherapeutischer Behandlungen;[66]
- solche Behandlungen könnten derzeit nur von Ärzten durchgeführt werden;[67]

- falls *»Psychotherapie«* und *»Gruppentherapie in Klein- und Gross-gruppen«* ausgeübt werde, wie im Stiftungszweck vorgesehen, sei dies ein Verstoss gegen § 7 des Gesundheitsgesetzes. [68]

Diese Auskünfte des Kantonsarztes waren falsch und irreführend. Wie Gesundheitsdirektor Peter Wiederkehr ausgeführt hatte, existierte noch keine gesetzliche Regelung zur Psychotherapie; deshalb brauchte die Psychologische Lehr- und Beratungsstelle keine Bewilligung und verstiess mit ihrem Stiftungszweck nicht gegen das Gesundheitsgesetz. Zu jener Zeit sprachen viele Psychologen im Zusammenhang mit ihrer Tätigkeit von Psychotherapie, sie war ein Forschungsgegenstand der Psychologie. Später sprachen viele Psychologen aus Angst, sich strafbar zu machen, meistens nur noch von »psychologischer Beratung«.

Am 12.12.1979 erstattete Kantonsarzt Spengler Anzeige gegen Friedrich Liebling und Jutta Siegwart-Gensch an die Kantonspolizei Zürich, Abteilung Gesundheitswesen. Unter der Überschrift *»Psychologische Lehr- und Beratungsstelle, 8044 Zürich, Susenbergstrasse 53, – Leitung: Friedrich Liebling, – Arzt: Frau Dr. med. Jutta Gensch«* steht: *»Die obgenannte Lehr- und Beratungsstelle ist gemäss notarieller Bestätigung vom 11. Juni 1974 eine Stiftung, was für meine Beurteilung bedeutungslos ist. Von Bedeutung ist hingegen, dass diese Stelle keine Bewilligung unserer Direktion zur selbständigen Durchführung psychotherapeutischer Behandlungen hat. Solche Behandlungen können derzeit nur von Ärzten durchgeführt werden. Die Beratungsstelle ist damit unter anderem auch nicht befugt, ärztliche Zeugnisse oder ärztliche Bestätigungen auszustellen.*

Offensichtlich ist an dieser Lehr- und Beratungsstelle auch eine deutsche Ärztin, Frau Dr. med. Jutta Gensch, tätig. Diese hat ihr Arztstudium in Deutschland absolviert und kann, da sie kein eidgenössisches Arztdiplom besitzt, keine Bewilligung zur selbständigen Berufsausübung als Ärztin erhalten. Da diese Beratungsstelle ja kein Spital ist, kann sie auch nicht wie früher an den Spitälern Pfäffikon, Richterswil und an der Schweizerischen Anstalt für Epileptische in Zürich als Assistenzärztin unselbständig, unter der direkten Aufsicht des Chefarztes tätig sein. Wenn sie also eine ärztliche Tätigkeit ausübt, so tut sie dies illegal.

Aus den Ihnen in Photokopie beigelegten Akten geht eindeutig hervor, dass an der vorerwähnten Psychologischen Lehr- und Beratungsstelle ärztliche Zeugnisse ausgefertigt werden und in mehreren Fällen ärztliche Psychotherapie ausgeführt wird. Auch die Behandlung von Drogensucht gehört in die Hand des Arztes. Besonders fällt auf, dass eine grössere Zahl von deutschen Staatsangehörigen betreut wird.

Ich bitte Sie, die diversen Verstösse gegen das Gesetz über das Gesundheitswesen, insbesondere gegen §7, sowie gegen die Verordnung über die Ärzte, insbesondere deren §§ 1, 13, 14, 15 und 16, zu überprüfen und die notwendigen Massnahmen zu treffen.

Die einzelnen Tatbestände wollen Sie meinen verschiedenen im Aktenverzeichnis enthaltenen Stellungnahmen resp. Aktennotizen entnehmen.«[69]

Neben den bereits oben zitierten Schreiben an verschiedene Ämter sowie Polizeirapporten und den Gesuchen der Psychologischen Lehr- und Beratungsstelle legte er mehrere, am selben Tag verfasste Schreiben und Aktennotizen als »Beweismaterial« bei. Darin bezeichnete er die psychotherapeutische Behandlung eines Kindes als *»Verstoss gegen das Gesundheitsgesetz«* und die Behandlung einer drogensüchtigen Person als *»eindeutige Übertretung des Gesundheitsgesetzes«*.[70]

In einer weiteren Aktennotiz vom selben Tag beschuldigte er Jutta Siegwart-Gensch, mit einer Bestätigung der Psychologischen Lehr- und Beratungsstelle vom 30.10.1979 ein Arztzeugnis ausgestellt und damit eine ärztliche Tätigkeit ausgeübt zu haben.[71] In jenem Schreiben hatten Friedrich Liebling und Jutta Siegwart-Gensch bestätigt, dass sich ein Ratsuchender *»bei uns in psychotherapeutischer Behandlung«* befinde.[72] Das Schreiben trug keinen Briefkopf und nur maschinengeschriebene Unterschriften; es war offensichtlich ein Schreibmaschinen-Durchschlag; solche wurden früher oft als Kopie angefertigt. Spengler verwendete diesen Schreibmaschinen-Durchschlag als »Beweis« für ein ärztliches Zeugnis, weil darauf der Briefkopf und Stempel der Psychologischen Lehr- und Beratungsstelle fehlte. Aus dem Briefkopf und dem Stempel wäre ersichtlich geworden, dass es sich um eine psychologische, nicht um eine ärztliche Stelle handelte, folglich kein ärztliches Zeugnis sein konnte. In Verbindung mit dem Satz in der Anzeige vom gleichen Tag, *»wenn sie also eine ärztliche Tätigkeit ausübt, so tut sie dies illegal,«*[73] konstruierte er mit seiner Aktennotiz einen »Beweis«.

Am 6. und 7.5.1980 erhielten Friedrich Liebling und die inzwischen verheiratete Jutta Siegwart-Gensch Kenntnis von der Anzeige der Gesundheitsdirektion des Kantons Zürich und wurden dazu befragt. Aus den Protokollen geht hervor, dass beide detailliert bestritten, sich einer Übertretung des Gesundheitsgesetzes oder der Ärzteverordnung schuldig gemacht zu haben.

Friedrich Liebling erklärte ausführlich, dass an der Psychologischen Lehr- und Beratungsstelle keine Psychotherapie im Sinne der Medizin oder Psychiatrie gemacht werde und dass die Ratsuchenden auch nicht im medizinischen Sinne krank seien, sondern allenfalls irritiert. Sie seien Schüler, der Ausdruck »Psychotherapie« gehöre zum psychologischen Sprachgebrauch und sei nicht als ärztliche Handlung zu verstehen. Seine Ausführungen sind u.a. wie folgt protokolliert: *»In der Psychologischen Lehr- und Beratungsstelle, Susenbergstr. 53, 8044 Zürich, der ich seit über 20 Jahren als Leiter vorstehe, werden keine psychotherapeutischen Behandlungen vorgenommen. Wir führen schulische Psychologie, mit gesunden Personen, aus. In unserem Institut[74] haben wir keine Patienten. Wir üben daher keine ärztliche Tätigkeit aus.«*[75] *– »Die von uns im vorerwähnten Schreiben verwendeten Ausdrücke/Wörter, ›psychotherapeutische Behandlung‹, ›grosse Verbesserung des Gesundheitszustandes‹, ›Patient‹ etc. werden allgemein in der Psychologie benützt [allgemeiner Sprachgebrauch]. [Name, Anm. d. V.] war auch nie im Sinne des medizinischen Begriffs krank.«*[76] *– »[Name, Anm. d. V.] kam wegen Irretation[77] [Versagen in der Schule und in der Familie] zufolge falscher Erziehung im Elternhaus zur Behandlung, Schulung und Erziehung in unser Institut. Eine ärztliche Tätigkeit im Sinne der Medizin wurde bei ihm nie ausgeübt. Auch in diesem Fall wurden durch uns offensichtlich Ausdrücke gewählt, welche eine ärztliche Tätigkeit vermuten liessen. Dieselben werden aber allgemein in der Psychologie verwendet.«*[78] *– »Dieses Schreiben[79] betrachte ich nicht als ein ärztliches Zeugnis bzw. eine ärztliche Bestätigung. Als Psychologe darf ich dieses Schreiben ausstellen.«*[80]

In Bezug auf eine drogensüchtige Person erklärte Friedrich Liebling, diese sei durch einen Psychiater aus Deutschland an die

Psychologische Lehr- und Beratungsstelle überwiesen worden, der sie hier weiterhin betreut und auch besucht habe. Wegen eines Rückfalls sei sie in eine zürcherische psychiatrische Klinik eingeliefert worden, anschliessend habe die Fremdenpolizei sie nach Deutschland abschieben wollen. Aber ein Arzt aus jener Zürcher Klinik habe sich dafür eingesetzt, dass sie wieder an die Psychologische Lehr- und Beratungsstelle zurückkehren könne; diesem Gesuch sei stattgegeben worden, weshalb sie nun wieder wie anfänglich an den Gesprächen teilnehme. Und weiter: *»Ich bin der Meinung, dass die Behandlung der Drogensucht nicht ausschliesslich in die Hände des Arztes gehört. Bestimmt fällt sie auch in die Kompetenz des Psychologen. Aus diesem Grunde kann ich mich einer Übertretung des §7 des Gesundheitsgesetzes nicht schuldig erklären.«*[81]

Betreffend die im Polizeibericht vom 8.11.1979 wiedergegebene Erklärung gegenüber zwei Polizisten, an der Psychologischen Lehr- und Beratungsstelle würde Psychotherapie in Klein- und Grossgruppen und wenn nötig auch mit Einzelpersonen durchgeführt, erklärte Friedrich Liebling: *»Wie bereits in früheren Einvernahmen erwähnt, versichere ich hiermit noch einmal, dass in unserem Institut keine psychotherapeutischen Behandlungen im Sinne der Medizin ausgeführt werden bzw. ausgeführt worden sind. Auch im vorliegenden Fall wurden durch mich offensichtlich verschiedene Ausdrücke verwendet, welche offenbar für ärztliche Tätigkeiten Gültigkeit haben. Dies jedoch nur aus dem Grunde, weil sie im allgemeinen Sprachgebrauch in der Psychologie benützt werden.«*[82]

Auch Jutta Siegwart-Gensch erklärte, dass sie keine ärztlichen Behandlungen an der Psychologischen Lehr- und Beratungsstelle vornehme, sondern dort Psychologie studiere. In der Befragung vom 6.5.1980 steht:

»Ich bestreite, Übertretungen im vorgeworfenen Sinne begangen zu haben. Seit ca. 3 Jahren studiere ich dort Psychologie. Ich bin also Schülerin und nicht Ärztin. Ich habe also bis heute in der Beratungsstelle keine ärztlichen Behandlungen vorgenommen. [...]«
»Wer macht denn an Ihrer Beratungsstelle ärztliche Behandlungen?«
In der Psychologischen Lehr- und Beratungsstelle werden keine ärztlichen Behandlungen vorgenommen. Wir haben auch keine Ärzte dort.

»In der Stiftungsurkunde wird ausdrücklich von Psychotherapie und Gruppentherapie gesprochen, was nach unserem Dafürhalten als Heilbehandlung taxiert wird.«

»Dies ist anders gemeint. Es ist eine psychologische Frage. Es handelt sich hier bestimmt um ein Missverständnis.«

»Gemäss Aussagen von Herrn Liebling gegenüber zwei Polizeibeamten würden jedoch in der Psychologischen Lehr- und Beratungsstelle psychotherapeutische Behandlungen vorgenommen.«

»Herr Liebling hat dies bestimmt anders gemeint.«

»Sie haben festgestelltermassen Briefe unterschrieben, in welchen von psychotherapeutischer Behandlung die Rede ist. Neben der Unterschrift von Liebling unterschrieben Sie mit ›Dr. med. Jutta Gensch‹, also als Ärztin und nicht als Schülerin oder Studentin.«

»Psychotherapeutische Behandlung ist nach unserer Auffassung anders zu verstehen. Ich kann es jedoch nicht genau definieren.«

»Nach Ihren bisherigen Aussagen sollen keine psychotherapeutischen Behandlungen vorgenommen worden sein. Warum unterschrieben Sie denn die Briefe [Daten, Anm. d.V.] betr. den Aufenthaltsbewilligungen der Patienten [Namen, Anm. d.V.], wo ausdrücklich eine psychotherapeutische Behandlung in Frage steht?«

»Ich habe mit ›Dr. med. Jutta Gensch‹ als Schülerin und Studentin unterschrieben. Ich bin wohl Ärztin, und in Deutschland gehört dies vor den Namen. Ich wollte also in den vorliegenden Fällen nicht als Ärztin gelten. Es handelt sich hier um einen Irrtum.«

»Sie haben die fraglichen Briefe alle mitunterschrieben und zwar mit ›Dr. med.‹, so dass nach Ansicht des Kantonsarztes es sich um ärztliche Bestätigungen, wenn nicht ärztliche Zeugnisse handelt, für die Sie nicht befugt sind; weder die Beratungsstelle noch Sie haben oder verfügen über entsprechende Bewilligungen.«

»Ich wiederhole nochmals, dass ich an der Beratungsstelle keine ärztliche Tätigkeit ausgeübt habe. Es werden dort auch keine psychotherapeutischen Behandlungen vorgenommen. Wenn von psychotherapeutischer Behandlung die Rede ist, handelt es sich nicht um eine Behandlung mit Heilung, sondern es muss anders ausgelegt werden. Ich bin Schülerin dieser Wissenschaft, ich kann keine Definition geben.«[83]

Dass Friedrich Liebling die Befragung nicht leichtfiel, wird klar, wenn man im abschliessenden Bericht vom 9.5.1980 des befragenden Polizisten liest: *»Die umfangreiche Einvernahme von Liebling Friedrich – er ist 87-jährig – konnte aus verständlichen Gründen nicht an einem Tage vorgenommen werden.«*[84]

Er hielt in diesem Bericht auch folgenden vielsagenden Umstand fest: *»Zwecks eingehender Abklärung des Sachverhaltes beabsichtigten Det. Wm. Schöni und Rapportierender als erstes, in der Psychologischen Lehr- und Beratungsstelle unter Beizug des Kantonsarztes eine Hausdurchsuchung vorzunehmen. Lt. M. Stauffer, Chef der Verwaltungspolizei, war mit unserem Vorgehen einverstanden und ersuchte Dr. med. C. H. Spengler, der Hausdurchsuchung als Fachmann beizuwohnen. Wegen Arbeitsüberlastung konnte sich der Kantonsarzt weder für die Hausdurchsuchung noch für die Befragung von Liebling Friedrich und Frau Dr. med. Jutta Siegwart-Gensch zur Verfügung stellen. Er war auch nicht in der Lage, uns eine entsprechend ausgewiesene Ersatzperson zur Verfügung zu stellen.«*[85] Unter diesen Umständen habe man auf eine Hausdurchsuchung verzichtet.

Als Nächstes musste das Statthalteramt Zürich aufgrund der Akten beurteilen, ob die genannten Übertretungen begangen wurden und ob eine Busse auszusprechen sei. Offenbar aber fühlte sich auch der Statthalter – wie bereits die Polizei – nicht genügend fachkundig. In einem Schreiben vom 15.8.1980 an Kantonsarzt Spengler bezog er sich auf die laufende Strafuntersuchung gegen Friedrich Liebling und Jutta Siegwart-Gensch und bat um Beantwortung folgender Fragen:

»Stellt jede psychotherapeutische Behandlung notwendigerweise eine ärztliche Tätigkeit dar?

Stellt die Feststellung, dass eine Person an einer schweren Charakter-Neurose leidet, eine ärztliche Tätigkeit dar (wenn ja, warum?)

Stellt jede Tätigkeit, die am oder mit einem anderen Menschen durchgeführt wird und zu einer Verbesserung dessen Gesundheitszustandes führt, zwingend eine ärztliche Tätigkeit dar?«[86]

Kantonsarzt Spengler antwortete ganz im Sinne seiner Anzeige:

»[...] Jede psychotherapeutische Behandlung ist notwendigerweise eine Massnahme, die gemäss §7 des Gesundheitsgesetzes nur

mit einer Bewilligung der Direktion des Gesundheitswesens durchgeführt werden darf.

[...] Die Charakter-Neurose nimmt unter den Neurosen in gewisser Weise eine Sonderstellung ein und gilt im Gegensatz zu den übrigen Neurosen nicht als eigentliche gesundheitliche Störung. Ihre Feststellung ist demnach nicht nur dem Arzt erlaubt.

[...] In §2 der Verordnung über die medizinischen Hilfsberufe vom 11. August 1966 ist festgelegt, welche Verrichtungen nicht als medizinische Verrichtungen im Sinne von §7 des Gesundheitsgesetzes gelten. Alle in diesem §2 nicht ausdrücklich aufgeführten Methoden zur Verbesserung des Gesundheitszustandes haben als eigentliche medizinische Verrichtungen zu gelten. In Zweifelsfällen entscheidet die Direktion des Gesundheitswesens.«[87]

* |

Die Strafverfügung datiert vom 12.12.1980, also genau ein Jahr nach der Anzeige von Kantonsarzt Spengler. Zu Friedrich Liebling heisst es: »*Der Verzeigte hat als verantwortlicher Leiter der psychologischen Lehr- und Beratungsstelle an der Susenbergstrasse 53 in Zürich ab August 1978 deutsche Staatsangehörige psychotherapeutisch behandelt, Psychotherapie in Klein- und Grossgruppen geleitet und Attestate, die einem ärztlichen Zeugnis gleichkommen, ausgestellt, obwohl er hiefür nie im Besitze einer erforderlichen Bewilligung war. Dadurch hat sich der Verzeigte schuldig gemacht der Widerhandlung gegen das Gesetz über das Gesundheitswesen ...*« Die Busse betrug 1000 Franken, zusammen mit den Nebenkosten 1417 Franken.[88]

In der Strafverfügung vom 12.12.1980 gegen Jutta Siegwart-Gensch steht: »*Die Verzeigte hat in ihrer Eigenschaft als deutsche Ärztin in der psychologischen Lehr- und Beratungsstelle an der Susenbergstrasse 53 in Zürich, ohne entsprechende Bewilligung zur selbständigen ärztlichen Tätigkeit und ohne unter Aufsicht eines praxisberechtigten Arztes, psychotherapeutische Behandlungen an Personen vorgenommen und Gesuche von Aufenthaltsbewilligungen für deutsche Patienten, die inhaltlich ärztlichen Zeugnissen gleichkommen, mitunterzeichnet. Dadurch hat sich die Verzeigte schuldig gemacht der Widerhandlung gegen die Verordnung über die Ärzte.*« Die Busse betrug 800 Franken, mit den Nebenkosten 1133 Franken.[89]

Friedrich Liebling und Jutta Siegwart-Gensch erhoben rechtzeitig Einspruch gegen die Strafverfügung und verlangten eine gerichtliche Beurteilung. Auf diesem Weg können Bussen an ein Gericht weitergezogen werden. Deshalb wurden sie am 4. 6. 1981 durch das Statthalteramt Zürich befragt. Hier erklärte Friedrich Liebling erneut in verschiedenen Stellungnahmen, dass er keine ärztliche Psychotherapie durchführe, sondern lediglich mit den Besuchern spreche, und bei »Patienten«, die ärztlicher oder psychiatrischer Hilfe bedürften, mit Ärzten ausserhalb der Psychologischen Lehr- und Beratungsstelle zusammenarbeite. So sagte er beispielsweise zur Bedeutung des im Stiftungszweck enthaltenen Ausdrucks Psychotherapie: *»Unter Psychotherapie verstehe ich das Gespräch mit den Besuchern und nicht die Behandlung des Patienten.«*

Auf die Frage, wie das mit der Gruppentherapie sei, antwortete Friedrich Liebling gemäss Protokoll: *»Das ist genau gleich wie beim einzelnen Besucher, der gesprächsweise zu lernen versucht, seiner Lage Herr zu werden.«*

Zum Einwand, den Akten sei zu entnehmen, dass er bei verschiedenen Patienten eine psychotherapeutische Behandlung vorgenommen habe, führte Friedrich Liebling aus: *»Die Bezeichnung psychotherapeutische Behandlung ist nicht im engeren Sinne zu verstehen, sondern versteht sich ausschliesslich nur in der Vermittlung eines Gespräches oder Gesprächen mit dem Patienten und das Lernenwollen des Patienten, die Ursachen zu kennen. Dass dem so ist, kann ich durch unzählige Korrespondenzen und Tonbänder mit Besuchern bezeugen.«*

In Bezug auf die Drogensucht erläuterte Friedrich Liebling: *»Den Drogensüchtigen behandle ich nicht im Sinne, wie es ein Arzt tut, sondern ich höre seine Probleme an und versuche ihn auf den richtigen Weg zu führen. Ich verrichte also keine ärztliche Tätigkeit. Es ist lediglich ein Gespräch.«*

Zur Unterschrift von »Frau Dr. Jutta« [so im Protokoll] sagte Friedrich Liebling: *»Wenn Frau Dr. Jutta gewisse Schreiben mit ihrem akademischen Titel versah, geschah dies nicht mit einer besonderen Absicht. Sie tat dies jedenfalls nicht als patentierte Ärztin, sondern immer als Studentin. Sie hat keine Bewilligung zur selbständigen Ausübung ihres Berufes.«* Friedrich Liebling hielt zum Schluss

»daran fest, dass ich keine psychotherapeutische Behandlung vollzog, sondern lediglich Gespräche mit Patienten führte und deshalb die gerichtliche Beurteilung aufrechterhalte.«[90]

Jutta Siegwart-Gensch wurde am gleichen Tag befragt. Auf die Frage, ob es zutreffe, dass sie *»im Institut resp. in der Stiftung Psychologische Lehr- und Beratungsstelle in Zürich arbeite«,*[91] antwortete sie: *»Ich arbeite nicht, sondern ich studiere seit 3 Jahren in der besagten Stiftung. Ich will damit sagen, dass ich nicht als Ärztin arbeite.«*

Auf die Frage, ob es richtig sei, dass sie mit Patienten der besagten Stiftung Gespräche führe, erklärte sie: *»Das könnte zutreffen, und zwar geschieht dies im Rahmen einer Ausbildung.«*

Zum Einwand, indem sie mit dem Patienten ein Gespräch führe, behandle sie ihn doch, stellte sie klar: *»Was ich tue, ist die Ausbildung zur Beratung. Bis vor Einleitung eines Verfahrens war ich der Meinung, dass die Tätigkeit mit Behandlung umschrieben werden kann. Nachdem ich aber erfahre, dass die Behandlung an sich verboten ist, ist die Bezeichnung durch Beratung zu korrigieren. Sodann ist zu sagen, dass ich selber, in eigener Verantwortung keinen Patienten beraten habe. Ich war bei der Beratung von Patienten, in Anwesenheit zum Beispiel von Herrn Liebling, zugegen, und habe durch diese Gespräche die psychosomatischen Probleme studiert.«*

Zur Frage, weshalb sie Gesuche und Korrespondenzwechsel mit Behörden mit ihrem akademischen Titel unterzeichnet habe, sagte sie: *»Indem ich diese Gesuche mit Dr.med. unterzeichnet oder mitunterzeichnet habe, besagt noch nicht, dass ich die Tätigkeit als Arzt ausübe. Diesen Titel habe ich in Deutschland erworben, und er gehört nun mal zu meinem Namen.«*

Es folgte die Frage: *»War Ihnen bekannt, dass die Behandlung (Beratung) in psychotherapeutischer Hinsicht ohne entsprechende Bewilligung der Gesundheitsdirektion des Kantons Zürich verboten ist?«*

Darauf antwortete sie: *»Seit das Verfahren anhängig ist, ist mir das bekannt.«*

Auf die Schlussfrage: *»Ist denn ein Gespräch mit einem Patienten keine therapeutische Behandlung oder Beratung?«*, erwiderte sie: *»Das trifft nur auf jene Personen zu, die in psychotherapeutischer Hinsicht ausgebildet sind. Ich halte nach wie vor die gerichtliche Beurteilung aufrecht, da ich mir keiner Schuld bewusst bin.«*[92]

Hauptverhandlung und Urteil Bezirksgericht Zürich

Auf den 23.7.1981, mitten in den Sommergerichtsferien, wurde die Hauptverhandlung beim Bezirksgericht Zürich angesetzt. In den Gerichtsakten befindet sich der Artikel des »Tages-Anzeiger-Magazins« »Lebenshilfe vom Zürichberg« vom 20./27.9.1980. Er wurde gleich hinter dem Gesundheitsgesetz [act 1/3] und der Verordnung über die medizinischen Hilfsberufe [act 2/3] als act 3/3 zu den Akten genommen. Offenbar wurde er gründlich gelesen, denn zahlreiche Stellen sind übermalt und auf der Seite mit Balken oder Ausrufezeichen versehen, u.a. folgende Passagen:

»Zürichs grösstes und umstrittenstes psychotherapeutisches Unternehmen« [S.23].

»Die Psychologische Lehr- und Beratungsstelle führt wöchentlich um die 90 Gruppengespräche und mehr als tausend Beratungen durch.« [S.23].

»Die Tatsache, dass auch die Betreuung psychotischer Patienten im Pflichtenheft von Ausbildungskandidaten steht, mag verwundern, werden doch Psychosen (zum Beispiel Verfolgungswahn, phobische Zwänge, schwere Angstzustände) traditionellerweise zu den schweren psychischen Erkrankungen gezählt.« [S.27]

Dick angestrichen und mit Ausrufezeichen versehen sind die folgenden Stellen: *»Ob organische Leiden vorliegen, werde genau untersucht – und das scheint glaubhaft, gehören doch mehrere Ärzte zu Lieblings Team. Weniger klar ist, was mit den psychischen Leiden – den Neurosen und Psychosen – geschieht. Liebling argumentiert hier mit Heilerfolgen und meint, auf solche Patienten angesprochen: ›Diese Menschen sind nicht krank, ich muss sie nicht behandeln; sie sind nur irritiert.‹«*

»Dass psychische Leiden weder Schicksal noch irreversible Krankheiten sind, ist sicher richtig: Sie sind das Ergebnis unglücklich verlaufender Entwicklungsprozesse und sind daher – grundsätzlich – korrigierbar. Deshalb aber von blossen ›Irritationen‹ zu reden scheint mir eine unstatthafte Verharmlosung zu sein.«[93]

In den Gerichtsakten findet sich ein Artikel der »NZZ« vom 3.4.1981, in dem nichts markiert wurde. Darin gibt Dr. Erhard Bertele, Zürich, Präsident der Schweizerischen Gesellschaft für Psychotherapie, unter dem Titel »Fragwürdige Gesetzgebung zur

Psychotherapie« die Ansichten seiner Gesellschaft wieder: »*Die Vertreter der heutigen Medizin sind der Meinung, Psychotherapie sei ein Teilgebiet ihres Faches. Hieraus wird abgeleitet, die Tätigkeiten auf diesem Gebiet seien im Rahmen der Medizinalgesetzgebung zu regeln. [...]Es zeigt sich, dass das medizinische Modell mit seinem Krankheits-/Gesundheitsverständnis nur bedingt relevant ist für das, was wir unter Psychotherapie verstehen. Entwicklungs- und Interaktionsmodelle sind von grösserer Relevanz. Psychotherapie steht den Gebieten der Andragogik (Pädagogik), der Soziologie oder der kirchlichen Seelsorge mindestens so nahe wie der Medizin, die sich ja primär mit der materiellen Seite des Menschen befasst.*«[94]

Er führt weiter aus, dass man unterscheiden sollte zwischen einer technischen oder medizinischen und einer eigentlichen Psychotherapie, worunter er Folgendes versteht: »*Eigentlicher Psychotherapie hingegen liegt die Auffassung zugrunde, dass es nicht um Krankheiten und deren Heilung geht, sondern vielmehr um Bewusstwerdungsprozesse, auf die der Leidende sich einzulassen hat. Bewusstwerdungsprozesse lassen sich nicht durch die Anwendung von Technik erzwingen. Der Klient kann nicht einfach passives Objekt einer Behandlung sein. Bei allem eigentlich Psychotherapeutischen ist es der Klient, der den Prozess vollzieht. Sein Therapeut ist ihm dabei ganz im ursprünglichen Sinn des Wortes ein Freund und Begleiter, der allerdings durch die Enge oder Weite seiner Persönlichkeit den Raum vorgibt, in dem Bewusstwerdung und Entwicklung möglich ist.*«[95]

Zur bevorstehenden Gesetzgebung meint er: »*Es scheint uns wichtig, darauf hinzuweisen, dass nur die von uns sogenannte medizinische Psychotherapie einer gesetzlichen Regelung im Rahmen eines Gesundheitsgesetzes unterworfen werden kann. Eigentliche Psychotherapie jedoch ist ihrem Selbstverständnis nach nicht Krankheitsbehandlung und kann deshalb auch nicht im Rahmen eines Gesundheitsgesetzes abgehandelt werden.*«[96]

Aus diesem Artikel von Erhard Bertele geht hervor, dass nicht nur Friedrich Liebling, sondern auch andere Psychologen, den Ausdruck »Psychotherapie« als zum Sprachgebrauch der Psychologie gehörend und als Bewusstwerdungsprozess betrachteten.

*|

Bei der Hauptverhandlung vor dem Einzelrichter am 23.7.1981 hatten Friedrich Liebling und Jutta Siegwart-Gensch keinen Anwalt. Sie wurden einem scharfen Kreuzverhör unterzogen. Friedrich Liebling bot seine Korrespondenz und Buchhaltung als Beweismittel an; daraus könne man die Arbeit der Psychologischen Lehr- und Beratungsstelle erkennen. *»Wir haben eine Schule, keine Patienten.«* Auf den Einwand, er habe aber auch Drogensüchtige behandelt, erklärte er: *»Wir haben viele Drogensüchtige gesund gemacht. Wir haben viele Drogensüchtige, Gesunde, viele junge Menschen studieren bei uns.«* Und weiter: *»Wir führen bei uns keine Behandlungen durch. Wir haben keine Kranken. Wir haben junge Leute, die sich im Leben nicht zurechtfinden. Bei uns lernen sie die Psychologie kennen.«*

Jutta Siegwart-Gensch führte aus, sie habe keine psychotherapeutischen Untersuchungen vorgenommen. *»Wenn ich als Ärztin unterschrieben habe, so nur, weil ich Ärztin bin, und nicht, weil ich ärztliche Behandlungen vornehme.«* Sie sei auch nicht als Ärztin angestellt, sondern sei dort zur Ausbildung. Zur Frage, ob eine neurotische Fehlentwicklung eine Krankheit sei, sagte sie: *»Das ist keine Krankheit. Es kann zu einer Krankheit führen. Es kommt darauf an, wie es sich äussert. Wenn der Körper daran erkrankt, wissen wir heute, dass dies aufgrund psychischer Ursachen möglich ist. Solange der Körper nicht davon betroffen ist, sprechen wir nicht von einer Krankheit.«* Früher habe man psychische Störungen »Krankheit« genannt.[97]

Der Urteilsspruch wurde weder bei der Hauptverhandlung eröffnet noch entschieden. Gemäss Strafprozessordnung[98] sollte das Urteil binnen vier Wochen gefällt und zugestellt werden. Hier wartete der Richter volle sechs Monate und stellte das Urteil erst am 21. Januar 1982, das heisst nach Eintritt der Verfolgungsverjährung der angeblichen Delikte, zu.

Nach der Hauptverhandlung zog das Gericht den Antrag der Kommission über das neue Gesundheitsgesetz vom 29.9.1981 mit dem handschriftlichen Vermerk »Dr. Langmack, Ges. Dir.« als act 3/7[99] und den Entwurf der »Verordnung über die Psychotherapeuten« vom 7.1.1980 als act 3/8[100] zu den Akten bei. Gemäss einer Protokoll-Notiz hatte das Gericht sogar noch am 9.11.1981 mit Kantonsarzt Spengler ein Telefonat über die Frage geführt, ob es sich bei der Charakter-Neurose um eine Krankheit handle. Spengler habe die Auskunft erteilt, es sei in der Psychiatrie viel schwerer als in der klassischen somatischen Medizin, zwischen »gesund« und »krank« zu entscheiden. Friedrich Liebling habe sich nie bei der Gesundheitsdirektion nach einer allfälligen Bewilligungspflicht erkundigt.[101] Diese Aktennotiz beweist, dass selbst zu diesem Zeitpunkt das Urteil noch nicht gefällt war, und dass auch das Gericht den Kantonsarzt als Fachmann betrachtete und konsultierte.

Zwischen der Hauptverhandlung vom 23.7.1981 und der Zustellung des Urteils am 21.1.1982, in der Zeit also, in der der Richter das Urteil gegen Friedrich Liebling und Jutta Siegwart-Gensch begründete, lief die Pressekampagne gegen Friedrich Liebling und die Psychologische Lehr- und Beratungsstelle auf Hochtouren. Am 25.11.1981 nahm auch der Regierungsrat Stellung und bereitete die Öffentlichkeit auf das Urteil vor, obwohl die angeblichen Delikte zu dieser Zeit bereits verjährt waren. Er führte aus: *»Ob sich auch die Beratungsstelle diesbezüglicher Übertretungen schuldig gemacht hat, ist noch nicht rechtskräftig entschieden.«*[102]

Sowohl Friedrich Liebling als auch Jutta Siegwart-Gensch wurden schuldig gesprochen, die Busse wurde auf das Höchstmass erhöht. Kennzeichnend für die Absurdität dieses Urteils spricht das Bezirksgericht im Urteilsspruch – wohl versehentlich – von *»Siegfried Liebling«*.[103]

In den rechtlichen Ausführungen der Urteilsbegründung zitierte der Richter zunächst das geltende Gesundheitsgesetz sowie die Verordnung über die medizinischen Hilfsberufe. Darauf folgt die Behauptung: *»Zum besseren Verständnis der vorliegenden Problematik ist vorweg festzuhalten, dass der Gesetzgeber im Jahre 1962 unter ›Psychotherapie‹ nur die Behandlung seelisch kranker Personen durch medizinisch geschulte Fachleute, d.h. Psychiater, verstand.«*[104]

Diese Behauptung des Einzelrichters ist völlig aus der Luft gegriffen; er hatte auch keinen Verweis angebracht, um seine Auffassung zu stützen. Liest man nämlich die Beratungen des Kantonsrats über das Gesundheitsgesetz vom 4.11.1962 nach, sucht man vergeblich nach einem Anhaltspunkt für diese richterliche Feststellung. Von Psychotherapie, Psychologie oder Psychiatrie wurde nicht gesprochen. Auch der Krankheitsbegriff wurde nicht genauer definiert und war nicht umstritten. Die damals diskutierten Probleme betrafen vor allem den Handel mit selbst hergestellten Heilmitteln, die Naturheilkunde, Impfungen, die hohe Zahl schmerzmittelsüchtiger Menschen, Strahlenschutz, Tabak- und Alkoholkonsum. Das Wort »psychisch Kranke« fiel einzig im Zusammenhang damit, dass man neu *den Schutz vor ungerechtfertigter Einweisung psychisch Kranker in Anstalten etwas verstärkt«*[105] hatte.

Weiter stützte sich das Urteil auf Ausführungen unter dem Stichwort »Psychotherapie« im »Handwörterbuch der Psychologie« aus dem Jahr 1980. Die dortigen Ausführungen bestätigen, dass Psychotherapie – neben der Medizin – ebenfalls zum Sprachgebrauch und zum Forschungsgebiet der Psychologie gehört. So wird schon in der Einführung von »*Gebiet der Psychologie und Medizin*«[106] gesprochen. Unter dem Titel »Begriffsbestimmung« steht: »*Lange Zeit war der Begriff ›Psychotherapie‹ gleichbedeutend mit ›Psycho-analyse‹. [...] Erst in den letzten Jahren setzt sich ein Gebrauch des Wortes ›Psychotherapie‹ durch, der so unterschiedliche therapeutische Konzepte wie die klassische Analyse FREUDscher Prägung, ADLERs Individualpsychologie, die Verhaltenstherapie, Gesprächspsychotherapie, Gestalttherapie, um einige wichtige zu nennen, einschliesst.*«[107] Es wird also bestätigt, dass der Begriff »Psychotherapie« zum Sprachgebrauch des Psychologen gehört, wie Friedrich Liebling immer wieder ausgeführt hatte.

Zur Drogensucht heisst es, empirische Untersuchungen hätten gezeigt, dass »*Selbsterfahrungs- und Selbsthilfegruppen, Laienhelfer und Mediatoren zumindest bei einigen psychischen Problemen (u.a. Alkoholismus, Drogenabhängigkeit) ähnliche Erfolge aufweisen wie ausgebildete Psychotherapeuten*«.[108] Sie alle hätten bestraft werden müssen, wenn die Drogensucht, wie Kantonsarzt Spengler unterstrich, ausschliesslich in die Hand des Arztes gehört hätte.

Der Richter stützte sich in der weiteren Beurteilung direkt auf Kantonsarzt Spengler, indem er auf dessen Schreiben verwies: »*Da es sich bei der Drogensucht um eine Krankheit handelt, deren Behandlung – entgegen der Auffassung des Einsprechers [...] – allein dem Arzt vorbehalten ist [...], hat der Einsprecher in diesem Fall eindeutig gegen das Gesundheitsgesetz verstossen.*«[109] In einem anderen Fall, wo Friedrich Liebling in seinem Gesuch von einer schweren

Charakterneurose gesprochen hatte, liege keine Übertretung des Gesundheitsgesetzes vor, da *»es sich dabei nach Auffassung des Kantonsarztes nicht um eine eigentliche gesundheitliche Störung handelt«.*

Neben dem Fall der drogensüchtigen Person stellte der Richter in drei weiteren Fällen eine Übertretung des Gesundheitsgesetzes fest. Zwei betrafen Scheidungskinder, von denen Friedrich Liebling und Jutta Siegwart-Gensch geschrieben hatten, sie seien sehr sensibel und hätten unter der Scheidung der Eltern gelitten, weswegen sie einer intensiven Psychotherapie bedürften. Ein Kind werde von nächtlichen Angstanfällen geplagt, beim andern habe eine schwere neurotische Fehlentwicklung vorgelegen, die sich durch die intensive psychotherapeutische Behandlung bereits gebessert habe. Beim dritten Fall handelte es sich um einen Straffälligen, für den nach dem Gefängnisaufenthalt das Sozialamt der Stadt Berlin die Kosten für eine 6-monatige Psychotherapie an der Psychologischen Lehr- und Beratungsstelle als Eingliederungshilfe übernommen hatte.

In allen drei Fällen meinte der Richter, es handle sich um eine Krankheit: *»Dass der Einsprecher in diesen 3 Fällen immer wieder bestritt, in seinem Institut psychotherapeutische Behandlungen im Sinne der Medizin durchgeführt zu haben [...], ist sehr wohl begreiflich. Es kommt aber nicht auf seine eigene Terminologie an. Entscheidend ist vielmehr, ob bei objektiver Wertung in den inkriminierten Fällen ›gesundheitliche Störungen‹ in medizinischem Sinne festgestellt und behandelt worden sind. In Anbetracht der geschilderten Symptome (vgl. etwa die vom Einsprecher selber diagnostizierte ›schwere neurotische Fehlentwicklung‹), der Intensität und Dauer der vorgenommenen Behandlung sowie der Tatsache, dass es sich bei den behandelten Leiden offenbar nicht um blosse Charakterneurosen handelte, ist diese Frage bei der gegebenen Aktenlage zu bejahen und der Einsprecher in diesen 3 Fällen der Übertretung von §7 des Gesundheitsgesetzes schuldig zu sprechen.«*[110] Gleichzeitig wurden die Gesuche der Psychologischen Lehr- und Beratungsstelle an die Fremdenpolizei in diesen drei Fällen als ärztliche Zeugnisse qualifiziert, was eine weitere Übertretung des §7 des Gesundheitsgesetzes darstelle, da die Ausstellung ärztlicher Zeugnisse nur dem Arzt gestattet sei.

Der Vorwurf der Psychotherapie in Klein- und Grossgruppen wurde hingegen – angeblich in Anwendung des Grundsatzes »in dubio pro reo« – nicht als Verstoss gegen das Gesundheitsgesetz beurteilt, da nicht erwiesen sei, dass »*im Rahmen dieser Gruppentherapien versucht worden wäre, gesundheitliche Störungen zu beheben*«.[111]

In Bezug auf die Verurteilung von Jutta Siegwart-Gensch meinte der Richter, da sie mit ihrem Titel »Dr.med.« unterzeichnet habe, dränge es sich auf, »*in der Einsprecherin eine behandelnde Ärztin zu erblicken*«. Und weiter: »*Wenn die Einsprecherin tatsächlich nur Schülerin oder Studentin wäre und an den im Institut vorgenommenen Behandlungen in den inkriminierten Fällen nicht aktiv beteiligt gewesen wäre, so hätte sie die fraglichen Schreiben gar nicht unterschreiben dürfen oder zumindest ihren in diesem Zusammenhang irreführenden Arzttitel weglassen müssen.*«[112]

Die Aussagen von Jutta Siegwart-Gensch wurden entstellt wiedergegeben: »*Auch die heutigen Bestreitungen der Einsprecherin, wonach sie keine psychotherapeutische Untersuchungen vorgenommen habe [...], sondern, da sie ›zufälligerweise‹ Ärztin sei, ›irgendwo unterschrieben habe‹ [...], erweisen sich im Lichte der obigen Erwägungen als Schutzbehauptungen.*«[113] In Wirklichkeit hatte sie erklärt: »*Wenn ich als Ärztin unterschrieben habe, so nur, weil ich Ärztin bin, und nicht, weil ich ärztliche Behandlungen vornehme. Es bedeutet auch nicht, dass ich als Ärztin angestellt war, sondern ich bin dort in Ausbildung.*« Und später: »*Ich wüsste nicht, weshalb ich bestraft werden sollte. Ich bin dort in Ausbildung. Ich bin zufälligerweise Ärztin und habe irgendwo unterschrieben.*«[114]

Die Voreingenommenheit des Richters kommt insbesondere dort zum Ausdruck, wo er über die Höhe der Busse spricht, die sich nach den Vermögensverhältnissen des Täters bemessen soll. In Bezug auf Friedrich Liebling führte er aus: »*Nach dem Vermögen befragt, kannte der Einsprecher Liebling dieses ›nicht genau‹, mit dem Zusatz, er habe die Liegenschaften der Stiftung geschenkt, um schliesslich zu erklären, er habe kein Vermögen.*«[115] Hier stellte der Richter Friedrich Liebling bereits als unglaubwürdig hin. Weiter fuhr er fort: »*Das mag indessen dahingestellt bleiben. Für die Strafzumessung genügen die Angaben des Einsprechers in Bezug auf sein*

Einkommen. Dieses beziffert er auf jährlich ungefähr eine Million Franken; es werde aber eher mehr sein.«[116]

Der Richter lässt den wesentlichen Umstand weg, dass Friedrich Liebling seine erste Aussage dahingehend präzisiert hatte, er versteuere eine Million Franken, und dass es sich nicht um sein Geld handle. Liebling hatte auf die gleich zu Beginn der Verhandlung überraschend gestellte Frage des Richters nach seinem Verdienst geantwortet: *»Ich habe so wenig Interesse daran. Was ich versteuere, weiss ich nicht genau. Einkommen habe ich ca. eine Million im Jahr; es wird aber mehr sein.«* Und auf die darauf folgende Frage nach seinem Vermögen antwortete er: *»Das weiss ich nicht genau. Das machen die andern. Die Liegenschaften habe ich der Stiftung geschenkt. Ich versteuere eine Million Franken Einkommen; Vermögen habe ich keines.«*[117] Später kam Friedrich Liebling auf die Frage nach seinen finanziellen Verhältnissen zurück und erklärte: *»Ich möchte noch etwas sagen: was zu bezahlen ist – es geht nicht ums Geld; es handelt sich nicht um mein Geld, sondern es ist das Geld der armen Studenten, der Lehrlinge, denen wir helfen können; ganz abgesehen davon handelt es sich um die Feststellung, dass bei uns keine Absicht besteht, etwas vorzumachen, etwas vorzutäuschen. Daran hat niemand Interesse.«*[118]

Auch im Abschnitt über die Einkommens- und Vermögensverhältnisse von Jutta Siegwart-Gensch kommt die Befangenheit des Richters zum Ausdruck: *»Wenig glaubwürdig ist auf alle Fälle, dass sie für das Institut Lieblings nun schon seit 4 Jahren völlig gratis, weil nur ausbildungshalber, arbeiten soll. Aber auch das kann im Rahmen dieses Verfahrens dahingestellt bleiben. Wenn die als Ärztin ausgebildete Einsprecherin es sich leisten kann, jahrelang immer noch ihre Ausbildung zu erweitern, so muss sie in recht guten Verhältnissen leben. Auch sollte man annehmen dürfen, dass der Einsprecher Liebling, der Liegenschaften verschenkt, auch die von ihm beruflich betreute Einsprecherin Siegwart (die übrigens nach seinen eigenen Angaben ›auch als Mitarbeiterin bei der Betreuung und Ausbildung von anderen Personen‹ für ihn beschäftigt war [...]) doch nicht gänzlich unhonoriert lassen wird. Jedenfalls sind deren wirtschaftliche Verhältnisse als ziemlich gut einzustufen.«*[119]

Der Richter gibt nichts auf die Angaben von Jutta Siegwart-Gensch und Friedrich Liebling, obwohl Friedrich Liebling angeboten hatte, seine *»Korrespondenzen und Buchhaltung zur Verfügung zu stellen«*.[120] Offenbar glaubte der Richter mehr dem »Tages-Anzeiger-Magazin«, dort hatte Dieter Hanhart unter dem Titel »Organisation, Finanzen, Ausbildung an der Zürcher Schule – das heimliche Imperium« geschrieben, Friedrich Liebling sei es, *»der die über 60 Mitarbeiter einstellt und entlöhnt«*, er kassiere auch als Privatmann, nicht als Stiftungspräsident, *»die Studiengelder in der Höhe von vermutlich gegen zwei Millionen Franken«* usw.[121]

* |

Das Bezirksgerichtsurteil vom 23.7.1981 wurde erst ein halbes Jahr später, am 21.1.1982, versandt. Jutta Siegwart-Gensch und Friedrich Liebling, der krank war, beauftragten Rechtsanwalt Dr. Gustav Lutz mit der Berufung. Dieser war bereits im Ehrverletzungsprozess der Stiftung gegen die Journalisten Hanhart und Grieder aktiv geworden. Dr. Lutz erklärte am 1.2.1982 Berufung und merkte an, dass er die Vollmachten unverzüglich nachreichen werde.[122]

Trotz Berufung wurde das Urteil am 12.2.1982 im »Tages-Anzeiger« publiziert.[123] In den Akten finden sich die Empfangsscheine der Fremdenpolizei des Kantons Zürich, des Statthalteramtes und der Direktion des Gesundheitswesens, denen das Urteil zugestellt wurde. Der Empfangsschein der Fremdenpolizei datiert vom 22.1.1982, jener des Statthalteramtes vom 21.1.1982 und jener der Gesundheitsdirektion vom 26.1.1982. Im »Tages-Anzeiger« steht, das Urteil sei am 25.1.1982 verschickt worden. Demnach muss die Gesundheitsdirektion dem »Tages-Anzeiger« das Urteil unter Verletzung des Amtsgeheimnisses zugespielt haben. Friedrich Liebling und Jutta Siegwart-Gensch hätten nämlich eine Publikation des Urteils im Berufungsverfahren verhindern können, zudem waren die angeblichen Delikte verjährt. So wurde de facto das nicht rechtskräftige Urteil der Öffentlichkeit bekannt gegeben.

Da das neue Gesundheitsgesetz am 25.4.1982 in einer Volksabstimmung abgelehnt wurde, wollte der Kanton Zürich eine neue Regelung der nicht ärztlichen Psychotherapie später durch eine Verordnung einführen. Dagegen wurden vier Staatsrechtliche Beschwerden von Personen und Verbänden erhoben, die nichts mit der Zürcher Schule zu tun hatten. Das Bundesgericht hielt daraufhin in vier nicht öffentlichen Urteilen vom 3.12.1993[124] fest, die Tätigkeit als Psychotherapeut sei durch die Handels- und Gewerbefreiheit (Art 31 BV) geschützt. Es sei unverhältnismässig und verletze Art 31 BV, den bisher tätigen nicht ärztlichen Psychotherapeuten ihre berufliche Aktivität zu untersagen oder einschneidend zu beschränken, ohne eine Übergangsregelung vorzusehen, *»zumal das bisherige Verbot der selbständigen, nichtärztlichen psychotherapeutischen Tätigkeit selber verfassungswidrig war«*.[125] Bei der Ausarbeitung einer Übergangsregelung werde es darum gehen, *»den schon bisher Tätigen die Möglichkeit zu öffnen, ihre Befähigung allenfalls auch anders als durch Erfüllung der neuen Kriterien nachzuweisen.«*[126] Diese Bundesgerichtsurteile zeigen, dass das Vorgehen der Gesundheitsdirektion gegen Friedrich Liebling rechtswidrig war.

Erst 2008 trat ein neues zürcherisches Gesundheitsgesetz in Kraft, das eine mehrjährige Übergangsregelung für bereits tätige nicht ärztliche Psychotherapeuten beinhaltete.

Pressekampagne | 2.3

Ab September 1980 bis März 1982 erschienen über 50 teilweise gleichlautende Artikel in verschiedenen Zeitungen; auch der Zürcher Regierungsrat nahm Stellung.

Der »Tages-Anzeiger« war und ist eine der auflagenstärksten und einflussreichsten Tageszeitungen der Schweiz. Die Samstagsausgabe enthält jeweils als Beilage ein Magazin mit ausführlicheren Hintergrundberichten. Am 20.9.1980 erschien unter dem Titel »Lebenshilfe vom Zürichberg« ein 7-seitiger Beitrag über Friedrich Liebling und die Psychologische Lehr- und Beratungsstelle.[127] Eine Woche später wurde ein einseitiger Zusatz publiziert,[128] da *»wegen einer technischen Panne«* der letzte Teil, der die Schlussfolgerungen des Autors enthalte, gefehlt habe. Der ganze Artikel war später auch als Extradruck erhältlich.

Dieser Bericht wurde sowohl in den Verfahren zur Überprüfung der Steuerbefreiung sowie wegen angeblicher Übertretung des Gesundheitsgesetzes beigezogen. Jutta Siegwart-Gensch und ich fanden ihn am 22.4.1985 auch in den Akten der Stiftungsaufsichtsbehörde, nämlich in der sogenannten *»Weissen Mappe«*, in der sich die wichtigsten Dokumente befanden. Er lag direkt hinter der Stiftungsurkunde, versehen mit dem handschriftlichen Vermerk: *»Interessant!«*[129]

Die beiden Verfasser, Dr. Hans W. Grieder und Dr. Dieter Hanhart, hatten bereits in einer Radiosendung auf DRS 2 »Wege im Psychodschungel« im November 1979 mitgewirkt.[130] Darin wurden die Psychologische Lehr- und Beratungsstelle und Friedrich Liebling als Negativbeispiel aufgeführt.

Im Dezember 1979 nahm Dieter Hanhart erstmals Kontakt mit der Psychologischen Lehr- und Beratungsstelle auf.[131] In einem allgemein gehaltenen Schreiben des »Tagi-Persönlich«, einer damaligen »Informations- und Beratungsstelle des Tagesanzeigers«, bat Hanhart um *»Unterlagen über den Tätigkeitsbereich Ihrer Gesellschaft oder Institution«*.[132] Er erhielt daraufhin die Verfügung des EDI; daraus gingen die im Stiftungszweck aufgeführten Tätigkeiten sowie die Beaufsichtigung durch den Bund hervor.[133] Auf die weitere Bitte nach einem Programm sandten ihm Friedrich Liebling und eine Mitarbeiterin einige Exemplare der Zeitschrift »Psychologische Menschenkenntnis«, stellten die Psychologische Lehr- und Beratungsstelle vor und erklärten: *»Wir planen, unsere Arbeit im Herbst d.J. an einer Pressekonferenz vorzustellen. Sollten Sie vorher beabsichtigen, einen Bericht über unsere Tätigkeit im ›Tages-Anzeiger‹ zu publizieren, erklären wir uns – um eventuelle Missverständnisse auszuschliessen – hiermit bereit, Ihnen genaue Einsicht in unsere Arbeitsmethode und jede von Ihnen gewünschte Information sowie auch Einblick in unsere Korrespondenz zu geben.«*[134]

Zur gleichen Zeit hatte Dieter Hanhart ohne Anmeldung Gruppengespräche besucht.[135] Parallel dazu sprach Hans W. Grieder Personen an, von denen ihm zugetragen wurde, dass sie losen Kontakt zur Psychologischen Lehr- und Beratungsstelle hätten und dieser eher distanziert gegenüberstünden. Ein Teilnehmer schrieb Friedrich Liebling am 15.5.1980 einen ausführlichen Brief über den Inhalt eines solchen Gesprächs.[136] Nachdem Friedrich Liebling von den Recherchen erfahren hatte, lud er beide Journalisten ein. Grieder bedankte sich mit Schreiben vom 14.6.1980 dafür und erklärte, er plane einen Artikel über die nicht ärztliche Psychotherapie; er stecke aber erst in den Vorarbeiten, und der Abschluss liege noch in weiter Ferne.[137]

Die beiden Journalisten nahmen an zwei Grossgruppengesprächen an den beiden Sonntagen vom 15. und 22.6.1980 in der Roten Villa teil.[138] Dazwischen, am 18.6., fand ein längeres Interview mit Friedrich Liebling und 14 Mitarbeiter/innen statt, das in der erwähnten Dokumentation im Wortlaut publiziert ist.[139]

Hanhart bedankte sich am 1.7.1980: *»Das Gespräch mit Ihnen und Ihren Mitarbeitern war für uns instruktiv und hat uns einiges von den Hintergründen Ihrer Tätigkeit sichtbar werden lassen.«*[140] Er stellte weitere Fragen, die schriftlich beantwortet wurden, erhielt Kopien der Jahresrechnungen 1978/79 der Stiftung sowie Tonbandaufnahmen des Interviews und des Gesprächs in der Roten Villa. Später gewährte man ihm auch Einblick in die Korrespondenz, indem ihm verschiedene Briefe, worin persönliche Angaben gelöscht worden waren, in Kopie ausgehändigt wurden.[141] Ein weiteres Gespräch fand *»auf Wunsch der Journalisten hin im kleinsten Rahmen statt«,*[142] und Grieder nahm an einem Gespräch von drei Ratsuchenden mit Friedrich Liebling teil.[143]

Am 3.7.1980 bedankte sich auch Grieder: *»Ihr grosszügiges Entgegenkommen habe ich sehr zu schätzen gewusst; soviel Offenheit ist auf dem Feld der Psychologie durchaus ungewöhnlich. Ich möchte mich dafür recht herzlich bedanken. Der Einblick, den ich in Ihre Arbeit nehmen konnte, hat viele Vorurteile ausgeräumt.«*[144]

Am 24.8.1980 schrieb Grieder noch an Friedrich Liebling: *»Auf Ihre Einladung zur weiteren Teilnahme an Gruppen- und Praxisgesprächen komme ich gern noch einmal zurück. Im Augenblick bin ich aber zu stark mit anderen Dingen beschäftigt. Der Artikel ist ja auch erst auf den Herbst geplant. Ich kann Ihnen aber jetzt schon sagen, dass mein Bericht zur Hauptsache positiv ausfallen wird.«*[145]

Doch plötzlich eilte es, und es gab keine Zeit mehr, den Text zu besprechen oder zumindest die Zitate zu autorisieren. In einem undatierten Brief, diesmal nicht an Friedrich Liebling, sondern an Annemarie Buchholz-Kaiser, steht: *»Sehr geehrte Frau Kaiser, die Redaktion des TA-Magazins wird meinen Artikel schon am 20. September bringen. Das bedeutet, dass ich am Text nichts mehr än-*

dern kann. Ein Gespräch noch vor dem Erscheinen hat so keinen Sinn mehr. [...] Ich bin mit vielen Vorurteilen an meine Arbeit herangegangen und habe mich – nicht ohne inneren und äusseren Widerstand – zu einer zunehmend positiven Bilanz vorgearbeitet: Eine solche Wandlung ist innerhalb der heutigen journalistischen Praxis alles andere als selbstverständlich. Ich zweifle im Ernst, ob Sie da so leicht einen verständnisbereiteren Mann hätten finden können. Dass ich dabei nicht nur Ihre Sicht der Dinge zur Darstellung gebracht habe, versteht sich für einen Artikel, der nicht nur Werbung betreiben will, von selbst. Es kann ja für Sie auch seinen Reiz haben, sich einmal in einer Aussensicht dargestellt zu sehen.«[146]

∗ |

In der Vorankündigung im »Tages-Anzeiger-Magazin« vom 13.9.1980 lautete der Titel sachlich neutral: »Die Zürcher Schule«.[147] In der Ausgabe eine Woche später hiess die Überschrift: »Lebenshilfe vom Zürichberg«. Die Gegend am »Zürichberg« wird in der ganzen Schweiz mit Reichtum und Geld assoziiert.

Im Vorspann war zu lesen: *»Der offizielle Name lautet: ›Psychologische Lehr- und Beratungsstelle, Leitung: Friedrich Liebling‹. Das klingt amtlich seriös und lässt eine Institution mit klar umrissenem Aufgabenbereich erwarten. Intern und in den hauseigenen Publikationen nennt man sich weniger bescheiden die ›Zürcher Schule‹. Hinter diesen beiden Bezeichnungen verbirgt sich Zürichs grösstes und umstrittenstes psychotherapeutisches Unternehmen; ein Unternehmen, das weiter wächst und längst die Landesgrenze überschritten hat. Was sind die Gründe für diesen Erfolg, der mit dem Schlagwort ›Psychoboom‹ wohl benannt, nicht aber erklärt ist? Hat da jemand das allenthalben florierende Geschäft mit der Seele besonders clever wahrgenommen? Oder übernimmt hier eine private Institution unbemerkt Aufgaben, die unser Gesundheitswesen nicht mehr zu erfüllen vermag?«*[148]

Der Vorspann spielte wohl auf die laufenden Verfahren betreffend Entzug der Steuerbefreiung und Übertretung des Gesundheitsgesetzes an. Tatsächlich ist der Staat auf unterstützende Angebote privater Institutionen angewiesen; es hat sie immer gegeben, vor allem auch im Bereich der Bildung und der öffentlichen Wohlfahrt. Aus diesem Grund werden solche Institutionen von den Steuern befreit; deren Angebote entlasten die Steuerzahler, die sie sonst finanzieren müssten.

Über das Interview vom 18.6.1980 mit Friedrich Liebling und seinen Mitarbeitern schrieb Hans W. Grieder: *»Zehn Tage darauf dann der Besuch bei Friedrich Liebling, dem Leiter der Zürcher Schule. Schon etwas gewitzt, wage ich nicht mehr auf ein Tête-à-Tête zu hoffen. So zwei, drei Mitarbeiter, denke ich, werden schon dabei sein. Rasch zeigt sich, dass ich immer noch viel zu naiv bin. Bereits unter der Tür wird mir eine Teilnehmerliste in die Hand gedrückt, auf der 14 Namen stehen, alles Psychologen und Ärzte, die Mehrheit davon Doctores. Doch nicht genug: erst beim Hinausgehen realisiere ich, dass man unser Gespräch via Mikrophon und Lautsprecher in zwei weitere Räume, die voll von Zuhörern sind, übertragen hat.«*

Aus der Gesprächsabschrift des Interviews vom 18.6.1980 geht aber hervor, dass sein Kollege Hanhart in Anwesenheit von Grieder sagte: *»Ich bin ja am letzten Sonntag in der Roten Villa gewesen, und daher weiss ich, dass man langsam und deutlich spricht, da die Dinge aufgenommen werden. Ich nehme an, dass das auch jetzt der Fall ist, dass in anderen Räumen möglicherweise Leute mithören. Da habe ich nichts dagegen. Das heisst aber auch, dass wir unser Mikrophon auch einstellen dürfen. Das möchten wir dann auch gerne tun.«*[149]

Im weiteren Verlauf des Artikels gab es viele abwertende Ausdrücke, falsche Bilder, Anspielungen, Halbwahrheiten und Verdrehungen. Die Menschen wurden als »Einsame und Gehemmte«, »Ich-Schwache«, »verwirrte Köpfe« usw. dargestellt. Über die Forschung, Lehre und Beratung hiess es: *»Heilslehre?«* – *»Mögen die Lehrsätze seicht und die Deutungen oberflächlich sein, was soll's, hier findet einer eine neue Heimat, liebe Menschen und einen warmen Herd.«* – *»Für manche, die neu hinzukommen, ist so die Zugehörigkeit zu einer Gruppe bereits die halbe Therapie. Und für nicht wenige wohl auch die ganze.«*

Friedrich Liebling wurde mit folgenden Worten beschrieben: *»Wenn nicht die Lehre, dann der Meister«* – *»er ist die unbestrittene Autorität des Hauses«* – *»ein paar praktische Ratschläge, wie ein Freund oder Vater sie erteilen könnte«* – *»Er ist der Grand Old Man der Bewegung. Mehr nicht.«* Positiv erwähnte Grieder hingegen die

Mitarbeiter: Friedrich Liebling sei *»weder charismatischer Führer noch Guru. Das beweisen nicht zuletzt seine Mitarbeiter, die sich neben ihm durchaus zu behaupten wissen. Ich zweifle nicht, dass die Zürcher Schule auch ohne Friedrich Liebling fortbestehen wird.«*

Zurück zu Grieders ursprünglichem Anliegen, etwas zum Thema nicht ärztliche Psychotherapie zu erfahren. Dazu hatte sich Friedrich Liebling wie folgt geäussert: *»Also, wir gehen neue Wege in der Psychotherapie. Das Problem der nichtärztlichen Psychothera-pie kommt bei uns nicht in Frage. Wir betreiben keine Psychotherapie. Für uns ist der irritierte Mensch nicht krank, sondern er ist irritiert. Und wir lehren ihn die Psychologie. Bei uns erfährt er, was Psychologie ist, und das ist dann die Hilfe. Er sieht dann, er hat psychologische Erkenntnisse und zieht Konsequenzen, indem er die Schwächen, die er hat, aufgibt.«*

Hanhart: *»Also, Sie sagen, der Mensch ist nicht krank. Weshalb benützen Sie denn das Wort Therapie? Für mich heisst Therapie heilen.«*

Liebling: *»Wo benutzen wir das Wort Therapie?«*

Hanhart: *»Das weiss ich nicht, jedenfalls im Gespräch mit Mitarbeitern und so: ›Es gibt Therapeuten, ich gehe in Einzeltherapie. Wir machen Gruppentherapie.‹ Das ist so ein bisschen der Jargon.«*

Liebling: *»Im Sprachgebrauch, jawohl. Wir vermitteln dem Menschen das Wissen um die Psychologie, und wir machen die Erfahrung, dass diese Vermittlung ihn gesund macht. Er wird sich der Situation bewusst.«*

Grieder: *»Ja, aber da stellt sich nun doch ein Problem. Man kann das wahrscheinlich doch nicht generell sagen, es gebe keine psychischen Krankheiten. Oder würden Sie das so absolut formulieren?«*

Friedrich Liebling: *»Das psychische Problem ist nicht als krank zu betrachten. Wenn wir von ärztlicher Behandlung sprechen, ist ein Organ erkrankt. Hier liegt keine Erkrankung vor, sondern eine Irritation. Eine schlechte Information über sein Leben, seinen Weg im Leben. Wir zeigen ihm neue Wege in der Psychologie.«*

Hanhart: *»Diese Information hat sich meistens frühkindlich ereignet?«*

Liebling: *»Jawohl.«*

Hanhart: *»Also, dann könnte sich der Mensch fast beliebig ändern?«*

Liebling: *»Jawohl. Das kann er. Das Experiment [die Zürcher Schule] hat uns gezeigt, dass dieser Weg, den wir gehen, der richtige ist.«*[150]

Aus dieser Passage machte Grieder unter dem Titel »Therapie oder Volksaufklärung« Folgendes: *»Weder der Meister selbst noch seine Lehre (und schon gar nicht das therapeutische Konzept) können verständlich machen, worin die Anziehungskraft der Zürcher Schule besteht. Die Bausteine des Erfolgs sind unauffällig und, für sich selbst genommen, wenig aufschlussreich. Einen Schritt weiter führt da erst die Beobachtung, wie sie zusammengesetzt werden. Zu einer Einheit von Therapie und Belehrung etwa, die Lieblings Welt so unverkennbar prägt. Friedrich Liebling hat die Psychologie nicht erneuert, sein Einfall war, sie seinen Patienten zu lehren. [...] Die Zürcher Schule will weit über die Psychologie hinaus die Menschen belehren und aufklären. Sie propagiert ein einfaches und zukunftsfreudiges Weltbild, das Verzweifelten Halt und Ratlosen eine Orientierung gibt. Und sie stillt damit ein offenbar tiefes Bedürfnis. In einer Zeit sich widersprechender Ideologien und zerfallender Wertordnungen, wo der Glauben verblasst und das Wissen unüberblickbar wird, wächst in den verwirrten Köpfen die Sehnsucht nach einfachen Antworten. Die Zürcher Schule gibt sie ihnen und errichtet damit einen Grundpfeiler ihres Erfolgs.«*[151]

In seinen Schlussfolgerungen hält er fest: *»Weniger klar ist, was mit den psychischen Leiden – den Neurosen und Psychosen – geschieht. Liebling argumentiert mit Heilerfolgen und meint, auf solche Patienten angesprochen: ›Diese Menschen sind nicht krank; ich muss sie nicht behandeln, sie sind nur irritiert.‹ Was soll man zu so viel Zuversicht sagen?«*[152]

Das Gespräch von drei Ratsuchenden mit Friedrich Liebling gab Grieder entstellt wieder. Das Originalgespräch wurde deshalb mit Erlaubnis der drei betroffenen Männer in der Dokumentation der Stiftung abgedruckt.[153] Grieder unter dem Titel »Der Meister« über sie: Sie seien in einem Vorraum *»aufgeregt wie vor einem Bühnenauftritt«* gewesen und hätten *»während Wochen [...] ganz auf diese Stunde hin gelebt«*.[154] Grieder hatte sie aber vor der Stunde bei Friedrich Liebling weder gesehen noch mit ihnen gesprochen, sie hatten auch erst kurz zuvor vom Termin erfahren. Weiter schrieb Grieder, die ersten Sätze seien dem jungen Mann *»glatt wie ein vorbereiteter Text vom Munde«* gegangen, dann sei er ins

Stocken gekommen, habe mit den Tränen gekämpft und geweint.
Er habe überall Schwierigkeiten, im Studium, in der Liebe, fühle
sich unwert. Als Ursache habe er von einem grossen, unerreich-
baren Bruder erzählt. Zufälligerweise hatte aber keiner der drei
Männer einen grossen Bruder. Über Liebling heisst es: »*Er lächelt
und meint mit einem Anflug von väterlicher Ironie: ›Es ist doch alles
nur halb so schlimm. Sie haben schon grosse Fortschritte gemacht.
Machen Sie weiter bei uns, dann wird sich der Rest schon noch geben.‹*«[155] Ein Vergleich mit der Gesprächsabschrift zeigt, dass – mit
Ausnahme einiger weniger Worte – alles erfunden war. Die drei
Männer nahmen zur Darstellung des »Tages-Anzeigers« Stellung
und erklärten, sie seien darüber enttäuscht und Grieder hätte ihr
Vertrauen missbraucht.[156]

Schliesslich seien hier noch einige Äusserungen Grieders wiedergegeben, die für die berufliche Situation vieler Lehrer und Ärzte gravierend waren: Nachdem er sich beeindruckt zeigte über die
Lehrerberatung, behauptete er: »*Bei den zuständigen Behörden sieht
man es natürlich ungern, dass da jemand Aufgaben übernimmt, die
eigentlich der Staat erfüllen müsste. Man sagt Liebling eine institutio-
nenfeindliche Haltung nach und verdächtigt ihn der gezielten Infilt-
ration von Schulen und anderen öffentlichen Einrichtungen.*«[157] Und:
»*Kritik wird aber auch anderswo laut: bei den Ärzten in Polikliniken
und Amtsstuben. Auch hier wird Liebling fehlende Kooperation vorgeworfen, doch die Stossrichtung der Kritik ist eine andere. Die Zürcher
Schule, so lautet der Vorwurf, bagatellisiere psychische und psycho-
organische Krankheiten; man halte Patienten von der ärztlichen
Behandlung fern und mache ihnen unrealistische Hoffnungen.*«[158]

Er kommt zum Schluss: »*Solange Progressive und Linke meist
nur reden, wo Liebling längst gehandelt hat, und solange unsere Institutionen nicht in der Lage sind, das Vakuum zu füllen, das junge
Menschen in Lieblings Arme treibt, solange ist niemand so recht
befugt, sich zum Richter aufzuschwingen.*«[159]

*

Grieders Kollege Hanhart befasste sich mit den finanziellen Verhältnissen, der Ausbildung und der Person Friedrich Liebling. Sein
Titel: »Organisation, Finanzen, Ausbildung an der Zürcher Schule

– das heimliche Imperium«. Dieser Teil war in den Beitrag Grieders eingeschoben und wurde durch einen Kasten hervorgehoben. Die Leser erfuhren unter »Die Stiftung« und »Die Privatpraxis«, dass offenbar nicht nur die Stiftung existierte, sondern dass Friedrich Liebling *»die gesamte Psychologische Lehr- und Beratungsstelle als seine private Praxis«* führe. Er unterstellte diese Behauptung Friedrich Liebling selbst: *»Was hingegen vollständig fehlt, sind Löhne für Verwaltungspersonal und Fachmitarbeiter. Hier scheint ein Rätsel vorzuliegen, das sich erst durch die von Friedrich Liebling bestätigte Einsicht löst, dass er die gesamte Psychologische Lehr- und Beratungsstelle als seine private Praxis führt. Während also die Stiftung in erster Linie Liegenschaften verwaltet, Ferienkurse, Lager und Kongresse durchführt, untersteht die gesamte Facharbeit und auch die Ausbildung Friedrich Liebling direkt. Er ist es, der die über 60 Mitarbeiter einstellt und entlöhnt, er ist es auch, der – nicht als Präsident der Stiftung, sondern als Privatmann – die gesamte Ausbildung unter sich hat und somit auch die Studiengelder (in der Höhe von vermutlich gegen zwei Millionen Franken) kassiert. Dasselbe dürfte für die Gebühren für Einzel- und Gruppensitzungen zutreffen. Eine Einzelberatung kostet 50 Franken, die Teilnahme an einer Gruppensitzung 25 Franken, wobei die Zahl der regelmässigen Teilnehmer in Zürich um 2000 liegen dürfte. Dass Friedrich Liebling damit nicht schlecht fährt, zeigt ein Auszug aus seiner letzten Steuererklärung. Bei einem Reineinkommen für das Jahr 1979 von 628000 Franken weist er ein Vermögen von 1,776 Millionen Franken auf. Gewiss, Friedrich Liebling behält das Geld nicht für sich. Der Kreislauf schliesst sich, wenn die nächste Million als ›Mietanteil Friedrich Liebling‹ (steuerfrei?) in die von ihm präsidierte Stiftung fliesst.«*[160]

Im Interview vom 18.6.1980 hatte Hanhart gefragt: *»Mich würde interessieren, wie Sie zu Ihren Mitteln kommen. [...] Wir haben jetzt gehört, mit welcher Intensität auch Sie arbeiten, und Sie müssen ja, auch wenn Sie keine Zeit zum Leben haben, [...] essen usw. Also, wie finanzieren Sie sich?«* Daraufhin erklärte Friedrich Liebling die Grundhaltung der Psychologischen Lehr- und Beratungsstelle: *»Keiner geht weg, ohne dass er Hilfe von uns bekommt – niemand, der sich meldet, ob er Geld hat oder nicht. Wenn Sie das genau wissen wollen, wenn Sie sich das vergegenwärtigen wollen, laden wir Sie* *ein, wir legen Ihnen unsere Korrespondenz mit denen vor, die zahlen, und denen, die nicht zahlen können.«*

Hanhart: *»Es hat mich noch interessiert, was Sie wegen des Lohns sagten – wenn ich das noch einmal aufgreifen darf. Es werden hier keine Gehälter bezahlt? Sondern jeder ist Lernender, und die Einnahmen werden eben für Mieten und so weiter verwendet? Ist das so? Also ich möchte nachfragen, ob Sie alle keinen Lohn haben. Jetzt ist der Konflikt da.«* Eine Mitarbeiterin antwortete: *»Wir bekommen keinen Lohn, weil kein Geld dafür da ist, weil wir eben viele solche Fälle haben, die überhaupt nicht bezahlen können.«* Hanhart fragte nach, wie die Mitarbeiter ihren Lebensunterhalt finanzieren könnten. Hierauf erklärte Heinz Hug als langjähriger Mitarbeiter und Stiftungsrat anhand seines eigenen Beispiels, er sei hier in Ausbildung und arbeite seit längerer Zeit mit. Er sei Lehrer und habe ein Teilpensum, die Grundlage für seinen Lebensunterhalt. Die Tätigkeit als Psychologe sei sehr anspruchsvoll; er sei froh, dass er nicht davon leben müsse. So könne er hier unbelastet von existenziellen Zwängen mitarbeiten.

Friedrich Liebling lud Dieter Hanhart ein, wieder zu kommen, denn dieser wünschte, noch in *»diese Dinge«* zu schauen; damit waren Jahresrechnungen und Korrespondenz gemeint. Hanhart bedankte sich: *»Also, ich finde es sehr liebenswürdig und sehr freundlich, dass Sie sich so viel Zeit genommen haben.«* Und Grieder versprach: *»Wir werden uns Mühe geben, nicht im Stil des ›Züri-Leus‹ zu berichten.«*[161]

Im Verlauf dieses Gesprächs war Hanhart darüber informiert worden, dass die Mitarbeiter auf Lohn verzichteten. Seine Behauptung im Artikel, es sei Friedrich Liebling, *»der die über 60 Mitarbeiter einstellt und entlöhnt«*, steht im Widerspruch zum Interview. Die Mietkosten, die Hanhart aufführte, entsprachen ebenfalls nicht den Tatsachen. Für die Jahre 1977 und 1978 waren es je 500 000 Franken, und nicht eine Million für 1978, wie Hanhart schrieb. Die Formulierung: *»Der Kreislauf schliesst sich, wenn die nächste Million als ›Mietanteil Friedrich Liebling‹ (steuerfrei?) in die von ihm präsidierte Stiftung fliesst«* legt nahe, der Mietanteil sei überhöht und es werde so eine Steuerhinterziehung angestrebt. Zugleich behauptete Hanhart: *»Wie von der Rechtsabteilung des Kantonalen*

Steueramtes zu erfahren war, gelang es der Stiftung nicht, im Kanton Zürich Steuerfreiheit zu erwirken.«

Die Stiftung hatte die Steuerfreiheit im Kanton Zürich 1974 erwirken können und ihr Entzug war noch nicht rechtskräftig entschieden. Mit dieser Formulierung enthüllt Hanhart hier seine Quelle: Die Rechtsabteilung des Kantonalen Steueramtes hatte in ihrer Vernehmlassung an das Verwaltungsgericht des Kantons Zürich festgehalten, die Stiftung verschaffe sich ihre Mittel *»im wesentlichen mittels eines nach kaufmännischen Grundsätzen geführten Betriebs«*.[162] Bei Hanhart wird dieser *»nach kaufmännischen Grundsätzen geführte Betrieb«* zu einer – von Friedrich Liebling neben der Stiftung angeblich geführten und ihm gehörenden – *»Privatpraxis«*.

Da Friedrich Liebling und seine Mitarbeiter/innen nicht – wie Sokrates – auf einem öffentlichen Platz lehrten, unterstand ihre Tätigkeit der Privatsphäre, für eine psychologische, beratende Arbeit eine unabdingbare Notwendigkeit. Die Psychologische Lehr- und Beratungsstelle war nicht *»seine private Praxis«*, sondern sie war eine Gemeinschaft. Und Friedrich Liebling *»kassierte«* nicht deren Geld, sondern verwaltete es zusammen mit einigen Mitarbeitern im Sinne des gemeinnützigen Stiftungszwecks.

Im Interview hatte Dieter Hanhart zum Leben und zu der Person Friedrich Lieblings keine Fragen gestellt. Auf seine spätere schriftliche Anfrage bekam er zur Antwort: *»Die Arbeit der Psychologischen Lehr- und Beratungsstelle ist eine Teamarbeit; wir sind gegen jeglichen Personenkult. Dies sollte genügen: ›Der Leiter der Psychologischen Lehr- und Beratungsstelle ist Friedrich Liebling, 87 Jahre alt, er kommt aus der Wiener Psychologenschule‹.«*[163]

Daraus fabrizierte Hanhart einen eigenen Abschnitt mit dem Titel »Der unbekannte Meister«: *»Fragen nach seiner Person beantwortet Friedrich Liebling zurückhaltend. Personenkult weist er von sich. Der unbestrittene Meister zu sein genügt ihm. Äussere Daten würden da vielleicht stören, zu Vergleichen Anlass geben, und das würde nicht in das Bild eines Menschen passen, der für sich in Anspruch nimmt, eine Art Summe der psychologischen Erkenntnis gezogen zu haben.«*[164] Er fügte noch an, Friedrich Liebling sei heute 87-jährig, habe Sigmund Freud gekannt und vor allem bei Alfred Adler gearbeitet. 1936 sei er in die Schweiz gekommen und habe in Schaffhausen gewohnt, 1945 sei er nach Zürich gezogen und habe hier die Psychologische Lehr- und Beratungsstelle aufgebaut. Wie spätere Forschungen über Friedrich Lieblings Leben zeigten, entsprach vieles nicht den Tatsachen.[165]

* |

Der Artikel »Lebenshilfe vom Zürichberg« sowie die nachfolgende Entwicklung sind auf dem Hintergrund der damaligen Stimmung in Zürich zu sehen. Am 30.5.1980 nahmen die »Zürcher Unruhen« mit dem »Opernhauskrawall« ihren Anfang. Dies war zunächst eine friedliche Demonstration von etwa 200 jungen Menschen, die darauf aufmerksam machen wollten, dass Zürich seit Jahren auf ein Jugendhaus wartete, während an jenem Wochenende über eine Summe von 60 Mio. Franken für den Umbau des Opernhauses abgestimmt wurde.[166] In diesem unruhigen Sommer ging die Polizei mit Tränengas und Gummigeschossen gegen die »Bewegung« vor, Spitzel wurden eingeschleust,[167] viele Demonstranten verhaftet, 16 Bezirksanwälte für deren Anklage eingestellt.[168]

Grieder zog in seinen angeblich »*vergessenen*« Schlussfolgerungen im »Tages-Anzeiger-Magazin« vom 27.9.1980 eine Parallele zu den Jugendunruhen, indem er zunächst die Frage, ob die Zürcher Schule eine Sekte sei, verneinte, und dann anfügte: »*Eher könnte man von einer Subkultur sprechen: Die Zürcher Schule als Auffangbecken der gesitteteren, aber deshalb nicht weniger unzufriedenen Brüder und Schwestern jener Jugendlichen, die diesen Sommer Zürich in Unruhe versetzt haben. Hier jene, die ihre Unzufriedenheit ausagieren, und dort die anderen, die sie verinnerlichen und psychologisieren.*«[169]

Der Jurist Peter Schneider, der in »Unrecht für Ruhe und Ordnung« die Rolle der Medien und ihre Zusammenarbeit mit der Justiz bei den Jugendunruhen der 1980er-Jahre untersuchte, schrieb unter dem Titel »Die Technik des Medienprozesses«: »*In allen Fällen liegt das Schwergewicht nicht auf der Strafuntersuchung, sondern auf dem Medienprozess. Die Untersuchungen werden bald eingestellt oder versanden. In den Medien bewirken die Fälle einen Riesenwirbel. Der Wirbel verrauscht bald; aber gerade auf ihn kommt's an: Der Kriminalisierungseffekt tritt sofort ein. Hier braucht niemand auf den –*

erst noch ungewissen – Ausgang des langwierigen ordentlichen Verfahrens zu warten. Die Vorverurteilung durch eine verhetzte Öffentlichkeit ersetzt das gerichtliche Urteil. Darum können die lautstark eröffneten Untersuchungen monatelang liegen bleiben, verstauben oder mit einer mickrigen Anklage ans Gericht weitergeleitet werden.«[170]

* |

Auf Ende des Schuljahres 1979/1980 hatte ich beschlossen, ab Frühjahr 1980 ganztags am Ausbildungslehrgang für Psychagogik und Psychotherapie teilzunehmen.[171] Diese intensive Zeit erlebte ich als enorme Erweiterung meines Wissens, meines Einfühlungsvermögens, meiner Bildung und meines Horizonts. Ich erinnere mich daran, wie ich morgens um acht Uhr im Frühling durch den Rieterpark zur Roten Villa ging und mich überglücklich fühlte, bei dieser interessanten Arbeit mitmachen zu dürfen.

Friedrich Liebling führte die Gespräche mit Ratsuchenden jeweils in einem kleineren Raum, den wir »Praxiszimmer« nannten. Von dort aus wurden sie in andere Räume übertragen, damit mehr Personen teilnehmen konnten.[172]

Das Interview mit den beiden Journalisten des »Tages-Anzeigers« vom 18.6.1980 hatte ich nachgehört. Meines Wissens wurde es nicht simultan in andere Räume übertragen, jedoch an den darauf folgenden Tagen in der Roten Villa mehrmals abgespielt, sodass alle Teilnehmer es hören konnten. Ein Kollege fragte mich, ob ich glaube, dass der Artikel positiv ausfallen werde; er war skeptisch und berichtete von einer Radiosendung, bei der die beiden Journalisten ein abwertendes Bild der Psychologische Lehr- und Beratungsstelle gezeichnet hätten. Ich war jedoch zuversichtlich, denn die Offenheit des Interviews und die positive Reaktion der beiden Journalisten hatten mich beeindruckt.

Am Morgen des 20.9. leerte ich erwartungsvoll den Briefkasten, der Titel »Lebenshilfe vom Zürichberg« machte mich allerdings stutzig. Beim Frühstück las ich den Artikel meinem Mann und dem Paar, das mit uns in Wohngemeinschaft zusammenlebte, vor. Ich war empört und nahm mir vor, einen Leserbrief zu schreiben. Mein Mann und ich waren an diesem Vormittag eingeladen, an Gesprächen von Annemarie Cho teilzunehmen. Ich erinnere mich, dass der Medizinstudent, der über seine berufliche Situation als angehender Arzt sprach, den Artikel erwähnte und seine Enttäuschung und Besorgnis darüber ausdrückte. Darauf meinte sie dezidiert: *»Wir haben noch Glück gehabt, es hätte noch schlimmer herauskommen können.«* Merkwürdigerweise berichtete unsere Mitbewohnerin beim Mittagessen, dass ihre Gesprächspartnerin genau die gleichen Worte verwendet hatte.

Die Sache liess mir keine Ruhe, und ich wollte wissen, was Friedrich Liebling dazu sagen würde. So ging ich gegen Abend an die Susenbergstrasse, wo bereits ein Gespräch im Gang war. Friedrich Liebling lehnte den Artikel scharf ab, bezeichnete ihn als Unglück und als Dummheit und wies auf Widersprüche hin. Auf die Frage eines Medizinstudenten, ob man die Journalisten einklagen sollte, äusserte Friedrich Liebling sich nicht, wies die Idee aber auch nicht zurück. Bis zu seinem Tod im Februar 1982 kam er immer wieder auf diesen Artikel zurück und charakterisierte ihn als unwahr, beleidigend und schmutzig.

* |

Die Psychologische Lehr- und Beratungsstelle schickte dem Chefredaktor des »Tages-Anzeigers«, Dr. Peter Studer, in der Folge eine Gegendarstellung; der Entwurf dazu und der Begleitbrief waren am Vorabend intern vorgelesen und diskutiert worden. Viele der etwa hundert Teilnehmer/innen beteiligten sich an der Diskussion. Bevor die Antwort auf die Gegendarstellung eintraf, erschien am 27.9.1980 der angeblich vergessene Schluss des Artikels.

Gezeichnet von Balz Theus, wies der »Tages-Anzeiger« am 1.10.1980 die Gegendarstellung mit der Begründung zurück, sie sei zu lang und betreffe keine Tatsachenbehauptungen. Er bot an, einen Leserbrief der Psychologische Lehr- und Beratungsstelle zu veröffentlichen, und hielt dazu fest: *»Ich muss aber sogleich anfügen, dass auch bei Leserbriefen gewisse Grundanforderungen erfüllt sein müssen. Sie sollten beispielsweise nicht diffamierend sein und, was in diesem Fall wichtig scheint: Sie sollten nicht sehr lang sein; die obere Grenze liegt bei zwei Maschinenseiten.«*[173]

Am 25.10.1980 erschien im »Tages-Anzeiger-Magazin« besagter Leserbrief. Darin verwahrte sich die Psychologische Lehr- und

Beratungsstelle gegen die unangemessene und irreführende Darstellung. Insbesondere verteidigte sie ihren Begründer und Leiter Friedrich Liebling: *»Wir möchten hier unser Befremden zum Ausdruck bringen über die Art und Weise, wie der Leiter der Psychologischen Lehr- und Beratungsstelle, der das Vertrauen Tausender von Menschen aller sozialen Schichten geniesst, in dem Artikel charakterisiert wird. Ein ›unbestrittener Meister‹, der jenseits wissenschaftlicher Kriterien mit ›seichten Lehrsätzen‹ und einem ›magischen Ruf‹ vorwiegend Akademiker in sein ›heimliches Imperium‹ lockt und dabei finanziell nicht ›schlecht fährt‹, eine solche Darstellung entbehrt des Minimums an menschlicher Würde und Anstand und ist eine psychologische Absurdität. Jeder, der die Psychologische Lehr- und Beratungsstelle kennt oder noch kennenlernen wird, muss sich entschieden gegen eine solche zwielichtige und beleidigende Darstellungsweise verwahren.«*[174]

Ein Satz wurde jedoch nicht gedruckt; dieser lautete: *»Da der ›Tages-Anzeiger‹ die Veröffentlichung unserer Gegendarstellung abgelehnt hat, werden wir diese in einer Dokumentation publizieren.«*[175]

Neben diesem Leserbrief druckte der »Tages-Anzeiger« fünf weitere ab; drei kurze äusserten sich positiv zur Zürcher Schule, ein langer war neutral bis kritisch und ein weiterer sehr ablehnend. Danach erschienen keine weiteren Leserbriefe, obwohl viele Teilnehmer der Zürcher Schule solche geschrieben und darin ihre persönlichen Erfahrungen geschildert hatten. Etliche wurden in der Dokumentation »Die Psychologie und die Zürcher Presse« (1981) gedruckt. Auch mein Leserbrief wurde dort veröffentlicht.[176]

Bevor die Psychologische Lehr- und Beratungsstelle weitere Schritte unternahm, lud Friedrich Liebling die beiden Journalisten Hans W. Grieder und Dieter Hanhart zu einem Gespräch ein. Zusammen mit 18 Mitarbeiter/innen fand dieses am 11.11.1980 statt. Friedrich Liebling teilte den beiden Journalisten mit, die Psychologische Lehr- und Beratungsstelle habe die Absicht, sich gegen die diffamierende Berichterstattung zu wehren. Er bot den beiden Journalisten an zu erklären, er und sein Team hätten keine Zeit gehabt, sie richtig zu informieren; deshalb seien Missverständnisse entstanden. Sie könnten sich dadurch von ihrem Artikel distanzieren und nochmals alles genau überprüfen.

Die beiden Journalisten gingen jedoch nicht darauf ein. Sie gaben sich zunächst den Anschein, als hätten sie keine Ahnung davon, dass der Artikel unwahr und beleidigend sein könnte. Als Hans W. Grieder darauf angesprochen wurde, dass er Hunderte von Kollegen als Trottel hingestellt habe, indem er u.a. von *»seichten Lehrmeinungen«* gesprochen habe, meinte er: *»Ja, das bezieht sich doch nicht auf einzelne Therapeuten von hier.«*[177]

Dieter Hanhart äusserte zunächst, er fühle einen Zorn darüber, dass er diffamierende Leserbriefe erhalten habe; er mache sich darüber Gedanken, wie die Psychologische Lehr- und Beratungsstelle mit Andersdenkenden umgehe. Friedrich Liebling erklärte, dass er dies so mache wie jetzt bei ihnen: Er lade sie ein und reiche ihnen die Hand.[178]

Später bemerkte Hanhart: *»Ich habe eine grosse Hochachtung vor Ihnen als Therapeuten, als Menschen, die sich für eine Sache einsetzen. [...] Darüber haben wir wenig geschrieben und darüber zu schreiben ist schwierig. Ich habe keine grosse Hochachtung vor Ihrem theoretischen Hintergrund. Das sage ich jetzt ganz bewusst und pointiert.«* Als Beispiel führte er das Menschenbild der Zürcher Schule an, das man auf empirischem Weg gefunden und geprüft habe und wonach der Mensch ein lernendes Wesen ohne angeborene Charaktereigenschaften sei. Er sei überzeugt, dass es darüber noch andere Meinungen gebe. Dies sei doch kein Grund, einen solchen Artikel zu schreiben, antwortete Friedrich Liebling. Und: *»Sie müssen wahrscheinlich von jemandem Information bekommen haben. Das ist so sicher, so diffamierend, so beleidigend.«*[179]

Im Verlauf des Gesprächs empfahl er ihnen, sich noch nicht festzulegen, sondern darüber nachzudenken. Sie sollten sich nochmals genau informieren, weiteren Einblick in die Korrespondenz nehmen und man könne ihnen die Menschen auch vorstellen.[180] Nun empörte sich Hanhart und sagte mit lauter Stimme, er fühle sich nicht ernst genommen; siebenmal habe man angesetzt und gesagt, was man wolle, wie wenn er es nicht beim ersten Mal verstanden hätte.[181] Darauf entgegnete Friedrich Liebling: *»Ich habe kein Interesse, Ihnen etwas zu sagen, was nicht stimmt. Das ist mein Gefühl, und das ist mein Charakter, und so lebe ich, so handle ich. Und mein Erfolg ist darauf zurückzuführen.«*[182]

Im gleichen Gespräch hatte Friedrich Liebling auch erklärt: »*Wir arbeiten hier, wir gehen neue Wege, und wir haben uns noch keine Zeit genommen, das zu veröffentlichen. Das kommt noch. Und wenn der Liebling tot ist, habe ich schon vorgearbeitet, dass das auf unserem Weg weitergeführt wird.*«[183] Damit versprach Friedrich Liebling öffentlich, dass seine Arbeit auch nach seinem Tod im bisherigen Sinn weitergehen sollte. Aufgrund der Vorbereitungen, die er getroffen hatte – Stiftungsgründung, Ausschussregelung, Ausbildungslehrgang, Dokumentation seiner Arbeit durch Tonbänder, Videos und Monatszeitschrift – durfte er nach Treu und Glauben darauf vertrauen, dass sein Versprechen verwirklicht werden würde.

Auch dieses Gespräch wurde in der Roten Villa von mir und vielen andern Teilnehmer/innen nachgehört. Friedrich Liebling sagte später, dass die beiden Journalisten nicht hätten glauben können, dass er es ehrlich mit ihnen gemeint habe, und er deutete die Entstehungsgeschichte so: Die beiden Journalisten seien mit Vorurteilen gekommen und hätten an der Psychologischen Lehr- und Beratungsstelle den »*Psychodschungel*« gesucht; zunehmend seien sie jedoch von der Ernsthaftigkeit der Arbeit beeindruckt gewesen, wie sie dies ja auch in ihren Briefen zum Ausdruck gebracht hätten. Aber: »*Es muss was passiert sein. Jemand muss sie aufmerksam gemacht haben, dass ihre Beobachtung nicht stimmt, dass ihr Eindruck nicht stimmt, dass sie im Irrtum sind, die Dummen, sie sind hereingefallen. [...] Das haben sie angenommen, und dann ist dieser Guss gekommen, [...] sie waren so enttäuscht, dass sie von uns in gewissem Sinne irregeführt worden sind. So stell ich mir das vor.*«[184]

Ein Mitarbeiter berichtete: »*Ich bin einmal mit Herrn Grieder nach der Roten Villa durch den Park spaziert, und dann hat er mir gesagt, dass er einen sehr guten Eindruck hätte und dass ihm vor allem der Lehrerkurs imponiert hätte und dass er das nicht gedacht hätte, dass das so eine ernsthafte Arbeit sei. Und da stellt sich einem doch die Frage, wie das möglich ist, dass einige Wochen später so etwas in der Zeitung erscheint, da müssen wir uns doch psychologisch fragen, wie so etwas zustande kommt, das ist wirklich ein Rätsel.*«[185]

Wie bei jedem Problem wies uns Friedrich Liebling auch hier darauf hin, uns in den beiden Journalisten zu spiegeln, denn sie seien nicht anders als wir, nicht anders als der heutige Mensch.

»Unsere Eltern, unsere Berater, unsere Advokaten, unsere Richter – ich wiederhole mich immer wieder, damit euch das nicht entgeht – ganz egal, der Vater, die Mutter, der Grossvater, der Nachbar, alle sind wir geprägt, wir haben unsere Meinung. Wir reagieren so wie die andern. [...] Morgen machen wir dasselbe.«[186]

* |

Der Stiftungsrat beschloss am 28. November 1980 einstimmig, Klage wegen übler Nachrede gegen Hans W. Grieder und Dieter Hanhart zu erheben. In der Klageschrift führte die Stiftung aus: *»Im folgenden soll die Unterstellung von unehrenhaften Motiven belegt werden. Schon zu Beginn des Artikels wird mit einer suggestiven Frage (›Hat da jemand das allenthalben florierende Geschäft mit der Seele besonders clever wahrgenommen?‹ [...]) auf das Vorurteil raffiniert verbrämter Geschäfstüchtigkeit und unseriöser Praktiken eingestimmt, insbesondere als die zitierte Frage im weiteren nicht nur nirgends klar und eindeutig verneint, sondern an vielen Stellen mehr oder weniger deutlich bejaht wird. [...] Der Abschnitt über die Finanzen endet mit dem Satz: ›Der Kreislauf schliesst sich, wenn die nächste Million als ›Mietanteil Friedrich Liebling‹ (steuerfrei?) in die von ihm präsidierte Stiftung fliesst.‹ [...] Offensichtlich soll mit diesem Satz beim unbefangenen Leser der Verdacht hervorgerufen werden, Herr Liebling habe Steuerhinterziehung angestrebt.«*[187]

Die Stiftung brachte weiter vor, die Klage stütze sich auch auf ehrverletzende Äusserungen über Friedrich Liebling, *»weil in der Öffentlichkeit keine strenge Unterscheidung zwischen der Stiftung und Herrn Liebling gemacht wird«.*[188] Abschliessend erklärte sie: *»Wir verlangen eine Richtigstellung, damit ratsuchende Menschen wegen solchen Beleidigungen und Verleumdungen nicht verunsichert werden.«*[189]

Während der dreimonatigen Klagefrist wurde an der Psychologischen Lehr- und Beratungsstelle viel über den Artikel diskutiert. Jutta Siegwart-Gensch erhob eine Ehrverletzungsklage und wurde von insgesamt 100 Personen aus Deutschland und Österreich bevollmächtigt, diese Klage auch in deren Namen zu erheben. Auch verschiedene Berufsgruppen, nämlich Eltern, Ärzte, Psychologen, Lehrer, Kindergärtnerinnen, Sozialarbeiter, Künstler

und Architekten arbeiteten an Klageschriften, die man heute als
»Sammelklagen« bezeichnen würde. In verschiedenen Runden
wurden diese vorgelesen und diskutiert.

Aus der Klage von Jutta Siegwart-Gensch geht hervor, dass sie
die spätere Notlage vieler mit der Psychologischen Lehr- und Beratungsstelle verbundenen Menschen bereits damals voraussah:
*»Durch die ehrenrührige Darstellung des Leiters der Psychologischen
Lehr- und Beratungsstelle ist der Ruf unseres Lehrers, Friedrich Liebling, geschädigt worden und damit auch unser Ruf als der seiner Schüler.«*[190] – *»Für alle diejenigen Teilnehmer, die durch den Artikel genötigt wurden, zu verheimlichen, dass sie sich an der ›Zürcher Schule‹
aus- bzw. weiterbilden, dort mitarbeiten oder psychologische Beratung für sich und ihre Kinder in Anspruch nehmen, ist durch den Artikel der Tatbestand der Gefährdung des guten Rufes gegeben, indem sie
Gefahr laufen, ihres Ansehens in den Augen der Mitmenschen verlu-
stig zu gehen, wenn bekannt wird, dass sie mit einer derart unehrenhaften und fragwürdigen ›Zürcher Schule‹ in Verbindung stehen.«*[191]

Anfang Dezember 1980 reiste Friedrich Liebling nach Gran
Canaria, um den Winter seiner Gesundheit zuliebe in einem mil-
deren Klima zu verbringen. In Zürich kam es wegen der verschiedenen individuellen Klagen zu einer Panik. Einige Stiftungsräte
meinten dezidiert, es sollte nur die Stiftungsklage eingereicht
werden, der gute Ruf aller sei durch diese Klage genügend geschützt. Die individuellen Klagen würden Unsummen kosten. Jeder würde befragt, sie seien ein *»Bärendienst«*, und schadeten der
Stiftungsklage. Dadurch entwickelte sich ein Klima der Verunsicherung und Ablehnung jenen gegenüber, die an mehreren Klagen festhalten wollten. Schliesslich blieb nur noch Jutta Siegwart-
Gensch übrig, die ihre Klage zusammen mit den 100 Klägern aus
dem Ausland, die sie vertrat, einreichte. Die negative Stimmung
konzentrierte sich auf sie, und sie wurde massiv gedrängt, ihre
Klage zurückzuziehen.

Zunächst war ich von solchen Argumenten nicht beeindruckt.
Vor Fragen fürchtete ich mich nicht, und der Schutz unserer Ehre
sollte uns das Geld wert sein. Als aber ein Stiftungsrat in einem
Abendgespräch ausführte, die Klagen der einzelnen Berufsgruppen würden der Stiftungsklage schaden, fiel ich um. An diesem

Abend sprach mich Jutta Siegwart-Gensch auf dem Nachhauseweg im Park an, fragte nach meiner Meinung und hinterfragte die Ansicht, dass unsere Klagen der Stiftungsklage schaden könnten. Es überkamen mich Zweifel an der Aussage des Stiftungsrats.

Nachdem einige Kolleginnen und Kollegen, die nach Gran Canaria gereist waren, die Sache mit Friedrich Liebling besprochen hatten, kehrte wieder Normalität ein. Friedrich Liebling meinte, Jutta Siegwart-Gensch habe die Psychologische Lehr- und Beratungsstelle in ihrem Gefühl zu ihrer Sache gemacht, und es sei selbstverständlich, dass sie eine Klage einreichen könne. Die Verunsicherung war aber nicht ganz zu beheben, und Jutta Siegwart-Gensch zog im Januar 1981 die Klage schliesslich zurück. Das Bezirksgericht versicherte ihr, die Interessen aller mit der Stiftung verbundenen Personen würden durch den Ehrverletzungsprozess der Stiftung wahrgenommen.

* |

In jener Zeit erschienen mehrere Publikationen der Psychologischen Lehr- und Beratungsstelle. Die beiden bereits erwähnten Bände »Die Psychologie und die Zürcher Presse« dokumentierten Vorgeschichte, Reaktionen und Analysen zum Artikel »Lebenshilfe vom Zürichberg«. In drei Bänden unter dem Übertitel »Neue Wege in der Psychologie« wurden Gespräche Friedrich Lieblings mit Ratsuchenden sowie Gruppengespräche zu verschiedenen Themen wörtlich wiedergegeben. Der erste Band »Lebensprobleme im Lichte der modernen Psychologie« erschien im Frühjahr 1981, der zweite »Die Eltern und ihre Sorgen« Ende 1981 und der dritte »Die Lehrer und ihre Sorgen« im Frühjahr 1983, ein Jahr nach Friedrich Lieblings Tod.[192] In einer vierbändigen Reihe wurden Beiträge zu vier Kongressen der Zürcher Schule für Psychotherapie abgedruckt, die im Sommer und Winter 1980 bis 1982 stattfanden.[193]

Trotz pendenter Ehrverletzungsklage veröffentlichte der »Tages-Anzeiger« am 14.5.1981 eine Rezension von Dieter Hanhart zur Neuerscheinung »Lebensprobleme im Lichte der modernen Psychologie«. Unter dem Titel: »Psychologie ist eine schwere Sache« arbeitete er mit dem Mittel der Ironie. In einigen einleitenden Sätzen stand, die Neuerscheinung sei *»verdienstvoll, vor allem weil*

sie einen Einblick in Methodik und Denkweise der ›Zürcher Schule‹«
erlaube. Und weiter: *»Da es hier nicht möglich ist, die Grundzüge der Psychologie Friedrich Lieblings gebührend zu würdigen, lassen wir ihn in einigen seiner Aussagen selber zu Wort kommen.«*

Die aus dem Zusammenhang gerissenen Zitate wurden so präsentiert, dass eine Steigerung ins Komische und Absurde stattfand. Zu Beginn schienen sie für einen unvoreingenommenen Leser nachvollziehbar, aber beim Weiterlesen wurden sie zunehmend grotesk. So lautete das erste Zitat: *»Charakterbildung: ›Früher hat man geglaubt, dass das Kind schon mit den Charaktereigenschaften zur Welt kommt, dass sein Schicksal in den Sternen geschrieben steht. Das ist natürlich jetzt nicht mehr. Kein Mensch glaubt daran, kein vernünftiger Mensch, der in der Zivilisation lebt.‹«* Und zum Schluss hiess es: *»Aus einem Gespräch über Scheidung: Herr L: Könnt ihr euch nicht einigen, dass ihr in Frieden lebt? Immer in Frieden? – Frau H: Nein. Wir sind uns überhaupt nicht einig. – Herr L: Warum? Ist Ihr Mann Trinker? – Frau H: Nein. – Herr L: Was führt er für einen Beruf? – Frau H: Er ist Rechtsanwalt. – Herr L: Na ja, das sollte doch möglich sein, dass ihr euch einigt.«*[194]

Mit diesem Artikel sollte wohl die – inzwischen eingeklagte – Darstellung, wonach Friedrich Liebling *»seichte Lehrmeinungen«* und *»oberflächliche Deutungen«* verbreite, untermauert werden. Ein Leserbrief vom 19.5.1981 bestätigt diese Vermutung: *»Psychologie ist in der Tat eine ›schwere Sache‹! Nach dem Studium des vorliegenden Artikels, der den schlechten Stil, den Mangel an Niveau sowie die Oberflächlichkeit von Friedrich Liebling zeigt, bleibt als vorherrschendes Gefühl das Staunen, dass eine psychologische Lehr- und Beratungsstelle sich erdreistet, ›der Fachwelt dieses Büchlein als Resultat ihrer Forschungstätigkeit‹ vorzulegen. Es muss sich da wohl um ein Überlegenheitsgefühl handeln, das leider auf dem Rücken unwissender Klienten ausgetragen werden soll.«*[195]

Im Juli erschien im »Aargauer Tagblatt« ein Artikel unter dem Titel »Schweiz vor einem ›Psycho-Boom‹?« und im August in der »Bündner Zeitung«, »Zürich ist ein ›Mekka der Psychologie‹«. Die praktisch identischen Artikel bezeichneten *die »psychologische Lehr- und Beratungsstelle von Friedrich Liebling«* als *»Zürichs gröss-*

tes Psycho-Unternehmen«; sie werde »von Insidern etwas grossspurig ›die Zürcher Schule‹ genannt«.[196, 197]

Ende Juli erschien im »Oltener Tagblatt« ebenfalls eine negative Rezension über »Lebensprobleme im Lichte der modernen Psychologie«. Unter dem Titel »Kann Psychologie so einfach sein?«, arbeitete auch dieser Autor mit Zitaten, ohne den Zusammenhang zu erläutern. Seine ironische Quintessenz lautete: *»Ich bin wohl ein besonders hartnäckiger, total hoffnungsloser Fall: Ich bin sicher, dass mir mit solchen harmlos-oberflächlichen Sonntagsschulphrasen keine meiner Ängste wirklich genommen würde. [...] Wenn damit ein dauerhafter Heileffekt oder eine echte Veränderung bewirkt werden kann, dann ist Psychologe ein feiner, einfacher Beruf und ich würde gern umsatteln.«*[198]

* |

Bereits im Januar 1981 kam unter den Schüler/innen Friedrich Lieblings die Idee auf, einen grossen Saal zu mieten, um sich öffentlich gegen den Artikel »Lebenshilfe vom Zürichberg« zur Wehr zu setzen. Als im Frühling und Sommer 1981 immer mehr negative Berichte erschienen und niemand die Idee einer Veranstaltung aufgriff, erarbeiteten mein Mann und ich eine Einführung und brachten diese im August an einem Samstagabend in der Roten Villa gemeinsam vor. Unsere Gedanken wurden von einigen aufgenommen, und man wollte das Gespräch in einer Woche, auf Wunsch von Friedrich Liebling an der Susenbergstrasse, fortsetzen.

Alle, die etwas vorbereitet hatten, lud Friedrich Liebling in seinen Gesprächsraum ein. Mein Mann und ich sowie etwa zehn weitere Personen, mit einer Ausnahme alle aus dem Kreis der jüngeren Mitarbeiter/innen, nahmen Platz. Friedrich Liebling betonte, die Vorbereitung müsse in diesem kleinen Kreis erfolgen, ohne dass etwas nach draussen dringe. Die Journalisten sollten nicht erfahren, was auf sie zukomme, deshalb verpflichtete er uns zu absoluter Verschwiegenheit. Wir sprachen über Sinn und Zweck der Veranstaltung, und Friedrich Liebling erklärte, es gehe darum, den beiden Journalisten öffentlich die Frage zu stellen, ob sie bereit seien, nochmals alles zu überprüfen und dann ihren Artikel zu revidieren. An einem Kampf habe er kein Interesse, und er habe nichts zu verbergen. Für das Einführungsreferat schlug Friedrich Liebling meinen Mann und mich vor und fügte an: *»Die zwei vom Land. Die fallen nicht so leicht um.«*[199]

Der Saal war am 18.9.1981 bis auf den letzten Platz besetzt, viele mussten stehen. Paul Truttmann begann: *»Seit 30 Jahren besteht in Zürich die Psychologische Lehr- und Beratungsstelle unter der Leitung von Friedrich Liebling. Hier erhalten die Menschen Hilfe und Rat. Sehr viele Menschen nehmen das Wissen und die Hilfeleistung der Psychologischen Lehr- und Beratungsstelle in Anspruch: ein ›Meer von Menschen‹, wie die Zeitungen schreiben. Jede Woche finden 200 Gruppensitzungen statt und an die 1000 Einzelberatungen. Jeder, der kommt, erfährt hier Hilfe. Keiner wird abgewiesen, sondern er findet Antwort auf seine Lebensschwierigkeiten.«*

Dann schilderte er kurz die Vorgeschichte: Den beiden Journalisten sei jede Frage beantwortet worden, sie hätten an Einzel- und Gruppengesprächen teilnehmen können, man habe ihnen Einblick in die Korrespondenz und die Steuerrechnung gegeben. Die Zusammenarbeit sei in bestem Einvernehmen verlaufen. Und er las die Briefe der Journalisten vor, worin sie sich für das *»grosszügige Entgegenkommen«* bedankt hatten. Im publizierten Artikel sei die Psychologische Lehr- und Beratungsstelle aber nicht wiederzuerkennen, eine Gegendarstellung sei verweigert worden. Friedrich Liebling habe den beiden Autoren angeboten, sie könnten nochmals alles untersuchen und danach ihre Darstellung korrigieren; sie hätten das Angebot nicht angenommen. Deshalb sei man gezwungen gewesen, Klage einzureichen. Zudem sei eine Dokumentation über den Fall veröffentlicht worden.

Heute gehe es darum, diesen Artikel richtigzustellen. Die unsachliche Berichterstattung schade nicht nur der Psychologischen Lehr- und Beratungsstelle, sondern der Psychologie allgemein und vor allem den hilfesuchenden Menschen. *»Und darum geht es, den hilflosen Menschen nicht im Stich zu lassen.«* Die beiden Autoren seien zu dieser Veranstaltung eingeladen worden. Hans W. Grieder sei krank und lasse sich entschuldigen, Dieter Hanhart befinde sich im Saal. Er schloss mit der Frage: *»Bitte, Herr Dr. Hanhart, wollen Sie nicht der Wahrheit die Ehre erweisen? Wollen Sie nicht diesen Artikel richtig stellen?«*[200] Hanhart liess sich jedoch viel Zeit, bis er sich äusserte. Seine Begleiter hielten stattdessen Filibuster-Reden und störten mit Buh-Rufen und Pfeifen.

Verschiedene Teilnehmer/innen brachten ihre persönliche Betroffenheit über den Artikel zum Ausdruck und berichteten von Erlebnissen, die die negative Wirkung des Artikels belegten. Die Darstellung als *»Einsame und Gehemmte«*, die an *»einem warmen Herd oberflächlichen Lehrmeinungen«* und *»väterlichen Ratschlägen«* nachhingen, wurde zurückgewiesen. Auch ich stellte in einem kurzen Beitrag klar, dass ich mich durch die Charakterisierung als *»verwirrter Kopf«* beleidigt fühlte; sodann stehe an der Psychologischen Lehr- und Beratungsstelle der Mensch im Mittelpunkt, und es gehe gerade nicht um Geld oder Macht, wie es im Artikel dargestellt worden sei. Mehrere fragten die Autoren, warum sie einen solch diffamierenden Artikel geschrieben hätten, obwohl sie von der Arbeit beeindruckt gewesen seien.

Nach über einer Stunde ging Dieter Hanhart zum Mikrofon und erklärte: *»Ich werde noch sprechen, aber ich wähle meine Zeit.«*

Nachdem er wiederholt gebeten wurde zu antworten, sagte er, er wolle sich in zwei Punkten äussern: *»Im ersten Punkt möchte ich Ihnen, der Psychologischen Lehr- und Beratungsstelle oder der Zürcher Schule für Psychotherapie, wie Sie sich nennen, fünf konkrete Fragen stellen. [Zwischenruf: Nein, eine Antwort bitte!] – Ich sagte, ich spreche in zwei Punkten. – Die erste Frage: Wie geht die Zürcher Schule – ich verwende jetzt diesen Kürzel auch – mit Menschen um, die anders denken? Zweite Frage: Welches Therapiekonzept besteht, um die in jeder Therapie entstehende Abhängigkeit des Lernenden vom Therapeuten aufzulösen? Dritte Frage: Welches Ausbildungskonzept hat die Zürcher Schule, und ist es möglich, dieses aufgrund von schriftlichen Unterlagen öffentlich zu diskutieren? Vierte Frage: Wie reimt sich die Zürcher Schule ihren sich selbst gegebenen Titel die Zürcher Schule für Psychotherapie zusammen mit dem jetzt noch geltenden Gesundheitsgesetz im Kanton Zürich, nach welchem Psychotherapie eine ärztliche Angelegenheit ist? Meine fünfte und letzte konkrete Frage: Nach welchem Wissenschaftsbegriff richtet die Zürcher Schule ihr Denken aus? [Zwischenruf: Wollen Sie einen neuen Artikel schreiben?] – Ich habe noch nicht geschlossen. – Der zweite Teil meiner Ausführungen besteht in Folgendem: Und sie bewegt sich doch.«*

Hierauf Paul Truttmann: *»Und sie bewegt sich doch. Das stammt von Galileo Galilei. Und von Galileo Galilei stammt auch, dass Kardinäle gekommen sind und nicht durchs Fernrohr geschaut haben. [Grosser Applaus.] Wir stellen Ihnen das Fernrohr zur Verfügung. Tür und Tor ist offen. Kommen Sie mit Experten und prüfen Sie nach, das ist unser Angebot. Wollen Sie es annehmen oder nicht? Beantworten Sie diese Frage.«*

Dieter Hanhart wunderte sich über die Hartnäckigkeit und vertrat die Idee, die Psychologische Lehr- und Beratungsstelle solle eine Reihe von namhaften Vertretern aus dem Raum Zürich, die man gemeinsam auflisten könne, zusammenbringen. Dann könne man die von ihm aufgeworfenen fünf Fragen gemeinsam diskutieren. Mehrere brachten ihre Enttäuschung über diese Antwort zum Ausdruck, die fünf Fragen hätte er vor dem Verfassen des Artikels stellen sollen, zudem seien sie ihm teilweise schon beantwortet worden. Etliche erklärten, dass sie in ihrem guten Ruf betroffen seien. Darauf bemerkte Dieter Hanhart, er möchte wegen des laufenden Verfahrens nichts sagen. *»Das haben Sie auf die juristische Ebene gehoben, Sie, nicht ich! Warten wir ab.«*

Ein Mitarbeiter der Psychologischen Lehr- und Beratungsstelle kündigte zum Schluss an, dass weitere Veranstaltungen stattfinden und in der Presse angekündigt würden. Wir seien uns gewohnt, es genau zu nehmen; es werde alles aufgerollt. *»Aber heute Abend ging es um eine andere Frage: Wenn einer eine Ungerechtigkeit, ein Unrecht begeht, ob er dann dazu steht und da noch einmal überprüft. Die Chance wurde heute gegeben, und ich habe das so verstanden, dass Herr Dr. Hanhart sie vertan hat.«*[201]

Beim Hinausgehen hörte ich, wie ein Begleiter des Journalisten hinter mir sagte: *»Das nächste Mal nehmen wir Tomaten mit.«*

Drei Tage später eröffnete die Presse ein Trommelfeuer. Ab dem 21.9.1981 erschienen in etlichen Zeitungen einander ähnliche Artikel, worin die Veranstaltung im Börsensaal lächerlich gemacht wurde. Der Psychologischen Lehr- und Beratungsstelle wurde unterstellt, sie wolle die Meinungsäusserungsfreiheit nicht gelten lassen, und Dieter Hanhart wurde als Held gefeiert, der sich den Druckversuchen nicht beuge. Die Titel lauteten: »Die ›Zürcher Schule‹ liess die Maske fallen«,[202] »Liebling-Schüler: Der Wahrheit die Ehre antun«,[203] »Liebling Institut trat an die Öffentlichkeit«,[204] »Wie seriös ist Zürichs grösstes Psychologieunternehmen?«,[205] »Einflüsse offenlegen«,[206] »Sektiererische Aktivitäten der Zürcher Schule«,[207] »Psychologieinstitut im Gegenangriff«,[208] »›Liebling-Institut‹ verlangt eitel Zustimmung.«[209] Am 28.9. folgten Leserbriefe im »Tages-Anzeiger«: Drei verteidigten die Zürcher Schule; in zweien war bereits von einer *»gezielten Unterwanderung zürcherischer Schulen durch die Jünger Lieblings«* die Rede.[210]

Am 26.9.1981 veröffentlichte die Psychologische Lehr- und Beratungsstelle in der »NZZ« folgendes Inserat:

»Am Freitag, 18.9.1981, veranstaltete die Psychologische Lehr- und Beratungsstelle, Leitung: Friedrich Liebling, eine öffentliche Diskussion und Gegendarstellung zum Tages-Anzeiger-Artikel über die Zürcher Schule für Psychotherapie (Autoren: Dr. D. Hanhart und Dr. H.W. Grieder). An diesem Abend wurde Herrn Hanhart (Herr Grieder konnte krankheitshalber nicht teilnehmen) das Angebot gemacht, die zahlreichen Irrtümer im Artikel durch eingehendere Recherchen zu überprüfen und zu korrigieren. Herr Hanhart ging darauf nicht ein.

Da ein fruchtbringendes Gespräch an diesem Abend durch offenbar inszenierte Störaktionen verhindert werden sollte, erachtet es die Psychologische Lehr- und Beratungsstelle als nicht sinnvoll, die Veranstaltung in dieser Form zu wiederholen. Jedem wirklich an einer sachlichen Information und Auseinandersetzung Interessierten steht es offen, sich an die Leitung der Psychologischen Lehr- und Beratungsstelle (Susenbergstr. 53, 8044 Zürich) zu wenden.

Eine umfangreiche Dokumentation über den Artikel und die Hintergründe seiner Entstehung ist beim Verlag Psychologische Menschenkenntnis (Toblerstrasse 72, 8044 Zürich) zu beziehen. Eine Darstellung des Verlaufes der Veranstaltung vom 18.9. wird folgen.«[211]

2.4 | Stellungnahme des Regierungsrates am 25.11.1981

Am 21.9.1981 hatte Kantonsrat Werner Sieg folgende Kleine Anfrage an den Regierungsrat eingereicht: *»Im Erziehungswesen des Kantons Zürich wird der Einfluss der sogenannten Zürcher Schule (offiziell: Psychologische Lehr- und Beratungsstelle) immer grösser.*

Die erklärte Absicht dieser psychotherapeutischen Schule, die von Friedrich Liebling geleitet wird, ist es, über die Lehrtätigkeit ihrer Anhänger ihr Denken in der Bevölkerung zu verbreiten.«

Die Zahl der »Liebling-Anhänger« an der Universität Zürich, in der Lehrerausbildung, an der KME (Kantonale Maturitätsschule für Erwachsene) und auch unter den aktiven Volksschullehrern sei stetig im Wachsen. Nachdem nun in der Presse bereits mehrfach auf die Tätigkeit der Zürcher Schule hingewiesen worden sei, erscheine es ihm an der Zeit, dass sich der Regierungsrat offiziell zu folgenden Fragen äussere:

1. *»Wie beurteilt er die Tätigkeit und den Einfluss der Zürcher Schule im Erziehungswesen?*

2. *Ist er bereit, die betroffene Öffentlichkeit (insbesondere Eltern, Lehrerschaft, Schulbehörden) umfassend über die Tätigkeit der Zürcher Schule zu informieren?*

3. *Bilden Anhänger der Zürcher Schule in einzelnen Schulhäusern bzw. Schulkreisen bereits eigentliche Gruppen, um ihre Ideologie durchsetzen zu können?*

4. *Sieht er die Chancengleichheit für alle Absolventen der KME durch die Aktivitäten der Zürcher Schule gefährdet? Wenn ja, was gedenkt er dagegen zu unternehmen?*

5. *Ist die therapeutische Tätigkeit in der Zürcher Schule gemäss den geltenden Bestimmungen über die Ausübung der nichtärztlichen Psychotherapie legal?*

6. *Ist etwa vorgesehen, dass in der neu zu erlassenden Verordnung über die nichtärztliche Psychotherapie die Schule des Friedrich Liebling zur Spezialausbildung gemäss §19a Abschnitt 2 des Gesundheitsgesetzes zugelassen werden soll?«*[212]

In seiner Antwort vom 25.11.1981 verkürzte der Regierungsrats zunächst den Namen der Psychologischen Lehr- und Beratungsstelle auf »Beratungsstelle«: *»Die Psychologische Lehr- und Beratungsstelle Zürich (im folgenden Beratungsstelle genannt)«.* Mithilfe dieses Kürzels machte er zwei Sachen aus der Stiftung Psychologische Lehr- und Beratungsstelle, nämlich eine »Beratungsstelle« und eine *»Stiftung«: »Trägerin der Beratungsstelle ist eine gleichnamige Stiftung; diese Stiftung untersteht der Bundesaufsicht und wird von Friedrich*

Liebling präsidiert. Die Leitung der Beratungsstelle hat ebenfalls Friedrich Liebling inne, der sie zusammen mit über 60 Mitarbeitern führt.« Hätte der Regierungsrat die Namen *»Psychologische Lehr- und Beratungsstelle«* bzw. *»Stiftung Psychologische Lehr- und Beratungsstelle«* richtig verwendet, wäre aufgefallen, dass es sich nicht um zwei verschiedene Dinge handeln konnte, da sie ja den gleichen Namen trugen. So aber stützte er die Darstellung des »Tages-Anzeiger-Magazins«, worin von *»Privatpraxis«* und *»Stiftung«* die Rede war, beziehungsweise die Finanzdirektion im pendenten Verfahren auf Entzug der Steuerbefreiung, wonach die Stiftung sich ihre Mittel durch einen *»nach kaufmännischen Grundsätzen geführten Betrieb«* verschaffe.

Zu Punkt 1, wie der Regierungsrat die Tätigkeit und den Einfluss der Zürcher Schule im Erziehungswesen beurteile, führte er aus, er könne zwar weder die theoretischen Grundlagen noch die praktische Tätigkeit der Zürcher Schule beurteilen. Es lasse sich aber *»nicht von der Hand weisen, dass die vermittelte psychologische Theorie – soweit feststellbar – auf einigen wenigen, recht einfachen Grundannahmen«* beruhe, die *»Beratungsstelle«* zeige an einer *»Diskussion mit Vertretern anderer psychologischer Richtungen«* kein Interesse, und auch die Publikationen würden *»kaum verlässliche Schlüsse über Erfolg und Misserfolg ihrer praktischen Tätigkeit«* zulassen. *»Um so grösserer Wert wird anscheinend darauf gelegt, den Kreis der Anhänger, seien dies nun Ratsuchende oder Kursbesucher, auszudehnen.«* Es sei *»nicht zu verkennen, dass die jahrelange Inanspruchnahme der Betreuungsangebote für den einzelnen zu erheblicher psychischer Abhängigkeit und finanzieller Belastung führen«* könne. Weiter sei *»eine gewisse Isolation und Absonderung vieler Mitglieder von der übrigen sozialen Umwelt nicht zu übersehen«.* Dies führe *»denn auch im Bereich des Erziehungswesens zu den bekannten negativen Auswirkungen, die noch zu präzisieren«* seien.

Die Psychologische Lehr- und Beratungsstelle hatte in ihrer Monatszeitschrift und ihren Publikationen schon seit Jahren ihre Forschungsarbeit öffentlich gemacht und dadurch ihr Interesse an einer Diskussion, auch mit Vertretern anderer Richtungen, bekundet. Die Ratsuchenden und Ausbildungskandidaten bezahlten ihren Möglichkeiten entsprechende Beiträge, waren also nicht finanziell belastet. Dass viele Menschen gerne intensiv an der Forschungstätigkeit mitwirkten, war keine Abhängigkeit.

Zu Punkt 2 hielt der Regierungsrat fest, dass die vorliegende Antwort bereits eine Information der Öffentlichkeit enthalte. Er fügte hinzu: *»Die jüngsten Auseinandersetzungen in der Presse dürften den interessierten Kreisen erlauben, sich ein eigenes Urteil über die Tätigkeit der Beratungsstelle zu bilden.«* Die Psychologische Lehr- und Beratungsstelle setzte sich aber gegen die Pressekampagne mit allen ihr zur Verfügung stehenden Mitteln zur Wehr; eine Ehrverletzungsklage war pendent. Mit seinem Verweis auf die Presse überging der Regierungsrat diese Bemühungen.

In Punkt 3 meinte er, es nähmen vor allem Junglehrer, die erst über geringe Unterrichtserfahrung verfügten, die Dienstleistungen der *»Beratungsstelle«* in Anspruch. Dies sei so lange nicht zu beanstanden, *»als sich im Unterricht keine negativen Auswirkungen zeigen.«* – *»Unzulässig hingegen ist etwa eine übertriebene Psychologisierung des Unterrichts [...]. Unzulässig ist ferner, in der Schule für die Beratungsstelle Propaganda zu machen und Kinder und Eltern wegen Schul- und Erziehungsschwierigkeiten dorthin – statt zum Schulpsychologischen Dienst – zu weisen.«* Und weiter: *»Es liegt auf der Hand, dass sich solch gleichgesinnte Lehrer zu Gruppen zusammenschliessen. Ob dies innerhalb des üblichen Rahmens kollegialer Zusammenarbeit oder aber zur wirksameren Durchsetzung der von der Beratungsstelle vermittelten Lehre und Weltanschauung geschieht, bedarf genauer Abklärung im Einzelfall. Die zuständigen Schulbehörden sind verpflichtet, gegen allfällige Pflichtverletzungen mittels geeigneter Massnahmen einzuschreiten.«*

Natürlich sind die Schulbehörden immer verpflichtet, *»gegen allfällige Pflichtverletzungen mittels geeigneter Massnahmen einzuschreiten«*, dessen ist sich jede Lehrperson bewusst. Die Eingrenzung von Erlaubtem und Verbotenem war jedoch schwammig: *»Negative Auswirkungen«*, *»übertriebene Psychologisierung des Unterrichts«*, *»wirksame Durchsetzung einer Lehre und Weltanschauung«*. Diese Bezeichnungen weckten die Befürchtung, es könnte zu willkürlichen Sanktionen gegenüber Lehrpersonen kommen, die mit der Zürcher Schule in Verbindung standen.

Zu Punkt 4 hielt der Regierungsrat bezüglich der KME fest, dass die *»Anhänger der Beratungsstelle [...] durch die gezielte Zusammenarbeit vor allem bei der Vorbereitung auf die Aufnahmeprüfung«* gegenüber *»anderen Kandidaten, die auf sich allein gestellt sind, bevorzugt«* seien. *»Während der Ausbildungszeit bilden sie relativ kohärente Gruppen, die oft die ganze Klasse dominieren.«* Es wurde darauf hingewiesen, dass sich Schulleitung und Aufsichtskommission der Probleme bewusst seien und sich um schulorganisatorische Massnahmen bemühten.

Die KME-Schüler, die an der Zürcher Schule teilnahmen, bestritten stets, sich unkollegial zu verhalten. Zu ihren Lerngruppen seien andere Schüler oft dazugekommen und hätten sich an der Zusammenarbeit beteiligt; niemand, der sich interessiert habe, sei abgewiesen worden.

Zu Punkt 5 behauptete der Regierungsrat: *»Massgebend für die Beurteilung, ob die therapeutische Tätigkeit der Beratungsstelle legal ist, ist §7 des Gesetzes über das Gesundheitswesen.«* Und er fuhr fort: *»Die Beratungsstelle besitzt keine solche Bewilligung. Daher hat sie sich auf die Behandlung von Erscheinungen zu beschränken, die nicht als Krankheit oder gesundheitliche Störungen im Sinne der erwähnten Gesetzgebung gelten. Im Bereich der nichtärztlichen Psychotherapie ist es jedoch nicht immer leicht, eine klare Grenze zwischen erlaubter und verbotener Tätigkeit zu ziehen. Die Psychologen, die in diesen Gebieten tätig sind, geraten leicht in den Bereich der Medizin, indem sie Erscheinungen behandeln, die als Krankheiten anzusehen sind. Ob sich auch die Beratungsstelle diesbezüglich Übertretungen schuldig gemacht hat, ist noch nicht rechtskräftig entschieden.«*

Durch seine Antwort gab der Regierungsrat öffentlich bekannt, dass ein Verfahren gegen die Psychologische Lehr- und Beratungsstelle pendent und bald ein Urteil zu erwarten sei. Im Zusammenhang mit der rechtlichen Grundlage sprach er unpräzise von *»therapeutischer Tätigkeit«*. Hätte er den korrekten Ausdruck *»nichtärztliche psychotherapeutische Tätigkeit«* verwendet, wäre vermutlich aufgefallen, dass dafür das bestehende Gesundheitsgesetz nicht massgebend sein konnte; denn darin war keine Regelung zur Psychotherapie enthalten, weshalb ja gerade ein neues Gesundheitsgesetz vorbereitet wurde.

Zu Punkt 6 wies der Regierungsrat auf das bevorstehende neue Gesundheitsgesetz hin, das den Stimmberechtigten 1982 unterbreitet und Bestimmungen über die Psychotherapeuten enthalten werde. *»Ob die von der Beratungsstelle angebotene Ausbildung als Spezialausbildung für die nichtärztlichen Psychotherapeuten anerkannt werden kann, ist erst nach Inkrafttreten der neuen Vorschriften über die Psychotherapeuten auf Gesuch hin zu entscheiden«.*[213]

Der Regierungsrat verschwieg in seiner Antwort gänzlich, dass er nicht nur als Regierungsrat sprach, sondern auch als gerichtliche Gegenpartei in zwei unabgeschlossenen Gerichtsverfahren: Im Verfahren betreffend Entzug der Steuerbefreiung gegen die Stiftung Psychologische Lehr- und Beratungsstelle und im Verfahren betreffend Übertretung des Gesundheitsgesetzes gegen Friedrich Liebling und Jutta Siegwart-Gensch. Hätte er seine Situation als Gegenpartei transparent gemacht, hätten vermutlich viele Menschen seine Stellungnahme etwas relativiert. So aber verbreitete er als behördliche Autorität seine Argumentation in der Bevölkerung, diskreditierte die Psychologische Lehr- und Beratungsstelle und bereitete damit den Boden für einen Ausgang der Verfahren zu deren Ungunsten.

* |

Die Antwort des Regierungsrates gab der Presse erneut Anlass zu negativen Schlagzeilen: »Probleme um eine psychologische Schule und ihre Anhänger«,[214] »Es dürfen sich keine negativen Folgen zeigen«,[215] »Tätigkeit des Liebling-Instituts: ›Negative Auswirkungen‹«,[216] »Den negativen Auswirkungen ›Beachtung schenken‹«,[217] »Die Schulbehörden haben nötigenfalls einzuschreiten«,[218] »Zürcher Regierung warnt vor dem grössten Zürcher Psychologie-Institut. Gezielte Unterwanderung der Schule?«,[219] »Probleme mit Liebling-Schule«.[220] »Regierungsrat kritisiert ›Liebling-Schule‹«,[221] »Liebling-Anhänger: Staatstreue Anarchisten an Zürcher Schulen«.[222] Am 23.12. doppelte der »Tages-Anzeiger« nach: »Liebling-Schüler sind keine Lieblings-Schüler«[223,] und: »*Aus Schülern und Eltern sollten ›Fälle‹ für einen Therapiekurs gemacht werden«.*[224]

Am 4. und 9.1.1982 erschienen Leserbriefe unter den Titeln »Die ›Zürcher Schule‹ im Kreuzfeuer«[225] und »Nicht nur TA kritisiert die

PLUBS«.[226] Natürlich waren stets Pro und Kontra dabei: »*Die Verbitterung der ›Liebling-Anhänger‹ gegenüber dem ›Tages-Anzeiger‹ ist mir unverständlich. Tatsache ist doch, dass sich ausserordentlich viele bekannte, durchwegs seriöse und traditionsreiche Tageszeitungen (›Neue Zürcher Zeitung‹, ›Neue Zürcher Nachrichten‹, ›Zürichsee-Zeitung‹, ›Der Bund‹ und andere mehr) wiederholt mit den Aktivitäten der ›Zürcher Schule‹ befasst haben. Ungeachtet der unterschiedlichen politischen Standorte dieser Tageszeitungen ist der gemeinsame Nenner hinsichtlich der ›Zürcher Schule‹ beachtlich. [...] Glücklicherweise gibt es genug Eltern, Jugendliche, Lehrerinnen, Lehrer und Behörden, die sich nicht in die als ›Unterstützung‹ getarnte Abhängigkeit führen lassen wollen; Menschen, die sich weigern, dass man aus ihnen ›Fälle für die Therapie‹ machen will: Frauen und Männer, die willens sind, ihre Probleme partnerschaftlich und freiheitlich anzugehen; Menschen, die eine freie und kooperative Gemeinschaft einer anonymen Grossgruppe mit ›einheitlicher Weltanschauung‹ vorziehen.*«[227]

Es sei hier noch ein Leserbrief zitiert, der das Gefühl vieler Lehrerinnen und Lehrer aus der Zürcher Schule ausdrückte: »*Ich bin Lehrerin. Da ich mich an der Psychologischen Lehr- und Beratungsstelle weiterbilde, kenne ich die Arbeit an dieser Schule genau. Unter dem Signet ›Tagi direkt‹ stellen Sie den Lesern das Beispiel eines Junglehrers vor. Bei ihm soll Unordnung in der Klasse geherrscht haben, die ruhigen Kinder hätte er vernachlässigt und manchen die Freude am Unterricht genommen. Mich empört, wie dieses Beispiel in einem direkten Zusammenhang mit der Psychologischen Lehr- und Beratungsstelle gebracht wird. Schule geben ist etwas sehr Schwieriges, und es wäre nichts leichter, als jedem Lehrer einige Fehler anzukreiden. Es liessen sich Beispiele anfügen von Lehrern, die nicht an der Psychologischen Lehr- und Beratungsstelle mitmachen, bei denen Unordnung herrscht, Schüler vernachlässigt werden. Es gibt Lehrer, welche heute noch Kinder schlagen und demütigen, die meisten ohne es zu wollen und viele gar ohne es zu wissen. Einige dieser überforderten Lehrer verlassen den Schuldienst bald wieder, obwohl eine eingehende Studie ihres Charakters auch sie durchaus befähigen könnte, ein guter Lehrer zu werden. Mich macht stutzig, dass nie gefragt wird: Und aus welchem Lehrerseminar kommt denn dieser Lehrer, hat er das Schulegeben im Seminar nicht gelernt? Oder, um* einmal umgekehrte Vorzeichen zu setzen, warum fragt man bei den guten Lehrern nicht nach, wo die ihre Ausbildung genossen haben. Dann würde sich nämlich zeigen, dass zahlreiche gute Lehrer, die sich an der Psychologischen Lehr- und Beratungsstelle weiterbilden, der Schule einen grossen Dienst erweisen. Ich kenne etliche Beispiele, wo der Lehrer dem Schüler ein Freund geworden ist, und zwar dem lauten wie dem ruhigen. Beispiele, wo er die Eltern unterstützt und intensiv mit ihnen zusammenarbeitet, Beispiele auch, wo die Kinder überhaupt erst Freude am Lernen bekommen. Eines ist sicher, heute bin ich durch meine Weiterbildung viel besser qualifiziert und besser fähig, meinen Beruf zufriedenstellend auszuüben. Etwas hingegen stimmt mich nachdenklich. Bei der heutigen Stimmung der Psychologischen Lehr- und Beratungsstelle gegenüber kann ich es mir nicht mehr überall leisten, meine Zusatzausbildung zu erwähnen, oder ich muss damit rechnen, schon von vornherein einem Vorurteil, durch die Presse geschürt, zum Opfer zu fallen. Dies ist nicht in Ordnung!«[228]

Am 12.2.1982 folgte ein Artikel im »Tages-Anzeiger« mit der Überschrift: »*Gründer und Leiter der* ›*Zürcher Schule*‹ *verstiess wiederholt und fortgesetzt gegen Gesundheitsgesetz. Friedrich Liebling mit Höchstbusse bestraft.*« Der Autor gab zahlreiche Behauptungen des Einzelrichters wieder: »*Liebling habe eindeutig Krankheiten und sonstige gesundheitliche Störungen im Sinne von Art. 7 des Gesundheitsgesetzes behandelt*«, »*Unter den bestehenden Gesetzen wiege das Verschulden beider Angeklagten* ›*nicht leicht*‹, *weil ihnen aufgrund ihres Bildungsstandes in besonderem Masse zugemutet werden könne,* ›*die einschlägigen Bestimmungen zu beachten und sich vor fachlichen Grenzverletzungen zu hüten*‹. *Strafverschärfend falle bei beiden die wiederholte Tatbegehung ins Gewicht.*«

Als »*aufschlussreich*« wurden im letzten Abschnitt die Bemerkungen des Einzelrichters über die angeblichen finanziellen Verhältnisse der beiden »*Einsprecher*« ausgebreitet. Diese schlossen mit: »*Abschliessend wird vermerkt:* ›*Auch sollte man annehmen dürfen, dass der Einsprecher Liebling, der Liegenschaften verschenkt, auch die von ihm beruflich betreute Einsprecherin nicht gänzlich unhonoriert lassen wird.*‹«[229] Vielen Personen an der Psychologischen Lehr- und Beratungsstelle war klar, dass es sich bei der verurteilten Mitarbeiterin um Jutta Siegwart-Gensch handelte, obwohl sie nicht namentlich genannt, sondern nur als *»Mitarbeiterin«* bezeichnet wurde.

Am 5.3.1982 erschien in einer kleinen Spalte des »Tages-Anzeigers« ein Foto Friedrich Lieblings und die Überschrift: *»Friedrich Liebling gestorben.«* Zum Schluss hiess es: *»Wegen Nebenwirkungen, die sich aus der Betreuung ergeben, musste sich nach einer kleinen Anfrage auch der Regierungsrat kritisch mit der PLUBS auseinandersetzen. Bei allen Vorbehalten, die man der heute bestehenden Institution entgegenbringen kann, darf nicht übersehen werden, dass Friedrich Liebling tatsächlich vielen Menschen aus psychischer Not herausgeholfen hat.«* [230]

Letzte Stellungnahmen Friedrich Lieblings

Nach dem Telefonat vom 25.7.1977 mit dem Zürcher Steueramt hatte die Aufsichtsbehörde die Rechenschaftsberichte 1977 und 1978[231] mit je einem Formularbrief gutgeheissen. Erst dreieinhalb Jahre nach seiner telefonischen Anzeige bat Fürsprecher Hahnloser um Informationen zum »Kontokorrent«, das er damals als *»Privatkonto des Friedrich Liebling«* bezeichnet und behauptet hatte, es seien 1975 schon 600 000 Franken *»ohne Grund«* darauf übertragen worden. Nun hiess es in der Fussnote eines Formularbriefs vom 28.1.1981, mit dem er den Rechenschaftsbericht für das Jahr 1979 wiederum guthiess: *»PS Dürfen wir Sie bitten, uns möglichst umgehend Details über die Kontokorrentverpflichtung gegenüber F. Liebling im Betrage von 1 025 695,12 Franken mit dem nötigen Kommentar anzugeben. Mit bestem Dank.«*[232]

Die Stiftungsräte Leopold König und Heinz Hug verwiesen in ihrer Antwort vom 23.2.1981 auf den Brief des Gesamtstiftungsrats vom 24.2.1978 und unterstrichen: *»Die ganze Stiftung wird von Herrn Liebling persönlich aufrechterhalten. Die Ausbildung der Schüler ist noch nicht so weit gediehen, dass sie die Arbeit in der Praxis selbständig übernehmen könnten.«*[233] Hierauf monierte Fürsprecher Hahnloser am 16.3.1981, die Auskünfte vermöchten nicht zu genügen. Erst jetzt fragte er, wie diese Kontokorrentverpflichtung entstanden sei, weshalb sie Jahr für Jahr stehen gelassen werde und ob es sich dabei um Honorarforderungen oder um ein längerfristiges Darlehen handle. Er gab bekannt, die Aufsichtsbehörde würde es begrüssen, *»wenn die Entflechtung gegenüber dem Stifter, die sich juristisch aus der autonomen Stellung der Stiftung ergibt, endgültig vollzogen würde«.*[234]

Daraufhin wurden am 10.6.1981 im Stiftungsrat drei Zirkularbeschlüsse gefasst. Erstens: Die Unterschriftsberechtigung Friedrich Lieblings erlosch, an seiner Stelle zeichnete neu Heinz Hug. Zweitens: Die Stiftung erteilte Friedrich Liebling das lebenslange Nutzniessungsrecht im Haus an der Toblerstrasse 82, das die Stiftung neu erworben hatte und in dem Friedrich Liebling nun wohnte sowie Einzel- und Gruppengespräche geführt wurden. Drittens: Annemarie Buchholz-Kaiser, Heinz Hug und eine jüngere Mitarbeiterin, die nicht Stiftungsrätin war, wurden für die Ehrverletzungsklage gegen die Journalisten Hans W. Grieder und Dieter Hanhart bevollmächtigt.[235]

Fürsprecher Hahnloser telefonierte am 16.6.1981 mit der Kontrollstelle Paglia. Über den Inhalt dieses Telefonats notierte er handschriftlich bezüglich des Kontokorrents: *»Friedrich Liebling stellt 1 Mio zur Verfügung, weil er sie wohl auf Ableben dann der Stiftung vermachen will.«* Und weiter: Friedrich Liebling sei *»nicht finanziell orientiert«*, und die Buchhaltung sei *»sehr sauber«*.[236]

Die letzte Stiftungsratssitzung vor Friedrich Lieblings Tod fand am 4.12.1981 statt. Hier wurden der Tätigkeitsbericht und die Jahresrechnung 1980 genehmigt. Weiter heisst es im Protokoll: *»Zur Diskussion standen wichtige Fragen der psychologischen Beratung.«*[237] Wie der Stiftungsrat und Jurist Karl Sonderegger später oft berichtete, habe Friedrich Liebling bei dieser Sitzung im Zusammenhang mit der Kampagne gegen ihn gesagt: *»Ich bin beschmutzt, ich bin bedreckt, ich schäme mich, zur Gattung Mensch zu gehören.«*

Auch in der Gemeinschaft äusserte sich Friedrich Liebling in mehreren Gesprächen zur Presse, zur Kleinen Anfrage, zur Stellungnahme des Regierungsrates und wie es weitergehen solle. So wies er zum Beispiel am 10.11.1981 darauf hin, dass man der Zürcher Schule gerade das vorwerfe, was die Psychologie ausmache: Dass der Mensch kein aggressives Wesen sei, dass jeder gesunde und vollsinnige Mensch alles lernen und die Schulen besuchen könne, dass die Charaktereigenschaften nicht angeboren seien, sondern dass das Kind diese erwerbe.

In Bezug auf die Kleine Anfrage und die bevorstehende Antwort des Regierungsrates sagte er: *»Die Anfrage, wie wird die ausfallen? Man wird uns verbieten.«* Ein Zuhörer wehrte ab: Die Journalisten hätten doch geschrieben, dass wir nichts Ungesetzliches machten, da könne man uns doch nicht verbieten! Darauf Friedrich Liebling: *»Was wird der Kantonsrat machen, was wird er unternehmen? Wir untergraben ja die Lehrer, die Schulen, wir infiltrieren, und was noch?«* Ein Zuhörer vermutete, Friedrich Liebling habe die Bemerkung, man werde uns verbieten, vielleicht als Witz gemeint. *»Das ist nicht ein Witz«*, antwortete Friedrich Liebling, *»das ist eine bittere Sache.«*[238]

Zudem empfahl er uns, uns in unserem eigenen Interesse gegen die in der Öffentlichkeit verbreiteten Irrtümer zu wehren. *»Wenn wir nicht imstande sind, hier in Zürich uns zu erwehren vor der Meute, vor der Dummheit, vor dem Unsinn, dann müssen wir die Waffen strecken. Dann geh'n mer ham.«* In Zürich sei die Psychologie noch nicht bekannt, wir hätten unsere Arbeit noch nicht geleistet. Da ich während der Veranstaltung im Börsensaal gehört hatte, wie hinter mir ein Besucher beim nächsten Mal Tomaten mitzunehmen ankündigte, fragte ich: *»Und wenn sie nächstes Mal Tomaten werfen?«* – *»Dann rufen wir die Polizei«*, erwiderte er, *»und wir haben auch kräftige Burschen bei uns. Wenn es darauf ankommt, wenn wir mit Apachen zu tun haben, dann werden wir uns ja erwehren. Oder was denken Sie? Soll man die zweite Backe hinhalten?«*[239]

Am 3.12.1981 telefonierten mein Mann und ich zum letzten Mal mit Friedrich Liebling. In diesem Gespräch sagte er zu mir: *»Man muss nicht brav sein, man darf auch protestieren.«* Er ermutigte mich, wo nötig Einspruch zu erheben. Meinem Mann gegenüber kam er auf die Veranstaltung im Börsensaal zurück und meinte, der Geschichtsschreiber werde sich einmal damit befassen, deshalb sei es gut, dass es Aufnahmen davon gebe. Wir seien tüchtig, und *»Nur Mut!«*, lauteten seine Abschiedsworte. Daran musste ich in den folgenden Jahren oft denken.

In einem Gespräch am 5.12.1981 sagte Friedrich Liebling: *»Wir haben Schwierigkeiten, auszukommen mit den Zeitungen. Wir ha-*

ben eine Kleine Anfrage, und wir sind nicht imstande, das zu beurteilen, den Sinn und die Art und Weise.«[240] Er ermutigte uns, gründlicher zu lernen und unser Wissen in Form von Vorträgen in die Öffentlichkeit zu tragen. Denn er war der Meinung, dass wir nicht untätig auf die Entscheidung des Richters über die Ehrverletzungsklage gegen die beiden Journalisten warten sollten, denn es würde nur eine ganz kleine Notiz darüber in der Zeitung erscheinen.

Jutta Siegwart-Gensch pflegte Friedrich Liebling in seiner letzten Zeit. Er hatte das Urteil noch zur Kenntnis genommen und hatte, ebenso wie sie selbst, Berufung eingelegt.[241] Sie berichtete mir und auch den Behörden später von Friedrich Lieblings letzten Worten am 24.2.1982. Er habe zu ihr gesagt, nachdem er vorausgeschickt hatte, dass er heute oder morgen sterben werde, ohne ein Testament gemacht zu haben: *»Es bleibt so, wie es ist, die Stiftung...«*[242]

Gemäss Jutta Siegwart-Gensch hätte Friedrich Liebling noch etwas hinzugefügt, wenn er dies gewollt hätte, er sei noch nicht so schwach gewesen. Annemarie Buchholz-Kaiser und seine Tochter Erna Grob-Liebling hätten ihn unterbrochen mit der Beschwichtigung, nein, nein, er sterbe doch noch nicht. Vier Tage später, am 28.2.1982, verstarb Friedrich Liebling.

3 | »Wir versinken im Dreck«

Am Freitag, 5.3.1982 war ich zu Hause und bereitete das Mittagessen vor, zu dem wir eine Schülerin und eine Kollegin eingeladen hatten. Es läutete, und ein befreundetes Paar kam spontan vorbei. Dies war nichts Ungewöhnliches, wir hatten regen Kontakt und trafen uns öfter, gingen auch jeweils beieinander vorbei, um etwas zu bringen oder zu holen oder miteinander zu reden. Die beiden Freunde kamen in die Küche, fragten, wie es uns gehe und ob wir eine Neuigkeit erfahren wollten. Ich bejahte beiläufig und fuhr mit meiner Arbeit fort. Der Kollege fragte nach: *»Willst du es wirklich wissen?«* Dies kam mir merkwürdig vor, doch ich bejahte erneut. Daraufhin er: *»Dann musst du dich aber setzen.«* Nun fühlte ich, dass es etwas Ernsthaftes sein musste. Ich setzte mich, und er sagte: *»Herr Liebling ist gestorben.«* Die Nachricht kam für mich völlig überraschend. Kurz zuvor hatte ich ihm noch in einem Brief meine Gedanken über meine weitere Ausbildung und Mitarbeit mitgeteilt. Das befreundete Paar hatte aus der Zeitung[1] vom Tod Friedrich Lieblings erfahren. Wir sprachen noch eine Weile darüber, wie es nun wohl weitergehe. Alle vier waren wir überzeugt, dass die psychologische Arbeit fortgesetzt werde, und wir waren voller Bereitschaft, mit all unseren Kräften dabei mitzuhelfen.

Am Abend war in der Roten Villa ein Brief aufgelegt worden:
»An die Teilnehmer unserer Lehrgänge und Gruppen
Friedrich Liebling, unser Lehrer, ist am 28. Februar 1982 gestorben. Es war sein Wunsch, den Tod erst nach der Beisetzung bekanntzugeben. Sein Vermächtnis ist, sein Werk in seinem Sinn und Geist fortzusetzen.
Um die Weiterführung dieser Arbeit zu ermöglichen, wurden wir, Frau Dr. Annemarie Buchholz-Kaiser, Herr lic. phil. Antonio Cho und Herr Dr. Ernst Frei, von den Angehörigen ersucht, bis zu einer

endgültigen Regelung rechtlich die Verantwortung für die Psychologische Lehr- und Beratungsstelle zu übernehmen. Wir werden uns bemühen, dieser Verpflichtung nach bestem Wissen und Gewissen nachzukommen. Dies kann nur gelingen in Zusammenarbeit und Kooperation mit allen Mitarbeitern und Kursteilnehmern.

Die Mitarbeiter und Teilnehmer unserer Lehrgänge und Gruppen werden in naher Zukunft zu einer privaten Gedenkfeier zusammenfinden. Ort und Zeit werden in den Ausbildungsgruppen bekanntgegeben.

Zürich, den 5. März 1982«[2]

Friedrich Liebling hatte zwei in den USA lebende Töchter: Erna Grob-Liebling (geb. 1921) und Lillian Rattner-Liebling (geb. 1925). Die jüngere war verheiratet mit Leo Rattner (geb. 1925), dem älteren Bruder von Josef Rattner; das Ehepaar war als Individualpsychologen in New York tätig. Beide Töchter hatten keine Nachkommen. Das Versprechen der drei unterzeichnenden Mitarbeiter, ihrer Verpflichtung nach bestem Wissen und Gewissen nachzukommen, bezog sich streng genommen nur auf das Ersuchen der Angehörigen, bis zu einer endgültigen Regelung die rechtliche Verantwortung für die Psychologische Lehr- und Beratungsstelle zu übernehmen. Ich hielt es für selbstverständlich, dass die Unterzeichneten diese im Sinn und Geist Friedrich Lieblings weiterführen und so sein Vermächtnis respektieren würden.

* |

In jenen Wochen veranstaltete die Gratis-Wochenzeitung »Züri Leu« eine Vortragsreihe im Hotel Nova Park mit dem Titel: »Wege zum Glück«, betreut vom Psychologen Dr. Wolf Farbstein. Verschiedene Gruppierungen erhielten die Möglichkeit, sich und ihre Arbeit der Öffentlichkeit vorzustellen. Die Psychologische Lehr- und Beratungsstelle war ebenfalls angefragt worden, und der Stiftungsrat und langjährige Mitarbeiter Heinz Hug fragte mich, ob ich mit ihm zusammen am 17.3.1982 diesen Vortrag halten möchte. Er habe dies noch mit Friedrich Liebling vor dessen Abreise in den Winterurlaub besprochen. Friedrich Liebling sei der Meinung gewesen, wir sollten da mitmachen, und er habe mich als Referentin bejaht; ich sagte gerne zu.

Einige Tage vor dem Anlass fand eine Besprechung statt. Hier stellten einige jüngere Kolleg/innen grundsätzlich infrage, ob der Vortrag überhaupt gehalten werden solle. Schliesslich sagte Heinz Hug empört, es sei mit Friedrich Liebling abgemacht gewesen, dass dieser Vortrag gehalten werde, und wenn man jetzt alles anders machen wolle, sei das nicht im Sinn und Geist Friedrich Lieblings, und er finde dies nicht in Ordnung! Später fragte ich Heinz Hug, weshalb er sich derart aufgeregt habe. Er berichtete zögernd, dass seit Friedrich Lieblings Tod verschiedenes anders gemacht werde als vorher; so habe ihm einer der drei »rechtlich Verantwortlichen« kurz nach Friedrich Lieblings Tod gesagt, er dürfe ab sofort nicht mehr an den Buchhaltungscomputer. Er sei immer für die Buchhaltung zuständig gewesen und kenne die vielen individuellen Vereinbarungen, die in Bezug auf die Bezahlungen getroffen worden seien. Es würden jetzt bestimmt Fehler passieren, und das sei psychologisch ungeschickt und gefährlich. Seit Friedrich Liebling gestorben sei, habe er schlaflose Nächte.[3]

Da der Vortrag im »Züri Leu«[4] angekündigt worden war, kamen viele Zuhörer. Unseren Ausührungen schickten wir folgende Bemerkung voraus: *»Seit einiger Zeit wird in einem Teil der Presse eine eigentliche Kampagne gegen die Psychologische Lehr- und Beratungsstelle betrieben. Die in diesem Zusammenhang erschienenen Artikel beruhen nachgewiesenermassen auf Unwahrheiten, Fälschungen und Diffamierungen. Der Psychologischen Lehr- und Beratungsstelle wurde keine Gegendarstellung ermöglicht. Die Kampagne ist ein grosses Unrecht an der Tätigkeit der Psychologischen Lehr- und Beratungsstelle, insbesondere an ihrem Begründer, Herrn Friedrich Liebling. Alle Ärzte, Psychologen, Theologen und Lehrer, die sich an der Psychologischen Lehr- und Beratungsstelle in Mitarbeit und Ausbildung befinden, sind sich darin einig, dass diese nun in der Bevölkerung verbreiteten Fehlinformationen in nächster Zeit richtiggestellt werden müssen.«*[5]

Der ganze Abend verlief ruhig, und es wurden interessante Fragen gestellt. Der Stiftungsrat Peter Fuchs erzählte mir später, seine Ehefrau sei nach dem Abend ganz optimistisch nach Hause gekommen und habe gemeint, es gehe gut weiter, auch nachdem Friedrich Liebling gestorben sei.

Wie bereits ausgeführt, sollte gemäss dem einstimmigen Beschluss des Stiftungsrates vom 5.1.1979 der Ausschuss *»in Funktion treten, wenn es Friedrich Liebling nicht mehr möglich ist, die Stiftung zu leiten«*.[6]

Der Ausschuss bestand aus Leopold König (Präsident), Thomas Marthaler (Vizepräsident), Heinz Hug, Annemarie Buchholz-Kaiser und Margrit Beringer. Unterschriftsberechtigt waren Leopold König, Thomas Marthaler und Heinz Hug.[7] Alle fünf waren langjährige Schüler/innen Friedrich Lieblings; mit Ausnahme von Thomas Marthaler, der als Professor für Zahnmedizin am Zahnärztlichen Institut der Universität Zürich lehrte, waren sie auch seit vielen Jahren als Mitarbeiter/innen der Psychologischen Lehr- und Beratungsstelle tätig. Leopold König und Heinz Hug kümmerten sich zudem seit langer Zeit um die administrativen und finanziellen Bereiche.

Weshalb übernahmen statt den Ausschussmitgliedern drei *»rechtlich Verantwortliche«* faktisch die Leitung? Und welche Rolle spielten die Angehörigen, die zwei in den USA lebenden Töchter Friedrich Lieblings, die gemäss Schreiben vom 5.3.1982 die drei ersucht hatten, *»rechtlich die Verantwortung für die Psychologische Lehr- und Beratungsstelle zu übernehmen«*?

Die Beschlüsse und Vorgänge im Stiftungsrat waren in der Gemeinschaft der Psychologischen Lehr- und Beratungsstelle kein Thema; wir interessierten uns für psychologische Fragen, und der Stiftungsrat gewährleistete die Bedingungen für die psychologische Forschung, Lehre und Beratung. Bisher hatte Friedrich Liebling die Leitung und das Präsidium des Stiftungsrats inne, und alle Fragen inhaltlicher und organisatorischer Natur wurden mit ihm vereinbart. Oft hatte er gesagt, dass ihn nach seinem Tod die Gemeinschaft ersetzen werde. Ich verstand dies so, dass damit die ganze Gemeinschaft, die an der Psychologischen Lehr- und Beratungsstelle forschte, lehrte und lernte, gemeint war, dass also jeder aufgefordert war mitzuhelfen, Friedrich Liebling zu ersetzen.

Der Fünferausschuss wurde in der Gemeinschaft verschwiegen; nur wenige erfuhren gerüchteweise davon. Fragen zur Legitimation der interimistischen Leitung und zum Einfluss der Töchter

Friedrich Lieblings wurden von Anfang an als »*Misstrauensvoten*« betitelt. Als ich einige Wochen später vom Fünferausschuss erfuhr, beunruhigte mich dies, denn ich war überzeugt, dass Friedrich Liebling sich seine Nachfolge sowohl organisatorisch als auch personell sorgfältig überlegt hatte. Die bald kursierende Erklärung, weil Friedrich Liebling kein Testament gemacht habe, hätten die Erbinnen nun dieses Dreierkollegium eingesetzt, akzeptierte ich von Anfang an nicht: Jeder Familienvater machte doch ein Testament! Es leuchtete mir nicht ein, dass ausgerechnet Friedrich Liebling dies unterlassen haben sollte.

Hätte, wie vorgesehen, der Stiftungsratsausschuss die Leitung übernommen, hätte dieser den einstimmigen Beschluss des Stiftungsrates vom 5.1.1979 und damit eine klare Legitimation vorweisen können. Dies konnten die drei »*rechtlich Verantwortlichen*« nicht. Die Antwort, sie seien von den Töchtern Friedrich Lieblings eingesetzt worden, war keine Legitimation und zog viele Fragen nach sich, beispielsweise: Weshalb konnten die in Amerika lebenden Töchter, die an der psychologischen Arbeit in Zürich nicht teilgenommen hatten, nun die Leitung bestimmen? Was war ihr Interesse an der Arbeit in Zürich? Worin bestand die im Brief vom 5.3. an alle Teilnehmer in Aussicht gestellte »*endgültige Regelung*«?

Gewisse Erkenntnisse darüber, was genau nach Friedrich Lieblings Tod geschah und weshalb die am 5.1.1979 beschlossene Nachfolgeregelung übergangen wurde, gehen aus den Gesprächen und zwei Briefen der Erbinnen und Stiftungsräte im Frühling und Sommer 1982 hervor. Die Tonbandaufzeichnung einer Stiftungsratssitzung sowie die Briefe der Erbinnen wurden mir bereits im Sommer 1982 bekannt; die Aufnahmen aller Gespräche des Stiftungsrats vom Frühjahr/Sommer 1982 erhielt ich erst im April 1987.

Leopold König, designierter Stiftungsratspräsident und Mitglied des vorgesehenen Stiftungsratsausschusses, erhielt am 2.3. einen Anruf von Annemarie Buchholz-Kaiser, er solle am 4.3. um 15 Uhr zu einem Treffen an die Toblerstrasse 82, dem letzten Wohnsitz von Friedrich Liebling, kommen. Die Frage, wozu, blieb ohne Antwort. Am 3.3. teilte ihm Annemarie Buchholz-Kaiser telefonisch mit, es beginne schon um 14 Uhr, und er solle die Jahresrechnung 1981 mitbringen.[8] Erst unmittelbar vor dem vereinbarten Termin erfuhr Leopold König, dass Friedrich Liebling gestorben war. Gemäss eigener Aussage wartete er im Eingang zusammen mit Heinz Hug darauf, Friedrich Liebling nach dem Winterurlaub wiederzusehen. Heinz Hug informierte ihn weinend über dessen Tod und sagte, auch er habe es erst aus dem »Tagblatt der Stadt Zürich« erfahren.

An der Sitzung wurden sie von Friedrich Lieblings Töchtern, Erna Grob-Liebling und Lillian Rattner-Liebling, Ehemann Leo Rattner, Annemarie Buchholz-Kaiser sowie Annelies Gassmann, eine ebenfalls langjährige Mitarbeiterin, erwartet. Um 15 Uhr kamen zwei Rechtsanwälte dazu, Dr. Urs Wehinger als Vertreter der Erbinnen, und Dr. Gustav Lutz, der für die Stiftung im Ehrverletzungsprozess sowie für Friedrich Liebling und Jutta Siegwart-Gensch im Berufungsverfahren tätig geworden war.

Lillian Rattner-Liebling empfing Leopold König und Heinz Hug mit den Worten: *»Nicht wir gehen ins Gefängnis, ihr geht ins Gefängnis.«*[9] Leopold König hatte in seinen persönlichen Notizen zudem festgehalten, dass gesagt wurde: *»Keine Unregelmässigkeiten mehr!«*[10] Auch Heinz Hug bestätigte diese Begrüssung später[11] und erklärte, die Töchter Friedrich Lieblings seien davon ausgegangen, es seien irgendwelche Sachen gemauschelt worden, *»natürlich im Zusammenhang mit dieser Stiftungsaufsicht. [...] Die hatten schon gewisse Befürchtungen, dass ihr Vater und die ganze ›Bande‹ in Zürich, dass die ziemlich viele illegale Sachen gemacht hatten. Und dass das jetzt zum Vorschein kommt beim Tod von Liebling und dass es dann ein grosses Problem gibt.«*[12]

Anlässlich dieser Sitzung wurden die neuen »rechtlich Verantwortlichen« bestimmt. Leopold König berichtete später, Erna Grob-Liebling habe gesagt, Annemarie Buchholz-Kaiser solle die Leitung übernehmen, aber sie solle noch zwei dazunehmen. Auf die Frage, wen sie wolle, habe Annemarie Buchholz-Kaiser geschwiegen. Erna Grob-Liebling sei mit ihr hinausgegangen, und als sie zurückkamen, habe Erna Grob-Liebling Antonio Cho und Ernst Frei genannt.[13]

Ein Brief vom 8.3.1982 von Lillian Rattner-Liebling gab weitere Aufschlüsse über die Sitzung vom 4.3. und fasste die getroffenen Beschlüsse zusammen. Offenbar kannte Friedrich Lieblings Tochter die Stiftung Psychologische Lehr- und Beratungsstelle nicht genauer, denn sie schrieb von »*Stiftung Friedrich Liebling*« und wünschte, um deren Arbeit besser zu verstehen, eine Kopie der Statuten. Die Psychologische Lehr- und Beratungsstelle bezeichnete sie als »PLUBS«. Als Erstes hielt sie fest, das »*Privatvermögen von Herrn Liebling*« gehe an seine Töchter. Dass dieses »*Privatvermögen*« die Psychologische Lehr- und Beratungsstelle mit einschloss, wie sich später herausstellte, ging aus dem Brief nicht hervor. Weiter schrieb sie, gemäss dem Wunsch des Verstorbenen sollten »*die Psychologische Lehr- und Beratungsstelle (PLUBS) und die Stiftung Friedrich Liebling*« weiterexistieren, und, um das Überleben der »PLUBS« zu gewährleisten, sei das Dreier-Kollegium eingesetzt worden. Schliesslich teilte sie mit: »*Meine Schwester und ich sind überzeugt, dass eine klare Trennung zwischen der Stiftung und PLUBS stattfinden muss. Beide sollen weiterhin funktionieren, aber als autonome Organisationen.*« Zudem sprach Lillian Rattner-Liebling davon, die Psychologische Lehr- und Beratungsstelle brauche rechtliche Hilfe »*mit den legalen Problemen, die sich in der Zukunft ergeben werden*«. Deshalb habe sie Annemarie Buchholz-Kaiser eingeschärft, diese solle Dr. Lutz informieren, dass sie und ihre Schwester von ihm »*vollständige Kooperation mit Rechtsanwalt Wehinger*« erwarteten. Dabei repräsentiere Dr. Lutz die Interessen der »PLUBS« und Dr. Wehinger die Interessen der Erbinnen.[14]

Aus dieser ersten Sitzung und dem Schreiben an Dr. Wehinger geht unter anderem hervor:

- Der designierte Stiftungsratspräsident Leopold König sowie der ebenfalls für die Stiftung zeichnende Heinz Hug wurden erst nach vier Tagen über Friedrich Lieblings Tod informiert. Sie wurden von den Töchtern Friedrich Lieblings beschuldigt, gefängnisreife Straftaten bzw. Unregelmässigkeiten begangen zu haben.
- Die Erbinnen verlangten eine »klare Trennung« zwischen der Psychologischen Lehr- und Beratungsstelle und der Stiftung Psychologische Lehr- und Beratungsstelle; beide sollten autonome Organisationen werden. Demnach waren sie vorher nicht getrennt.
- Die drei »rechtlich Verantwortlichen« wurden von den Erbinnen bzw. von Annemarie Buchholz-Kaiser bestimmt.

- Die Töchter Friedrich Lieblings rechneten mit »legalen Problemen«, die sich in der Zukunft ergeben könnten. Dr. Lutz sollte von nun an die Interessen einer von der Stiftung abgetrennten »Psychologischen Lehr- und Beratungsstelle (PLUBS)« repräsentieren und mit Dr. Wehinger, dem Rechtsvertreter der Erbinnen, kooperieren.

Gespräche im Stiftungsrat nach Friedrich Lieblings Tod | 3.2

Präsident Leopold König berichtete zum Auftakt über die Sitzung vom 4.3.1982. Er habe erst da von Friedrich Lieblings Tod erfahren und sei deshalb unvorbereitet und nicht voll aufnahmefähig gewesen. Lillian Rattner-Liebling habe als Sprecherin informiert, dass Friedrich Liebling kein Testament hinterlassen habe, sodass die beiden Erbinnen das Erbe antreten müssten, sonst falle es an den Staat. Sie habe darauf aufmerksam gemacht, dass ihnen von Gesetzes wegen auch 75 % des Stiftungsvermögens zustehe; jedoch wollten sie vorläufig diesen Anspruch nicht einfordern, sondern abwarten, wie sich die Arbeit in Zürich entwickle. Später las er auch den o.e. Brief von Lillian Rattner-Liebling an Dr. Wehinger vom 8.3.1982 vor. Über die Begrüssung an jener Sitzung und die Vorhaltungen betreffend »Unregelmässigkeiten« schwieg Leopold König.

Der Jurist und Lehrer Peter Fuchs erklärte, er sei über die gegenwärtige Entwicklung stark beunruhigt. Er fragte, weshalb der Beschluss vom 5.1.1979, wonach ein Fünferausschuss des Stiftungsrates die Leitung übernehmen sollte, nicht ausgeführt worden sei. Friedrich Liebling habe diese Struktur, wie man ihn ja kenne, aus tiefer Überlegung und mit grossem Wissen vorgegeben.

Darauf antwortete Annemarie Buchholz-Kaiser: *»Ich muss zuallererst vorausschicken, dass Frau Rattner, als Herr Liebling krank geworden ist, Frau Rattner die erste Woche da gewesen ist, und die zweite Frau Grob. Und wir wissen nicht, was sie mit Herrn Liebling in dieser Zeit besprochen haben. Und als dann diese Überraschung da gewesen ist, sie haben auch angenommen, es sei irgendwie geregelt, aber als das dann da gewesen ist, haben sie, hat sich dann herausgestellt, dass rechtlich die Psychologische Lehr- und Beratungsstelle eine Einzelfirma gewesen ist, welche die Stiftung unterstützt hat mit*

dieser Miete pro Jahr, und umgekehrt die Stiftung die Räumlichkei-
ten zur Verfügung gestellt hat. Und sie haben dann darauf bestanden,
dass das juristisch zwei getrennte Körperschaften sind, so quasi wie
Zwillinge, wo einer ohne den andern nicht auskommt, und haben
diese Lösung dann ausgearbeitet. Sie haben uns drei dann ersucht,
als Sachwalter der Erben einmal auf weiteres die rechtliche Verant-
wortung zu übernehmen.«[15]

Später erklärte sie, was nach Friedrich Lieblings Tod passiert
sei: »*Sie [die Erbinnen] sind am Montag zu einem Rechtsanwalt ge-*
gangen, wo sie ihren privaten Teil haben regeln wollen mit ihm, da-
mit, wenn in der nächsten Zeit noch Rechnungen kommen fürs Kran-
kenbett und verschiedenes, welche den privaten Teil betreffen, dass
sie mit diesen Rechnungen einfach zum Rechtsanwalt gehen können
und dass er sie für sie noch ordnet. Und dieser hat sie dann aufgeklärt
über die ganze Situation, und diesen haben sie dann eingesetzt als
Sachwalter.« Weiter betonte sie: »*Wir haben die Verpflichtung be-*
kommen, uns zu vergewissern bei jedem Schritt, dass die Rechtslage
klar ist und das so zu führen, dass die Lehr- und Beratungsstelle als
Ganzes keinen rechtlichen Gefahren ausgesetzt ist. [...] Das ist unsere
Verpflichtung, an die wir gebunden sind, dass wir keine Schritte ma-
chen, die dann nachher angreifbar wären.«

Die beiden Juristen im Stiftungsrat, Peter Fuchs und Rechtsanwalt Karl Sonderegger, brachten schwerwiegende Bedenken
zum Ausdruck. Karl Sonderegger erklärte, die Stiftung sei Friedrich Lieblings Testament. In der Regel mache man eine Stiftung
testamentarisch, Friedrich Liebling habe sie schon zu seinen Lebzeiten gemacht. Es befremde ihn, dass man betone, es gäbe kein
Testament. Weiter berichtete er, Friedrich Liebling habe ihm vor
über einem Jahr gesagt, seine Töchter bräuchten Geld, und was er
tun könne, damit das Geld, das nicht in der Stiftung sei, nicht an
sie falle. Er, Karl Sonderegger, habe ihm erklärt, die Stiftung werde man nicht angreifen, das sei ja das Testament; und für den Rest
könne Friedrich Liebling ein zusätzliches Testament machen, was
er offenbar nicht getan habe.

In Bezug auf den Ausschuss meinte er, es sei ihm in den letzten
etwa drei Jahren aufgefallen, dass – rein juristisch gesehen – die
Schule und die Stiftung bestünden. Aber bis jetzt hätten dieselben

Personen die Stiftung und die Schule geleitet; dies hätte man weiterhin so machen können. Zudem erklärte er, eine Stiftung sei wie ein Testament anfechtbar. Schenkungen, die in den letzten fünf Jahren gemacht worden seien, seien herabsetzbar. Deshalb sollte man einen deutlichen Standpunkt gegenüber den Erbinnen einnehmen. Er warnte den Stiftungsrat: »*Seid vorsichtig!*«

Peter Fuchs äusserte mehrmals, es müsse doch ein Misstrauen seitens der Erbinnen gegenüber dem Stiftungsrat vorliegen, dass sie eine eigene Leitung einsetzten und abwarten wollten, wie sich alles entwickle. Eindringlich fragte er, was denn die Ursache dieses Misstrauens sei. Es sei Friedrich Lieblings Wille gewesen, dass der Ausschuss die Leitung übernehme. »*Dieser ist für jeden, der hier im Stiftungsrat sitzt, ein Stück Sicherheit gewesen, da ist ein Stück vom Willen von Herrn Liebling drin.*« [...] »*Aus Gründen der Sicherheit, damit nicht irgend ein paar Menschen den Verein manipulieren können, haben wir die Stiftung gemacht, weil der Stiftungszweck praktisch nicht veränderbar ist.*« Friedrich Liebling habe den Stiftungsrat immer wieder darauf hingewiesen, wie schnell irgendetwas passieren könne. Weil er, Peter Fuchs, ihn immer noch mit seinem Appell zur Vorsicht höre, sei er in der jetzigen Situation sehr beunruhigt.

Annemarie Buchholz-Kaiser erklärte, Friedrich Liebling sei in den letzten Jahren auch sehr beunruhigt gewesen, »*weil er mit der Stiftung das ganze Geld, die ganze Sache, dem Staat in die Finger gegeben hat*«. Man wisse noch nicht, wann der Steuerentscheid eintreffe und wie es danach weitergehe. »*Die Möglichkeit, dass die Erben die Stiftung anfechten könnten, könnte gegenüber dem Staat auch ein Schutz werden für uns. Denn wenn der Staat zugreifen würde, könnten sie vorher noch ihren Anspruch stellen.*« Sie möchte sehr bitten, dass man den Erbinnen nicht etwas unterstelle.

Mehrere Stiftungsräte und Stiftungsrätinnen zeigten sich befremdet über die Vorbehalte gegenüber den Töchtern Friedrich Lieblings. Heinz Hug schlug vor, in Richtlinien festzulegen, dass es im bisherigen Sinn weitergehe. Darauf erklärte Annemarie Buchholz-Kaiser: »*Das arbeiten die Juristen aus, woran wir uns im Internen halten müssen.*«

Später kam das Thema auf die Frage, ob die Stiftung einen Anwalt benötige. Leopold König berichtete, er sei am 4. März davon ausgegangen, Dr. Lutz sei der Anwalt der Stiftung. Dieser habe ihm aber später mitgeteilt, er könne ihm keine Auskunft geben. Er sei mit Annemarie Buchholz-Kaiser übereingekommen, dass er der Rechtskonsulent der Psychologischen Lehr- und Beratungsstelle sei. Da einmal ein Interessenkonflikt auftauchen könnte, könne er nur mit ihrer Einwilligung mit ihm sprechen.[16] Annemarie Buchholz-Kaiser erklärte, Dr. Lutz habe mit der Stiftung nie etwas zu tun gehabt. Doch Heinz Hug erinnerte sie: *»Die Klage, bei der wir Herrn Dr. Lutz eingeschaltet haben, das ist die Klage der Stiftung.«* Und er stellte fest, dass jetzt im Mandat des Dr. Lutz eine Vermengung zwischen Psychologischer Lehr- und Beratungsstelle und Stiftung bestehe. Bei der Sitzung vom 4. März hätten die Erbinnen gewünscht, dass die Stiftungsklage gegen die Journalisten Hans W. Grieder und Dieter Hanhart zurückgezogen werde. Das Problem um das Mandat von Dr. Lutz wäre leicht zu beheben, wenn man diesem Wunsch nachkäme. Annemarie Buchholz-Kaiser ergänzte, die Erbinnen möchten einzig, *»dass das Werk von Herrn Liebling nicht so durch die Zeitungen gehen kann wie bisher.«* Heinz Hug fügte an: *»Ich meine nur, wenn wir das nicht durchziehen wollen, dann wäre es jetzt eigentlich ein günstiger Moment, die Klage zurückzuziehen, wo Herr Liebling gestorben ist.«*

In einem letzten Traktandum wurde praktisch ohne Diskussion beschlossen, die Mietzinsforderung gegenüber der Psychologischen Lehr- und Beratungsstelle zu sistieren und deren laufende Ausgaben zu übernehmen, bis die Konten nicht mehr blockiert seien. Damit wurde die erste Stiftungsratssitzung beendet.

Zusammengefasst kann zu dieser ersten Stiftungsratssitzung festgestellt werden:

- Die von den Erbinnen verlangte Trennung zwischen der Stiftung Psychologische Lehr- und Beratungsstelle und der Psychologischen Lehr- und Beratungsstelle wurde zwar hinterfragt, aber nicht rückgängig gemacht. Diese Trennung erinnert an die von der Aufsichtsbehörde geforderte *»Entflechtung«*.[17]
- Die Auffassung, die Psychologische Lehr- und Beratungsstelle sei rechtlich eine *»Einzelfirma«* Friedrich Lieblings gewesen, entstand nach Friedrich Lieblings Tod. Nach Aussage von Annemarie Buchholz-Kaiser eröffnete Dr. Wehinger diese Rechtsbelehrung den Erbinnen. Diese *»Einzelfirma«* erinnert an die

Behauptung der Steuerbehörde, die davon sprach, die Stiftung führe *»einen nach kaufmännischen Grundsätzen geführten Betrieb«*.[18]

- Dr. Lutz, der bisherige Anwalt der Stiftung, von Friedrich Liebling und Jutta Siegwart-Gensch, liess sich zum Rechtsvertreter der *»Einzelfirma«* machen. Die Stiftung hatte in dieser wichtigen Phase nach Friedrich Lieblings Tod keinen Rechtsanwalt.
- Dr. Lutz und Dr. Wehinger erarbeiteten interne Richtlinien für die Psychologische Lehr- und Beratungsstelle.
- Es wurde vereinbart, die Stiftungsklage gegen die Journalisten Dieter Hanhart und Hans W. Grieder zurückzuziehen, um die Interessenkollision im Mandat von Dr. Lutz aufzuheben.
- Die Bedenken der beiden Stiftungsräte, die Juristen waren, wurden von der Mehrheit des Stiftungsrats übergangen.

Die Psychologische Lehr- und Beratungsstelle wurde also unmittelbar nach Friedrich Lieblings Tod vom Rechtsanwalt der Erbinnen zu einer *»Einzelfirma«* erklärt. Was dies bedeutete, war offenbar den meisten Stiftungsräten nicht bewusst. Sie brachten trotz der Einwände von Peter Fuchs und Karl Sonderegger nicht den Mut und den Willen auf, alle Fragen zu klären und juristische Hilfe in Anspruch zu nehmen, weil es sonst zu Spannungen mit den Töchtern Friedrich Lieblings, deren Rechtsanwalt und dem Dreiergremium hätte kommen können.[19]

* |

Obwohl der Vorschlag Leopold Königs, den Erbinnen schriftlich die offenen Fragen zu stellen, durch den Gesamtstiftungsrat mit dem Argument abgelehnt wurde, diese könnten gekränkt sein, erhielten sie sogar eine Tonbandaufnahme der Sitzung vom 19.3. Daraufhin schrieben die Töchter am 20.5.1982 an den Stiftungsrat:

»Da kein legales Testament vorhanden ist, wurde uns vom Rechtsanwalt mitgeteilt, dass wir die Eigentümer der PLUBS sind, und dass 75 % des Stiftungsvermögens uns gehört. Es wurde uns ferner mitgeteilt, dass wir die Erbschaft annehmen müssen, ansonsten alles an den Staat gehen würde.«

Und weiter: »*An der Sitzung vom 4. März wurde klargemacht, dass die Stiftung durch unseren Vater geschaffen und durch die PLUBS finanziert wurde. Sein Tod hat dieses Arrangement fundamental geändert. Es ist unser Ziel, dass beide Institutionen weiterhin im Sinne unseres Vaters funktionieren. Um legale Probleme zu vermeiden, ist es aber notwendig, dass PLUBS und Stiftung autonome Organisationen werden, die legal getrennt sind.*«[20]

Leopold König wandte sich schriftlich am 14. Juni an Dr. Wehinger, den Rechtsvertreter der beiden Erbinnen, mit der Bitte um Rechtsauskunft. Er bezog sich auf den Brief vom 20.5.1982 und fragte, was es mit den 75 % des Stiftungsvermögens, das die Erbinnen beanspruchen zu können meinten, auf sich habe. Zudem korrigierte er die Aussage, die Stiftung sei durch die Psychologische Lehr- und Beratungsstelle finanziert worden; er wies darauf hin, dass die Stiftung das Vermögen des Vereins zur Förderung Psychologischer Ehe- und Erziehungsberatung übernommen habe, worin sich drei Liegenschaften befunden hätten. Weiter sprach er Folgendes an: »*Rechtliche Unklarheit besteht auch in der Frage, inwieweit nebst dem finanziellen Nachlass irgendwelche Ansprüche an der Tätigkeit der Psychologischen Lehr- und Beratungsstelle nach dem Ableben von Herrn Friedrich Liebling von den Erbinnen geltend gemacht werden können.*« Und schliesslich folgte die ebenso wichtige Frage: »*Welches sind die legalen Probleme, die es notwendig machen, dass die PL&BS und die Stiftung autonome Organisationen werden, die legal getrennt sind?*«[21]

Die Themen und Rechtsauskünfte, die Dr. Wehinger und Leopold König am 28.6.1982 im Büro des Anwalts besprachen, fasste Dr. Wehinger später in einem Kurzprotokoll zusammen. Daraus geht hervor, dass Leopold König ihm verschiedenes über die Entstehungsgeschichte der Stiftung Psychologische Lehr- und Beratungsstelle erklärte. Die Gründung der Stiftung sei in der Meinung erfolgt, »*ein von Herrn Liebling und damit letztlich auch von seinem Nachlass getrenntes Rechtssubjekt zu schaffen, das seine Tätigkeit dereinst fortsetzen könnte*«. Durch die Zuwendung von Honorareinnahmen habe man der Stiftung eine finanzielle Selbständigkeit verschaffen wollen. Der Entzug der Steuerbefreiung sei ein grosser Rückschlag gewesen; Friedrich Liebling habe sein Werk als gefährdet betrachtet, und über das zukünftige Schicksal der Stiftung habe Verunsicherung geherrscht.

Dr. Wehinger zu den konkreten Fragen: *»Ihre allgemeine Feststellung, dass 75 % des Stiftungsvermögens von den Erbinnen beansprucht werden könne, trifft dementsprechend nicht zu. Vielmehr müsste untersucht werden, welche Zuwendungen in den letzten fünf Jahren vor dem Ableben von Herrn Liebling an die Stiftung erfolgt sind und inwieweit diese den Pflichtteilsanspruch der beiden Erbinnen verletzen.«*

Zur Frage der Ansprüche der Erbinnen an die Tätigkeit der Psychologischen Lehr- und Beratungsstelle stellte er klar, *»dass heute die beiden Erbinnen das alleinige Verfügungsrecht über das Nachlassvermögen und demzufolge auch über die gesamte Psychologische Lehr- und Beratungsstelle besitzen. Nachdem kein Testament von Herrn Friedrich Liebling vorgefunden werden konnte, steht es im alleinigen Entscheidungsrecht der Erbinnen, ob sie die Schule fortführen, verkaufen, liquidieren oder über sie anderweitig verfügen wollen.«*

Und zur Frage nach den legalen Problemen, die es notwendig machten, dass die Stiftung und die Psychologische Lehr- und Beratungsstelle autonome, getrennte Organisationen würden, erklärte er, *»dass die Stiftung bereits eine autonome Organisation mit eigener Rechtspersönlichkeit ist. Es müsste somit lediglich die Schule rechtlich verselbständigt werden, z.B. durch Gründung einer Aktiengesellschaft, einer Genossenschaft oder eines Vereins.«* Seitens der Erbinnen bestünden dazu noch keine klaren Vorstellungen. In Bezug auf *»die Rechtsstellung der an der Schule tätigen Lehrer«* müsse, da Verträge fehlten, von einem Arbeitsvertrag oder dem einfachen Auftrag ausgegangen werden. Irgendwelche Vermögensansprüche der Lehrer gegenüber der Schule könnten nicht geltend gemacht werden. *»Ich habe Ihnen aber versichert, dass es stets die Absicht der Erbinnen war und ist, das Werk ihres Vaters grundsätzlich fortzusetzen und, soweit kooperativ, mit den heute engagierten Lehrern fortzufahren. Über diese Zusammenarbeit müsse anlässlich des nächsten Aufenthalts der Erbinnen in Zürich noch detailliert diskutiert werden. Anregungen von Seiten der direkt Betroffenen seien in diesem Zusammenhang stets erwünscht.«*[22]

Stiftungsratspräsident Leopold König sandte am 15.6.1982 den Stiftungsräten Kopien der beiden Briefe der Töchter Friedrich Lieblings vom 8.3. und 20.5. In einem Begleitschreiben führte er aus, *»dass die wesentlichen Fragen, welche an der Sitzung des Stiftungsrates vom 19. März 1982 gestellt wurden, im Brief der Erbinnen vom 20. Mai nicht beantwortet sind.«*[23]

Stiftungsrätin Ellen Naef drückte am 23.6.1982 ihr Befremden über seine Einstellung aus und schrieb, er habe offenbar keine Rücksprache genommen, sondern seine Gedanken seien *»das Resultat persönlicher Einsamkeit«*. Sie hoffe, dass er den Mut aufbringe, *»die Dinge wirklich zu klären und Verleumdungen gegen Frau Grob und Frau Rattner richtigzustellen«*.[24] Und vom 6.7.1982 datiert ein Brief von Annemarie Cho: *»Mit grosser Betroffenheit habe ich gehört, dass du Gerüchte über die Erben Friedrich Lieblings und damit über die Psychologische Lehr- und Beratungsstelle in die Welt gesetzt hast. Ich vermute, dass Du dies getan hast, weil Du im besten Glauben warst, so der Beratungsstelle zu helfen. Allerdings ist es in Wirklichkeit so, dass du damit die Psychologische Lehr- und Beratungsstelle in grosse Gefahr gebracht hast.«* Als Präsident des Stiftungsrates habe er eine grosse Verantwortung. *»In dieser Position kannst Du es Dir nicht erlauben, aus persönlichen Empfindlichkeiten Entscheidungen zu treffen, die unserer Arbeit auch nur im geringsten schaden. Was du betrieben hast, ist eine Diffamierung ähnlich derjenigen von Hanhart und Grieder. Nur ... von Dir hätte ich das nicht erwartet.«* Sie schloss mit der Bemerkung, sie möchte später nicht sagen müssen: *»Aus persönlichen Empfindlichkeiten, Eigenmächtigkeiten und Machtgefühlen begann im Jahre 1982 nach dem Tode Friedrich Lieblings der Untergang der Zürcher Schule für Psychotherapie. Ich werde alles in meiner Macht Stehende unternehmen, um dies zu verhindern!«*[25]

* |

Erst am 10.17. und 22.7.1982 fanden die nächsten Stiftungsratssitzungen statt. Dabei wurden folgende Themen behandelt:

- Leopold König erklärte am 10.7., er entschuldige sich gegenüber den Erbinnen. Er sei in Unruhe gewesen, aber an einer Besprechung hier und bei ihrem Rechtsanwalt habe man ihm versichert, *»dass die Erbinnen das Privaterbe von Herrn Liebling nur übernehmen wollen, damit es nicht dem Staat zufällt, und es*

*dann wieder zurückfliessen lassen an die Psychologische Lehr-
und Beratungsstelle«.*[26]

- Zukünftige Trägerschaft: Leopold König berichtete, der Anwalt der Erbinnen habe gesagt, man solle Vorschläge ausar-
beiten *»über die Zukunft unserer Arbeit, über die Trägerschaft«.*
Annemarie Buchholz-Kaiser entgegnete, dieser Plan sei schon
da. Bereits Friedrich Liebling habe sich Gedanken gemacht,
*»dass auf der Beratungsstellenseite ein neues Gremium ge-
schaffen wird, wo alle, die wirklich mitarbeiten, und die jungen
Psychiater und Psychologen, die nachwachsen, einbezogen sind.
Das ist der Plan in groben Zügen.«*

- Mehrere Stiftungsrätinnen und Stiftungsräte beklagten sich,
dass unter den Teilnehmern und Mitarbeitern Gerüchte kur-
sierten: Die Erbinnen würden eigennützige Ziele verfolgen, wir
würden jetzt für Amerika arbeiten, es sei nicht mit rechten Dingen zugegangen, dass Friedrich Lieblings Töchter jetzt mitzureden hätten. Annemarie Buchholz-Kaiser teilte mit, die Erbinnen
seien *»zutiefst gekränkt«*, und es bestehe die Gefahr, dass sie das
Erbe ausschlügen. Leopold König und Karl Sonderegger wurden
für die Gerüchte verantwortlich gemacht. Leopold König bat
um die Namen der angeblich von ihm Verunsicherten, damit er
sie beruhigen könne. Es wurde aber kein Name genannt.

- Karl Sonderegger wies wiederholt darauf hin, die Aussagen
der Erbinnen, sie hätten die Psychologische Lehr- und Beratungsstelle geerbt und es würde ihnen gesetzlich 75% des Stiftungsvermögens zustehen, stimmten nicht. Er arbeitete zwei
Stellungnahmen und einen Vorschlag für eine Trägerschaft
aus, die er vorlas und ins Protokoll legte. So erklärte er am 10.7.:
*»Mit der Schule ist es so, dass die Erbinnen in die Verträge ein-
getreten sind. [...] Die Schule ist nicht so zu erben, wie man Geld
erbt, das ist ein anderes Erben, eine andere Situation.«*[27] In der
Stellungnahme vom 17.7. steht: *»Gemäss dem Verständnis von
Friedrich Liebling gehört das Land demjenigen, der es bebaut. In
diesem Sinn gehört die Zürcher Schule denjenigen Menschen, die
an dieser Schule mitarbeiten.«*[28] Er berichtete auch von einem
Kaufvertrag, den er für Friedrich Liebling im Herbst 1980, nach
dem Gespräch über seine Töchter, ausgearbeitet habe. Darin

habe Friedrich Liebling die Psychologische Lehr- und Beratungsstelle den fünf Ausschussmitgliedern verkaufen wollen. Dieser Vertrag sei zwar nicht umgesetzt worden, er beantragte aber trotzdem, den Vertrag für alle Stiftungsräte aufzulegen, falls ihn jemand noch besitze.[29]

- Der Stiftungsrat Antonio Cho, der auch Mitglied der interimistischen Leitung war, stellte am 17.7. folgenden Antrag: Der Beschluss vom 5.1.1979, der den Ausschuss betraf, sei »*ausser Kraft*« zu setzen. Der Stiftungsrat allein solle »*die Kompetenz zur Tätigung sämtlicher Geschäfte und Aufgaben der Stiftung*« haben. Delegierte Aufgaben sollten genau umschrieben und jederzeit widerrufbar sein; es sei eine Vertrauensperson zu bezeichnen, die bei sämtlichen Geschäften mit unterzeichnen solle. Im letzten Punkt hielt er fest, jedes Mitglied des Stiftungsrates trage Mitverantwortung für das Vertrauensklima unter den Teilnehmern der Psychologischen Lehr- und Beratungsstelle. »*Wird ein Mitglied durch ungeeignetes Verhalten dieser Verantwortung nicht gerecht, ist der Stiftungsrat verpflichtet, Wege zu suchen, wie das Vertrauensklima in der psychologischen Arbeit geschützt und wiederhergestellt werden kann.*«[30] Über den Antrag wurde nicht beschlossen.

- Heinz Hug erklärte, Friedrich Liebling habe immer betont, insbesondere im Zusammenhang mit einer Dokumentation, die er, Heinz Hug, geschrieben habe, »*dass die Stiftung und die Praxis, dass das eine Sache ist, dass das das Werk von Herrn Liebling ist, und dass das nicht zwei verschiedene Dinge sind. Hanhart hat diesen Gegensatz konstruiert, hat auch konstruiert, dass Herr Liebling dadurch Steuern entgehen wollte, und Herr Liebling hat damals sehr betont, dass ich das so darstellen soll, dass das wirklich eine Sache ist.*«[31]

- Leopold König, Peter Fuchs und Karl Sonderegger wiesen mehrmals darauf hin, dass die Stiftung einen unabhängigen Anwalt beiziehen sollte.[32] Und Karl Sonderegger erklärte: »*Was ist geerbt? Dafür müssen wir einen Rechtsanwalt haben zur Beratung.*«[33] Eine Stiftungsrätin pflichtete dem Antrag bei; er wurde aber als Misstrauen gegenüber den Erbinnen empört zurückgewiesen.

- Die beiden Geschäftsführer Leopold König und Heinz Hug wurden scharf angegriffen. Sie hatten den Mietzins, den die Stiftung gegenüber der Psychologischen Lehr- und Beratungsstelle erhob, der Teuerung angepasst und die Rechnung Dr. Wehinger zugestellt. Sie verteidigten sich damit, diese Anpassung an die Teuerung sei bei Friedrich Liebling jedes Jahr gemacht worden. Ihnen wurde aber grundsätzlich das Vertrauen abgesprochen. Sie verlangten zu erfahren, worauf sich dieses mangelnde Vertrauen beziehe. Annemarie Buchholz-Kaiser wusste zu berichten, bereits Friedrich Liebling habe sich über sie beklagt. Die beiden Geschäftsführer reagierten empört, verlangten eine Überprüfung anhand der Tonbänder, Leopold König drohte, das Amt niederzulegen. Der Stiftungsrat beschloss: *»Ab jetzt soll gelten, dass alles im Stiftungsrat diskutiert wird.«* Die beiden Geschäftsführer waren einverstanden und erklärten, sie hätten nie Ambitionen auf ihr Amt gehabt, Friedrich Liebling habe sie für diese Aufgaben beigezogen. Am 17.7. wurden sie trotzdem beauftragt, am 31.7. ein Gespräch mit den Erbinnen und ihrem Anwalt zu führen, dies, obwohl sich Leopold König weigerte, ohne Stiftungsanwalt den Erbinnen und ihrem Anwalt gegenüberzutreten.
- Schliesslich ist festzustellen, dass für die Psychologische Lehr- und Beratungsstelle oft die Ausdrücke »die Schule«, »die Praxis«, »die Arbeit« oder auch »die Beratungsstelle« verwendet wurden. Dies waren Bezeichnungen für die interne Ordnung der Stiftung, um den grossen Beratungsbereich von den übrigen Tätigkeiten der Stiftung (Kongresse, Tagungen, Publikationen, Bereitstellen von Räumlichkeiten usw.) zu unterscheiden, entsprechend dem ersten und zweiten Teil des Zweckartikels der Stiftungsstatuten.

Die Mehrheit der Stiftungsräte/innen verstanden die Einwände gegen die Erbschaft nicht und unterliessen es, den Problemen auf den Grund zu gehen. Es kam wiederholt zum Ausdruck, die Ursache der Bestrebung, die Stiftung Psychologische Lehr- und Beratungsstelle von der Psychologischen Lehr- und Beratungsstelle zu trennen, sei die Furcht vor einem staatlichen Eingriff. Diese Furcht war nicht unbegründet, wie die Vorgeschichte gezeigt hatte. Indem nun die Psychologische Lehr- und Beratungsstelle zu einem Geschäft Friedrich Lieblings erklärt und als solches vererbt wurde, gab der Stiftungsrat den unwahren und ehrverletzenden Verdächtigungen der Behörden und der Presse recht.

Es gab in diesen Stiftungsratsgesprächen viele Hinweise, dass die Psychologische Lehr- und Beratungsstelle eine einfache Gesellschaft mit ideellem Zweck war. So die Aussage von Annemarie Buchholz-Kaiser, wonach Friedrich Liebling Pläne für ein neues Gremium gehabt habe, bei dem sämtliche älteren und jüngeren Mitarbeiter einbezogen werden sollten. So auch die Erklärung Karl Sondereggers, die Erbinnen seien in die Verträge eingetreten, es stimme nicht, dass sie die »Schule« geerbt hätten. Auch im von ihm erwähnten Kaufvertrag, der nicht aufgelegt wurde, war ausdrücklich festgehalten, die Psychologische Lehr- und Beratungsstelle werde von den Käufern als einfache Gesellschaft übernommen und weitergeführt. Ebenfalls hatte Heinz Hug berichtet, zu Lebzeiten Friedrich Lieblings sei über die allfällige Gründung einer AG oder Genossenschaft gesprochen worden; im Vorstadium einer solchen Gründung bilden die beteiligten Personen eine einfache Gesellschaft. Seine weitere Aussage, die Stiftung und die »Praxis« seien eine Sache, nicht *zwei verschiedene* Dinge, bestätigt, dass neben der Stiftung keine Einzelfirma existierte.

*

Am 13.8.1982 nahmen auch Lillian Rattner-Liebling und ihr Ehemann Leo Rattner an einer Stiftungsratssitzung teil. Karl Sonderegger weilte im Ausland, Thomas Marthaler führte den Vorsitz. Lillian Rattner-Liebling brachte das heisse Eisen auf: In den Tonbändern seien Ideen aufgetaucht, die haarsträubend gewesen seien, und vielleicht könne man diese besprechen. Sie fragte, weshalb niemand es für nötig befunden habe, sie zu fragen, bevor man ihnen etwas unterschiebe. Als sich eine Stiftungsrätin rechtfertigte, sie sei überrascht gewesen und der Kopf habe ihr gerauscht, erklärten Lillian Rattner-Liebling und ihr Ehemann:

Leo Rattner: *»Wir waren ebenso überrascht, wie Sie es waren, als wir den legalen Tatbestand herausgefunden haben nach dem Tod von*

Herrn Liebling. Wir haben das auch nicht vorher gewusst, dass wir ganz plötzlich ein Mitbestimmungsrecht in der Stiftung haben.«

Lillian Rattner-Liebling: *»Und die Plubs geerbt haben.«*

Leo Rattner: *»Und die Plubs geerbt haben. Das hat uns niemand vorher erzählt, auch nicht Herr Liebling. Das ist die legale Tatsache. Wir versuchen jetzt, damit fertig zu werden, es rechtlich so zu machen, dass sowohl die Plubs als auch die Stiftung weiterbestehen können. Wir haben absolut kein finanzielles Interesse an der einen oder anderen Institution, wie wir es klargemacht haben in der ersten Sitzung und in dem folgenden Brief an den Stiftungsrat.«*

Lillian Rattner-Liebling: *»Und dass wir die Plubs übernommen haben, hängt damit zusammen, dass man uns gesagt hat, rechtlich, wenn wir es nicht nehmen, nimmt es sofort der Staat.«*

Lillian Rattner-Liebling beruhigte die sich entschuldigenden Stiftungsräte, sie selbst und auch ihre Schwester seien nicht beleidigt. Aber man sollte jetzt über die Stiftung und die Plubs sprechen: *»Bis jetzt ist die Plubs der Ernährer der Stiftung gewesen. Auf irgendeine Art und Weise sind die Gelder durch die Plubs in die Stiftung gekommen. Dies muss sich irgendwie ändern. [...] Es muss auf irgendeine Art ausgearbeitet werden, dass die Stiftung bestehen kann mit dem, was sie hat, und die Plubs mit dem, was sie verdient.«* Die Stiftung müsse sich konsolidieren und mehr tun für wohltätige Zwecke, sonst sei sie nicht gemeinnützig, deshalb gäbe es die Steuerschwierigkeiten. Leo Rattner ergänzte: *»Wenigstens wie wir es verstehen von Amerika aus.«* Und Lillian Rattner-Liebling: *»Und so, wie wir es verstehen von unserem Anwalt aus.«*

Peter Fuchs erklärte darauf, er habe 1976 die Steuerfragen auf Wunsch von Friedrich Liebling sehr intensiv studiert. Die Steuerfreiheit bekomme man, wenn man eine Aufgabe des Staates übernehme. *»Der Staat ist ja verpflichtet, für die medizinische Gesundheit zu schauen und auch für die psychische. Und wenn nun so eine Stiftung existiert, die so etwas betreibt, nimmt sie dem Staat ein Stück Arbeit und Kosten ab. Das ist in einfachen Sätzen die Rechtslogik.«* Über den Prozess könne er nichts sagen, da er die Akten nicht kenne. Er empfehle aber dringend, dass ein Anwalt alles abklären sollte: *»Bevor diese Frage nicht geklärt ist, hängen wir beim Problem Zusammenarbeit Stiftung und Psychologische Lehr- und Beratungs-*

stelle in der Luft. Wir treffen Entscheide, die nachher juristisch vermutlich falsch sein könnten.«

Das Ehepaar Rattner-Liebling empfahl nun der Stiftung, einen guten Anwalt beizuziehen. Annemarie Buchholz-Kaiser wandte ein, das Problem sei, wie man jemanden finde, der die Sache gut vertrete. Hierauf erklärte Leo Rattner, es sei dann Sache der Stiftungsräte, ihm alles zu erklären. Sie hätten dieselbe Schwierigkeit mit ihrem Anwalt gehabt. Es habe viel Zeit und Geduld gebraucht, bis er die Komplexität der Sachlage verstanden habe; er verstehe es auch heute noch nicht ganz. Darauf ergänzte Lillian Rattner-Liebling: *»Was er nicht versteht, ist die Idee der Psychologischen Lehr- und Beratungsstelle. Er versteht es mehr als ein Geschäft. Er versteht bereits die Trennung von den zwei verschiedenen Institutionen, aber die Idee, dass niemand das Geld herausnehmen will, ist ihm fremd.«* Im weiteren Verlauf schlug Annemarie Buchholz-Kaiser vor, Dr. Lutz zu fragen, ob er einen Anwalt wisse.[34]

Hierauf kam Heinz Hug auf das Thema der Gemeinnützigkeit zurück und führte zum Verhältnis zwischen Stiftung und Psychologischer Lehr- und Beratungsstelle aus: *»Wie ich von Herrn Liebling verstanden habe, ist die Begründung so, dass die Stiftung und die Psychologische Lehr- und Beratungsstelle, dass das zusammengehört, als Ganzes gemeinnützig ist in dem Sinn, dass das Ganze zusammen eben Aufgaben übernimmt, die dem Staat zukommen würden.«* Er vermute, dass Dr. Wehinger diesen Zusammenhang nicht verstehe.

Das Ehepaar Rattner-Liebling meinte, im Moment sei es wichtig, dass »die zwei« auseinanderbleiben. Und weiter: *»Das Wichtigste ist, dass die Stiftung anfängt zu verstehen, dass etwas Neues begonnen hat. Mit dem Tod meines Vaters ist die Art der Stiftung gestorben. Alles, was gemacht worden ist, alles, was gearbeitet worden ist, ist für die Stiftung gemacht worden. Das ist nicht mehr so.«*

Auf die Nachfrage einer Stiftungsrätin, was sich genau geändert habe, gab Lillian Rattner-Liebling folgende wichtige Erklärung: *»Wir haben die Plubs geerbt als sogenanntes Geschäft vom Vater. Und unser Problem ist jetzt, wie wir die Plubs – ich kann nicht mehr deutsch – wie wir es regeln können, dass die Plubs selbständig für sich weiterbestehen kann und für sich selber arbeiten soll. Es ist ein grosses legales Problem. Wir können es nicht schenken, denn wenn* *wir es euch schenken, zahlt ihr 35 % Steuern. Wenn meine Schwester und ich jetzt sagen, wir schenken die Plubs, wer immer die Plubs ist, muss Steuer bezahlt werden. Wir müssen irgendeinen rechtlichen Weg finden, dass wir es übergeben können zu den Mitgliedern der Plubs. Und dann muss auch einmal ein rechtlicher Standpunkt aus-gearbeitet werden, wer daran beteiligt ist, wie die Dinge verwendet werden. Und da kommt dann wieder die Stiftung ins Spiel. Aber es wird einige Zeit dauern, bis das Ganze geregelt ist.«*

Die beiden Geschäftsführer Leopold König und Heinz Hug ver-wahrten sich gegen Vorwürfe, die man ihnen in den letzten Sit-zungen gemacht hatte. Leo und Lillian Rattner meinten, das seien *»Unstimmigkeiten«* gewesen, man könne neu anfangen; wenn jetzt kooperiert werde, würden auch die Gerüchte verschwinden. Zu Leopold König sagte Lillian Rattner-Liebling, sie verstehe ihn bis zu einem gewissen Grade, er fühle sich verpflichtet, die Stiftung zu schützen. Er habe sich bei Dr. Wehinger erkundigt, wie man ihnen die Plubs wegnehmen könne; sie sei informiert über diese Sache. Leopold König protestierte: *»Ich wäre doch nicht zu Herrn Dr. Wehinger gegangen – ich weiss ja, das ist der Anwalt von Ihnen – wenn ich irgendeine Absicht gehabt hätte, etwas zu hintertreiben!«* Er habe nur einige Fragen klären wollen. Aber Lillian Rattner-Liebling blieb bei ihrer Meinung und erklärte, wenn er von Vertrauen und Kooperation spreche, müsse er das nicht mit ihr, sondern mit den andern Stiftungsräten besprechen.[35]

Ereignisse in der Gemeinschaft bis Herbst 1982 | 3.3

Am 28.3.1982 fand im Hotel Spirgarten eine Würdigung für Fried-rich Liebling statt. Viele kamen zu Wort. *»Wir Jugendlichen, die wir an der Forschungsarbeit Friedrich Lieblings teilhaben und daran mitarbeiten konnten, versuchen sein Werk aus unserer Sicht darzu-stellen. Dessen unermessliche Bedeutung für unser Wohl und dasjeni-ge der gesamten Menschheit ist heute unmöglich in seiner vollen Tragweite zu würdigen. Wir erahnen sie erst. Der Zukunft wird es vor-behalten sein, das Werk Friedrich Lieblings als Ausdruck seiner Per-sönlichkeit in vollem Umfange zu ermessen. [...] Die Persönlichkeit Friedrich Lieblings, sein Einfühlen in die seelischen Nöte des werden-*

den Menschen, seine Geduld und Ruhe, seine absolute Bejahung des Menschen bewirkten, dass viele Jugendliche zum ersten Mal wieder Vertrauen zu einem Menschen fassten, dass sie wieder Hoffnung und Mut schöpften. Er war in der Lage, den verwahrlosten, orientierungslosen Jugendlichen anzusprechen, mit ihm Freundschaft zu schliessen. Er hat uns gewinnen können für das Leben, indem er uns die Psychologie lehrte, uns eine neue Welt eröffnete. Konsequent hat er uns in der naturwissenschaftlichen Vorgehensweise, dem Forschen und dem Herstellen von Zusammenhängen angeleitet. Ihm war es möglich, den Jugendlichen mit den Eltern zu versöhnen, ihn so mit dem Menschen zu befreunden. Denn er klärte uns über Natur und Geschichte des Menschen auf.«[36, 37]

Ein Jahr später wurden im Buch »Friedrich Liebling, 1893–1982, zum Gedenken« die Reden veröffentlicht. Im ersten Beitrag steht: *»Verehrte Anwesende [...] Friedrich Liebling hat die Psychologische Lehr- und Beratungsstelle in einer dreissigjährigen unermüdlichen Arbeit aufgebaut. [...] Durch den Aufbau der 1974 von Friedrich Liebling gegründeten Stiftung Psychologische Lehr- und Beratungsstelle hat er dafür gesorgt, dass die Psychologische Lehr- und Beratungsstelle eine materielle Basis bzw. Räumlichkeiten für die Weiterführung ihrer Arbeit hat. An dieser Stelle gilt unser Dank vor allem auch den beiden Erben, Frau Erna Grob-Liebling und Frau Lilian Rattner-Liebling, die mit ihren Bemühungen das Weiterbestehen der Psychologischen Lehr- und Beratungsstelle sicherstellen.«*[38]

So wurden die Teilnehmer der Würdigung beiläufig über die neuen rechtlichen Verhältnisse informiert. Es liegt auf der Hand, dass diese Information bei vielen Zuhörern Fragen nach dem Einfluss und der Rolle der – den meisten unbekannten – Erbinnen und der Situation der Stiftung aufwarf. Wie Leopold König bei der Stiftungsratssitzung vom 17.7.1982 berichtete, sprach der Ehemann einer Mitarbeiterin, ein erfahrener und tüchtiger Unternehmer, ihn bei der Feier an und empfahl ihm, dringend einen Anwalt für die Stiftung beizuziehen.

*

Bevor Friedrich Liebling zu seinem letzten Winteraufenthalt nach Gran Canaria verreiste, war vereinbart worden, dass die Psychologische Lehr- und Beratungsstelle mit einem offenen Brief an den Regierungsrat auf dessen Stellungnahme vom 25.11.1981 reagieren wollte. In diesem offenen Brief, der als Inserat in verschiedenen Zeitungen veröffentlicht werden würde, sollten die geäusserten Unterstellungen zurückgewiesen werden. Eine Gruppe, an der ich teilnahm, erarbeitete während des Winters mehrere Entwürfe. Die Angst der Lehrer, die sich durch die Stellungnahme des Regierungsrates und die Hetze in der Presse teilweise existenziell bedroht fühlten, gab den Anlass, dass es im Frühling plötzlich eilte. Einige meinten allerdings, man solle die Idee des offenen Briefes gänzlich fallen lassen; schliesslich wurde eine von ihnen verfasste schwache Version eines Briefes, der nicht offen war, zum Versand an Behörden und andere Entscheidungsträger vorbereitet, ohne dass die Arbeitsgruppe etwas davon wusste.

Ein junger Mitarbeiter erfuhr von diesen Vorbereitungen, erklärte in einem Abendgespräch die Situation und lud alle zu einem Gespräch ein; er »*läutete die Kirchenglocken*«, wie wir es damals nannten. An diesem Treffen sagte Annemarie Buchholz-Kaiser dezidiert, man solle nicht mit einem offenen Brief reagieren, Friedrich Liebling habe noch empfohlen, den Anwalt zu konsultieren; Dr. Lutz meine nun, der offene Brief sei eine »*Kampfansage an die Regierung*«. Wir sollten stattdessen unsere Stellungnahme an verschiedene Regierungsstellen und Schulbehörden als »*geschlossenen Brief*« schicken; mit der Zeit würde dann »*Gras darüberwachsen.*«[39]

Viele Teilnehmer vertraten die Ansicht, Friedrich Liebling könne nur gemeint haben, dass der Anwalt unseren Entwurf lesen und uns auf womöglich ehrverletzende oder juristisch ungünstige Ausdrücke aufmerksam machen sollte. Der Anwalt habe aber nicht darüber zu befinden, ob wir überhaupt einen offenen Brief schreiben sollten. Zwei Wochen lang wurde heiss über diesen Brief diskutiert, Annemarie Buchholz-Kaiser nahm daran nicht mehr teil. Dafür traten einige ihrer Vertrauten umso vehementer auf; sie vertraten die Meinung, ein offener Brief würde zu weiteren Angriffen führen und wäre für uns ein Bärendienst. Die Verteidiger des offenen Briefes widersprachen: Gerade wegen der Angst der Lehrer sei es wichtig, dass nicht nur Behörden, sondern auch die Bevölkerung unsere Stellungnahme erfahre.

Das Dreiergremium wurde inzwischen von einigen bereits als »provisorische Leitung« bzw. sogar als »Leitung« bezeichnet, und sie stellten sich gegen den offenen Brief. Ältere Kollegen wurden in beleidigender Weise ausfällig gegen jüngere, die weiterhin am offenen Brief festhielten. Nach und nach gaben immer mehr Verteidiger auf, blieben den Gesprächen fern oder stimmten einem »geschlossenen Brief« zu. Jutta Siegwart-Gensch warnte vor dem Fehler, auf die öffentliche Klarstellung unseres Standpunkts zu verzichten; es bestehe die Gefahr, dass *wir im Dreck versinken könnten«*. Einige erinnerten daran, dass Friedrich Liebling uns öfter darauf aufmerksam gemacht hatte, wie wir reagieren, wenn einer in einer Gemeinschaft eine von der Mehrheit abweichende, aber richtige Meinung vertritt: Dass wir nicht auf ihn eingehen, sondern scharf schiessen, wenn er sich erhebt, und uns freuen, wenn er fällt. Noch heute erinnere ich mich deutlich an einen Kollegen, der daraufhin den »Mut zum Fehler« propagierte: *»Machen wir mal den Fehler und schauen wir dann, wie es herauskommt.«*

Die Diskussion war noch nicht abgeschlossen, als wir erfuhren, dass der geschlossene Brief an den Regierungsrat und verschiedene Behörden abgeschickt worden war.[40] Jutta Siegwart-Gensch berichtete, es seien mehrere Kolleginnen und Kollegen mit Schreibmaschinen im Haus an der Susenbergstrasse erschienen und hätten den ganzen Tag lang Adressen getippt.

Ich hatte mich bis zuletzt für einen offenen Brief eingesetzt. Nachdem dieser verhindert worden war, war ich sehr traurig und dachte, das sei kein gutes Omen für unsere Gemeinschaft. Jutta Siegwart-Gensch meinte weinend: *»Wir werden im Dreck versinken.«* Das fand ich sehr pessimistisch, aber wie weit wir bereits – ohne unser Wissen – im Dreck versunken waren, ahnte ich nicht. [41]

Als Trost für die Verteidiger des offenen Briefes wurde ihnen in Aussicht gestellt, eine Sondernummer der »Psychologischen Menschenkenntnis« drucken zu wollen, die in alle Haushalte der Stadt Zürich verteilt werden sollte. Diese sollte eine Gegendarstellung zur regierungsrätlichen Stellungnahme vom 25.11.1981 enthalten und unsere Arbeit vorstellen. Einige meinten, man sollte nur die Tätigkeit der Psychologischen Lehr- und Beratungsstelle darstellen; mit der Zeit würde die regierungsrätliche Stellungnahme in Vergessenheit geraten. Ich und andere blieben bei der ursprünglichen Idee, und wir arbeiteten stunden- und tagelang Entwürfe aus, aber gedruckt wurde nichts.

Dasselbe geschah mit der Dokumentation über die Veranstaltung im Börsensaal. Die Psychologische Lehr- und Beratungsstelle hatte in ihrem Inserat vom 26./27.9.1981 angekündigt: *»Eine Darstellung des Verlaufes der Veranstaltung vom 18.9. wird folgen.«* Viele arbeiteten mit grossem Einsatz an dieser Darstellung, doch auch diese wurde durch Ausreden und Vorwände hinausgezögert, bis alles von anderen Ereignissen überrollt wurde.[42]

Bei all diesen Diskussionen wurde verschwiegen, dass der Rückzug der Stiftungsklage bereits beschlossene Sache war. In allen Entwürfen [offener Brief, Sondernummer, Dokumentation zum Börsensaal] war davon die Rede, dass die Stiftung Psychologische Lehr- und Beratungsstelle eine Klage gegen die Journalisten des Artikels »Lebenshilfe vom Zürichberg« erhoben hatte. Wäre etwas gedruckt worden, hätte der Rückzug dieser Klage bekannt gegeben werden müssen.[43] Im Frühjahr und Sommer 1982 hätten sich noch viele durch den heimlichen Rückzug dieser Klage verraten und hintergangen gefühlt, und es wäre möglicherweise zu einem Sturm der Empörung gekommen. Einige Monate später, als nach und nach alles aufgegeben worden war, nur noch Angst und Terror herrschte und jeder seine eigene Haut retten wollte, war keine Zeit mehr, sich um solche Dinge zu kümmern.

* |

Zusammenarbeit, Kontrolle, Lernen

Friedrich Liebling hatte seit 1977 in offener Praxis gearbeitet. Ratsuchende waren bereit, ihr Gespräch mit ihm in andere Räume übertragen zu lassen, damit andere daraus lernen konnten. Wollten Personen mit Friedrich Liebling allein oder in einem kleinen Kreis sprechen, wurde die Übertragung ausgeschaltet. Während der Übertragung konnte jeder Zuhörer, der eine Frage oder eine

Meinung abgeben wollte, ins Praxiszimmer gehen und diese ins Gespräch einbringen. In Friedrich Lieblings letztem Lebensjahr geschahen diese Direktübertragungen per Video, sodass man auch visuell daran beteiligt sein konnte.

Die Gespräche mit Friedrich Liebling hatten oftmals den Charakter einer Supervision. Ich besuchte bereits ab 1977 diese Gespräche, wann immer ich es mir neben meiner Arbeit einrichten konnte. Die Menschenliebe und das Verständnis, das Liebling jedem Menschen entgegenbrachte, erlebte ich als wohltuend und bereichernd. Ich begann vermehrt mitzureden und war begeistert von seiner inspirierenden Weltsicht, die mir neue Horizonte eröffnete.

Mit meiner langjährigen Gesprächspartnerin und Vertrauensperson Annemarie Cho hatte sich im Laufe der Zeit eine persönliche Freundschaft entwickelt. Ich konnte oft in ihren Praxisgesprächen hospitieren, sie überwies mir auch Ratsuchende, mit denen ich Gespräche führte; zur Kontrolle gingen diese von Zeit zu Zeit zu ihr. Im Herbst 1981 kam es zu einer Meinungsverschiedenheit bei der Beurteilung eines Problems.

Das Verhältnis zu Annemarie Cho geriet immer mehr aus den Fugen; wann immer ich in ihren Gruppen etwas äusserte, korrigierte sie mich. Ich hatte gehofft, im Frühling diese Beziehung, die mir sehr wichtig war, mit Friedrich Liebling und ihr besprechen zu können. Nun, da Friedrich Liebling nicht mehr war, versuchte ich es selber, aber sie blieb hart und ungewohnt autoritär. Schliesslich fragte ich sie direkt, was los sei. Sie antwortete, sie habe sich bei Annemarie Buchholz-Kaiser und Margrit Beringer Rat geholt, wie sie mit mir und unserem Konflikt umgehen solle. Annemarie Buchholz-Kaiser sei einen ganzen Tag mit ihr auf dem Uetliberg spaziert und habe ihr alles erklärt. So habe sie auch erfahren, dass eine »Gesundschrumpfung« stattfinden müsse; die Psychologische Lehr- und Beratungsstelle sei in den letzten Jahren zu gross geworden. Diese Neuigkeit machte mich nachdenklich, und ich fragte mich besorgt, was dies zu bedeuten habe. Unser Verhältnis verbesserte sich durch dieses Gespräch nicht.

Nach Friedrich Lieblings Tod kam die Frage auf, wie jetzt die Zusammenarbeit, die Supervision und das weitere Lernen zu gestalten seien. Viele gingen davon aus, dass man weiterhin im Modell der offenen Praxis zusammenarbeiten würde. Alle sollten wie bisher in der Roten Villa zusammenkommen und gemeinsam versuchen, Menschen zu helfen, sich dadurch der Kontrolle stellen und voneinander lernen. Mit der Zeit wurde jedoch bekannt, dass Annemarie Buchholz-Kaiser fand, alle neuen Ratsuchenden sollten zu einem Erstgespräch zu ihr kommen, und die jüngeren Mitarbeiter sollten die älteren entlasten, indem sie Gespräche mit Teilnehmern führten, die dann von Zeit zu Zeit zu einem älteren Kollegen zu einem Kontrollgespräch gehen sollten.

Dies entsprach genau dem Modell, dessen Fragwürdigkeit ich bei Annemarie Cho erlebt hatte. Viele waren gegen diese Idee und verfochten die bisherige offene Praxis. Man beschloss, ein Gespräch mit Friedrich Liebling über Fragen der Zusammenarbeit zu hören und daraus zu lernen, wie wir unsere Probleme der Zusammenarbeit besprechen und uns einigen könnten. Friedrich Liebling hatte in jenem Gespräch besonders darauf hingewiesen, dass wir lernen sollten, einander auf Fehler aufmerksam zu machen. Diese Thematik wurde mit Begeisterung aufgenommen, und es wurde über dabei auftretende Ängste und Schwierigkeiten gesprochen. Dass wir uns in der Forschung und im Zusammenleben einigen könnten, wie Friedrich Liebling es uns empfohlen hatte, schien in greifbare Nähe gerückt.[44]

*

Die Ausbildungsgruppen

Friedrich Liebling hatte gesagt: »*Die Gemeinschaft wird mich ersetzen.*« Die Ausbildungsgruppen bestätigten, dass diese Vision möglich war. Ich erinnere mich, dass Jutta Siegwart-Gensch in allen Gruppen anwesend war. Ihre Stellungnahmen beeindruckten viele. Oftmals konnte sie mit wenigen Worten eine Sache auf den Punkt bringen und mit Scharfsinn und psychologischem Einfühlungsvermögen den Kern erfassen. Etliche wandten sich an sie, um mit ihr persönliche Lebensprobleme zu besprechen.

Nach und nach zogen sich die älteren Mitarbeiter aus diesem Forum zurück und arbeiteten in Einzelgesprächen oder in ihrem kleinen Kreis. Im Frühsommer wurden die Teilnehmer der Ausbildungsgruppen aufgefordert, ein Formular für das nach den Sommerferien beginnende Quartal auszufüllen, damit jeder Interessierte einen Sitzplatz habe. Es fiel mir nicht auf, dass dieses Formular einen neuen Briefkopf trug, der dem früheren zum Verwechseln ähnlich war: Das Wort »Leitung« war entfernt worden. Er lautete nun: »Psychologische Lehr- und Beratungsstelle Friedrich Liebling«.[45] Erst später wurde mir bewusst, dass damit die »Einzelfirma« eingeführt worden war, denn eine solche muss laut Gesetz zwingend den Namen des Inhabers in ihrem Namen führen.

Wie der Name im Briefkopf, so veränderten sich auch die Ausbildungsgruppen nach den Sommerferien grundlegend. In jeder Gruppe traten einige junge Mitarbeiter auf und behaupteten, die Ausbildungsgruppen hätten weder die Fähigkeit noch die Kompetenz, den Menschen helfen zu können. Es sei nicht zu verantworten, dass Menschen da ihre persönlichen Probleme vortrügen. Stattdessen sollte man allgemeine Grundlagen bearbeiten und sich auf diese Weise allmählich das Wissen aneignen, um später wirklich helfen zu können. Ernst Frei, Mitglied des Dreiergremiums, schlug vor, Themen zu bearbeiten. Und es wurde gleich damit begonnen, indem ellenlange Voten gehalten wurden, wobei einer dem andern das Mikrofon weitergab und niemand anderer mehr zu Wort kam ausser dem eingeschworenen Kreis jener, die diese Änderung befürworteten und auch gleich durchführten. Auf diese Weise begann, was nach den Herbstferien unerbittlich fortgesetzt wurde: Den Menschen, die bei Friedrich Liebling eine unvergleichlich intensive Ausbildung erhalten hatten, wurde die elementare Fähigkeit zur gegenseitigen Hilfe abgesprochen.

Nach und nach kamen immer weniger Teilnehmer in die Ausbildungsgruppen, und die Gespräche verliefen schleppend. Anstelle der früheren Lebendigkeit trat nun eine sehr lebendige Türkontrolle in Aktion: Die Ausbildungskarte musste jedes Mal vorgewiesen werden, obwohl man seit Jahren miteinander bekannt war.

Allmählich regte sich Widerstand. Jutta Siegwart-Gensch, die weiterhin in allen Gruppen anwesend war, wies oft darauf hin, dass »*die Ausbildung des Psychologen in der Schulung des Einfühlungsvermögens und der Übung der Hilfeleistung bestehe*«.[46] Ich beobachtete immer wieder, dass verschiedene Teilnehmer Jutta

Siegwart-Gensch direkt widersprachen oder sie mit Worten zurechtwiesen, als wäre sie ein ungezogenes Kind. Während ich immer mehr in Angst geriet und mich kaum mehr zu äussern wagte, blieb sie furchtlos und hartnäckig bei ihrer Meinung.

*|

Hintergrundinformationen

Im Frühling 1982 hatten mein Mann und ich einige beunruhigende Dinge erfahren. Jutta Dierks, eine mit uns befreundete Mitarbeiterin aus Deutschland, berichtete, Friedrich Liebling habe gemeinsam mit dem gesamten Stiftungsrat beschlossen, dass nach seinem Tod ein Fünferausschuss die Leitung übernehmen solle. Sie selber habe bei der ersten Mitarbeiterbesprechung nach Lieblings Tod gefragt: *»Warum die drei und nicht die fünf?«*, und weshalb der Stiftungsratspräsident Leopold König und andere Kollegen, zum Beispiel mein Mann und ich, nicht anwesend seien. Wir hatten nichts von dieser Sitzung gewusst, weder, dass sie stattgefunden hatte, noch, was dort besprochen worden war.

Mein Mann und ich gingen der Sache nach. Stiftungsrat Peter Fuchs war als Aktuar im Besitz aller Protokolle und zeigte uns sowohl die Stiftungsurkunde als auch den Beschluss vom 5.1.1979, worin die Ausschussregelung festgehalten worden war. Er berichtete, es herrsche eine ganz schreckliche Stimmung im Stiftungsrat, so etwas habe er noch nie erlebt, obwohl er in der Bildungspolitik schon einiges mitgemacht habe. Von ihm erfuhren wir, dass die Ehrverletzungsklage der Stiftung gegen die Journalisten des »Tages-Anzeigers« zurückgezogen worden sei. Darüber erschraken wir, besonders, weil es gänzlich geheim gehalten wurde und die Menschen im Glauben blieben, diese Klage sei noch pendent. Stiftungsratspräsident Leopold König erzählte von der Sitzung vom 4.3., wo er erst vom Tod Friedrich Lieblings erfahren habe und dann gleich mit dessen Töchtern, den Anwälten und der neuen Leitung konfrontiert worden sei. Bei einem Abendspaziergang an der Limmat trafen wir im Juni Stiftungsrat Karl Sonderegger mit seiner Frau. Auf unsere Frage, wie es gehe, berichtete er von schlaflosen Nächten. Er erklärte uns, das Testament von Friedrich

Liebling sei die Stiftung, und die Psychologische Lehr- und Beratungsstelle bestehe eigentlich aus lauter Verträgen, das sei kein Eigentum. Mehrmals betonte er: »*Uns kann man nicht erben!*«

Auch über die Töchter Friedrich Lieblings erfuhren wir Dinge, die uns zu denken gaben. Jutta Dierks berichtete von einer Gesprächsgruppe zu Lebzeiten Friedrich Lieblings, in der dieser seine Tochter Erna Grob-Liebling in Anwesenheit mehrerer Mitarbeiter gefragt habe, ob sie bereit sei, auf das Erbe zu verzichten. Darauf habe diese geschwiegen. Andere erzählten, die Töchter Friedrich Lieblings seien zur Arbeit ihres Vaters eher kritisch eingestellt gewesen. Den beiden Erbinnen sei der Grundgedanke der Psychologische Lehr- und Beratungsstelle, nämlich die psychologische Hilfe und Aufklärung für alle Interessierten, völlig fremd.

Mein Mann und ich trafen uns mehrmals mit Karl Sonderegger. Er las uns seine Stellungnahmen zuhanden der Stiftungsratssitzungen vom 17. und 22.7. vor. Wir ermutigten ihn, seine Bedenken offen festzuhalten und in die Diskussion einzubringen. Obwohl er uns erzählte, dass er feindselig behandelt werde, konnten wir uns dies kaum vorstellen. Schliesslich erhielten wir eine Aufnahme der Stiftungsratssitzung vom 13.8.1982, die mein Mann, Jutta Dierks und ihr Lebenspartner, ein weiteres befreundetes Paar und ich nachhören wollten. Wir luden dazu auch Jutta Siegwart-Gensch ein. Da sie mit Erna Grob-Liebling befreundet war, informierten wir sie aber nicht über unsere Zweifel gegenüber den Erbinnen. Das Gespräch war akustisch kaum zu verstehen, und wir hatten nicht die Musse, es durch Zurückspulen nochmals genauer zu überprüfen, da wir das Tonband sofort wieder zurückgeben sollten. Ich hörte nur die energische Stimme von Lillian Rattner-Liebling, die von »Plubs« sprach, für mich ein abwertendes Kürzel der Presse,[47] und diese »Plubs« sei ein »*Geschäft*«. Auch war die Rede davon, dass eine wichtige Veränderung stattfinde, während doch stets beteuert wurde, es gehe alles so weiter wie zu Lebzeiten Friedrich Lieblings. Die Äusserungen einiger Stiftungsräte über Karl Sonderegger wie, er sei »*in einem Wahn*« und treibe »*sein Unwesen*«, schockierten mich zusätzlich.

Uns beschäftigte immer wieder stark die Frage, was zu tun sei. Ich war der Meinung, man sollte »*die Kirchenglocken läuten*«, man sollte alle Fragen aufbringen in der grossen Gemeinschaft. Aber Stiftungsratspräsident Leopold König und andere fürchteten, das gäbe ein »*Blutbad*«. Besser sei, mit andern im privaten Kreis darüber zu sprechen und sich so allmählich Klarheit darüber zu verschaffen, was sich eigentlich abspiele. Wir beschlossen, die Entwicklung zu beobachten und, wenn möglich, mit Freunden darüber zu sprechen.

Mit Annemarie Buchholz-Kaiser machte ich zwei merkwürdige Erfahrungen, an die ich mich bis heute lebhaft erinnere. Im Frühsommer 1982 übergab sie mir an der Toblerstrasse 72 einen eingeschriebenen Brief mit der Bitte, ihn zur Post auf der gegenüberliegenden Strassenseite zu bringen. Der Brief war an die Erziehungsdirektion des Kantons Zürich adressiert und mit dem Absender der Psychologischen Lehr- und Beratungsstelle versehen. Ich hätte natürlich allzu gern gewusst, was darin stand. Es war mir ein Rätsel, weshalb ausgerechnet ich den Brief zur Post bringen sollte.

Die andere Begebenheit ereignete sich etwas später. Ich ging von der Tramhaltestelle Fluntern zum Toblerplatz, Annemarie Buchholz-Kaiser machte ebenfalls diesen Weg. Sie begann mir zu erzählen, wie schwierig es mit Jutta Siegwart-Gensch sei, es sei ja schon zu Lebzeiten Friedrich Lieblings schwierig gewesen, aber jetzt sei es eben sehr, sehr schwierig geworden. Ich weiss nicht mehr, was ich dazu sagte, aber es befremdete mich; erst später wurde mir klar, dass sie damit den guten Ruf von Jutta Siegwart-Gensch zu untergraben begann.

*

Grundkurs

Im gleichen Frühsommer wurde bekannt, dass Antonio Cho im Namen der Psychologischen Lehr- und Beratungsstelle Einladungen an neue Teilnehmer für einen »Grundkurs« verschickt hatte. »*Wir sind in der Psychologie alle am Anfang, alle im Grundkurs*«, sagten einige. Friedrich Liebling hatte oft darauf hingewiesen, es könne vorkommen, dass ein Neuer ein Problem viel genauer erkennen könne als jemand, der schon lange dabei sei. Dies sei dann möglich, wenn der Neue aus seiner Kindheit bessere Beziehungen zum Mitmenschen und mehr Einfühlungsvermögen mitbringe. Antonio Cho räumte schliesslich ein, es sei ein Fehler gewesen, sein Projekt nicht der Gemeinschaft vorgetragen zu haben, und den Eingeladenen wurde mitgeteilt, der Grundkurs finde nicht statt. Es blieb aber der Eindruck zurück, dass er nicht ganz zufrieden war mit dem Ausgang dieses Konflikts.

Dieser Versuch, eine formelle Hierarchie einzuführen, wurde am Ende abgewehrt. Informell wurde die Hierarchie aber bereits seit Friedrich Lieblings Tod vorangetrieben. Personen aus dem Umfeld von Annemarie Buchholz-Kaiser sagten oft: *»Das solltest du mit Frau Kaiser besprechen.«*[48] Oder: *»Das müssen wir Frau Kaiser fragen.«*

* |

Archiv

Bereits wenige Wochen nach dem Tod Friedrich Lieblings war die Ungeheuerlichkeit verbreitet worden, ein langjähriger Teilnehmer habe mit den Tonbändern Missbrauch betrieben, indem er andere zu erpressen versucht habe. Daraufhin wurde das Archiv aus Datenschutzgründen geschlossen.[49] Im Juni 1982 erhielten ich und viele andere einen Brief:

»Sehr geehrter Kursteilnehmer,

Wie freuen uns, Ihnen mitteilen zu können, dass unser Archiv in der Roten Villa in nächster Zeit wieder zu folgenden Zeiten geöffnet sein wird: Montag und Donnerstag, je von 19.30 bis 20.30 Uhr.

Unserer bisherigen Praxis entsprechend können alle Gruppengespräche auch weiterhin an Teilnehmer der Psychologischen Lehr- und Beratungsstelle ausgeliehen werden mit Ausnahme derjenigen, die auf ausdrückliches Verlangen hin nicht ausgegeben werden dürfen. Die Aufnahmen werden nur zur persönlichen Aus- und Weiterbildung benutzt; die ausleihenden Teilnehmer werden darauf aufmerksam gemacht, dass sie deren Inhalt nicht an aussenstehende Personen weitergeben dürfen. Für eventuelle Missbräuche von Teilnehmern kann die Psychologische Lehr- und Beratungsstelle nicht haftbar gemacht werden.

Wir bitten Sie, uns Ihr Einverständnis mit der Weiterführung der bisherigen Ausleihpraxis (auch bezüglich Ihrer eigenen Gespräche) mit der Unterschrift auf dem beiliegenden Doppel zukommen zu las-

sen, damit das Archiv möglichst bald wie bisher seine Arbeit weiterführen kann.«

Das Schreiben war unterzeichnet von Annemarie Buchholz-Kaiser und Ernst Frei; es trug den Briefkopf und den Stempel »Psychologische Lehr- und Beratungsstelle, Leitung: Friedrich Liebling«.[50]

Wem gehörte das Archiv? Jutta Siegwart-Gensch hatte es initiiert, aufgebaut und später – zusammen mit Mitarbeitern – ein Ausleihsystem eingerichtet und betreut. Aufbewahrt wurden die Kassetten vor allem in der Roten Villa. Einige Kassetten bewahrte Jutta Siegwart-Gensch aus arbeitstechnischen Gründen in ihrem Schrank an der Susenbergstrasse oder zu Hause auf.[51]

Viele Teilnehmer hatten ein Archiv mit Tonbandkassetten zu Hause zu ihrem persönlichen Gebrauch angelegt. Im Unterschied dazu hatte Jutta Siegwart-Gensch ihr Archiv der Gemeinschaft zur Verfügung gestellt, es jedoch nicht geschenkt. Sie berief sich später darauf, dass es ihr Archiv war, allenfalls auch gemeinsames Eigentum von ihr und der Stiftung.

Das Tonbandarchiv wurde allerdings unter einem Vorwand bald wieder geschlossen.

* |

»Ordnung in Zürich, Ordnung im eigenen Haus«

Wie in den vergangenen Jahren verbrachten viele Teilnehmer die Herbstferien im Oktober 1982 in der Umgebung von Lugano im Tessin. Mein Mann und ich sowie andere Teilnehmer brachten das Thema der Pressekampagne bei den Abendgesprächen wieder auf und fragten, weshalb es uns so schwerfalle, uns dagegen zu wehren. Einige fanden, man solle das Thema ruhen lassen und sich aktuelleren Fragen zuwenden. Andere waren der Meinung, die Frage sei weiterhin aktuell, solange unser guter Ruf nicht wiederhergestellt sei. Auch wenn inzwischen keine neuen Artikel erschienen waren, seien diffamierende Meinungen über die Psychologische Lehr- und Beratungsstelle immer noch weit verbreitet.

Jutta Siegwart-Gensch äusserte im Abendgespräch am 15.10. 1982 beeindruckende Gedanken, die vielen Zuhörern aus dem Herzen sprachen und auf grosses Echo stiessen: *»Warum wir heute den* *alten Kohl wieder aufwärmen, wo wir viele aktuelle, dringende Probleme zu besprechen hätten? Ich möchte versuchen, die Bedeutung des sich Wehrens für unsere Persönlichkeitsentwicklung aufzuzeigen.*

So wie wir uns vor zwei Jahren, als wir öffentlich durch die Presse beleidigt wurden, nicht gewehrt haben, wie wir kein Ehrgefühl und kein Mitleid geübt haben, haben wir es auch sonst nicht. Wir wehren uns überhaupt nicht, auch nicht, wenn ein Freund uns beleidigt. Der Reflex: ›Was fällt denn dir ein, wie benimmst du dich?‹ fehlt uns.

Wenn einer kommt und sich nicht richtig verhält, haben wir keinen Standpunkt, sondern Angst. Wir haben Angst. Wir sind so gut erzogen, so beleidigt, so gedemütigt worden als Kind, dass wir es heute nicht mehr merken. Im Gegenteil: Wir verteidigen den, der so mit uns umgeht, und den anderen, der sich darüber empört, der laut aufschreit, warum man ihn beleidigt, den möchten wir am liebsten zum Schweigen bringen. [...]

Die Tatsache, dass wir durch die Presse beleidigt wurden, dass dies von der Regierung nicht richtiggestellt wurde und dass wir das nicht empfinden konnten, ist demnach ein Zeichen, dass wir Angst haben, und da wir eine psychologische Arbeit machen, sollte uns die Frage beschäftigen, was wir tun sollen, wie wir dieser Angst begegnen wollen, wie wir ihr beikommen können. [...]

Denn ich habe verstanden, dass das Problem der Beleidigung für uns eine gefährliche Sache ist, dass das Prinzip der Überheblichkeit, des den andern Übergehens für uns etwas ganz Gefährliches ist, etwas, wo eine Entwicklung überhaupt nicht möglich ist. Weil wir so ängstlich, so autoritätsgläubig sind, dass wir nur wachsen können in einer Stimmung, wo niemand beleidigt werden kann; wo jeder sich verantwortlich fühlt; wo jeder weiss, dass keiner sich etwas herausnehmen kann, ohne dass es Folgen nach sich zieht; wo jeder weiss, dass ein schlechtes Benehmen einer Beurteilung unterworfen ist.

Es geht darum, die Beleidigungen der Presse zurückzuweisen und damit den Beleidigten, und das sind wir, das ist der Mensch überhaupt, Genugtuung zu verschaffen.«[52]

Dieses Votum wurde viel diskutiert. Jugendliche hörten es nach in ihren Wohngemeinschaften, an mehreren Abenden bezogen sich andere darauf. Dass wir nicht nur gegenüber der Presse Schwierigkeiten haben, uns zu wehren, sondern auch hilflos sind und uns demütigen lassen, wenn ein Freund uns beleidigt, ja *»sogar den Beleidiger verteidigen und Stellung nehmen gegen den, der laut aufschreit«*, traf einen wunden Punkt, der vielen Zuhörern aufgrund verschiedener Vorkommnisse seit Friedrich Lieblings Tod unter den Nägeln brannte.

Mein Mann und ich luden in unsere Ferienwohnung ein, und rund 20 Kolleginnen kamen. Wir spielten die Tonbandaufnahme unseres letzten Telefonats mit Friedrich Liebling vor, in dem er in Aussicht gestellt hatte, mit uns im Frühjahr zu besprechen, wie wir *»Ordnung in Zürich, Ordnung im eigenen Haus«* schaffen könnten.[53] Mit der Formulierung *»Ordnung im eigenen Haus«* hatte er auf Sigmund Freud angespielt, der davon sprach, dass der Mensch aufgrund des Unbewussten nicht *»Herr im eigenen Haus«* sei. Ich verstand die Aussage so, dass es kein Gegensatz ist, die Psychologische Lehr- und Beratungsstelle in der Öffentlichkeit zu verteidigen und unsere eigene Persönlichkeit, unser Unbewusstes zu bearbeiten; indem wir zu unserer Sache stehen, bearbeiten wir auch unsere Ängste und unbewussten Gefühle.

An diesem Treffen sprachen viele Teilnehmende ganz offen über ihre Gefühle und drückten ihr Unbehagen über die autoritären Tendenzen des Dreiergremiums aus. *»Ordnung im eigenen Haus«* wurde auch mit *»Ordnung an der Psychologischen Lehr- und Beratungsstelle«* verbunden und auf unsere interne Zusammenarbeit bezogen. Die Ängste, einen Kollegen auf einen Fehler hinzuweisen, wurden offen angesprochen. Es herrschte Aufbruchsstimmung. Mir fiel auf, dass einige Personen, die mit dem Dreiergremium in enger Beziehung standen, fleissig mitschrieben. Ich vermutete, dass sie ihnen alles genau berichten würden, hatte aber nichts dagegen; wir hatten nichts zu verstecken.

Geheim gehaltener Rückzug der Stiftungsklage | 3.4

Am 3.5.1985 erfuhren Jutta Siegwart-Gensch und ich bei einer Akteneinsicht vom Schicksal der Ehrverletzungsklage der Stiftung gegen die Journalisten Dr. Hans W. Grieder und Dr. Dieter Hanhart, was gegenüber den Teilnehmern der Psychologischen Lehr- und Beratungsstelle vollständig verschwiegen worden war.[54]

Die Klage wurde durch Heinz Hug, Annemarie Buchholz-Kaiser und eine jüngere Mitarbeiterin vertreten. Der entsprechende Stiftungsratsbeschluss befand sich in den Gerichtsakten. In der Klageschrift hatte die Stiftung insbesondere beantragt, eine Richtigstellung gewisser Äusserungen sei im »Tages-Anzeiger« zu publizieren.

Die Klage wurde vom Bezirksgericht Zürich am 10.2.1981 den beiden Journalisten zugestellt. Diese bevollmächtigten Rechtsanwalt Christoph Born, Mitglied der damals bekannten Kanzlei Kopp & Vetsch;[55] die Vollmachten trafen am 15.5.1981 beim Bezirksgericht ein. Am 12.6. sollte eine Parteieinvernahme stattfinden, doch teilte Grieder am 5.6. telefonisch mit, er sei krank und könne nicht an der Verhandlung teilnehmen; ein kurzes Arztzeugnis folgte vier Tage später. Dr. Gustav Lutz schrieb am 10.6. im Namen der Stiftung Psychologische Lehr- und Beratungsstelle, er erachte es »*nicht als zweckmässig, die Untersuchung allein in Anwesenheit von Dieter Hanhart durchzuführen. Damit würde keine Zeit gewonnen.*«[56] Er bat das Gericht, Grieder aufzufordern, ein ärztliches Zeugnis einzureichen, das über Ursache und Dauer der Krankheit Auskunft gebe. Dazu wolle er nachher Stellung nehmen.

In einem ausführlicheren ärztlichen Zeugnis wurde mitgeteilt, eine Genesung sei kaum vor Ende August zu erwarten. Am 17.9. und 6.11. folgten weitere ärztliche Zeugnisse. Gemäss einer Aktennotiz teilte daraufhin Dr. Lutz dem Gericht mit, »*dass die Klägerin einverstanden ist, mit der Einvernahme der Angeschuldigten zuzuwarten bis im Januar 1982*«.[57]

Am 8.2.1982 reichte Anwalt Born ein weiteres Zeugnis für Grieder ein und erklärte, eine abschliessende Beurteilung des Gesundheitszustands könne erst in sechs bis neun Monaten vorgenommen werden. Und: »*In Anbetracht dieser Ausgangslage bitte ich Sie im Namen und Auftrag von Herrn Dr. Hanhart, das Verfahren gegen ihn fortzusetzen bzw. ihn einzuvernehmen.*«[58] Beim Gericht hatte unterdessen der Untersuchungsrichter gewechselt. Dieser stellte gemäss Gerichtsprotokoll den Brief samt Zeugnis am 2.4.1982 der Stiftung Psychologische Lehr- und Beratungsstelle mit der Bemerkung zu, ohne Gegenbericht bis zum 15.4. werde die Parteieinvernahme Hanharts durchgeführt, das Verfahren gegen Grieder bleibe hingegen sistiert.[59]

Daraufhin schrieb Dr. Lutz am 7.4.1982 dem Gericht: »*In Sachen Stiftung Psychologische Lehr- und Beratungsstelle [...] teilt mir meine Mandantin mit, dass ihr ein Begehren der Gegenparteien mit Fristansetzung zur Stellungnahme zugestellt worden ist. Eine solche Verfügung ist mir nicht zugestellt worden. Vorladungen, prozessleitende und Endentscheidungen sind gemäss § 176 u. 187 GVG dem Rechtsvertreter einer Partei zuzustellen, Ihre Fristansetzung dürfte dementsprechend unverbindlich sein. Namens meiner Mandantin ersuche ich um direkte Zustellung dieser Verfügung samt Beilage, eventualiter um eine Fristerstreckung von 20 Tagen, damit ich die Sache mit meiner Mandantin besprechen kann.*«[60]

Der Untersuchungsrichter rief am 13.4.1982 Dr. Lutz an und erklärte, die »Notiz« vom 2.4.1982 sei keine prozessleitende Verfügung gewesen, »*sondern vielmehr eine nicht notwendige Anfrage*«. Lutz sei nicht angeschrieben worden, »*da von ihm keine Vollmacht bei den Akten sei*«. Dr. Lutz verpflichtete sich, die Vollmacht einzureichen, und bat, ihm bis Ende Monat Zeit zu geben, um sich zur Weiterführung des Verfahrens zu äussern. »*Die Situation habe sich inzwischen insofern geändert, als Herr F. Liebling gestorben sei.*«[61]

Schon am nächsten Tag teilte Dr. Lutz dem Richter mit, »*seine Klientschaft*« habe eigentlich kein Interesse an einer Verurteilung der Angeklagten, sondern vielmehr an einer Gegendarstellung im »Tages-Anzeiger-Magazin«.[62] Tags darauf folgte ein Telefonat des Richters an Rechtsanwalt Born: »*Ich bitte ihn, diesen Vorschlag mit dem Angeklagten 2 und dem TA zu prüfen.*« Am 3. 5. 1982 berichtete jener dem Richter, er habe die Gegenpartei gebeten, ihm einen schriftlichen Vergleichsvorschlag samt Text-Entwurf zu unterbreiten.[63] Am 19.5. rief der Richter bei Dr. Lutz an und erfuhr, dieser habe den Brief des Vertreters der Angeklagten den Anklägern unterbreitet und warte auf Antwort.[64] Am 4.6. rief wiederum der Richter in der Kanzlei Kopp & Vetsch an und vernahm, der Rechtsvertreter der Angeklagten weile für drei Monate in den Ferien und »*von der Gegenpartei sei noch keine Antwort eingetroffen*«.[65] Bei einem Telefonat des Richters am 8.6. teilte Dr. Lutz mit, er habe am letzten Freitag eine Besprechung mit den Vertretern der Anklage gehabt. Heinz Hug sei daran, eine Gegendarstellung auszuarbeiten.[66]

Am 7.7. telefonierte der Richter erneut mit Dr. Lutz. Dieser erklärte, er habe die Ankläger nach dem letzten Anruf gedrängt, seither aber nichts mehr gehört. Der Richter teilte ihm mit, »*dass ich nicht mehr lange zuwarten könne; nach den Gerichtsferien werde ich, sofern kein Rückzug/Vergleich vorliegt, zur Parteieinvernahme zitieren*«.[67] Es fällt auf, mit welcher Energie das Gericht die Sache vorantreibt. Im Gegensatz dazu ruhte das Verfahren zu Lebzeiten Friedrich Lieblings monatelang.

Am 9.8.1982 reichte Rechtsanwalt Born dem Gericht die Kopie eines Briefes an Dr. Lutz ein und schrieb, Dieter Hanhart könne auf den Vorschlag nicht eingehen, und er bitte in seinem Namen und Auftrag, »*das Verfahren gegen ihn fortzuführen und ihn zur Einvernahme vorzuladen*«.[68] Im beigelegten Brief an Dr. Lutz stand: »*Sehr geehrter Herr Kollege, in Beantwortung Ihres Schreibens vom 13. Juli 1982 teile ich Ihnen im Namen und Auftrag von Herrn Hanhart – die Abgabe einer Stellungnahme ist Herrn Dr. Grieder, wie Ihnen bekannt ist, aus gesundheitlichen Gründen nicht möglich – folgendes mit: Herr Dr. Hanhart ist inzwischen aus der Redaktion des Tages-Anzeigers ausgeschieden. Zu allfälligen publizistischen Abmachungen kann und will er sich deshalb nicht äussern. Gesprächspartner Ihrer Mandantin ist in dieser Beziehung die Redaktion des Tages-Anzeigers bzw. Tages-Anzeiger-Magazins. Herr Dr. Hanhart möchte dennoch darauf hinweisen, dass Ihre Mandantin bereits einmal in den Spalten des Tages-Anzeiger-Magazins zu Wort gekommen ist und dass der Abdruck einer fünfseitigen ›Gegendarstellung‹, wie Sie es nennen, völlig unüblich ist. Herr Dr. Hanhart erachtet damit die Vergleichsverhandlungen in bezug auf seine Person als beendet und wird den Untersuchungsrichter ersuchen, das Verfahren gegen ihn fortzuführen und den Termin für seine Einvernahme definitiv anzusetzen.*«[69]

Hierauf teilte Dr. Lutz mit Schreiben vom 28. 9. 1982 dem Gericht mit: »*In der Sache Psychologische Lehr- und Beratungsstelle / Dr. Hans W. Grieder, Dr. Dieter Hanhart kann ich Ihnen mitteilen, dass ich beauftragt bin, die Klage zurückzuziehen. Mit Rücksicht auf die Krankheit von Herrn Dr. W. Grieder und die Tatsache, dass Herr Dr. Hanhart nicht mehr beim Tages-Anzeiger tätig ist und somit auf eine Rektifikation keinen Einfluss mehr nehmen kann, wird auf die*

Durchführung des Verfahrens verzichtet. Die beiden Angeschuldigten ihrerseits verzichten für diesen Fall auf eine Prozessentschädigung.«[70]

Diesem Schreiben war ein Brief des Rechtsanwalts Born beigelegt, worin dieser bestätigte, dass Grieder und Hanhart auf eine allfällige Prozessentschädigung verzichteten, *»sofern die Stiftung Psychologische Lehr- und Beratungsstelle ihren Strafantrag zurückzieht«.*[71]

Mit Beschluss vom 30.9.1982 wurde das Verfahren *»als durch Rückzug des Strafantrags erledigt abgeschrieben«.*[72] Die Gerichtsurkunden wurden dem Rechtsvertreter von Grieder und Hanhart sowie Dr. Lutz und auch Annemarie Buchholz-Kaiser, die die Empfangsbestätigung am 27.10.1982 unterzeichnete, zugestellt. Die beiden andern Vertreter der Klage, Heinz Hug und die junge Mitarbeiterin, erhielten den Beschluss nicht.

Dr. Lutz hatte im ganzen Verfahren nie eine Vollmacht eingereicht, obwohl er sich laut Gerichtsprotokoll dazu verpflichtet hatte. Es ist erstaunlich, dass das Gericht ihn trotzdem als Vertreter der Stiftung behandelte und den Rückzug der Klage akzeptierte. Zudem hatte er den Rückzug nicht im Namen der Stiftung Psychologische Lehr- und Beratungsstelle erklärt, sondern *»in der Sache Psychologische Lehr- und Beratungsstelle«.* Der Rückzug der Ehrverletzungsklage der Stiftung Psychologische Lehr- und Beratungsstelle war also im Namen der inzwischen zur geerbten *»Einzelfirma«* erklärten Psychologischen Lehr- und Beratungsstelle geschehen, nicht aber im Namen der Stiftung, die die Klage eingereicht hatte. Es ist kaum zu glauben, dass – neben der fehlenden Vollmacht – auch diese Ungereimtheit dem Gericht entgehen konnte, zumal die Angeklagten im beigelegten Brief auf die Prozessentschädigung verzichteten, sofern die *»Stiftung Psychologische Lehr- und Beratungsstelle«* den Strafantrag zurückziehen würde.

Berufungsverfahren von Friedrich Liebling und Jutta Siegwart-Gensch | 3.5

Zwei Tage nach Friedrich Lieblings Tod versandte das Obergericht am 2.3.1982 eine Vorladung zur Berufungsverhandlung betreffend Übertretung des Gesundheitsgesetzes bzw. Verstosses gegen die

Ärzteverordnung, die auf den 1.4.1982 angesetzt war; diese Vorladung traf bei Dr. Lutz am 3.3. ein. Am 5.3. erschien eine Spalte im »Tages-Anzeiger« mit der Überschrift: »Friedrich Liebling gestorben«, versehen mit einem Bild Friedrich Lieblings. Dieser Artikel befindet sich als Act. 13 in den Berufungsakten des Obergerichts.[73]

Das Gericht rief Dr. Lutz am Montag, 8.3. wegen der immer noch fehlenden Vollmachten an und notierte darüber handschriftlich, diese kämen.[74] Vier Tage später, am Freitag, 12.3., teilte Dr. Lutz dem Obergericht *in Sachen Friedrich Liebling und Jutta Siegwart-Gensch gegen das Statthalteramt Zürich«* mit: »*Herr Friedrich Liebling ist am 28. Februar 1982 in Zürich verstorben. Das Strafverfahren wird damit gegenstandslos. – Auf Teilnahme an der Berufungsverhandlung, an der Beratung und der Eröffnung des Entscheides wird, da die Sache verjährt ist, verzichtet.«*[75] Weder wurde eine Vollmacht in diesem Schreiben erwähnt, noch befand sich eine solche in den Akten.

Am 4.5.1982 wurde der Beschluss des Obergerichts vom 1.4. 1982 versandt. Auf der ersten Seite wurde Dr. Lutz als »*Verteidiger*« aufgeführt. In den Ausführungen heisst es: »*Der Verzeigte Liebling ist am 28. Februar 1982 gestorben (Urk. 13 und 15). Daher ist das Verfahren diesbezüglich als gegenstandslos geworden abzuschreiben. Da die Erbenermittlung wohl Schwierigkeiten bieten würde und der Vertreter des Verzeigten Liebling keine Vollmacht der Erben eingereicht hat, sind die Kosten des Verfahrens gegen den Verzeigten Liebling auf die Gerichtskasse zu nehmen. Mangels erheblicher Umtriebe ist keine Umtriebsentschädigung zuzusprechen.«*[76] Es erscheint merkwürdig, dass die Erbenermittlung Schwierigkeiten hätte bereiten sollen, wo doch nur Dr. Lutz oder allenfalls ein Amt hätte angefragt werden können, ob sich Erben gemeldet hätten.

Die weitere Begründung des Beschlusses vom 1.4.1982 bezog sich auf Jutta Siegwart-Gensch. Nachdem verschiedene Vorwürfe wiederholt und als nicht belegt bezeichnet wurden, stellte das Obergericht fest: »*Der weitere Vorwurf, die Verzeigte Siegwart habe verschiedene Briefe vom 21. und 28. Mai, 9. Juli und 2. Oktober 1979 unterzeichnet, ist belegt (...). Die jüngste nachweisbare Tätigkeit, welche hier in Betracht fällt, fand demnach am 2. Oktober 1979 statt. Zu prüfen ist diesbezüglich die Frage der Verjährung. Nach §2 Abs. 1 StVG und Art. 109 in Verbindung mit Art. 72 Ziff. 2 Abs. 2 StGB trat die absolute*

Verfolgungsverjährung bezüglich dieser Übertretungen am 2. Oktober 1981, d.h. nach zwei Jahren, ein. Daher ist das Verfahren gegen die Verzeigte Siegwart als gegenstandslos geworden abzuschreiben. Nur beiläufig sei hier noch erwähnt, dass die rechtliche Subsumtion unter die §§ 1 und 13 der Verordnung über die Ärzte kaum standgehalten hätte. Lediglich die §§ 14 bis 16 der erwähnten Verordnung wären in Frage gekommen: Auskündung ärztlicher Tätigkeit ohne Praxisberechtigung, Anlassgeben zu Täuschung und Führen von Titeln, die zur Täuschung über die Berechtigung zur Heiltätigkeit Anlass geben könnten.«

Das Gericht kam bei der Kostenfolge zum Schluss: »*Da die Verzeigte Siegwart verschiedene Briefe unter ihrem (in Deutschland rechtmässig erworbenen) akademischen Titel (Dr. med.) unterzeichnete, ohne indessen hierzulande praxisberechtigt zu sein (Urk. 1/2 S.1), hat sie sich zumindest leichtfertig verhalten, so dass die Untersuchung zu Recht eingeleitet wurde. Die Kosten des Verfahrens sind daher ihr aufzuerlegen, wobei jedoch die erstinstanzliche Gerichtsgebühr auf CHF 150 herabzusetzen sind.*«[77]

Es fällt auf, dass die Verjährung in der Zeit zwischen der Hauptverhandlung vor Bezirksgericht und der Zustellung des Urteils eingetreten war. Wäre das Urteil an der Hauptverhandlung am 23.7.1981 gefällt und vorschriftsgemäss zugestellt worden, hätten sich Jutta Siegwart-Gensch und Friedrich Liebling im Berufungsverfahren verteidigen und einen vollständigen Freispruch beantragen können. Durch die Verzögerung der Urteilszustellung wurde dies verhindert. Das Gericht war sich des hohen Alters Friedrich Lieblings bewusst, und es konnte ihm auch nicht entgangen sein, dass die zweijährige Verjährungsfrist bald ablief. Hingegen war klar, dass die Verurteilung viel Publizität hervorrufen würde, zumal der Regierungsrat am 25.11.1981 ausdrücklich auf das laufende Verfahren hingewiesen hatte.

Dr. Lutz stellte den Abschreibungsbeschluss des Obergerichts sofort nach Erhalt Jutta Siegwart-Gensch und Annemarie Buchholz-Kaiser zu. Er schrieb im Begleitbrief: »*Sehr geehrte Frau Kaiser, sehr geehrte Frau Dr. Siegwart, in der Beilage erhalten Sie zwei Exemplare des begründeten Entscheides in der Sache Statthalteramt des Bezirkes Zürich.*«[78] Demnach liess er den Beschluss für Friedrich Liebling Annemarie Buchholz-Kaiser zukommen, nicht dem Rechtsvertreter der Töchter Friedrich Lieblings.

Jutta Siegwart-Gensch wollte sich gegen diesen Entscheid wehren, denn sie konnte den Vorwurf, sich »*leichtfertig verhalten*« zu haben, nicht auf sich beruhen lassen. Als Rechtsmittel war die Kantonale Nichtigkeitsbeschwerde an das Zürcherische Kassationsgericht gegeben; diese sollte sie innert 10 Tagen anmelden. Dr. Lutz hatte ihr empfohlen, nicht an der Berufungsverhandlung teilzunehmen, da die Angelegenheit verjährt sei, und die wahrscheinlich auf sie zukommenden Gerichtskosten zu zahlen. Er hatte ihr versichert, dass ihr kein Nachteil entstehe, wenn sie auf die Teilnahme an der Berufungsverhandlung verzichte.[79]

Als Jutta Siegwart-Gensch Annemarie Buchholz-Kaiser eröffnete, dass sie Nichtigkeitsbeschwerde anmelden möchte, sagte diese: »*Kommt gar nicht in Frage!*«[80] Auch Dr. Lutz versuchte, sie von ihrem Vorhaben abzubringen; er meinte, eine Nichtigkeitsbeschwerde sei aussichtslos. Als Jutta Siegwart-Gensch daran festhielt, lehnte er es ab, sie zu vertreten, formulierte ihr aber den Antrag. Später rechtfertigte er sein Verhalten damit, dass er »*von meiner Mandantin, das heisst von der PLB*« keinen Auftrag erhalten habe.[81]

Am 14.5.1982 reichte Jutta Siegwart-Gensch eine Nichtigkeitsbeschwerde an das Kassationsgericht des Kantons Zürich ein. Darin wies sie den Vorwurf, sich durch ihre Unterschrift leichtfertig verhalten zu haben, deutlich zurück: »*Ich hatte die Psychologische Lehr- und Beratungsstelle, Zürich, für meine psychologische und psychotherapeutische Ausbildung gewählt, weil mir keine andere Ausbildungsstätte bekannt war, die eine derart gründliche und umfassende psychologische Schulung geboten hätte. [...] Dass ich mich leichtfertig verhalten haben soll, ist vielleicht aufgrund einer juristischen Definition von ›psychotherapeutischer Behandlung‹ als ärztliche Tätigkeit möglich, nicht jedoch von der Sache her. In Wirklichkeit ist das Problem der Psychotherapie ein dermassen kompliziertes und komplexes, dass ein Arzt ohne eine zusätzliche psychologische Ausbildung dem seelisch Notleidenden selten allein aufgrund seiner medizinischen Ausbildung gerecht werden kann. [...] Es wäre mir nie in den Sinn gekommen, ohne Praxisbewilligung in der Schweiz eine selbständige ärztliche Tätigkeit auszuüben bzw. auszukünden. Mei-*

nen Arzttitel gar zur Vortäuschung falscher Tatsachen, wie einer Berechtigung zur Heiltätigkeit, die ich nicht besass, zu missbrauchen, hätte meinem ärztlichen Ethos widersprochen [...]«[82]

Jutta Siegwart-Gensch schrieb am 15.5.1982 einen Brief an Friedrich Lieblings Töchter, leider ist keine Kopie davon mehr zu finden. Offenbar hatte sie darin davon gesprochen, eher ins Gefängnis zu gehen als durch Begleichung der Gerichtskosten diesem Beschluss zuzustimmen. Annemarie Buchholz-Kaiser hatte die Gerichtskosten bereits zahlen wollen. In einem Antwortschreiben von Lillian Rattner vom 1.6.1982 an Jutta Siegwart-Gensch, dem sie auch Grüsse ihrer Schwester beifügte, steht dazu: *»Ich habe Ihren Brief vom 15. Mai vorgestern erhalten. Um gleich zu Ihrem Problem zu kommen: wir können Sie nicht davon abhalten, ins Gefängnis zu gehen. Aber wir glauben nicht, dass Ihr Protest als Privatperson irgendeinen Sinn erfüllt. Sie können sich nicht darauf berufen, dass Sie Sprecherin für die PLUBS sind, denn für dieses Amt hat Sie weder mein Vater noch meine Schwester oder ich eingesetzt. Wie ich die Sachlage von hier aus sehe, ist es von grösster Wichtigkeit, dass alle Mitarbeiter der PLUBS in kooperativer Art und Weise zusammenarbeiten. Das bedeutet vor allem, dass Einzelpersonen nicht selbständig Politik betreiben können. So wie wir es verstehen, finden es Dr. Kaiser, Dr. Frei und Herr Cho, wie auch RA Lutz für richtig, dass die CHF 300 Gerichtskosten bezahlt werden. Wir glauben auch, dass es besser wäre, wenn Sie Ihre Energien konstruktiver verwenden würden, anstatt einen Monat im Gefängnis zu verschwenden. Wir werden Ende Juli in Zürich sein und hoffen, Sie dann zu sehen.«*[83]

Am 13.9.1982 hiess das Kassationsgericht des Kantons Zürich die Nichtigkeitsbeschwerde gut. Es nahm sämtliche Kosten auf die Gerichtskasse und sprach Jutta Siegwart-Gensch eine Prozessentschädigung von 150 Franken zu. Aus der Begründung: *»Dass die Beschwerdeführerin keine Praxisbewilligung hat, hinderte sie offensichtlich nicht daran, die fraglichen Schreiben an die Fremdenpolizei mit ihrem rechtmässig erworbenen Titel ›Dr.med.‹ zu unterzeichnen. Die Begründung der Vorinstanz erweist sich insoweit als nicht stichhaltig und gegen § 189 StPO verstossend.«*[84]

3.6 | Das Steuer wird herumgerissen

Nach den Herbstferien geschah etwas Überraschendes, das innerhalb der Gemeinschaft Angst und Schrecken verbreitete, viele Teilnehmer einschüchterte und Fragen, Zweifel oder gar Kritik an der Handlungsweise des Dreiergremiums im Keim erstickte.

Wie immer ging ich am Mittwochabend, 27.10.1982, zum Mitarbeitergespräch. Michael Kanitz, ein Kollege, trat in einer Art und Weise auf und schlug einen Ton an, wie ich es in all den Jahren an der Psychologischen Lehr- und Beratungsstelle noch nie erlebt hatte. Zuerst forderte er alle ultimativ auf, ihre Tonbandgeräte auszuschalten. Das war in einem allgemeinen Gespräch höchst ungewöhnlich. Ich sah mich um; alle stellten ihre Tonbänder ab, und wer es nicht tat, wurde von den Nachbarn leise dazu aufgefordert.

In autoritärem Ton las er daraufhin der Gemeinschaft die Leviten und behauptete, an der Psychologischen Lehr- und Beratungsstelle hersche Chaos. Er bezeichnete die Gemeinschaft als »*Pöbel*«, Gespräche als »*dummes Geschwätz*«, Fragen als »*Misstrauensbekundungen*« und »*Hirngespinste*«. Inhaltlich verdrehte er Sachverhalte systematisch, indem er Richtiges als falsch und Falsches als richtig darstellte. Klar wurde, dass er Kritikern an der Handlungsweise des Dreiergremiums ohne Namen zu nennen unterstellte, aus Eifersucht und Machtstreben der psychologischen Arbeit schaden zu wollen. In respektloser Art nehme man sich Frechheiten heraus. Es werde gesagt, die Arbeit unterstehe der Kontrolle der Gemeinschaft. Ja, welcher Gemeinschaft? Ob wir unsere Arbeit etwa dem Pöbel übergeben sollten? Die Ursache der angeblichen Misere: Bei einigen Mitarbeitern seien alte Charakterprobleme wie Eifersucht und Neid nicht geklärt. Plötzlich beginne einer damit, die Arbeit seiner Gefährten zu hintertreiben, bringe Gerüchte in Umlauf und versetze andere in Aufregung.

Daraufhin bezog er sich auf die Gespräche über den offenen Brief an den Regierungsrat: Hirngespinste, unsachliche Annahmen und wahnhafte Unterstellungen würden die Arbeit verantwortungslos und leichtfertig zugrunde richten und die Hilfeleistung für Notleidende verhindern! Der gezielt hergestellte Gegensatz zur Leitung werde die Psychologie hinwegfegen und das gesamte Werk

Friedrich Lieblings zerstören. Abschliessend stellte er eine öffentliche Richtigstellung unserer Arbeit als undurchführbar dar: Ohne das Prinzip der Verantwortung und des psychologischen Ethos sei es abwegig, die Öffentlichkeit über unsere Arbeit informieren und aufklären zu wollen!

Ich schrieb während seiner Rede mit; dies hatte ich mir seit Langem angewöhnt, weil ich dadurch dem Gesprächsverlauf besser folgen und die Inhalte besser behalten konnte.

Seine Ausführungen blieben nicht unwidersprochen. Eine junge Mitarbeiterin schlug ganz ruhig vor, seinen Vortrag Abschnitt für Abschnitt durchzugehen und die angesprochenen Personen dazu zu befragen. Sie finde, es wäre an der Zeit, alle Fragen seit Friedrich Lieblings Tod, zum Beispiel die Frage der Leitung, zu besprechen. Gerüchte könnten auch damit zusammenhängen, dass nie offen darüber gesprochen worden sei. Dann kam sie zurück auf die vor den Herbstferien besprochene Empfehlung Friedrich Lieblings, wir sollten lernen, einander auf Fehler aufmerksam zu machen. Ein weiterer Kollege schloss sich ihr an und erklärte, dass auch er viele Fragen habe. Diese sollten offen besprochen werden, denn es gehe doch darum, das Vermächtnis Friedrich Lieblings in seinem Sinn weiterzuführen.

Daraufhin meinte Michael Kanitz, man müsse zuerst ein Fundament schaffen. Man spreche immer von Fehlern, aber das seien alles Hirngespinste, während es eigentlich um Macht und Positionen gehe. Der jungen Kollegin bot er an, ihr seinen Vortrag so lange zu erläutern, bis auch sie es verstehe.

Zum Schluss führte Annemarie Cho aus, sie habe noch nirgends so viel Offenheit erlebt wie hier, und ganz besonders seit Friedrich Lieblings Tod. Die Leitung habe uns direkt informiert – offener könne man gar nicht sein. Sie würde niemandem wünschen, sich später sagen zu müssen, durch sein unbedachtes Handeln die Psychologische Lehr- und Beratungsstelle ins Unglück gestürzt zu haben.

Kanitz' Rede erschreckte die Zuhörer und Zuhörerinnen. Bekannte und Freunde gingen auf Distanz zu jenen, die sich beim offenen Brief, beim Grundkurs, bei der Ausbildung und bei der Öffentlichkeitsarbeit exponiert und sich dafür eingesetzt hatten, die bisherige Art des Zusammenarbeitens in Freiheit, Gleichheit und Gewaltlosigkeit fortzusetzen und unseren guten Ruf zu verteidigen.

Zwei Tage später wiederholte Kanitz seine Ausführungen an einer weiteren Mitarbeiterversammlung, diesmal noch um einige Grade verschärft. Er stellte klar, er wolle nicht unterbrochen werden und es gebe auch keine erneute Debatte. Selbstverständlich könne keine Beratungsstelle ohne Leitung nach aussen existieren; das sei ein juristisches Problem. Jetzt solle man aber gut zuhören: Die Psychologische Lehr- und Beratungsstelle werde durch die Leitung auch psychologisch geführt. Werde beispielsweise gesagt, die Gemeinschaft oder die Gruppe wirkten als Kontrolle, komme ihm das so vor, als wollten in einer Universitätsklinik das Küchen- und Reinigungspersonal die Chefärzte kontrollieren. Solche Tendenzen würden bei uns Einzug halten, weil der Respekt fehle. Friedrich Liebling habe einige dazu ausgebildet, die psychologische Führung in seinem Sinn zu übernehmen. Kanitz schloss mit der Einladung, alle sollten mithelfen, den Stall auszumisten. Dieser Schluss klang bedrohlich. Aber ich war noch weit davon entfernt zu ahnen, dass ich selber bald zu den »*ausgemisteten*« Personen zählen würde.

Ein Kollege äusserte seine Betroffenheit über den Vortrag; aber er sei Kanitz dankbar für die deutlichen Worte. Wir hätten über Fehler gesprochen und dabei nicht bemerkt, dass uns der Respekt fehle. Danach sprach jene junge Mitarbeiterin, die sich bereits beim letzten Mal geäussert hatte. Sie habe den ganzen Abend überlegt, ob sie bleiben oder gehen solle. Kanitz habe vielleicht wichtige Gedanken ausgeführt, aber diese Sprache verstehe sie nicht.

Da viele Mitarbeiter/innen an den beiden vorangegangenen Abenden vollkommen überrumpelt worden waren, wollten etliche beim nächsten Mitarbeitergespräch zu den Anschuldigungen von Michael Kanitz Stellung nehmen.

Es ging ihnen um die Berechtigung, Tonbandaufnahmen machen zu dürfen, und um die Abklärung der angeblichen Gerüchte. Doch wurden die Votanten durch zahlreiche Zwischenrufe und merkwürdig gehäuft auftretende Wackelkontakte in der Technik immer wieder unterbrochen, sodass ein kontinuierliches und konzentriertes Gespräch schwierig war.

Zu Beginn stellte eine junge Mitarbeiterin die Frage, wer darüber bestimme, ob aufgenommen werden dürfe. Sie und andere hielten an der bisherigen Regelung fest, wonach die Aufnahmen der Wissenschaftlichkeit dienten. Aber einige verlangten, dass auch an diesem Abend ausser der Archivaufnahme keine Aufnahmen gemacht werden dürften. Es wurde unterstellt, Aufnahmen könnten an die Presse gelangen oder Missbrauch damit betrieben werden. Eine Mitarbeiterin drohte gar mit einer Klage. Mehrere versicherten, jeder Teilnehmer könne die Archivaufnahme jederzeit nachhören; damit sei die Überprüfbarkeit garantiert.

In Bezug auf die Gerüchte verlangten mehrere, dass man diese konkret auf den Tisch legen solle. Jutta Dierks erinnerte daran, dass auch Friedrich Liebling jeweils genau nachgefragt habe: Wer hat was, wo und wann gesagt? Das biete jedem die Möglichkeit, sich ein eigenes Bild zu machen und die Angaben zu überprüfen. Andere meinten, das bringe nur weitere Unruhe.

Nach Ablauf der Gesprächsdauer gingen die Teilnehmer/innen unbefriedigt und bedrückt auseinander.

<u>Freitagabend, 5.11.1982</u>

Beim nächsten Treffen teilte Michael Kanitz mit, auf Beschluss des Mitarbeiterstabs der Psychologischen Lehr- und Beratungsstelle finde am kommenden Mittwochabend ein Gespräch über die Schülerbetreuung statt. Vorgänge, wie sie sich am letzten Mittwoch und Freitag abgespielt hätten, seien mit der Psychologischen Lehr- und Beratungsstelle nicht vereinbar, weshalb Fortsetzungen nicht in deren Räumen stattfinden könnten. Wer weiterhin an der Zerstörung der psychologischen Arbeit interessiert sei und Friedrich Lieblings Lebenswerk zu zersetzen suche, könne sich eine entsprechende Lokalität aussuchen. Er werde sich jedenfalls nicht weiterhin den Gewaltakten von Menschen, die hier verkehrten, aussetzen, und bedanke sich beim Mitarbeiterstab, dass solche Gespräche in Zukunft nicht mehr stattfänden. Er schloss mit der Aufforderung, alle ernsthaften Teilnehmer sollten die psychologische Arbeit wieder aufnehmen.

Nun meldeten sich einige Jugendliche zu Wort und gaben sich das Mikrofon gegenseitig weiter. Sie erklärten, die Stimmung am letzten Mittwoch habe ihnen Angst gemacht.

Eine Kollegin, die wiederholt für die weit hinten sitzende Jutta Siegwart-Gensch das Mikrofon verlangt hatte, bekam es am Ende der Veranstaltung und reichte es schnell weiter. Jutta Siegwart-Gensch sagte kurz und prägnant: »*Über die Mitarbeiterbesprechung kann niemand anderer beschliessen als die Beteiligten selbst. Ich hoffe, dass derjenige, der Unruhe gestiftet hat, den Mut hat, den Fehler zu korrigieren.*«

Ich hatte den ganzen Abend voller Schrecken zugehört. Besonders die Charakterisierung der Kritiker als »*Zerstörer und Zersetzer des Lebenswerks Friedrich Lieblings*« machte mir Angst. Damit stellte Michael Kanitz mich selbst und alle, die Kritik an der bisherigen Entwicklung geäussert hatten oder weiter äussern würden, unerträglich falsch dar. Seine weitere Aussage, er werde sich nicht mehr den Gewaltakten von Menschen, die hier verkehrten, aussetzen, war eine ungeheuerliche Verdrehung der Realität: Jene, die an den bisherigen Gepflogenheiten festhielten, wurden als Gewalttäter dargestellt; er selber, der uns allen verbale Gewalt angetan hatte, sah sich als Opfer.

Mir war klar, dass Kanitz seine Stellungnahmen an den vier Abenden nicht nur von sich aus abgegeben hatte. Er hatte jeweils alles abgelesen, und ich vermutete, dass seine Auftritte mit dem Dreiergremium abgesprochen waren: Er hatte ja ausgeführt, sie hätten nicht nur die administrative, sondern auch die »*psychologische Leitung*« inne. Auch war die Rede von einem »*Mitarbeiterstab*« gewesen, und ich fragte mich, wer dazugehörte und weshalb sich dieser nicht allen vorgestellt hatte. Es waren offensichtlich Dinge im Gange, die ich nicht zu durchschauen vermochte.[85]

Gemäss meiner Agenda traf ich mich am 21.11.1982[86] mit Jutta Siegwart-Gensch im Restaurant Zürichberg. Sie erzählte mir, dass ihr am Sonntagabend, 14.11.1982, während ihres Abendessens in der Küche der Susenbergstrasse 53 die drei *»rechtlich Verantwortlichen«* in einer Art und Weise begegnet seien, dass sie Herzrasen bekommen habe und danach einige Tage krank gewesen sei.[87] Am 16.11. habe sie entdeckt, dass ihr Schrank aufgebrochen und gewisse persönliche Dinge daraus entwendet worden waren. Auch sei das Schloss zum Tonbandkassettenarchiv in der Roten Villa ausgewechselt worden, sodass sie keinen Zugang mehr dazu habe. Und nun habe sie auch noch einen eingeschriebenen Brief erhalten, worin ihr unter unwahren und ehrverletzenden Vorwänden die weitere Mitarbeit an der Psychologischen Lehr- und Beratungsstelle untersagt wurde.

Tatsächlich erhielt Jutta Siegwart-Gensch zwei eingeschriebene Briefe. Der eine datierte vom 15.11.1982 und trug auf dem Couvert den Absender *»Psychologische Lehr- und Beratungsstelle, Leitung: Friedrich Liebling«*. Auf dem Brief selber stand der neue Briefkopf *»Psychologische Lehr- und Beratungsstelle Friedrich Liebling«*, also der Name der »Einzelfirma«. Unterzeichnet war er von zwölf langjährigen Mitarbeiter/innen, von denen sechs zugleich Stiftungsrät/innen waren, darunter Leopold König, Heinz Hug sowie Annemarie Buchholz-Kaiser, Antonio Cho und Ernst Frei.

Im ersten Brief wurde behauptet, die Unterzeichner hätten *»seit längerer Zeit beobachtet«*, dass Jutta Siegwart-Gensch *»wiederholt in krasser Weise die ärztliche Sorgfaltspflicht verletzt und jegliche Zusammenarbeit mit den Mitarbeitern der Psychologischen Lehr- und Beratungsstelle verweigert«* habe. Daher hätten sie Jutta Siegwart-Gensch *»auf heute Montag, den 15. November 1982, 13.00 Uhr, zu einer Besprechung an die Susenbergstrasse 53 eingeladen«*. Sie sei *»zum heutigen Gespräch nicht erschienen«*. Die Unterzeichner teilten mit, dass sie *»ab sofort keine Einzel- und Gruppengespräche mehr im Rahmen und in den Räumlichkeiten der Psychologischen Lehr- und Beratungsstelle mehr durchführen«* dürfe. Sollte sie *»diese Fragen besprechen«* wollen, seien die Unterzeichneten *»gerne bereit, dafür einen Kreis von Mitarbeitern einzuberufen«*.[88]

Sie war bestürzt und verzweifelt, zugleich wollte sie, wie sie an unserem Gespräch betonte, keine Aufregung verursachen, weil sie hoffte, dies alles könne schnell rückgängig gemacht werden. Gegenüber ihren Ratsuchenden umschrieb sie das Verbot so, dass der Weihnachtsmann ein Ei gelegt habe; gewöhnlich lege der Osterhase die Eier, diesmal habe es der Weihnachtsmann getan. Sollte man lachen oder weinen – es war surreal. Mich schockierte die Tatsache, dass sie mit allen Mitteln an Gesprächen mit ihren Ratsuchenden gehindert wurde; diesen wurde erklärt, sie sei krank, sie sei nicht hier, sie arbeite nicht mehr mit, sie führe keine Gespräche mehr und die Ratsuchenden sollten sich an jemand anderen wenden.

Der andere Brief datierte vom 16.11.1982 und stammte von Dr. Wehinger. Dieser teilte ihr mit, Friedrich Lieblings Erben hätten ihn mit der Wahrung ihrer Interessen beauftragt. Und weiter: »*Wie mir Frau Dr. Buchholz-Kaiser kürzlich mitgeteilt hat, sind Sie im Besitze von ca. 50 Tonbandkassetten, auf denen Sie Einzelgespräche des verstorbenen Friedrich Liebling aufgezeichnet haben, die er in seiner Praxis an der Susenbergstr. 53 in Zürich mit Schülern und Patienten durchführte.*« Diese Aufnahmen seien »*mindestens zum Teil ohne Wissen von Herrn Friedrich Liebling und seiner Gesprächspartner aufgenommen*«[89] worden. Entgegen der strikten Weisung der Schulleitung habe sie diese Tonbandkassetten aus der Praxis entfernt und nach Hause mitgenommen. Er müsse sie darauf aufmerksam machen, dass ein Aufnehmen und Abhören fremder Gespräche ohne die Einwilligung aller daran Beteiligten einen Straftatbestand darstelle und mit Gefängnis oder Busse bestraft werden könne. Im Auftrag der Erben Friedrich Lieblings fordere er sie auf, die unerlaubterweise behändigten Tonbandkassetten bis spätestens Donnerstag, den 18.11.1982, der Schulleitung zurückzugeben. Sollte sie dieser Aufforderung nicht nachkommen, werde er ohne Verzug Strafanzeige bei der Bezirksanwaltschaft Zürich gegen sie einreichen. Von diesem Brief erfuhr ich erst mehrere Monate später.

* |

Antonio Cho hatte meinen Mann und mich für den 24.11.[90] zum Mittagessen zu sich nach Hause eingeladen. Das war höchst ungewöhnlich, wir waren noch nie in seiner Privatwohnung gewesen.

Nach dem Essen erklärte er uns, er habe uns eingeladen, weil er uns gernhabe und uns warnen möchte: Wir sollten uns auf die richtige Seite stellen, es würde ihm sonst um uns leidtun. Ebenfalls am 24.11.[91] hatte Jutta Siegwart-Gensch einen Termin mit Dr. Lutz, den sie immer noch als ihren Anwalt betrachtete. Er versprach ihr, sich um eine gütliche Beilegung des Konflikts zu bemühen.

Jutta Siegwart-Gensch verfasste vom November 1982 bis Januar 1983 persönliche Notizen, zu denen ich später Zugang bekam. Darin hielt sie fest: »*Es begann am Sonntagabend, 14.11.1982 ... aus heiterem Himmel oder als sich selbst erfüllende Prophezeiung dessen, was Michael K. nach den Tessinferien in den Mitarbeiterbesprechungen heraufbeschworen hatte. Mein Schamgefühl verbietet mir, die näheren Umstände dessen, was sich an jenem Abend – in der Küche der Susenbergstr. – ereignet und abgespielt hat, zu schildern. Der Ausgang war so, dass ich reif war, als Notfall ins Spital eingeliefert zu werden. Um Aufruhr zu vermeiden, ging ich nach Hause. Ich hatte weiche Knie, mein Herz raste die ganze Nacht, ich konnte nicht schlafen.*

Am 16. 11. stelle ich fest, dass in meinem Schrank an der Susenbergstr. eingebrochen worden ist. [...] In den nächsten Tagen vermisse ich das Telefonbuch. Ich erfahre nicht mehr, wer für mich angerufen hat, man richtet mir weder mündlich noch schriftlich aus. Ich stelle mir vor... einer ist in Not und versucht mich zu erreichen aus dem Ausland, wenn er mich nicht erreichen kann, begeht er Suizid. Es macht mich krank. Da ich keine Kraft habe, mich mit dem Telefondienst auseinanderzusetzen, was los ist, was ihnen einfällt, mache ich eine Notiz für das Telefonbuch. [...]

Am 19. November[92] erhalte ich einen eingeschriebenen Brief. Ich kann den Brief nicht lesen, mir wird schwindlig, schwarz vor Augen. Ich kann es nicht fassen, wer da unterschrieben hat ... meine Freunde! Es darf nicht wahr sein, ein böser Traum. Ich habe Angst, verrückt zu werden oder zu sterben. Was soll ich tun? Wie kommt man so etwas bei? Wie ist das zu beheben? Ich rufe Hilfe, breche zusammen.

Nachts, wenn ich nicht schlafen kann, schreibe ich:

Liebe Freunde
Wenn ich den Brief vom 15. ds. bestätige, möchte ich feststellen, dass es sich hier um etwas Unmögliches handelt, für das ich keine Worte

finde, ausser, dass ich alle Beteiligten dringend bitte, dieses Schreiben zurückzunehmen, um eine furchtbare Blamage von verhängnisvollen, verheerenden Auswirkungen für die Zürcher Schule und lebensgefährlichen Folgen für manche Teilnehmer zu vermeiden.

Dieser Vorfall ist derart gefährlich, dass er so schnell wie möglich aus der Welt geschafft werden muss und in absolute Vergessenheit geraten muss. Sollte auch nur einer davon erfahren, dadurch irritiert und in seinem Vertrauen erschüttert werden und damit gehindert werden, psychologische Hilfe in Anspruch zu nehmen, wäre das ein Unglück, das uns nie wieder froh werden liesse und unser Gewissen zeitlebens belasten würde. [...]

Weil Herr L. mich gekannt hat, hat er mir vertraut und meine Mitarbeit an der Psychologischen Lehr- und Beratungsstelle unterstützt. Die Tonbandaufnahmen der letzten Jahre, die mich Herr L. machen liess, belegen diesen Tatbestand auf das eindrücklichste.

Ich hoffe sehr, dass das Vertrauen wiederhergestellt werden kann und das Unrecht, welches mir in Bezug auf meine Arbeit, insbesondere meine Mitarbeit in der Beratung und Ausbildung und im Archiv, geschehen ist, wiedergutgemacht werden kann.

Ich bin selbstverständlich jederzeit gern bereit, an eine Mitarbeiterbesprechung zu kommen, soweit dies mein Gesundheitszustand erlaubt. Ich schlage einen Termin am Sonntag vor und bitte um rechtzeitige Benachrichtigung der genauen Daten.

Mit freundlichen kollegialen Grüssen und vorzüglicher Hochachtung

Ich kann mich nicht verständlich machen, es hat keinen Sinn. Ich möchte schreien. Ich versuche es mir zu erklären, es übersteigt mein Fassungsvermögen. Nachts rede ich mit den Freunden. Ich phantasiere: Lasst mich leben!«[93]

Von den Personen, denen Jutta Siegwart-Gensch vom Brief erzählt hatte, fanden sich etwa fünfzehn zusammen und bemühten sich um eine Lösung des Konflikts. Wir trafen uns öfter am Abend und besprachen, was zu tun sei. Inzwischen liefen aber bereits »Informationsgespräche«, in denen die zwölf Unterzeichner andere Mitarbeiter und Teilnehmer über das Verbot informierten.

Jutta Siegwart-Gensch zeigte meinem Mann und mir den Entwurf eines Antwortbriefs an die zwölf Unterzeichner. Wir fanden, sie sollte diplomatisch sein und nicht auf Konfrontation gehen. So versandte sie dann folgenden Brief vom 25.11.1982, dessen abgeschwächte Formulierungen alle auf unseren »guten Rat« zurückzuführen sind:

»Liebe Kollegen
Ihr Schreiben vom 15. November d.J. hat mir sehr zu denken gegeben und mich zu einer kritischen Reflexion veranlasst.

Ich ersuche Sie mir mitzuteilen, in welchen Fällen ich die ärztliche Sorgfaltspflicht verletzt und das Zusammenwirken verweigert haben soll. Bitte stellen Sie mir die entsprechenden Unterlagen wie Bänder und Gesprächsabschriften zur Verfügung, damit ich diesen Vorwürfen nachgehen kann.

Ganz dringend bitte ich Sie, die Menschen, die sich bei mir Hilfe versprechen und die zu mir eine Vertrauensbeziehung haben, von der telefonischen Kontaktaufnahme mit mir nicht fernzuhalten, damit sie nicht in Not kommen. Erteilen Sie bitte dem Telefondienst entsprechende Weisungen, dass mich betreffende Anrufe mir ausgerichtet werden. [...]

Bitte bedenken Sie bei der Beurteilung meiner Person, dass ich erst durch Friedrich Liebling zum sprachlichen Ausdruck befähigt wurde und dass mir der Austausch auch heute oft noch Mühe bereitet. Diese Arbeit ist für mich – genauso wie für Sie – mein Herzblut und ich bin zuversichtlich, dass wir eine Lösung der anstehenden Fragen finden werden.«[94]

Schreiben konnte Jutta Siegwart-Gensch schon immer hervorragend. Sie hatte aber längere Zeit Mühe, in einer Gruppe zu sprechen. Alle konnten miterleben, wie sie 1980 damit begann, in vielen Gruppengesprächen kurz Stellung zu nehmen. Dabei konnte sie oft in einem einzigen Satz den Kern der Sache so präzis ausdrücken, wofür andere einen ganzen Vortrag gebraucht hätten. 1982 sprach sie meistens mit, und schon seit einigen Jahren führte sie Einzel- und Gruppengespräche. Deshalb war dieses Bittgesuch völlig unangebracht. Später wurde dieser Satz vor Gericht durch das Dreiergremium und dessen Anwälte böswillig benutzt, um Jutta Siegwart-Gensch als unfähige Person hinzustellen.

Nach diesem Brief hinterlegte Annemarie Buchholz-Kaiser eine Notiz für Jutta Siegwart-Gensch: »*Wann können wir das Gespräch vom 15. November nachholen? Wir haben eine schöne, verantwortungsvolle Aufgabe für Sie bereit! Geht es besser am Montag, den 4. Dezember um 13.00 Uhr oder am Dienstag, den 5. Dezember, ebenfalls 13.00 Uhr? Herzlich A. Kaiser.*«[95] Auch Heinz Hug schrieb Jutta Siegwart-Gensch am 30.11.: »*Wir sind gerne bereit, die von Ihnen in Ihrem Brief vom 25. November d.J. aufgeworfenen Fragen mit Ihnen zu besprechen.*«[96] Und er schlug die gleichen Termine wie Annemarie Buchholz-Kaiser vor. Beide hatten sich im Datum geirrt, es ging um Montag, den 6. und Dienstag, den 7. Dezember.

Jutta Siegwart-Gensch antwortete: »*Liebe Kollegen, die von Ihnen vorgeschlagenen Termine, insbesondere den Zeitpunkt der Besprechung (Mo, Di 13.00 Uhr) finde ich unglücklich. Ich schlage Ihnen daher vor, dass wir das Gespräch auf Sonntag, den 12. Dezember d.J. 15.00 Uhr verlegen, damit wir genügend Zeit und Ruhe haben, die anstehenden Probleme durchzubesprechen. Auch schlage ich Ihnen vor, dass wir unser Gespräch vor allem auf die Wiederaufnahme meiner Arbeit (so wie es sich gehört) und die Wiederherstellung meines guten Rufes konzentrieren.*«[97] Heinz Hug teilte ihr aber mit, »*dass es uns leider nicht möglich ist, das gewünschte Gespräch an dem von Ihnen vorgeschlagenen Zeitpunkt zu führen. Wir schlagen Ihnen nochmals den Montag- bzw. Dienstagsmittag (13. Dezember 1982, 13.00 Uhr oder 14. Dezember 1982, 13.00 Uhr) vor. Wollen Sie uns bitte möglichst bald mitteilen, welcher der von uns vorgeschlagenen Termine für Sie geeigneter ist.*«[98] Hierauf bestätigte Jutta Siegwart-Gensch den Termin vom 14.12. um 13 Uhr, und: »*Ich hoffe, dass es uns gelingen wird, den Frieden und die Freundschaft in unserer Gemeinschaft wiederherzustellen, so dass wir wieder eine Grundlage haben, in Ruhe zusammenzuarbeiten.*«[99]

Jutta Siegwart-Gensch wandte sich auch schriftlich an den Stiftungsrat und dessen Präsidenten Leopold König:

»*Sehr geehrter Herr Präsident, Sehr geehrte Damen und Herren Stiftungsräte*

Gestatten Sie mir, dass ich mich in einer akuten Notlage an Sie wende mit der dringenden Bitte um Hilfe. Ich fühle mich bedroht

*durch die Vorfälle seit Sonntagabend, den 14. November d.J. Ich ver-
stehe nicht, was vor sich geht; es muss sich um einen Irrtum handeln.*

*Ich ersuche um Aufklärung und Wiedergutmachung des mir an-
getanen Leides, insbesondere um Rückgabe der aus meinem Schrank
in der Susenbergstrasse entwendeten Gegenstände; Zurücknahme des
Schreibens vom 15. November d.J. (s. beiliegende Kopie); Wiederherstellung der guten Sitten und des Anstandes; Wiederherstellung des
guten Einvernehmens zwischen mir und allen Mitarbeitern, insbesondere dem Telefondienst; Wiedereröffnung des freien Zutritts zu
allen Einrichtungen, die ich für meine Arbeit benötige, insbesondere
die Schreibstube, das Archiv, die Bibliothek – zusammenfassend: Wiederherstellung meiner Rechte als Mitarbeiterin der Psychologischen
Lehr- und Beratungsstelle, die mir Friedrich Liebling gewährt hat.*

*Da die momentane Situation für mich unerträglich und für mei-
ne Analysanden unhaltbar ist, bitte ich um umgehende Wiedergutmachung.«*[100]

Auf diesen Brief erhielt sie keine Antwort.

Vorkommnisse im Dezember 1982

Jutta Dierks rief meinen Mann und mich am 12.12. an. Sie hatte
ebenfalls ein Mitarbeitsverbot erhalten. Zuvor war sie auf den 19.11.
zu einem Gespräch *»unter vier Augen«* an die Susenbergstrasse
eingeladen worden; zum vereinbarten Zeitpunkt wurde sie jedoch
in einen Saal des Restaurants Rigiblick gebeten, wo gegen 40 Personen warteten. Sie bemühte sich später um die Tonbandaufnahme, erhielt sie jedoch nicht.

Danach bekam sie ebenfalls einen Brief mit Datum vom 6.12.
1982 und dem Briefkopf *»Psychologische Lehr- und Beratungsstelle
Friedrich Liebling«*; er war unterzeichnet von den drei *»rechtlich Verantwortlichen«* und Heinz Hug. Ihr wurde vorgeworfen, *»im letzten
halben Jahr durch Ihre Stellungnahmen wiederholt Vertrauensbeziehungen in schwerwiegender Weise gestört und Misstrauen unter den
Teilnehmern der Beratungsstelle gesät«* zu haben. Ihre Handlungsweise und ihre Reaktion auf die Stellungnahme der Unterzeichner hätten gezeigt, dass ihr *»die psychologische Einsicht und das
notwendige Gefühl für die Anforderungen der psychologischen Hilfe-*

leistung« fehle. Daher müssten ihr die Unterzeichneten mitteilen, dass sie »*im Rahmen der Psychologischen Lehr- und Beratungsstelle Friedrich Liebling keine Einzel- und Gruppengespräche führen«* könne. Sollte sie den Wunsch haben, »*im Bereich der psychologischen Hilfeleistung tätig zu sein«*, müssten die Unterzeichner sie »*dringend darauf aufmerksam machen, dass diese schwere Aufgabe eine weitere Vertiefung Ihrer Charakteranalyse erforderlich«* mache.[101]

Jutta Dierks las mir und meinem Mann den Brief am Telefon vor. Es war uns klar, dass diese unwahren und ehrverletzenden Beschuldigungen lediglich als Vorwand dienten, sie aus der Mitarbeitergemeinschaft auszuschliessen und die Diskussion über verschiedene geheim gehaltene Vorgänge zu unterdrücken. Wir waren empört und auch verzweifelt. An der Psychologischen Lehr- und Beratungsstelle wurde doch niemand ausgeschlossen! Wir befürchteten, es könnte uns dasselbe passieren. Was war zu tun? Diese Ausschlüsse und Diffamierungen sollten sofort rückgängig gemacht werden. Aber wie? Und weshalb machten so viele mit? Sogar langjährige Mitarbeiter/innen, denen wir mit Achtung begegnet waren und von denen wir so viel lernen konnten und immer noch gerne weiter gelernt hätten!

Am selben Tag wandte ich mich schriftlich an Annemarie Buchholz-Kaiser. Ich bezog mich auf die Briefe an Jutta Siegwart-Gensch und Jutta Dierks: »*Diese Vorfälle machen jedem Menschen, der davon hört, grosse Angst. Hier, an der Psychologischen Lehr- und Beratungsstelle haben wir einen Ort gefunden, wo der Mensch nicht abgelehnt und ausgeschlossen wird. Wenn dieses Prinzip eingeführt wird, dann ist die ganze psychologische Arbeit auf Sand gebaut. Die psychologische Hilfeleistung besteht ja darin, dass der durch die unsachgemässe Erziehung abgeschreckte Mensch beginnen kann, beim Gesprächspartner und in der psychologisch geführten Gruppe Vertrauen zum Wesen Mensch, zu seinem Artgenossen, zu fassen und dadurch mehr Beziehungsfähigkeit und mehr Gemeinschaftsgefühl entwickeln kann. Nur wenn weder er noch ein anderer abgelehnt oder ausgeschlossen wird, kann er es ins Auge fassen, seine Angst aufzugeben und Vertrauen zu fassen. Wenn er aber miterlebt, dass über jemanden schlecht gesprochen wird oder dass gegen einen, der einen Fehler begangen haben soll, ohne gründlichere Abklärung so-*

gar eine solche Massnahme ergriffen wird, dann kann der Mensch die Angst nicht aufgeben und nicht gesund werden. Ich möchte Sie bitten, dahingehend zu wirken, dass die Vorwürfe ganz genau abgeklärt werden, dass z.B. in einem Kreis von 300 Teilnehmern und Mitarbeitern die Bänder nachgehört und die Vorfälle besprochen werden.«[102] Weiter bat ich darum, die entsprechenden Tonbänder nachhören zu können. Zum Schluss erklärte ich, ich hätte jetzt ganz offen meine Gedanken festgehalten und würde sehr gerne mit ihr darüber sprechen. Auf diesen Brief erhielt ich keine Antwort.

Am 14.12. um 13 Uhr fanden sich etwa zehn Personen an der Susenbergstrasse 53 ein, darunter auch ich. Wir waren der Bitte von Jutta Siegwart-Gensch, sie zum Gespräch zu begleiten, gefolgt, wurden aber nicht in den Gesprächsraum gelassen. Jutta Siegwart-Gensch blieb den zwölf Unterzeichnern praktisch allein gegenübergestellt. Sie berichtete nachher, dass sie nicht habe sprechen können und mehrmals befürchtet habe, ohnmächtig zu werden.

Am folgenden Tag schrieb sie an das Dreiergremium:

»Ihr Verhalten seit Sonntagabend, dem 14. November d.J. ist für mich derart unfassbar, ja unheimlich – ich kenne das nicht von Schülern und Mitarbeitern von Herrn Friedrich Liebling, mit denen ich jahrelang in gegenseitiger Wertschätzung und Vertrauen, Frieden und Freundschaft, zusammengearbeitet und gelernt habe –, dass mir gestern Mittag die Sinne geschwunden sind. Besonders dass unsere Freunde, bei denen ich während der letzten Wochen liebevolle Pflege gefunden habe und die mich in aufopferungsvoller Weise mehrfach aus Zuständen körperlicher und seelischer Erschütterung – in welche ich durch die Erlebnisse seit Sonntagabend, den 14. November gekommen bin – gerettet haben, dass diesen Menschen die Demütigung, draussen vor der Tür bleiben zu müssen, nicht erspart blieb, hat mich so schwer getroffen, dass mir – wie man sagt – ›das Hören und Sehen vergangen ist‹ und ich sprachlos war.«[103]

Sie ersuchte darum, das Gespräch nochmals nachhören zu dürfen; es gehe ihr um die Erkenntnis der Wahrheit und sie werde alles versuchen, um so schnell als möglich Missverständnisse aufzuklären. Sie bat, allen Mitarbeitern und Teilnehmern und insbesondere ihren Ratsuchenden mitzuteilen, dass die Unstimmigkeiten bereinigt werden konnten. Eine Kopie dieses Schreibens liess sie allen Stiftungsräten und Lillian Rattner-Liebling zukommen.

Jutta Siegwart-Gensch bekam die Tonbandaufnahme des Gesprächs vom 14.12. nicht. Wir, ihre etwa zehn übrig gebliebenen Freunde, bemühten uns um ein weiteres Gespräch, das aber nicht zustande kam. In jenem Gespräch war ihr die »*schöne und verantwortungsvolle Aufgabe*« angeboten worden, das Tonbandkassettenarchiv zu betreuen und eine »Edition Friedrich Liebling« vorzubereiten. Nachdem sie aber durch Auswechseln der Schlösser aus ebendiesem Archiv ausgesperrt und durch den Rechtsanwalt unter Hinweis auf Annemarie Buchholz-Kaiser des illegalen Aufnehmens beschuldigt und mit einer Strafanzeige bedroht worden war, erschien dieses Angebot wenig vertrauenerweckend.

Trotzdem versuchten einige unter uns, Jutta Siegwart-Gensch davon zu überzeugen, dieses Angebot anzunehmen und sich mit den ehrverletzenden Beschuldigungen und dem Mitarbeitsverbot abzufinden. Dies führte zu Uneinigkeit, denn andere und auch Jutta Siegwart-Gensch selbst konnten diesen Weg nicht akzeptieren. Wir trafen uns aber weiterhin regelmässig und beratschlagten, was geschehen war, und wie die Katastrophe beendet werden könnte. Am 22.12. schrieben wir an die Unterzeichner der beiden Briefe vom 15. 11. und 6.12., wir hätten eine Kommission gebildet, da ein Gespräch bisher nicht zustande gekommen sei. Deren Untersuchungen hätten ergeben, dass durch die beiden Briefe an Jutta Siegwart-Gensch und Jutta Dierks Menschen in grosse Not gebracht worden seien. Die Kommission habe folgenden Beschluss gefasst:

1   »*Die genannten Briefe werden für ungültig erklärt.*

2   *Die Gemeinschaft wird aufgerufen, das entstandene Unglück zu beheben.*

3   *Zur Klärung der Vorfälle wird eine gründliche Untersuchung im Sinn und Geist von Friedrich Liebling durchgeführt.*

4   *Wir behalten uns vor, mit unserem Anliegen an die ganze Gemeinschaft zu gelangen.*«[104]

Für die Kommission unterzeichneten Peter Schellenberg und Annemarie Richiger, zwei aus unserem Kreis. Der Brief der Kommission blieb unbeachtet.

Allmählich befürchtete ich, auch mein Mann und ich könnten bald ein schriftliches Mitarbeitsverbot erhalten. Zu dieser Zeit nahm ich an vielen Ausbildungsgruppen teil, nur am Freitagvormittag nicht. Am Freitag, 17.12., ging ich dennoch, aber etwas verspätet in jene Ausbildungsgruppe, denn wenn man etwas gegen uns planen würde, dann dort. Der Eingang zu jenem Raum war hinten, sodass diejenigen, die weiter vorne sassen, die Neuankömmlinge nicht gleich sahen. Ich hörte, wie Annemarie Cho soeben davon sprach, mein Mann und ich hätten schwere psychologische Fehler begangen, und zwar in einer bestimmten Ausbildungsgruppe, an der wir stets zusammen teilnahmen. Meine Befürchtung hatte sich bestätigt. Ich verlangte das Mikrofon, das ich nach geraumer Zeit auch tatsächlich bekam und erklärte, ich akzeptiere, wenn man mir Fehler aufzeige, verlange aber, das Tonband nachzuhören und die Vorwürfe zu überprüfen. Zudem wäre ich froh, wenn sich einige melden würden, um mit uns zusammen das Band zu beurteilen. Alle blickten zu Annemarie Buchholz-Kaiser, und sie murrte: »*Dann bekommt sie halt das Band.*« Und es meldeten sich tatsächlich einige, die bereit waren, die Aufnahme nachzuhören. Ein Freund schrieb mir dazu einen Zettel, den ich bis heute aufbewahrt habe:

»Liebe Marianne, Ich verstehe nicht, wieso Ihr Eure sogenannten Fehler besprechen wollt. Wer hat eingeschätzt, dass etwas falsch war? Wer sagt, dass es stimmt? Wer macht keine Fehler? Wer macht es besser als Ihr?«[105]

Diese Notiz ist für mich bis heute der Beweis dafür, dass der Vorfall nicht nur ein böser Traum war. Am Dienstagabend, 21. 12., hörten mein Mann und ich sowie 17 weitere Personen das Gespräch nach; davon existiert noch heute ein Tondokument.[106] Niemand fand einen Fehler, und alle gingen ruhig auseinander.

*

Bereits seit einem halben Jahr und noch verstärkt seit meinem Brief vom 12. 12. hatte ich mich um ein Gespräch mit dem Dreiergremium bemüht. Nun wurden mein Mann und ich zu einem Gespräch auf den 23. 12. um 11 Uhr eingeladen. Neben dem Dreiergremium nahmen acht weitere Personen teil, unter ihnen Heinz Hug, Annemarie Cho sowie Michael Kanitz. Wir nahmen das Gespräch offen auf

Tonband auf, wogegen niemand Einspruch erhob. Später schrieb ich das Gespräch unter Tränen ab, und auch heute noch kann ich diese Stellungnahmen nur mit grosser Mühe lesen. Die Verdrehung der Realität ins Gegenteil, die erniedrigende Behandlung, die krasse Verleumdung von Jutta Siegwart-Gensch und Jutta Dierks waren geeignet, mich an meiner Wahrnehmung zweifeln zu lassen.

Antonio Cho meinte zu Beginn, das Gespräch sollte die Frage klären, wie wir unsere Ausbildung gestalten möchten. Ich drückte allen meine Wertschätzung aus, ich sei froh um den Termin und möchte besprechen, was ich bereits schriftlich angesprochen hätte: *»Es entspricht einfach nicht meinen Vorstellungen, diese Tendenz, wie das ist seit dem Tod von Herrn Liebling. Ich stelle mir das anders vor. Es gefällt mir nicht, die ganze Tendenz gefällt mir nicht. Und zwar empfinde ich, dass die Auseinandersetzung mit der anderen Meinung, wenn jemand eine Frage aufwirft oder wenn jemand etwas anders sieht, dass da die Auseinandersetzung nicht geführt wird, sondern dass man gerade in gewissem Sinn den Betreffenden verleumdet, dass man gegen ihn Stellung nimmt, dass überhaupt Gerüchte zirkulieren.«*[107]

Als Annemarie Buchholz-Kaiser mich unterbrach und fragte, worum es gehe, das sei zu allgemein, bestand ich darauf, dass ich jetzt ausreden möchte. Konkret erwähnte ich, dass man die Tonbänder mit Gesprächen von Friedrich Liebling, unser Lehrmaterial, zu wenig in den Vordergrund stelle – das Archiv war schon längere Zeit geschlossen –, auch dass man eine offene Praxis führen sollte, wo sich alle Mitarbeiter täglich treffen und man Probleme gemeinsam bearbeiten könnte. Zudem führte ich die Briefe an Jutta Siegwart-Gensch und an Jutta Dierks an.

Der weitere Verlauf des Gesprächs drehte sich um diese beiden Briefe. Annemarie Buchholz-Kaiser führte aus, dass mein Mann und ich ja nicht genau informiert seien, dass wir die Hintergründe nicht kennten. Jutta Siegwart-Gensch würde uns nur erzählen, was sie wolle. Es sei ein sorgfältiger Plan ausgearbeitet worden, um ihr zu ermöglichen, weiter in der Gemeinschaft zur Geltung zu kommen. Gespräche könne sie nicht mehr führen, es sei nicht mehr zu verantworten gewesen, *»Patienten«* seien zu Schaden gekommen.

»Wir sind im Spital, und da gibt es genaue Regelungen im Umgang mit den Patienten. Es kann einer nicht mit ungewaschenen

Händen beginnen zu operieren. [...] Wir tragen die Verantwortung, wir zeichnen rechtlich und menschlich nach aussen, wir haben den Bezirksanwalt auf dem Hals, wenn etwas ist. [...] Und da haben wir einen ganz behutsamen, schönen Plan gemacht, wo sie die Gelegenheit hat, die Charakteranalyse weiterzumachen. Und wenn sie soweit ist, dann werden wir gemeinsam vereinbaren, dass sie wieder Gespräche führen kann. Und bis es zu diesem Brief kam, das war eine ganze Vorgeschichte, das ist Schritt für Schritt gegangen.«

Sie alle seien mit einem Minimum an Anordnungen durch diesen Sommer geschlittert: »*Wir haben nur das Allernotwendigste gemacht, wenn die Aussenwelt wüsste, wie wenig wir abgesprochen und angeordnet haben, sie lösten das Ganze auf. Und sie lauern nur darauf, das Gesundheitsdepartement wartet nur darauf, bis sie einen Fall haben, wo sie uns rechtlich nehmen können.*« Besonders würde man auf einen Suizid warten.

Ich fragte, weshalb denn gerade Jutta Siegwart-Gensch nicht mehr mitarbeiten dürfe, wenn man Angst habe vor einem Suizid, sie sei doch Ärztin. Von verschiedenen Seiten hagelte es Begründungen: Sie sei keine Psychologin, sie habe keine Praxisbewilligung, sie sei Ausländerin, sie habe keine Ausbildung, sie sei nicht Psychiaterin.

Annemarie Buchholz-Kaiser forderte die Ärzte auf, etwas über die berufliche Konsequenz zu sagen. Daraufhin verstieg sich ein Psychiater zur Behauptung, Jutta Siegwart-Gensch arbeite mit dem »*schmutzigen Messer*«, das sei ganz klar, und er sei zur Beurteilung gelangt, dass Jutta Dierks »*absichtlich mit dem schmutzigen Messer*« arbeite. Diese absurden Verleumdungen schockierten mich und meinen Mann. Auf meine spätere Entgegnung, Jutta Siegwart-Gensch habe doch bei Friedrich Liebling auch mitgearbeitet und sogar unterzeichnet, sei mit ihm vor Gericht gewesen und habe recht bekommen, hiess es seitens Annemarie Buchholz-Kaiser: »*Man hat sie unterschreiben lassen. Wir haben die Briefe aufgesetzt. Man hat sie unterschreiben lassen, therapeutisch, um sie zu stützen, um ihr Selbstwertgefühl ein wenig zu heben.*«

Auf meinen Einwand, Friedrich Liebling habe Jutta Siegwart-Gensch selbst als Mitarbeiterin bezeichnet, führte sie aus, wir wüssten ja nicht, was er sonst noch gesagt habe. Jutta Siegwart-Gensch wäre nicht so ins Unglück geraten, wenn die andern sie nicht mitgerissen, mitgestossen hätten und dies auch heute noch tun würden. Man habe sich genau überlegt, wie man das ordnen könne, dass keine Patienten zu Schaden kämen.

Später meinte sie sogar, Jutta Siegwart-Gensch könne das nicht *auf dem Rücken der Patienten austragen. Das geht nicht.* Sie habe ihr vorschlagen wollen, nach aussen zu sagen, sie habe jetzt ein halbes oder ein ganzes Jahr keine Zeit für Gespräche, weil sie etwas anderes für den Verlag machen müsse. Und dort wäre tatsächlich *eine Aufgabe, wo ihr Einsatz zur Geltung käme und wo sie die Zusammenarbeit mit uns allen erlernen könnte*.

Antonio Cho meinte, man habe versucht, es nicht an die grosse Glocke zu hängen, sondern dem Einzelnen zuerst die Möglichkeit gegeben, von sich aus mitteilen zu können, dass er jetzt nicht arbeiten könne. Auch bei Jutta Dierks sei es so; wenn sie sich irgendwo in Charakteranalyse begeben möchte, um so weit zu kommen, diese Verantwortlichkeit zu erwerben, um im Namen der Psychologischen Lehr- und Beratungsstelle Gespräche zu führen, sei dieser Weg für sie offen. Bei mir bestehe die gefährliche Tendenz, das umzukehren, die verantwortungsvolle psychologische Arbeit mit dem Ausschluss in Verbindung zu bringen. Solange dieses Gefühl bei mir vorhanden sei, liefe ich Gefahr, *dass dann diese gefährlichen Keime in der Gruppe gesät werden. Das ist wie eine Seuche, das ist das Gefährliche, das ist die Massenpsychose.*

Nun kam das Gespräch wieder auf Jutta Dierks, und Annemarie Buchholz-Kaiser führte aus, Jutta Dierks spiele seit dem ersten Sonntag, nachdem Friedrich Liebling gestorben sei, ein Spiel, und sie lasse nicht locker. Dazu meinte mein Mann: *Ich finde die Frage von Frau Dierks berechtigt, die sie gestellt hat am ersten Sonntag, warum gerade diese drei, warum nicht die fünf. Herr Liebling hat sich das ja ganz genau überlegt.*

Antonio Cho unterbrach: *Also das ist ja dumm, absurd, rede keinen Unsinn!*

Annemarie Buchholz-Kaiser doppelte nach: *Nein, also, das ist dumm! Redet kein dummes Zeug, wo ihr die Sachkenntnis nicht habt. Bei diesen fünf ist es um etwas ganz anderes gegangen. Ich war dabei, ich gehöre ja dazu. Das wollt ihr doch mir nicht weismachen. Jetzt gehen wir wirklich Mittag essen!*

Ein junger Arzt fragte: »*Was ist mit diesen fünf?*«

Darauf Annemarie Buchholz-Kaiser: »*Das war im Stiftungsrat, als die Bauerei im Gange war; damit man nicht für jede kleine Entscheidung den Gesamtstiftungsrat zusammenrufen muss, haben wir einen Ausschuss konstituiert. Da war der Herr Hug, der Herr König, Professor Marthaler.*« Heinz Hug beteuerte: »*Es hat überhaupt nichts zu tun gehabt mit der Praxis von Herrn Liebling, schon gar nicht mit der fachlichen Leitung, das war eine reine Sache der Stiftung.*«

Mein Mann monierte, dass dies eben Fragen wären, die man besprechen sollte. Heinz Hug betonte nochmals, das sei eine interne Massnahme der Stiftung gewesen; Annemarie Buchholz-Kaiser ergänzte: »*Und das war immer klar, dass die fachliche Führung der Praxis, dass das unabhängig blieb von der Stiftung. Selbständig neben der Stiftung. Zwei Sachen, die sich ergänzen.*«

Antonio Cho sagte mit Bestimmtheit: »*Die Leitung der Beratungsstelle ist kein Diskussionspunkt. Wenn wir über etwas sprechen, dann ist das über eure Ausbildung.*«

Michael Kanitz ergänzte, dass auch die Frage, wie die Ausbildung an der Psychologischen Lehr- und Beratungsstelle eingerichtet werden sollte, kein Diskussionspunkt sei. Auf meine Frage, weshalb denn nicht, erklärte Heinz Hug, man müsse zuerst die Voraussetzungen dazu schaffen, um alle diese Fragen besprechen zu können. Schliesslich hielt man meinem Mann und mir noch vor, wir nähmen alles zum Anlass, um Stimmung gegen die Leitung zu machen. Mein Mann wies dies vehement zurück.

Nach diesem Gespräch wagten mein Mann und ich es kaum, Jutta Siegwart-Gensch und Jutta Dierks zu berichten, wie über sie gesprochen wurde. Auch die herablassende Behandlung uns gegenüber, die Vorhalte und Beschuldigungen hatten uns verunsichert. Sahen wir das Ganze nicht richtig?

Aus heutiger Sicht geht Folgendes aus dem Gespräch hervor:

- Das Mitarbeitsverbot gegenüber Jutta Siegwart-Gensch hatte seine Wurzel im Strafverfahren gegen sie und Friedrich Liebling. Die Vorhaltungen und Verleumdungen waren nur ein Vorwand, um ihr die Mitarbeit zu verbieten.
- Das Mitarbeitsverbot gegenüber Jutta Dierks gründete in ihrer Frage am ersten Sonntag nach Friedrich Lieblings Tod. »*Wes-*

halb die drei und nicht die fünf?« Damit war sie dem übergangenen Stiftungsratsbeschluss vom 5.1.1979 auf der Spur, wonach ein fünfköpfiger Ausschuss des Stiftungsrats nach Friedrich Lieblings Tod die Leitung der Stiftung hätte übernehmen sollen. Die Diffamierungen waren lediglich Vorwände, um sie daran zu hindern, dies aufzudecken.

• Es wurde verschwiegen, dass die Trennung zwischen Stiftung und Psychologischer Lehr- und Beratungsstelle erst nach Friedrich Lieblings Tod erfolgte. Auch traf es nicht zu, dass die *»fachliche Leitung«* mit der Stiftung nie etwas zu tun gehabt habe, denn Friedrich Liebling war sowohl Präsident der Stiftung als auch Leiter der Psychologischen Lehr- und Beratungsstelle gewesen. Zudem wurde der fünfköpfige Ausschuss, der die Leitung der Stiftung hätte übernehmen sollen, als *»Baukommission«*[108] dargestellt.

Im Saal des Hotels Spirgarten waren am Abend des 23.12. – der Beginn des Winterkongresses – die Stuhlreihen in Blöcken angeordnet. Ich sah, dass der Saal schon ziemlich voll war, vor mir aber, inmitten von leeren Stuhlreihen, sass Jutta Siegwart-Gensch ganz allein. Schlagartig wurde mir klar, dass sich niemand neben, vor oder hinter sie zu setzen gewagt hatte. Ohne einen Augenblick zu überlegen, setzte ich mich neben sie. Mein Mann setzte sich neben mich und unsere Freunde aus der Wohngemeinschaft neben ihn. So füllte sich auch dieser Block allmählich.

Die letzten zehn Monate hatte ich in grosser Angst gelebt, hatte die Entwicklung beobachtet und mich als Gefangene meiner Angst und Panik gefühlt. Nun, in diesem Moment, als ich mich neben Jutta Siegwart-Gensch setzte, fiel alle Angst von mir ab. Ich hatte mich entschieden, und ich fühlte mich frei.

Die Tatsache, dass Jutta Siegwart-Gensch und Jutta Dierks keine Gespräche mehr führen durften, befremdete und ängstigte viele. Bisher war es so gewesen, dass sich ein Ratsuchender seinen Gesprächspartner selber wählen konnte; es war also eine sehr persönliche Entscheidung.

Ebenso wie der Gesprächspartner nicht angeordnet oder zugeteilt wurde, war es auch noch nie vorgekommen, dass ein Gesprächspartner jemandem weggenommen wurde. Jutta Siegwart-Gensch und Jutta Dierks versuchten die Ratsuchenden zu vertrösten, es handle sich um ein Missverständnis, das sicher bald behoben werde.

Der kleine Kreis jener Personen, die sich um die Zurücknahme der Mitarbeitsverbote bemühten, fragte sich, ob die Töchter Friedrich Lieblings über die beiden Briefe informiert seien. Da die Zeit drängte und die Verbote schon längst hätten rückgängig gemacht werden sollen, schickten wir am 28.12.1982 ein Telegramm nach Amerika, das mein Mann stellvertretend unterzeichnete: Aufgrund der beiden Briefe an Jutta Siegwart-Gensch und Jutta Dierks herrsche eine *»gefährliche, unkontrollierbare Situation«* und *»zunehmende Nervosität unter den Teilnehmern«*. Die Analysanden seien in Not, weitere Auswirkungen seien *»nicht zu verantworten«*. Die Zurücknahme der Schreiben sei *»unerlässlich«*, die Mitarbeit von Jutta Siegwart-Gensch und Jutta Dierks müsse gesichert werden. Wir *»benötigen Ihre Intervention«*.[109]

Während des Kongresses beherbergten wir in unserer Wohngemeinschaft Gäste aus Deutschland. Diese berichteten, dass für auswärtige Kongressteilnehmer spezielle Veranstaltungen an der Susenbergstrasse stattfänden. Auch unsere Gäste waren am Nachmittag des 31.12. zu einer dieser Veranstaltungen eingeladen. Da ich mich fragte, was dort wohl besprochen werde, und ich nichts Gutes vermutete, ging ich ebenfalls hin. Im Raum befanden sich etwa hundert ausländische Kongressteilnehmer sowie etliche Mitarbeiter/innen. Man verkündete soeben, dass Jutta Siegwart-Gensch *»mehrfach in krasser Weise die ärztliche Sorgfaltspflicht verletzt und die Zusammenarbeit verweigert«* habe, und dass Jutta Dierks *»Vertrauensbeziehungen gestört und Misstrauen gesät«* habe; ihre Mitarbeit sei nicht mehr zu verantworten gewesen.

Zitternd am ganzen Körper konnte ich nicht anders: Ich schrie, dies alles sei nicht wahr, man habe überhaupt nichts überprüfen können, die anwesenden Personen sollten diese Dinge nicht glauben, das seien alles gemeine Verleumdungen. Ich erinnere mich noch heute an die weit aufgerissenen Augen einer Frau aus Freiburg, die ich seit Langem kannte. Annemarie Buchholz-Kaiser, die bei der Türe sass, stand auf und machte eine Geste, die alle veranlasste, den Raum sofort zu verlassen. Die auswärtigen Gäste ver-

liessen ebenfalls betreten den Raum, aber niemand sprach mich
an. Am nächsten Tag deutete ein angehender Psychiater meinem
Mann gegenüber an, ich sei wohl geisteskrank geworden und man
sollte mich in die psychiatrische Klinik einweisen.

An diesem Silvesterabend kamen Jutta Siegwart-Gensch und
einige Freunde zu uns nach Hause. Wir fragten uns beklommen,
was wohl das neue Jahr bringen werde. Nach und nach verabschiedeten sich alle, mein Mann fuhr einige Gäste nach Hause. Um Mitternacht sassen Jutta Siegwart-Gensch und ich ganz allein in unserem sonst so stark bevölkerten Haus und stiessen auf das neue Jahr
an. Ich hatte die Ahnung, dass ich bald wohl nicht mehr so viele
Freunde haben würde.

Januar 1983

Am 5.1.1983 schrieb unsere kleine Kommission nochmals an die
Unterzeichner der beiden Briefe: »*Da Sie bis heute gegen den Kom-
missionsbeschluss nicht appelliert haben, Ihr Verhalten aber diesem
Beschluss zuwiderläuft, insbesondere die ›Information‹ der auswärtigen Teilnehmer, erlauben wir uns nochmals, Sie um ein Gespräch
zur Bereinigung der entstandenen Probleme zu bitten.*« Wir schlugen eine Gesprächsrunde vor, bestehend aus den zehn Mitgliedern
unserer Gruppe und den zwölf Unterzeichnern des Briefes an Jutta
Siegwart-Gensch; bei diesen waren auch die vier Unterzeichner
des Briefes an Jutta Dierks. »*Diese Gesprächsrunde sollte wöchentlich so oft tagen, bis eine Lösung gefunden ist, die jeder Teilnehmer
bejahen kann.*«[110] Wir baten um einen Terminvorschlag bis zum
12.1.1983; für uns unterzeichneten wieder Peter Schellenberg und
Annemarie Richiger.

Unser Vorschlag wurde von den Adressaten schlicht ignoriert. Jutta Siegwart-Gensch rannte in dieser Zeit von Briefkasten
zu Briefkasten; um Porto zu sparen, verteilte sie die Briefe eigenhändig. Wir, ihre wenigen verbliebenen Freunde, hatten Angst,
sie könnte sich in ihrer Verzweiflung etwas antun. Aber wir sahen
auch, wie sie sich wehrte, während wir uns ohnmächtig fühlten
und kaum einen Brief zu schreiben imstande waren. Die meisten
Briefe hatte nämlich sie geschrieben, und wir unterzeichneten sie.

Anstelle einer Antwort aus Amerika wurde mein Mann am 7.1.1983 von Antonio Cho an die Susenbergstrasse zitiert, wo dieser, Annemarie Buchholz-Kaiser und Ernst Frei ihm die »*Antwort*« auf das Telegramm ausrichteten. Mein Mann nahm das etwa zehnminütige Gespräch auf Tonband auf und sollte es »*den andern*« vorspielen. Die »*Störaktionen*« hätten sofort aufzuhören, sonst müssten er und »*die andern*« die »*Beratungsstelle*« verlassen. Die Mitarbeitsverbote für Jutta Siegwart-Gensch und Jutta Dierks würden gelten, und ab sofort ebenfalls für ihn und »*die andern*«. Statt auf seine Verwunderung einzugehen, wurde er mit Beleidigungen eingedeckt, unter anderem es gehe ihm und »*den andern [...] ums Geld*«.[111]

Auf die Töchter Friedrich Lieblings hatte ich noch eine kleine Hoffnung gesetzt, obwohl ich und einige andere sie gleichzeitig verdächtigten, in Wirklichkeit hinter all den Änderungen zu stecken. Wir waren ratlos. Manche meinten, wir sollten stillhalten, nur keinen Anlass zu noch mehr Eskalation geben. Ich und einige andere waren der Ansicht, wir hätten schon längst »*Krawall schlagen*« und »*die Kirchenglocken läuten*« sollen, wie Friedrich Liebling es nannte, wenn man einen Konflikt in der grossen Gruppe aufbrachte.

Vor meinem endgültigen Rauswurf informierte ich meine Freunde im Lehrerkurs, die mich seit zehn Jahren kannten und mit denen ich viele Sorgen und Freuden geteilt hatte: »*Bevor ich aus der Zürcher Schule ausgeschlossen werde, wie es mir angedroht wurde, bevor ich Hausverbot bekomme und wegen Hausfriedensbruch eingeklagt werden kann, schlage ich Krawall. Ich zünde meinen Strohsack[112] an, ich habe nichts zu verlieren.*« Dann führte ich aus, Jutta Siegwart-Gensch und Jutta Dierks sei es verboten worden, Einzel- und Gruppengespräche zu führen. Dies sei nun auch meinem Mann und mir, dem Ehepaar Richiger und einigen anderen untersagt worden. Ich legte weiter dar, Jutta Siegwart-Gensch sei vorgeworfen worden, sie habe die ärztliche Sorgfaltspflicht mehrfach verletzt und Jutta Dierks habe Menschen verunsichert. Beide seien aber jahrelang Mitarbeiterinnen bei Friedrich Liebling gewesen, und Jutta Dierks habe einen Kreis in Deutschland aufgebaut. An dieser Stelle unterbrach mich ein Teilnehmer; das Mikrofon wurde ausgeschaltet, mein Protest half nichts. Ich kann mich an zwei Personen erinnern, die aufstanden und riefen, man solle mich ausreden lassen, die übrigen Kolleg/innen sahen mich verlegen an. Ich erinnere mich nicht, dass mich jemand danach angesprochen und näher gefragt hätte.

Mein Votum hatte ich mit niemandem abgesprochen, weil ich befürchtete, dass man mir – wie schon so oft – davon abraten und ich wiederum zum Schweigen verurteilt sein würde. Im kleinen Kreis der Freunde, die sich um die Zurücknahme der Briefe bemühten, wurde meine Tat unterschiedlich beurteilt; die einen meinten, ich sei vorgeprescht, und das würde schaden; die andern waren der Ansicht, es sei mutig und notwendig gewesen.

Die haarsträubenden Verleumdungen, die schon im Gespräch vom 23.12.1982 gegenüber meinem Mann und mir geäussert worden waren, machten nun als Rechtfertigung der Mitarbeitsverbote bei allen Teilnehmern die Runde, und selbst neue Teilnehmer blieben davon nicht verschont.

Jutta Siegwart-Gensch richtete am 11.1.1983 ein weiteres Schreiben an den Stiftungsrat. Sie bezog sich auf ihre beiden vorangegangenen Briefe und hielt fest, es sei ihr unerklärlich, weshalb sie bis heute keine Antwort erhalten habe. Weiter schrieb sie: »*Ich teile Ihnen mit, dass ich die Argumentation, es könne sich bei der Beurteilung meines Falles um psychiatrische Momente handeln, zurückweise. Ich bin weder wahnsinnig geworden noch spiele ich ein Spiel, sondern ich habe diese Schreiben aus sachlichen Gründen, mit kühler Überlegung verfasst, und beanspruche, dass Sie mich für diese Handlungsweise verantwortlich machen. [...] Es ist mir ernst, bitterernst; ich kann nicht mehr zuschauen, wie die Menschen bei uns zu Schaden kommen durch den Unfug, der durch die beiden Briefe an Frau Dierks und an mich verursacht worden ist. Ich kann es nicht mehr verantworten, dass die Menschen, die in die Arbeit der Psychologischen Lehr- und Beratungsstelle ihre Hoffnung gesetzt haben, weiterhin irritiert werden. Ich verlange, dass die Missstände behoben werden, und zwar umgehend. [...] Wir erwarten, dass Sie alles in Ihrer Macht Stehende unternehmen, um die Arbeit der Psychologischen Lehr- und Beratungsstelle zu retten, d.h. die guten Sitten wiederherzustellen und ein friedliches Zusammenleben aller Beteiligten wieder zu gewährleisten.*«[113]

Am 13.1.1983 wurde im Stiftungsrat diskussionslos dem Antrag einer Stiftungsrätin stattgegeben, dass Jutta Siegwart-Gensch einen einzigen Antwortsatz auf dieses Schreiben erhalten solle. Dieser lautete: »*Bezugnehmend auf Ihr Schreiben vom 11. Januar d.J. teilen wir Ihnen mit, dass Sie sich an die Weisungen der Leitung der Psychologischen Lehr- und Beratungsstelle zu halten haben.*«[114] Unterzeichnet war dieser Brief »*im Auftrag des Stiftungsrates*« von Heinz Hug.

Am 14.1.1983 hatte Jutta Siegwart-Gensch einen Termin bei Dr. Lutz, ich begleitete sie. Dieser eröffnete uns gleich, dass er uns nicht anhören könne: Er vertrete die Leitung der Psychologischen Lehr- und Beratungsstelle. Seine Idee eines gemeinsamen Gesprächs, die er letztes Mal geäussert habe, sei nicht realisierbar, er habe keine derartige Weisung der Leitung. Es tue ihm leid, uns verabschieden zu müssen.[115]

* |

Stiftungsratspräsident Leopold König trat am 13.1.1983 zurück, was mit zehn »*Ja*«, einem »*Nein*« und zwei Enthaltungen angenommen wurde. Heinrich Reinfried wurde zum neuen Präsidenten gewählt.[116] Erst im Januar 2000 erfuhr ich von der Korrespondenz aus jener Zeit zwischen Leopold König und dem Dreiergremium. So schrieb er am 20.1.1983 an Annemarie Buchholz-Kaiser, er sei »*angesichts der Entwicklung, welche die Arbeit an der Psychologischen Lehr- und Beratungsstelle und in der Stiftung seit dem Tode von Friedrich Liebling genommen*« habe, bereit, »*Hand zu bieten zu einer friedlichen Loslösung meiner Mitarbeit von der Psychologischen Lehr- und Beratungsstelle*«. Dieser Schritt falle ihm äusserst schwer, da er während 25 Jahren Schüler von Friedrich Liebling gewesen sei und in den letzten etwa zehn Jahren am Aufbau der Psychologischen Lehr- und Beratungsstelle mitgewirkt habe und als vollbeschäftigter Mitarbeiter tätig gewesen sei.

»*Mit dieser Trennung muss ich eine grosse Hoffnung begraben, die mich seinerzeit bewogen hat, meine Stelle als gewählter Berufsschullehrer aufzugeben – es wird mir auch schwerfallen, getrennt von vielen geschätzten Kollegen arbeiten zu sollen und einen Teil der Hilfesuchenden, die mir ihr Vertrauen entgegenbringen, nicht mehr zu beraten. Trotz alledem ist mir sehr daran gelegen, dass die Loslö-*

*sung in Ruhe und im gegenseitigen Einvernehmen geschehen kann,
wie Du selber mir mehrmals vorgeschlagen hast.«*

Im Weiteren bot er an, bis Ende April seine Mitarbeit aufzulösen und in einer gemeinsamen Erklärung seine Gründe für die
Trennung verbindlich festzuhalten. Sein Vorschlag lautete: *»Unterschiedliche Auffassungen über die Entwicklung der Arbeit an der
Psychologischen Lehr- und Beratungsstelle seit dem Tode von Friedrich Liebling haben dazu geführt, dass der langjährige Mitarbeiter
Leopold König sich veranlasst sieht, im gegenseitigen Einvernehmen,
aus der Praxis der Psychologischen Lehr- und Beratungsstelle Friedrich Liebling auszuscheiden.«*[117]

Die drei »rechtlich Verantwortlichen« reagierten bereits am
26.1.1983:

»Lieber Leo

*In Deinem Brief vom 20.1.1983 teilst Du uns mit, dass Du Dich von der
Psychologischen Lehr- und Beratungsstelle Friedrich Liebling trennen willst. Wir akzeptieren Deinen Entschluss und bedauern, dass es
für Dich nicht denkbar ist, mit uns, der Leitung und den Mitarbeitern
der Psychologischen Lehr- und Beratungsstelle Friedrich Liebling,
gemeinsam weiterzulernen und tätig zu sein, um die Arbeit unseres
Lehrers Friedrich Liebling fortzusetzen. Um weitere Spannungen zu
vermeiden, ist es sicher folgerichtig für Deinen Entschluss, wenn Du
Deine Tätigkeit im Rahmen unserer Beratungsstelle schon jetzt einstellst; wir nehmen an, Du bist mit dieser für uns alle empfehlenswerten Lösung auch einverstanden.*

*Die Entschädigung in der von Friedrich Liebling festgesetzten
Höhe wird Dir bis Ende April überwiesen werden. Eine Bestätigung
Deiner Ausbildung und Mitarbeit unter Friedrich Liebling werden wir
Dir so bald als möglich zustellen. Wir wünschen Dir für Deinen Lebensweg guten Erfolg. Solltest Du je einmal persönlich unsere Hilfe
benötigen, kannst Du Dich gerne an uns wenden.«*[118]

Am 6.2.1983 teilte Leopold König Annemarie Buchholz-Kaiser sein
Befremden darüber mit, dass sie und ihre beiden Mitleiter nicht
auf seinen Vorschlag einer gemeinsamen Erklärung an alle eingegangen seien. Zur Auflösung seines Arbeitsverhältnisses per Ende
April sei es ihm unverständlich, *»warum dieser Umstand schon am*

22.1. (also zwei Tage nach der Niederschrift meines Briefes) den Teilnehmern der Ärztegruppe eröffnet wurde. Wozu soll diese Eile gut sein? In der Folge bin ich sofort von vielen Menschen angesprochen worden, die bereits orientiert waren, und auch unsinnige Aussagen über die Motive meines Ausscheidens zu machen wussten.«[119]

* |

Mein Mann und ich hatten am 13.1. schriftlich an den Stiftungsrat appelliert. Wir bezogen uns auf die beiden Schreiben an Jutta Siegwart-Gensch und Jutta Dierks und hielten fest: »*Da man uns bisher weder von der psychologischen Richtigkeit dieser Schreiben noch vom Wahrheitsgehalt der Vorwürfe überzeugen konnte, sind wir der Meinung, dass diesen beiden geschätzten Mitarbeitern Unrecht geschieht.*« Diese unsere Haltung habe nun zu einer »*abscheulichen Verunglimpfungskampagne*« geführt. Aber: »*So geht es nicht. Natürlich kann keiner von uns verlangen, dass, wenn Lügen und Diffamierungen über uns verbreitet werden, wir uns nicht dagegen zur Wehr setzen werden. Selbstverständlich werden wir uns des Schmutzes erwehren in Wort und Schrift. Es sei denn, der Anstand werde wiederhergestellt. Wir beantragen, dass eine Untersuchungskommission von neutralen Personen eingesetzt wird, welche die Bänder überprüft und mit den Betroffenen spricht. Weiter beantragen wir, dass das Ergebnis in der Roten Villa bekannt gegeben wird.*«[120]

Jutta Siegwart-Gensch reagierte am 18.1.1983 auf das Schreiben des Stiftungsrates, in dem ihr beschieden wurde, sich »*an die Weisungen der Leitung*« zu halten. Sie erachte diese Antwort als »*unangemessen und den Ernst der Situation verkennend*«. Es sei für sie eine Gewissensfrage, den Stiftungsrat davon zu unterrichten, »*dass an der Psychologischen Lehr- und Beratungsstelle in letzter Zeit schwere Irrtümer passiert sind, wodurch mir und anderen Teilnehmern der Psychologischen Lehr- und Beratungsstelle grösstes Unrecht geschehen ist*«. Die Misere sei auf menschliches Versagen zurückzuführen: »*Indem diejenigen, die rechtlich die Verantwortung für die Psychologische Lehr- und Beratungsstelle übernommen haben, es – trotz meinen Appellen und Warnungen – versäumt haben, richtig Stellung zu nehmen, Missverständnisse abzuklären und Irrtümer richtigzustellen, haben die sich daraus ergebenden Beleidigungen und Fehler aufgrund der Autoritätsgläubigkeit der Menschen nach und nach für viele Geltung bekommen. So konnte es soweit kommen, dass es heute beinahe zum guten Ton gehört, gewisse Menschen zu verletzen.«*

Eine solche Situation sei untragbar. Das Einzige, was uns in dieser Situation retten könne, sei, uns auf unseren Lehrer zu besinnen, der gesagt habe: »*Wenn wir Verantwortung sagen, meinen wir, dass jeder die Verantwortung für sein Tun und Lassen übernimmt. Das ist gemeint; nicht, dass wir jemandem die Verantwortung übergeben: er soll verantworten! Nein, das machen wir nicht! Das machen die andern, das geschieht am andern Ufer. Wir lernen, Verantwortung zu übernehmen, Verantwortung zu tragen.«*

Sie appellierte an die Stiftungsräte »*als diejenigen, die für den Aufbau und Betrieb der Psychologischen Lehr- und Beratungsstelle zuständig seien, für die Wiederherstellung des Friedens an der Psychologischen Lehr- und Beratungsstelle besorgt zu sein, und ihre Verantwortung wahrzunehmen, den guten Ruf aller Teilnehmer wiederherzustellen, die guten Sitten und den Anstand wiedereinzuführen, und Störungen des Arbeitsfriedens im Sinn und Geist von Friedrich Liebling abzuklären.«*[121]

Alle Briefe blieben unbeantwortet.

Am 21. 1. 1983 schickte ich für das »*Komitee für eine Zusammenarbeit in Frieden, Freiheit und Gleichheit*« das ausführliche »*Ergebnis unserer Beratungen*« an den Stiftungsrat, verbunden mit der Bitte, uns mitzuteilen, in welcher Form es verlautbart werden könnte.

Das Komitee stellte fest, die beiden Briefe enthielten »*schwere Beleidigungen der beiden Mitarbeiterinnen und Verletzungen unserer Prinzipien*«. Anhand verschiedener Zitate Friedrich Lieblings wurden die psychologischen Ursachen solcher Vorkommnisse zu erklären versucht. Um die Sache aus der Welt zu schaffen, sollten sie als Witz abgetan oder als Beleidigung und schwerer Fehler behandelt werden. Auch verschiedene Möglichkeiten zur Prophylaxe solcher Vorkommnisse schlug das Komitee vor.[122]

Laut meiner damaligen Agenda hatten Jutta Siegwart-Gensch, Jutta Dierks sowie mein Mann und ich am 21. 1. 1983 einen Anwalt aufgesucht, den uns Karl Sonderegger empfohlen hatte. Wie ich mich erinnere, riet uns dieser von rechtlichen Schritten ab. Die neue Leitung habe offenbar gleich nach Friedrich Lieblings

Tod ein Fait accompli geschaffen, und dagegen sei man machtlos. Wir könnten ins Restaurant Zürichberg gehen, dort Gruppen und Gespräche abhalten und sagen, wir seien die Zürcher Schule. Er meinte damit wohl, dass wir selber die Zürcher Schule weiterführen und uns mit den Mitarbeitsverboten und Verleumdungen abfinden sollten. Ich konnte mir diesen Weg aber nicht vorstellen.

Jutta Siegwart-Gensch unternahm mit einem »*offenen Brief*« an den Stiftungsrat und die Gemeinschaft noch einen weiteren Schlichtungsversuch. Sie bezog sich auf den Entscheid des Komitees und teilte mit, dass »*unser guter Ruf als der ernster Schüler von Friedrich Liebling wiederhergestellt*« sei und »*wir ab sofort unsere Mitarbeit an der Psychologischen Lehr- und Beratungsstelle in alter Weise wiederaufnehmen, d.h. wir arbeiten in eigener Verantwortung und in Kooperation mit allen, die im Sinn und Geist von Friedrich Liebling zusammenarbeiten*«. Weiter fügte sie an, es sei uns »*eine Ehre und eine Pflicht, dem Vermächtnis unseres Lehrers getreu die Arbeit weiterzuführen, und wir freuen uns auf die Zusammenarbeit in Frieden, Freundschaft, Freiheit und Gleichheit mit allen Mitarbeitern der Psychologischen Lehr- und Beratungsstelle*«. Sie schloss mit einem Zitat von Adolph Freiherr von Knigge aus dem Jahre 1768, der selber auch Opfer von Rufmord geworden war: »*Vor allen Dingen aber soll man sich hüten, jedem elenden Geschwätz, womit böse oder schwache Menschen zum Nachteile unserer Freunde unsere Ohren erfüllen, Glauben beizumessen.*«[123]

In einem ausführlichen Brief an die Töchter Friedrich Lieblings am 21. Januar 1983 legten mein Mann und ich unsere Meinung dar. Eine Kopie dieses Briefes versandten wir an die Mitglieder des Stiftungsrates, an die Unterzeichner der beiden Briefe an Jutta Siegwart-Gensch und Jutta Dierks sowie an hundert langjährige Teilnehmer der Psychologischen Lehr- und Beratungsstelle.

Wir hielten anfangs fest, dass wir um das Lebenswerk Friedrich Lieblings und um die vielen Menschen, die sich hier bewegten, in grosser Sorge seien. Nach unserem Telegramm hätten uns Annemarie Buchholz-Kaiser, Ernst Frei und Antonio Cho ausgerichtet, »*dass die ›Störaktionen‹ sofort aufzuhören hätten, dass wir keine Einzelgespräche mehr im Rahmen und in den Räumen der Psychologischen Lehr- und Beratungsstelle führen dürften, und, falls wir uns*

nicht daran hielten, wir an der Psychologischen Lehr- und Beratungs-
stelle nicht bleiben könnten.« Wir fragten sie, ob diese Antwort
wirklich in ihrem Sinn sei. Und: *»Dann möchten wir Ihnen mittei-*
len, dass wir sehr gerne bereit wären und es immer waren, die anste-
henden Schwierigkeiten im Guten zu bereinigen. Könnten Sie uns
als Vermittlerinnen dabei behilflich sein?«

Sodann nahmen wir Bezug auf die über uns zirkulierenden Gerüchte und Diffamierungen, zählten einige auf und wiesen sie zurück, insbesondere auch die Behauptung, dass wir stören und sogar
das Lebenswerk Friedrich Lieblings zerstören würden. Die gegenwärtige Aufregung und Verzweiflung vieler Menschen sei darauf
zurückzuführen, dass die Leitung grobe Fehler begehe und, statt sie
zurückzunehmen, sie als richtig darstelle und durch Unwahrheiten und Gerüchte zu untermauern suche. *»Das macht die Menschen*
krank, sie bekommen Angst, dass man über sie auch einmal so sprechen
könnte. Dadurch ist die psychotherapeutische Situation gestört.«[124]

Die beiden Briefe müssten zurückgenommen werden; damit
würden sich viele Menschen bereits beruhigen. Weiter sollte die
sogenannte Strukturierung, die Einteilung in Mitarbeiter und Teilnehmer, diskutiert werden; die Arbeit der Psychologischen Lehr-
und Beratungsstelle basiere auf der gegenseitigen Hilfe, der Freiheit
und Gleichheit. Auch sollte wieder eine offene Praxis in der Roten
Villa eingerichtet werden, wodurch das gegenseitige Lernen und
die gegenseitige Kontrolle gewährleistet wäre. Ebenfalls sollte das
Lernen anhand unseres Lehrmaterials, der Tonbänder und Videos
über Gespräche mit Friedrich Liebling, wieder gepflegt werden.
Nach Auskunft zweier Anwälte spreche der Datenschutz nicht dagegen, insbesondere bei Personen, die damit einverstanden wären.

Zum Schluss baten wir, unsere Einwände ernst zu nehmen
und sachlich zu prüfen.

Februar 1983

Am 1.2.1983 appellierte Jutta Siegwart-Gensch schriftlich an die
Mitarbeiterinnen des Telefondienstes. Es seien nun bereits zweieinhalb Monate vergangen, seit sie von diesen als nicht mehr exis-
tent behandelt werde. *»Ihr habt eine grosse Verantwortung. [...] Ihr*

dürft den Menschen keine Unwahrheiten erzählen und sie damit in Not bringen. Ich appelliere an Euch: Sagt denen, die für mich anrufen, die Wahrheit! Sagt ihnen, dass ich wieder da bin und sehr gerne mit ihnen sprechen werde.«[125]

Am 7.2. erhielt sie zwei Antwortschreiben. Eine Mitarbeiterin hielt fest: »*Du appellierst an mich, denen, die für Dich anrufen, die Wahrheit zu sagen. Das habe ich bis heute getan: Du bist von der Leitung und von Mitarbeitern der Psychologischen Lehr- und Beratungsstelle darauf aufmerksam gemacht worden, dass Du wiederholte Male die ärztliche Sorgfaltspflicht verletzt hast – und – dass Du nicht auf die Zusammenarbeit und Kontrolle eingehst. Nachdem Du der wiederholten Einladung der Mitarbeiter zu einem Gespräch nicht gefolgt bist, musste man Dir schriftlich mitteilen, dass Du, bevor Du Deiner Charakteranalyse nicht weiter nachgegangen bist, im Rahmen der Psychologischen Lehr- und Beratungsstelle keine psychologischen Beratungen mehr durchführen kannst. Wieso schreibst Du davon nichts? Warum stellst Du in Deinem Brief alles auf den Kopf?*«[126] Die andere drohte: »*Wenn Du nicht aufhörst mit Deinen Störaktionen, Deinen Belästigungen, werde ich unverzüglich an die Leitung der Psychologischen Lehr- und Beratungsstelle gelangen, mit der Bitte, etwas zu unternehmen, damit Du mich und meine Sache, mein Engagement an der Zürcher Schule in Ruhe lässt und Dir Dein Wirkungsfeld ausserhalb der Psychologischen Lehr- und Beratungsstelle suchst.*«[127]

Ebenfalls am 7.2. wurde Jutta Siegwart-Gensch an der Susenbergstrasse, wo sie wie immer ihr Frühstück einnahm, von einer Kollegin angefahren: »*Was machen Sie da? Trinken Sie Ihren Kaffee woanders, wir brauchen das da nicht!*« Und als sie am folgenden Tag mit einem Ratsuchenden zusammensass, betrat eine Kollegin das Zimmer und sagte: »*Das ist Hausfriedensbruch. Ihr wisst ja, wo die Tür ist. Gehen Sie!*«[128]

Am 9.2.1983 ging ich an die Spyristrasse, wo ein Schüler mich zum Lernen erwartete. Im Treppenhaus wurde mir von einigen Kolleg/innen der Weg verstellt, ich wurde aufgefordert, dieses Haus zu verlassen, ich hätte hier nichts zu suchen. Eine Kollegin, mit der ich früher besonders gut zusammengearbeitet hatte, bezeichnete mich als Mörderin und versprach, dies vor dem Richter zu wiederholen. Es gelang mir nicht, zu meinem Schüler vorzudringen, und ich wurde physisch gezwungen, ihn und alle meine anderen Schüler im Stich zu lassen. Monate später erfuhr ich von seiner Mutter, der ich zufällig auf der Strasse begegnete, ihr Sohn sei wütend gewesen, weil ich nicht mehr erschienen sei; ich hätte doch versprochen, mit ihm auf die Aufnahmeprüfung für die Sekundarschule zu lernen.

Am 8. oder 9.2. erhielten mein Mann und ich einen eingeschriebenen Brief vom 7.2.1983 mit dem Briefkopf »*Psychologische Lehr- und Beratungsstelle Friedrich Liebling*«, unterzeichnet von Annemarie Buchholz-Kaiser, Ernst Frei und Antonio Cho: »*In unserem Gespräch vom 6. 1. 1983 haben wir Sie darauf aufmerksam gemacht, dass die Störaktionen sofort einzustellen sind oder, wenn nicht, Sie die Beratungsstelle zu verlassen hätten. Der Brief an Frau Dr. Rattner und Frau Grob, den Sie angekündigt haben, an 100 Teilnehmer zu verschicken, sowie weitere Störaktionen zwingen uns, Ihnen mitzuteilen, dass Sie ab sofort nicht mehr an den Kursen, Lehrgängen und sonstigen Veranstaltungen der Psychologischen Lehr- und Beratungsstelle Friedrich Liebling teilnehmen können. Ihre blaue Ausbildungskarte müssen Sie umgehend zurückschicken.*«[129]

Auch Jutta Siegwart-Gensch erhielt einen eingeschriebenen Brief mit gleichem Datum, gleichem Briefkopf und gleichen Unterzeichnern: »*Wir kommen zurück auf unser Schreiben vom 15.11.82, worin wir Ihnen mitgeteilt haben, dass Sie keine Einzel- und Gruppengespräche im Rahmen der Psychologischen Lehr- und Beratungsstelle Friedrich Liebling mehr führen dürften. Da Sie sich seither in keiner Weise an die Anordnung gehalten haben, ziehen wir unser im Gespräch vom 14. Dezember 1982 gemachtes Angebot betr. Mitarbeit im Verlag zurück. Ausserdem machen wir Sie darauf aufmerksam, dass das in Ihrem ›offenen Brief‹ vom 30.1.1983 angekündigte Vorgehen rechtliche Folgen haben wird. Ende dieses Monats erlischt Ihr bisheriges Stipendium der Psychologischen Lehr- und Beratungsstelle, desgleichen Ihre Möglichkeit zur Verpflegung an der Susenbergstr. 53.*«[130]

Wie ich erst im Jahr 2000 erfuhr, erhielt gleichzeitig auch Leopold König einen eingeschriebenen Brief: »*Wir nehmen Bezug auf unser Schreiben vom 26.1.1983, worin wir Dir mitgeteilt haben, dass wir Deinen Entschluss zur Trennung von der Psychologischen Lehr- und Beratungsstelle Friedrich Liebling akzeptieren und Dir vor-*

geschlagen haben, Deine Tätigkeit bei uns jetzt schon einzustellen. Bisher hast Du weder auf diesen Brief reagiert noch Deine Tätigkeit bei uns eingestellt. Nach allem, was geschehen ist, sind wir nun nicht mehr einverstanden, dass Du weiterhin in den Räumen unserer Beratungsstelle arbeitest. Darum teilen wir Dir mit, dass Du ab sofort jede Tätigkeit im Rahmen und in den Räumen der Psychologischen Lehr- und Beratungsstelle Friedrich Liebling unterlassen musst. Wir fordern Dich auf, Deine persönlichen Effekten bis Freitag, 11. Februar 1983 aus dem Beratungszimmer an der Hochstr. 1 zu entfernen. Wie wir in unserem letzten Brief bereits festgehalten haben, wird Dir der monatliche Betrag, in der von Friedrich Liebling festgesetzten Höhe, noch bis Ende April überwiesen werden.«[131]

* |

Im Stiftungsrat kam es zu Veränderungen. Bereits am 16. Dezember 1982 war auf Empfehlung von Dr. Lutz ein Anwalt für die Stiftung, Dr. Christoph Jezler, akzeptiert worden.[132] Am 1. März 1983 wurde das Rücktrittsschreiben von Peter Fuchs verlesen, und Karl Sonderegger trat während der Sitzung zurück. Danach wurden in der gleichen Sitzung sieben neue Stiftungsratsmitglieder gewählt. Es handelte sich ausnahmslos um Personen, die die Vorgehensweise des Dreiergremiums in den letzten Monaten mit Wort und Tat unterstützt hatten, darunter Annemarie Cho und Michael Kanitz.[133]

März 1983

Am 8.3.1983 veröffentlichte das »Schweizerische Handelsamtsblatt«, es sei am 21.2.1983 eine »*Psychologische Lehr- und Beratungsstelle Friedrich Liebling AG*«, in Zürich 7, Susenbergstr. 53, neu gegründet worden. Dem Verwaltungsrat gehörten an: Erna Grob-Liebling, Bürgerin in Philadelphia USA, als Präsidentin, Annemarie Buchholz-Kaiser, Ernst Frei und Antonio Cho, alle mit Kollektivunterschrift zu zweien. Der Zweck war wie folgt umschrieben: »*Weiterführung der von Friedrich Liebling sel., in Zürich, gegründeten und betriebenen psychologischen Lehr- und Beratungsstelle als Lehr-, Forschungs- und Beratungszentrum für Ehe- und Erziehungsberatung, Berufs- und Studienberatung, psychologische Diagnostik, psychologische Abklärung und Behandlung von Kindern und Jugendlichen sowie Psychotherapie und Gruppentherapie mit nichtwirtschaftlicher, ideeller und gemeinnütziger Zielsetzung, welche darin besteht, psychologische Erkenntnisse und Hilfeleistung für möglichst breite Kreise der Bevölkerung fruchtbar werden zu lassen; kann ferner Kurse, Tagungen, Seminare und Kongresse veranstalten und vertreibt unter dem Namen ›Verlag Psychologische Menschenkenntnis‹ Bücher, Broschüren und Zeitschriften; ist auch berechtigt, Grundeigentum an- und zu verkaufen.«* Weiter hiess es, die neu gegründete AG übernehme »*das unter der im Handelsregister nicht eingetragenen Einzelfirma ›Psychologische Lehr- und Beratungsstelle Friedrich Liebling‹ in Zürich geführte Geschäft«.*[134]

In der Öffentlichen Urkunde vom 18.2.1983, die man beim Handelsregisteramt einsehen und kopieren lassen konnte, stand, es seien an diesem Datum Erna Grob-Liebling, Lillian Rattner-Liebling, Annemarie Buchholz-Kaiser, Ernst Frei und Antonio Cho im Amtslokal erschienen und hätten Folgendes zu Protokoll gegeben:

1 *»Unter dem Namen Psychologische Lehr- und Beratungsstelle Friedrich Liebling AG gründen wir hiermit gemäss den Bestimmungen des Schweizerischen Obligationenrechts eine Aktiengesellschaft mit Sitz in Zürich.*

2 *Das Aktienkapital der Gesellschaft beträgt CHF 200 000, und ist eingeteilt in 200 Namenaktien à nom. 1000 Franken, welche wir wie folgt zu pari übernehmen: Frau Erna Grob-Liebling 99 Aktien, Frau Dr. Lillian Rattner-Liebling 98 Aktien, Frau Dr. Annemarie Buchholz-Kaiser 1 Aktie, Herr Dr. Ernst Frei 1 Aktie, Herr Antonio Cho 1 Aktie.*

3 *Es liegt uns ein vom 18.2.1983 datierter Sacheinlagevertrag vor. Danach übernimmt die in Gründung begriffene Gesellschaft von Frau Erna Grob-Liebling und Frau Dr. Lillian Rattner-Liebling, als Erbinnen des Friedrich Liebling sel., Zürich 7, einen Teil seines unter der im Handelsregister nicht eingetragenen Einzelfirma ›Psychologische Lehr- und Beratungsstelle Friedrich Liebling‹ in Zürich geführten Geschäftes gemäss Übernahmebilanz per 1.1.1983, wonach die Aktiven 700 000 Franken und die Passiven 500 000 Franken betragen, zum Preise von 200 000 Franken.«*

Unter Ziffer VII wurde Lillian Rattner-Liebling für eine erste Amtsdauer von einem Jahr als Kontrollstelle erkannt.[135]

Bei genauem Lesen fällt auf, dass im Handelsregisteramtsblatt *das Geschäft* stand, während gemäss Urkunde nur *ein Teil* des angeblichen Geschäfts übernommen wurde.

Der Zweck der »*Psychologischen Lehr- und Beratungsstelle Friedrich Liebling AG*« war als »*nichtwirtschaftlich, ideell und gemeinnützig*« festgelegt worden. Hierbei ist zu beachten, dass – im Unterschied zu einer gemeinnützigen Stiftung – keine staatliche Behörde die Gemeinnützigkeit einer AG kontrolliert, und dass dieser Zweck durch Mehrheitsbeschluss der Aktionäre jederzeit abgeändert werden kann. Zudem hatte die »*Stiftung Psychologische Lehr- und Beratungsstelle*« keinen Einfluss auf die AG, da sie nicht Aktionärin war.

Ich weiss nicht mehr, wann ich von der Gründung der AG erfuhr. Aus heutiger Sicht ist klar, dass die Verbote vom 7.2.1983 gegenüber Jutta Siegwart-Gensch, Jutta Dierks, meinem Mann und mir wie auch Leopold König den Zweck hatten, ungestört die AG gründen zu können. Hätten wir noch frei sprechen können, hätten wir wohl unangenehme Fragen gestellt. Gleichzeitig wurden durch die Verbote auch alle übrigen Personen eingeschüchtert, sodass sie kaum Kritik zu äussern wagten.

Stiftungsaufsichtsbeschwerde vom 17.3.1983 von Jutta Siegwart-Gensch | 3.8

Am 17.3.1983 erhob Jutta Siegwart-Gensch »*als Schülerin und Mitarbeiterin von Friedrich Liebling [...] stellvertretend auch für andere Schüler Friedrich Lieblings*« eine Beschwerde an das Eidgenössische Departement des Innern als Aufsichtsbehörde [EDI].

In einem ersten Punkt wandte sie sich gegen die Verbote, Weisungen und Ausschlüsse in den Briefen vom 6.12.1982 an Jutta Dierks, vom 7.2.1983 an mich und meinen Mann und vom 15. 11.1982, 14.1.1983 und 7.2.1983 an sie. In einem zweiten Punkt beanstandete sie die Schliessung des Tonbandkassettenarchivs. Sie beantragte die Nichtigerklärung der genannten Briefe, die Wiederherstellung des guten Rufes aller Betroffenen und die Wiedereröffnung des Tonbandarchivs. Als vorbeugende Massnahmen zur Verhinderung weiterer Fehlentscheide beantragte sie die Bestellung eines Beirates für die verantwortlich Zeichnenden der Psychologischen Lehr- und Beratungsstelle, bestehend aus dem zurückgetretenen Stiftungsratspräsidenten Leopold König, ihr selbst und mir sowie eine Ergänzung des Stiftungsrates ebenfalls durch Leopold König sowie den zurückgetretenen Stiftungsrat Peter Fuchs und sechs weiteren Personen.

In der Begründung erklärte sie, die getroffenen Verbote seien gegen den Willen des Stifters gerichtet, willkürlich und unbegründet und sie verstiessen gegen den Stiftungszweck. Sie verletzten viele Menschen in ihren seelischen Gütern und hätten zu einer Störung der Arbeit der Psychologischen Lehr- und Beratungsstelle geführt. Der Stiftungsrat habe es nicht vermocht, dem Stifterwillen Nachachtung zu verschaffen.

An ihrem persönlichen Beispiel stellte sie die erlittene seelische Unbill unter Berücksichtigung ihrer Geschichte dar. Sie berichtete vom Aufbau und von der Funktion des umfangreichen Tonbandkassettenarchivs und über ihre weiteren Tätigkeiten zu Lebzeiten Friedrich Lieblings. Danach schilderte sie die Situation nach Friedrich Lieblings Tod. In einem zweiten Teil der Beschwerde begründete sie, weshalb die Psychologische Lehr- und Beratungsstelle seit Herbst 1982 nicht mehr im Sinn und Geist des Gründers geleitet werde, insbesondere, warum die verfügten Massnahmen gegen den Willen des Stifters und gegen den Stiftungszweck verstiessen.

Dass angesehene Schüler von Friedrich Liebling, die bemüht seien, in seinem Sinn weiterzuarbeiten, mit Arbeitsverboten und Ausschlüssen belegt wurden, stelle eine schwere Verletzung seelischer Güter für die Empfänger der Briefe dar, »*bei denen es sich um geschätzte Schüler und bewährte Mitarbeiter Friedrich Lieblings handelt, an deren charakterlicher Integrität und an deren stiftungsmässigen Voraussetzungen nie der geringste Zweifel bestanden hat*«. Deren guter Ruf sei so sehr geschädigt worden, dass »*sie die Geächteten einer Gesellschaft geworden sind, für die sie z.T. jahrelang alles eingesetzt haben*«. Zum andern seien die Mitarbeitsverbote und Ausschlüsse auch eine Verletzung der seelischen Güter für »*die rat-*

und hilfesuchenden Menschen, die z.T. in jahrelanger Arbeit von den Betroffenen betreut und psychologisch beraten wurden, indem durch die Beeinträchtigung deren guten Rufes ihr Vertrauen erschüttert und zerstört wurde, so dass sie behindert oder überhaupt gehindert worden sind, weiterhin psychologische Hilfe in Anspruch zu nehmen.« Auch bei vielen Teilnehmern seien seelische Güter verletzt worden, indem sie *»durch Gerüchte und falsche Informationen über die Vorfälle irritiert worden«* seien.

Dass die Mitarbeitsverbote und Ausschlüsse gegen den Willen und die Gesinnung des Stifters gerichtet seien, begründete sie damit, dass dieser sein ganzes Lebenswerk darauf gegründet habe, *»jeden Menschen mitzunehmen, ungeachtet seiner Herkunft, Weltanschauung, Bildung, finanziellen Situation«*. Zu dieser prinzipiellen Unrechtmässigkeit komme hinzu, dass die Verbote und Ausschlüsse in den vorliegenden Fällen willkürlich und unbegründet seien; die Argumente in den Briefen hielten einer Überprüfung nicht stand und seien diffamierend.

Jutta Siegwart-Gensch bat die Stiftungsaufsicht um eine gründliche Untersuchung der Geschehnisse seit Friedrich Lieblings Tod. Dabei sei zu beachten, dass im derzeitigen Stiftungsrat die drei rechtlich Verantwortlichen und die Erbinnen Friedrich Lieblings grosses Gewicht hätten, weil der Stiftungsrat seit Friedrich Lieblings Tod verändert worden sei. Abschliessend betonte sie, es sei Friedrich Lieblings Wille gewesen, *»dass seine Arbeit nach seinem Tode weitergeführt werden solle, so wie sie war, und dass die von ihm begründete Stiftung dafür sorgen solle«*. Das Versagen sei *»auf eine Überforderung aller Beteiligten und Anfangsschwierigkeiten«* zurückzuführen. *»Um so grösseren Nachdruck legen wir auf eine Berichtigung und Behebung aller gegen den Geist Friedrich Lieblings verstossenden Massnahmen. Wir tun dies im Dienst an allen, denen das Lebenswerk von Friedrich Liebling am Herzen liegt; wir dienen damit auch öffentlichen Interessen.«*

Sie appellierte an die Stiftungsaufsicht: *»Wir wenden uns an Sie als diejenigen, die darüber wachen, dass die Stiftung im Sinn und Geist des Stifters verwaltet wird, mit der höflichen Bitte, die Rückgängigmachung der erwähnten Massnahmen zu veranlassen und unserem Antrag auf Wiedergutmachung und Prävention stattzugeben.«*[136]

In einem Nachtrag beantragte Jutta Siegwart-Gensch am 2.5. 1983 die sofortige Sicherstellung des Tonbandarchivs: »*Wie ich erst jetzt erfahren habe, soll das Archiv der Tonbandaufzeichnungen aus der Praxis von Friedrich Liebling überarbeitet werden, d.h. es könnten Passagen auf den Tonbändern gelöscht werden. Ich bin über diese Nachricht in allergrösster Sorge, da diese Korrektur vermutlich von Menschen vorgenommen wird, die mit der Materie zu wenig vertraut sind, so dass die Gefahr besteht, dass das wissenschaftliche Werk von Friedrich Liebling verstümmelt werden könnte.*

Da ich – infolge der Zerstörung meines guten Rufes – als Einzige, die das Tonbandmaterial sachkundig und im Sinn und Geist Friedrich Lieblings handhaben könnte, momentan keinen Einfluss nehmen kann und auch keine Möglichkeit sehe, dass der jetzige Stiftungsrat sich der Sache annehmen kann, wende ich mich an Sie mit dem Ersuchen, dass das Tonbandmaterial sofort sichergestellt wird, bis meine Stellung als Kennerin und Sachwalterin des Archivs wiederhergestellt ist.«[137]

Der Chef der Stiftungsaufsicht und stellvertretende Generalsekretär des EDI, Fürsprecher Bernhard Hahnloser, stellte der Stiftung die Beschwerde am 29.3.1983 zu und gab dieser eine Frist zur Stellungnahme bis zum 29.4.1983. Am 22.4. teilte Dr. Jezler mit, die Stiftung habe ihn mit der Beantwortung der Beschwerde beauftragt, er reichte eine Vollmacht ein und bat um Fristerstreckung bis zum 19.5. Am 5.5. bestätigte die Aufsichtsbehörde gegenüber Jutta Siegwart-Gensch den Empfang ihres Nachtrags sowie den Erhalt einer Stellungnahme des ehemaligen Stiftungsrats Peter Fuchs und teilte ihr mit, dass die Frist zur Beantwortung der Beschwerde bis zum 19.5. erstreckt worden sei. Mit einem Schreiben vom 19.5. stellte der Stiftungsanwalt ein weiteres Fristerstreckungsgesuch mit der Begründung, der Entwurf der Rechtsschrift liege vor, müsse aber noch mit dem Stiftungsrat durchbesprochen werden. Die Beschwerdeantwort datierte dann vom 3.6.1983.

Peter Fuchs hatte in einem Schreiben vom 26. 4. 1983 der Aufsichtsbehörde einleitend mitgeteilt, Jutta Siegwart-Gensch habe ihn Mitte März über ihre Stiftungsaufsichtsbeschwerde informiert. Weiter hielt er fest: »*Ich habe seit dem Jahre 1954 die Gelegenheit gehabt, Herrn Liebling als Schüler zu beobachten, wie er – entgegen der damaligen Meinung seiner Kollegen – mit Erfolg ver-*

suchte, bedeutend grösseren Gruppen von Menschen jeglichen Standes und jeglicher Weltanschauung psychologische Hilfe zu geben. Dieser Durchbruch in der Psychologie gelang Herrn Liebling nur, weil er streng auf Offenheit achtete, jedermann sich frei äussern konnte, keiner beleidigt werden durfte und niemand weggewiesen wurde.

Ich bin am 2. Februar 1983 aus dem Stiftungsrat ausgetreten, weil die Mehrheitsverhältnisse im Stiftungsrat verhindert haben, auf die dem Stifterwillen zuwiderlaufende Personalpolitik einzuwirken. Schwerwiegende Beschwerden engster Mitarbeiter von Friedrich Liebling wurden im Stiftungsrat nicht einmal besprochen. Am meisten betroffen machten mich die Ausschlüsse, weil diese in krassem Widerspruch zu den Erkenntnissen und den Erfolgen der psychologischen Arbeit von Friedrich Liebling stehen.

Mit diesem Schreiben bestätige ich die Berechtigung der Beschwerde von Frau Dr.med. Jutta Siegwart-Gensch.«[138]

Mit Schreiben vom 24.6.1983, unterzeichnet von Fürsprecher Hahnloser, beantwortete das EDI die Beschwerde von Jutta Siegwart-Gensch folgendermassen: *»Inzwischen haben wir die Angelegenheit ebenfalls einer näheren Untersuchung aus der Warte der Stiftungsaufsicht unterzogen und geprüft, ob Anlass zu einem Einschreiten von Amtes wegen vorhanden ist. Aufgrund der klaren und eindeutigen Ausführungen seitens der Stiftung kommen wir als Stiftungsaufsichtsbehörde zum Schluss, dass keinerlei Statutenverletzung vorliegt und dass kein Grund besteht, von Amtes wegen Aufsichtsmassnahmen im Sinne Ihrer Beschwerde bzw. Anzeige vom 17. März 1983 zu treffen.*

Folgende Punkte sind zu betonen:

1 *In ihren Ausführungen weist die Stiftung darauf hin, dass zwischen der ›Stiftung Psychologische Lehr- und Beratungsstelle‹ einerseits sowie andererseits der Einzelfirma von Friedrich Liebling bzw. heute der Aktiengesellschaft (›Psychologische Lehr- und Beratungsstelle Friedrich Liebling AG‹) unterschieden werden muss. Als Zweck der Stiftung wird insbesondere der ›Aufbau und Betrieb‹ der Psychologischen Lehr- und Beratungsstelle als Lehr-, Forschungs- und Beratungszentrum genannt. Diesen Zweck erfüllte und erfüllt die Stiftung namentlich dadurch, dass sie Liegenschaften erwarb und deren Räumlichkeiten der*

Psychologischen Lehr- und Beratungsstelle (früher Einzelfirma, jetzt eine AG) für deren Tätigkeit zur Verfügung stellte bzw. stellt. Ausserdem organisiert die Stiftung noch Kongresse, Arbeitstagungen sowie Ferienlager für Kinder und Jugendliche.

Der springende Punkt ist der, dass wir es also mit zwei verschiedenen Rechtssubjekten zu tun haben. Die Stiftung Psychologische Lehr- und Beratungsstelle trat keineswegs etwa an die Stelle der Einzelfirma ›Psychologische Lehr- und Beratungsstelle Friedrich Liebling‹. Vielmehr führte Friedrich Liebling die letztere auch nach der Errichtung der Stiftung rechtlich unverändert bis zu seinem Tode weiter. Nachher trat die erwähnte Aktiengesellschaft an die Stelle der Einzelfirma. Personen, die psychologische Beratung suchten, an Gruppentherapien teilnahmen, Kurse besuchten etc., traten in Rechtsbeziehung allein zur Psychologischen Lehr- und Beratungsstelle Friedrich Liebling (heute zur AG), nicht aber zur Stiftung. Die bei den Therapien, Kursen etc. mitwirkenden Lehrkräfte waren Mitarbeiter – sei es im Auftrags- oder Arbeitsverhältnis – der Einzelfirma (heute AG), nicht der Stiftung. Umgekehrt sind Begünstigte der Stiftung nicht die einzelnen Ratsuchenden oder Lehrgangsteilnehmer, auch nicht die Mitarbeiter, sondern begünstigt war und ist die Psychologische Lehr- und Beratungsstelle, d.h. früher die Einzelfirma, jetzt die AG als deren Rechtsnachfolgerin. [...]

2 *Bezüglich der in der Beschwerde geschilderten Vorgänge und Vorwürfe im einzelnen darf auf die entsprechenden widerlegenden Ausführungen in der beigelegten Vernehmlassung der Stiftung verwiesen werden. Mit Recht kommt die Stiftung zusammenfassend zum Schluss bzw. kann feststellen, dass sich die namhaft gemachten Divergenzen ausnahmslos im Bereich der Beratungsstelle, d.h. der früheren Einzelfirma von Herrn Friedrich Liebling bzw. deren jetzigen Rechtsnachfolgern (AG) abspielen. Es handelt sich einerseits um Probleme, welche den fachlichen und administrativen Bereich der Lehr- und Beratungsstelle betreffen (beispielsweise die Frage des Zugangs zum Archiv der Tonbänder), andererseits um privatrechtliche Anstände mit den Rechtsnachfolgern der Einzelfirma (beispielsweise die Fortsetzung eines angeblich bestehenden Arbeitsverhältnisses), was*

allenfalls von den Zivilgerichten zu entscheiden wäre. Jedenfalls ist die Stiftung hierfür nicht zuständig. Umso weniger wäre daher die Stiftungsaufsicht berechtigt, hier in irgendwelcher Weise allenfalls einzugreifen. [...]

3   *Gemäss Bundesgerichtspraxis ist die Stiftungsaufsicht in ihren Kontrollbefugnissen beschränkt und daher keineswegs der weitergehenden Vormundschaftsaufsicht gleichzustellen. In den Ermessensbereich des Stiftungsrates kann sie sich nicht einmischen.*

Da weder eine Statutenverletzung (Verletzung des Stiftungszweckes) noch ein Ermessensmissbrauch oder eine Ermessensüberschreitung seitens der Stiftung festzustellen ist, wird hiermit Ihrer Beschwerde bzw. Anzeige vom 17. März 1983 keine weitere Folge gegeben. Auf die Erhebung von Kosten wird verzichtet.«[139]

Eine Kopie des Schreibens ging an Dr. Jezler als Rechtsvertreter der Stiftung.

Erst später erfuhren Jutta Siegwart-Gensch und ich, dass dieser Brief kein Entscheid über ihre Aufsichtsbeschwerde war. Zu jedem Entscheid einer Behörde gehört die Angabe, an welche höhere Instanz der Entscheid weitergezogen werden kann. Fehlt diese sogenannte Rechtsmittelbelehrung, ist ein grundlegendes Prinzip eines fairen Verfahrens verletzt. In diesem Sinne war der Brief lediglich eine unverbindliche, persönliche Mitteilung der Aufsichtsbehörde, und die Beschwerde war eigentlich weiterhin hängig.

Dem Schreiben des EDI waren – neben der Beschwerdeantwort der Stiftung – auch ein Brief von Leopold König beigelegt, der mich traurig stimmte. Darin hatte er Annemarie Buchholz-Kaiser am 12.4.1983 mitgeteilt, er habe von Jutta Siegwart-Gensch erfahren, dass sie eine Aufsichtsbeschwerde eingereicht habe und dass er selber in dieses »*Unterfangen*« einbezogen worden sei. »*Ich lege grossen Wert darauf, in aller Deutlichkeit festzuhalten, dass ich mit der Planung und Durchführung dieser Beschwerde nichts zu tun habe.*« Er habe im Gegenteil mehrere Male mit Nachdruck festgehalten, »*dass ich in keinem Fall auf irgend eine Weise in Unternehmungen im Zusammenhang mit der Psychologischen Lehr- und Beratungsstelle einbezogen werden möchte. Die Tatsache, dass dieses Anliegen nicht respektiert wurde, macht mir sehr zu schaffen.*«[140]

Die Beschwerdeantwort der Stiftung vom 3.6.1983 las ich mit zunehmender Empörung. Dr. Jezler versuchte im Namen der Stiftung, die Beschwerdeführerin Jutta Siegwart-Gensch persönlich unglaubwürdig zu machen. Unter anderem behauptet er, sie sei »*im Jahre 1974, als damals aus psychischen Gründen arbeitsunfähige junge Medizinerin, in die Beratungsstelle der Psychologischen Lehr- und Beratungsstelle gekommen*«. Weitere Ausführungen betrafen ihre berufliche Tätigkeit sowie Teilnahme an Kursen und am Lehrgang der Psychologischen Lehr- und Beratungsstelle: »*Sie tat sich darin sehr schwer, da ihr einerseits die theoretischen Grundlagen fehlten und sie andererseits sehr gehemmt war und noch jahrelang in Gegenwart mehrerer Menschen nicht sprechen konnte (auch keine Fragen stellen, was sich für ihr Fortkommen sehr erschwerend auswirkte).*« Und er stellte ihre Tätigkeit als »*Schülerin und Mitarbeiterin von Friedrich Liebling*« in Abrede. Sie habe nie den »*Status einer Mitarbeiterin*« gehabt, sie sei »*lediglich Lehrgangsteilnehmerin*« gewesen, sogar »*ein Sorgenkind – wenn auch ein sehr anhängliches*«. Ihre Leistungen im Zusammenhang mit dem Tonbandkassettenarchiv wurden abgetan: Sie sei nicht dessen Begründerin. »*Um ihr Selbstwertgefühl zu steigern*« habe man ihr lediglich »*kleinere Aufgaben*« übertragen; dazu habe auch »*die Bedienung des Tonbandgerätes des Praxiszimmers*« gehört.

Zu den Vorgängen nach Friedrich Lieblings Tod wurde behauptet, Jutta Siegwart-Gensch habe »*in eigener Regie*« mit einzelnen Personen »›*psychologische Beratung*‹« [im Original unter Anführungszeichen!] zu machen begonnen, sei dazu aber »*weder seelisch ausgeglichen genug*« gewesen, noch habe sie »*über die nötigen fachlichen Kenntnisse*« verfügt. Dies habe zu einer »*untragbaren Situation*« geführt, vor allem deshalb, weil sie »*den unter ihre Fittiche genommenen Ratsuchenden erklärte, die Mitarbeiter der Beratungsstelle würden in verschiedener Hinsicht ›falsche‹ Auffassungen vertreten. In einigen Fällen führte dies zu einer schwerwiegenden Gefährdung der Ratsuchenden.*« Man habe sie zu einem Gespräch eingeladen, aber sie sei nicht erschienen. Daraufhin hätten sich die Leitung und die beteiligten Mitarbeiter »*genötigt*« gesehen, ihr den Brief vom 15.11.1982 zu schreiben. In dieser Zeit sei auch bekannt geworden, dass sie noch über Tonbänder verfüge, die zum »*engsten Praxisnachlass von Herrn Liebling*« gehört hätten. Erst auf schriftliche Aufforderung des Anwalts der Erbinnen habe sie diese Tonbänder herausgegeben. Trotz ihres Verhaltens hätten Leitung und Mitarbeiter der Psychologischen Lehr- und Beratungsstelle aber »*aus Mitleid*« immer noch überlegt, »*auf welchem Weg die Beschwerdeführerin weiterhin psychisch gestützt werden könnte*«. Deshalb habe man ihr angeboten, »*im Rahmen des Verlags ›Psychologische Menschenkenntnis‹ bei den Vorbereitungsarbeiten für die Edition des Werkes von Herrn Liebling mitzuhalten*«. Aber von ihr sei keine »*vernünftige Antwort*« gekommen. Daraufhin habe man sich veranlasst gesehen, mit dem Schreiben vom 7.2.1983 »*einen Schlussstrich*« zu ziehen und ihr die »*Sozialunterstützung*« von 500 Franken zu streichen, »*die sie von Herrn Liebling monatlich erhalten hatte und die ihr die Beratungsstelle nach dessen Tode weiterhin gewährt hatte*«.

Um sie als Archivarin zu diskreditieren, wurde auch das Schreiben von Dr. Wehinger vom 16.11.1982 an Jutta Siegwart-Gensch erwähnt und beigelegt. Dieser hatte sie – unter Berufung auf eine Mitteilung von Annemarie Buchholz-Kaiser – beschuldigt, Gespräche »*ohne Wissen von Herrn Friedrich Liebling und seiner Gesprächspartner aufgenommen*« zu haben, und mit einer Strafanzeige gedroht.

Zusammenfassend folgerte die Stiftung, »*dass die Beschwerdeführerin Beziehungen nur zur Psychologischen Lehr- und Beratungsstelle, d. h. der Einzelfirma von Friedrich Liebling, hatte. Sie war dort Lehrgangsteilnehmerin. Zur Stiftung hatte sie keine Beziehungen.*«

Anwalt Jezler äusserte sich auch im Namen der Stiftung über unsere Gruppe der Ausgeschlossenen, für deren Rehabilitation sich Jutta Siegwart-Gensch eingesetzt hatte. Darin wurde das »*Komitee für eine Zusammenarbeit in Frieden, Freiheit und Gleichheit*« als Unruhestifter dargestellt, die zwar den Bereich der »*Beratungsstelle*« störten, aber nur über ein kleines Umfeld verfügten. Deren schriftliche Äusserungen würden Zeugnis dafür ablegen, »*dass unter 3000 Ratsuchenden bzw. Kurs- und Lehrgangsteilnehmern auch schwierige Menschen sein können*«. Zu betonen sei, »*dass diesen wenigen störenden Kurs- und Lehrgangsteilnehmern rund 3000 andere gegenüberstehen, die sehr zufrieden sind, dass die Nachfolger von Friedrich Liebling sich um eine geordnete und seriöse Weiterführung der Beratungsstelle bemühen«.* Insbesondere unter den Ärzten und Medizinstudenten herrsche Empörung *»über die unverantwortlichen Aktionen und Stellungnahmen der Beschwerdeführerin und ihres kleinen Umfeldes«.* Schliesslich sprach die Stiftung auch diesem *»kleinen Umfeld«* jegliche Beziehung zur Stiftung ab.

Zum Tonbandarchiv hiess es, es sei Sache der *»Rechtsnachfolger der Einzelfirma von Herrn Liebling, [...] wem sie Tonbandaufnahmen von Gruppengesprächen, die Friedrich Liebling geleitet hatte, zugänglich machen wollen. Auch hier kann und will sich die Stiftung nicht einmischen.«* Schliesslich sprach Dr. Jezler Jutta Siegwart-Gensch eine Beschwerdelegitimation ab; diese habe Probleme mit der *»Psychologischen Lehr- und Beratungsstelle Friedrich Liebling und deren Rechtsnachfolgern«,* nicht aber mit der Stiftung.[141] Diese *»Anstände«* seien privatrechtlicher Natur und müssten allenfalls von den Zivilgerichten entschieden werden.

Die unwahren Darstellungen über Jutta Siegwart-Gensch und die Gruppe der Ausgeschlossenen liessen mich nun auch an den Ausführungen über die Rechtsverhältnisse zweifeln. Die Stiftung hatte nämlich in der Einleitung ausgeführt, Friedrich Liebling habe 1958 mit der Durchführung von Gruppengesprächen begonnen; daraus sei allmählich ein umfassendes Lehr- und Beratungszentrum entstanden. Er habe dieses bis zu seinem Tode unter der Bezeichnung *»Psychologische Lehr- und Beratungsstelle Friedrich Liebling«* als *»nicht im Handelsregister eingetragene Einzelfirma«* geführt. Seit dem 18.2.1983 sei nun die *»Psychologische Lehr- und Beratungsstelle Friedrich Liebling AG [...] faktisch und rechtlich die Rechtsnachfolgerin der Einzelfirma«.* Die Stiftung sei am 11.6. 1974 von Friedrich Liebling errichtet worden zum Zweck, die Psychologische Lehr- und Beratungsstelle als Lehr-. Forschungs- und Beratungszentrum aufzubauen und zu betreiben. *»Diesen Zweck erfüllte und erfüllt die Stiftung insbesondere dadurch, dass sie Liegenschaften erwarb und deren Räumlichkeiten der Psychologischen Lehr- und Beratungsstelle – also der Einzelfirma von Friedrich Liebling bzw. heute der AG als deren Rechtsnachfolgerin – für deren Tätigkeit zur Verfügung stellte bzw. stellt.«* Ausserdem organisiere die Stiftung Kongresse, Arbeitstagungen sowie Ferienlager für Kinder und Jugendliche. Die Stiftung sei nicht etwa an die Stelle

der Einzelfirma »*Psychologische Lehr- und Beratungsstelle Friedrich
Liebling*« getreten, sondern Friedrich Liebling habe diese unverändert bis zu seinem Tode weitergeführt. Personen, die psychologische Beratung suchten, an Gruppentherapien teilnahmen, Kurse
besuchten oder mitarbeiteten, träten zur »*Psychologischen Lehr-
und Beratungsstelle Friedrich Liebling*«, nicht aber zur Stiftung in
Rechtsbeziehung. Diese Personen seien nicht Begünstigte der Stiftung, »*sondern begünstigt war und ist die Psychologische Lehr- und
Beratungsstelle, d.h. früher die Einzelfirma, jetzt die AG als deren
Rechtsnachfolgern*«.[142] Es sei offensichtlich, dass der Beschwerdeführerin das Bewusstsein dafür fehle, dass sie es mit verschiedenen Rechtssubjekten zu tun habe. Insbesondere sei es verfehlt,
die Stiftung verantwortlich zu machen dafür, dass nach dem Tod
Friedrich Lieblings die Psychologische Lehr- und Beratungsstelle
nicht mehr in dessen Sinn und Geist geführt worden sei. Der Stiftungsrat sei funktionsfähig. »*Wo käme man hin, wenn jedes Grüpp-
chen von Teilnehmern der Psychologischen Lehr- und Beratungsstelle (bei insgesamt 3000 Teilnehmern jährlich) sich auf dem Beschwerdeweg als Stiftungsräte einsetzen lassen könnte.*«[143]

*|

Nach den Hausverboten vom 15.6.1983 an ein Dutzend Personen
– worüber später berichtet wird – hatte Jutta Siegwart-Gensch in
einer weiteren Eingabe am 25.6.1983 ihre Beschwerde nochmals
bekräftigt und eine unverzügliche Absetzung des derzeitigen Stiftungsrates gefordert. Dieser habe durch den Rückzug der Stiftungsklage sowie durch die planmässige Untergrabung des guten Rufes
und den Ausschluss bekannter Schüler und Mitarbeiter Friedrich
Lieblings dem guten Ruf der Stiftung geschadet und sich von der
Intention des Stifters entfernt. Viele Menschen seien dadurch in
grosse seelische Not geraten. Peter Fuchs sei bereit, den neuen Stiftungsrat zu präsidieren. Leopold König, der sich als Einziger bei
ihr für das Schreiben vom 15.11.1982 entschuldigt habe, sei über die
Entwicklung seit Friedrich Lieblings Tod dermassen deprimiert,
dass er sich eine Rückkehr derzeit nicht mehr vorstellen könne.
»*Um das Unglück, das immer weitere Kreise zieht, so schnell wie
möglich beheben zu können, ist die Abberufung des Stiftungsrates,*

*der sich als unfähig und ungeeignet erwiesen hat, und dessen Neube-
setzung durch Schüler und Mitarbeiter von Friedrich Liebling, denen
die Wahrung seines Vermächtnisses ein Anliegen ist, ein dringendes
Erfordernis.«*[144] Dieser Brief überschnitt sich mit der oben zitierten
Antwort des EDI vom 24.6.1983 und blieb zunächst ohne Antwort.

Nachdem Jutta Siegwart-Gensch die Antwort des EDI erhalten
hatte, gelangte sie mit einem fünfseitigen Schreiben an Bundesrat
Alphons Egli [Vorsteher des EDI] und bat ihn, sich dieser Sache persönlich anzunehmen. Es handle sich darum, dass durch die Fehlentwicklung »*das Vermächtnis Friedrich Lieblings missachtet, missbraucht und entehrt*« werde und »*Menschen an der Psychologischen
Lehr- und Beratungsstelle in grosse seelische Not gebracht worden*«[145]
seien. Dies sei aus ärztlich-psychologischer Sicht nicht zu verantworten und dringend zu beheben.

Am 16.7.1983 appellierte sie nochmals mit einer elfseitigen
Eingabe und einer 14-seitigen Gegendarstellung zur Vernehmlassung des Rechtsvertreters der Stiftung an das EDI.[146] Am 10.8.1983
bestätigte das EDI den Empfang der Eingaben und verwies mit »*Bedauern*« auf den »*Entscheid vom 24. Juni 1983*«. Es bestehe vonseiten der Aufsichtsbehörde weder ein Anlass noch eine Möglichkeit,
korrigierend einzugreifen oder den Stiftungsrat neu zu bestellen.
Jutta Siegwart-Gensch bleibe »*der Entscheid, ob Sie im Rahmen Ihrer persönlichen Lebensgestaltung und Lebensarbeit das Werk Ihres
verstorbenen verehrten Lehrers Friedrich Liebling fortführen möchten im von Ihnen verstandenen Sinne, beispielsweise in einer kleineren Gruppe Gleichgesinnter*«.[147]

In diesem Brief hatte Fürsprecher Hahnloser sein Schreiben
vom 24.6.1983 als »*Entscheid*« bezeichnet, obwohl er sich bewusst
gewesen sein musste, dass es sich dabei nicht um einen Entscheid
gehandelt haben konnte, da die Rechtsmittelbelehrung fehlte.
Auch dieser Brief vom 10.8.1983 enthielt keine Rechtsmittelbelehrung. Jutta Siegwart-Gensch hatte als Rechtsunkundige keine
Möglichkeit, sich an eine weitere Instanz zu wenden.

Viel Leid hätte vermieden werden können, wenn Jutta Sieg-
wart-Genschs frühzeitige und beharrliche Bekanntgabe einer sich
anbahnenden Katastrophe seriös behandelt worden wäre.

Am 13.4.1983 wies das Schweizerische Bundesgericht nach drei Jahren die Staatsrechtliche Beschwerde der Stiftung vom 12.5.1980 gegen den Entzug der Steuerbefreiung ab;[148] damit wurde ihr die Gemeinnützigkeit rückwirkend bis zur Gründung aberkannt.

Im Urteil des Bundesgerichts steht zum Tatbestand: »*Gemäss öffentlicher Urkunde vom 11. Juni 1974 errichtete der Österreicher Friedrich Liebling, Psychologe, die Stiftung ›Psychologische Lehr- und Beratungsstelle‹ mit Sitz in Zürich.*«[149] Dem genauen Beobachter fällt auf, dass die Anführungsstriche am falschen Ort sind. Der Name der Stiftung lautete gemäss Urkunde vom 11.6.1974 »*Stiftung Psychologische Lehr- und Beratungsstelle*«, das Wort »*Stiftung*« war also im Namen enthalten. Demnach war die Psychologische Lehr- und Beratungsstelle, die es bereits vor Gründung der Stiftung etwa 20 Jahre lang in Zürich gab, vom 11.6.1974 an eine Stiftung. Weiter wurde ebenfalls bereits unter Ziffer 1 gleich nach der Gründung der Stiftung und nach der Gewährung der Steuerbefreiung die telefonische Mitteilung der Stiftungsaufsichtsbehörde beim Kantonalen Steueramt Zürich vom 25.7.1977 zitiert. Dass diese Denunziation für würdig befunden wurde, Eingang in ein Bundesgerichtsurteil zu finden, beweist, dass sie für das Bundesgericht von Bedeutung war und den Entscheid beeinflusste. Jene Mitteilung muss als Anfang der Untergrabung des guten Rufes der Stiftung und des Stifters betrachtet werden, oder, wie es der bekannte Zürcher Rechtsexperte Prof. Peter Noll formullierte: »*Der Ruf eines Menschen leidet nicht weniger, wenn er z.B. in einer öffentlichen Versammlung als ›Dreckschwein‹ (Beschimpfung) tituliert, als wenn ihm vorgehalten wird, er habe eine strafbare oder sonstwie unehrenhafte Handlung begangen (üble Nachrede). In beiden Fällen ist das Selbstwertbewusstsein verletzt, während bei dem alltäglichen neidischen und miesmacherischen Tratsch hinter dem eigenen Rücken, von dem der ›Verletzte‹ nie etwas erfährt, ein Rechtsgut nur verletzt wird, wenn sich daran gesellschaftliche Sanktionen gegen den Verletzten anschliessen, wenn er z.B. von seinen Freunden gemieden wird oder seine Frau oder Stelle verliert usw.*«[150]

In den Akten des Kantonalen Steueramtes Zürich, die dem Bundesgericht vorlagen, befand sich der Artikel »Lebenshilfe vom

Zürichberg« vom 20./27.9.1980. Aufgeschlagen und markiert war er auf der Seite, wo Dieter Hanhart unter den Abschnitten »Die Stiftung« und »Die Privatpraxis« behauptet hatte, Friedrich Liebling führe »*die gesamte Psychologische Lehr- und Beratungsstelle als seine private Praxis*«. Und weiter: »*Während die Stiftung also in erster Linie Liegenschaften verwaltet, Ferienkurse, Lager und Kongresse durchführt, untersteht die gesamte Facharbeit und auch die Ausbildung Friedrich Liebling direkt. Er ist es, der die über 60 Mitarbeiter einstellt und entlöhnt, er ist es auch, der – nicht als Präsident der Stiftung, sondern als Privatmann – die gesamte Ausbildung unter sich hat und somit auch die Studiengelder (in der Höhe von vermutlich gegen zwei Millionen Franken) kassiert.*«[151]

In seiner Begründung stellte das Bundesgericht fest, die Beschwerdeführerin rüge, dass weder eine mündliche Verhandlung durchgeführt noch die angebotenen Beweise abgenommen worden seien, was eine Verletzung des rechtlichen Gehörs sei. Dazu erklärte es, vor Verwaltungsgericht werde nur in Ausnahmefällen eine mündliche Verhandlung durchgeführt, und fuhr fort: »*Dass eine Ausnahmesituation vorgelegen hätte, die die Anordnung einer mündlichen Verhandlung gerechtfertigt hätte, behauptet die Beschwerdeführerin selbst nicht.*«[152]

Zur weiteren Rüge der Stiftung, es seien keine Beweise abgenommen worden, meinte das Bundesgericht: »*Die Nichtabnahme von prozessual gehörig angebotenen Beweismitteln kann eine Verletzung des rechtlichen Gehörs bedeuten; auf die Abnahme von Beweisen darf das Gericht aber unter anderem dann verzichten, wenn der Sachverhalt, den die Partei beweisen will, nicht rechtserheblich ist, also auf den Ausgang des Verfahrens gar keinen Einfluss hat. Das Verwaltungsgericht hat im Hinblick auf sämtliche Tatsachen, die die Beschwerdeführerin zum Beweis verstellen wollte, erklärt, diese seien für den Ausgang des Verfahrens nicht rechtserheblich; auf die Anwendung des hier allein massgeblichen §16 lit. d StG über die Steuerbefreiung von gemeinnützigen juristischen Personen hätten diese Tatsachenbehauptungen keinen Einfluss.*«[153]

Nun führte das Bundesgericht aus, die Stiftung behaupte »*sinngemäss*«, wenn §16 lit. d StG richtig ausgelegt worden wäre, käme den von ihr aufgestellten Tatsachenbehauptungen rechtliche Relevanz zu. Daraus folgerte das Bundesgericht: »*Die Frage, ob das Verwaltungsgericht durch die Nichtabnahme der angebotenen Beweise eine Gehörsverletzung beging, hängt also von der ›Vorfrage‹ ab, ob sie §16 lit. d StG willkürlich ausgelegt hat oder nicht.*«[154]

Nachfolgend zitierte das Bundesgericht §16 lit. d StG und fügte an, nach dessen Wortlaut sei »*die erste Voraussetzung für die Gewährung der Steuerfreiheit das Fehlen eines Erwerbs- oder Selbsthilfezweckes. Unter Beachtung des Prinzips der Wettbewerbsneutralität des Steuerrechts, welches nur gewahrt wird, wenn die im Konkurrenzkampf einander gegenübertretenden Unternehmungen nach ihrer wirtschaftlichen Leistungsfähigkeit gleichmässig besteuert werden, erkennt das Verwaltungsgericht für alle juristischen Personen auf einen die Steuerfreiheit ausschliessenden Erwerbszweck, wenn sie ›planmässig und nachhaltig unter Einsatz von Kapital und Arbeit nach kaufmännischer Art gewerbsmässig tätig sind‹ (RB 1975 Nr. 31). Dieser Grundsatz ist sachlich begründet, berücksichtigt er doch auch das Prinzip der Allgemeinheit der Steuer; von willkürlicher Gesetzesauslegung kann diesbezüglich keine Rede sein.*«[155]

Hier sprach nun das Bundesgericht von »*Unternehmungen*«. Im Artikel »Lebenshilfe vom Zürichberg« war die Stiftung als »*Unternehmen*« bezeichnet worden. Der vom Verwaltungsgericht angeführte RB 1975 Nr. 31[156] hatte sich, wie die Stiftung in ihrer staatsrechtlichen Beschwerde ausgeführt hatte, auf eine AG bezogen. Die Stiftung hatte dazu erklärt: »*Die Vorinstanz hat [...] verkannt, dass die Verhältnisse einer AG nicht einfach auf die Verhältnisse einer Stiftung übertragen werden dürfen. Bei der Stiftung dürfen die einmal geäufneten Erträge, die dem Stiftungsvermögen zugeflossen sind, nicht anders als statutengemäss verwendet werden, was im Falle der Beschwerdeführerin gestützt auf Art. 2 der Stiftungsurkunde nicht anders als zu öffentlichen Zwecken, Unterrichtszwecken oder gemeinnützigen Zwecken sein kann.*«[157]

Das Bundesgericht kam zu folgender Schlussfolgerung: »*Die Beschwerdeführerin hat nun aufgrund der vom Verwaltungsgericht gegebenen willkürfreien Grundlage ganz offensichtlich einen Erwerbszweck, ist sie doch unter Einsatz von Kapital und Arbeit gewerbsmässig auf dem Gebiete der psychologischen Beratung tätig, was denn auch gemäss den unangefochtenen Feststellungen im ver-*

waltungsgerichtlichen Entscheid erhebliche Honorareinnahmen (ca. 5,3 Millionen Franken) und einen hohen Reingewinn (ca. 4,4 Millionen Franken) einbrachte.«[158]

Weiter heisst es: Es sei unbestreitbar, dass die Stiftung in einem wirtschaftlichen Konkurrenzkampf mit anderen Psychologen stehe. Weder dass die Honorarforderungen der Stiftung niedriger seien als jene, die üblicherweise verlangt werden, noch dass der »Reingewinn« nur deshalb so hoch ausgefallen sei, »*weil die bei ihr arbeitenden ›opferbereiten Personen‹ auf ihren Lohn verzichtet hätten*«,[159] vermochte das Bundesgericht umzustimmen. Dass die Stiftung keine Steuern zahle, verschaffe ihr gegenüber ihren Mitkonkurrenten einen Wettbewerbsvorteil: »*Gerade eine solche Waffenungleichheit darf aber im Lichte der Wettbewerbsneutralität des Steuerrechts nicht hingenommen werden. Entscheidend bleibt, dass die Beschwerdeführerin sich im wirtschaftlichen Konkurrenzkampf befindet, entgeltliche Dienstleistungen anbietet und daraus ein Erwerbseinkommen erzielt; hat die Beschwerdeführerin somit einen Erwerbszweck, braucht nicht mehr geprüft zu werden, ob sie sich allenfalls ›gemeinnützigen Zwecken‹ oder anderen in § 16 lit. d StG genannten Zwecken widmet. Die Beschwerdeführerin hat somit keinen Anspruch auf Steuerbefreiung gemäss § 16 lit. d StG. Von einer willkürlichen Gesetzesanwendung kann keine Rede sein.«*[160]

Das Bundesgericht überging die Ausführungen der Stiftung vollständig, dass sie »*weder ein gewerblicher Betrieb ist, noch einen solchen betreibt*«.[161] Da der Stiftungszweck »*Aufbau und Betrieb der Psychologischen Lehr- und Beratungsstelle*« nach dem Tod des Stifters vom Stiftungsrat selbst als Aufbau und Betrieb einer angeblichen Einzelfirma Friedrich Lieblings und – ab Februar 1983 – einer AG umgedeutet worden war, lag es auf der Hand, dass die Stiftung nun einen Erwerbszweck hatte.

Auch die Ausführungen der Stiftung zur telefonischen Anzeige der Aufsichtsbehörde vom 25.7.1977 hatte das Bundesgericht übergangen. Dies ist umso stossender, als diese Anzeige im Sachverhalt ausführlich zitiert wurde. Die Stiftung hatte dazu festgehalten, die Feststellungen über das Verhältnis des Privatvermögens Friedrich Lieblings zum Stiftungsvermögen seien falsch. Friedrich Liebling habe der Stiftung in uneigennütziger Weise finanzielle Mittel und das Wissen zur Verfügung gestellt, so u.a. als zinsloses Darlehen in Form des Kontokorrentguthabens. Auch die Buchhaltung sei nach ersten administrativen Schwierigkeiten tadellos geführt worden.[162]

Die Anzeige der Aufsichtsbehörde hätte im Verfahren vor dem Verwaltungsgericht eine mündliche Verhandlung mit Friedrich Liebling als Ausnahmesituation gerechtfertigt. Die Äusserungen waren offensichtlich ehrverletzend. Angesichts des hohen Alters Friedrich Lieblings, seiner 30-jährigen Tätigkeit in Zürich und seiner bekannten gemeinnützigen Intention hätten er und die Stiftung angehört werden müssen. Die Anzeige wurde ihm aber erst durch Zustellung des Entscheids des Verwaltungsgerichts im April 1980 bekannt gegeben.

Draussen vor der Tür | 3.10

Nach dem 7.2.1983 waren mein Mann und ich mit einem Schlag von allen Veranstaltungen der Psychologischen Lehr- und Beratungsstelle ausgeschlossen worden. Unsere Agenda, vorher voller Termine für Lernen mit Schülern, Einzelgesprächen und Gruppenveranstaltungen, war jetzt leer.

Wir antworteten auf das Schreiben vom 7.2. wie folgt: »*In der Beilage retournieren wir Ihnen Ihr Schreiben vom 7.2.83, da es für uns nicht gilt. Für uns sind die Prinzipien von Friedrich Liebling nach wie vor massgebend, und wir nehmen an, dass auch Sie, Frau Kaiser, Herr Cho und Herr Frei, sich diesen Prinzipien noch verpflichtet fühlen. Eines der grundlegendsten Prinzipien Friedrich Lieblings war das geduldige, freie Gespräch, niemals aber der Ausschluss. [...] Wenn so etwas geschieht, dann ist kein Vertrauen möglich. Jeder, der davon hört, wird kein Vertrauen fassen können.*

Wenn dieser Brief nicht zurückgenommen wird, verändert ihr drei die Grundlagen der Arbeit Friedrich Lieblings und zerstört damit das Fundament der Psychologischen Lehr- und Beratungsstelle. Es ist unsere Verantwortung, euch darauf aufmerksam zu machen.

Trotz allem, was ihr uns angetan habt, wären wir auch heute noch zu einem Gespräch bereit. Wir verlangen genaue schriftliche Präzisierung, was unter ›Störaktion‹ verstanden wird, so dass wir überhaupt die Möglichkeit haben, uns darauf einzustellen. Wir jedenfalls betrachten die freie Meinungsäusserung unter Kollegen nicht als Störaktion.«[163]

Ich wollte mich wehren, das war mir klar, und ich dachte, man sollte die Menschen an der Psychologischen Lehr- und Beratungsstelle richtig informieren. So ging ich wenige Tage nach Erhalt des Teilnahmeverbots frühmorgens an die Susenbergstrasse. Etliche Personen eilten gesenkten Blickes an mir vorbei und gingen in die Ausbildungsgruppe. Nur eine Frau fragte mich, weshalb ich nicht hereinkommen wolle. Ich zog den Brief aus der Tasche und zeigte ihn ihr. Sie erschrak sehr und stotterte: *»Das kann doch nicht sein!«* Sie versprach, mit Annemarie Buchholz-Kaiser sprechen zu wollen. Alle andern schienen bereits informiert. Ein junger Mann, der mit mir zusammen mit Kindern gelernt und sich stets voller Begeisterung über diese Zusammenarbeit geäussert hatte, meinte im Vorbeigehen, ich passe gut zu den Abfallsäcken, die neben mir am Strassenrand lagen. Etwa gegen 11 Uhr sagten einige Kolleginnen und Kollegen im Vorübergehen immer wieder, ich solle doch nach Hause gehen. Und ein angehender Psychiater tönte an, dass bei mir etwas nicht mehr stimme und ich eventuell in die Klinik eingewiesen werden sollte.

Vor und nach Erhalt des Briefes vom 7.2.1983 waren viele *»Informationsgespräche«* durchgeführt worden. Diese hatten zur Folge, dass sich praktisch alle Freunde, Bekannten und Ratsuchenden von uns abwandten. Neben der bereits bestehenden kleinen Gruppe blieben rund fünf Personen weiterhin mit uns in Kontakt. Wir bekamen etliche Briefe, in denen Menschen, die uns zuvor mit Wertschätzung begegnet waren, nun Abscheu und Verachtung ausdrückten.

Ein Paar, mit dem wir gut zusammengearbeitet hatten, meinte: *»Euer Brief, d.h. die Kopie vom Brief an Frau Rattner und Frau Grob, hat uns zutiefst empört. Wir weisen ihn mit Nachdruck zurück und ersuchen Euch, ab sofort uns mit diesem Schmutz nicht mehr zu belästigen. Schon einmal haben wir schweigend zugeschaut, wie zwei Journalisten unseren Lehrer und Wohltäter Friedrich Liebling in aller Öffentlichkeit diffamierten. Das soll nicht ein zweites Mal geschehen.«*[164]

Im Brief einer anderen Bekannten lasen wir: *»Um Ihre schlaflosen Nächte beneide ich Sie nicht, falls Ihnen vielleicht doch eines Tages bewusst werden sollte, für was Sie sich hergegeben haben. Es* gibt auch eine ›Sünde gegen die Menschlichkeit‹ wie z.B. Vertrauen zu stören! [...] Den Brief schicke ich Ihnen zurück und verbitte mir für die Zukunft weitere Versuche, mich in Ihr Misstrauen hineinzuziehen und mich mit Ihren Phantasien zu belästigen!«[165]

Ein angehender Psychiater: »Eurem Brief fehlt jeglicher psychologischer Gedanke. Wenn Ihr von ›sich einigen‹ sprecht, so meint Ihr damit, alle müssen sich nach Euren Vorstellungen richten. Das hat nichts mit menschlichem Austausch und mit Suche nach der Wahrheit zu tun. Vielmehr ist dies ein rücksichtsloses, autoritäres Ansinnen. Unfehlbarkeit haben bisher nur die Päpste sowie Geisteskranke und Wahnsinnige für sich in Anspruch genommen. [...] Um zu verstehen, wie ein solches Benehmen, wie das Eurige einzuordnen ist, muss ich erst noch in meinem Lehrbuch blättern.«[166]

Ein weiteres Paar: »Es tut uns sehr leid mitzuerleben, wie liebe Bekannte von uns in solch eine Verirrung geraten können. [...] Jetzt passiert es, dass Ihr viele, vor allem neue Teilnehmer, in Not und Verwirrung bringt mit Euren unehrlichen Äusserungen und Eurer Haltung der Leitung der Plubs gegenüber. Alles dreht Ihr um und tut so, als ob nicht schwerwiegende Probleme vorliegen, die es notwendig machen, Euch an psychologischen Gesprächen nicht mitmachen lassen zu können.«[167]

Eine Medizinstudentin, die bei uns wohnte, hinterliess folgenden Brief auf dem Küchentisch: »Ich habe mich entschlossen auszuziehen, weil ich für mich mehr lernen möchte, die Gemeinschaft zu pflegen und ich bisher wenig Anhaltspunkte gesehen habe, dass mir das im Zusammensein mit Euch hat gelingen können. Die Stimmung war und ist sehr nervös und ich habe verstanden, dass, indem Marianne von der starken Absorption gesprochen hat, in der Ihr im Moment lebt, Euch meine Gedanken sehr wohl vertraut sind. Ich habe es sehr zu schätzen gewusst und habe es mir stets vergegenwärtigt, dass Ihr wohl bemüht wart, den bestehenden Konflikt von mir fernzuhalten. Ich verstehe nicht genug davon und masse mir keine Beurteilung an; ich habe mir vorgenommen, die Prüfung vorzubereiten und meinen Dingen nachzugehen. Danach kann ich weitersehen. [...] Ich denke, wir werden voneinander hören, grüsse herzlich und danke für alles.«[168]

Nach diesem Brief sahen wir sie nie mehr. Eine andere junge Frau, die bei uns gewohnt hatte, war bereits im Januar fluchtartig ausgezogen. Einzig meine Cousine wagte es, noch eine Weile bei uns zu wohnen.

* |

Unsere kleine Gruppe unterstützte meinen Mann und mich sehr. Der ehemalige Stiftungsratspräsident Leopold König gesellte sich zirka im März 1983 dazu, ebenso Stiftungsrat Karl Sonderegger.

Eine Schwierigkeit innerhalb dieser Gruppe war, dass Leopold König den ehrverletzenden Brief vom 15. November 1982 an Jutta Siegwart-Gensch ebenfalls unterzeichnet hatte. Auf Drängen der Gruppe entschuldigte er sich zwar, aber die Beziehung zwischen ihnen konnte nicht wirklich verbessert werden. Er trug ihr verschiedenes nach, so beispielsweise, dass sie ihn 1980 gedrängt hatte, bei ihrer Klage gegen den Artikel »Lebenshilfe vom Zürichberg« mitzumachen, und dass sie auch jetzt seine Wiedereinsetzung als Stiftungsratspräsident beantragt hatte.[169]

Während des ganzen Frühjahrs 1983 gab es Diskussionen darüber, wie es weitergehen solle. Leopold König, Karl Sonderegger sowie einige andere waren der Meinung, der Rechtsweg sei aussichtslos. Statt Geld und Energie dafür aufzuwenden, sollte man die Arbeit der Zürcher Schule ausserhalb der Stiftung Psychologische Lehr- und Beratungsstelle weiterführen, »*in Ruhe weiterarbeiten*«. »*Gegen Kollegen klagt man nicht*«, war ein geflügeltes Wort, das mir heute noch in den Ohren klingt. Sie waren auch gegen alle »*Aktionen*«, wie sie es nannten, befürworteten weder Briefe an das Dreiergremium oder an die Gemeinschaft noch mein Stehen an der Susenbergstrasse.

Jutta Siegwart-Gensch hingegen fand, wir sollten alles in unserer Macht Stehende tun, um die Ausschlüsse und die Diffamierungen rückgängig zu machen. Sie berief sich darauf, dass eine Stiftung im Sinn und Geist des Stifters geführt werden müsse; solche Vorkommnisse widersprächen Friedrich Lieblings Intention und verstiessen zudem gegen Recht und Sitte. Und: Man könne im Sumpf kein neues Haus bauen, zuerst müsse der Sumpf trockengelegt werden.

Es gab so viele Rätsel: Die Ursache der Pressekampagne, die Verurteilung von Friedrich Liebling und Jutta Siegwart-Gensch, das Steuerverfahren gegen die Stiftung, die Vorkommnisse nach Friedrich Lieblings Tod. Wollte jemand der Zürcher Schule für Psychotherapie schaden? Wenn ja, wer und warum?

Am 29.3.1983 wandten sich Jutta Siegwart-Gensch, Jutta Dierks, mein Mann und ich an den Friedensrichter: »*Wir, Schüler und Mitarbeiter des vor einem Jahr verstorbenen Friedrich Liebling, Leiter der Psychologischen Lehr- und Beratungsstelle, Zürich, sind von unseren Freunden und Kollegen, die nach dem Tod Friedrich Lieblings rechtlich die Verantwortung für die Psychologische Lehr- und Beratungsstelle übernommen haben, [...] unter rufschädigenden und ehrverletzenden Vorwänden [...] von der Mitarbeit an der Psychologischen Lehr- und Beratungsstelle ausgeschlossen worden.*

Dies hat zu schweren Irritationen vieler Teilnehmer der Psychologischen Lehr- und Beratungsstelle geführt, insbesondere zu einer Beeinträchtigung und Zerstörung der Vertrauensbeziehungen, welche Ratsuchende und Kollegen zu diesen bis dahin beliebten und geschätzten Mitarbeitern hatten.

Durch ehrenrührige Tatsachen, wie ›sie gehen über Leichen‹ etc., die von verantwortlicher Seite in Umlauf gesetzt wurden, ist unser guter Ruf ernstlich in Mitleidenschaft, unsere Glaubwürdigkeit in Zweifel gezogen worden. Da das Vertrauen Grundlage der psychologischen Arbeit ist, ist der Schutz der Vertrauenswürdigkeit und Integrität des Beraters unabdingbare Voraussetzung für die Ausübung seines Berufes. Eine Ehrverletzung stellt für einen Psychologen eine Gefährdung seiner Arbeit dar und kann deshalb nicht stillschweigend hingenommen werden. Es liegt in seiner Verantwortung als Hilfeleistendem, seine Ratsuchenden vor Irritationen zu schützen und seine Vertrauenswürdigkeit zu bewahren. [...]

Wir wünschen eine Richtigstellung der üblen Nachrede, die Wiederherstellung unseres guten Rufes an der Psychologischen Lehr- und Beratungsstelle und die Wiederaufnahme unserer Mitarbeit. Aus Rücksicht auf unsere Kollegen möchten wir am liebsten auf eine gerichtliche Verfolgung der Angelegenheit verzichten.

Wir wenden uns daher an Sie, sehr geehrter Herr Friedensrichter, mit der höflichen Bitte, uns als Vermittler behilflich zu sein«[170]

Die Sühneverhandlung fand am 2.5.1983 statt. Annemarie Buchholz-Kaiser, Antonio Cho und Ernst Frei erschienen aber nicht. Der Friedensrichter bedauerte dies und meinte, wenn die Gegenpartei nicht erscheine, könne er auch nicht vermitteln.

Danach unternahmen wir einen weiteren Versuch. In unserem Brief vom 13.5.1983 an die Stiftungsräte und weitere Personen, die sich in rufschädigender Weise über uns geäussert hatten, zitierten wir die von uns beanstandeten Äusserungen und machten ein Angebot: *»Wir bieten Ihnen hiermit die Gelegenheit, sich von diesen Äusserungen zu distanzieren. Wir möchten Sie davor bewahren, dass Ihr Name genannt wird, wenn die Angelegenheit richtiggestellt werden wird. Sollten wir keine Antwort von Ihnen bekommen, nehmen wir an, dass Sie weiterhin diese Auffassungen vertreten bzw. sie mit Ihrem Schweigen decken. Wir bitten Sie, uns Ihre Stellungnahme bis zum 18. Mai 1983 eingeschrieben zuzusenden.«*[171]

Als Antwort erhielten wir einen eingeschriebenen Brief von Annemarie Buchholz-Kaiser, Antonio Cho und Ernst Frei: *»Wir beziehen uns auf Ihr Schreiben vom 13.ds. Weder Drohungen noch Klagen werden uns veranlassen, auf unangebrachte Forderungen einzutreten. Da die Ratsuchenden bei uns das Anrecht auf fachkundige Hilfe und den Schutz vor unqualifiziertem Tun und verantwortungslosen Störungen haben, können wir Ihnen – wie wir bereits mitgeteilt haben – nach all den Vorkommnissen nicht mehr Zutritt zu unseren Veranstaltungen und Räumlichkeiten gewähren.«*[172]

Schon im April 1983 hatte Jutta Siegwart-Gensch als Einzige einen Brief von den Erbinnen erhalten. Sie erklärten, sie sowie das Dreiergremium hätten sich seit dem Tod ihres Vaters bemüht, rechtlich dessen Werk aufrechtzuerhalten und einen Rahmen zu schaffen, in dem die Schule weiterbestehen könne. Leider hätten sie nicht die Unterstützung und den guten Willen von allen Teilnehmern der Schule erlebt. Jutta Siegwart-Gensch, das Komitee und einige andere hätten eine kriegerische Stellung eingenommen und sich an einer Hetzkampagne beteiligt, *»angefangen mit dem Kampf über den offenen Brief, der als einzige Folge gehabt hätte, dass sich Staat, Stadt und Presse gegen euch gestellt hätten und das ganze Werk* *zerstört hätten«.* Und weiter: *»Wenn Sie wirklich der Meinung sind, dass die Zürcher Schule einen falschen Weg beschritten hat, müssen Sie Ihren eigenen Weg gehen. Wir wissen, dass wir alles, was menschenmöglich war, getan haben, um für die Schule einen Rahmen zu schaffen, der es den Mitgliedern ermöglicht, ihre Arbeit weiterzuführen.«*[173] Jutta Siegwart-Gensch bemühte sich in der Folge, sie über die tatsächlichen Verhältnisse und die gefährliche Untergrabung ihres guten Rufes zu informieren, erhielt aber keine Antwort mehr.

*|

Wir schrieben weiterhin Briefe an die Gemeinschaft. Auf den 5.6. luden wir 100 Personen zu einer Aussprache in die Rote Villa: *»Man wirft uns vor, dass wir uns nicht auf das Gespräch eingelassen haben, und zieht daraus die Konsequenz, dass man uns wegschicken muss. Wir beklagen ebenfalls, dass man sich nicht auf das Gespräch mit uns einlässt, und möchten daraus die Konsequenz ziehen, die Gemeinschaft am 5. Juni 1983, um 17.00 Uhr zu einem Gespräch in die Rote Villa einzuladen.«*[174]

Die Einladung wurde unterzeichnet von 14 Personen. Aber es erschien keiner der Geladenen. Für eine Woche später luden wir nochmals ein, diesmal in einen Saal eines Restaurants, auch dort blieben wir unter uns.

Am 8.7.1983 appellierten wir nochmals an die Gemeinschaft, indem wir vor der Roten Villa Flugblätter verteilten. Darin luden wir alle zum Gespräch mit uns ein. Jutta Dierks und ihr Lebenspartner reisten extra aus Deutschland an. Sie hatten dort während vieler Jahre einen psychologischen Kreis aufgebaut, der nach dem Mitarbeitsverbot und der damit verbundenen Diffamierungen gegen sie auseinandergebrochen war. Nur einige jüngere Teilnehmer/innen blieben mit ihnen in Kontakt. Diese und die betagte Mutter von Jutta Dierks waren am 8.7. ebenfalls vor der Roten Villa. Die Stimmung war aufgeladen, mehrere lachten uns aus oder empörten sich, die meisten eilten schweigend vorbei. Es kamen kaum vernünftige Gespräche zustande. Weil einige vorbrachten, ich sei doch gar nicht ausgeschlossen, ging ich in die Rote Villa hinein. Ein ehemaliger Freund nahm mich fürsorglich am Arm und begleitete mich hinaus.[175]

Mein Mann war in dieser Zeit äusserst deprimiert. Dies erschreckte mich sehr, weil ich ihn als starken und mutigen Menschen kannte. In meiner Verzweiflung überlegte ich mir, nochmals mit dem Dreiergremium zu sprechen. Deshalb ging ich am 10.6.1983 an die Susenbergstrasse 53, blieb aber draussen vor der Tür; da ich ein Teilnahmeverbot hatte, wagte ich nicht ins Haus zu treten. Etwa vier Freunde – sie hatten einen ungekündigten Ausbildungsvertrag – gingen hinein und baten um einen Termin bei Annemarie Buchholz-Kaiser; wir schätzten sie immer noch als jene ein, mit der man am ehesten sprechen könne. Eine Mitarbeiterin des Telefondienstes richtete aus, es sei niemand von der Leitung im Haus. Ich beschloss zu warten.

Nach einiger Zeit kamen zwei Polizisten und fragten mich, wo die Störer seien. Ich blickte mich um, sah niemanden und erwiderte, ich wisse es nicht. Nun erschien Ernst Frei, der offenbar doch da war. Er empfing die Polizisten, zeigte auf mich und sagte, ich sei die Störerin. Die Polizisten sahen mich erstaunt an, ich war ebenfalls verblüfft. Jetzt tauchte auch Annemarie Buchholz-Kaiser auf, zusammen mit dem neuen Stiftungsratspräsidenten Heinrich Reinfried. Sie beteuerte, ich sei eine Störerin.

Ich sagte, ich nähme schon seit zehn Jahren an den Veranstaltungen der Stiftung Psychologische Lehr- und Beratungsstelle teil, hier könne gemäss dem Stifterwillen niemand ausgeschlossen werden. Die Freunde aus unserer kleinen Gruppe bestätigten meine Aussage. Daraufhin erklärte Ernst Frei, die Psychologische Lehr- und Beratungsstelle sei jetzt eine AG und habe hier das Hausrecht; die Stiftung sei nur für die Liegenschaften da. Die Freunde verteidigten mich, ich sei keine Störerin, ich wolle nur reden, weil es mir und meinem Mann nach den Ausschlüssen nicht gut gehe. Sie erklärten auch, für die Stiftung sei nach wie vor der Stifterwille massgebend, weil dies ein Haus der Stiftung sei. Erneut betonten Annemarie Buchholz-Kaiser und Ernst Frei, die Psychologische Lehr- und Beratungsstelle sei nun eine AG.

Ein Polizist schüttelte den Kopf und meinte, wir seien doch Psychologen, wir sollten diese Dinge unter uns ausmachen können. Der andere sagte, sie müssten mich unter diesen Umständen bitten, mich zu entfernen; andernfalls hätten sie die Pflicht, mich auf den Posten mitzunehmen, um die Sache näher abzuklären. Ich zog es vor wegzugehen. Erst auf der Strasse sah ich, dass ein Überfallwagen mit sechs weiteren Polizisten wartete.

Die beteiligten Freunde richteten daraufhin ein Schreiben an die Gemeinschaft, in dem sie den Polizeieinsatz schilderten. Sie bezogen sich auf Friedrich Liebling, der uns vorgelebt habe, wie Menschen in Frieden und Freiheit zusammenleben könnten. Anstatt auf die Bitte um ein Gespräch einzugehen, seien zwei Polizisten erschienen. *Wir fragen euch: Ist das nicht schrecklich, wo doch das ›Mundwerk das Instrument des Psychologen‹ ist? Brauchen wir solche Machtdemonstrationen in einer psychotherapeutischen Gemeinschaft? Ist das nicht die Blamage des Jahrhunderts?*[176]

Wenige Tage nach dem Polizeieinsatz kam das Hausverbot mittels eingeschriebenen Briefs vom 15.6.1983 von Dr. Lutz: *»Namens der Psychologischen Lehr- und Beratungsstelle Friedrich Liebling teile ich Ihnen mit: In letzter Zeit hatten Sie sich an organisierten Störaktionen gegen meine Mandantin beteiligt, die sich wie folgt manifestierten: Briefaktionen, Belästigungen, Irritationen, Beschimpfungen von Teilnehmern, Aktionen gegen Mitarbeiter und Leitung, Drohung mit Persönlichkeitsverletzungen, unerwünschtes Fotografieren von Teilnehmern, Missbrauch der Adresse meiner Mandantin etc.*

Aufgrund Ihres Verhaltens sieht sich deshalb meine Mandantin gezwungen, Ihnen bis zum ausdrücklichen Widerruf jegliche Teilnahme an allen Veranstaltungen meiner Mandantin und der Stiftung Psychologische Lehr- und Beratungsstelle sowie das Betreten der von meiner Mandantin benützten Grundstücke und Räume zu verbieten. Über Ihre weitere Teilnahme an den Veranstaltungen meiner Mandantin und der Stiftung kann erst befunden werden, wenn Sie Ihre Mitwirkung an Störaktionen eingestellt und Ihr Verhalten gegenüber der heutigen Leitung erkennbar geändert haben.

Dieses Schreiben wird im Interesse der Aufrechterhaltung eines geordneten Betriebes an jedermann gerichtet werden müssen, der sich aktiv an Störaktionen beteiligt.«[177]

Einen gleichlautenden Brief erhielten meines Wissens dreizehn Personen. Dabei handelte es sich – neben meinem Mann und mir, Jutta Siegwart-Gensch und Jutta Dierks – um jene Freunde, die sich bis jetzt um Vermittlung und Verständigung bemüht hatten.

Nach Erhalt des Hausverbotes waren sie schockiert und traurig, einige schrieben Dr. Lutz, so zwei Kolleginnen am 18.6.1983 unter dem Briefkopf: *»Schüler und Mitarbeiter von Friedrich Liebling an der Psychologischen Lehr- und Beratungsstelle«*: *»Jeder, der die Psychologische Lehr- und Beratungsstelle etwas länger kennt, weiss, dass es dort derartige Dinge, wie sie in Ihrem Schreiben erwähnt sind, nicht gibt. Die Psychologische Lehr- und Beratungsstelle ist ein Ort der Hilfeleistung und Forschung, wo dem Menschen in all seinen Spielarten, Eigenarten und Verhaltensweisen verständnisvolle Beachtung zuteil wird. Dies hat zur Folge, dass jeder Teilnehmer der Psychologischen Lehr- und Beratungsstelle zur Kooperation bereit ist, dass keiner stört und niemand weggeschickt werden muss. [...]«*[178]

Weitere Freunde schrieben Dr. Lutz Briefe und erklärten ihm, dass sein Schreiben nichts mit unseren Bemühungen und nichts mit dem Sinn und Geist Friedrich Lieblings zu tun habe. Auch ich schrieb einen Brief und führte unter anderem aus: *»Ich fühle mich durch den Vorwurf, dass ich an ›organisierten Störaktionen‹ gegen die Psychologische Lehr- und Beratungsstelle teilnehmen würde, in meiner Ehre als Mensch und als Psychologin verletzt und gekränkt. Es würde mir nie einfallen, einen Ort der Hilfeleistung, erst recht nicht einen Ort wie die Psychologische Lehr- und Beratungsstelle, zu stören!*

Tatsächlich verhält es sich so, dass Frau Dr. Kaiser, Herr Cho und Herr Dr. Frei, welche sich am 5. März 82 in einem Brief an alle Teilnehmer verpflichteten, das Werk Friedrich Lieblings in seinem Sinn und Geist nach bestem Wissen und Gewissen weiterzuführen und dabei die Gemeinschaft um Hilfe baten, in verschiedenen grundlegenden Punkten von den Neuen Wegen Friedrich Lieblings abgekommen sind. Unsere Hilfe bestand darin, dass wir, sobald uns das auffiel, uns um einen Termin bemühten und sie darauf aufmerksam machten. Ihre Reaktion war, unsere Bemühung als ›Störmanöver‹ darzustellen, uns mit dem Ausschluss zu drohen, und, als wir uns daraufhin an die Gemeinschaft wandten, mir das Mikrophon abzustellen, uns auszuschliessen und diesen Ausschluss damit zu rechtfertigen, dass sie planmässig die Teilnehmer einluden und, mit dem Vorwand, die Menschen zu informieren, Unwahrheiten, Beleidigungen, Verdrehungen und Verleumdungen über uns verbreiteten. Dies kommt einer planmässigen Untergrabung unseres guten Rufes gleich.«[179]

Dr. Lutz reagierte mit folgendem Rundschreiben vom 11.7.1983:

»Zu Ihrem Schreiben vom [...] habe ich wie folgt Stellung zu nehmen:

Sie werden gebeten:

- *sich an die Weisung meiner Mandantin gemäss meinem Schreiben vom 15.6.1983 zu halten*
- *sich inskünftig nicht mehr der Adresse meiner Mandantin zu bedienen und von der Behauptung, Mitarbeiter von Friedrich Liebling gewesen zu sein, abzusehen.«*[180]

In unserer Gruppe herrschte eine niedergeschlagene Stimmung. Über die Frage, wie es weitergehen solle, waren wir uns mehr und mehr uneinig. Mein Mann und ich stritten immer öfter darüber, welchen Weg man begehen sollte. Er schloss sich stärker der Meinung an, man solle keine rechtlichen Schritte unternehmen. Ich aber war gefühlsmässig nicht bereit, darauf zu verzichten. Deshalb suchte ich einen Rechtsanwalt. Am 27.6. konsultierten Jutta Siegwart-Gensch, das Ehepaar Richiger, zwei weitere Freundinnen und ich Rechtsanwalt Dr. Ullin Streiff. Ich war auf ihn gekommen, weil er einen in Bedrängnis geratenen Lehrer, der sich öffentlich gegen das Vorgehen des Regierungsrates zur Wehr setzte, verteidigte. Dieser Lehrer hatte nichts mit der Zürcher Schule zu tun, ich hatte davon in der Zeitung und auf Flugblättern gelesen. Wir waren begeistert von diesem Rechtsanwalt, und er erklärte sich bereit, uns Ausgeschlossenen nach Möglichkeit zu helfen.

Weissbuch »Was einem Menschen bei uns passieren kann«

Bereits vor dem Hausverbot und danach noch verstärkt wurde in unserer kleinen Gruppe über die Idee diskutiert, ein Buch zu schreiben, damit die mit der Psychologischen Lehr- und Beratungsstelle verbundenen Personen unsere Sicht der Geschehnisse erführen. Da unter den ehemaligen Freunden vermehrt die Meinung kursierte, wir seien gar nicht ausgeschlossen, sondern wollten nicht mehr teilnehmen und hätten uns zurückgezogen, planten wir, ihnen unsere schriftlichen Bemühungen in einer Dokumentation vor Augen zu führen. Einige waren dafür, andere dagegen, wiederum andere beschäftigten sich bereits mit der Frage, welcher Verlag geeignet wäre und wo man es drucken lassen könnte, bevor überhaupt ein Wort geschrieben war.

Jutta Siegwart-Gensch und ich begannen zu schreiben. Wir trafen uns jeden Vormittag in einem Restaurant in Albisrieden und erarbeiteten eine Einführung für die darauf folgenden Kopien der Dokumente. Inzwischen kam es in unserer Gruppe zu einer Panik in Bezug auf das Buch. Etliche hatten Angst, und wir konnten nicht mehr in Ruhe darüber sprechen.

Nach einem Streit kam es am 27.7. zwischen meinem Mann und mir zum Bruch. Ich packte einige Kleider zusammen, verliess das Haus und ging zum Ehepaar Richiger, in deren Dreizimmerwohnung auch Jutta Siegwart-Gensch aufgenommen worden war; sie beherbergten mich von da an als Gast in ihrem Wohnzimmer.

Jutta Siegwart-Gensch und ich erhielten anfangs August zwei dringende Briefe; einige der Ausgeschlossenen wünschten nicht, dass ihr Name im Buch genannt werde. Wir hatten alles bereits am 25.7. zum Drucken gegeben, sodass wir nicht mehr alle Namen löschen konnten. Auch mein Mann hatte kurz vor der Drucklegung noch eine Einführung geschrieben, die wir nicht mehr berücksichtigen konnten. Die älteren Kolleg/innen, insbesondere Leopold König, waren weiterhin strikte gegen jegliche »Aktionen«, auch gegen jeglichen Protest am bevorstehenden Sommerkongress.

Vom 30.7. bis 13.8.1983 fand der Kongress im Saal des Hotels Spirgarten in Zürich-Altstetten statt. Es wurden nicht nur alle, die ein Hausverbot hatten, nicht zugelassen, sondern auch jene, die mit den Ausgeschlossenen weiterhin Kontakt gepflegt hatten – ehemalige Freunde und Kollegen versperrten ihnen den Weg. Tüchtige junge Mitarbeiterinnen beobachteten den Platz und den Eingang genau und gaben den Securitas-Wachmännern Hinweise auf unerwünschte Personen. Diese Szene wiederholte sich Abend für Abend, weil einige der Ausgeschlossenen nicht aufgaben. Die meisten Kongressbesucher gingen gesenkten Hauptes vorüber und eilten in den Saal. Auf dem Lindenplatz, dem grossen Marktplatz neben dem Hoteleingang, hatten das Ehepaar Richiger und ich ab Freitag, 5. 8., einen kleinen Stand, an dem wir unseren Kongressbeitrag, das Weissbuch »Was einem Menschen bei uns passieren kann«, gegen einen Unkostenpreis anboten. Peter Fuchs leistete uns am ersten Abend und auch danach noch einige Male Gesellschaft. Darüber waren wir sehr froh, denn es war ungemütlich an unserem Stand. Einige ehemalige Freunde warfen uns Blicke oder Worte zu, die nichts Gutes vermuten liessen, etliche verhielten sich offen feindselig. Wir wurden öfter auf dem nahen Polizeiposten beschuldigt, nicht im Besitz einer Bewilligung zu sein. Mehrmals trafen Polizisten ein, die unsere Papiere kontrollierten, umringt von einer Gruppe empörter Kongressteilnehmer, die wir alle kannten. Sie bezichtigten uns aller möglichen und unmöglichen Untaten, mussten aber schliesslich unverrichteter Dinge abziehen, weil unsere Bewilligung in Ordnung war. Wie wir eines Tages von einem Polizisten auf der Polizeistation erfuhren, hatte uns auch Annemarie Buchholz-Kaiser angeschwärzt, die Bewilligung missbräuchlich erhalten zu haben, da unser Buch gegen den Kongress gerichtet sei. Die Polizei beliess uns aber weiterhin den Stand bis zum Ende des Kongresses und versicherte den aufgeregten Kolleginnen und Kollegen, dass alles rechtens sei.

Dr. Jezler schrieb nach dem Kongress am 15.8.1983 der Polizei einen Brief, worin er behauptete, wir hätten die Bewilligung durch falsche Angaben erschlichen. Dies hatte zur Folge, dass uns für einen nächsten Kongress eine Bewilligung für einen Informationsstand verweigert wurde. Dagegen führten wir Beschwerde; diese wurde zwei Jahre später, am 25.10.1985, vom Verwaltungsgericht des Kantons Zürich gutgeheissen. Die Begründung lautete, auch wenn »*von einer gewissen ›Störung der öffentlichen Ruhe und Ordnung‹ gesprochen werden*« möge, sei sie »*jedenfalls nicht so schwerwiegend*« gewesen, dass deswegen eine Verweigerung der Bewilligung für einen Informationsstand während des Winterkongresses 1983/84 notwendig gewesen wäre. »*Das Recht auf freie Meinungsäusserung ist demnach in Verletzung des Verhältnismässigkeitsgrundsatzes zugunsten eines nicht sehr grossen öffentlichen Interesses an der Vermeidung einer allfälligen Störung der öffentlichen Ruhe und Ordnung unzulässigerweise eingeschränkt worden.*«[181]

Mein Mann, die ausgeschlossene Kollegin Jutta Dierks sowie einige ihrer Freunde aus Deutschland, die ihr treu geblieben waren, protestierten ebenfalls vor dem Kongresshotel. Sie entrollten ein grosses Transparent, dessen Wortlaut ungefähr so lautete:

»*Heute sind wir ausgeschlossen, morgen ihr!*« Jutta Dierks versuchte
etwas zu sagen, aber sie wurde durch Jugendliche, die ihre Mofas
aufheulen liessen, übertönt. Mein Mann, Jutta Dierks, ihr Lebenspartner und einige Freunde verteilten folgenden Flyer:

*»Weil wir nicht selbst zu Ihnen allen sprechen dürfen, sind wir
gezwungen, den ungewöhnlichen Weg über das Flugblatt zu wählen.*

Verehrte Kongressteilnehmer

*Wir sind gekommen, um an einem wissenschaftlichen Kongress mit-
zuarbeiten. Von diesem 24. Kongress der Zürcher Schule sind aber
einige Teilnehmer ausgeschlossen. Der Ausschluss widerspricht den
Prinzipen der Wissenschaft, denn:*

- *nur wenn jeder Interessierte eingeladen ist, mitzumachen,*
- *nur wenn jeder Beitrag respektiert und gewürdigt wird,*
- *nur wenn jeder ermutigt wird und es zu seiner Sache wird, jeden
  Gedanken auf seine Richtigkeit zu überprüfen,*
- *nur wenn wir die Geduld und den Mut aufbringen, das Gespräch
  so lange zu führen, bis wir beginnen, uns zu verstehen,*

*nur dann ist dieser Kongress wissenschaftlich zu nennen und eine
Forschung zum Wohle des Menschen gewährleistet.*

*Der Ausschluss ist unerträglich, ein schwerwiegender Irrtum,
der dennoch zu revidieren ist. Aber noch gravierender ist, dass unser
Gefühl den Ausschluss zulässt. Solange wir ertragen, dass nur ein einziger aus der Gemeinschaft ausgeschlossen ist, wird es keinen Fortschritt, kein humanes Zusammenleben geben. Damit ich besser leben
kann, besser lernen kann, muss ich mich um meinetwillen dafür einsetzen, dass es keinen Ausschluss gibt und dass der begangene Irrtum
erkannt und ausgeräumt wird.*

*Wir laden Euch ein, Euch mit uns zusammenzutun. Es geht um
die Frage:*

*WIE IST ES ZU VERSTEHEN, DASS WIR VON DER WISSEN-
SCHAFT ABGERÜCKT SIND UND DURCH DIE MASSNAHME DES
AUSSCHLUSSES WIEDER IN ALTE VORSTELLUNGEN ÜBER DEN
MENSCHEN ZURÜCKGEFALLEN SIND?«*[182]

* |

Jutta Siegwart-Gensch, Annemarie Richiger und ich bemühten
uns, beim Bezirksgericht Zürich eine superprovisorische Verfü-

gung zur Aufhebung aller Zutrittsverbote zum Kongress zu erwirken. Nachdem am Freitagabend, 30.7., tatsächlich etliche nicht zugelassen wurden und der Montag, 1.8., ein Feiertag war, überbrachten wir dem Audienzrichteramt am Dienstag, 2.2., ein Gesuch: Alle Ausschlüsse vom 24. Kongress der Zürcher Schule für Psychotherapie vom 30.7. bis 13. 8. im Hotel Spirgarten, Lindenplatz 5, 8048 Zürich, seien sofort aufzuheben. Wir begründeten unser Begehren mit dem erklärten Willen Friedrich Lieblings, dass niemand von Veranstaltungen, die der Vermittlung psychologischer Erkenntnisse dienten, ausgeschlossen werden dürfe. Dass über 20 Schülern und Mitarbeitern der Zutritt zum 24. Kongress der Zürcher Schule für Psychotherapie verwehrt wurde, widerspreche dem Stiftungszweck.

Mit einer Verfügung vom 4.8.1983 wies der Audienzrichter unser Begehren ab. Begründet wurde dies damit, dass kein vertraglicher Anspruch auf Zutritt zum Kongress geltend gemacht und auch kein drohender, irreversibler Nachteil dargelegt worden sei. Zwar scheine es nach den eingereichten Dokumenten dem Stifterwillen entsprochen zu haben, dass die Dienste seiner Institution jedem Interessierten zugutekommen sollten; aber aus der Stiftungsurkunde gehe unser individueller Anspruch auf Zutritt nicht hervor. Zudem sei die Einhaltung des Stiftungszwecks durch die zuständige Aufsichtsbehörde und nicht durch die Zivilgerichte zu überwachen. Als Rechtsmittel wurde der Rekurs an das Obergericht des Kantons Zürich innerhalb von zwei Tagen angegeben.

Nachdem wir die Verfügung am 5.8.1983 erhalten hatten, schrieben wir sofort den Rekurs und überbrachten ihn am gleichen Tag dem Obergericht des Kantons Zürich. Wir brachten vor, dass wir den Stifterwillen durch langjähriges Studium kennengelernt hätten. Es habe jeder Interessierte einen individuellen Anspruch auf Zutritt, also auch wir; deshalb entstehe uns durch die Nichtzulassung ein nicht wiedergutmachender Nachteil. Zudem seien mehr als tausend Menschen mitbetroffen:

»Durch die Nichtzulassung auch nur eines einzigen Interessierten am 24. Kongress wird eine Situation geschaffen, welche einen nicht wiedergutmachenden Nachteil für mehr als 1000 Menschen darstellt. Ein Verstoss gegen grundlegende psychologische Erkennt-

*nisse an einer Veranstaltung, die der Förderung der psychologischen
Erkenntnisse dienen soll, hat dermassen gravierende Auswirkungen,
dass es nicht geduldet werden darf.«*[183]

Zudem sei durch die Ausschlüsse der Tatbestand des Betrugs
für alle Kongressbesucher gegeben. Diese seien im guten Glauben,
dass – wie an den 23 vorangegangenen Kongressen – eine Förderung der psychologischen Erkenntnisse stattfinde, während durch
die Ausschlüsse in elementarer Weise gegen psychologische Erkenntnisse verstossen werde. Es gehe nicht primär um die Einhaltung des Stiftungszwecks, wofür die Aufsichtsbehörde zuständig
wäre, sondern *»um die Auswirkungen der Nichteinhaltung des Stiftungszwecks«*. Diese Auswirkungen seien dermassen schwer, dass
sie sofort behoben werden müssten.

Doch das Obergericht wies den Fall wegen falscher Rechtsmittelbelehrung zur Wiedererwägung an den Audienzrichter zurück.
Dieser setzte auf den 17.8. einen Verhandlungstermin fest. Auch
ein Gesuch, den Termin vorzuverschieben, brachte nichts. So wurde unsere Eingabe bis nach Ablauf des Kongresses hinausgezögert
und eine Aufhebung aller Ausschlüsse vom 24. Kongress verunmöglicht.

Bemühungen um Korrektur der Fehlentwicklung | 4

Nach dem Sommerkongress blieben Jutta Siegwart-Gensch und ich weiterhin beim Ehepaar Richiger. Unsere Gastgeber gingen ihrer Arbeit nach, Jutta Siegwart-Gensch und ich liehen uns Rechtsliteratur aus und studierten Gesetze und Kommentare zum Stiftungsrecht, zum Persönlichkeitsschutz, zu Ehrverletzung, Betrug und weiteren rechtlichen Bestimmungen. Dort fanden wir viele Verbindungen zu unseren Erlebnissen. Über unsere Erkenntnisse schrieben wir fast täglich Briefe an unseren damaligen Anwalt Dr. Ullin Streiff. Am Abend und an den Wochenenden informierten wir das Ehepaar Richiger über den neusten Stand unserer Nachforschungen; ihre Eindrücke und Beurteilungen waren wiederum für uns sehr wertvoll.

Dr. Streiff war inzwischen ebenfalls zur Auffassung gelangt, der Rechtsweg sei nicht erfolgsversprechend und begründete dies in einem ausführlichen Exposé.[1] Da Jutta Siegwart-Gensch, Annemarie Richiger und ich aber daran festhielten, erklärte er sich bereit, uns zu helfen. Statt einer Ehrverletzungsklage empfahl er uns eine Persönlichkeitsschutzklage, bei der er uns vertreten würde. Als Vorarbeit sollten wir genau aufschreiben, was passiert war, wer im Detail wann, wo und was getan habe, und weshalb wir dies als Persönlichkeitsverletzung empfänden. Tagelang sass ich an diesem Bericht, den ich auf Wunsch unseres Anwalts noch detaillierter ausführen sollte, und Wut und Schmerz überschwemmten mich. Aus heutiger Sicht hatte diese schmerzhafte Niederschrift den Vorteil, dass ich mich bewusst mit den Geschehnissen auseinandersetzen musste. Das Psychologiestudium an der Universität verfolgte ich weiter auf Sparflamme, da ich mich hauptsächlich der Frage widmen wollte, was an der Psychologischen Lehr- und Beratungsstelle schiefgelaufen war und wie dies zu beheben sei.

Wir waren nun sehr isoliert. Nur ein Jugendlicher, den ich früher beim Lernen unterstützt hatte, besuchte uns ab und zu heimlich.

4.1 | Erste Erlebnisse bei Gericht

Im Herbst 1983 erhoben Jutta Siegwart-Gensch, Annemarie Richiger und ich als Klägerinnengemeinschaft zwei Ehrverletzungsklagen. Die erste betraf den Hausverbotsbrief vom 15.6.1983, die zweite die Stellungnahmen der Stiftung an das EDI vom 3.6.1983 und an die Polizei vom 15.8.1983. Im Frühjahr 1984 reichten wir auch eine Persönlichkeitsschutzklage ein.

Damals hatte noch jeder Kanton eine eigene Strafprozessordnung; für uns galt jene des Kantons Zürich. Unsere Ehrverletzungsprozesse waren sogenannte Privatstrafklageverfahren. Dies bedeutet, dass die Staatsanwaltschaft im Verfahren nicht beteiligt war; wir hatten als Geschädigte selber die Anklage vor Gericht zu erheben und zu vertreten. Wir mussten also die Anklageschrift vorlegen und die Beweise, dass die eingeklagten Behauptungen tatsächlich begangen worden waren – in unserem Fall alles schriftliche Dokumente, – vorbringen und unsere Rechte im ganzen Verfahren geltend machen. Ein Bezirksrichter amtete als Untersuchungsrichter, führte die Befragung durch und sollte danach entscheiden, ob der Beweis der Ehrverletzung bereits erbracht war und die Hauptverhandlung durchgeführt werden konnte, oder ob die Angeklagten zum Entlastungsbeweis zugelassen würden. Wurden sie dazu zugelassen, konnten sie Beweise vorbringen, dass ihre Behauptungen entweder der Wahrheit entsprachen oder dass sie diese im guten Glauben, sie entsprächen der Wahrheit, erhoben hatten.

Am 1.1.2011 trat eine neue gesamtschweizerische Strafprozessordnung in Kraft, wodurch das bisher kantonal geregelte Strafprozessrecht vereinheitlicht wurde. Seit diesem Zeitpunkt werden auch Ehrverletzungsdelikte durch den Staat verfolgt. Sie bedürfen zwar immer noch eines Antrags durch den Geschädigten, aber die Strafverfolgungstätigkeit obliegt jetzt allein den zuständigen staatlichen Stellen; es gibt keine Privatstrafklageverfahren mehr.[2]

Die erste Klage reichten wir am 13.9.1983 beim Friedensrichter und zur Fristwahrung beim Bezirksgericht Zürich ein. Wir fühlten uns durch die Aussprache eines Hausverbots an einem Ort, wo niemand ausgeschlossen wird, in unserer Ehre verletzt. Auch die Begründungen dieses Hausverbotes, wonach wir *»organisierte Störaktionen«* in Form von *»Briefaktionen, Belästigungen, Irritationen, Beschimpfungen von Teilnehmern, Aktionen gegen Mitarbeiter und Leitung, Drohung mit Persönlichkeitsverletzungen, unerwünschtes Fotografieren von Teilnehmern, Missbrauch der Adresse etc.«*[3] begangen hätten, erachteten wir als unwahr und ehrverletzend. Angeklagt waren die drei rechtlich Verantwortlichen der »Psychologischen Lehr- und Beratungsstelle Friedrich Liebling AG« sowie Dr. Lutz als Unterzeichner des Briefs.

Jutta Siegwart-Gensch verfasste die Ehrverletzungsklage, Dr. Streiff half bei den Anträgen. Annemarie Richiger und ich ergänzten wo nötig, stellten die Beilagen zusammen oder brachten Korrekturen an. Die vier Angeklagten blieben der Sühneverhandlung beim Friedensrichter fern. Sie schrieben, der Hausverbotsbrief habe keinen ehrverletzenden Inhalt. Und weiter: *»Andererseits war die Psychologische Lehr- und Beratungsstelle gezwungen, um den Betrieb ungestört weiterführen zu können, den Anklägerinnen das Betreten ihrer Räumlichkeiten zu verbieten.«*[4]

Am 23.9.1983 reichten wir die zweite Ehrverletzungsklage ein. Diese betraf die Beschwerdeantwort der Stiftung vom 3.6.1983 an die Stiftungsaufsichtsbehörde und den Brief der Stiftung vom 15.8.1983 an die Polizei. Angeklagt waren die beiden damaligen Zeichnungsberechtigten der Stiftung Heinrich Reinfried und Heinz Hug sowie Annemarie Buchholz-Kaiser. Der vierte Angeklagte war der Unterzeichnete der Schriftstücke, Stiftungsanwalt Dr. Jezler.

Besonders Jutta Siegwart-Gensch war in der Beschwerdeantwort vom 3.6.1983 wahrheitswidrig in ein ehrverletzendes Bild gerückt worden, sie sei eine *»arbeitsunfähige junge Medizinerin«* und ein *»anhängliches Sorgenkind«* gewesen, das sich verantwortungslos betätigt habe und an ihrem schädlichen Tun habe gehindert werden müssen. Annemarie Richiger und ich wurden ihrem *»Umfeld«* zugeschrieben, das sich ebenfalls unverantwortlich benommen und Zeugnis dafür abgelegt habe, dass unter 3000 zufriedenen Teilnehmern auch einige *»schwierige Menschen«* seien. Durch den Brief an die Polizei vom 15.8.1983 wurden wir als die Öffentlichkeit störende »*Konsorten*« hingestellt, die sich mit falschen Angaben eine Standbewilligung erschlichen hätten und denen in Zukunft kein Stand auf öffentlichem Grund mehr gewährt werden dürfe.

Unsere Klageschrift umfasste 20 selbst verfasste Seiten, zwei Ordner mit Dokumenten, zwei Bände »Die Psychologie und die Zürcher Presse« und unser Weissbuch »Was einem Menschen bei uns passieren kann«. Zu unserem nicht geringen Schrecken wurden sie samt Beilagen mit Verfügung vom 7.10.1983 als »*überaus weitschweifig*« aus dem Verfahren gewiesen. Sie gebe Vorgeschichte und Nebenbelange des Streits um den Zugang aller »*Anhänger Friedrich Lieblings*« zu den Nachfolgeorganisationen wieder. Unsere Eingabe erfordere vom Gericht »*einen Zeitaufwand und eine intellektuelle Anspannung, die weit über das hinausgeht, was dem Gericht und den Gegenparteien bei vorschriftsgemässer, konzentrierter Prozessführung zugemutet werden darf*«. Wir sollten eine »*konzentrierte und auf die ehrverletzenden Äusserungen in den beiden inkriminierten Schriften beschränkte Anklageschrift*«[5] mit der Weisung des Friedensrichters nachreichen.

Wir waren schockiert, dass unsere Bemühungen, den Zusammenhang zwischen den eingeklagten Schriftstücken und der ganzen Rufmordkampagne gegen die Zürcher Schule zu erklären und anhand von Beweismitteln darzulegen, einfach zurückgewiesen wurden. Die Beurteilung, es gehe um einen »*Streit*«, erachteten wir als Verharmlosung, handelte es sich doch um Rufmord.

Wir schrieben eine neue Klageschrift und reichten diese bei den beiden Friedensrichterämtern ein. Den Sühneverhandlungen blieben die Angeklagten fern und teilten stattdessen mit, sie seien sich keinerlei ehrverletzender Äusserungen bewusst und im Übrigen der Meinung, »*dass Diskussionen mit den Anklägerinnen keinen Sinn haben*«.[6]

*

Am 28.10.1983 erfolgten vor Bezirksgericht die ersten mündlichen Befragungen im Ehrverletzungsprozess, bei dem es um den Hausverbotsbrief ging. Das Dreiergremium erklärte, den Brief nicht gesehen zu haben, bevor er abgeschickt worden sei. Annemarie Buchholz-Kaiser habe den Rechtsanwalt lediglich beauftragt, einen Brief zu schreiben, aber nicht im Wortlaut. *»Er sagte mir am Telefon, er würde ein Hausverbot erteilen und einige Gründe anführen.«*[7] Ernst Frei habe nur den *»groben Inhalt«* mit Annemarie Buchholz-Kaiser besprochen und Antonio Cho habe den Auftrag für den Brief indirekt über Annemarie Buchholz-Kaiser erteilt. Dr. Lutz berichtete, er habe kurz vor dem Verfassen des Briefes einen Telefonanruf erhalten, er wisse nicht mehr, von wem. Dabei sei ihm mitgeteilt worden, *»dass man nun sogar die Polizei habe rufen müssen, um einen geordneten Betrieb aufrechtzuerhalten«*.[8] Mit diesem Anruf habe er den Auftrag erhalten, uns das Betreten der Räumlichkeiten zu verbieten. Somit erklärte sich niemand verantwortlich für einen Brief, der über einem Dutzend Personen zugestellt wurde.

Anschliessend befragte der Untersuchungsrichter die Angeklagten zu den Störaktionen. Diese führten breit aus, was wir angeblich getan hätten. *»Anfangs Juni 1983 erschienen alle drei fast täglich an der Susenbergstrasse. [...] Am 10.6.1983 kamen sie abends um 17.00 Uhr und erklärten, sie würden das Haus nicht mehr verlassen, bis sie recht bekommen. Auf jede Aufforderung, das Haus zu verlassen, weigerten sie sich, dies zu tun, so dass wir schliesslich noch die Polizei kommen lassen mussten. [...] Die Teilnehmer beschwerten sich, dass sie das Haus nicht mehr ungehindert betreten können, ohne dass sie vom Komitee empfangen würden. [...] Die drei Anklägerinnen drohten, dass sie unsere Fälle veröffentlichen würden, wenn wir nicht machen würden, was sie wollten.«*[9]

Zu den rechtlichen Verhältnissen meinte Antonio Cho: *»Seit dem 1.1.1983 ist die Psychologische Lehr- und Beratungsstelle Friedrich Liebling eine AG. Vorher war es eine Einzelfirma. Es war nie eine Stiftung, sondern eine solche ist der AG angegliedert.«*[10] Die andern bestätigten diese Ausführungen.

Nach der Befragung durch den Untersuchungsrichter hatten wir Gelegenheit, den Angeklagten Fragen zu stellen. Meine Frage an Dr. Lutz, warum er die Ehrverletzungsklage der Stiftung gegen die beiden Journalisten des »Tages-Anzeigers« nicht verteidigt habe, wurde vom Untersuchungsrichter nicht zugelassen.[11] Ebenso meine Frage an Annemarie Buchholz-Kaiser, weshalb sie den Rückzug jener Klage verschwiegen habe.[12]

Der Untersuchungsrichter drohte Jutta Siegwart-Gensch sogar mit einer Ordnungsbusse für die folgende Frage an Dr. Lutz: »*Wie ist es zu erklären, dass Herr Dr. Lutz, der ein Mandat von mir persönlich hatte, und der meine Unschuld und Ehre hätte verteidigen sollen, mir einen solch ehrverletzenden Brief schreiben konnte?*«[13] Im Protokoll wurde dazu aber immerhin die Antwort von Dr. Lutz aufgenommen: »*Auf Frage der Anklägerin Frau Dr. Siegwart: Ich bin nicht der Anwalt von Frau Dr. Siegwart. Richtig ist allein, dass ich ehemals von Herrn Liebling persönlich ein Mandat hatte, ihn und die damals Mitangeklagte Frau Dr. Siegwart in einem Verfahren betreffend Verletzung des Gesundheitsgesetzes zu verteidigen. Wenn ich mich richtig erinnere, hatte ich in dieser Sache Berufung an das Obergericht einzureichen. Das Verfahren gegen Herrn Liebling wurde mit seinem Ableben gegenstandslos. Im Verfahren gegen Frau Dr. Siegwart wurden ihr, wenn ich mich richtig erinnere, lediglich die Kosten auferlegt. Frau Dr. Siegwart wollte gegen diese Kostenauferlegung Nichtigkeitsbeschwerde einlegen. Ich bekam dann von meiner Mandantin, das heisst der PLB keinen Auftrag, diese Sache weiter zu verfolgen. Seither ist Frau Dr. Siegwart nie mehr meine Mandantin gewesen.*«[14]

Mit dieser Antwort hatte Dr. Lutz sein Mandatsverhältnis für Jutta Siegwart-Gensch eingestanden. Dass der Untersuchungsrichter bei der allerersten Verhandlung bereits die berechtigte Frage von Jutta Siegwart-Gensch mit einer Ordnungsbusse bedrohte, empfanden wir als Zeichen mangelnder Fairness und Unparteilichkeit.

Nach der Verhandlung schrieben wir eine Gegendarstellung zu den Behauptungen der Angeklagten und teilten dem Gericht u. a. mit: »*Die Psychologische Lehr- und Beratungsstelle ist seit 1974 die Stiftung Psychologische Lehr- und Beratungsstelle, Leitung: Friedrich Liebling. Bei der ›Einzelfirma‹ handelt es sich um die ehrverletzende Darstellung des Werkes Friedrich Lieblings durch die Presse als Geschäft hinter einer Stiftung. Da es sich bei der Psychologischen Lehr- und Beratungsstelle um ein Modell des Zusammenlebens handelt, in welchem in vorbildlicher Weise den Menschenrechten und Grundfreiheiten durch ihren Begründer Nachachtung verschafft wurde, ist die Missdeutung dieses Werkes als ›Firma‹, wo das Privatrecht Machtmissbräuche nicht ausschliesst, eine Verkennung seines Wesens und seiner epochalen Bedeutung.*«[15]

Obwohl mich die Behandlung durch das Gericht verunsicherte, liess ich mich davon nicht beirren und hoffte, dass sich die Wahrheit und Gerechtigkeit durchsetzen würden.

*

Im Herbst 1983 ersuchten wir einen Professor für Linguistik der Universität Zürich um ein sprachliches Gutachten über die Beschwerdeantwort der Stiftung vom 3.6.1983, die wir als ehrverletzend eingeklagt hatten. Nachdem er diese gelesen hatte, erklärte er bei einem Gespräch am 29.11.1983,[16] da brauche es kein Gutachten; es sei »*kristallklar*«, dass diese Stellungnahme dazu diene, einen Menschen fertigzumachen. Er war zuversichtlich, dass dies auch das Gericht feststellen werde.

Die Befragungen in diesem Ehrverletzungsprozess fanden am 12.12.1983 und 16.1.1984 statt. Am 12.12.1983 unterzog der Untersuchungsrichter überraschend als Erstes uns drei Anklägerinnen einem scharfen Verhör über den Wahrheitsgehalt der eingeklagten Stellungnahmen. Wie uns aber bereits bekannt war, hatte weder der Untersuchungsrichter die Wahrheit zu erforschen, noch hatten wir die Unwahrheit der Behauptungen zu beweisen. Es war Sache der Angeklagten, den Beweis für die Wahrheit ihrer Behauptungen zu erbringen, sofern sie überhaupt zum Wahrheitsbeweis zugelassen würden. Klar war uns auch, dass durch unsere vorgezogene Befragung die Angeklagten Gelegenheit bekamen, ihre Antwortstrategie zu überlegen und sie auf unsere Aussagen abzustimmen.

Unsere Proteste halfen nichts, der Untersuchungsrichter zog das Verhör hart durch. Kennzeichnend für die Stimmung war, dass er seine Fragen als »*Vorhalte*« bezeichnete, so als ob wir die Angeklagten wären, denen die Strafanzeige vorgehalten wird. Annemarie Richiger regte sich derart auf, dass die Verhandlung zwanzig Minuten lang unterbrochen wurde. Ich gab an, dass ich beim Stand vor dem Sommerkongress mitgemacht hatte, hingegen nicht in Opposition zum Stiftungsrat stünde, »*im Gegenteil, dies sind meine Freunde*«. Auf »*ausdrücklichen Vorhalt*«, ob ich am Stand Druckerzeugnisse verkauft und Kongressteilnehmer in Diskussionen gezogen habe, ob es zu Handgreiflichkeiten gekommen sei, ob ein Securitas-Angestellter die Polizei benachrichtigt und ich Stiftungsratsmitglieder belästigt hätte, musste ich weinen und konnte keine »*sachbezogenen*«[17] Antworten mehr geben. Jutta Siegwart-Gensch wurde am ausführlichsten befragt und gab sachlich und wahrheitsgetreu zu allem Auskunft.

Da die Zeit danach bereits fortgeschritten war, wurde noch kurz der Stiftungsanwalt zum Brief an die Polizei einvernommen. Zum Schluss bat ihn der Untersuchungsrichter, beim nächsten Mal den Entscheid des EDI zur Beschwerde von Jutta Siegwart-Gensch mitzubringen.

Bei der Fortsetzung der Befragung am 16.1.1984 geschahen zwei wichtige Dinge: Zu Beginn übergab der Stiftungsanwalt den verlangten »*Entscheid*« des EDI vom 24.6.1983 dem Untersuchungsrichter. Dieser las das Schreiben durch, bekam einen roten Kopf, legte es mit einer heftigen Bewegung auf sein Pult und empörte sich: »*Das hat ja gar keine Rechtsmittelbelehrung!*« Der Stiftungsanwalt zuckte nur lächelnd die Schultern.

Das zweite Ereignis: Nach dem Lesen dieses »*Entscheids*« sagte der Untersuchungsrichter: »*Aber eine Einzelfirma erlischt doch beim Tod!*« Offenbar fand also auch er, es sei nicht alles mit rechten Dingen zugegangen. Später stellte er diese Frage dem Stiftungsanwalt. Zu dessen Aussage heisst es im Gerichtsprotokoll: »*Soviel ich weiss, wurde nach dem Tode von Herrn Liebling eine Leitung eingesetzt, in Absprache mit den beiden Erbinnen, zwei Töchter von Herrn Liebling. Die AG bestand damals noch nicht. Die Stiftung bestand,* [so im Protokoll] *nämlich seit 1974. Seine Einzelfirma hiess ›Psychologische Lehr- und Beratungsstelle Friedrich Liebling‹. Die erlosch mit seinem Tode.*«[18] Ich zog daraus den Schluss, dass die angebliche Erbschaft der »*Einzelfirma*« rechtlich nicht stimmen konnte.

Danach schritt der Untersuchungsrichter zur Befragung der Angeklagten. Als Erstes befragte er den Stiftungsanwalt zur Beschwerdeantwort vom 3.6.1983. Den andern drei Angeklagten stellte er danach nur noch wenige Fragen; sie verwiesen grösstenteils auf die Aussagen des Anwalts. Zur Frage, weshalb der Stiftungsanwalt geschrieben habe, Jutta Siegwart-Gensch sei »*aus psychischen Gründen arbeitsunfähig*« gewesen, erklärte er: »*Aus rechtlichen Gründen.*«[19] Er habe damit das Verhältnis von Jutta Siegwart-Gensch zur Stiftung zeigen wollen, weil dies nach einem bestimmten Bundesgerichtsentscheid von Bedeutung sei. *»Zudem entspricht die Arbeitsunfähigkeit der Instruktion, die ich von meiner Klientin erhalten habe.«* Als Annemarie Richiger sich entrüstete, drohte der Untersuchungsrichter, sie von der Verhandlung auszuschliessen. Weiter befragt zum Ausdruck *»anhängliches Sorgenkind«*, antwortete der Anwalt: *»Dies ist eine Entgegnung auf die Beschwerde, sie sei oft dort gewesen und eine an der Beratungsstelle mittragende Mitarbeiterin gewesen.«*[20] Darauf der Untersuchungsrichter: *»Hat sie dort den Haushalt gemacht?«*[21] Später folgte die Frage: *»Was meinen Sie damit, dass unter 3000 Teilnehmern auch schwierige Menschen sein können?«* Der Anwalt erklärte, wenn man die Beschwerde lese, erhalte man *»einen relativ guten Eindruck und bekommt die Meinung, dass chaotische Zustände da oben am Zürichberg seien. Deshalb habe ich den Ausdruck gebraucht, dass sie ein schwieriger Mensch sei.«* Darauf der Untersuchungsrichter: *»Charakterlich schwierig?«* – *»Nein, nein, natürlich nicht!«*,[22] beteuerte der Stiftungsanwalt – wohl wissend, dass *»charakterlich schwierig«* ehrverletzend wäre.

Bei einer späteren Akteneinsicht entdeckten wir, dass sich verdeckt unter dem EDI-Entscheid vom 24.6.1983, den der Stiftungsanwalt dem Untersuchungsrichter zu Beginn der Verhandlung übergeben hatte, der Brief vom 15.11.1982 an Jutta Siegwart-Gensch befand. Wie vorne ausgeführt, hatten darin zwölf Mitarbeiter/innen der *»Psychologischen Lehr- und Beratungsstelle Friedrich Liebling«* unterzeichnet, sie hätten beobachtet, dass Jutta Siegwart-Gensch *»wiederholt in krasser Weise die ärztliche Sorgfaltspflicht verletzt«*[23] habe. Ohne dass wir es bemerkten, hatte der Stiftungsanwalt diesen Brief dem Untersuchungsrichter überreicht. Da es sich dabei um eine Weiterverbreitung jenes schwer ehrverletzenden Briefes handelte, erhob Jutta Siegwart-Gensch am 24.3.1984 gegen den Stiftungsanwalt und die drei mitangeklagten Stiftungsräte eine neue Ehrverletzungsklage.

Aus diesen Einvernahmen wurde klar, dass niemand eingestand, selber die Instruktionen für die Beschwerdeantwort vom 3.6.1983 erteilt zu haben. Heinrich Reinfried und Heinz Hug waren dabei, aber hatten die Instruktion nicht selber erteilt, und Annemarie Buchholz-Kaiser hatte *»lediglich einige Fragen zur persönlichen Entwicklung von Frau Dr. Siegwart an der Beratungsstelle«*[24]

beantwortet. Bezüglich des Briefs an die Polizei erklärte sich der Stiftungsratspräsident Heinrich Reinfried für einen Teil des Inhalts verantwortlich. Weil niemand für die Beschwerdeantwort vom 3.6.1983 verantwortlich sein wollte, erweiterten wir später die Klage auf die übrigen Stiftungsratsmitglieder.

* |

Im Frühjahr 1984 war auch unsere Persönlichkeitsschutzklage so weit, dass wir sie einreichen konnten. Beklagte waren die Stiftung Psychologische Lehr- und Beratungsstelle, die Psychologische Lehr- und Beratungsstelle Friedrich Liebling AG und neun Mitarbeiter/innen, die zum Teil auch Stiftungsräte waren. Dr. Streiff leitete die Klage im Februar bei den Friedensrichtern und beim Bezirksgericht formal mit den Anträgen ein. Die Begründung sollten wir aus Kostengründen selbst schreiben und sie mit den Beilagen direkt ans Gericht nachreichen, falls keine gütliche Einigung zustande käme.

Zu den Verhandlungen bei den sechs Friedensrichterämtern erschien einzig Leopold König. Es kam aber keine Einigung zustande, weil er verneinte, jemanden von uns drei Klägerinnen in der Persönlichkeit verletzt zu haben. Wir hatten ihn mitverantwortlich gemacht für den Rückzug der Stiftungsklage, für das Schreiben vom 15.11.1982 an Jutta Siegwart-Gensch, für seine Stellungnahme zur Stiftungsaufsichtsbeschwerde und für sein Schweigen auf unsere Hilferufe.

Dr. Streiff reichte die Weisungen der sechs Friedensrichterämter an das Bezirksgericht Zürich ein. Zu seinem Erstaunen machte das Gericht aus unserer Klage sechs getrennte Verfahren. Er schrieb uns, das gäbe grossen Aufwand, er wolle mit der Richterin sprechen. Aber das Gespräch war nicht erfolgreich, denn wenige Tage später teilte er uns mit, wir müssten die Klageschrift 17-fach und die Beilagen 6-fach einreichen, entsprechend der sechs Verfahren. *»Über spätere Vereinigungen wird erst entschieden nach Eingang der Klageschrift.«*[25] Daraufhin legte Dr. Streiff sein Mandat nieder; er war ohnehin nie vom Rechtsweg überzeugt gewesen, und bei uns war das notwendige Vertrauen mehr und mehr verloren gegangen.

Die Behandlung unserer Persönlichkeitsschutzklage begann und blieb kafkaesk. Nachdem wir am 23.3.1984 die begründete

Klageschrift eingereicht hatten, wurden alle unsere Bemühungen, die Aufsplitterung in sechs Verfahren aufzuheben, abgewiesen. Alles war wie verhext; es gab etliche *»Versehen der Kanzlei«, die »in der Hitze des Gefechts«* passiert seien. Eingaben der Beklagten wurden uns nicht zugestellt.[26] Grundsätzlich mit grossen Problemen verbunden waren Akteneinsichten; die Akten waren immer dann in Bearbeitung, wenn wir sie dringend ansehen sollten, weil ein Rechtsmittel oder eine Stellungnahme anstand. Oft wurden auch Rechtsmittel versehentlich falsch angegeben, sodass sich ein zeitraubender Umweg über das Obergericht ergab. Alle unsere Begehren wurden entweder abgewiesen oder der Entscheid darüber auf später verschoben. Die Klage blieb bis zu den Urteilen des Bezirksgerichts und weiterhin während des Berufungsverfahrens vor Obergericht zerstückelt. Erst nach über drei Jahren beschloss das Gericht am 31. August 1987 die Vereinigung der Verfahren.

Eine Ausnahme war die Klage gegen Leopold König. Er führte in seiner Klageantwortschrift vom 30.5.1984 aus, die Entwicklung an der Psychologischen Lehr- und Beratungsstelle sei nach Friedrich Lieblings Tod gekennzeichnet gewesen *»durch eine vorerst unscheinbare, jedoch bald zunehmende Abkehr«*[27] vom Geist und von den Absichten des Gründers und Leiters. Er habe sich deshalb gezwungen gesehen, seine Wirkungsstätte anfangs 1983 aufzugeben. Zu seiner Unterzeichnung des Briefs an Jutta Siegwart-Gensch vom 15.11.1982 schrieb er, Annemarie Buchholz-Kaiser habe im Oktober und November 1982 in Supervisionsgruppen die Anwesenden mehrmals auf das Verhalten von Jutta Siegwart-Gensch angesprochen: *»Diese würde viele Patienten verunsichern und in grosse Not bringen, indem sie diese mit ihren [...] Bedenken in Bezug auf den Verlauf der Arbeit an der PLuBS in Bezug auf die Leitung belastet; die Klägerin 1 [Jutta Siegwart-Gensch, Anm. d.V.] sei mehrmals einem klärenden Gespräch ausgewichen; ihr müsse nun weitere Beratungstätigkeit verboten werden.«*[28] In diesem Sinn sei dann jener Brief verfasst worden. Die Art und Weise, wie u.a. jener Konflikt ausgetragen worden sei, sei einer der Gründe gewesen, weshalb er sich von der Psychologischen Lehr- und Beratungsstelle getrennt habe.

Mehrmals hielt er fest, wir drei Klägerinnen hätten ihn *»für ihre Unternehmungen auf verschiedenartige Weise zu gewinnen* *versucht. Da der Beklagte 5 [Leopold König, Anm. d.V.] sich jedoch immer wieder aus persönlichen Gründen strikte geweigert hat, auf irgendwelche Art einbezogen zu werden, zog er sich den Unwillen der Klägerinnen zu [...]. Richtig ist auch, dass der Beklagte 5 nachdem er verschiedentlich in aller Deutlichkeit erklärt hatte, er wolle nach seinem Ausscheiden aus der PLuBS nichts – aber auch gar nichts – zu einer Änderung der Entwicklung an der Psychologischen Lehr- und Beratungsstelle beitragen, die Bitten der Klägerinnen mit Schweigen beantwortet hat«*[29.]

Im März und April 1983 hätten einige Gespräche zwischen ihm, Jutta Siegwart-Gensch und weiteren Teilnehmern stattgefunden, um ihn dazu zu bewegen, sich ihrer Beschwerde an die Aufsichtsbehörde anzuschliessen. Er habe aber »*unermüdlich und eindringlich seine Skepsis gegenüber einer Einsprache bei der Aufsichtsbehörde klargestellt und darauf bestanden, nicht in diese Klage verwickelt zu werden, da er sich sonst gezwungen sähe, den Kläger zu desavouieren*«.[30] Er sei deshalb sehr betroffen gewesen, als er erfahren habe, dass Jutta Siegwart-Gensch ihn trotzdem einbezogen habe. Er erachte in diesem Zusammenhang vielmehr eine Entschuldigung von ihrer Seite als angebracht.

Leopold König hatte in dieser Klageantwortschrift deutlich zum Ausdruck gebracht, dass seiner Meinung nach die Psychologische Lehr- und Beratungsstelle seit Friedrich Lieblings Tod nicht mehr in dessen Sinn und Geist geführt werde. Auch hatte er sich halbwegs für den Brief vom 15.11.1982 entschuldigt. Deshalb zogen wir die Klage gegen ihn am 10.9.1984 zurück. Er verzichtete auf eine Prozessentschädigung.

4.2 | Erste Erlebnisse bei der Stiftungsaufsichtsbehörde

Im Herbst 1983 ersuchten Jutta Siegwart-Gensch, der zurückgetretene Stiftungsrat Peter Fuchs, das Ehepaar Richiger und ich um ein Gespräch bei der Stiftungsaufsicht in Bern. Am 10.10.1983 empfing uns der stellvertretende Generalsekretär des Eidgenössischen Departements des Innern, Bernhard Hahnloser, sowie der wissenschaftliche Adjunkt und Jurist Peter Blessing.

Peter Fuchs berichtete, er kenne Friedrich Liebling seit 1954 und habe ihn bei der Gründung der Stiftung beraten, die Entwicklung seit dessen Tod laufe der Intention des Stifters krass zuwider. Der Beschluss, wonach ein fünfköpfiger Ausschuss des Stiftungsrates nach Friedrich Lieblings Tod die Stiftung leiten sollte, sei nicht umgesetzt worden. Man habe im Stiftungsrat nicht diskutieren können. Die Stiftung habe nicht einmal einen Rechtsanwalt für ihre Beratung zugezogen. Die Ausschlüsse seien mit dem Stifterwillen unvereinbar. Er sei aus Protest aus dem Stiftungsrat zurückgetreten. Auch Jutta Siegwart-Gensch legte dar, was ihr widerfahren war und wie sie Friedrich Liebling erlebt und verstanden hatte. Auch erklärte sie, dass Friedrich Liebling sich in seinen letzten Worten auf die Stiftung bezogen und gesagt habe, es bleibe so, wie es sei; demnach habe die Stiftung seine Arbeit in seinem Sinn und Geist weiterzuführen. Wir alle bestätigten, dass unser guter Ruf innerhalb der Gemeinschaft von Stiftungsräten untergraben worden sei, dass wir dadurch von unseren früheren Freunden isoliert und in eine beängstigende Lage geraten seien und dass jeder Ausschluss den Sinn und Geist des Stifters krass verletze.

Die beiden Herren aber erklärten uns, dass sie keine Möglichkeiten sähen einzugreifen; die begrenzte Kompetenz der Aufsichtsbehörde sei soeben durch einen ganz neuen, unveröffentlichten Bundesgerichtsentscheid bestätigt worden; dieser Bundesgerichtsentscheid lag verdeckt auf dem Tisch. Auch meinten sie, solange die Stiftung weiter Psychologie betreibe, sei nichts zu beanstanden.[31] Für unsere Ansprüche sei allenfalls das Zivilgericht zuständig. Fürsprecher Hahnloser empfahl uns, einen Anwalt zu suchen; diesem könne er dann in wenigen Minuten am Telefon erklären, worum es gehe. Auch stellte er ein Versöhnungsgespräch zwischen uns und dem Stiftungsrat in Aussicht, nachdem wir einen Rechtsanwalt gefunden hätten.[32]

Drei Tage später, am 13.10.1983, schrieben wir fünf einen Brief an Bundesrat Alphons Egli: »*Es geht um das gemeinnützige Werk des grossen Psychologen aus der Wiener Schule, Friedrich Liebling, welchem er durch eine Stiftung Bestand verliehen hat. Aufgrund ungewöhnlicher Umstände ist dieses Werk, dem Friedrich Liebling den Namen ›Zürcher Schule für Psychotherapie‹ gegeben hat, nach*

seinem Tode einer Entfremdung anheimgefallen, welche wir als sei-
ne Schüler nicht mitansehen können, zumal wir dadurch in eine be-
drohliche und beängstigende Lage geraten sind.«[33] Wir baten ihn,
ihm die Situation persönlich darlegen zu dürfen.

Mit einem Schreiben vom 7.11.1983 antwortete uns Bundesrat
Egli, dass er sich bei seiner Abteilung Stiftungsaufsicht über die
Probleme der Stiftung habe orientieren lassen. *»Es ist richtig, dass*
das gemeinsame Werk des Psychologen Friedrich Liebling seit dessen
Hinschied vor eine neue Situation gestellt worden ist. Welcher Weg
einzuschlagen ist, hat in erster Linie der rechtmässig eingesetzte Stif-
tungsrat zu entscheiden. Solange er sich im Rahmen des statutari-
schen Zwecks bewegt, wie er in der Stiftungsurkunde umschrieben
ist, kann und darf die staatliche Aufsichtsbehörde nicht einschreiten.
Dasselbe gilt, wenn es sich um Fragen der Auslegung zusätzlicher
Unterlagen und Dokumente, insbesondere aus der Sicht der Stiftungs-
destinatäre handelt; hier hat nach Bundesgerichtspraxis der Zivil-
richter zu entscheiden.«[34]

4.3 | Der »provisorische« Wahrheitsbeweis

Inzwischen gingen auch unsere Ehrverletzungsklagen am Bezirksgericht Zürich weiter. Unserer Auffassung nach hatten die
Angeklagten uns wider besseres Wissen im Hausverbotsbrief beschuldigt, wir hätten organisierte Störaktionen begangen. Deshalb
vertraten wir die Ansicht, wir sollten vorerst den Beweis dafür erbringen dürfen, dass sie jene Behauptungen wider besseres Wissen aufgestellt hatten.

Mittels Verfügung vom 31.10.1983 wurde uns eine Frist gesetzt,
um die Beweismittel zu bezeichnen. In der gleichen Verfügung bekamen die Angeklagten Gelegenheit, Beweismittel für die Wahrheit ihrer Äusserungen vorzubringen, bzw. dass sie ernsthafte
Gründe hatten, die Äusserungen für wahr zu halten.

Wir brachten verschiedene schriftliche Dokumente bei und
ersuchten um Beizug gewisser Tonbandaufnahmen. Zudem beantragten wir, dass zuerst anhand unserer Beweismittel darüber entschieden werde, ob die Angeklagten überhaupt zum Wahrheitsbeweis zuzulassen seien. Das Gericht teilte uns daraufhin brieflich

mit, dass sich aus den Akten einstweilen überhaupt keine Anhaltspunkte ergäben, wonach die Angeklagten nicht zum Wahrheitsbeweis zuzulassen wären. Diese Frage werde anlässlich der Hauptverhandlung definitiv beantwortet werden.

Zum Beweis für die Wahrheit der eingeklagten Behauptungen brachten die Angeklagten nun als erstes Dokument den Brief vom 15.11.1982 an Jutta Siegwart-Gensch vor, der von zwölf Mitarbeiter/innen unterzeichnet war. Unsere Briefe, die sich gegen jenes Schreiben gerichtet hatten, wurden als Beweismittel für unsere angeblichen Störaktionen, Beschimpfungen, Belästigungen usw. vorgebracht. Ein neues Dokument war ein Schreiben, das ein Jahr später erstellt worden war und worin Teilnehmer aus Deutschland behaupteten, insbesondere Jutta Siegwart-Gensch habe verschiedene Personen »*stark verunsichert und irritiert*« und den »*therapeutischen Prozess gefährdet*«.[35]

Dr. Lutz verlangte zudem den Beizug des Polizeirapports über den Einsatz vom 10.6.1983 an der Susenbergstrasse. Auch listete er 52 Zeugen auf, die befragt werden sollten. Bei diesen handelte es sich ausnahmslos um Personen, die an der »*Psychologischen Lehr- und Beratungsstelle Friedrich Liebling AG*« in Mitarbeit und Ausbildung standen. Sie brachten den drei Angeklagten Vertrauen entgegen und hatten die Rufmordkampagne gegen uns autoritätsgläubig mitgetragen, teilweise sogar befeuert.

Am 5.12.1983 verfügte das Gericht die Einvernahme von 45 Zeugen, sieben aus dem Ausland wurden auf später verschoben. Unser Rekurs dagegen wurde im Sommer 1984 vom Obergericht mit der Begründung abgewiesen, wir seien gar nicht beschwert; die Zulassung zum Wahrheitsbeweis sei »*nur provisorisch*« und habe »*lediglich vorläufigen Charakter*«; der definitive Entscheid darüber werde an der Hauptverhandlung gefällt.[36]

Am 19.4.1984 ersuchte der Untersuchungsrichter die Stadtpolizei um den Polizeirapport vom 10.6.1983, teilte unsere drei Namen sowie die Namen der Angeklagten mit und fügte an, es sei geltend gemacht worden, die Polizei habe ausrücken müssen, »*weil die drei Anklägerinnen die Beratungsstelle trotz entsprechender Aufforderung nicht hätten verlassen wollen*«.[37] Die Stadtpolizei bat um den Namen des Polizeifunktionärs bzw. der Wache, wo Anzeige erstattet worden sei. Nun schrieb Dr. Lutz dem Bezirksgericht, die Angeklagten könnten sich nicht mehr an die Namen der Polizisten erinnern, und behauptete: *»Nach etwa einer halben Stunde war es den beiden Polizisten gelungen, die drei Anklägerinnen zu veranlassen, die Susenbergstrasse 53 zu verlassen. Der Psychologischen Lehr- und Beratungsstelle hatten die beiden Polizisten anschliessend empfohlen, zivilrechtliche Vorkehrungen zu treffen, was anschliessend mit Zustellung des von den Anklägerinnen beanstandeten Briefes erfolgt ist.«*[38] Dieses Schreiben leitete der Untersuchungsrichter an die Stadtpolizei weiter. Danach traf am 4.6. 1984 ein Bericht der Stadtpolizei Zürich ein, der beinahe ein Jahr nach dem Ereignis die angeblichen Vorkommnisse vom 10.6.1983 schilderte, gestützt auf die Unterlagen des Untersuchungsrichters und Dr. Lutz als Erinnerungshilfen.

Darin hiess es, den damaligen Ausführungen des Funkers hätte die Polizei entnehmen müssen, *»dass bei der erwähnten Liegenschaft mit Ausschreitungen zwischen uns unbekannten Personen zu rechnen war, weshalb zur Verstärkung auch eine SAT-Bus Mannschaft an den Ort beordert wurde«.* Und weiter: *»Am Ort wurden wir vermutlich durch Herr Dr. Ernst Frei empfangen. (...) Das Ergebnis einer durch die Polizei durchgeführten Umfrage unter den Anwesenden, inkl. den 4 unerwünschten Personen, ergab, dass Herr Dr. Ernst Frei auf Grund der Mietverhältnisse für die Liegenschaft zuständig war. (...) Die vier unerwünschten Personen wurden anschliessend durch die Polizei gebeten, die Liegenschaft gemäss Weisung des Verantwortlichen Dr. Ernst Frei zu verlassen. Da sich diese vier Personen weiterhin weigerten, die Liegenschaft zu verlassen, setzten wir diese über die Folgen eines allfällig vorliegenden Strafantrages betr. Hausfriedensbruchs in Kenntnis. Darauf verliessen die vier Personen unter Protest das Gebäude, und etwas später auch dessen Umfriedung. Von der Susenbergstrasse aus schleuderten dann die weggewiesenen Personen noch ›Unfreundlichkeiten‹ gegen die Zurückgebliebenen. Die Ausdrücke enthielten auch einige unkonkrete Drohungen. Nachdem sich die Lage wieder entspannt hatte, zog sich die Polizei wieder zurück.«*[39] Am Schluss hielt der Bericht fest, es sei damals kein Rapport erstellt worden.

Am 15.5.1984 hatte das Gericht unseren Antrag auf Nichtzulassung der Angeklagten zum Wahrheitsbeweis abgewiesen. In der umfangreichen Begründung führte es in einem Vor-Urteil aus, die meisten eingeklagten Äusserungen entsprächen der Wahrheit.

Unser Rekurs gegen diesen Beschluss wurde über ein Jahr später, am 1.7.1985, vom Obergericht abgewiesen. Es führte aus, die Rekursinstanz könne nicht darüber entscheiden, ob der Wahrheits- bzw. Gutglaubensbeweis zuzulassen sei, weil damit eine materielle Beurteilung vorweggenommen würde. Die Vorinstanz habe keinen Anlass gehabt, einen Entscheid über die Zulassung der Angeklagten zum Wahrheitsbeweis zu fällen, *»zumal ein solcher Entscheid im fraglichen Stadium des Prozesses ohnehin nur provisorischen Charakter haben konnte«.*[40] Somit war unnötigerweise ein Jahr verstrichen, und die Frage, ob die Angeklagten zum Wahrheitsbeweis zuzulassen seien, war noch immer nicht entschieden.

* |

Am 17.9.1985 erhielten wir zufällig durch eine Akteneinsicht Kenntnis davon, dass am 20.9.1985 die Einvernahme von sechs Zeugen stattfinden sollte. Wir überbrachten dem Bezirksgericht ein Schreiben, wonach wir aufgrund des Obergerichtsentscheids davon ausgegangen seien, dass nun zuerst über die Zulassung der Angeklagten zum Wahrheitsbeweis entschieden werde. Auch erhoben wir per Express Staatsrechtliche Beschwerde gegen diesen uns schädigenden provisorischen Wahrheitsbeweis und baten um vorsorgliche Aussetzung der Zeugeneinvernahme. Wir erklärten, es handle sich bei allen Zeugen um Personen, die ursprünglich mit der Stiftung in Verbindung gestanden seien; sie seien irregeführt worden und hätten sich verleiten lassen, der *»Psychologischen Lehr- und Beratungsstelle Friedrich Liebling AG«* einen Vermögensvorteil zu verschaffen. Deshalb bestehe die Gefahr falscher Zeugenaussagen. Das Bundesgericht teilte dem Bezirksgericht telefonisch mit, es lehne das Gesuch ab. *»Die Zeugeneinvernahme könne ordnungsgemäss durchgeführt werden.«*[41]

An der Zeugenbefragung nahmen wir nicht teil, da wir uns nicht an allfälligen Problemen mitschuldig machen wollten, falls falsche Zeugenaussagen vorkämen und wir darauf hätten reagieren müssten.

Alle Zeugen bezeugten, »*keine Instruktionen*« erhalten zu haben, wie sie heute aussagen sollten. Mehrere berichteten, ich sei bei einer Einladung eingedrungen und hätte »*mit Worten und Geschrei*« massiv gestört, »*so dass wir abbrechen mussten*«.[42] Meine Stellungnahme im Lehrerkurs war für mehrere Zeugen eine Störung: »*Sie führte dann aus, sie verbrenne ihren Strohsack, man unterdrücke sie, man lasse sie nicht sprechen.*«[43] Auch hätte ich »*wie ein Mahnmal im strömenden Regen*«[44] vor der Susenbergstrasse gestanden; dadurch fühlte sich eine Zeugin gestört und belästigt. Eine Zeugin behauptete, nachdem man gegen mich die Polizei habe rufen müssen, hätte ich zu ihr »*miese Person*« gesagt. Zwei Zeugen betrachteten es als Störung, dass Jutta Siegwart-Gensch zu einer Einladung weitere Personen als »*Eskorte*« mitgebracht habe; obwohl nicht eingeladen, hätten diese Personen versucht, in den Raum einzudringen. Ein Zeuge berichtete von Irritationen, indem von ihm psychologisch betreute Personen »*von Frau Dr. Siegwart in diese Situation hineingezogen*« worden seien. »*Diese Leute waren dadurch irritiert und gerieten in grosse Aufregung. Dadurch war die therapeutische Arbeit für längere Zeit behindert und verunmöglicht.*«[45] Verschiedene Zeugen bezeichneten unsere Briefe als Belästigungen.

4.4 Klage betreffend Feststellung einer einfachen Gesellschaft

Wir wären verzweifelt, hätten wir nicht Ende 1983 einen Menschen kennengelernt, der uns verstand und uns behilflich war. Dies kam so: Immer wieder suchten wir Persönlichkeiten des öffentlichen Lebens auf, die uns hätten raten oder helfen können oder die wir um Vermittlung mit dem Dreiergremium baten. Professor Detlev von Uslar, bei dem ich im Hauptfach Psychologie studierte, meinte im Herbst 1983, er könne da nichts unternehmen, und riet mir, mich aus den »Diadochenkämpfen« herauszuhalten. Der damalige Leiter des Alfred Adler Instituts, Dr. Victor Louis, sah sich ebenfalls ausserstande, irgendwie vermittelnd einzugreifen.[46] Zwei Rechtsprofessoren, die wir im Dezember 1983 konsultierten, waren zwar sehr freundlich, wollten aber mit der Sache nichts zu tun haben.

Wir fanden jedoch auch Persönlichkeiten, die sich bereitfanden, uns ihren Möglichkeiten entsprechend zu unterstützen. Besonders Seelsorger waren sehr verständnisvoll, Pfarrer Ernst Sieber fuhr sogar bei Schnee und Eis an die Susenbergstrasse, um die drei Leitungspersonen zu einem Gespräch mit uns zu bewegen. Doch diese waren nicht bereit dazu, selbst er musste unverrichteter Dinge abziehen. Drei weitere Zürcher Pfarrer sowie mein Onkel, ein Theologe und Schulleiter, verfolgten unsere Bemühungen am Gericht und später bei der Aufsichtsbehörde und intervenierten sogar brieflich bei Bundesrat Egli. Auch ein ehemaliger Oberst, von dessen »Freiheitsbund« wir aus den Medien erfuhren und den wir um Hilfe baten, engagierte sich eine Weile für uns. Doch fehlte uns jemand, der uns auch rechtlich unterstützen konnte.

Im Herbst 1983 lasen wir in der Zeitung, dass sich der Umweltschützer Franz Weber ebenfalls gegen eine Diffamierungskampagne mit einer Ehrverletzungsklage zur Wehr setzen musste. In einem Brief erklärten wir ihm unsere Lage. Franz Weber empfahl uns, dringend seinen Anwalt zu konsultieren. So lernten wir den Anwalt Rudolf Schaller kennen, der damals in Genf beim »Collectif de défense« tätig war. Im Winter 1983/84 trafen wir ihn mehrmals und konnten ihm unsere Situation schildern. Er nahm uns ernst und begegnete uns ohne Vorurteile.

Er befragte Jutta Siegwart-Gensch genau, erkundigte sich über die Mitarbeitergemeinschaft an der Psychologischen Lehr- und Beratungsstelle, ihre Zusammenarbeit mit Friedrich Liebling, den Aufbau des Tonbandkassettenarchivs, ihr Leben an der Susenbergstrasse. Auch das Ehepaar Richiger und ich berichteten ihm über unser Engagement innerhalb der Gemeinschaft, zudem liess er sich unsere Dokumente zeigen. Aus unserem Bericht und den Dokumenten schloss er, dass es sich bei der Psychologischen Lehr- und Beratungsstelle um eine vertragsmässige Vereinigung mehrerer Personen handle, die einen gemeinsamen Zweck mit gemeinsamen Kräften oder Mitteln erreichen wolle, eben rechtlich eine einfache Gesellschaft nach Art. 530 OR. In erster Linie sei die Psychologische Lehr- und Beratungsstelle seit 1974 eine Stiftung, untergeordnet dazu eine einfache Gesellschaft. Viele Anwälte würden diese einfachste Form einer Rechtsgemeinschaft nicht so gut kennen, weil sie in der Ausbildung von geringerer Bedeutung sei, obwohl sie im realen Leben sehr häufig vorkomme.[47]

Wir lasen Kommentare zur einfachen Gesellschaft und stellten immer wieder die Übereinstimmung mit den an der Psychologischen Lehr- und Beratungsstelle geltenden Regeln fest. So war der gemeinsame Zweck, ein Zentrum für psychologische Forschung, Lehre und Beratung zu bilden, wo jedermann psychologische Beratung und Ausbildung erhalten konnte, ungeachtet des finanziellen und bildungsmässigen Hintergrunds. Jeder war Schüler der Psychologie und leistete einen Beitrag, sei es in Form des Lernens, des Lehrens oder auch durch finanzielle Beiträge. Die Beiträge mussten nicht gleich hoch sein, was einer stillschweigenden Vereinbarung entsprach, sondern jeder trug bei, was er konnte. Die Einstimmigkeit wurde auch in dieser grossen Gemeinschaft ermöglicht, indem jeder einen Einwand vorbringen konnte und dieser auch ernst genommen wurde. Die Geschäftsführung war Friedrich Liebling und den von ihm ausgewählten Mitarbeitern anvertraut.

Friedrich Liebling hatte sich in vielen Gesprächen gegen die in der Presse verbreitete Darstellung gewehrt, die Psychologische Lehr- und Beratungsstelle sei ein kaufmännisches Unternehmen, ein Geschäft. Ihr Aufbau und Betrieb war Zweck der gemeinnützigen Stiftung, auch darum konnte sie keine Einzelfirma sein. Sie war eine gemeinnützig tätige Personengemeinschaft von psychologisch interessierten, idealistisch gesinnten und engagierten Personen, die im Rahmen der gleichnamigen gemeinnützigen Stiftung tätig war und deren Zweck erfüllte.

Anwalt Schaller erstellte ein Gutachten am 29.2.1984, in dem er die rechtliche Situation der Psychologischen Lehr- und Beratungsstelle und zwischen Friedrich Liebling und Jutta Siegwart-Gensch analysierte. Er konzentrierte sich auf Jutta Siegwart-Gensch, weil sie von uns drei Klägerinnen die engste Beziehung zu Friedrich Liebling hatte und auch über Beweismaterial verfügte, das diese enge Beziehung belegte. Ihre rechtliche Situation war exemplarisch für die an der Psychologischen Lehr- und Beratungsstelle geltenden Verhältnisse. Dieses Rechtsgutachten stellten wir Dr. Wehinger, dem Anwalt der Erbinnen, am 3.3.1984 zu mit der Bitte um eine Stellungnahme. Es kam keine Antwort.

Da Rudolf Schaller in Genf arbeitete und der Weg sehr weit war, ermutigte er uns, in der Nähe einen zweiten Anwalt zu suchen, der mit ihm zusammenarbeiten würde. Wir wandten uns an viele Anwälte in Zürich und in der übrigen Deutschschweiz. Mehrere hörten sich zunächst unsere Geschichte an, empörten sich darüber, was uns passierte, und waren auch gerne bereit, mit Anwalt Schaller zusammenzuarbeiten. Beim zweiten Gespräch waren sie bereits skeptischer und beim dritten oder vierten Mal versuchten sie uns zu überreden, den Rechtsweg aufzugeben. Wir bekamen den Ratschlag, eine eigene Zürcher Schule aufzubauen, auszuwandern, für das Geld Ferien auf den Malediven zu machen usw.

Ein Anwalt, den wir im Sommer 1986 kennenlernten und von dem wir uns viel versprachen, gab ebenfalls nach etwa vier Konsultationen auf. Sehr enttäuscht konfrontierten wir ihn direkt mit der Frage, was der Grund sei. Er erklärte, dass jeder *»rechtschaffene Anwalt«*, ausser vielleicht *»der Schaller«*, beim ersten Mal, wenn wir zur Tür hinausgingen, zum Telefon greife und die Aufsichtsbehörde anrufe, um sich dort zu erkundigen. Und da erfahre man eben, was Sache sei. Er wollte uns aber nicht mitteilen, was er und seine übrigen Kollegen von der Aufsichtsbehörde erfahren hatten.

»Der Schaller« war für uns ein Mensch, der dort anfing, wo andere aufhörten, und der sich selbst noch verloren geglaubter Fälle mit grösstem Engagement annahm. Ich war froh, Rudolf Schaller gefunden zu haben. Heute denke ich, dass ich ohne seine Menschlichkeit jene Zeit kaum überlebt hätte.

* |

Anwalt Schaller reichte für Jutta Siegwart-Gensch, Annemarie Richiger und mich am 27.4.1984 eine neue Klage ein. Bei der pendenten Persönlichkeitsschutzklage ersuchten wir um Sistierung und Vereinigung mit dieser neuen Klage. Dieses Gesuch wurde aber sofort abgewiesen.

In der neuen Klage waren die *»Psychologische Lehr- und Beratungsstelle Friedrich Liebling AG«*, die *»Stiftung Psychologische Lehr- und Beratungsstelle«* sowie Erna Grob-Liebling und Lillian Rattner-Liebling beklagt. In den Anträgen verlangten wir unter anderem die Feststellungen,

- dass zwischen Jutta Siegwart-Gensch und Friedrich Liebling eine einfache Gesellschaft bestand, die durch die Erbinnen fortgesetzt wurde;
- dass Jutta Siegwart-Gensch die gleichen Rechte und Pflichten innerhalb der Psychologischen Lehr- und Beratungsstelle wie zu Friedrich Lieblings Lebzeiten hat und deshalb ihr Ausschluss und die Entnahme des Archivs widerrechtlich war;
- dass der Rückzug der Stiftungsklage mangels Zustimmung von Jutta Siegwart-Gensch widerrechtlich erfolgte;
- dass das Vorgehen des Stiftungsrats gegenüber Jutta Siegwart-Gensch, Annemarie Richiger und mir zudem eine Persönlichkeitsverletzung darstellte;
- dass die Gründung der »*Psychologischen Lehr- und Beratungsstelle Friedrich Liebling AG*« nicht dem Zweck der einfachen Gesellschaft entsprach und deshalb widerrechtlich und nichtig war.

Als vorsorgliche Massnahme sollten Jutta Siegwart-Gensch, Annemarie Richiger und mir sofort der Zugang zu den Räumlichkeiten der Stiftung Psychologische Lehr- und Beratungsstelle und die normale Tätigkeit als Schüler und Mitarbeiter ermöglicht werden. Weiter sollte Jutta Siegwart-Gensch Zugang zum Archiv, zur Korrespondenz und Buchhaltung gewährt werden. Den Beklagten sollte verboten werden, die Tonband- und Videoarchive, die Korrespondenz und andere Dokumente zu veräussern, zu vernichten, zu verstümmeln oder sonst wie wegzuschaffen.

Anwalt Schaller begründete die Klage eingehend. Er erklärte das Vertragsverhältnis zwischen Friedrich Liebling und Jutta Siegwart-Gensch, stellte die Stiftung und den Zweckartikel dar, erwähnte die Pressekampagne und wie sich Friedrich Liebling und Jutta Siegwart-Gensch dagegen und gegen ihre Verurteilung zur Wehr gesetzt hatten. Sodann stellte er die enge Zusammenarbeit zwischen Friedrich Liebling und Jutta Siegwart-Gensch anhand von Beispielen dar, ebenfalls den Aufbau des Tonbandkassettenarchivs. In finanzieller Hinsicht bemerkte er, »*dass sowohl Friedrich Liebling wie auch Frau Dr. med. Siegwart-Gensch ihre volle Arbeitskraft und ihr ganzes Wissen der Psychologischen Lehr- und Bera-*

tungsstelle zur Verfügung stellten, ohne einen finanziellen Gegenwert zu erhalten«.[48] Für die dreijährige Ausbildung habe Jutta Siegwart-Gensch ein Stipendium der Stiftung von monatlich 1000 Franken als Erlass der Ausbildungskosten bekommen, anschliessend Unkostenbeiträge von 500 Franken pro Monat. Durch die Tischgemeinschaft mit Friedrich Liebling und seiner Haushälterin habe sie sich kostenlos verpflegen können. Es sei klar ausgedrückter Wille von Friedrich Liebling und Jutta Siegwart-Gensch gewesen, dass nach Friedrich Lieblings Tod *»alles so bleiben soll, wie es ist«.* Die Erbinnen, die hin und wieder im Hause ihres Vaters zu Besuch geweilt hätten, hätten vom Letzten Willen ihres Vaters und von dessen enger Beziehung zu Jutta Siegwart-Gensch gewusst. Danach schilderte er die Vorkommnisse nach Friedrich Lieblings Tod.

Zur Friedensrichterverhandlung kam keiner der drei Anwälte; Dr. Lutz, der die *»Psychologische Lehr- und Beratungsstelle Friedrich Liebling AG«* vertrat, liess verlauten, die *»neueste Version der Klägerinnen ist absurd«* und *»Vergleichsgespräche mit den Klägerinnen haben sich längst als unmöglich erwiesen«.*[49]

Mit einer Verfügung vom 14.5.1984 setzte das Bezirksgericht den Beklagten eine Frist, um zum Gesuch um vorsorgliche Massnahmen Stellung zu nehmen. Schon am 7.6.1984 wies es die Begehren um vorsorgliche Massnahmen ab und stellte uns gleichzeitig die Stellungnahmen der drei Anwälte zu.

Dr. Wehinger hielt als Vertreter der Erbinnen die Zürcher Gerichte örtlich für nicht zuständig. Der Stiftungsanwalt Dr. Jezler wiederholte – trotz unserer Ehrverletzungsklage – seine Ausführungen aus der Beschwerdeantwort vom 3.6.1983 an die Stiftungsaufsicht. Dr. Lutz führte aus, Friedrich Liebling habe *»in all seinen Handlungen bis zu seinem Ableben immer zum Ausdruck gebracht, die Psychologische Lehr- und Beratungsstelle sei eine Einzelfirma. Auch die Bücher wurden für eine Einzelfirma geführt. Auch gegenüber den Steuern trat Friedrich Liebling als Einzelfirma auf.«* Zudem sei Jutta Siegwart-Gensch nie Mitarbeiterin gewesen, ihre Aussage, sie habe eine einfache Gesellschaft mit Friedrich Liebling gehabt, sei *»vermessen«*; lediglich ab und zu sei sie *»zu Handreichungen«* beigezogen worden, wie andere Schüler auch. Auch wenn sie *»in einzelnen Fällen das Ton-*

bandgerät der Einzelfirma bediente, hat sie noch keinen Anspruch auf Herausgabe der betreffenden Tonbänder«.[50]

Das Obergericht wies die vorsorglichen Massnahmen am 29. 6.1984 ebenfalls ab. Die Sicherung des Archivs wurde damit verneint, es sei nicht einzusehen, weshalb die Stiftung bzw. die AG *»Eingriffe in das Tonbandmaterial vornehmen sollten«.*[51]

Bereits am 5.7.1984 fasste das Bezirksgericht den Beschluss, nicht auf die gesamte Klage einzutreten. Für die beiden Erbinnen verneinte es die örtliche Zuständigkeit. In Bezug auf die *»Stiftung Psychologische Lehr- und Beratungsstelle«* und *»Psychologische Lehr- und Beratungsstelle Friedrich Liebling AG«* erklärte es, diese seien nicht von der Feststellung des Bestandes einer einfachen Gesellschaft betroffen; unsere Begehren seien bereits in der Persönlichkeitsschutzklage rechtshängig.

Anwalt Schaller erhob am 29.8.1984 einen Rekurs an das Zürcher Obergericht. Dieses bestätigte mit *»Urteil und Beschluss«* vom 25.9.1984[52] den Entscheid des Bezirksgerichts vollständig. Da sich der Rekurs *»sofort als unbegründet«* erweise, müsse auch keine Stellungnahme der Beklagten eingeholt werden. Einige Anträge seien bereits rechtshängig, für andere sei die Stiftungsaufsichtsbehörde zuständig, und die Beschlüsse der AG seien von uns nicht anfechtbar, da wir nicht Aktionärinnen seien.

Dagegen erhob Rudolf Schaller am 22.11.1984 entsprechend der Rechtsmittelbelehrung eine Kantonale Nichtigkeitsbeschwerde an das Kassationsgericht des Kantons Zürich, die sich gegen den Beschluss richtete, und Berufung an das Bundesgericht, die das Urteil anfocht. Dort ruhten diese Schriften über ein Jahr. Inzwischen wurde die Persönlichkeitsschutzklage, in der wir die rechtliche Grundlage der einfachen Gesellschaft noch nicht dargelegt hatten, vom Bezirksgericht vorangetrieben.

4.5 | Beschwerde bei der Stiftungsaufsicht

Wir hatten von Peter Fuchs alle Stiftungsratsprotokolle seit Gründung der Stiftung bis zum 1.3.1983, die beiden Briefe der Erbinnen vom Frühjahr 1982 sowie die erste Jahresrechnung der Kontrollstelle nach Friedrich Lieblings Tod erhalten. Auch die Akten über die Verurteilung von Friedrich Liebling und Jutta Siegwart-Gensch konnten wir inzwischen beim Bezirks- und Obergericht einsehen und kopieren lassen. Alle diese Dokumente hatte unser Anwalt gesichtet und ausgewertet.

Wir beantragten am 13.9.1984, der Stiftungsrat sei zu verpflichten,

- alle rechtlichen Schritte einzuleiten, um in den Besitz des gesamten, am Todestag von Friedrich Liebling vorhandenen und seither angewachsenen materiellen und immateriellen Stiftungsvermögens zu kommen.
- Klage gegen die Erbinnen auf Rückerstattung des widerrechtlich angeeigneten Stiftungsvermögens einzuleiten; eine Strafanzeige wegen Betrug, ungetreuer Geschäftsführung und Veruntreuung zu erstatten sowie eine Klage auf Auflösung der *»Psychologischen Lehr- und Beratungsstelle Friedrich Liebling AG«* zu führen.
- sämtliche Massnahmen, insbesondere das Hausverbot, gegenüber uns Beschwerdeführerinnen rückgängig zu machen, allenfalls die dafür verantwortlichen Personen zu veranlassen, die entsprechenden Vorkehrungen zu treffen.

Rudolf Schaller hielt fest, Friedrich Liebling habe 1974 die Stiftung gegründet, um die von ihm entwickelten neuen Wege in der Psychologie über seinen Tod hinaus zu sichern. Er charakterisierte die drei Wesensmerkmale dieser neuen Wege kurz und prägnant:
- Der Faktor »Gewinnstreben« sei völlig ausgeschaltet gewesen.
- Die Mitwirkenden hätten nicht Honorare im Sinn von Entgelt für erhaltene Leistungen bezahlt, sondern ihren finanziellen Möglichkeiten entsprechend Beiträge gespendet.
- Die Hilfesuchenden seien nicht Patienten, sondern Schüler der Psychologie gewesen, *»damit sie selber die Ursachen ihrer Lebensschwierigkeiten verstehen und verändern lernten«.*[53]

Die rechtlichen Verhältnisse erklärte er folgendermassen: *»Neben der Stiftung bestand also rechtlich eine Personengemeinschaft der Mitarbeiter(innen) der Psychologischen Lehr- und Beratungsstelle, um mit gemeinsamen Mitteln den Zweck der Stiftung zu erfüllen.*

*Der Einsatz war nicht mit Geld entlöhnt; nur ganz geringe Entschä-
digungen für Unkosten wurden bezahlt. Obwohl Friedrich Liebling
als geistiger Vater dieses Werkes eine natürliche Autorität ausübte,
war nichts von einer üblichen Betriebshierarchie vorzufinden. Die
Mitarbeiter(innen) waren alle gleichgestellt. Rechtlich betrachtet
kann hier von einer EINFACHEN GESELLSCHAFT mit ideellem Zweck
gesprochen werden.«*[54]

Die Stiftung sei 1974 an die Stelle der Psychologischen Lehr-
und Beratungsstelle von Friedrich Liebling und Josef Rattner getreten. Eine spätere Abtrennung einer Einzelfirma habe nicht
stattgefunden und wäre zudem wegen Statutenwidrigkeit nichtig
gewesen. Die »Mär« von einem weiteren Rechtssubjekt entspringe
der Fantasie der Erbinnen und ihres Rechtsanwalts nach Friedrich
Lieblings Tod. Es sei bedenklich, dass die Aufsichtsbehörde dies
übernommen habe; es liege doch der Verdacht nahe, *»dass durch
solche Gebilde grosse Summen von Stiftungsgeldern in private Ta-
schen fliessen können!«*[55]

Auch die finanzielle Verwaltung der Stiftung erläuterte er.
Friedrich Liebling habe fiduziarisch das dem Stiftungszweck ge-
widmete Vermögen verwaltet, Einnahmen aus dem Betrieb der
Psychologischen Lehr- und Beratungsstelle zur Tilgung von Miet-
zinsforderungen der Stiftung benützt. Dies sei eine in ähnlichen
Verhältnissen übliche Art der Verwaltung von Geldern, bspw. bei
Stiftungen mit besonderen Sammelkonti, und bedeute, dass sämtliches Vermögen, das durch den Betrieb der Psychologischen Lehr-
und Beratungsstelle eingenommen wurde, der Stiftung Psychologische Lehr- und Beratungsstelle gehöre. Friedrich Liebling habe
dies als Treuhänder der Stiftung getan, wie er dies selber gesagt
habe: *»Es handelt sich nicht um mein Geld, sondern es ist das Geld
der armen Studenten, der Lehrlinge, denen wir helfen können.«*

Zu behaupten, Friedrich Liebling habe in den letzten Jahren seines Lebens neben der Stiftung noch eine gewinnbringende Einzelfirma betrieben, stimme nicht und sei eine unerträgliche Verletzung
seines Ansehens. Damit werde ihm indirekt der Vorwurf gemacht,
er habe sich zum Nachteil der Stiftung selbst bereichert. Da die Einkünfte ja hauptsächlich durch Verzicht der Mitarbeiter auf übliche
Honorare entstanden seien, sei der Vorwurf des Betreibens einer

Einzelfirma, wohin diese Gelder geflossen seien, besonders schwerwiegend. Anwalt Schaller beantragte, ein buchhalterisches Gutachten durch einen unabhängigen Bücherexperten erstellen zu lassen.

Schliesslich begründete er auch, weshalb die Gründung der »Psychologischen Lehr- und Beratungsstelle Friedrich Liebling AG« widerrechtlich und nichtig sei. Der Zweck werde zwar als nicht wirtschaftlich angegeben, doch unterstehe die Zweckerfüllung keiner Kontrolle. Die Erbinnen hätten nun volles Eigentum an der Psychologischen Lehr- und Beratungsstelle, das auch immaterielle Werte wie Goodwill oder Ausbildungsmaterial umfasse. Somit sei der Zweck der Gründung der AG eine strafbare Handlung. Unbedeutend sei, ob die Gründerinnen sich der Strafbarkeit ihrer Handlungen bewusst waren, denn es gehe bloss um die objektive Widerrechtlichkeit der Gründung. »Gemäss Artikel 52 Abs. 3 des ZGB können juristische Personen, die zu unsittlichen oder widerrechtlichen Zwecken gebildet wurden, das Recht der Persönlichkeit nicht erlangen. Auf Feststellung der Nichtigkeit kann von jedermann, der ein Interesse daran hat, [also in unserem Fall von der Stiftung] geklagt werden.«[56]

Bei einer späteren Akteneinsicht konnten wir sehen, in welcher Weise Bundesrat Egli über unser Anliegen informiert wurde. Peter Blessing, der wissenschaftliche Adjunkt der Stiftungsaufsicht, hielt am 11.12.1984 fest, die Beschwerdeführerinnen seien schon letztes Jahr mit einer Aufsichtsbeschwerde an die Stiftungsaufsicht gelangt. »Mit Entscheid vom 24. Juni 1983 wurde festgestellt, dass von Seiten der Aufsichtsinstanz kein Anlass bestand, einzugreifen.« Und weiter: »Es spielt sich hier im kleinen ab, was beim Tod von grösseren oder kleineren Schulhäuptern meist der Fall ist: Es streiten sich die Diadochen. Bei den Rekurrenten scheint es sich um eine kleinere Gruppe sensiblerer Schüler zu handeln.« Die Stiftungsurkunde spreche vom Zweck in einer lediglich formalen Weise, »ohne irgendwo näher zu präzisieren, worin die Durchführung der ›Liebling'schen Psychologie‹ im einzelnen bestehen sollte. Es dürfte daher für die Stiftungsaufsicht schwierig sein, auf Spezialwünsche einzelner der Stiftung Nahestehender einzugehen.« Die Stiftung funktioniere anscheinend zufriedenstellend. Auch die Gründung der »Psychologischen Lehr- und Beratungsstelle

Friedrich Liebling AG« sei wohl rechtmässig und kaum zu verhindern gewesen. »*Schon zu Lebzeiten des Stifters gab es eben neben der Stiftung den Privatmann Liebling mit seinem ganzen Vermögen.*«[57]

In der Beschwerdeantwort vom 17. 12. 1984 arbeitete der Stiftungsanwalt wieder mit Abwertungen, wie etwa dass die Beschwerde von Kollege Schaller *abwegig und konfus* sei, er schreibe »*Unsinn*«.[58] Zum Bestand einer einfachen Gesellschaft aus Mitarbeiterinnen und Mitarbeitern behauptete er, es sei nicht Aufgabe der Aufsichtsbehörde, darüber zu befinden, was neben der Stiftung bestanden habe. Dies zu entscheiden liege im Kompetenzbereich der Zivilgerichte. Neu brachte Dr. Jezler Gründe für die angebliche »*Einzelfirma*« vor. Als Erstes nannte er den Kaufvertrag, den der zurückgetretene Stiftungsrat Karl Sonderegger in den ersten Stiftungsratssitzungen nach Friedrich Lieblings Tod dafür angeführt hatte, dass die Psychologische Lehr- und Beratungsstelle nicht geerbt werden könne. Der Stiftungsanwalt meinte nun, da Friedrich Liebling diesen Kaufvertrag nicht in Kraft gesetzt habe, sei er deren Inhaber geblieben. Als weiteren Grund führte er an, Friedrich Liebling habe vor dem Einzelrichter selbst gesagt, er versteuere eine Million. Dies widerlege die Behauptung, alles Geld gehöre der Stiftung. Auch die Mietzinszahlungen Friedrich Lieblings an die Stiftung wurden als Beweis aufgeführt, dass er Inhaber der Psychologischen Lehr- und Beratungsstelle gewesen sei und über deren Erträge habe verfügen können. Der Umstand, dass seine Mitarbeiter durch Verzicht auf übliche Honorare diesen Ertrag erwirtschaftet hätten, ändere nichts.

Zu unserer Überraschung erfuhren wir aus Dr. Jezlers Schrift, dass die Stiftung die Steuerbefreiung inzwischen beim Bundesgericht verloren hatte. Diese Tatsache brachte er im Zusammenhang damit vor, dass die Abschlüsse der Stiftung von der Steuerbehörde nach dem definitiven Verlust der Steuerbefreiung überprüft worden seien und zu keinen Beanstandungen Anlass gegeben hätten; insbesondere sei auf Strafsteuern verzichtet worden.[59]

Ende 1984 und anfangs 1985 erhob Anwalt Schaller vier staatsrechtliche Beschwerden an das Schweizerische Bundesgericht. In der ersten Beschwerde vom 14.12.1984 ging es um den Ausstand von Richtern. Wir hatten gewisse Zürcher Richter wegen fehlender Unparteilichkeit in den Ausstand gebeten. Rudolf Schaller focht die Entscheide der Verwaltungskommission an, die unsere Gesuche abgewiesen hatte. Gleichzeitig beantragte er, es sei Befangenheit der gesamten Zürcher Gerichte unserer Sache gegenüber festzustellen; unsere Prozesse seien an ein anderes Gericht gleicher Ordnung, beispielsweise in einem anderen Kanton, zu überweisen. Er belegte die Befangenheit der Zürcher Richter anhand etlicher Beispiele und focht auch die Entscheide der Verwaltungskommission im Detail an. Zusammenfassend stellte er fest, *»dass die im Jahre 1978 begonnene Hetzkampagne gegen das grosszügige Lebenswerk Friedrich Lieblings bis heute Nachwirkungen zeigt. Wer heute noch die Ideale Friedrich Lieblings verteidigt, ist geächtet, wird als einer Sekte zugehörige Unperson betrachtet. So werden die Beschwerdeführerinnen von den Zürcher Richtern als Störenfriede, als Unpersonen, welche es zu meiden gilt, behandelt. Eine psychoseähnliche Stimmung hat sich breitgemacht.«*[60]

In der zweiten Beschwerde vom 22.2.1985 ging es um die Wiederaufnahme des früheren Verfahrens, in dem Jutta Siegwart-Gensch zusammen mit Friedrich Liebling wegen angeblicher Übertretung des Gesundheitsgesetzes und der Ärzteverordnung verurteilt worden war. Am 9.1.1984 hatte Jutta Siegwart-Gensch ein Gesuch um Wiederaufnahme des Verfahrens gestellt, auf das sowohl das Obergericht als auch das Kassationsgericht nicht eingetreten waren. Gegen deren Entscheide richtete sich die staatsrechtliche Beschwerde. Darin hielt Anwalt Schaller u.a. fest: *»… dass das Urteil des Einzelrichters in Strafsachen alle Wirkungen eines rechtskräftigen Urteils hatte, ja, dass es sogar vollzogen, d.h. zur Warnung der Bevölkerung vor Friedrich Liebling und Frau Dr. med. Jutta Siegwart-Gensch in der Zürcher Tagespresse veröffentlicht worden war. Gerade in einem solch folgenschweren Fall der de facto Verurteilung ist Wiederherstellung notwendig. Dies ist ein Gebot der Achtung der*

Menschenwürde. Blind sein für derart offensichtliche Fragen der Gerechtigkeit ist für den Rechtsstaat untragbare Willkür.«[61]

In der dritten Beschwerde vom 1.3.1985 ging es um den Ausschluss der Öffentlichkeit von Hauptverhandlungen in zwei Ehrverletzungsprozessen. Im einen Prozess war der Brief vom 15.11.1982 eingeklagt, den der Stiftungsanwalt dem Untersuchungsrichter bei der Befragung am 16.1.1984 verdeckt übergeben hatte. Da die Behauptung einer *»wiederholten krassen Verletzung der ärztlichen Sorgfaltspflicht«* an der Psychologischen Lehr- und Beratungsstelle eine massive Unruhe ausgelöst hatte, befürchteten wir Schlimmstes, falls diese Beschuldigung – womöglich noch mit Nennung des Namens – in der Presse publiziert würde. Im andern Prozess war Jutta Siegwart-Gensch nicht Prozesspartei; eingeklagt waren aber die sie namentlich betreffenden Verleumdungen, sie schaffe *»mit dem dreckigen Messer«* und wäre *»nicht so ins Unglück geraten, wenn die andern sie nicht mitgerissen, mitgestossen hätten ... und heute noch sie schädigen, sie aufhetzen«.*[62] Diese Äusserungen hatte ein ausgeschlossenes Paar eingeklagt, weil es für die Teilnehmer der Psychologischen Lehr- und Beratungsstelle als *»die anderen«* erkennbar war. Jutta Siegwart-Gensch hatte vor der Hauptverhandlung vom 6.11.1984 um Ausschluss der Öffentlichkeit ersucht, was abgewiesen worden war. Selbst die Streichung ihres Namens wurde später abgelehnt. In seiner Beschwerde zitierte Rudolf Schaller das Gerichtsverfassungsgesetz, wonach die Öffentlichkeit ausgeschlossen werden kann, wenn *»eine Gefährdung der öffentlichen Sicherheit und Ordnung oder von Sitte und Anstand zu befürchten ist sowie wenn schutzwürdige Interessen eines Beteiligten es erfordern«.* Zwar sei Jutta Siegwart-Gensch nicht am Prozess beteiligt, sie sei aber gerade jene Person, über deren »Schuld« verhandelt werde, und könne sich nicht einmal verteidigen. Es sei Aufgabe des Staates, dafür zu sorgen, *»dass nicht Drittpersonen in einem Prozess verunglimpft werden«.*[63]

In der vierten Beschwerde vom 27.3.1985 ging es um unsere Ablehnungsgesuche gegen die Richter der 4. Abteilung des Bezirksgerichts Zürich, die unsere Persönlichkeitsschutzklage sowie die Klage betreffend Feststellung einer einfachen Gesellschaft behandelten. Anwalt Schaller wies anhand vieler Zitate aus gerichtlichen Entscheiden nach, dass die Abteilung bemüht war, uns durch

Aufsplitterung der Klage in verschiedene Verfahren und durch Kostenauflagen grossen Aufwand zu bereiten, dass die Begründungen systematisch abwertend waren und dass die Richterin wiederholt telefonisch den Stiftungsanwalt zu unseren Eingaben befragt hatte. So kündigte uns beispielsweise das Gericht in einem Beschluss vom 10.1.1985 an, *»künftig auf allen prozessleitenden Entscheiden Kosten zu erheben«*. Dies, obwohl die Kosten normalerweise jeweils mit dem Endentscheid verrechnet werden.[64]

Das Schweizerische Bundesgericht wies alle vier staatsrechtlichen Beschwerden im ersten Halbjahr 1985 ab. Im Urteil vom 14.3.1985 betreffend Ausstand der Zürcher Gerichte ging es im Tatbestand davon aus: *»Der Psychologe Friedrich Liebling betrieb in Zürich ein Institut, das er als ›Psychologische Lehr- und Beratungsstelle‹ bezeichnete. Daneben besteht seit dem Jahre 1974 eine ›Stiftung Psychologische Lehr- und Beratungsstelle‹, die sich nach der Darstellung des Stiftungsrates im wesentlichen mit dem Erwerb von Liegenschaften und der Bereitstellung von Räumlichkeiten für Kongresse, Arbeitstagungen usw. der Lehr- und Beratungsstelle befasst. Nach der Darstellung von Frau Dr. med. Jutta Siegwart-Gensch, Frau Marianne Truttmann-Schuler und Frau Annemarie Richiger-Bonderer war die Stiftung dazu bestimmt, die Fortführung der von Friedrich Liebling vertretenen psychologischen Lehre über seinen Tod hinaus zu sichern.«*[65] Sodann beurteilte es nur Ausführungen ab Seite 77 der Staatsrechtlichen Beschwerde; alle vorherigen Ausführungen über die Vorgeschichte, die Auflistung von Beispielen und das Rechtliche seien unnötig. Die ab Seite 77 aufgeführten Argumente wurden verneint oder genügten der *»Begründungspflicht«*[66] nicht.

In einem zweiten Urteil vom 3.5.1985 verneinte das Bundesgericht auch die Befangenheit der 4. Abteilung des Bezirksgerichts Zürich. Es meinte, *»dass auch mit Fehlern behaftete Entscheidungen grundsätzlich nicht ausreichen, einen Richter als befangen erscheinen zu lassen«*. Dies müsse umso mehr gelten, *»wenn ein Prozess mit derart grossem Aufwand geführt werde, wie dies hier der Fall ist«*. Und weiter: *»Für den Vorwurf, dass eine ganze Reihe von Fehlurteilen vorliege und dass systematisch, d.h. unsachlich, zum Nachteil der Beschwerdeführerinnen entschieden worden sei, fehlt es an einem ausreichenden Beweis.«* Zwar gehe der Satz, wonach uns die Kosten aller künftigen prozessleitenden Entscheide auferlegt würden, etwas zu weit. Aber es stehe uns ja »*im Falle streitiger Kostenauflagen der Weg des separaten Weiterzugs offen*«.[67]

Mit einem dritten Urteil vom 8.5.1985 lehnte es den Ausschluss der Öffentlichkeit von Hauptverhandlungen in Ehrverletzungsprozessen ab: »*Selbst wenn es sich als erforderlich erweisen sollte, auf die Hintergründe der Auseinandersetzung zwischen der Leitung der Beratungsstelle und der Beschwerdeführerin einzugehen, ginge es immer nur um einen Streit zwischen verschiedenen Lehrmeinungen und um die fachliche Eignung der Beschwerdeführerin zur Ausübung einer psychologischen Lehr- und Beratungstätigkeit. Weshalb die Persönlichkeit der Beschwerdeführerin hierdurch in besonderem Masse tangiert werden sollte (etwa mehr als bei Prozessen über Kunstfehler von Ärzten, die regelmässig öffentlich durchgeführt werden), ist nicht zu sehen.*« Die Beschwerdeführerin lege nicht konkret dar, inwiefern sie bei der inzwischen durchgeführten Hauptverhandlung vom 6.11.1984, bei der sie nicht Partei war, tatsächlich in ihrer persönlichen Freiheit verletzt worden sei. »*Auch zitiert oder nennt sie keinen einzigen Presseartikel, der über jene Gerichtsverhandlung berichten würde.*«[68]

Im vierten Urteil vom 4.6.1985 lehnte es auch das Gesuch um Revision der früheren Verurteilung von Jutta Siegwart-Gensch ab. Es führte aus, das Obergericht habe mit Beschluss vom 1.4.1982 das Strafverfahren als gegenstandslos geworden abgeschrieben, und auch die Kosten seien vom Kassationsgericht aufgehoben worden. »*Sie war somit in der Hauptsache gleichgestellt, wie wenn überhaupt nie ein solches Verfahren gegen sie stattgefunden hätte.*«[69]

Alle vier Urteile waren für uns kaum nachvollziehbar. Gemäss Rechtsprechung braucht ein Rechtssuchender die Befangenheit eines Richters nicht zu beweisen, da es sich dabei um einen »*inneren Zustand*«[70] handelt. Es genügt der »*Anschein einer Voreingenommenheit*«.[71] Auf diese Rechtsprechung hatte das Bundesgericht selbst in seinen Urteilen hingewiesen. Rudolf Schaller hatte nach unserer Meinung etliche Beispiele für den Anschein einer Befangenheit aufgeführt.

Auch der Vergleich der beiden Ehrverletzungsprozesse mit Prozessen über Kunstfehler von Ärzten befremdete uns; unserer Ansicht nach brauchte es handfeste Beweise, bis ein Kunstfehlerprozess gegen einen Arzt überhaupt eingeleitet würde. Die Meinung des Bundesgerichts, es gehe *»immer nur um einen Streit zwischen verschiedenen Lehrmeinungen«*, empfanden wir als unstatthafte Verharmlosung. Es waren Jutta Siegwart-Gensch nicht irgendwelche Lehrmeinungen vorgeworfen worden, schon gar nicht hatte sie über solche gestritten. Sondern es ging um gravierende Verleumdungen, die lebensbedrohliche Ausmasse angenommen hatten.

Schliesslich war die Logik des Bundesgerichts bitter, wonach Jutta Siegwart-Gensch durch ihre frühere Verurteilung überhaupt nicht beschwert sei und ihr somit die Chance auf eine Rehabilitierung abgesprochen wurde. Unverständlich war für uns auch, dass das Bundesgericht im ersten Urteil von einem *»Institut«* namens *»Psychologische Lehr- und Beratungsstelle«* ausgegangen war, und die Stiftung Psychologische Lehr- und Beratungsstelle nur daneben bestanden haben soll.

Trotz der Bundesgerichtsurteile setzten wir unsere Bemühungen um Rechtsschutz bei den laufenden Verfahren an den Zürcher Gerichten fort. Wir wehrten uns auch weiterhin gegen die Öffentlichkeit von Verhandlungen. Tatsächlich erschien merkwürdigerweise nie eine prozessfremde Person, geschweige denn ein Gerichtsberichterstatter. Schon im April 1985 plante ich, an anderen öffentlichen Gerichtsverhandlungen teilzunehmen, um zu beobachten, wie solche Verhandlungen normalerweise verlaufen. Ich erkundigte mich beim Bezirksgericht Zürich nach Daten öffentlicher Verhandlungen. Es gab Verhandlungen bezüglich verschiedener Straftatbestände, z.B. am 3.4.1985 um 9 Uhr Unzucht, 10 Uhr Betrug, 14 Uhr Körperverletzung usw. Aber es hatte keine Ehrverletzungsdelikte darunter. Auf meine Nachfrage erklärte mir die Sekretärin: *»Es hat Reklamationen gegeben betreffend der Öffentlichkeit von Ehrverletzungsprozessen; deshalb nehmen wir es nicht mehr auf die Liste für die Öffentlichkeit und die Gerichtsberichterstatter.«* Am 10.12.1985 erkundigte ich mich noch auf der Strafkanzlei. Hier erhielt ich die Auskunft, Ehrverletzungen dürfe er mir nicht angeben, das sei nicht öffentlich: *»Da chönnt Sie gar nid ine.«*[72] Uns beruhigte diese Auskunft aber in Bezug auf die Öffentlichkeit unserer Hauptverhandlungen nicht, da ja alle unsere Gesuche um Ausschluss der Öffentlichkeit kostenpflichtig abgewiesen worden waren.

Eine Ausnahme bildete die öffentliche Verhandlung beim Obergericht am 13.11.1985 im Prozess, bei dem Jutta Siegwart-Gensch nicht Partei war und wir nur als Zuhörerinnen teilnehmen konnten. Vor unseren Augen wurde das Bezirksgerichtsurteil dem Journalisten des »Tages-Anzeigers« übergeben. Die üblen Verleumdungen betreffend *Schaffen mit dreckigem Messer«* usw. wurden von den Richtern und den Parteien öfters wiederholt. Jutta Siegwart-Gensch und ich riefen dazwischen, das seien unwahre und ehrverletzende Äusserungen. Als der Vorsitzende drohte, uns hinauswerfen zu lassen, flüsterten wir es nur noch leise zum vor uns sitzenden Journalisten. Er drehte sich um und sagte: *»Das geht mich einen feuchten Kehricht an!«* Danach bedeutete er uns, still zu sein, und suchte nach der Verhandlung eilig das Weite.

Für Jutta Siegwart-Gensch war die ständige Gefahr einer öffentlichen Anprangerung eine unmenschliche und erniedrigende Behandlung. Sie verglich die Situation öfter mit mittelalterlichen Methoden, wo Menschen geteert und gefedert zum öffentlichen Spott durch die Strassen geführt wurden. Deshalb bemühten sie und Rudolf Schaller sich bei den Medien, eine Berichterstattung zu verhindern; es erschien nichts in der Presse.

4.7 | Fortsetzung des Beschwerdeverfahrens bei der Stiftungsaufsicht

Um die Kosten für unseren Anwalt möglichst gering zu halten, reisten Jutta Siegwart-Gensch und ich – nach telefonischer Anmeldung – am 10.1.1985 nach Bern zur Akteneinsicht bei der Stiftungsaufsichtsbehörde. Die Herren Hahnloser und Blessing wollten uns aber keine Einsicht gewähren; wir seien ja jetzt durch einen Anwalt vertreten, wenn dieser auch nicht immer den richtigen Ton treffe. Jutta Siegwart-Gensch erklärte, dass sie sich keinen Anwalt leisten könne; zudem entspreche alles, was Anwalt Schaller schreibe, der Wahrheit; ein anderer würde sich bei den vorliegenden Missständen weniger vornehm ausdrücken. Leider habe Friedrich Liebling ein Anwalt wie Schaller gefehlt.

Später erklärte uns Fürsprecher Hahnloser dezidiert, unsere Beschwerde bringe nichts Neues vor. Wir würden eine Bestätigung des letztjährigen Entscheids durch Bundesrat Egli erhalten. Beide Herren betonten, die Aufsichtsbehörde sei für uns nicht zuständig, sondern die Zivilgerichte; wahrscheinlich müssten wir die Erbinnen in den USA einklagen. Wir berichteten, dass sich die Gerichte auf das falsche Konstrukt »*Einzelfirma Psychologische Lehr- und Beratungsstelle Friedrich Liebling*« abstützten, das im Brief der Aufsichtsbehörde vom 24.6.1983 bejaht worden war.

Nun führte Fürsprecher Hahnloser aus, »*dass es mit dieser ›Einzelfirma‹ problematisch sei*«. Ein Indiz für das Vorliegen einer Einzelfirma sei aber, »*dass Herr Liebling separat versteuert habe; dass er das Hauptkapital versteuert habe, spreche dafür, ›dass er das auf seine Kappe nehmen wollte‹ ... Gegenüber den Behörden habe er sein Eigentum und das der Stiftung auseinandergenommen.*«[73] Friedrich Liebling habe eine Forderung von zirka einer Million an die Stiftung gestellt. Dies habe die Aufsichtsbehörde stutzig gemacht und Fürsprecher Hahnloser habe sich gefragt, ob dies korrekt sei. Er habe sich erkundigt und erfahren, dass Friedrich Liebling getrennt für sich und die Stiftung versteuere. Wir verwiesen auf die Beschwerde unseres Anwaltes, worin dieser die fiduziarische Verwaltung gewisser Gelder erklärt hatte. Daraufhin wandte Peter Blessing ungläubig ein: Dass jemand Geld, welches ihm nicht gehören würde, versteuern sollte, erscheine ihm »*gar zu fromm!*«[74]

Zum Schluss stellten uns die beiden Herren ein Versöhnungsgespräch in Aussicht, falls dies von allen Parteien gewünscht werde; allenfalls käme auch ein Gutachten von Professor Riemer[75] oder ein Schiedsgericht infrage. Wir wiesen nachdrücklich darauf hin, dass Menschen leiden würden und deshalb die Behebung des Missstandes dringlich sei. Nach eineinhalb Stunden verabschiedeten sie uns sehr freundlich.

Anhand meiner Mitschrift erstellte ich einen Tag später einen Bericht. Am 14.1.1985 sandte Rudolf Schaller diesen und die Replik auf die Beschwerdeantwort der Stiftung vom 17.12.1984 an die Aufsichtsbehörde, zusammen mit einem Begleitbrief, in dem er gegen die Verweigerung der Akteneinsicht protestierte. Noch bedenklicher sei aber, dass die beiden Herren bereits vor Ende des Schriftenwechsels und vor jeglicher Abklärung erklärt hätten, die Sache sei schon negativ entschieden. »*Aufgrund dieser krassen*

Befangenheit beantrage ich, dass Herr Fürsprecher Hahnloser und Herr Fürsprecher Blessing in Ausstand treten. Hinzu kommt, dass die Befangenheit aus einer Art Selbstschutz resultiert, denn die Gutheissung der Beschwerde käme einem Eingeständnis eigener früherer Nichterfüllung beamtlicher Pflichten gleich.«[76] Zugleich ersuchte er um vollständige Einsicht in alle Akten der Stiftung Psychologische Lehr- und Beratungsstelle durch ihn oder seine Mandantinnen.

In seiner Replik legte Anwalt Schaller das jahrelange Engagement von uns drei Beschwerdeführerinnen für die Stiftung Psychologische Lehr- und Beratungsstelle dar, womit er unsere Beschwerdelegitimation detailliert begründete. Zum Kaufvertrag führte er aus, dieser habe nicht die gleiche Beweiskraft wie Äusserungen von Friedrich Liebling selbst. Zudem sei ja gerade die Tatsache, dass die Ausschussmitglieder der Stiftung als Käufer vorgesehen gewesen seien, ein Indiz dafür, dass das treuhänderisch verwaltete Vermögen auch zur Stiftung gehöre.

Zu Friedrich Lieblings Aussage vor dem Einzelrichter erklärte er, dieser habe die Antwort, wonach er eine Million Einkommen im Jahr habe, im selben Protokoll präzisiert: Es handle sich nicht um sein Geld, sondern um das Geld der Ratsuchenden, denen er und seine Mitarbeiter helfen konnten. Rudolf Schaller beantragte die Einvernahme verschiedener Zeugen, die Offenlegung verschiedener Dokumente wie Akten, Buchhaltung, Verträge und erneut eine buchhalterische Expertise.

Fürsprecher Hahnloser und Fürsprecher Blessing beantragten am 22.1.1985 in einer Stellungnahme an Bundesrat Egli die Ablehnung des Ausstandgesuchs. Sie hätten uns lediglich *»bestimmt und klar«* gesagt, wenn eine Partei durch einen Rechtsanwalt vertreten sei, verkehre die Stiftungsaufsicht ausschliesslich mit diesem. Gegenüber Privaten, die nicht *»verbeiständet«* seien, gelte die Regel, dass sie bei der Verwaltung unter Aufsicht die Akten einsehen könnten. Anwalt Schaller seien *»die massgeblichen Akten«* zugestellt worden, und man habe ihm offeriert, bei Bedarf zusätzliche Akteneinsicht zu gewähren. Zur *»Rechtsauffassung«* hätten sie uns erklärt, dass Stiftungen Entwicklungen durchmachen könnten, die nicht mehr *»streng identisch«* mit der Tätigkeit des Stifters seien, ohne dass deshalb die Stiftungsaufsicht das Recht habe einzugreifen. *»Das* *betreffe hier die Methodik der ›Behandlungen‹ gegenüber Schülern und Hilfesuchenden [...], das betreffe jedoch auch die vermögensrechtliche Auseinandersetzung zwischen Stiftung und Erben des Stifters, bei welcher der Stiftungsrat auf die Darstellung des Stifters zu dessen Lebzeiten abstellte, so wie sie von Herrn Liebling gegenüber der Stiftungsaufsicht (Jahresrechnungen) und gegenüber den Steuerbehörden erfolgte.«*[77] Weiter hätten sie lediglich gesagt, nach der gegenwärtigen Aktenlage und sofern die Beweiserhebung nichts Neues bringe, müssten sie die Abweisung unserer Beschwerde beantragen; der Entscheid liege aber ganz in den Händen von Bundesrat Egli. Angesichts des *»Tonfalles, dessen sich Rechtsanwalt Schaller gegenüber der Stiftungsaufsicht bedient«*, hätten sie nichts gegen einen Ausstand einzuwenden. *»Allerdings fühlen wir uns keineswegs befangen.«* Namentlich sei ihnen *»eine gewisse menschliche Tragik«*[78] bewusst, weshalb sie eine gütliche Lösung wie etwa ein Gutachten, ein Schiedsgericht oder zumindest einen Aussöhnungsversuch angeregt hätten.

Das Ausstandgesuch wurde am 20.2.1985 durch Bundesrat Egli abgelehnt. Um das Verfahren nicht zu verzögern, verzichteten wir auf einen Weiterzug ans Bundesgericht.

* |

Mit der Fristansetzung zur Duplik hatte die Stiftungsaufsichtsbehörde von der Stiftung verlangt, die Steuerausweise der Stiftung und Friedrich Lieblings einzureichen.[79] In der Duplik der Stiftung vom 17.4.1985 führte Stiftungsanwalt Dr. Jezler zunächst aus, es werde uns nicht abgesprochen, dass wir *»eifrige und hingebungsvolle Anhängerinnen und Schülerinnen Friedrich Lieblings«* gewesen seien. Aber unser Engagement für die Psychologische Lehr- und Beratungsstelle sei nicht geeignet, um unsere Beziehung zur Stiftung und damit unsere Beschwerdelegitimation zu begründen.

Zum Beispiel hätte ich keinerlei Zuwendungen an die Stiftung gemacht, sondern lediglich Rechnungen der *»Psychologischen Lehr- und Beratungsstelle Friedrich Liebling«* für erbrachte Leistungen bezahlt. Auch meine Mitarbeit durch Nachhilfeunterricht an Kinder, Beherbergung von auswärtigen Gästen, Überarbeitung von Publikationen, Betreuung von Jugendlichen während Sommer- und Herbstferien, Schreiben von Leserbriefen usw. trage zur Begründung der Legitimation zur Stiftungsaufsichtsbeschwerde nichts bei.[80]

Einzige Begünstigte der Stiftung sei die »*Psychologische Lehr- und Beratungsstelle Friedrich Liebling*«, die eine nicht im Handelsregister eingetragene Einzelfirma Friedrich Lieblings gewesen sei. Ungenau sprach er einmal von »*Psychologische Lehr- und Beratungsstelle*«, dann wieder von »*Psychologische Lehr- und Beratungsstelle Friedrich Liebling*«, als ob dieser Unterschied nicht wichtig wäre.

Bezüglich der Steuerausweise erklärte er, die steuerlichen Einschätzungen von Friedrich Liebling seien provisorisch und nach dessen Tod einer Kontrolle unterzogen worden. Es hätten sich dabei andere Zahlen ergeben. Es falle auf, dass Friedrich Liebling in den Jahren 1977 und 1978 kein Reineinkommen und kein Reinvermögen angegeben habe. »*Dies soll so entstanden sein, dass Friedrich Liebling, erzürnt über die Aufhebung der Steuerbefreiung bei der Stiftung, das anfangs 1979 eingetroffene Steuererklärungs-Formular unausgefüllt zurückgeschickt habe.*«[81]

Beigelegt waren Steuerausweise vom 20.3.1985 für die Stiftung sowie für Friedrich Liebling, zudem ein Einschätzungsvorschlag des Steueramtes vom 28.2.1984 und eine Erklärung von Dr. Wehinger als Vertreter der Erbinnen gegenüber den Steuerbehörden vom 2.5.1984. Daraus wurde ersichtlich, dass nach Friedrich Lieblings Tod eine Vereinbarung mit den Steuerbehörden getroffen wurde; dabei wurden hohe Summen als sein angebliches Einkommen und Vermögen angegeben, so als ob Friedrich Liebling Steuern hinterzogen hätte. Auch für die Stiftung wurden nachträglich hohe Zahlen für Einkommen und Vermögen ausgewiesen.[82]

Ich wusste, dass ich keine Rechnungen einer Einzelfirma »*Psychologische Lehr- und Beratungsstelle Friedrich Liebling*« bezahlt hatte, sondern allenfalls Rechnungen der Psychologischen Lehr- und Beratungsstelle unter der Leitung von Friedrich Liebling. Die Vorstellung, dass er nach seinem Tod durch falsche Zugeständnisse seiner Töchter und des Stiftungsrats als Steuerhinterzieher hingestellt wurde, war sehr traurig. Gegen derartige Verdächtigungen hatte er sich bis an sein Lebensende verwahrt.

Rudolf Schaller nahm mit Jutta Siegwart-Gensch und mir am 22.4.1985 Akteneinsicht beim EDI. Dabei entdeckten wir den Artikel des »Tages-Anzeiger-Magazins« vom 20./27.9.1980 »Lebenshilfe vom Zürichberg« mit einem handschriftlichen Vermerk »*Interessant!*«, direkt hinter der Stiftungsurkunde.[83] Aufgrund eines Berichts in der bernischen Zeitung »Der Bund« mit dem Titel »Sektiererische Aktivitäten der Zürcher Schule«[84] hatte die Stiftungsaufsicht eine Kopie dieses Artikels beim »Tages-Anzeiger« bestellt.[85]

Auch erfuhren wir bei dieser Gelegenheit von der schriftlichen Notiz, wonach der Stiftung bei ihrer Gründung etwa 500 000 Franken durch die »association fondatrice«[86] zukommen sollte. Sie war unübersehbar auf der Stiftungsurkunde mit einer Bostitch-Klammer angeheftet. Die Jahresberichte und Rechenschaftsberichte von 1975–1984 durfte unser Anwalt mitnehmen und kopieren.

Zudem entdeckten wir in den Akten drei Beschwerden aus dem Jahr 1983. Zwei Ärzte und eine weitere Person beschwerten sich im Mai 1983 darüber, dass sie und andere durch Stiftungsräte mittels einer Rufmord- und Diffamierungskampagne geschädigt würden, mehrere Stiftungsräte seien aus dem Stiftungsrat ausgeschlossen worden, dieser unterziehe sich den Interessen der Erbinnen Friedrich Lieblings, und die angebliche Gemeinnützigkeit der *»Psychologischen Lehr- und Beratungsstelle Friedrich Liebling AG«* sei unklar. Sie verlangten eine sofortige Suspendierung des Stiftungsrats und eine Untersuchung der Vorkommnisse. Ihren Beschwerden wurde keine Folge gegeben. Einer der beiden Ärzte hatte vorher, am 28.9.1982, eine Klage gegen die Psychologische Lehr- und Beratungsstelle beim Bezirksgericht Zürich eingereicht, um bestimmte Bestätigungen für seine Teilnahme am Ausbildungslehrgang zu erhalten. Klage und Klageantwort waren der Beschwerde beigelegt.[87] So erfuhren wir, dass Dr. Lutz dem Bezirksgericht Zürich am 8.12.1982 bekannt gegeben hatte, die Psychologische Lehr- und Beratungsstelle sei rechtlich *»eine Einzelfirma des am 28.2.1982 verstorbenen Herrn Friedrich Liebling«* gewesen.[88]

Wir waren schockiert, dass Dr. Lutz – der ehemalige Anwalt von Friedrich Liebling – diese Behauptung gegenüber dem Gericht aufgestellt hatte. Demnach musste kurz vorher, so unsere Annahme, etwa im Spätherbst 1982 parallel zu den ersten Mitarbeitsverboten die Psychologischen Lehr- und Beratungsstelle zu einer Einzelfirma erklärt worden sein.

Neben anderen offenbar fehlenden Akten fanden wir keinerlei Dokumente über den Verlust der Steuerbefreiung der Stiftung. Anwalt Schaller schrieb deshalb am 26.4.1985 an Bundesrat Egli: *»Des weitern fehlen in dem mir am 22. April 1985 vorgelegten Dossier die Akten betr. Steuerbefreiung der Stiftung mit der staatsrechtlichen Beschwerde und dem entsprechenden Urteil des Bundesgerichts. Mit Bestimmtheit geht aus diesen Akten auch hervor, dass es des Stifters Wille war, sämtliche Finanzen in der Stiftung zu belassen und nicht nachträglich statutenwidrig eine Privatfirma mit Stiftungsgeldern zu gründen und zu unterhalten. Daraus geht auch hervor, dass die Steuerausweise des Steueramts der Stadt Zürich vom 20.3.1985 erst die nach dem Ableben erfolgte Vereinbarung mit den Steuerbehörden widerspiegeln. Es handelt sich um eine nachträgliche Besteuerung aufgrund einer nachträglich erfundenen Einzelfirma.«*[89] Er bat um eine kurze Frist für eine Triplik, um zu den neuen Tatsachen und Belegen der Duplik Stellung nehmen zu können.

Mit einem Schreiben vom 2.5.1985 gewährte ihm Fürsprecher Hahnloser eine Frist für eine letzte Stellungnahme bis zum 20.5.1985. Zudem hielt er fest: *»Im übrigen verweisen wir darauf, dass keinerlei weitere Akten vorliegen, welche wir Ihnen zustellen könnten. Von Akten betreffend Steuerbefreiung der Stiftung mit der staatsrechtlichen Beschwerde und dem entsprechenden Urteil des Bundesgerichts wissen wir nichts.«*[90]

*|

Jutta Siegwart-Gensch befürchtete stets, dass das Tonbandkassettenarchiv verstümmelt oder auch missbraucht werden könnte. Ihre Sorge war berechtigt, denn dieses Archiv wurde später zerstört.[91] Sie war der Meinung, dass sie als Begründerin des Archivs und Ärztin, die der Geheimhaltungspflicht unterstand, für die Erhaltung und richtige Verwendung dieses wissenschaftlichen Materials verantwortlich sei.

Am 2.5.1985, zwei Jahre nach ihrem ersten Gesuch, stellte Anwalt Schaller erneut ein Gesuch um Sicherstellung und Versiegelung dieses Archivs: *»In den Jahren 1977–1982 definierte Friedrich Liebling – wie wohl kein zweiter Stifter – den Zweck der Stiftung, d.h. die Verwirklichung seines Lebenswerks über seinen Tod hinaus.«*[92] Jutta

Siegwart-Gensch habe das Tonbandarchiv unentgeltlich in Tausenden von Stunden aufgebaut, in vollem Einvernehmen mit der Stiftung und dem Stifter; sie sei deshalb als Mitstifterin zu betrachten und berechtigt, ja sogar verpflichtet, für die Erhaltung des Archivs zu sorgen. Die Stiftung vertrete die Meinung, das wissenschaftliche Material gehöre nicht ihr.[93] Der Stiftungsrat entäussere sich damit ausdrücklich des Vermögens, das zur Erfüllung des Stiftungszwecks unerlässlich sei. Es bestehe auch die Gefahr, dass das Archiv zerstört werde, da ein Interessenkonflikt zwischen den Erbinnen einerseits und der Stiftung andererseits bestehe. Zurzeit handle zwar der Stiftungsrat widerrechtlich im Interesse der AG. Diese »*Interessengemeinschaft*« könne aber nicht darüber hinwegtäuschen, dass objektiv ein Interessenkonflikt bestehe, würde dem Stifterwillen Rechnung getragen. Um die nicht wiedergutzumachende Vernichtung des Archivs zu verhindern, werde um die Anordnung der verlangten dringenden vorsorglichen Massnahme ersucht.

Die Stiftung beantragte die Abweisung des Gesuchs, das zürcherische Bezirks- und Obergericht hätte dieses Begehren bereits abgewiesen. Zudem gehe die Sicherstellung des Archivs über unser Hauptbegehren hinaus, da es uns um das Stiftungsvermögen gehe, die Tonbänder aber Gespräche aus der psychologischen Praxis beinhalten würden. Die Verfügungsberechtigung über die Bänder sei bei den Rechtsnachfolgern von Friedrich Liebling und nicht bei der Stiftung.

Die Aufsichtsbehörde stellte uns die Stellungnahme der Stiftung nicht zu und verhielt sich passiv. Unsere Beschwerde wegen Rechtsverweigerung und Rechtsverzögerung wurde vom Bundesgericht abgewiesen, weil »*bei Gutheissung des Gesuchs sogar der Entscheid der Vorinstanz, der Gegenstand der Beschwerde bildet, vorweggenommen würde*«.[94]

* |

Nach der Akteneinsicht vom 22.4.1985 beauftragten wir einen eidgenössisch diplomierten Buchhalter, eine Expertise über die Jahresrechnungen 1975 bis 1984 auszuarbeiten. Es stellte sich heraus, dass die Stiftung aufgrund der verlorenen Steuerbefreiung im Jahr 1983 über 2 Millionen Franken Nachsteuern bezahlen musste. Zudem waren die Erträge der Stiftung in den zwei Rechnungsjahren nach Friedrich Lieblings Tod markant zurückgegangen. Die Stiftung hatte keine Honorarerträge mehr, die Räumlichkeiten wurden der »*Psychologischen Lehr- und Beratungsstelle Friedrich Liebling AG*« zum Selbstkostenpreis überlassen, Unterhalts- und Abschreibungskosten waren durch die Stiftung zu tragen, es wurden rückwirkend für die Jahre 1977 bis 1983 Honorareinnahmen, die bei der Stiftung eingegangen waren, zugunsten der »*Psychologischen Lehr- und Beratungsstelle Friedrich Liebling AG*« verrechnet. Diese Anzeichen sprachen für eine finanzielle Aushöhlung der Stiftung. Der Buchhalter erwähnte aber, dass er für ein definitives Urteil Einblick in die gesamte Buchhaltung bekommen müsste.[95]

Anwalt Schaller reichte diese Expertise zusammen mit seiner Triplik am 24.6.1985 an die Stiftungsaufsichtsbehörde ein. Er verlangte die Einvernahme verschiedener Zeugen, insbesondere des Buchhalters, der die Expertise ausgearbeitet hatte, und den Beizug verschiedener Beweismittel.

Weil die Stiftung die Steuerbefreiung verloren und zwei Millionen Steuern bezahlt hatte, gelangte Anwalt Schaller im Namen von uns drei Beschwerdeführerinnen am 28.6.1985 mit einer »Dringenden Aufsichtsbeschwerde« an Bundesrat Egli. Er beantragte, der Stiftungsrat sei mit sofortiger Wirkung abzusetzen. An seiner Stelle seien wir drei Beschwerdeführerinnen zu Stiftungsrätinnen zu ernennen, damit wir ein Verfahren einleiten könnten, um den Steuerbefreiungsverlust rückgängig zu machen. Rudolf Schaller führte aus, eine gezielte Schädigung der Stiftung durch die Stiftungsorgane habe zur Aufhebung der Steuerbefreiung geführt. Die für die Aufsicht zuständigen Beamten hätten vollständig versagt, indem sie nicht einmal Auskunft über das Verfahren betreffend Steuerbefreiung verlangt hätten. Deshalb bitte er den Departementsvorsteher um persönliche Kenntnisnahme und Behandlung dieser Beschwerde. Die Dringlichkeit der Behandlung der vorliegenden Beschwerde ergebe sich daraus, dass das Wiederaufnahmegesuch innert einer kurzen Frist von drei Monaten nach Entdeckung der Revisionsgründe eingereicht werden müsse.

Die Stiftungsaufsicht stellte alles der Stiftung zur Stellungnahme zu und schrieb dazu: »*Gestützt auf die Expertise vom 19. Juni*

*1985 wird von uns in der Folge zu prüfen sein, ob nicht ein Kommis-
sär einzusetzen ist, zwecks Überprüfung der Frage einer allfälligen
Verantwortlichkeit des Stiftungsrates. [...] Ferner machen wir ausdrücklich darauf aufmerksam, dass die Stiftungsorgane bis zu einem
rechtskräftigen Entscheid über die Beschwerde keine Entäusserung
von Vermögensteilen jeglicher Art ausserhalb der bisherigen, ordentlichen Stiftungstätigkeit und –verwaltung vornehmen dürfen.«*[96] Die
Frist zur Stellungnahme wurde über zwei Monate bis zum 6.9.1985
erstreckt. Wie wir später bei einer Akteneinsicht sahen, gab Fürsprecher Hahnloser kurze Zeit danach, am 10.10.1985, dennoch seine Zustimmung zum Verkauf einer Liegenschaft der Stiftung.[97]

Fortsetzung der Prozesse bei Gericht | 4.8

Am 4.3.1985 ergingen in unserer zersplitterten Persönlichkeitsschutzklage drei parallele Urteile des Bezirksgerichts Zürich: das
erste gegen die Stiftung und die AG, das zweite und dritte gegen
je eine natürliche Person. In einem weiteren Urteil vom 6.6. wurden die Verfahren gegen die übrigen sechs Beklagten, die den Brief
vom 15.11.1982 an Jutta Siegwart-Gensch unterzeichnet hatten, ver-
einigt und beurteilt.

Das Gericht ging in allen Urteilen von folgendem Tatbestand
aus: *»Friedrich Liebling gründete in Zürich eine psychologische Lehr-
und Beratungsstelle, die auch unter dem Namen ›Zürcher Schule‹
bekannt geworden ist. Bereits zu seinen Lebzeiten gründete er am
11. Juni 1974 die Stiftung Psychologische Lehr- und Beratungsstelle
zum Zweck des Aufbaus und Betriebs der Psychologischen Lehr- und
Beratungsstelle, vorwiegend durch Erbringung finanzieller Leistungen [...]. Nach dem Tode Friedrich Lieblings im Jahre 1982 wurde die
bis anhin als Einzelfirma geführte Lehr- und Beratungsstelle in eine
Aktiengesellschaft unter der Firma ›Psychologische Lehr- und Beratungsstelle Friedrich Liebling AG‹ umgewandelt. Diese Gesellschaft
bezweckt, die von Friedrich Liebling gegründete Lehr- und Beratungsstelle fortzuführen.«*[98]

In den drei Urteilen vom 4.3.1985 erachtete das Gericht alle
eingeklagten Äusserungen und Handlungen nicht als persönlichkeitsverletzend, teilweise, weil sie nicht den rechtlich geschützten

Begriff der Ehre beträfen, teilweise, weil die eingeklagten Äusserungen der Wahrheit entsprächen. Das Hausrecht sei ein elementares Recht; deshalb sei die AG ohne Weiteres berechtigt gewesen, das Hausverbot auszusprechen. Zudem sei das Verbot in einem persönlichen Schreiben enthalten, *»welche Mitteilungsform die grösstmöglichste persönliche Schonung der Klägerinnen gewährleistete«*.[99] Auch die Begründung des Hausverbots beinhalte *»keinen Vorwurf an die Klägerinnen, welcher geeignet wäre, deren moralische Geltung in der Gesellschaft zu schmälern«*.[100] Der Vorwurf der *»Beschimpfungen«* entspreche aufgrund unserer Briefe der Wahrheit.

Weitere eingeklagte Briefe, insbesondere auch die Stellungnahme der Stiftung vom 3.6.1983 an die Aufsichtsbehörde wurden ebenfalls als nicht persönlichkeitsverletzend beurteilt. Die Äusserungen über Annemarie Richiger und mich, wonach wir zu einem *»ominösen und selbsternannten Komitee gehörten, welches den Betrieb der Beratungsstelle störe«*, seien *»keineswegs ehrverletzend. Die Zugehörigkeit zu einem bestimmten Komitee, durch das man sich gestört fühlt, lässt dessen Mitglieder nicht als moralisch minderwertig erscheinen. Diese Äusserung indiziert vielmehr das Bestehen zweier unterschiedlicher Standpunkte in der Auseinandersetzung um eine bestimmte Sache, wie sie im täglichen Leben oft vorkommt und sozial üblich sind.«*[101] Auch alle Äusserungen über Jutta Siegwart-Gensch aus jener Stellungnahme waren für das Gericht nicht persönlichkeitsverletzend. Die Ausführungen zu Werdegang und Tätigkeit seien durch ihre eigenen Ausführungen in ihrer Stiftungsaufsichtsbeschwerde veranlasst worden; die Stiftung habe dazu Stellung nehmen müssen. *»Dabei musste sie zwangsläufig die ihrer Meinung nach ungenügenden fachlichen Fähigkeiten der Klägerin 1 als Gesprächstherapeutin und allfällige von der Klägerin 1 begangene Fehler erwähnen. Die Kritik blieb aber sachlich und zurückhaltend.«*[102] Auch auf eine *»genaue Überprüfung der Umstände, wie die Klägerin 1 ursprünglich an die Beratungsstelle gelangte«*, könne verzichtet werden, denn: *»Vorübergehende psychische Erkrankungen werden heute allgemein wie körperliche Erkrankungen als Schicksal akzeptiert, ohne dass der Betroffene deswegen als moralisch minderwertig angesehen würde.«*[103]

Die beiden andern Urteile vom 4.3.1985, die je eine natürliche Person betrafen, kamen ebenfalls zum Schluss, es seien keinerlei

Persönlichkeitsverletzungen vorgefallen. Das eine Urteil betraf die mehrmaligen Stellungnahmen von Michael Kanitz vom Oktober 1982, in denen er vor Hunderten von Personen gegen Kritiker gehetzt hatte: Da er keine Namen genannt habe, seien nicht wir Klägerinnen gemeint gewesen. Das andere Urteil bezüglich des Stiftungsratspräsidenten Heinrich Reinfried kam ebenfalls zum Schluss, er habe keinerlei Persönlichkeitsverletzungen begangen: Verschiedene Briefe der Stiftung seien entweder nicht von ihm unterzeichnet, oder wir hätten nicht dargetan, dass er den Anwalt instruiert habe. Auch dass er zugeschaut habe, als Annemarie Richiger und ich am 10.6.1983 *»durch ein Polizeiaufgebot von der Liegenschaft Susenbergstrasse 53 entfernt wurden«*, sei keine Persönlichkeitsverletzung. *»Es ist nicht einzusehen, inwiefern den Beklagten eine Pflicht zum Eingreifen getroffen hätte.«*[104]

Im Urteil vom 6.6.1985 wurden jene Beklagten zusammengefasst, die – neben anderen eingeklagten Äusserungen und Handlungen – den Brief vom 15.11.1982 an Jutta Siegwart-Gensch unterzeichnet hatten. Das Urteil befasste sich vor allem mit der Beschuldigung, *»wiederholt in krasser Weise die ärztliche Sorgfaltspflicht verletzt«* zu haben, sowie mit ähnlichen Vorwürfen anlässlich des Gesprächs vom 23.12.1982, wie etwa *»Operieren mit ungewaschenen Händen«*, *»Arbeiten mit dreckigem Messer«* usw.

Stiftungsanwalt Jezler, der alle Beklagten vertrat, hatte bereits in der Klageantwort vom 27.8.1984 erklärt: *»Vorerst einmal ist zu präzisieren, dass mit dem Ausdruck ›ärztliche Sorgfaltspflicht‹ die unter Psychologen geforderte Sorgfaltspflicht gemeint ist. Dies hat zweifellos auch die Klägerin 1 so verstanden, denn sie war ja an der Psychologischen Lehr- und Beratungsstelle nicht als Ärztin tätig.«*[105]

Nach unserer Meinung war dies ein Eingeständnis, dass die eingeklagten Äusserungen nicht der Wahrheit entsprachen. Die Beklagten hatten stets von *»ärztlicher Sorgfaltspflicht«* gesprochen; hätten sie *»die unter Psychologen geforderte Sorgfaltspflicht«* gesagt, hätten sich die Zuhörer eher zugemutet, die Sache beurteilen zu können. Zudem kommt es bei Persönlichkeitsverletzungen nicht darauf an, wie der Betroffene die Äusserung versteht, sondern wie ein unbeteiligter Dritter sie auffassen muss.

Die Beklagten hatten zur Begründung der »*psychologischen Sorg-faltspflichtverletzung*« verschiedene neue Behauptungen vorge-bracht, und das Gericht erliess am 4.3.1985 eine Beweisauflageverfügung, wonach sie für diese neuen Behauptungen Beweise vorbringen konnten.[106]

Wir wehrten uns gegen diese Art der Beweisführung. Wir waren der Meinung, die Beklagten hätten die Unwahrheit der eingeklagten Äusserungen bereits gestanden, indem sie einräumten, es sei nicht die »*ärztliche Sorgfaltspflicht*« gemeint gewesen. Auch Anwalt Schaller erklärte uns, eine solche Ausweitung der Klage auf ein neues Thema sei unzulässig; damit werde das Beweisthema auf ein Gebiet gelenkt, das nicht eingeklagt sei.

Das Gericht ging in seinem Urteil vom 6.6.1985 davon aus, wir seien ernsthaft nicht bereit, »*eine Erörterung der eingeklagten Persönlichkeitsverletzungen im Prozess zuzulassen und den Beklagten die nötigen Verteidigungsrechte zu gewähren*«.[107] Unser Wille sei aber zu respektieren. Da den Beklagten kein Nachteil daraus entstehen dürfe, sei auf ein Beweisverfahren zu verzichten und davon auszugehen, der Beweis sei erbracht.

Und es stellte fest: »*Wenn der Klägerin 1* [Jutta Siegwart-Gensch, Anm. d.V.] *in diesem Brief vorgeworfen wird, sie habe in krasser Weise die ärztliche Sorgfaltspflicht verletzt, so ist diese Behauptung geeignet, ihre berufliche Tüchtigkeit ganz allgemein in Frage zu stellen und damit ihre soziale Geltung zu beeinträchtigen. Die Behauptung krasser Verstösse indiziert eine zumindest grobe Fahrlässigkeit, was angesichts der bei solchen Tätigkeiten auf dem Spiel stehenden hochwertigen Rechtsgüter auch das allgemeine moralische Ansehen des derart Beschuldigten tangiert.*«[108] Danach wurden die neuen Behauptungen für die angebliche Verletzung der »*psychologischen Sorgfaltspflicht*« wiederholt. Es ging um eine Ratsuchende, die an Eifersucht gelitten habe, und um eine »*schwer suizidgefährdete Studentin*«. Jutta Siegwart-Gensch habe diese beiden zu Gesprächen eingeladen; sie seien aber anderen Mitarbeitern zugeteilt gewesen. Dadurch sei das Vertrauensverhältnis gestört worden, was fatale Folgen hätte haben können.

Nun ging das Gericht davon aus, wir Klägerinnen hätten den Beweis verhindert und es sei deshalb davon auszugehen, die neuen

Behauptungen entsprächen der Wahrheit. »*Diese Interventionen der Klägerin 1, welche gravierende, ja lebensgefährliche Folgen hatte bzw. hätte haben können, als krasse Sorgfaltspflichtverletzung zu bezeichnen, war gerechtfertigt. Da der Vorwurf in einem persönlichen Schreiben an die Klägerin 1 enthalten ist und dazu diente, ein Mitarbeitsverbot zu begründen, kann auch die äussere Form der Bemerkung nicht als unnötig verletzend bezeichnet werden; überdies bestand ein begründeter Anlass. Eine widerrechtliche Persönlichkeitsverletzung der Klägerin 1 in diesem Punkt ist daher zu verneinen.*«[109]

Auch die im Gespräch vom 23.12.1982 gemachten Äusserungen wie »*Arbeiten mit schmutzigem Messer*« etc. waren nach Ansicht des Gerichts keine widerrechtlichen Persönlichkeitsverletzungen. Zunächst wurde festgestellt: »*Ein solcher Vorwurf ist geeignet, die ganze berufliche Stellung des Betroffenen zu erschüttern und in Frage zu stellen. Dies ist nur erlaubt, wenn der Vorwurf zutrifft und berechtigter Anlass für dessen Äusserung bestand.*«[110] Der »*berechtigte Anlass*« wurde sodann bejaht: Es ging »*in einem privaten Gespräch um die Gründe, welche zum Ausschluss der Klägerin 1 von der Psychologischen Lehr- und Beratungsstelle geführt hatten. Um klare Verhältnisse zu schaffen, die allenfalls auch beruhigend auf das Klima an der Psychologischen Lehr- und Beratungsstelle hätten wirken können, war eine offene und rückhaltlose Information gerechtfertigt.*«[111]

Auch inhaltlich liege keine widerrechtliche Persönlichkeitsverletzung vor: »*Nachdem das Vorgehen der Klägerin 1 im erwähnten Sinne als erwiesen zu gelten hat, war der Vorwurf der Sorgfaltspflichtverletzung gerechtfertigt. Eine abweichende Beurteilung ergibt sich auch nicht aus dem Umstand, dass der Beklagte 3 seinen Vorwurf in ein Gleichnis aus dem Gebiet der Medizin kleidete.*«[112]

Wir erhoben gegen alle vier Urteile des Bezirksgerichts Zürich Berufung und reichten am 5.9.1985 eine selbst verfasste Berufungsschrift beim Obergericht des Kantons Zürich ein.

* |

Wie vorne gesehen, hatte bei der Befragung vom 16. Januar 1984 niemand die Verantwortung für die Instruktion des Stiftungsanwalts für die Beschwerdeantwort vom 3.6.1983 übernommen. Dr. Jezler hatte jedoch vor Einreichung der Beschwerdeantwort am

19.5.1983 eine Fristverlängerung bei der Stiftungsaufsicht erwirkt mit der Begründung, der Entwurf müsse »*noch mit dem Stiftungsrat der Stiftung Psychologische Lehr- und Beratungsstelle durchbesprochen werden*«.[113] Daher erweiterten wir unsere Ehrverletzungsklage auf alle übrigen 14 Mitglieder des Stiftungsrates. Auch die beiden Anwälte Dr. Lutz und Dr. Wehinger bezogen wir ein, denn sie kamen als Informanten ebenfalls infrage.

Niemand kam zum Friedensrichter. Bei den Befragungen vom 13., 19., 20. und 27.6.1985 durch den Untersuchungsrichter des Bezirksgerichts Zürich verneinten alle, die Instruktion für die Beschwerdeantwort erteilt zu haben. Die meisten Stiftungsräte erklärten, die Beschwerdeantwort nicht gesehen und damit nichts zu tun gehabt zu haben und auch den Stiftungsanwalt nicht zu kennen. Einige sagten, sie könnten sich nicht erinnern, sie hätten so viele Papiere zu Hause. Andere meinten, sie hätten die Beschwerdeantwort zwar später gesehen, aber nicht, bevor sie abgeschickt worden sei. Auch Dr. Lutz und Dr. Wehinger übernahmen nicht die Verantwortung für die Instruktion. Zwei Stiftungsräte erinnerten sich, dass die Beschwerdeantwort in ihrer Anwesenheit im Stiftungsrat besprochen worden sei, und sie erklärten sich mit deren Inhalt einverstanden.

Aus dieser Klageerweiterung wurden zwei Verfahren gemacht, sodass es nun insgesamt drei Prozesse zum gleichen Inhalt gab: Der ursprüngliche, den wir mit unserer Klageschrift am 23.9.1983 eingeleitet hatten, sowie zwei weitere mit den 14 übrigen Mitgliedern des Stiftungsrates und den beiden Anwälten. Unsere wiederholten Gesuche um Vereinigung der Verfahren wurden stets abgewiesen.

Am 17.9.1985 fand eine Hauptverhandlung statt. Dabei ging es einerseits um den ursprünglichen, am 23.9.1983 eingeleiteten Ehrverletzungsprozess betreffend Beschwerdeantwort und Schreiben an die Polizei, andererseits um den Brief vom 15.11.1982 an Jutta Siegwart-Gensch, den der Stiftungsanwalt bei der Befragung vom 16.1.1983 verdeckt dem Untersuchungsrichter übergeben hatte. Jutta Siegwart-Gensch hatte in ihrer diesbezüglichen Klage vom 24.3. 1984 geltend gemacht, damit seien die Ehrverletzungen des Briefs vom 15. 11. 1982 an den Untersuchungsrichter weiterverbreitet worden.

Vorgeladen waren die ursprünglichen vier Angeklagten, Heinrich Reinfried, Heinz Hug, Annemarie Buchholz-Kaiser und Dr. Jezler. Die übrigen Mitglieder des Stiftungsrats wurden nicht einbezogen. Da nach den Befragungen keine Beweisverfahren durchgeführt worden waren, nahmen wir an, bei der Hauptverhandlung werde nun die Frage entschieden, ob die Angeklagten zum Wahrheitsbeweis zugelassen würden; womöglich würden sie gleich wegen Verleumdung verurteilt.

Ich las ein vorbereitetes Plädoyer vor, worin wir die Hintergründe der Verleumdungskampagne aufzeigten und darlegten, dass die Angeklagten wider besseres Wissen die unwahren und ehrverletzenden Äusserungen abgegeben hatten. Annemarie Richiger schloss sich zusätzlich mit einer engagierten Stellungnahme an, die im Gerichtsprotokoll anhand einer Tonbandaufnahme aufgezeichnet wurde. Sie erklärte dem Gericht u.a.: Die Zürcher Schule für Psychotherapie sei ein Ort des Friedens. Die naturwissenschaftlichen Forschungsresultate hätten ergeben, dass der Mensch gerne in Frieden lebe. »*Das oberste Prinzip des friedlichen Zusammenlebens ist, dass die Menschenwürde eines jeden Menschen respektiert wird.*«[114] Dieses Klima der Achtung vor der Würde eines jeden Menschen sei nach dem Tod Friedrich Lieblings massiv gestört worden.

Der Stiftungsanwalt brachte vor, die eingeklagten Stellen seien nicht ehrverletzend. Dass ein Mensch persönliche Schwierigkeiten habe oder ein »*schwieriger Mensch*« sei, tangiere die Ehre nicht. In anderen Äusserungen gehe es um den Arbeitsbereich, der nicht zum strafrechtlich geschützten Ehrbegriff gehöre. Seine Mitangeklagten hätten ihm keine Instruktionen für die eingeklagten Schriften gegeben. Auch hätten die einzelnen Äusserungen über eine von uns drei Klägerinnen nichts mit den beiden andern zu tun. Der Brief vom 15. 11. 1982 sei bereits verjährt, die Eingabe ans Gericht sei keine Neuauflage und zudem durch die Aufforderung des Untersuchungsrichters, den Entscheid des EDI einzureichen, veranlasst worden.

Die Urteile wurden uns nicht bei der Hauptverhandlung eröffnet, sondern am 22.10.1985 verschickt. Gleichzeitig erhielten wir zwei Beschlüsse vom 17.9.1985, worin die Anklage gegen die übrigen 14 Stiftungsräte und die Anwälte Lutz und Wehinger nicht zugelassen wurde. Das Gericht sprach alle Angeklagten in beiden Prozessen frei. Die eingeklagten Äusserungen in der Beschwerdeantwort und auch im Brief an die Polizei beträfen nicht den strafrechtlich geschützten Bereich der Ehre und entsprächen zudem der Wahrheit.

Wie befürchtet, wurden unsere Antworten auf die detaillierte Befragung des Untersuchungsrichters vom 12.12.1984 als »Wahrheitsbeweis« verwendet. Zudem stützte sich das Gericht auf eine Gegendarstellung zur Beschwerdeantwort, die Jutta Siegwart-Gensch nach der Befragung der Angeklagten dem Gericht zugestellt hatte. Zum Brief vom 15.11.1982 meinte das Gericht, dieser sei verjährt und zudem habe Jutta Siegwart-Gensch selber diesen Brief in verschiedenen Prozessen dem Gericht zur Kenntnis gegeben; die Eingabe des Briefes durch den Stiftungsanwalt sei nicht widerrechtlich.

Das Gericht ging von folgender Grundlage aus: »*Der Psychologe Friedrich Liebling betrieb in Zürich ein Institut, das er als ›Psychologische Lehr- und Beratungsstelle‹ bezeichnete. Daneben besteht seit dem Jahre 1974 eine ›Stiftung Psychologische Lehr- und Beratungsstelle‹, die sich nach der Darstellung des Stiftungsrates im Wesentlichen mit dem Erwerb von Liegenschaften und der Bereitstellung von Räumlichkeiten für Kongresse, Arbeitstagungen usw. der Lehr- und Beratungsstelle befasst. Friedrich Liebling starb am 28. Februar 1982 im Alter von 88 Jahren. Seine beiden Töchter gründeten hierauf zusammen mit anderen Personen die ›Psychologische Lehr- und Beratungsstelle Friedrich Liebling AG, Zürich‹ mit dem Zweck, die Lehr- und Beratungstätigkeit ihres Vaters fortzuführen; daneben bestand die erwähnte Stiftung weiter.*«[115]

Wir erhoben gegen dieses Urteil Berufung.

*

Am 10.12.1985 fand die Hauptverhandlung im Ehrverletzungsprozess betreffend Hausverbotsbrief statt. Eingeklagt waren das Dreiergremium sowie Dr. Lutz. Das Gericht wiederholte Aussagen der Zeugen, des Polizeiberichts und aus unseren eigenen Briefen, mit denen wir im Winter und Frühjahr 1982/83 gegen die ersten Mitarbeitsverbote protestiert hatten. Es kam zum Schluss, die Begründungen des Hausverbots seien zwar ehrverletzend, aber wahr und deshalb nicht widerrechtlich. Das Gericht ging von der Rechtmässigkeit des Briefs vom 15.11.1982 an Jutta Siegwart-Gensch aus; unsere Bemühungen, dass dieser zurückgenommen werden sollte, wurden als *»Störaktionen«*, *»Belästigungen«*, *»Drohungen mit Persönlichkeitsverletzungen«*, *»Irritationen«* usw. ausgelegt. Als Verwaltungsräte der Psychologischen Lehr- und Beratungsstelle Friedrich Liebling AG seien die Angeklagten 1–3 auch berechtigt gewesen, *»das fragliche Hausverbot gegenüber den Anklägerinnen auszusprechen«*.[116]

Unsere Erklärungen und Beweismittel, dass die Angeklagten wider besseres Wissen gehandelt hätten, genügten dem Gericht nicht: Wir hätten zwar ausgeführt, die Angeklagten würden uns seit 10 Jahren näher kennen und unsere Bemühungen, die durch die Ehrverletzungen der Presse verursachte Störung der Psychologischen Lehr- und Beratungsstelle zu beheben, seien ihnen bekannt. Weder daraus noch aus den eingereichten Unterlagen ergäben sich aber Anhaltspunkte, dass sie sich der Verleumdung schuldig gemacht hätten. *»Es kann nicht die Sache des Untersuchungsrichters sein, einen Bundesordner auf relevante Tatsachen zu durchforschen, zumal es sich vorliegend um ein Privatstrafklageverfahren handelt.«*[117] Mit dieser Begründung überging das Gericht unsere Beweismittel, die wir in einem Ordner angelegt und einzeln bezeichnet hatten.

Auch gegen dieses Urteil erhoben wir Berufung.

* |

Wie dargestellt, waren das Bezirksgericht Zürich und das Zürcher Obergericht am 5.7.1984 bzw. 25.9.1984 nicht auf die Klage betreffend Feststellung der Rechtsgrundlage einer einfachen Gesellschaft eingetreten. Das Kassationsgericht hob über ein Jahr später, am 11.11.1985, den Beschluss des Obergerichts teilweise auf.[118] Es stellte fest, Zürich sei für die Klage gegen die Erbinnen örtlich zuständig. Zur Begründung wiederholte es etliche Stellen aus unserer Klageschrift, die Anwalt Schaller bereits im Rekurs an das Obergericht und nun wieder in der Nichtigkeitsbeschwerde an das Kassationsgericht zitiert hatte.

Das Kassationsgericht wies die Sache an das Bezirksgericht zurück. Es führte aus, dass in beiden Prozessen, also im früher eingereichten Persönlichkeitsschutzprozess und auch im vorliegenden Prozess, die Frage des Bestandes einer einfachen Gesellschaft als Vorfrage entschieden werden müsse. Es könne der Vorinstanz überlassen bleiben, ob sie die beiden Prozesse vereinige oder ob einer der beiden Prozesse zu sistieren sei. Die Vereinigung bzw. Sistierung erschien aber als illusorisch, denn die Persönlichkeitsschutzklage befand sich bereits vor Obergericht im Berufungsverfahren.

Alle andern Anträge hatte das Kassationsgericht abgewiesen. Auch hatte es die Stiftung und die »*Psychologische Lehr- und Beratungsstelle Friedrich Liebling AG*« aus dem Verfahren entfernt, da die Anträge gegen diese bereits im Persönlichkeitsschutzprozess rechtshängig seien. Es war für uns deshalb notwendig, eine staatsrechtliche Beschwerde zu erheben, weshalb auch der Persönlichkeitsschutzprozess vor Obergericht am 13. 2. 1986 sistiert und weiter verzögert wurde.

4.9 | Denunziationen im Privatbereich

Jutta Siegwart-Gensch war seit Februar und ich seit Ende Juli 1983 zu Gast beim Ehepaar Richiger, das uns mit einer aussergewöhnlichen Hilfsbereitschaft in ihrer Dreizimmerwohnung aufgenommen hatte. Sie unterstützten uns tatkräftig, kamen mit zu Gesprächen mit verschiedenen Persönlichkeiten und Anwälten, gaben uns wichtige Anregungen und Rückmeldungen.

Wie damals in Genossenschaftswohnungen üblich, war die Untermiete untersagt. Dieter Richiger wurde wiederholt vom Verwalter zitiert: Jemand habe gemeldet, er beherberge Untermieter. Er erklärte, dass es sich um Gäste handle und diese keine Miete bezahlen würden. Unter diesem Druck entschloss sich das Ehepaar Richiger, eine Wohnung zu suchen, in der wir alle vier wohnen könnten. An der gleichen Strasse fanden sie eine Vierzimmerwohnung in einem Zweifamilienhaus, und wir zogen im Juli 1985 um. Das Ehepaar Richiger mietete die Wohnung, Jutta Siegwart-Gensch und ich bewohnten als Untermieter je ein Zimmer. Ich war glücklich, nun Platz für einige meiner Möbel, besonders auch für mein Bett zu haben.

Im Parterre des Zweifamilienhauses wohnten die Eigentümer, wir im ersten Stock. Kurze Zeit nach unserem Einzug baten sie Dieter Richiger um eine Unterredung. Er informierte uns, eine Dame habe bei den Eigentümern vorgesprochen und diese vor den neuen Mietern gewarnt: Sie sollten sich vor den beiden Frauen in Acht nehmen. Bei der Ärztin könnte es sich um eine deutsche Spionin handeln, und die jüngere Frau sei ja viel zu alt, um wirklich noch eine Studentin zu sein. Zu jener Zeit erschienen Berichte in verschiedenen Zeitungen, wonach ein unauffälliges deutsches Paar im Kanton Luzern als DDR-Spione entlarvt und verhaftet worden sei.[119]

Es war absurd: An der Universität gab es etliche Studentinnen in meinem Alter, die nach einer gewissen Zeit der Berufstätigkeit noch ein Studium absolvierten. Und Jutta Siegwart-Gensch war wohl in Ostdeutschland geboren, aber in Westdeutschland aufgewachsen und hatte in Westberlin studiert. Die Idee, man könnte sie für eine DDR-Spionin halten, war grotesk; wir unterschätzten aber deren Wirkung.

Aus einer Fiche erfuhr Jutta Siegwart-Gensch im Jahr 1991, dass sie vom schweizerischen Staatsschutz verdächtigt worden war, *»unerlaubten Nachrichtendienst«* für die DDR zu betreiben.[120] In einer Befragung am 2. 7. 1986 fragte Fürsprecher Hahnloser Jutta Siegwart-Gensch in einem befremdend scharfen Ton, wo sie geboren und aufgewachsen sei und wo sie studiert habe.[121] Die Vermutung liegt nahe, dass auch er über den Verdacht des Staatsschutzes informiert war.

Im März 1985 und Juni 1985 waren die ersten vernichtenden Urteile des Bundesgerichts und des Bezirksgerichts eingetroffen. Die Psychologische Lehr- und Beratungsstelle wurde als *»Institut«* gesehen, die Stiftung habe nur *»daneben«* bestanden; die Zürcher Gerichte hätten nicht einmal den *»Anschein einer Befangenheit«*; Verleumdungen wie *»Operieren mit dreckigem Messer«* usw. durften in der Öffentlichkeit verbreitet werden, und aus persönlichkeitsverletzenden Äusserungen waren gerichtlich festgestellte *»Wahrheiten«* gemacht worden.

Wir arbeiteten an der Berufungsschrift im Persönlichkeitsschutzprozess, die bis zum 5.9.1985 eingereicht werden sollte. Gleichzeitig wurden wir in verschiedenen Verfahren mit hohen Kautionsauflagen geplagt. Danach trafen wir Vorbereitungen für die Hauptverhandlung vom 17.9.1985 im Ehrverletzungsprozess.

Annemarie Richiger unterzeichnete noch die Berufungsschrift und gab an der Hauptverhandlung eine persönliche, berührende Stellungnahme ab. Danach vertrat das Ehepaar die Ansicht, wir sollten umkehren, der Gerichtsweg sei falsch, er führe nur zu weiterem Misserfolg. Jutta Siegwart-Gensch und ich waren der Meinung, man dürfe jetzt nicht aufgeben. Es gelang uns aber nicht, die Freunde zu überzeugen. Nach einigen Gesprächen zogen sie sich mehr und mehr zurück, gingen morgens früh aus dem Haus und kehrten abends spät zurück. Kurze Zeit danach baten sie uns schriftlich, die gemeinsame Wohnung zu verlassen. Jahre später erklärte mir das Ehepaar Richiger, die Denunziationen hätten ihnen grosse Angst gemacht, und sie hätten befürchtet, überhaupt nirgends mehr wohnen zu können.

*

Anfangs Oktober 1985 zogen Jutta Siegwart-Gensch und ich in mein kleines Reiheneinfamilienhaus in Zürich-Altstetten, von dem ich den oberen Teil vermietet hatte. Schon seit 1973 hatte ich dort gewohnt, zusammen mit meinem Mann und verschiedenen anderen Personen. Nach dem Tod meines früh verstorbenen Vaters hatte ich es 1978 aufgrund meiner Erbschaft kaufen können. Nun bewohnten Jutta Siegwart-Gensch und ich das Untergeschoss, eigentlich eine Einzimmerwohnung. Sie umfasste ein grösseres Zimmer, eine separate Küche, ein Bad und einen kleinen Gang im Eingangsbereich. Wir kauften im nahen Einkaufszentrum zwei Matratzen, die Schreibmaschine platzierten wir auf Brettern, die ein Handwerker liegen gelassen hatte. So schrieb Jutta Siegwart-Gensch ihre Beschwerde an den Europäischen Gerichtshof für Menschenrechte, ich suchte die Zitate und Belege zusammen, und wir brachten sie am 10.10. 1985 spätabends zum Dringlichkeitsschalter der Sihlpost. Später richteten wir die Räume mit Büchergestellen für unsere Akten und einem kleinen Tisch ein, der als Ablagefläche, Schreib- und Esstisch diente. Etliche Akten fanden auch in den Küchenschränken Platz, der Küchentisch war zusammenklappbar, sodass nachts für eine von uns eine Matratze hingelegt werden konnte. Das eilige Rennen zur Sihlpost spät abends begleitete uns durch die folgenden Jahre.

Ich habe nie einen Menschen so viel arbeiten sehen wie Jutta Siegwart-Gensch. Frühmorgens bis spät abends sass sie an der Schreibmaschine. Sie schrieb den ganzen Tag, überarbeitete die Schrift und schrieb sie erneut. Kleinere Fehler konnte man überdecken, grössere Änderungen überklebten wir, was bei der Kopie nicht mehr sichtbar war. In der Zentralbibliothek suchten wir die Kommentare, Bundesgerichtsentscheide und juristische Literatur, auf die in den Urteilen und Entscheiden verwiesen worden war. Wenn die Schrift abgeschickt war, ruhten wir etwas aus, spazierten zum Üetliberg oder erholten uns. Danach machten wir uns an die nächste Arbeit.

Über unsere Gefühle angesichts der Aufgabe sprachen wir oft: Inwiefern die kulturelle Erziehung zu Autoritätsgläubigkeit es uns erschwerte, der jetzigen Situation adäquat zu begegnen; wie die anerzogene Bravheit uns hemmte, den Tatsachen auf den Grund zu gehen; wie die drohende weitere Ausgrenzung und Blossstellung uns ängstigte.

Die Antworten der Anwälte und die Begründungen der Gerichte analysierten wir im Detail über Tage und Wochen hinweg. Jutta Siegwart-Gensch war dabei sehr genau: Immer wieder schaute sie nach und vergegenwärtigte sich, was wörtlich geschrieben worden war und was damit ausgedrückt wurde. Ich hatte oft das Gefühl, erst jetzt richtig lesen zu lernen und nach und nach zu erkennen, was zwischen den Zeilen gesagt wurde. Für das erste Lesen neuer Urteile begaben wir uns meistens ins McDonald's Restaurant. Hier, in der surrealen Welt der riesigen Plastikfiguren von Big Mac und Donald, beim Geruch von Pommes frites und Burger, konnten wir die Erwägungen der Urteile einigermassen ertragen. Im Tram, beim Einkaufen, überall hatte Jutta Siegwart-Gensch einige Zettel in ihrer Tasche, auf die sie eine Idee, eine Formulierung, einen Zusammenhang, der ihr durch den Kopf ging oder der im Gespräch auftauchte, notierte. Noch wenn ich ihr Zimmer verliess, um schlafen zu gehen, sprach sie weiter und meinte zum Schluss, wenn ich mich beschwerte, ich bekäme zu wenig Schlaf: »Schlaf schneller, Genossin!«

Am 2.11.1985 erhielt unser Rechtsanwalt eine Verfügung des EDI:[122] Am Mittwoch, dem 13. 11., morgens um 10.30 Uhr sollte bei der Stiftungsaufsicht eine Verhandlung stattfinden. Gegenstand der Verhandlung sei die Diskussion des Entwurfs einer Beweisverfügung, die beigelegt war. Zudem sollte ein kurzes Parteiverhör geführt und ein Kostenvorschuss für das weitere Verfahren bestimmt werden.

Zwei Tage vor der Verhandlung rief uns Rudolf Schaller an: Er habe soeben von der Stiftungsaufsicht die Urteile betreffend den Verlust der Steuerbefreiung der Stiftung aus den Jahren 1979 und 1983 erhalten.[123] Daraus gehe hervor, dass Fürsprecher Hahnloser als Chefbeamter der Stiftungsaufsicht im Jahr 1977 die Stiftung und den Stifter Friedrich Liebling bei der Rechtsabteilung des Kantonalen Steueramtes denunziert und damit das Verfahren zum Entzug der Steuerbefreiung gegen die Stiftung ausgelöst habe.

In einem Begleitschreiben vom 6.11.1985 hatte sich Fürsprecher Hahnloser gerechtfertigt: *»Im Hinblick auf die Parteiverhandlung vom 13. November stellen wir Ihnen die soeben eingegangenen Entscheide aus den Jahren 1979–1983 zur Aufhebung der Steuerbefreiung der Stiftung zur Kenntnis zu. Den Erwägungen können Sie u.a. entnehmen, dass eine Abklärung bereits im Sommer 1977 von der eidg. Stiftungsaufsicht verlangt worden ist, nachdem sich die frühere Kontrollstelle Gubler gegenüber der Stiftungsaufsicht geweigert hatte, Antrag auf Genehmigung der Gewinn- und Verlustrechnung zu stellen. Hauptgrund war eine mangelnde Klarheit im Rechnungswesen zwischen der Stiftung und Herrn Friedrich Liebling.«*[124]

Die Nachricht, dass Fürsprecher Hahnloser die Stiftung und Friedrich Liebling bei der Kantonalen Steuerbehörde denunziert hatte, schlug bei uns wie eine Bombe ein. Niemals hätten wir damit gerechnet, dass die Stiftungsaufsichtsbehörde derart in das Geschehen verwickelt war. Zudem hatte Rudolf Schaller längst um die Bekanntgabe der Steuerentscheide gebeten, und die Stiftungsaufsicht hatte beteuert, sie wisse nichts darüber.

Am gleichen Tag schrieb unser Anwalt in unserem Auftrag per Express ein Gesuch um Ausstand von Fürsprecher Hahnloser. Er begründete dies damit, aus den ihm soeben zugestellten Akten gehe hervor, *»dass Rechtsanwalt Bernhard Hahnloser, statt die Rechte der*

Stiftung Psychologische Lehr- und Beratungsstelle wahrzunehmen, dieselbe bei der Zürcher Steuerbehörde denunziert hat. Rechtsanwalt Hahnloser ist also am Ursprung einer bedeutenden Schädigung der Stiftung Psychologische Lehr- und Beratungsstelle, etwa 2 Millionen Nachsteuern, beteiligt. Nachdem der Stiftungszweck die Gemeinnützigkeit der Stiftungstätigkeit voraussetzt, war die Denunziation von Rechtsanwalt Hahnloser ein Verstoss gegen seine in Artikel 84 ZGB festgelegte Amtspflicht, die Stiftung und das Stiftungsvermögen zu schützen. Durch diese mir soeben zugegangenen Unterlagen werden meine Mandantinnen in ihrer Überzeugung bestärkt, dass Rechtsanwalt Hahnloser nicht die Interessen der Stiftung Psychologische Lehr- und Beratungsstelle verteidigen will und daher ihre Anliegen nicht unbefangen überprüfen kann.«[125]

An der Verhandlung vom 13.11.1985 nahmen Stiftungsanwalt Dr. Jezler, der Stiftungsratspräsident Heinrich Reinfried sowie Stiftungsrat Ernst Frei teil. Ebenfalls waren Jutta Siegwart-Gensch, Anwalt Schaller und ich da. Von behördlicher Seite waren Fürsprecher Bernhard Hahnloser, der wissenschaftliche Adjunkt Peter Blessing und die Sekretärin anwesend.

Fürsprecher Hahnloser eröffnete die Sitzung. Als ersten Punkt wollte er den Entwurf der Beweisverfügung diskutieren, und zwar, wie er betonte, in einem Gespräch unter den Anwälten. Als zweiter Punkt sollte ein ganz kurzes Parteiverhör durchgeführt werden. Nun gab er das Wort an Anwalt Schaller. Dieser gab das Wort an mich weiter, da ich eine Protokollerklärung zu verlesen hätte. Nach längerem Hin und Her durfte ich diese sowie unsere Beweisanträge vorlesen: »*Unter Bezugnahme auf das Ausstandbegehren vom 11.11.1985 sind wir gezwungen, folgendes zu Protokoll zu geben: Leider haben wir vollständig neue Tatsachen, aus denen hervorgeht, dass diejenige Behörde, welche die statutengemässe Verwendung des Stiftungsvermögens garantieren muss, durch eine falsche Verzeigung die Stiftungsinteressen verraten und damit die Stiftung schwerstens geschädigt hat. Im Urteil des Bundesgerichts vom 13.4.1983 heisst es unter Ziffer 4 Seite 2: ›Am 25. Juli 1977 teilte Fürsprecher Bernhard Hahnloser, stellvertretender Generalsekretär des Eidgenössischen Departements des Innern, der Rechtsabteilung des Kantonalen Steueramtes telefonisch mit, dass die Geschäftsleitung der Stiftung und die private Buchhaltung des Stifters Friedrich Liebling derart ineinander verflochten seien, dass eine klare Übersicht über die Buchhaltung und Finanzlage der Stiftung nicht möglich sei. Die Gubler Treuhand AG habe als Kontrollstelle verschiedene Positionen der Bilanz sowie der Gewinn- und Verlustrechnung 1976 beanstandet und die vorbehaltlose Rechnungsablage verweigert. Schon gemäss Bilanz 1975 der Stiftung seien CHF 600 000 ohne ersichtlichen Grund auf das Privatkonto des Friedrich Liebling übertragen worden.«*[126]

Die Stimmung war bis zur Unerträglichkeit gespannt: Unser Verhandlungsleiter war zugleich der Auslöser der Kampagne gegen die Stiftung und Friedrich Liebling, wir hatten dafür den Beweis vor uns und konfrontierten ihn damit. Meine Stimme zitterte, als ich fortfuhr: »*Diese Verzeigung ist um so schwerwiegender, als sie de facto den Stifter als Betrüger hinstellt. Die falsche Anschuldigung entstammt einer der obersten Behörden des Bundes und hat aus diesem Grunde eine besonders bedeutende Wirkung in der Öffentlichkeit, bei Verwaltungs- und Gerichtsbehörden, weil diesem hohen Amt eine besondere Vertrauenswürdigkeit zuerkannt wird. Solange Rechtsanwalt Hahnlosers Denunziation als pflichtgemässes Handeln anerkannt wird, besteht ein Zustand der Verletzung der Unschuldsvermutung uns gegenüber. Wenn für den Verzeiger Rechtsanwalt Hahnloser ein Handeln in guten Treuen angenommen wird, wird damit zwangsläufig für uns ein Handeln in guten Treuen ausgeschlossen. Wir stellen deshalb den Antrag: Es sei für die Stiftung Psychologische Lehr- und Beratungsstelle eine Aufsichtsbehörde zu bestellen, die davon ausgeht, dass wir in guten Treuen handeln. Wir verweisen auf unsere Beweisanträge, welche wir hiermit ins Recht legen und behalten uns vor, zu den neuen Tatsachen noch begründet Stellung zu nehmen. Wir können heute weiter nichts hinzufügen.*«[127]

Nachdem ich auch die Beweisanträge vorgelesen hatte, fragte Fürsprecher Hahnloser, ob wir jetzt ein neues Ablehnungsbegehren stellen wollten. Wir antworteten, dieses hätten wir bereits vor zwei Tagen gestellt. Fürsprecher Hahnloser meinte, es sei nichts bei ihnen eingegangen, allenfalls vielleicht beim Vorsteher des EDI, Bundesrat Egli. Die Sekretärin verschwand. Dr. Jezler bemerkte: »*Wenn jemand ein Ausstandbegehren wegen dieser Sache stellen könnte, dann wäre es unsere Seite. Wir haben aber Vertrauen, dass die Sache gut geführt wird.*«[128] Nun erschien die Sekretärin wieder, brachte das Express-Ausstandgesuch von Anwalt Schaller und erklärte: »*Es war beim Chef.*«[129] Im kurz gefassten Protokoll des EDI steht dazu: »*Inzwischen ist das mit Datum vom 11. November 1985 (Eingang: 12. November 1985) eingereichte Ausstandbegehren gegenüber dem Vorsitzenden, verfasst durch die Beschwerdeführerinnen, eingelangt.*«[130] Fürsprecher Hahnloser las das Ausstandbegehren vor und übergab das Doppel Dr. Jezler mit einer Frist von zehn Tagen zur Stellungnahme. Hierauf wurde die Verhandlung abgebrochen.

Aufsichtsbeschwerde beim Gesamtbundesrat | 4.11

Am 9.12.1985 erhoben Jutta Siegwart-Gensch und ich eine Aufsichtsbeschwerde im Sinne von Artikel 71 VwVG[131] und Artikel 102 Ziffer 2 BV[132] beim Gesamtbundesrat gegen das EDI. Wir beantragten, die mit der Aufsicht über die Stiftung Psychologische Lehr- und Beratungsstelle zuständigen Beamten seien ihrer Aufgabe zu entheben, und für diese Stiftung sei eine neue Stiftungsaufsicht zu bestellen. Als vorsorgliche Massnahmen beantragten wir die Versiegelung des Tonbandkassettenarchivs, die Absetzung des Stiftungsrates, die Sicherung des Vermögens der Stiftung sowie die Ernennung eines Kuratoriums, das mit der Verwaltung und Rückführung des Vermögens der »*Psychologischen Lehr- und Beratungsstelle Friedrich Liebling AG*« zu beauftragen sei. Auch beantragten wir die Sistierung unserer bei den Zürcher Behörden und Gerichten und beim Bundesgericht pendenten Verfahren.

Im ersten Teil legten wir den gemeinnützigen Stifterwillen und die Pflichtverletzung der Aufsichtsbehörde dar. Im zweiten Teil erklärten wir, dass ein fairer Prozess für uns objektiv unmöglich sei, solange die Stiftungsaufsichtsbehörde ihre Pflicht zur Beaufsichtigung der Stiftung verletze. Wir legten dar, dass die Gerichte von der Vermutung ausgingen, dass das EDI seine Aufsicht über die Stiftung Psychologische Lehr- und Beratungsstelle pflichtgemäss ausübe. Aufgrund dieser gesetzlichen Vermutung könnten widerrechtliche Zustände in einer Stiftung, gegen die die Aufsichtsbehörde nicht einschreite, vom Richter kaum als widerrechtlich beurteilt werden. Im dritten Teil verlangten wir die Beendigung dieses widerrechtlichen Zustandes. »*Aufgrund der gesetzlichen Vermutung pflichtgemässer Ausübung der Aufsicht des Eidgenössischen Departements des Innern gehen Behörden und Gerichte – sowie das Eidgenössische Departement des Innern selber – von der Rechtmässigkeit der im Handelsregister eingetragenen und von der Aufsichtsbehörde geduldeten Aktiengesellschaft ›Psychologische Lehr- und Beratungsstelle Friedrich Liebling AG‹ aus, welche die gemeinnützige Stiftung Psychologische Lehr- und Beratungsstelle systematisch am Vermögen und an anderen Rechten schädigt.*« Die pflichtgemässe Ausübung der Aufsicht über die Stiftung sei die Voraussetzung, dass dieser Schädigung Einhalt geboten werden könne.

Das Bundesamt für Justiz stellte die Beschwerde am 18.12.1985 dem EDI zur Vernehmlassung zu, am 9.1.1986 nahm der Vorsteher, Bundesrat Egli, Stellung. Er schrieb, unsere Beschwerde richte sich zwar formell gegen das EDI, die Anträge seien jedoch gegen die Stiftungsaufsicht gerichtet, weshalb er als erste Aufsichtsinstanz zuständig sei, hingegen nicht der Gesamtbundesrat. Zudem seien die Anträge an den Gesamtbundesrat die gleichen wie jene unserer Stiftungsaufsichtsbeschwerde. Die Beschwerde an den Gesamtbundesrat sei subsidiär »*und kann nicht der Umgehung eines hängigen, ordentlichen Verfahrens dienen*«.[133] Damit beschuldigte uns Bundesrat Egli, mit der Beschwerde an den Gesamtbundesrat »*das ordentliche hängige Verfahren*« umgehen zu wollen.

Der Bundesrat wies unsere Beschwerde mit Entscheid vom 3.3.1986 ab. Er hielt sich für nicht zuständig. Die vorsorglichen Massnahmen zur Sicherung des Archivs seien bereits vom Bundesgericht abgelehnt worden. In die gerichtlichen Verfahren könne der Bundesrat nicht eingreifen; wir hätten die Möglichkeit, Rechtsmittel zu ergreifen. Der Ausstand der für die Stiftungsaufsicht zuständigen Beamten könne nicht über eine Beschwerde an den Bundesrat erwirkt werden.

4.12 | Behandlung des Ausstandgesuchs gegen Fürsprecher Hahnloser

Am 11.12.1985 äusserte sich Bernhard Hahnloser in einer 11-seitigen Stellungnahme gegenüber Bundesrat Egli zu unserem Ausstand-

begehren. Eine Kopie wurde unserem Anwalt und dem Stiftungsanwalt zugestellt.

Fürsprecher Hahnloser erklärte zu Beginn: Nach Friedrich
Lieblings Tod sei es zu einer »*Flurbereinigung*« gekommen, in deren
Verlauf einerseits personelle Veränderungen stattgefunden hätten,
denen wir, die Beschwerdeführerinnen, zum Opfer gefallen sei-
en. Andererseits sei die Psychologische Lehr- und Beratungsstelle
Friedrich Liebling AG aus dem Vermögen gegründet worden, das
nach Auffassung des Stiftungsrates Friedrich Liebling direkt gehört und daher seinen Erbinnen zur freien Verfügung gestanden
habe. Die Stiftungsaufsicht sei in diesem Verfahren »*nicht direkt
involviert*« gewesen, da es sich in erster Linie um eine erbrechtliche
Auseinandersetzung gehandelt habe. Und weiter: »*Vor allem wurde damit rechtlich zementiert, was seitens der Stiftungsaufsicht, wie
nachfolgend zu sehen sein wird, bereits 1977 durch Vermittlung der
Steuerbehörden veranlasst wurde: Die klare Ausscheidung von Stiftungsvermögen und -einkommen einerseits, Vermögen und Einkünfte
des Herrn Liebling andererseits.*« In geistiger Hinsicht sei es offenbar
um einen »*Schulenstreit*« gegangen, »*da der neue Stiftungsrat einzelne, zum Teil auch in der Presse umstrittene Lehr- und Behandlungsmethoden Friedrich Lieblings nicht weiterführen wollte.*«[134] Seither
seien die Geschäfte der Stiftung selber, die einzig der Kontrolle der
Aufsichtsbehörde unterstünden, zufriedenstellend geführt worden, sodass die jeweiligen Jahresberichte hätten genehmigt werden können, was früher nicht immer der Fall gewesen sei.

Die Aussagen, nach Friedrich Lieblings Tod sei eine »*Flurbereinigung*« vorgenommen worden und der Stiftungsrat habe einzelne Lehr- und Behandlungsmethoden Friedrich Lieblings nicht weiterführen wollen, waren neu. Sie standen in krassem Gegensatz zu
den bisherigen Beteuerungen des Stiftungsrates, es sei nach Friedrich Lieblings Tod alles wie bisher weitergegangen.

Die weitere Aussage von Fürsprecher Hahnloser, es habe sich
bei dieser Flurbereinigung um die »*rechtliche Zementierung*« dessen gehandelt, was von ihm bereits 1977 veranlasst worden sei, war
für uns ein klarer Beweis, dass seine Anzeige ursächlich für die
Fehlentwicklung nach Friedrich Lieblings Tod verantwortlich war.
Fürsprecher Hahnloser hatte ein Interesse an dieser »*rechtlichen*

Zementierung« des von ihm Veranlassten und war deshalb nicht unparteiisch. Aus den vom Stiftungsanwalt eingereichten Steuerausweisen war ersichtlich, dass die angeblich »*klare Ausscheidung von Stiftungsvermögen und -einkommen einerseits, Vermögen und Einkünfte des Herrn Liebling andererseits«* erst nach Friedrich Lieblings Tod vorgenommen worden war.

Die letzte Bemerkung, wonach die Geschäfte der Stiftung seit Friedrich Lieblings Tod hätten gutgeheissen werden können, was vorher nicht immer der Fall gewesen sei, ist eine Halbwahrheit: Die Jahresberichte 1975, 1977, 1978 und 1979, die vor Friedrich Lieblings Tod eingereicht worden waren, wurden akzeptiert. Lediglich der Jahresbericht 1976, der die Vorbehalte im Kontrollstellbericht enthielt, wurde von der Aufsichtsbehörde nicht formell genehmigt.

Auch äusserte sich Fürsprecher Hahnloser über uns, indem er Stiftungsanwalt Dr. Jezler zitierte: »*Die Beschwerdeführerinnen haben in ihrer Prozessführung längst den Bezug zur Realität, insbesondere der Realität des geltenden Rechtes, verloren, derart, dass man sich fragen muss, ob einzelne von ihnen überhaupt noch prozessfähig sind.«* Er fügte an, diese Angaben seien für ihn nicht überprüfbar, und: »*Ich habe jedoch in anderem Zusammenhang darauf hingewiesen, dass der Fall der Beschwerdeführerinnen, namentlich von Frau Dr.med. Siegwart-Gensch, nicht einer gewissen Tragik entbehrt, da sie alle drei während Jahren Herrn Liebling sehr nahestanden und ihre Zeit sowie auch weitgehend ihr Vermögen der Verwirklichung seiner Ideen gewidmet haben.«* Deshalb habe er im persönlichen Gespräch versucht, uns die reduzierten Interventionsmöglichkeiten der Stiftungsaufsicht klarzumachen. Sein Ziel sei eine Aussöhnung der Parteien gewesen. »*Die Aggressivität, mit der allerdings das vorliegende Verfahren geführt wird, und auch eine gewisse Einsichtslosigkeit der Beschwerdeführerinnen lässt allerdings die Hoffnung schwinden.«*[135]

Auf den weiteren Seiten schilderte Fürsprecher Hahnloser die Vorgänge um 1977, die ihn zu seiner Anzeige bewogen hätten: Nach seinem Antritt bei der Bundesverwaltung im Frühling 1977 habe er sich persönlich einiger schwieriger Fälle angenommen. Dabei sei er auf die Stiftung Psychologische Lehr- und Beratungsstelle gestossen. Diese habe erstmals ihren Rechnungsabschluss 1974/75 vorgelegt. Sie sei 1974 mit einem Anfangskapital vom 10 000 Franken als gemeinnützige Anstalt gegründet und am 1.10.1974 unter die Aufsicht des EDI gestellt worden. Bei der Überprüfung der Rechnung sei aufgefallen, dass sich die Bilanzsumme auf 3,9 Mio Franken belaufen habe. Sie habe »*allein für das Jahr 1975 einen Reingewinn von 1,68 Mio. Franken*« verzeichnet. Aus Honorarforderungen seien 1,5 Mio. Franken eingegangen. In der Bilanz seien drei Liegenschaften enthalten gewesen, die Friedrich Liebling der Stiftung geschenkt habe. »*Auffallend war jedoch, dass die Stiftung Miete zahlen musste (CHF 84 890), ferner ein Honoraraufwand der Stiftung von 540 000 Franken, und schliesslich namentlich eine Kontokorrentforderung von Herrn Liebling im Betrage von 616 000 Franken. Auffallend waren somit nicht nur die hohen Gewinne der Stiftung, sondern eine offensichtliche Verquickung zwischen einer privaten Erwerbstätigkeit von Herrn Liebling neben seinem Einsatz für die Stiftung. Der Unterzeichnete setzte sich deshalb sofort mit der Treuhandstelle in Verbindung.*«

Wie die Kontrollstelle Gubler auf seinen Anruf reagierte, stellte Fürsprecher Hahnloser ebenfalls dar: Den Rechnungsprüfern der Kontrollstelle seien die Unstimmigkeiten bei der Stiftung auch aufgefallen. »*Insbesondere hatten sie vergeblich versucht, eine Abgrenzung zwischen der Aktivität der Stiftung und derjenigen von Herrn Liebling durchzusetzen. Es fehlten ihnen indessen die Möglichkeiten, so dass sie dem Unterzeichneten telefonisch berichteten, sie sähen sich ausserstande, die Jahresrechnung 1976 gutzuheissen.*«[136]

Hier sprach Bernhard Hahnloser bereits von der Jahresrechnung 1976, diese wurde aber erst nach seiner Anzeige verfasst. Es stellt sich die Frage, weshalb die Kontrollstelle die angeblichen Unstimmigkeiten nicht bereits im ersten Kontrollstellbericht 1974/75 erwähnt hatte, wenn sie ihr tatsächlich schon damals aufgefallen waren. Auch wird nicht begründet, weshalb es ihr als Kontrollstelle an Möglichkeiten fehlte, eine angeblich notwendige »*Abgrenzung zwischen der Aktivität der Stiftung und derjenigen von Herrn Liebling*« durchzusetzen.

Wie es schliesslich zu seiner Anzeige vom 25.7.1977 kam, erklärte Fürsprecher Hahnloser so: »*Angesichts dieser prekären Situation wandte sich der Unterzeichnete vorerst an die Finanzkontrolle. Diese hatte nämlich in einem andern Fall die Überprüfung einer Stiftungsrechnung übernommen. Vorliegend lehnte sie es allerdings angesichts*

der Tatsache, dass sich die Stiftungsorgane, insbesondere Herr Lieb-
ling, offensichtlich weigerte, bei der Bereinigung der Situation mitzu-
wirken, ab, die Überprüfung durchzuführen. Unter diesen Umständen
entschloss sich der Unterzeichnete, eine Instanz einzuschalten, die
sowohl über die rechtlichen Durchsetzungsmittel wie auch über das
direkte Interesse an einer sauberen Abtrennung – Herr Liebling war
schliesslich Steuerzahler – verfügte, nämlich die Kantonale Steuerver-
waltung. Was der Kontrollstelle, die inzwischen ihr Mandat abgelegt
hatte, nicht gelang, erfolgte mit Präzision durch den Fiskus: Es fand
eine klare Aufteilung der beiden Aktivitäten in rechnerischer Hinsicht
statt. Dass dabei die Steuerbefreiung der Stiftung aufgehoben wurde,
war eine von der Stiftungsaufsicht nicht beabsichtigte Folge.«[137]

Nach Fürsprecher Hahnlosers Bericht ist unverständlich, weshalb Friedrich Liebling und die Stiftung nicht befragt wurden. Er
unterstellt den Stiftungsorganen und insbesondere Friedrich Liebling, sie hätten sich »*offensichtlich*« geweigert, bei einer Bereinigung der Situation mitzuwirken. Wie in Kapitel 2 nachgewiesen,
hatte die Stiftung vor dem verhängnisvollen Telefonat Fürsprecher
Hahnlosers nichts von der angeblich »*prekären Situation*« erfahren. Als sie später den Kontrollstellbericht erhielt, gab sie im Brief
und Ergänzungsbericht vom 24.2.1978 an Fürsprecher Hahnloser
detailliert Auskunft über die gestellten buchhalterischen Fragen
und zeigte damit, dass sie zur Mitwirkung bereit war.

Ein weiterer Umstand lässt an dieser Darstellung zweifeln:
Die behaupteten Kontakte mit der Kontrollstelle und der Finanzkontrolle sind nicht aktenkundig.[138] Spätere Telefonate mit der
Kontrollstelle wurden jeweils handschriftlich in den Akten festgehalten.[139] Auch interne Mitteilungen wurden aufgeschrieben.[140]
Wenn sogar über weit weniger gravierende Vorgänge Aktennotizen verfasst wurden, stellt sich die Frage, weshalb über die angeblich »*prekäre Situation*« im Frühjahr 1977, die zur folgenschweren
Intervention der Aufsichtsbehörde beim Steueramt Zürich geführt
hatte, keinerlei Akten bestehen.

Zusammengefasst: Die Darstellung von Fürsprecher Hahnloser vom 11.12.1985 diente seiner eigenen Verteidigung. Er schwärzte
darin Friedrich Liebling und die Stiftung zu dessen Lebzeiten an
und verteidigte die fragwürdigen Handlungsweisen des Stiftungs-

rats nach Friedrich Lieblings Tod als »*rechtliche Zementierung*« seiner Anzeige vom 25.7.1977 bei den Zürcher Steuerbehörden.

* |

Jutta Siegwart-Gensch und ich konfrontierten am 26. 11. 1985[141] den eidgenössisch diplomierten Buchhalter, der die Expertise vom 19.6.1985 über die Jahresrechnungen der Stiftung verfasst hatte, mit der Anzeige von Fürsprecher Hahnloser. Seine spontane Reaktion: Es sei ja gerade umgekehrt, Friedrich Liebling habe der Stiftung Geld gegeben, nicht von dieser genommen.

Rudolf Schaller nahm in einer Eingabe vom 30.12.1985 an Bundesrat Egli zu den Ausführungen Bernhard Hahnlosers Stellung: Seit seinem Amtsantritt 1977 gehe Fürsprecher Hahnloser als Aufsichtsbehörde offenbar von der falschen, statutenwidrigen Vermutung gegenüber der Stiftung aus, es bestehe eine »*offensichtliche Verquickung zwischen einer privaten Erwerbstätigkeit von Herrn Liebling neben seinem Einsatz für die Stiftung*«; daher müsse eine »*Abgrenzung zwischen der Aktivität der Stiftung und derjenigen von Herrn Liebling*« durchgesetzt werden. Dies habe bei den Steuerbehörden zur falschen Annahme geführt, »*die Stiftung habe von Beginn ihres Bestehens an eine umfangreiche Erwerbstätigkeit entfaltet*«.

Die angeblich notwendige »*Abgrenzung*« sei nach Friedrich Lieblings Tod zur Gründung der AG missbraucht worden. Dadurch sei ein statutenwidriger Zustand herbeigeführt worden, der die Stiftung an der Erfüllung ihres gemeinnützigen Stiftungszwecks hindere. Denn die Begünstigung dieser AG durch die Stiftung entspreche nicht dem Stifterwillen, wie er in der Gründungsurkunde festgelegt und bis zu Friedrich Lieblings Tod verwirklicht worden sei.

Fürsprecher Hahnloser habe es versäumt, »*sich mit der Stiftung in Verbindung zu setzen und den Stifter Friedrich Liebling zu fragen, ob er tatsächlich private Erwerbstätigkeit neben seinem Einsatz für die Stiftung entfaltete und ihn allenfalls darauf aufmerksam zu machen, dass dies nicht mit dem statutarischen gemeinnützigen Zweck der Stiftung zu vereinbaren sei.*«

Fürsprecher Hahnloser meine, die Stiftung, insbesondere Friedrich Liebling, hätten keine Bereitschaft zu einer »*sauberen Abgrenzung*« gehabt. Er habe dies aber nicht abgeklärt und deshalb nicht erfahren, »*dass diese gar keine Bereitschaft dazu haben konnten, weil nämlich die statutenwidrige Annahme von den ›beiden Aktivitäten‹, welche ›klar aufgetrennt‹ werden müssten, nicht richtig war und es tatsächlich nur eine einzige gemeinnützige Stiftungstätigkeit gab.*«

Die Unhaltbarkeit der Vermutung von Fürsprecher Hahnloser sei durch den damaligen Rekurs der Stiftung erwiesen. Und Anwalt Schaller zitierte aus dem Verwaltungsgerichtsurteil, worin dieser wiedergegeben war: Die Stiftung fördere uneigennützig die Wissenschaft, indem sie den Aufbau und Betrieb der Psychologischen Lehr- und Beratungsstelle bezwecke und Mittel für die wissenschaftliche Forschung auf dem Gebiet der Psychologie einsetze; jedermann sei berechtigt, die Dienste der Stiftung in Anspruch zu nehmen; alle als Lehrkräfte und Berater tätigen Schüler seien von der Idee der Stiftung beseelt; die Erträge hätten nur dank deren uneigennützigem Einsatz entstehen können; so stehe die Stiftung einer unbestimmten Anzahl Dritter mit ihren Diensten gemeinnützig zur Verfügung.

Zu unserer Situation an den Gerichten zitierte Rudolf Schaller die Tatbestände eines Urteils des Bezirksgerichts Zürich und des Bundesgerichts; diese gingen vom Bestand einer »*Einzelfirma*« bzw. eines »*Instituts*« neben der Stiftung aus. Auf dieser Grundlage sei unsere Rechtssuche vergebens. Erst durch die Stellungnahme von Bernhard Hahnloser hätten wir jetzt eine Erklärung dafür, warum uns systematisch von den Gerichten jedes Recht verweigert werde. Wir würden dort ideell und materiell geschädigt. »*Es ist als schwerer Verstoss gegen das Prinzip des Vertrauensschutzes im öffentlichen Recht zu qualifizieren, dass den Beschwerdeführerinnen die Entscheide betreffend Verlust der Steuerbefreiung der Stiftung Psychologische Lehr- und Beratungsstelle vorenthalten wurden.*«[142]

Am 9.1.1986 wies Bundesrat Egli unser Ausstandgesuch trotz Rudolf Schallers Eingabe ab. In der Begründung wurde zunächst die Rechtsprechung des Bundesgerichts wiedergegeben: Befangenheit als Ausstandgrund werde angenommen, »*wenn Tatsachen vorliegen, die ein Misstrauen in die Objektivität des Beamten rechtfertigen*«, wobei dieses Misstrauen »*objektiv, durch vernünftige Gründe gerechtfertigt*« sein müsse und es nicht genüge, »*dass eine Partei einen Beamten als befangen empfindet*«.[143]

Danach wurde die Darstellung von Fürsprecher Hahnloser, wie es zu seiner Anzeige vom Juli 1977 gekommen sei, wiederholt. In Verschlimmerung dazu wurde nun behauptet, die Stiftung habe für Liegenschaften, die sie vom Stifter geschenkt bekommen habe, Miete zahlen müssen.[144] In Wahrheit zahlte die Stiftung Miete für fremde Liegenschaften, die sie für grössere Anlässe hinzugemietet hatte. Auch wurde Friedrich Liebling erneut beschuldigt, *»keine Hand geboten«* bzw. sich *»offensichtlich geweigert«* zu haben, *»bei der Bereinigung der Situation mitzuwirken«.*[145]

Fürsprecher Hahnlosers Anzeige wurde nun wie folgt erklärt: *»Fürsprecher Hahnloser ging es offensichtlich darum, einen Missbrauch der steuerbefreiten Stiftung für Erwerbszwecke des steuerpflichtigen Stifters zu verhindern.«*[146] Demnach habe Fürsprecher Hahnloser damals angenommen, Friedrich Liebling missbrauche die Stiftung für persönliche Erwerbszwecke. Dies war eine schwerwiegende Verdächtigung, bedeutet sie doch, dass Friedrich Liebling die Öffentlichkeit getäuscht hätte. Dass spätere Darstellungen, insbesondere im Artikel »Lebenshilfe vom Zürichberg« im »Tages-Anzeiger-Magazin« vom 20./27.9.1980, auf diese falsche Verdächtigung der Aufsichtsbehörde zurückgingen, wurde nun deutlich. Fürsprecher Hahnloser hätte als Vertreter der Aufsichtsbehörde im Interesse öffentlichen Vertrauensschutzes klären müssen, ob sein Verdacht zutrifft oder nicht.

Im Entscheid des EDI heisst es weiter: *»Die Intervention bei der Zürcher Steuerverwaltung führte allerdings dazu, dass die Stiftung die ihr ursprünglich gewährte Steuerfreiheit verlor. Das war eine Folge, nicht aber der Zweck der Intervention; letztere sollte die Stiftung dazu bewegen, die Mängel in der Jahresrechnung zu beheben. Dass dies sachlich gerechtfertigt war, haben die Urteile des Verwaltungsgerichts des Kantons Zürich und des Bundesgerichtes, die zur Aufhebung der Steuerbefreiung ergingen, mittelbar bestätigt.«*[147]

Mit einer Staatsrechtliche Beschwerde fochten wir den Entscheid des EDI an. Das Schweizerische Bundesgericht wies am 4.7.1986 unsere Beschwerde ab. Zur Begründung genügte eine halbe Seite: *»Da indessen nicht ersichtlich ist, in welcher Eigenschaft die Beschwerdeführerinnen – sie sind nicht Organe oder Destinatäre der Stiftung – ein unmittelbares Interesse daran haben, dass die Ver-*

waltungsaufsicht wirksam wird, muss ihnen die Legitimation zur Beschwerdeführung abgesprochen werden.«[148] Dieses Urteil war für uns völlig unverständlich. Es war ja noch gar kein Beweisverfahren über unsere Beschwerdelegitimation, also über unsere Rechte als Destinatäre, durchgeführt worden. Wir trösteten uns damit, dass dieses Urteil lediglich ein Zwischenentscheid sei und das Endurteil über unsere Stiftungsaufsichtsbeschwerde noch völlig anders lauten könne. Dass wir aber weiter Fürsprecher Hahnloser ausgeliefert bleiben sollten, war bitter.

4.13 | Beschwerde an die Geschäftsprüfungskommission des Nationalrats

Noch vor diesem Bundesgerichtsurteil wandten wir uns auf der Suche nach einem zweiten Anwalt auch an Philippe Andrea Mastronardi, Autor des Buches »Der Verfassungsgrundsatz der Menschenwürde in der Schweiz«, aus dem wir oft zitierten. Da er als Sekretär der Geschäftsprüfungskommission des Nationalrates tätig war, konnte er uns nicht als Anwalt behilflich sein. Er informierte uns aber darüber, dass die Geschäftsprüfungskommissionen des National- und Ständerats die Oberaufsicht über die Geschäftsführung des Bundesrates, der Bundesverwaltung und der eidgenössischen Gerichte ausübten. Jeder Bürger und jede Bürgerin habe die Möglichkeit, mittels einer Beschwerde die Geschäftsprüfungskommissionen über bestimmte Sachverhalte zu informieren. Bei gravierenden Vorkommnissen von öffentlichem Interesse werde eine Kommission eingesetzt, die die Sache abkläre.

So kam es, dass wir am 28.2.1986, vier Jahre nach Friedrich Lieblings Tod, eine Beschwerde an die Geschäftsprüfungskommissionen der Eidgenössischen Räte absandten.

Wir erklärten, dass wir aufgrund einer Ausnahmesituation an die Geschäftsprüfungskommissionen gelangten. Diese Ausnahmesituation sei eine Folge der telefonischen Anzeige vom 25.7.1977 der Stiftungsaufsichtsbehörde gegen die gemeinnützige Stiftung Psychologische Lehr- und Beratungsstelle. Es gehe um die Wiederherstellung des gesetzmässigen und stiftungskonformen Zustandes dieser Stiftung. Diese werde durch grobe Verstösse gegen Treu und Glauben vonseiten der Stiftungsaufsicht, kantonaler Behörden, des Stiftungsrates und des Bundesgerichts an der Erfüllung ihres gemeinnützigen Zweckes gehindert.

Obwohl wir uns seit März 1983 um die Beseitigung des Missstandes bemühten, sei uns erst jetzt durch einen Entscheid des EDI vom 9.1.1986 die geheim gehaltene Ursache der Schädigung der Stiftung offenbart worden: Mit seiner Anzeige habe Fürsprecher Hahnloser die Absicht verfolgt, »*einen Missbrauch der steuerbefreiten Stiftung für Erwerbszwecke des steuerpflichtigen Stifters zu verhindern*«. Wir hätten uns wegen dieser Anzeige und deren verheerenden Folgen auch an den Gesamtbundesrat gewandt. Das EDI habe dazu eine Stellungnahme abgegeben. Diese »*ist dermassen irreführend und unsere Glaubwürdigkeit untergrabend, dass wir keine Hoffnung haben, dass der Bundesrat die dringend erforderlichen Massnahmen [...] vornehmen wird*«.

Wäre die Tatsache, dass die Stiftungsaufsichtsbehörde die Stiftung 1977 denunziert habe, nicht vor uns geheim gehalten worden, hätte auch unsere Rechtssuche einen anderen Verlauf genommen. »*Erst allmählich erkennen wir im einzelnen, wie wir getäuscht wurden.*« Auch das Gesuch um Sicherstellung des Tonbandkassettenarchivs werde vom EDI seit Jahren hinausgezögert, wie auch jetzt wieder in der Stellungnahme an den Gesamtbundesrat. Jutta Siegwart-Gensch bemühe sich seit Frühjahr 1983 vergeblich um »*Sicherstellung des wertvollen wissenschaftlichen Materials*«, das »*in den Händen Unbefugter gefährdet und von Zerstörung und Missbrauch bedroht*« sei.[149]

Wir beantragten, der Sachverhalt sei abzuklären, geeignete Massnahmen zur Wiederherstellung der Rechte der Stiftung Psychologische Lehr- und Beratungsstelle und unserer Rechte seien zu treffen, die verantwortlichen Mitglieder des Bundes seien zivil- und strafrechtlich zur Verantwortung zu ziehen und bis zur definitiven Wiederherstellung der Rechte der Stiftung seien alle unsere gerichtlichen Verfahren zu sistieren.

Mit einem Schreiben vom 4.4.1986 bestätigte die Geschäftsprüfungskommission des Nationalrates den Empfang unserer Beschwerde. Eine erste Überprüfung habe ergeben, dass zurzeit zahlreiche Verfahren vor kantonalen und eidgenössischen Instanzen hängig seien. Daher sei die Geschäftsprüfungskommission zurzeit nicht in der Lage, formell darauf einzutreten. *»Die Behandlung Ihrer Eingabe muss daher sistiert werden, bis die genannten Behörden ihre Entscheide getroffen haben. Dies hindert jedoch die Geschäftsprüfungskommission nicht, im Rahmen der ordentlichen Prüfung des Geschäftsberichtes 1985 allgemeine Fragen der Stiftungsaufsicht zu erörtern.«*[150]

Am 14.5.1986 hatten Jutta Siegwart-Gensch und ich ein Gespräch mit Philippe Andrea Mastronardi. Er hörte uns respektvoll zu und erklärte uns, dass die Geschäftsprüfungskommission in Bezug auf das Bundesgericht nicht in die Rechtsprechung eingreifen könne. Ausnahmen gebe es in Fällen, wo das Rechtssystem völlig versagt habe und schliesslich auch die Richter zum Schluss kämen, dass es richtig wäre, etwas zu ändern. Bezüglich der Verwaltung bestehe aber ein öffentliches Interesse: Wenn da etwas der Rechtsstaatlichkeit widerspreche, könne die Geschäftsprüfungskommission Kritik anbringen. Im einzelnen Fall sei dies leider oft zu spät, aber es gebe eventuell eine Wiedererwägung. Unsere Stiftungsaufsichtsbeschwerde sei ein justizförmiges Verwaltungsverfahren, da gelte wiederum die gleiche Zurückhaltung wie beim Gericht. Die Kommission könne nur intervenieren, wenn Verfahrensgrundsätze fundamental verletzt seien. Unsere Beschwerde werde deshalb formell sistiert. Grundsätzlich sei die Kommission aber interessiert und unser Fall sei zur Diskussion gekommen. Es sei festgestellt worden, dass die Stiftungsaufsichtsbeschwerde an die Hand genommen werden solle; die Geschäftsprüfungskommission erwarte den Entscheid.[151]

Im September 1986 entdeckten wir per Zufall, in welcher Weise die vereinigte Bundesversammlung – 200 National- und 46 Ständeräte – am 3.6.1986 über uns und unsere Sache informiert worden war. Im Rahmen der Inspektion des EDI hatte sich die Kommission dieses Jahr speziell mit der Eidgenössischen Stiftungsaufsicht befasst. Als Aufhänger des Berichts wurde anonym unser Fall dargestellt.

Der Bericht begann mit folgenden Worten: *»Eine bestimmte Stiftung verzeichnete bei einem Kapital von 10000 Franken ein Einkommen von zirka 5,6 Millionen Franken. Es wurden grosse Honorarforderungen des Stifters gegenüber der Stiftung ausgewiesen. Das EDI hat in diesem Fall eingegriffen. Geistige Nachfolgerinnen dieser*

*Stiftung sind mit einer Aufsichtsbeschwerde an die GPK gelangt, weil
sie sich nicht damit abfinden konnten, dass die Stiftung die psychologische Beratung mit andern Methoden weiterbetreibt und ihnen den
Laufpass gegeben hatte. Zurzeit sind in dieser Sache zahlreiche Verfahren bei kantonalen und eidgenössischen Instanzen hängig. Nach
dem Prinzip der Subsidiarität der parlamentarischen Oberaufsicht
gegenüber justizförmigen Verfahren wird das Gesuch bis zum stufengerechten Entscheid sistiert.«*

Diese Vorkommnisse sowie Hinweise in den Medien hätten
die Kommission bewogen, sich beim Departement bzw. dem zuständigen Zentralsekretariat über die Stiftungsaufsicht zu orientieren. In der Schweiz gebe es etwa 6000 gemeinnützige Stiftungen
mit einem Vermögen von schätzungsweise 4 bis 6 Milliarden Franken. *»Die Mehrzahl der gemeinnützigen Stiftungen sind Verkörperungen privaten Mäzenatentums zur Förderung von Wohlfahrt, Kultur, Gesundheit, Bildung, Wissenschaft und Forschung. Sie erbringen
eine eindrückliche Leistung im Interesse des Gemeinwohls.«* Dem Generalsekretariat unterständen 1000 Stiftungen mit einem Gesamtvermögen von 1 bis 2 Milliarden Franken. Stiftungsintern gebe die
Kontrollstelle bzw. ein Revisor eine gewisse Garantie. Diese seien
häufig ein wichtiger Partner der Aufsichtsbehörde. Die Stiftungsaufsicht habe darüber zu wachen, *»dass die Organe einer Stiftung
keine Verfügungen treffen, die der Stiftungsurkunde oder dem Reglement beziehungsweise dem Gesetz widersprechen. Stellt sie eine
Rechtsverletzung im hier umschriebenen Sinne fest, so ist sie befugt,
den Stiftungsorganen bindende Weisungen zu erteilen und bei deren
Nichtbeachtung Sanktionen zu ergreifen. Bei den relativ seltenen
Beanstandungen setzt sich die Aufsichtsbehörde mündlich oder
schriftlich mit dem Stiftungsrat oder der Kontrollstelle in Verbindung.
Zumeist wird die Angelegenheit gütlich geregelt.«*

Die Aufsichtsbehörde sei jedoch keine Vormundschaftsbehörde und habe daher bezüglich allfälliger Eingriffe ins Ermessen
des Stiftungsrates Zurückhaltung zu üben. So weit nicht eine klare
Verletzung der Stiftungsurkunde, der Reglemente oder gesetzlicher Vorschriften vorliege, sei sie an Beschlüsse des Stiftungsrates
gebunden.

Danach wurde wiederum unser Fall anonym aufgegriffen: »*Zwei Beispiele: Die Aufsichtsbehörde kann den Beschluss des Stiftungsrates einer Privatschule, eine Schülerin aus charakterlichen Gründen auszuschliessen, nicht rückgängig machen, auch wenn ihr der Entscheid nicht gerechtfertigt erscheint. Oder: Die Aufsichtsbehörde kann nicht über umstrittene Ansprüche von Destinatären entscheiden, sondern muss an den Zivilrichter verweisen.*«

Eine besondere Zurückhaltung auferlege sich die Stiftungsaufsicht zu Lebzeiten des Stifters, solange dieser die Geschäfte führe, da vermutet werden dürfe, dass er der beste Garant für eine zweckgemässe Auslegung seines Willens sei. »*Gegen Missbräuche wird jedoch eingeschritten.*« Die Stiftungsaufsicht greife nicht in den Aufgabenbereich der Steuerverwaltung ein, aber: »*In Extremfällen kann die Aufsichtsbehörde die Steuerverwaltung einschalten.*«[152]

Zum Schluss bedankte sich der Kommissionssprecher beim Departementschef und seinen Mitarbeitern für die offene Auskunft und die bereitwillige Zusammenarbeit. Dies bedeutet, dass die Kommissionsmitglieder ihre Informationen von Bundesrat Egli und seinen Mitarbeitern, worunter sich wohl auch der stellvertretende Generalsekretär Bernhard Hahnloser als Chef der Stiftungsaufsicht befand, erhalten hatten, und dass sie diese Informationen als »*offene Auskunft*« und »*bereitwillige Zusammenarbeit*« interpretierten.

Schon seit Beginn unserer Rechtssuche kontaktierten wir – neben Anwälten – auch immer wieder Persönlichkeiten des öffentlichen Lebens, um sie über unser Anliegen zu informieren. Anlässlich einer Palästina-Woche in Zürich erlebten wir Nationalrat Richard Müller, der sich für eine Vermittlung zwischen Israel und Palästina einsetzte. Wir schrieben ihm am 26.1.1985. Da er interessiert reagierte, sandten wir ihm fortlaufend Unterlagen zu. Nachdem wir von der Anzeige von Fürsprecher Hahnloser erfahren hatten, wollten wir ihm darüber berichten. Am 8.4.1986 empfing er uns. Er war allerdings schon schwer krank und seine Frau bat uns, nur kurz mit ihm zu sprechen. Einige Monate später starb er.

Richard Müller hörte uns aufmerksam zu und meinte, da müsse man sofort etwas unternehmen. Wir sollten mit Fürsprecher Hahnloser sprechen und ihm alles erklären. Es bringe nichts, nur immer zu schreiben, sondern man müsse miteinander reden. Dieser Meinung stimmten wir sofort zu. Richard Müller griff zum Telefon, rief Fürsprecher Hahnloser persönlich an und vereinbarte für uns am selben Nachmittag eine Besprechung mit ihm.

So sassen wir um 15 Uhr vor dem Besprechungszimmer an der Inselgasse in Bern. Fürsprecher Hahnloser kam, sah uns und sagte, er habe keine Zeit, er habe jetzt einen Termin mit Nationalräten. Als wir erklärten, Nationalrat Müller habe für uns den Termin arrangiert, sagte er erstaunt: *»Ah, ihr seid das!«* Schnurstraks ging er in sein Büro, liess die Türe weit offen, sodass wir jedes Wort verstehen mussten, und telefonierte mit Nationalrat Müller: *»Der berühmte Fall Friedrich Liebling. Jetzt ist der Zwanziger gefallen! Diesen Fall kennen Sie bestens. Was machen wir jetzt? Ha, ha!«*[1]

Danach holte er uns in sein Büro, und es kam zu einem langen Gespräch. Ich wollte mitschreiben, doch er meinte, ich solle das lassen; das Gespräch dauerte gemäss meinen Notizen von 15 bis 20:30 Uhr. Wir erklärten ihm genau, wie es an der Psychologischen Lehr- und Beratungsstelle zu Lebzeiten Friedrich Lieblings war. Er fragte uns, wer denn zu dieser einfachen Gesellschaft gehört habe, wie Beschlüsse in dieser grossen Gemeinschaft zustande gekommen seien, ob es Löhne gegeben habe, weshalb denn die Leute ohne Lohn mitgearbeitet hätten, wer sich um das Finanzielle gekümmert habe. Er fragte auch danach, wie Friedrich Liebling gelebt habe, ob er allein in jenem Haus am Zürichberg gewohnt und ob er ein Auto besessen habe, wo er seine Gespräche geführt habe, wovon er denn gelebt habe, wenn er ebenso unentgeltlich tätig gewesen sei wie die Mitarbeiter und Mitarbeiterinnen.

Jutta Siegwart-Gensch schilderte ihm das Leben an der Susenbergstrasse, am Wohnort Friedrich Lieblings: Im Esszimmer sei auch das Büro gewesen und es hätten dort auch Gespräche stattgefunden, Friedrich Liebling habe stets mit ihr und wechselnden Schülern gegessen und seine Haushälterin habe für alle gekocht. Er habe ein Praxiszimmer gehabt, in dem er die Gespräche oft führte, aber dieses sei meist überfüllt gewesen und die Gespräche seien in andere Räume übertragen worden, damit möglichst viele daran teilhaben und lernen konnten. Auch in anderen Räumen der Stiftung habe er Gespräche geführt, ebenso in den Ferien, auf Spaziergängen und im nahen Restaurant Zürichberg. Selbst in seinem Schlafzimmer sei er im Krankheitsfall von Mitarbeitenden und Ratsuchenden aufgesucht worden; er habe keine Privaträume gehabt. Zum Leben habe er wenig gebraucht, er habe ja AHV-Beiträge bekommen.

Fürsprecher Hahnloser erkundigte sich mehrmals, und oft auch als Gegenargument zu unserer Darstellung, weshalb denn, wenn es so sei, wie wir sagten, die Stiftungsräte Leopold König, Karl Sonderegger und Peter Fuchs sich unserer Beschwerde nicht angeschlossen oder selber Beschwerde erhoben hätten. Wir erklärten, Leopold König habe sich als »*gebrochenen Mann*« bezeichnet, nach allem, was er zu Lebzeiten Friedrich Lieblings für die Stiftung geleistet habe und was ihm nach dessen Tod geschehen sei. Er sei, ebenso wie wir und die beiden anderen Stiftungsräte, bei allen mit der Stiftung in Verbindung stehenden Menschen planmässig verleumdet worden, er gelte sogar als unser »*Drahtzieher*«, obwohl er strikte gegen jegliche Klagen und Beschwerden sei. Alle drei seien ihres Lebensinhaltes beraubt worden, denn alle hätten sich aus ganzem Herzen für den Stiftungszweck, der ja im weiteren Aufbau und Betrieb der Psychologischen Lehr- und Beratungsstelle bestehe, eingesetzt.

Bernhard Hahnloser fragte Jutta Siegwart-Gensch auch persönlich, wie sie konkret das Tonbandkassettenarchiv begründet, wer die Kassetten und die Aufnahme- und Kopiergeräte bezahlt habe und wie die Ausleihe organisiert gewesen sei. Er erkundigte sich auch nach ihrem Stipendium für den Ausbildungslehrgang und dem Unkostenbeitrag von 500 Franken, den sie erhalten habe. Uns beide fragte er nach Art der Ausbildung und Mitarbeit an der Psychologischen Lehr- und Beratungsstelle.

Jutta Siegwart-Gensch erklärte, dass sie Anwalt Schallers Arbeit nicht bezahlen könne, auch ich sei finanziell unzumutbar belastet. Die Sache müsste eigentlich von Amtes wegen untersucht werden, daran bestehe ein öffentliches Interesse. Sie weinte, als sie vom Ausmass des Rufmords gegen sie berichtete; dass sie schutzlos jeder üblen Nachrede ausgeliefert sei, dass ihr dieser Zustand an die Existenz gehe, sie wisse nicht, ob sie es überlebe. Menschen, die sie geliebt und geachtet hätten, fühlten sich genötigt, sich mit allen Mitteln von ihr zu distanzieren. Sie möchte nichts anderes, als im Rahmen der Stiftung psychologisch tätig zu sein, so wie es mit Friedrich Liebling abgemacht gewesen sei.

Wir betonten, dass er mit seiner Anzeige und seinem Schreiben vom 24.6.1983 viel Unheil angerichtet habe: In unseren pendenten Verfahren gingen die Gerichte davon aus, dass neben der Stiftung noch eine Einzelfirma gleichen Namens existiert habe. Auf dieser falschen Grundlage seien unsere Bemühungen um Rechtsschutz zum Scheitern verurteilt. Um zu verhüten, dass wir deshalb rechtlich keine Chance hatten, sollten unsere Verfahren beim Gericht sistiert werden, bis er als Stiftungsaufsicht über die rechtliche Grundlage entschieden hätte. Wir baten Fürsprecher Hahnloser um ein entsprechendes Schreiben, wonach die Aufsichtsbehörde es begrüssen würde, wenn alle Gerichtsverfahren sistiert würden, weil die Stiftungsaufsicht vordringlich unsere Beschwerde behandeln wolle. Diese Bestätigung wollten wir dann bei den Gerichten einreichen. Fürsprecher Hahnloser stellte uns ein solches Schreiben in Aussicht.

Unserer Meinung nach hatten wir durch unsere bisherigen Darlegungen und Belege im Verfahren vor der Stiftungsaufsicht bereits den Beweis erbracht, dass die Psychologische Lehr- und Beratungsstelle zu Lebzeiten Friedrich Lieblings nie eine Einzelfirma gewesen war und dass der Name der angeblichen Einzelfirma »*Psychologische Lehr- und Beratungsstelle Friedrich Liebling*« erst etwa im Herbst 1982, also ein halbes Jahr nach Friedrich Lieblings Tod, eingeführt wurde. Deshalb nahmen wir an, dass die Falschbehauptung, die Psychologische Lehr- und Beratungsstelle sei eine Einzelfirma Friedrich Lieblings gewesen, nun von der Stiftungsaufsicht korrigiert werden könne; allenfalls könnten noch weitere Beweise wie etwa Buchhaltung und Korrespondenz beigezogen und Zeugen befragt werden, wie Friedrich Liebling es auch gegenüber den Journalisten und dem Gericht angeboten hatte.

Ich bewunderte Jutta Siegwart-Gensch für ihre Fähigkeit, die Zusammenhänge und auch unsere schwierige Lage gegenüber Fürsprecher Hahnloser in Worte zu fassen. Nach dem Gespräch hatten wir den Eindruck, dass wir sein falsches Bild über Friedrich Liebling und die Stiftung ein Stück richtigstellen konnten. Mit der Hoffnung, dass sich nun etwas ändern werde, reisten wir zurück nach Zürich.[2]

Zwei Tage nach uns hatte Annemarie Buchholz-Kaiser ebenfalls eine Besprechung mit Fürsprecher Hahnloser. Dies erfuhren Jutta Siegwart-Gensch und ich per Zufall aus einer Aktennotiz von Bernhard Hahnloser, die wir am 8.1.1988 bei unserer Akteneinsicht entdeckten. Die Sekretärin weigerte sich, diese Aktennotiz für uns zu kopieren, und untersagte mir auch, sie abzuschreiben. Eine bereits abgeschriebene Aktennotiz musste ich zerreissen; ich setzte die Papierschnitzel zu Hause aber wieder zusammen. Sie beinhaltete eine Bitte von Fürsprecher Hahnloser an Fürsprecher Blessing, ihm die Anfrage der Stiftung und seine Stellungnahme zur erfolgten Gründung der AG vorzulegen, sowie die Frage, ob Jutta Siegwart-Gensch diese Akten nicht gesehen habe. Fürsprecher Blessings Antwort lautete, seines Wissens gebe es keine solche Aktenstücke; die Aufsichtsbehörde sei erst anlässlich der Beschwerde von Jutta Siegwart-Gensch 1983 über die Gründung der AG informiert worden.[3, 4]

Im Hinblick auf die einschneidende Wende, die nach dem 10.4.1986 folgen sollte, wäre es aufschlussreich zu erfahren, was Annemarie Buchholz-Kaiser mit der Stiftungsaufsicht besprochen hatte. Betreffend der versprochenen Bestätigung hielt Fürsprecher Hahnloser in einem Schreiben vom 10.4.1986 an uns fest, die Aufsichtsbehörde möchte das Verfahren fortsetzen, was aber nicht möglich sei, solange die übrigen von uns eingeleiteten Verfahren nicht sistiert seien, *»dies u.a. wegen der entsprechenden Beanspruchung der Akten«*. Er überlasse es uns, bei den angegangenen Instanzen Sistierungsgesuche einzureichen. Als Aufsichtsbehörde gebe er aber hiermit *»die formelle Erklärung«* ab, *»dass wir entsprechenden Sistierungsbeschlüssen im voraus zustimmen bis zum Abschluss des hier erwähnten Stiftungsaufsichtsbeschwerdeverfahrens durch das Eidgenössische Departement des Innern«*.[5] Unsere Sistierungsgesuche bei den Gerichten blieben jedoch erfolglos. Lediglich die Verantwortlichkeitsklage von Jutta Siegwart-Gensch gegen die Schweizerische Eidgenossenschaft wurde sistiert, in der indirekt die Handlungsweise der Beamten der Stiftungsaufsicht Thema war.

Veränderungen im Frühjahr 1986 | 5.1

Innerhalb der *»Psychologischen Lehr- und Beratungsstelle Friedrich Liebling AG«* und der Stiftung kam es zu einem grossen Umbruch. Wir erfuhren vorerst nur in groben Zügen und erst ein Jahr später Genaueres davon.

In dieser Zeit waren Jutta Siegwart-Gensch und ich nahezu vollständig von unseren früheren Bekannten und Freunden aus der Zürcher Schule isoliert. Etwa fünf Personen waren bereit, uns zu treffen, darunter Peter Fuchs sowie Professor Thomas Marthaler. Dieser war immer noch Mitglied des Stiftungsrats. Er hörte sich jeweils unsere Schilderungen an, schüttelte bekümmert den Kopf und meinte, es sei schlimm, was passiere. Obwohl er sich ausserstande sah, uns in irgendeiner Weise zu helfen, taten uns sein Respekt und seine Fürsorge gut. Am 28.4.[6] erhielten wir von ihm überraschend einen Anruf: *»Haltet noch durch, es ändert sich jetzt etwas!«* Auf unsere Frage, was denn geschehen sei, wollte er nichts sagen. Nach der Eiszeit ein Frühlingserwachen?

Peter Fuchs erzählte uns am 21.5.,[7] er habe gehört, es sei zu Streit unter den drei Leitern der AG und zu einer Spaltung gekommen. Viele Leute seien unglücklich und verzweifelt. Ehen, Freundschaften und Familien würden zerbrechen. Er berichtete auch von Todesfällen, die sich jetzt oder schon früher, seit unserem Ausschluss, ereignet hätten.

Mit einem Brief sagte ein Bekannter ein vereinbartes Treffen ab: »*Als ich die Psychologische Lehr- und Beratungsstelle kennenlernte, war ich vom schlichtweg grossartigen Engagement für den Mitmenschen äusserst beeindruckt. Seit dem Tod von Herrn Liebling sind meines Erachtens derart verheerende Entwicklungen und Schändlichkeiten gegenüber Menschen aufgetreten, dass mir als ›Zuschauer‹ oft der ›Atem stockt‹. Viele Menschen sterben psychisch ab, andere werden misshandelt, auf eine zutiefst schockierende Weise diffamiert, durch den Dreck gezogen, mit Jauche übergossen. Es graut mir. Ich habe nach meinem Ausstieg aus der offiziellen PLUBS soviel Leid und Elend erfahren und mehr noch gesehen, dass mich gelegentlich eine ›grässliche, alles mit sich reissende Resignation‹ packt. [...] Ich hoffe, ich werde als zukünftiger Psychiater lediglich in einigen rudimentären Elementen dem Anliegen von Herrn Friedrich Liebling gerecht werden. Allen Menschen, die in Not sind, rate ich momentan die Konsultation eines empathischen und einfühlend arbeitenden Arztes oder Psychiaters an (ausserhalb der ZS).*«[8]

Ein ehemaliger Freund traf uns am 20.8.1986[9] in einem Lokal in Zürich-Altstetten, wo niemand aus unserem früheren Freundeskreis verkehrte. Seine beiden jugendlichen Söhne lernten mit Personen, die aufseiten Annemarie Buchholz-Kaisers waren, und er glaubte, sich deswegen ebenfalls dort anschliessen zu müssen. Während unseres Gesprächs zitterte er am ganzen Körper, er hatte offensichtlich grosse Angst, beobachtet zu werden.

Tatsächlich hatte sich Annemarie Buchholz-Kaiser im April 1986 in einer Kehrtwendung gegen ihre beiden Co-Leiter sowie die beiden Erbinnen gestellt. Am 12.4. brachten jüngere Teilnehmer in der Roten Villa Kritik vor. In einer Mitarbeiterbesprechung am 15.4. sagten einige, sie seien seit längerer Zeit nicht einverstanden, wie die »*Psychologische Lehr- und Beratungsstelle Friedrich Liebling AG*« geführt werde: Die drei Leiter seien sich nicht einig, Einwände würden nicht ernst genommen, es werde Geheimniskrämerei betrieben, die Gleichheit sei nicht mehr vorhanden. Insbesondere seien sie nicht einverstanden mit der rechtlichen Form der Psychologischen Lehr- und Beratungsstelle als AG und damit, wie ein neuer Lehrgang geführt werde.[10] Das Fass zum Überlaufen gebracht hatte offenbar die Schliessung des Tonbandarchivs durch Antonio Cho.

Es kam zu einer Spaltung zwischen jenen, die sich Annemarie Buchholz-Kaiser anschlossen, und jenen, die neutral waren oder aufseiten der beiden anderen Leiter standen. Die meisten Mitarbeiter kündigten am 17.4.1986 bei der AG, etwas später ebenfalls Annemarie Buchholz-Kaiser, und suchten andere Räumlichkeiten für ihre Tätigkeit.

Am 20.4.1986 fanden notfallmässig Gespräche zwischen Erna Grob-Liebling, Lillian Rattner-Liebling, den beiden Leitungsmitgliedern Antonio Cho und Ernst Frei sowie Lehrgangsteilnehmern und Mitarbeitern der *»Psychologischen Lehr- und Beratungsstelle Friedrich Liebling AG«* statt. Annemarie Buchholz-Kaiser fehlte. Um 9 Uhr waren Lehrgangsteilnehmer, um 11 Uhr Mitarbeitende eingeladen. Etliche der Anwesenden hatten drei Tage zuvor gekündigt.

In diesen Gesprächen erklärte Lillian Rattner-Liebling, was nach dem Tod ihres Vaters geschehen war. So antwortete sie auf die Frage eines Lehrgangteilnehmers und Juristen, ob ein anderer institutioneller Rahmen geschaffen werden könne: *»Was ihr scheinbar alle nicht versteht und worüber ihr nicht aufgeklärt worden seid, ist die Tatsache, dass, wie mein Vater gestorben ist, gesetzlich war er [...] der Einzelinhaber der Psychologischen Lehr- und Beratungsstelle. Da wir die Erben waren, unsere erste Reaktion war: Wir wollen es nicht übernehmen, es gehört nicht uns, es gehört euch. Und wir sind aufgeklärt worden, dass wir es zu übernehmen haben, oder der Staat nimmt es, alles was da ist.«* Sie fragte den Lehrgangsteilnehmer: *»Juristisch würden Sie damit übereinstimmen?«* Dieser antwortete: *»Ja, ja, selbstverständlich.«*

Darauf bemerkte Lillian Rattner-Liebling: *»Ja, dann war unser Rechtsanwalt schon richtig damit. – So, wir haben das Erbe angetreten. Es hat acht Monate gedauert, um einen Ausweg zu finden. [...] Die einzige Lösung war, eine Institution zu schaffen, die wirklich nur als etwas Vorübergehendes gedacht war und noch immer gedacht ist. Ich habe meine Aktien vollkommen weggeben. Meine Schwester ist drinnen geblieben, weil sie ersucht worden ist, besonders von der Frau Kaiser, drinnen zu bleiben, damit niemand anderer, wie zum*

Beispiel Herr König, es übernehmen kann. Und seit vier Jahren versuchen meine Schwester und ich, und ich darf meinen Mann nicht vergessen, daran zu arbeiten, dass ihr eine Basis findet, selbständig denken zu lernen, selbständig eine Institution zu haben, wo ihr euch weiterentwickeln könnt. [...] Wir haben kein finanzielles Interesse, kein Machtinteresse und kein Einflussinteresse. Die Menschen sollen einen Rahmen haben, in dem sie sich weiterentwickeln und tun können, was sie für richtig finden.«

Weiter sagte sie im gleichen Gespräch: *»Ich kann mir nicht vorstellen, wieso die Idee aufgekommen ist, dass wir ein finanzielles Interesse haben. [...] Und wenn so ein Gerücht aufkommt, wieso ist es nicht berichtigt worden?«*[11]

Eine Zuhörerin stellte gegen Ende des Gesprächs die Frage, weshalb denn Friedrich Liebling seine beiden Töchter als Erben eingesetzt habe, ob er vielleicht verwirrt gewesen sei. Darauf antwortete Lillian Rattner-Liebling: *»Es ist ein Unglück passiert: Er hat kein Testament gemacht.«*[12]

Die langjährige Mitarbeiterin und Stiftungsrätin Ellen Naef wandte ein: *»Warum ist niemand zu mir gekommen, Entschuldigung, als er gestorben ist, und hat gefragt?«* Lillian Rattner-Liebling fragte zurück: *»Wieso hat Frau Kaiser es nicht gesagt. Die zwei[13] haben weniger gewusst. Frau Kaiser war von Anfang an dabei. [...] Sie weiss, dass wir die Häuser nicht beansprucht haben. Sie weiss, dass wir gesagt haben: Ihr tut, was ihr wollt, ob ich einverstanden bin damit oder nicht. Es ist eure Arbeit, euer Leben, wir werden uns nicht einmischen, auf keinen Fall einmischen.«*[14]

Lillian Rattner-Liebling und Erna Grob-Liebling bemängelten sehr, dass Annemarie Buchholz-Kaiser nicht mit ihnen sowie den beiden Co-Leitern über die gegenwärtige Situation spreche: *»Sie ist unauffindbar. Sie ist weder erreichbar für ihre Co-Direktoren, noch ist sie erreichbar für Frau Grob, noch ist sie erreichbar für mich. [...] Sie ist krank, sie erholt sich noch von ihrer Operation. Aber das heisst nicht, dass man nicht erreichbar sein kann, das heisst nicht, dass man nicht anrufen kann einmal im Tag, wenn man schon nicht gestört werden will, wenn man sich zu schwach fühlt, und sagt: ›Was geht vor? Was können wir machen?‹ Wo ist Frau Kaiser?«*[15]

Einige Mitarbeiter fragten nach der Art der Zusammenarbeit in der Leitung und ob keine Einigung möglich gewesen sei. Antonio Cho führte daraufhin aus, er sei völlig überrascht, wie es sich plötzlich in der kurzen Zeit entwickelt habe. *»Ich habe immer geglaubt, wir hätten alle drei eigentlich eine gute Beziehung. Wir sind uns nicht in allen Fragen einig, aber wir können uns ja offen auseinandersetzen und diskutieren, und ich merke, plötzlich bricht die Frau Kaiser jeden Faden ab.«*[16] Ernst Frei meinte hingegen, die Leitung habe nicht richtig funktioniert; Annemarie Buchholz-Kaiser habe ihn und Antonio Cho nicht als Gleichwertige anerkennen können.

Mehrmals brachten einige Mitarbeiter ihr Anliegen nach einer Änderung der bestehenden rechtlichen Struktur vor, nach einer anderen, freiheitlichen Form des Zusammenarbeitens. Demgegenüber vertraten Lillian Rattner-Liebling und Erna Grob-Liebling die Meinung, jede Institution brauche eine Leitung und Probleme seien noch nie dadurch gelöst worden, indem jemand abgesetzt und ein neuer eingesetzt worden sei. Die Mitarbeiter sollten lernen, ihre Meinung offen mit den drei Direktoren auszutragen.

Nun schien ein Damm zu brechen: Viele Mitarbeiter erklärten, wie sie sich in den letzten vier Jahren gefühlt hatten und weshalb sie ihre Kritik nicht äussern konnten. Ein Mitarbeiter: *»Ich habe geschwiegen, nicht aus Feigheit, sondern weil ich damit isoliert dagestanden wäre. [...] Ich habe erlebt, was aufkam, wenn das Problem offen angesprochen wurde. [...] Dass das ›Stören‹ sei, dass das ›die Arbeit zugrunde Richten‹ sei. In diese Situation wollte ich mich nicht begeben.«* Stiftungsrätin Ellen Naef erklärte unter Tränen: *»Vier Jahre, vier Jahre habe ich, weil ich so bin, von meinem Charakter her, nichts sagen können, mich nicht erwehren können der Dinge, die mich krank gemacht haben. Und ich habe auch erlebt, wie ich Menschen Unrecht getan habe, und wie Menschen Unrecht getan wurde und mir Unrecht getan wurde. [...] Aber ich kann nicht so leben, ich kann so nicht arbeiten. Das geht einfach nicht.«* Sie habe nichts sagen können, weil sie Bedenken gehabt habe, *»allein dazustehen und alle die Menschen zu verlieren. Ich hätte Angst gehabt, ausgestossen zu sein, wenn ich nicht mitmache.«* Sie habe bei Einzelnen geschimpft, dann sei das an die Leitung gegangen, und die drei hätten sie zitiert. *»Was glauben Sie, was das für mich heisst? Wie*

ich das erlebt habe? Ich habe nachher keinen Mucks mehr gesagt.«
Lillian Rattner-Liebling war entsetzt: »*Es ist wie eine Diktatur. Eine
Diktatur, wo man umgebracht wird, wenn man nicht genau das tut,
was von oben gesagt wird. Ein psychologischer Terror.*«[17]

Weitere Mitarbeiter und Mitarbeiterinnen schlossen sich an
und berichteten, wie die Angst vor Ausgrenzung und Gewalt sie
gehindert habe, ihre Meinung offen auszusprechen. Mehrere jener
Mitarbeiter, die nicht aufseiten von Annemarie Buchholz-Kaiser
standen, drückten ihre Bestürzung und Verzweiflung über die gegenwärtige Situation aus. Eine Mitarbeiterin berichtete, in der letzten Woche hätten sich fünf Ratsuchende, die sie intensiv betreue,
unter Tränen von ihr verabschiedet mit der Begründung, sie arbeite
nicht mit der Unterstützung von Annemarie Buchholz-Kaiser.

Lillian Rattner-Liebling meinte daraufhin, es sollten alle versuchen, »*mitzuarbeiten, mitzulernen und die Direktoren mitzuerziehen.
Die müssen es auch erst lernen. Und wenn einer Ihnen weh tut, gleich
sagen: ›[...] das geht nicht. Setz dich noch einmal nieder und sag den
gleichen Satz in einem anderen Ton. Denn wir sind nicht da als Hoher
und Niederer, als Chef und Angestellter, wir sind da als Kollegen.‹*«[18]

Leider wurde in beiden Gesprächen der für die verfahrene Situation verantwortliche juristische Fehler, Friedrich Liebling sei
der »Einzelinhaber« der PsychologischenLehr- und Beratungsstelle
gewesen, nicht erkannt.

Offener Brief von Lillian Rattner-Liebling an Annemarie Buchholz-Kaiser

Am 5.5.1986 verfasste Lillian Rattner-Liebling einen offenen Brief
und bat darin Annemarie Buchholz-Kaiser um einen sachlichen
Dialog, damit Unwahrheiten richtiggestellt werden könnten, denn
sowohl Annemarie Buchholz-Kaiser wie auch sie selbst, ihr Mann
und ihre Schwester wüssten, »*wo die Wahrheit liegt*«. Sie führte
einige Gerüchte an wie

- dass die Arbeit Friedrich Lieblings zerstört werden solle;
- dass Leo Rattner und Erna Grob-Liebling das Geld herauszie-
  hen wollten;

- dass es Annemarie Buchholz-Kaiser verboten worden sei, Lehr-analysen oder Supervisionen durchzuführen;
- dass Annemarie Buchholz-Kaiser angedroht worden sei, sie müsse gehen;
- dass Annemarie Buchholz-Kaiser die Menschen auffordere, »*die PLB ›auszuhungern‹, um sie dann selbst mit Hilfe der Stiftung zu übernehmen*«;
- dass Annemarie Buchholz-Kaiser versuche, »*die Hilfesuchenden davon abzuhalten, weiter im Gespräch zu bleiben mit Mitarbeitern, die nicht einen Loyalitätseid zu Ihnen abgelegt haben*«.

Sie und ihr Mann seien vom 22.–27.5. in Zürich, und sie hoffe, dass Annemarie Buchholz-Kaiser es als wichtig genug ansehe, »*dass einmal die Wahrheit sachlich besprochen wird*«.[19] Aber auch im Mai 1986 kam es zu keinem Gespräch mit Annemarie Buchholz-Kaiser.

Bei einer Einladung am 22.5.1986 mit Mitarbeitern der »*Psychologischen Lehr- und Beratungsstelle Friedrich Liebling AG*« erklärte Lillian Rattner-Liebling ihre Motivation für den offenen Brief: »*Es ist mir zum Bewusstsein gekommen, dass meine Schwester und ich einen furchtbar grossen Fehler begangen haben, einen ganz schrecklichen Fehler: Wir haben nicht gesagt, was wir gemacht haben. Keiner von euch weiss, was wir gemacht haben. Und darum habe ich einen Brief, den Brief an die Frau Kaiser geschrieben, denn sie ist die einzige, die wirklich weiss, was gemacht worden ist.*«

Und sie fuhr fort: »*Als mein Vater gestorben ist, am 28. Februar 1982, haben wir herausgefunden, obwohl wir es schon sehr stark befürchtet und geahnt haben, dass wir die Vollerben der Lehr- und Beratungsstelle sind. Für uns war das ein riesiges Problem. Wir wollen und können es nicht führen, wir wollten und konnten es nicht behalten. Es war eure Arbeit, es war die Arbeit meines Vaters und eure Arbeit. Und was wir nach langem schwerem Suchen und Arbeiten mit Rechtsanwälten herausgefunden haben, ist, dass wir die Lehr- und Beratungsstelle in eine AG verwandeln können und nur dadurch an euch geben können.*«

Sie hätten keinerlei Bestimmungen getroffen, seien aber sehr oft zu Hilfe gerufen worden. »*Erster Fall: Der Herr König versucht die Stiftung an sich zu reissen, und dann die Lehr- und Beratungs-*

stelle. Wir sollen kommen und mit den Stiftungsräten reden. Gut, wir haben es getan. Die Stiftungsräte haben zugehört und haben sich ihre eigene Meinung gebildet. Herr König ist noch einige Zeit Präsident der Stiftung gewesen, und dann ist er ausgetreten, alleine, er ist nicht hinausgeworfen worden. Ich kann das natürlich verstehen, dass der Herr König gesagt hat und gedacht hat und es wirklich geglaubt hat, dass es nicht möglich ist, dass zwei Frauen Millionen von Franken hergeben, den Anspruch auf die Häuser – 75 Prozent hätten uns gehört – nicht angreifen und sagen: Es gehört euch. Unser Vater hat das aufgebaut für euch, mit euch, wir haben kein Anrecht auf die Lehr- und Beratungsstelle. Rechtlich ja, wir können sie nehmen. Aber moralisch, haben wir gefunden, wir haben kein Anrecht darauf. Genauso, wie wir auch kein Anrecht auf die Stiftung haben, moralisch.«

Jetzt seien Gerüchte in Umlauf gesetzt worden, und sie glaube nicht, dass diese von Annemarie Buchholz-Kaiser ausgingen. Was sie aber störe sei, dass Annemarie Buchholz-Kaiser diese Gerüchte nicht dementiere, indem sie sage: *»Das gibt's nicht, die zwei haben kein Geld herausgenommen, die 6 Millionen Franken sind nicht von der amerikanischen Mafia hinübergenommen worden. Die zwei Frauen haben nie bestimmt, was hier vorgeht.«*

Lillian Rattner-Liebling berichtete auch, wie es zur Leitung gekommen sei: *»Dass wir nie die Lehr- und Beratungsstelle haben nehmen wollen, obwohl wir es gekonnt haben, oder die Stiftung, ist am ersten Tag ganz klar festgestellt worden. Herr Dr. Lutz war dabei, Frau Gassmann war dabei, der Herr König, der Herr Hug, der Dr. Wehinger, mein Mann, meine Schwester und ich, und die Annemarie Kaiser. Und es ist gesprochen worden, wie soll es weitergeführt werden. Und da meine Schwester sehr befreundet war mit der Annemarie und sehr viel von ihr gehalten hat und noch immer hält, hat sie gesagt: ›Annemarie, würdest du versuchen, die Leitung zu übernehmen?‹ Sie hat ›Ja‹ gesagt, sie will es versuchen. Und dann haben wir ihr gesagt: ›Aber du musst zwei noch dazunehmen, einer allein kann das nicht machen, wen willst du?‹ – ›Gut, den Ernst Frei und den Antonio Cho.‹ Und so ist es zustande gekommen. Wir haben es niemandem aufoktroyiert. Frau Gassmann, war das so?«* Diese bestätigte: *»Ja.«*

Sie fügte an: *»Und alle die andern Sachen, die da in Umlauf gesetzt worden sind, können wirklich von den Rechtsanwälten, die be-*

freundet sind und für die Frau Kaiser arbeiten, sehr leicht festgestellt werden.« Wenn sie, Lillian Rattner-Liebling, etwas aus der AG herausgenommen hätte, könne man sie verhaften lassen, denn das sei Diebstahl. Auch in der ersten Zeit, vor der Gründung der AG, hätten sie und ihre Schwester kein Geld herausgenommen, obwohl sehr viel Geld zusammengekommen sei und sie dafür hier und in Amerika Steuern bezahlt hätten. *»Nun, wie komm ich dazu, mit diesem Schmutz übergossen zu werden? Ich bekomme Briefe, es könnten einem die Haare zu Berge steigen. Und meine Frage ist: Wozu? Was ist da passiert? Und wie haben meine Schwester und ich so blöd sein können, dass wir denken können, wir können das einfach machen und weggehen und nicht sagen: ›He, wir haben es euch geschenkt. Als Allgemeingut. Und ich meine: Allgemeingut! Sie gehören auch dazu!‹«*[20]

Aus diesen Klarstellungen von Lillian Rattner-Liebling geht deutlich hervor, dass sie die Information ihres Rechtsanwalts, wonach sie und ihre Schwester die Psychologische Lehr- und Beratungsstelle rechtmässig geerbt und zudem Anspruch auf 75 % der Stiftung hätten, nicht infrage stellte. Ob Dr. Wehinger später seine Aussage bezüglich des Anspruchs auf die Stiftung auch ihr gegenüber präzisiert hatte, wie er dies gegenüber Leopold König am 28.6.1982 getan hatte, ist nicht bekannt.

Hätten Lillian Rattner-Liebling und ihre Schwester nach Friedrich Lieblings Tod den Mitarbeitern und Teilnehmern bekannt gegeben, dass sie die Psychologische Lehr- und Beratungsstelle als ihr Erbe betrachteten, wäre dies wohl als Fehler erkannt und rückgängig gemacht worden. Insofern war ihr Schweigen tatsächlich ein grosser Fehler. Die Realität war aber noch gravierender und kann nicht ihnen allein angelastet werden: Nicht nur wurde nicht vollständig und wahrheitsgetreu informiert, sondern Zweifler und Fragesteller wurden diffamiert und ausgeschlossen.

Bericht von Annemarie Buchholz-Kaiser

Annemarie Buchholz-Kaiser blieb klärenden Gesprächen mit den Töchtern Friedrich Lieblings fern, erstellte aber in dieser Zeit einen Bericht mit dem Titel »Zur gegenwärtigen Situation an der ›Psychologischen Lehr- und Beratungsstelle Friedrich Liebling AG‹«, datiert vom 21.5.1986. Dieses Dokument erhielt ich am 17.1.2001 durch Akteneinsicht beim EDI.

Diesen 28-seitigen Bericht hatte Annemarie Buchholz-Kaiser durch einen neuen Anwalt, Dr. Felix von Streng, am 19.11.1986[21] und dann noch persönlich – in einer kürzeren 21-seitigen Fassung – am 3.12.1986 an die Stiftungsaufsicht zuhanden Bernhard Hahnloser gesandt.[22] Am 11.12.1986 hatte Annemarie Buchholz-Kaiser zudem an Fürsprecher Hahnloser geschrieben: »*Ich beziehe mich auf unser heutiges Telefongespräch und halte fest, dass wir vereinbart haben, dass mein Bericht [...] nur zu Ihrer persönlichen Information dient und nicht an Drittpersonen weitergereicht werden darf.*«[23] Dieses Schreiben war bei meiner Akteneinsicht auf dem Bericht angeklebt und mit dem handschriftlichen Vermerk »*a/a (Separate Hängemappe)*« versehen. Die Sekretärin entfernte kopfschüttelnd die Leimreste und kopierte das Ganze für mich. Für welche Adressaten der Bericht im Mai 1986 verfasst worden war, ging aus den Akten nicht hervor.

Was machte diesen Bericht so brisant, dass nur Fürsprecher Hahnloser ihn kennen durfte? Weshalb wurde er Jutta Siegwart-Gensch, mir und unserem Anwalt im damals pendenten Beschwerdeverfahren vorenthalten?

In einer einleitenden Bemerkung des Berichts informierte Annemarie Buchholz-Kaiser zunächst darüber, an der »*Psychologischen Lehr- und Beratungsstelle Friedrich Liebling in Zürich*« sei zurzeit eine Absetzungsbewegung in Gang, die bereits mehr als die Hälfte der Teilnehmer umfasse. In ihrem Begleitbrief vom 3.12. an Fürsprecher Hahnloser hielt sie zudem fest, die »*erwähnte Absatzbewegung hat den ganzen Sommer über angehalten, so dass zurzeit nur noch ein sehr kleiner Teil der Teilnehmer die AG frequentieren. Die übrigen haben sich im ›Verein zur Förderung der psychologischen Menschenkenntnis‹ zusammengeschlossen und führen die Arbeit weiter.*«[24]

Im Bericht unterschied sie zwei Teile: »*A) Die ›Psychologische Lehr- und Beratungsstelle (Leitung: Friedrich Liebling)‹ bis 1982*«[25] und »*B) 1982–1986: Die Psychologische Lehr- und Beratungsstelle in der Hand der beiden Töchter.*«[26] Im ganzen Text sprach Annemarie Buchholz-Kaiser nicht mehr von einer »*Einzelfirma*« Friedrich Lieblings, sondern von einer »*Einzelpraxis*«. Ebenfalls verwendete sie nicht mehr den Namen »*Psychologische Lehr- und Beratungsstelle Fried-*

rich Liebling«, sondern »*Einzelpraxis Friedrich Liebling*« oder »*Psychologische Lehr- und Beratungsstelle*«. Gleichzeitig betonte sie an vielen Stellen, es habe sich um ein »*Gemeinschaftswerk*« gehandelt.

Der erste Teil begann wie folgt: »*Aus der Einzelpraxis, die Friedrich Liebling seit den fünfziger Jahren geführt hatte, entwickelte sich allmählich ein vielfältiges Beratungszentrum.*« Zunehmend seien junge Menschen gekommen, weshalb heute ein grosser Nachwuchs an Psychologen, Pädagogen, Lehrern, Medizinern vorhanden sei. »*Je weiter ihre Ausbildung voranschritt, desto mehr trugen sie ihrerseits die ganze Arbeit mit. In ihrer ganzen Entstehung ist die Psychologische Lehr- und Beratungsstelle deshalb ein Gemeinschaftswerk; Friedrich Liebling hat es so aufgebaut.*«

Friedrich Liebling habe sich schon lange Gedanken über das Weiterbestehen der Arbeit nach seinem Tod gemacht: »*Es sollte eine juristische Form und eine finanzielle Basis geschaffen werden, damit die Mitarbeiter und Schüler, die unter seiner Ausbildung heranwuchsen, nachher weiter beitragen können, um die vorhandene seelische Not zu lindern und prophylaktisch zu wirken. Das Ganze war von Idealismus getragen.*« Nun zitierte sie die staatsrechtliche Beschwerde der Stiftung vom 12.5.1980 ans Bundesgericht, wonach »*alle für die Stiftung tätigen Personen unentgeltlich ihre Arbeitskraft zur Verfügung stellen.*« Sie fuhr fort: »*Dasselbe gilt – bis 1974 und insbesondere wieder ab 1977 – auch für die Einzelpraxis Friedrich Liebling; ca. 10 Mitarbeiter bezogen einen Beitrag an die Lebenskosten, der von CHF 500 monatlich bis CHF 2000 monatlich variierte.*«[27] Der Ausdruck »*Einzelpraxis Friedrich Liebling*« wurde von der Aufsichtsbehörde mit einer Wellenlinie markiert.

Ein erster Versuch, »*der Beratungsstelle eine Form zu geben*«, sei die Gründung des »*Vereins zur Förderung der psychologischen Ehe- und Erziehungsberatung*« gewesen. Aber es sei bald deutlich geworden, dass das Gemeinschaftswerk in dieser Form nicht gesichert sei. So habe man eine stärker zweckgebundene Form gesucht, und dies habe nur eine Stiftung sein können. »*Geplant war, dass die Stiftung selber dieses Lehr-, Forschungs- und Beratungszentrum verkörpern sollte. Das wird auch aus den Jahresberichten der Stiftung an die Stiftungsaufsicht beim Departement des Innern in Bern aus den ersten Jahren deutlich. Auf Grund einer Beratung durch einen Treuhänder und einen Juristen wurde die Verwirklichung dieses Planes in Angriff genommen und die Honorare aus der Tätigkeit der Mitarbeiter und einem grösseren Teil der Tätigkeit von Friedrich Liebling der Stiftung zugewiesen.«* Diese Beratung habe sich aber bald als *»grosser Fehler«* herausgestellt, denn am 17.8.1977 habe die Rechtsabteilung des Kantonalen Steueramtes ein Verfahren zur Überprüfung der Steuerbefreiung eingeleitet, am 4.5.1979 sei die Steuerbefreiung vom Verwaltungsgericht des Kantons Zürich aufgehoben worden, und das Bundesgericht habe sich in seinem Entscheid vom 13.4.1983 hinter das Verwaltungsgericht gestellt.[28]

Nach dem Entscheid des Verwaltungsgerichts seien die Aktivitäten der Mitarbeiter wieder in die *»Einzelpraxis Friedrich Lieblings«* zurückverlegt und die Honorare wieder über *»seine Einzelpraxis«* abgerechnet worden. Dieser Vorgang spiegle sich *»in einem sprunghaften Ansteigen des Reingewinns der Einzelpraxis Friedrich Liebling von knapp CHF 90 000 im Jahre 1977 auf 840 000 im Jahre 1978 und auf 1,3 bzw. 1,2 Mio in den Jahren 1980 und 1981«.*[29]

Bei Aufräumarbeiten 1984 habe sie einen vom 20.7.1980 datierten Brief eines Juristen gefunden, der Friedrich Liebling nahegestanden sei; darin habe dieser Friedrich Liebling angeraten, im Rahmen eines Testaments seine Töchter auf den Pflichtteil zu setzen. *»Es stimmte also – was nach seinem Tod bezweifelt wurde –, dass Friedrich Liebling sich in dieser Richtung Gedanken gemacht und sich bereits beraten lassen hatte.«*[30]

Diesem Brief sei auch der Entwurf eines *»Kauf- und Gesellschaftsvertrags«* beigelegen, *»den der damalige Präsident der Stiftung, Leo König, nach dem Tode von Friedrich Liebling immer wieder ins Gespräch zu bringen versuchte«.* Friedrich Liebling habe darin die Psychologische Lehr- und Beratungsstelle an fünf Personen verkaufen wollen, dann aber die Sache gestoppt. Der Anwalt der Erbinnen habe am 5.4.1982 den Stiftungsratspräsidenten angefragt, ob er das unterzeichnete Exemplar beibringen könne. Leopold König habe nicht zu erkennen gegeben, dass sich jenes Exemplar bei ihm befunden habe, obwohl dies – wie sich heute herausstelle – der Fall gewesen sei.

Nun zitierte sie einige Stellen des Vertragsentwurfs, so auch Art. IV: *»Die Käufer verpflichten sich, die Psychologische Lehr- und Beratungsstelle in der Form einer einfachen Gesellschaft zu übernehmen* *und sie gemeinschaftlich im bisherigen Sinne ihres Gründers, Friedrich Liebling, weiter zu führen.«*[31] Auch diese Stelle des Berichts wurde von der Aufsichtsbehörde mit einer Wellenlinie hervorgehoben.

Der erste Teil schloss mit dem Tod Friedrich Lieblings am 28.2.1982. Er habe gewünscht, *»dass sein Ableben erst nach der Urnenbeisetzung bekannt gegeben werden dürfe und dass die Arbeit in der Beratungsstelle ohne eine Stunde Unterbruch weitergehen solle«.*[32]

Der zweite Teil *»1982–1986: Die Psychologische Lehr- und Beratungsstelle in der Hand der beiden Töchter«* begann mit der Sitzung vom 4.3.1982. Was zwischen dem Todestag und dem 4.3. geschah, blieb unerwähnt. *»Am 4. März, am Nachmittag nach der stillen Abdankung wurden der Präsident und der Vizepräsident der Stiftung, die beide vom Ableben von Herrn Liebling noch keine Ahnung hatten, in die Toblerstrasse 82 bestellt. Dort erwarteten sie die beiden Töchter von Friedrich Liebling, sein Schwiegersohn Dr. Leo Rattner, drei Mitarbeiter der Beratungsstelle, sowie Dr. Wehinger als Anwalt der Töchter und Dr. Lutz, der Anwalt der Beratungsstelle. Es wurde ihnen mitgeteilt, dass Herr Liebling gestorben sei, dass kein Testament vorhanden sei und die beiden Töchter als Erbinnen demzufolge das Erbe antreten müssten, und dass auch die Stiftung den Erbinnen gehöre … (was Dr. Wehinger allerdings einige Wochen später relativierte). Präsident und Vizepräsident der Stiftung waren sprachlos. Im Protokoll ist als Zweck dieser Sitzung festgehalten, die ›Fortführung der Schule im Sinn und Geist des Verstorbenen‹ zu regeln. Die drei Mitarbeiter Dr. Annemarie Buchholz-Kaiser, Dr. Ernst Frei (der inzwischen herbeigerufen worden war) sowie Herr Antonio Cho (der zurzeit nicht erreichbar war) wurden interimistisch mit der Schulleitung betraut. Sie hatten die Schule rechtswirksam nach aussen zu vertreten und zeichneten ›kollektiv zu zweien je obligatorisch mit einer Unterschrift von Frau Dr. Buchholz-Kaiser‹ (diese Regelung bestand nur bis zur Gründung der AG).«*[33]

Dann heisst es: *»Der damalige Präsident der Stiftung, Herr Leo König, Zürich, der gleichzeitig Mitarbeiter der Schule war, äusserte schon wenige Tage nach der Sitzung vom 4. März 1982, dass es für ihn nie in Frage komme, Angestellter der beiden Töchter zu werden. Er begann heimlich zu opponieren gegen die Interims-Lösung. [...] Lillian Rattner gab der Leitung Anweisung, den Leuten zu sagen, dass ›jeder Schritt, der unternommen wird, nur unternommen wird zur Sicher-*

stellung des Ganzen, damit die Jugend, die nachwächst, einen Ort hat zum Lernen‹. Ich hatte volles Vertrauen in beide Töchter von Friedrich Liebling und gab diese Aussage mit Überzeugung an unsere Teilnehmer weiter. Die Teilnehmer vertrauten auf mein Wort.« Gerade weil »Unruhe« gewesen sei, sei auch eine »Welle der Solidarität« aufgekommen. Viele hätten eingezahlt, die Mitarbeiter hätten weiterhin mit einem monatlichen Beitrag an die Lebenskosten zwischen 500 und 2000 Franken gearbeitet. Es sei vom 1.3. bis 31.12.1982 ein nie dagewesener Reingewinn von 2,1 Mio. zusammengekommen. *»Bei der Gründung der AG wurden davon CHF 200 000 in die AG eingegeben. Der Rest blieb auf den Bankkonti der Erbinnen.«* Die Diffamierungskampagnen, Briefe, Ausschlüsse und Hausverbote von Herbst 1982 bis Sommer 1983 verschwieg Annemarie Buchholz-Kaiser. Sie schrieb nur: *»Der Präsident der Stiftung war in der Zwischenzeit zurückgetreten. Herr Dr. Reinfried übernahm seinen Platz.«*[34]

Es habe auf die Teilnehmer beruhigend gewirkt, dass der Zweckartikel der AG gemeinnützig gewesen sei. *»Mir, die ich mit den Sorgen der rat- und hilfesuchenden Menschen ohnehin bis an den Rand meiner Kräfte in Anspruch genommen war und die rechtlich-finanziellen Vorgänge mehr nebenbei registrierte, war damals nicht bewusst, auf was für sandigem Boden dieser Zweck-Artikel der AG-Statuten steht. Erst im Herbst 1985 wurde ich anlässlich einer Besprechung mit dem Vorstand der Stiftung durch deren Anwalt Dr. Jezler darauf aufmerksam gemacht, dass man auf diesen Gemeinnützigkeits-Artikel gar nichts geben könne, weil er durch die Aktienmehrheit, welche heute der Erbin Erna Grob zusteht, jederzeit abänderbar sei.«* Es stimme, dass sie mit der Verteilung der Aktien auf die Mitarbeiter und zu 51 % für Erna Grob-Liebling einverstanden gewesen sei. So sicher sei sie sich damals noch in ihrem Vertrauen zu den Töchtern Friedrich Lieblings gewesen.

Schon damals – im April 1984 – sei ein deutliches Alarmsignal gekommen. Die Töchter Friedrich Lieblings hätten mitgeteilt, es sei noch eine massive Nachsteuer und eventuell Strafsteuer zu bezahlen, die die AG übernehmen solle. Da Annemarie Buchholz-Kaiser gewusst habe, dass beim Todestag 4,5 Mio. auf beiden Postcheckkonti Friedrich Lieblings gewesen seien und das Ergebnis des Interimsjahrs 2,1 Mio. betragen habe, sei ihr das ungeheuerlich vorgekommen. Ein Steueranwalt habe dringend von der Bezahlung dieser Steuerschuld abgeraten. Auf vertraulichem Wege habe sie im Lauf des Jahres 1984 erfahren, dass die Erbinnen *»ihre Konti bei der Bank geleert und das ganze Geld nach Amerika abgezogen hätten. Seitdem wartet das Steueramt auf seinen Betrag.«*[35]

Dann äusserte sie sich zum Lehrgang: Um den Psychologen, die innerhalb der Psychologischen Lehr- und Beratungsstelle tätig oder in Ausbildung gewesen seien, den Weg zur Anerkennung als nicht ärztliche Psychotherapeuten zu ebnen, sei im Laufe des Jahres 1983 ein dreijähriger *»Lehrgang für Psychotherapie«* konzipiert worden. Dieser habe im April 1984 mit einem erstklassigen Kursprogramm begonnen. Es seien Mitarbeiter dabei gewesen, die bereits vor zehn, fünfzehn oder zwanzig Jahren bei Friedrich Liebling mit ihrer Schulung und Ausbildung begonnen und über entsprechende Praxis verfügt hätten. Diese seien fundierte Adler-Kenner gewesen; ihr hohes Niveau habe jeden auswärtigen Dozenten beeindruckt. Antonio Cho und Ernst Frei hätten schon in den ersten Wochen deutlich gemacht, dass ein *»Durchdenken und Vergleichen mit den Lehrinhalten von Friedrich Liebling hier nicht erwünscht«* sei.[36]

Mit diesem Lehrgang sei auch das von Leo und Lillian Rattner-Liebling vorgeschlagene Ziel einer möglichen Aufnahme in die Internationale individualpsychologische Vereinigung verfolgt worden. Da die Psychologische Lehr- und Beratungsstelle als Ganzes viel zu gross dafür gewesen wäre, sei im Sommer 1985 das *»Ausbildungszentrum für Individualpsychologische Psychotherapie (AZIP)«* gegründet worden. Bald habe sich aber der wahre Zweck des Lehrgangs herausgestellt. *»Er hatte das Instrument zur inneren Umgestaltung der ganzen Arbeit zu sein. Darin waren sich Antonio Cho und Ernst Frei mit Lillian und Leo Rattner einig. Darum fand ich mit meinen Versuchen, für die Teilnehmer einen offenen und freien Gedankenaustausch zu erhalten, kein Gehör bei ihnen.«* Nachdem der rechtlich-finanzielle Rahmen in den ersten zwei Jahren bereits der Intention der Erbinnen entsprechend angepasst worden sei, habe nun an die Lerninhalte und Therapiekonzepte herangegangen werden können. *»In einer Arbeit, die als Gemeinschaftswerk vom Begründer aufgebaut worden war, hatten die darin Mitwirkenden immer weniger zu sagen.«*[37]

Im Dezember 1984 hätten erstmals einige Lehrgangsteilnehmer ihre Meinung wieder deutlicher zum Ausdruck gebracht. Antonio Cho habe sehr scharf reagiert und ihnen Dogmatismus vorgeworfen. *»Diese Taktik des Umgangs mit Einwänden und Verschiedenheiten des Standpunktes fand ihre bittere Fortsetzung: die guten Adler-Kenner unter den Lehrgangsteilnehmern hatten nämlich in der Folge öfters etwas einzuwenden, bzw. wollten Aussagen zum therapeutischen Vorgehen mit den Darlegungen von Alfred Adler verglichen haben (sich auf Friedrich Liebling zu berufen in einem Therapieproblem wagte schon lange keiner mehr). Sie wurden vom ›Cheftheoretiker‹ angefahren, abgetan; die einen wehrten sich, die andern verstummten.«*

Es habe sich Unzufriedenheit angestaut. Anlässlich der Planungsgespräche vom 18. und 19.2.1986 zwischen den drei Leitungspersonen habe Antonio Cho ihr gesagt, *»dass mein Einfluss in der Beratungsstelle eingeschränkt werden müsse. Er werde den Antrag auf Aufnahme in die Internationale Individualpsychologische Vereinigung nicht stellen oder befürworten, bevor nicht die ganze Arbeit in der Beratungsstelle so umgeändert sei, wie er es sich vorstelle. Wenn das nicht gelinge, wolle er das ganze ›Management‹ der Beratungsstelle geändert haben. Ausserdem sei unsere ganze Arbeit um sechzig Jahre veraltet.«* Von Alfred Adler sei nur die Philosophie zu brauchen, die Therapietechnik müsse man bei den Psychoanalytikern holen. *»Anfang März wurde einigen Ratsuchenden von Antonio Cho und Ernst Frei mitgeteilt, dass Psychotherapie nur möglich sei in regelmässigen Einzelgesprächen von 1–2 Sitzungen pro Woche über lange Zeit oder in Kleinstgruppen von 6–7 Personen, die sich auf ein Jahr verpflichten müssen und während dieser Zeit mit keinem anderen Psychologen sprechen dürften. Das hiess, dass das Prinzip der Freiwilligkeit innerhalb des Therapieprozesses, das bisher zum Konzept der Beratungsstelle gehörte und wesentlich zum Erfolg der Arbeit beitrug, aufgegeben werden sollte.«*[38]

In der »Pädagogischen Woche« vom 1. bis 5.4. habe Antonio Cho die Zuhörer mit einem Vortrag über Erkenntnistheorie *»kopfscheu«* gemacht. *»Zwei Tage später liess er dann das Tonbandarchiv schliessen. Die Lehrer reimten diese Tatsache mit der Bemerkung Cs zusammen, dass das Hören von Tonbändern von Gesprächen mit Friedrich Liebling die Menschen am Denken hindere. Und der Aufruhr* *unter den Teilnehmern begann.«*[39] Die Teilnehmer hätten bei Rückfragen erfahren, dass die Schliessung des Archivs hinter dem Rücken von Annemarie Buchholz-Kaiser erfolgt sei. *»Um zu verstehen, was die Tonband-Archiv-Schliessung auslöste, muss man wissen, dass das Tonband-Archiv in gewissem Sinne die Bibliothek des Instituts darstellt. Sie enthält das Lehrmaterial von Friedrich Liebling mit den theoretischen Darlegungen, die in persönliche Fallbeispiele eingeflochten sind.«*[40] Die Stelle *»Bibliothek des Instituts«* wurde von der Aufsichtsbehörde mit einer Wellenlinie unterstrichen.

An einer Mitarbeiterbesprechung am 15.4., an der sie wegen gesundheitlichen Problemen nicht habe teilnehmen können, hätten sich Antonio Cho und Ernst Frei nur zehn Minuten Zeit genommen. Zwei Tage später, am 17.4., hätten sich die Mitarbeiter zur Kündigung entschlossen und die Leitung habe die Schreiben noch am gleichen Tag erhalten.

Am Sonntag, dem 20.4.1986, seien die beiden Damen aus Amerika da gewesen. *»Sie nahmen von der Kündigung keine Notiz, sie fragten nicht nach, sie hörten nicht zu.«* Auf die Frage nach einer Möglichkeit, die rechtlichen Strukturen zu verändern, sei ein Mitarbeiter nur ausgelacht worden. *»Kein Wunder, wenn man sich die Aktienverteilung ansieht: Sämtliche Mitarbeiter und Stiftungsräte und Ärzte haben – selbst wenn noch ein Mitglied des Verwaltungsrates mit seinem Anteil dazukommt – nur ¼ der Aktienstimmen. ¾ werden von den ›Amerikanern‹ bzw. ihrer Gruppe kontrolliert. Bei der AG-Gründung ist gut vorgesorgt worden.«* Inzwischen steht ein Grossteil der Räumlichkeiten leer. *»Die Stiftung wird der neuen Situation Rechnung tragen müssen, wenn sie nicht auch (wie die AG) ein Rumpfgebilde, eine leere Hülle ohne tätige Menschen werden will.«*[41]

Unter der Überschrift *»Schulden oder ›Ehrenschulden‹«* legte Annemarie Buchholz-Kaiser weiter dar, dass unter den Teilnehmern, die gekündigt hätten, die Sorge umgehe, dass nun ihre Ausstände bei der AG eingetrieben werden könnten. Diese Sorge sei nicht unbegründet, *»da die Amerikaner auch in dieser Beziehung anders als ihr Vater denken«*. Beim Tod Friedrich Lieblings seien im Computer ausstehende Einzahlungen von 13 Mio. registriert gewesen. In der Anfangsbilanz der AG seien aber nur 545 000 aufgenommen worden. Gegenüber dem Steueramt Zürich sei damals dargelegt worden, diese Ausstände seien »*Ehrenschulden*«; sie hätten keinen geschäftlichen Charakter und würden prinzipiell nie durch Mahnungen, Betreibungen oder gerichtlich eingefordert. Hiernach stellte Annemarie Buchholz-Kaiser die Frage, ob nun aus den »*Ehrenschulden*« doch Schulden werden würden. »*Wird der Wille von Friedrich Liebling nur Gültigkeit haben, solange es aus steuerlichen Gründen opportun war? Soll aus der Arbeitsgemeinschaft, die fünfzehn, zwanzig Jahre emsig wie Bienen in einem Bienenstock gearbeitet hat, noch mehr herausgeholt werden?*«

Danach listete sie auf, was die »*Arbeitsgemeinschaft von Friedrich Liebling und seinen Mitarbeitern*« seit 1970 erwirtschaftet habe, ohne Einbezug des Stiftungsvermögens. Dabei kam sie auf die Summe von 8,84 Mio. Sie zählte auf: »*Vermögen beim Ableben von Friedrich Liebling*« 4,5 Mio., 2,1 Mio. »*Ertrag des Interimsjahres*«, Gewinnsaldo der AG per Ende 1985 0,54 Mio. und »*Vorsorgestiftung der PLBAG*« 1,7 Mio. Sie schliesst mit: »*Damit liesse sich einiges machen: Psychohygiene, Prophylaxe, Jugendhilfe, Elternschulung. Von allem steht der Arbeitsgemeinschaft heute kein Rappen zur Verfügung. Wen wundert es da, dass die Mitarbeiter sich auch aus diesem Grunde nicht länger hinhalten liessen, sondern ihre Konsequenzen zogen?*«[42]

Zusammenfassend hielt sie fest, die heutigen Schwierigkeiten seien durch folgende Faktoren entstanden:

- durch die »*aufoktroyierte juristische Form*«,
- durch die »*strikte Führung als kommerzieller Grossbetrieb*«,
- durch die »*autoritäre Betriebsführung*«,
- durch die »*fachliche Veränderung der ganzen Arbeit*«,
- und durch »*persönliche Faktoren*« im »*Zusammenwirken*«.[43]

Ihr Fazit: Therapeutische Anliegen seien nicht mit einem kommerziell geführten Grossbetrieb zu vereinbaren. Ein Überwachen der geleisteten Arbeit sei nur unter finanziell unabhängigen Psychologen in freier Vereinbarung möglich. Dieser Schritt sei nun mit dem Austritt aus der Firma der »*Amerikaner*« eingeleitet worden. Und: »*Die verbleibenden Mitglieder der Geschäftsleitung tun heute so, als ob sie sich nicht erklären könnten, warum so viele Mitarbeiter und Teilnehmer weggehen. Sie unternehmen Diffamierungsversuche, reden von ›Verhetzung‹ oder ›Abhängigkeit‹, von einem ›Macht-*

kampf, der von langer Hand vorbereitet worden sei‹, ohne die geringsten Anhaltspunkte dafür zu haben.«[44]

Dem Bericht waren drei Anhänge beigelegt, die grafische Darstellungen der angeblichen Organisationsformen, Tätigkeiten und Mitwirkenden beinhalten. Der *»Einzelpraxis Friedrich Liebling«* ordnete sie die *»ganze Beratungs- und Therapiearbeit«* zu, also die im ersten Absatz des Stiftungszwecks aufgeführten Tätigkeiten.[45] Bei den Mitwirkenden unterschied sie drei Stufen: *»Qualifizierte Schüler in Aus- und Weiterbildung«*, *»Studenten aller humanwissenschaftlichen Fachrichtungen«* und an dritter Stelle *»Ratsuchende aller Berufe, Eltern in Erziehungsberatung und deren Kinder, Jugendliche«*.[46]

∗ |

Zu diesem Bericht kann festgehalten werden:

- Annemarie Buchholz-Kaiser beschreibt selbst etliche Umstände, die darauf hinweisen, dass die Psychologische Lehr- und Beratungsstelle eine einfache Gesellschaft mit ideellem Zweck war. So spricht sie von *»therapeutischer Gemeinschaft«*, *»vielfältiges Beratungszentrum«*, *»Gemeinschaftswerk«*, *»Arbeitsgemeinschaft von Friedrich Liebling und seinen Mitarbeitern«* usw. Sie bezeugt auch, dass die Mitarbeiter unentgeltlich und aus Idealismus tätig waren bzw. nur geringe Unkostenentschädigungen erhielten. Schliesslich wird im zitierten *»Kauf- und Gesellschaftsvertrag«* die Psychologische Lehr- und Beratungsstelle explizit als einfache Gesellschaft bezeichnet.[47]
- In Bezug auf diesen Kauf- und Gesellschaftsvertrag verschwieg sie, dass die Käufer jene fünf Ausschussmitglieder waren, die im Todesfall Friedrich Lieblings die Leitung der Stiftung hätten übernehmen sollen; sie selber war auch aufgeführt. Dass dieser Kauf- und Gesellschaftsvertrag nicht realisiert wurde, ist eine weitere Bestätigung der einfachen Gesellschaft. Denn eine einfache Gesellschaft kann weder verkauft noch gekauft werden, da sie keine eigene Rechtspersönlichkeit besitzt. Es könnten lediglich Gesellschaftsanteile eines einzelnen Gesellschafters gekauft oder verkauft werden. Eventuell gingen damals die Überlegungen in diese Richtung.

- Indem sie neu von *»Einzelpraxis«* sprach, distanzierte sie sich vom bisher verwendeten Begriff *»Einzelfirma«*, ohne aber einen Fehler einzugestehen. 1986 hätte die Fehlentwicklung, die seit Friedrich Lieblings Tod geschehen war, noch rückgängig oder teilweise rückgängig gemacht werden können; stattdessen schob sie alle Verantwortung den Töchtern Friedrich Lieblings zu. Dadurch nahm sie eine Spaltung in Kauf, die viel Schmerz und Unglück unter den Teilnehmern und Mitarbeitern verursachte und die Stiftung Psychologische Lehr- und Beratungsstelle weiter schädigte.

- Auffällig ist, dass sie die Anzeige Fürsprecher Hahnlosers vom 25.7.1977 bei den Zürcher Steuerbehörden nicht erwähnt. Da sie aber offenbar im Besitz der Urteile über den Verlust der Steuerbefreiung war, musste sie von dessen Anzeige wissen. Stattdessen stellte sie die ursprüngliche innere Organisation der Stiftung als *»grossen Fehler«* dar, der zum Verlust der Steuerbefreiung geführt habe. Dadurch marginalisierte sie den Stifterwillen, an den die Stiftung – im Unterschied zu einer *»Einzelpraxis«* bzw. AG – gebunden ist.

- Von Bedeutung ist auch, dass sie ihren Bericht geheim halten wollte und die Stiftungsaufsicht darauf einging. Dadurch wurde es uns verunmöglicht, die vielen Übereinstimmungen betreffend des Bestandes einer einfachen Gesellschaft festzustellen, zum neuen Begriff *»Einzelpraxis«* Stellung zu nehmen und die finanziellen Aspekte zu erfahren. Auch die beschuldigten Töchter Friedrich Lieblings sowie Antonio Cho und Ernst Frei wussten nichts davon; Lillian Rattner-Liebling nahm im Gespräch vom 22.5.1986 sogar an, die Gerüchte gingen nicht von Annemarie Buchholz-Kaiser aus.

Bericht Leopold König vom Juni 1986

Unter dem Titel »Was stimmt nun wirklich?« verfasste Leopold König im Juni 1986 eine Stellungnahme, die *»an die Teilnehmer der Psychologischen Lehr- und Beratungsstelle«* gerichtet war. Mit einem Begleitschreiben vom 30.11.1986 hatte Leopold König diese Stellungnahme an die Aufsichtsbehörde gesandt.[48] Von einem der

Adressaten erhielten Jutta Siegwart-Gensch und ich im Sommer 1987 eine Kopie.

Leopold König führte aus, dass die Behauptung Lillian Rattner-Lieblings beim Gespräch vom 22.5.1986, es wäre ihr und ihrer Schwester ein Anteil von 75 % des Stiftungsvermögens zugestanden, aus mehreren Gründen falsch und irreführend sei. Friedrich Liebling habe in den 1950er-Jahren mit einem Experiment begonnen, das, soweit bekannt, einzigartig auf der Welt sei: Er habe den Versuch gewagt, in offenen Teilnehmergruppen verschiedener Grösse die Erkenntnisse der modernen Tiefenpsychologie im freien Gespräch unter gleichwertigen Beteiligten zu vermitteln. Das Experiment habe zu einer Forschungsgemeinschaft von mehreren tausend Menschen geführt, und viele hätten begonnen mitzuarbeiten. *»Die Tätigkeit der Psychologischen Lehr- und Beratungsstelle bewirkte ein Verlangen vieler Lernender (Nichtakademiker und Akademiker), die sich bei Friedrich Liebling und Josef Rattner in einer intensiven Lehr- und Charakteranalyse befanden, unter der Kontrolle von Herrn Liebling das Gelernte weiterzugeben.«*[49]

Anfangs der 1970er- Jahre sei der Umfang der *»Lehr- und Beratungstätigkeit«* derart angewachsen, dass Friedrich Liebling die Zeit für reif gehalten habe, *»uns nach einem Dach über dem Kopf umzusehen.«* Nach eingehender Beratung mit Teilnehmern habe man sich geeinigt, den *»Verein zur Förderung Psychologischer Ehe- und Erziehungsberatung«* zu gründen; dieser sei später in die *»Stiftung Psychologische Lehr- und Beratungsstelle«* überführt worden.

Es sei von Anfang an ein wesentliches Anliegen Friedrich Lieblings gewesen, *»die Arbeit und deren Früchte in die Hände der Teilnehmer dieser Arbeit zu legen«.* Denn es habe sich gezeigt, dass Psychologie *»in einer grossen, gemischten Gesellschaft gelebt und gelernt werden kann«.* Seine Mittel habe der Verein durch Eintrittsbeiträge von 1000 Franken und Mitgliederbeiträge von 100 Franken beschafft. Die Eintrittsbeiträge seien als zinslose Darlehen entgegengenommen und alle zurückbezahlt worden. In den Jahren 1970 bis 1972 habe der Verein bei einer Mitgliederzahl von 130 Personen Darlehensgelder in der Höhe von 250 000 Franken erhalten, weil viele Mitglieder *»in der Begeisterung an der eigenen Sache, grössere Summen dem Verein anvertrauten. (Auch die Töchter von Herrn*

*Liebling hatten sich gemeinsam mit einem ansehnlichen Betrag be-
teiligt.)«* Mit diesen Geldern und mit Darlehen von Friedrich Lieb-
ling seien vom Verein drei Liegenschaften erworben worden. *»Der
Verein, das heisst die Teilnehmer und Mitarbeiter der Psychologischen
Lehr- und Beratungsstelle, renovierten die erworbenen Häuser, richteten sie für die Arbeit her und sorgten für den Unterhalt.«* Ebenso
sei es auch mit den gemieteten Räumlichkeiten gemacht worden.
*»Der Psychologischen Lehr- und Beratungsstelle wurden also vom
Verein alle Räumlichkeiten samt Einrichtungen und Unterhalt zur
Verfügung gestellt. Herr Liebling entgalt diese Leistungen durch Jahres-
mieten. Des weiteren organisierte der Verein die Kongresse, die Tagungen und die Kinderferien.«*[50]

Friedrich Liebling habe sich auch zur Zeit des Vereins stets Gedanken über die Zukunft der materiellen Grundlage der *»Zürcher
Schule«* gemacht. *»Es war vorauszusehen, dass ohne seine freiheitliche Führung bald Spannungen unter den Teilnehmern entstehen
könnten. Durch die Errichtung einer öffentlich beurkundeten Stiftung
bestand die Hoffnung, diese Gefahr bannen zu können.«* Am 11.6.1974
sei die Stiftung Psychologische Lehr- und Beratungsstelle notariell
beglaubigt worden, im Oktober desselben Jahres der Aufsicht des
Bundes unterstellt, und die Gemeinnützigkeit der Stiftung sei anerkannt worden.

*»Vor der Errichtung der Stiftung gingen alle Begleichungen von
Honorarrechnungen der Psychologischen Lehr- und Beratungsstelle
auf das Konto von Friedrich Liebling; nachher wollte Herr Liebling,
dass alle Honorarrechnungen, welche Leistungen seiner Mitarbeiter
betreffen, mit Einzahlungsscheinen der Stiftung zu versehen seien. Er
selber wollte nur noch für Gespräche honoriert werden, an denen er
unmittelbar beteiligt war. (Von den Geldbeträgen, welche durch Begleichung von Rechnungen der Mitarbeiter eingingen, hatten diese
ein Anrecht auf einen Anteil von 20 %).«*

Durch die Begleichung von Honorarrechnungen und die Durchführung der Kongresse seien hohe Geldbeträge in die Stiftung geflossen. Demgegenüber seien die Ausgaben durch die symbolische
Entschädigung der Mitarbeiter und die tief gehaltenen Unkosten
bei der Verwaltung gering gewesen. So sei in den Jahren 1974 bis
1979 ein Betrag von ungefähr 4,4 Millionen Franken entstanden.

*»Diese grossen Überschüsse, welche in den Jahresberichten an das
Eidgenössische Departement des Innern in Bern figurierten, riefen
den Fiskus auf den Plan. Das Kantonale Steueramt teilte 1979 der Stiftung mit, die Steuerbefreiung sei aufgehoben, da die hohen Gewinne
einem gemeinnützigen Charakter zuwiderlaufen.«* Dieser Entscheid,
der angefochten worden sei, habe Friedrich Liebling sehr beschäftigt. Dieser habe dann eine neue finanzielle Regelung getroffen:
*»Er einigte sich mit den einzelnen Mitarbeitern dahingehend, wieder
alle Zahlungen (wie zu Zeiten des Vereins) auf sein Postcheckkonto
gehen zu lassen. Er entgalt von nun an die Leistungen der Stiftung
gegenüber der Psychologischen Lehr- und Beratungsstelle durch ortsüb-
liche Jahresmieten. Diese erreichte 1980 den Betrag von CHF 600 000.-
und wurde für 1981 beibehalten.«*[51]

In einem weiteren Abschnitt erklärte Leopold König, der Anwalt der Töchter Friedrich Lieblings habe bereits in einem Kurzprotokoll einer Besprechung im Juni 1982 festgehalten, dass die
allgemeine Feststellung, wonach 75 % des Stiftungsvermögens von
den Erbinnen beansprucht werden könne, nicht zutreffe; vielmehr müsste untersucht werden, welche Zuwendungen in den
letzten fünf Jahren vor Friedrich Lieblings Tod an die Stiftung erfolgt
seien und wie weit diese den Pflichtteilsanspruch der beiden Erbinnen verletzten. Und König fügte an, dass solche Zuwendungen
nicht gemacht worden seien, was nachprüfbar sei: *»Wieso kann
Frau Dr. Lillian Rattner, um ihre und ihrer Schwester gute Absichten
zu unterstreichen, heute behaupten, sie hätten nie beabsichtigt, ihr
Anrecht auf 75 % des Stiftungsvermögens geltend zu machen, wo sie
doch seit Sommer 1982 weiss, dass gar kein Anspruch besteht. Was
soll das? Besonders auch, wenn man es in Zusammenhang stellt zur
Behauptung, die ebenfalls öffentlich von Frau Dr. Rattner im Mai ds.
aufgestellt wurde: ›Herr König hat sich wohl nicht vorstellen können, dass die zwei Erbinnen so grosszügig sein könnten.‹ – So eine
schlechte Gesinnung soll Herr König haben!«*

Zum Schluss führte er aus, dass er *»trotz der schändlichen Ver-
unglimpfungen und Verleumdungen, die sich seit Jahren über mich
ergossen haben, keinen persönlichen Groll gegen irgendjemanden
hege.«* Er gab zu bedenken:*»Aber eines ist sicher, in der Stimmung, in
der die Arbeit an der Psychologischen Lehr- und Beratungsstelle 1982*

und 83 geführt wurde, kann keine Menschlichkeit, kann keine Psychologie gedeihen. Das muss zuerst von Grund auf geändert werden, wenn die Arbeit im Sinn und Geist unseres Lehrers Friedrich Liebling wieder möglich werden soll.«[52]

Aus dieser Stellungnahme geht hervor:

- Leopold König spricht von *»grosse, gemischte Gesellschaft«*, *»Forschungsgemeinschaft«*, *»freies Gespräch unter gleichwertigen Beteiligten«*. Es sei ein wesentliches Anliegen Friedrich Lieblings gewesen, *»die Arbeit und deren Früchte in die Hände der Teilnehmer an dieser Arbeit zu legen«*. Träger der psychologischen Arbeit war also seiner Meinung nach eine Gemeinschaft. Es fällt auf, dass er nie von *»Firma«*, *»Einzelfirma«* oder *»Einzelpraxis«* spricht.

- Weiter wird durch seine Ausführungen klar, in welcher Weise die interne Ordnung der finanziellen Verwaltung vonstattenging. Die Gelder, die für Leistungen der Mitarbeiter eingingen, wurden von Friedrich Liebling und den mit dieser Aufgabe betrauten Mitarbeiter/innen[53] fiduziarisch verwaltet und in Form von ortsüblichen Mietzinsen an das Stiftungskonto überwiesen. Wie aufgrund der Einzahlungsscheine jedermann bekannt war, hiessen die Konti »Friedrich Liebling, Psychologische Lehr- und Beratungsstelle« und »Stiftung Psychologische Lehr- und Beratungsstelle«. Da in beiden Bezeichnungen der Name »Psychologische Lehr- und Beratungsstelle« enthalten war, verwendeten die mit den Finanzen befassten Personen intern die Bezeichnung *»Konto Friedrich Lieblings«* beziehungsweise *»Stiftungskonto«*. Ein drittes Konto war jenes der Monatsschrift und lautete »Psychologische Menschenkenntnis, Friedrich Liebling«. Der Name *»Friedrich Liebling«* im Namen der Konti deutete die fiduziarische Verwaltung durch Friedrich Liebling als Vertrauensperson der Gemeinschaft an. Das selbstverständliche Wissen über die Zweckgebundenheit dieser Gelder erklärt auch die Empörung, die viele Mitarbeiter erfasste, als bekannt wurde, dass – tatsächlich oder angeblich – Geld nach Amerika abgezogen worden sei.[54]

Verhandlung vom 2.7.1986 bei der Stiftungsaufsicht

Bei einer Verhandlung vom 2.7.1986 ging es wiederum um den Entwurf der Beweisverfügung. Anwesend waren als Vertreter der Stiftung Antonio Cho und Ernst Frei sowie die jüngere Stiftungsrätin Erika Vögeli und Stiftungsanwalt Dr. Jezler. Aufseiten der Beschwerdeführerinnen waren wie immer Jutta Siegwart-Gensch, ich und Anwalt Schaller, und aufseiten der Stiftungsaufsicht Fürsprecher Bernhard Hahnloser, Fürsprecher Peter Blessing und die Sekretärin.

Fürsprecher Hahnloser erklärte zu Beginn, die Diskussion einer Beweisverfügung sei nicht üblich, aber in schwierigen Fällen empfohlen; die Aufsichtsbehörde wolle wissen, in welcher Richtung Beweisabklärungen stattfinden sollten. Die Diskussion über die Beweisverfügung werde nicht protokolliert.

Unser Anwalt führte aus, es bedürfe eigentlich gar keiner Beweise mehr, da die Sache klar sei. Aus den Statuten und dem Briefwechsel bei Gründung der Stiftung gehe hervor, dass die Stiftung von allen Behörden klar als gemeinnützige Institution anerkannt worden sei. *»Als Sie, Herr Hahnloser, Zweifel hatten an der Gemeinnützigkeit, war es Ihre Pflicht, diese Zweifel mit dem Stiftungsrat abzuklären, und, falls sie begründet gewesen wären, ihn zu ermahnen, und, falls er nicht reagiert, ihn abzusetzen und eventuell einen neuen Stiftungsrat zur Erfüllung des gemeinnützigen Stiftungszwecks zu ernennen. Es durfte auf keinen Fall der andere Weg gewählt werden, nämlich bei der Steuerbehörde zu denunzieren und es dabei bewenden zu lassen.«*

Weiter erklärte er, es gehe nicht an zu sagen, die Psychologische Lehr- und Beratungsstelle sei eine Privatfirma gewesen. *»Wir weisen alle Verdächtigungen gegen Friedrich Liebling zurück, die darauf hinauslaufen, dass er als Betrüger hingestellt wird und dass die Töchter noch erben können.«* Es sei zu Lebzeiten Friedrich Lieblings nie von einer Privatfirma die Rede gewesen, auch wenn man im Namen nicht »Stiftung« schreibe, sei es trotzdem eine Stiftung. Deshalb müsse die Stiftung dafür sorgen, dass die AG aufgelöst werde, und man wieder zur gemeinnützigen Stiftungstätigkeit zurückkehre.

Die Entscheide, die Jutta Siegwart-Gensch und mich beträfen, müssten aufgehoben werden. *»Ich habe alles, was Sie, Herr Gene-*

ralsekretär, geschrieben haben, sehr ernst genommen. Es war ein
Fehler, die Klientinnen auf den Rechtsweg zu schicken. Ich habe nicht
gedacht, dass Sie eine derartige Autorität haben. Es ist so: Solange Sie
nicht entscheiden, es gebe keine Privatfirma, die Stiftung sei gemeinnützig, können Sie nicht von den Gerichten erwarten, auch nicht vom
Bundesgericht, dass diese von einer anderen Rechtsgrundlage ausgehen.« Das sei eine institutionelle Befangenheit, die als Verdächtigung da sei. Schon zu Lebzeiten Friedrich Lieblings habe es Dokumente über diese Befangenheit gegeben. Es gebe Ehrverletzungen,
bei denen die Zürcher Richter meinten, es seien keine Ehrverletzungen. »Weil man die Wahrheit nicht sehen will, werden gewisse
Leute fertiggemacht.«[55]

Mit dieser kurzen Rede hatte unser Anwalt den ganzen mons-
trösen Unrechtszustand dargestellt und für uns, die Stiftung und
die AG einen Weg aufgezeigt, wie das Desaster beendet werden
könnte. Ich war glücklich und dankbar für seine treffenden und
ehrlichen Worte. Fürsprecher Hahnloser darauf trocken: »Wir sind
immer noch bei der Beweisverfügung.«[56] Er diktierte der Sekretärin:
»RA Schaller erklärt, sämtliche Beweise seien in den Akten vorhanden und die Beschwerdeführerinnen verzichteten deshalb entgegen
den früheren Anträgen auf irgendwelche weiteren Begehren bezüglich Beweisabnahme.«[57] Rudolf Schaller berichtigte, er meine, dass
aufgrund der Akten jetzt bereits im Sinne von uns Beschwerdeführerinnen entschieden werden könnte. Er halte aber an den bisherigen Beweisanträgen fest.

Der Stiftungsanwalt wiederholte danach mehrmals, die Psychologische Lehr- und Beratungsstelle sei juristisch als Einzelfirma
Friedrich Lieblings geführt worden. Als Jutta Siegwart-Gensch und
ich protestierten, das sei unwahr und ehrverletzend, drohte uns Fürsprecher Hahnloser mit einer Busse und der Ausweisung aus dem
Sitzungszimmer. Dies wurde im Protokoll vermerkt. Dr. Jezler wehrte sich sowohl gegen eine Buchhaltungsexpertise als auch gegen den
Beizug der Steuerakten; stattdessen verlangte er die Einvernahme
von Zeugen. Nach einer längeren Diskussion wurden als Beweismittel Zeugenbefragungen, der Beizug der Steuerakten sowie der Protokolle des Stiftungsrates notiert. Danach schritt Fürsprecher Hahnloser zur Parteienbefragung. Von da an wurde wieder protokolliert.

Er wandte sich in einem überraschend scharfen Verhörton an Jutta Siegwart-Gensch und fragte, wo sie geboren und aufgewachsen sei, wo sie studiert und wann sie abgeschlossen habe.[58] Jutta Siegwart-Gensch antwortete, sie verzichte auf eine Antwort, da es sich bei der Stiftung um einen offenen Destinatärkreis handle und es daher nicht auf Herkunft und Berufsstand ankomme. Im Protokoll liess Fürsprecher Hahnloser festhalten, Jutta Siegwart-Gensch »*verweigert die Fragen über ihre Herkunft, über ihr med. Studium*«.[59] (Einige Tage später reichte sie Kopien der Urkunden über die Verleihung ihres Doktortitels und ihrer Arztapprobation sowie ihrer Arbeitszeugnisse von Schweizerischen Spitälern und Praktikumsbestätigungen nach. Daraus ging hervor, dass sie 1945 in Herzberg, in der damaligen DDR, geboren wurde, an der Freien Universität Berlin studiert und sowohl – als Studentin – in Deutschland als auch – als Ärztin – in der Schweiz gute Arbeitszeugnisse erhalten hatte.)

Bei der weiteren Befragung durch Fürsprecher Hahnloser gab sie auf alles Auskunft: Wann sie Friedrich Liebling kennengelernt habe, die Art ihrer Zusammenarbeit mit ihm, ihr Stipendium von der Stiftung für die Teilnahme am Ausbildungslehrgang, den monatlichen Unkostenbeitrag, die Bestätigungen, die sie für die Psychologische Lehr- und Beratungsstelle ausgestellt hatte usw.

Die Frage, wo Friedrich Liebling gearbeitet habe, bezeichnete Fürsprecher Hahnloser als »*Kardinalfrage*«. Jutta Siegwart-Gensch antwortete, er habe seine Lehr- und Beratungstätigkeit an den verschiedensten Orten ausgeübt, innerhalb und ausserhalb der Stiftungsräume, auch in Restaurants und auf Spaziergängen. Ernst Frei erklärte zur gleichen Frage: »*Herr L. hatte später seinen Hauptpraxisraum an der Susenbergstrasse 53, 1. Stock. Dort empfing er die Hilfesuchenden zur psychologischen Beratung, ähnlich wie ein Arzt in seiner Praxis. Er hat überdies auch Gruppentherapie betrieben in grösseren Räumen an der Seestrasse 110, dort auch Weiterbildung.*«[60]

Jutta Siegwart-Gensch zum Archiv: »*1977 habe ich mit Tonbandaufnahmen angefangen. Das Gerät und die Bänder habe ich selbst gekauft und selbst bezahlt. Die Tonbänder kamen in ein Archiv, das ich selber verwaltete in einem Raum der Stiftung. Später hat die Stiftung Bänder angeschafft sowie einen Kopierapparat. Die Bänder wurden gegen eine Leihgebühr ausgeliehen, so dass weitere Anschaffungen aus diesen Leihgebühren finanziert werden konnten. Mitarbeiter der Stiftung [...] haben die Ausleihe betrieben und die Leihgebühren einkassiert.«* Demgegenüber berichtete Ernst Frei: »*Wir haben übrigens alle, als die Kassettengeräte aufkamen, solche Aufnahmegeräte besessen und Aufnahmen von öffentlichen und der Öffentlichkeit zugänglichen Gesprächen gemacht. Das war nicht anders, als was Frau Dr. Siegwart ebenfalls tat. Sehr viele Teilnehmer haben sich ein kleines Archiv persönlich angelegt.«* Und: »*Jeder von uns hatte ein Gerät und hat aufgenommen, überall, auf Spaziergängen, und ausgewertet.«*[61] Demnach hatte auch er eingeräumt, dass Friedrich Liebling nicht nur im »*Hauptpraxisraum*« Gespräche führte; diese Aussage wurde jedoch nicht protokolliert.

Nachdem Ernst Frei erklärte, er habe immer für Liebling gearbeitet, stellte Fürsprecher Hahnloser, nach Hinweis auf die Wahrheitspflicht, die Frage: »*Wie sehen Sie das, waren das Aufträge, die Herr Liebling namens der Stiftung machte, oder war das eine eigene Praxis? Herr Liebling hat von 74–77 keine eigenen Steuern bezahlt.«* Darauf erwiderte Ernst Frei: »*Er hat für alle Jahre Steuern bezahlen müssen für seine Privatpraxis; er hat vor und nach der Gründung der Stiftung unverändert gearbeitet. Er hat der Stiftung Geld geschenkt.«* Bernhard Hahnloser fragte, ob es Indizien für die Getrenntheit zwischen Stiftung und »*Privatpraxis*« gegeben habe. Ernst Frei antwortete: »*Liebling hat nie im Stiftungsrat wichtige Entscheidungen getroffen, z.B. ob er Stipendien bezahlt oder nicht, sondern allein entschieden.«*[62]

Nun legte ihm Anwalt Schaller als Gegenbeweis einige Stiftungsratsprotokolle vor, in denen wichtige Entscheidungen getroffen worden waren, beispielsweise die Beschlüsse betreffend der Entschädigung der Mitarbeiter[63] und Einreichen der Ehrverletzungsklage gegen die beiden Journalisten des »Tages-Anzeiger«.[64] Ernst Frei konnte sich nicht daran erinnern. Darauf meinte Fürsprecher Hahnloser zu Anwalt Schaller: »*Wenn ich zur Wahrheit ermahne, dann ist das moralisch gemeint. Hören wir auf, unter Druck zu setzen.«*[65] Als Nächstes legte ihm Rudolf Schaller das Protokoll des Stiftungsrats vom 5.1.1979 über die Ausschussregelung vor. Ernst Frei erinnerte sich, dass »*eine Baukommission gebildet worden ist, an Details erinnere ich mich aber nicht mehr. Ich kann* mich nicht mehr an die Einsetzung eines Ausschusses erinnern, der die Kompetenzen des Stiftungsrates für den Fall übernehmen sollte, dass F.L. ausserstande wäre, die Stiftung zu leiten.«[66] Rudolf Schaller fragte weiter: »Wurde über die psychologische Beratung im Stiftungsrat gesprochen?«[67] Nun erinnerte sich Ernst Frei daran, dass er noch einen Termin habe und deshalb unbedingt auf den Zug müsse. Daraufhin wurde das Treffen beendet.

Offener Brief vom 21.7.1986 an Bundespräsident Dr. Alphons Egli

Bereits Ende Mai 1986 hatte uns Peter Fuchs von mehreren Personen berichtet, die seit unserem Ausschluss durch Krankheit oder Suizid gestorben waren. Als wir erneut aus der Zeitung vom Tod eines ehemaligen Bekannten erfuhren, schrieben wir am 21.7.1986 einen offenen Brief an Bundesrat Egli; dieser war in jenem Jahr auch Bundespräsident. Eine Kopie davon sandten wir an verschiedene Persönlichkeiten, mit denen wir in Verbindung standen und die wir über unsere Bemühungen von Zeit zu Zeit orientierten.

»Wir beklagen den Tod von sechs mit der Stiftung Psychologische Lehr- und Beratungsstelle in Verbindung stehenden Menschen, die sich Kennern als Opfer eines Verbrechens gegen die Menschlichkeit offenbaren, um dessen Beseitigung wir uns seit über drei Jahren bemühen.«[68] Wir fuhren fort, dass wir dem hochgeachteten Bundespräsidenten sechs Abhandlungen des Stifters Friedrich Liebling unterbreiten möchten, worin dieser seine Intention und Gesinnung zum Ausdruck gebracht habe. Wir baten ihn, sich selber von den wertvollen Absichten des Stifters und dem gemeinnützigen Wesen seines Werkes zu überzeugen.[69]

Auf der letzten Seite schrieben wir: »Der Zweck der Stiftung Psychologische Lehr- und Beratungsstelle ist es, Wissen über die Natur und Reaktionsweise der menschlichen Seele zu vermitteln, damit das menschliche Zusammenleben fruchtbarer, reicher und beglückender gestaltet werden kann. Durch die verheerende Schädigung dieses Werkes, welche menschliches Leid, Verzweiflung und Tod zur Folge hat, konnte dieser Zweck nicht krasser ins Gegenteil verkehrt werden.«[70] Wir baten den Bundespräsidenten, er möge nun endlich für die Respektierung des Stifterwillens sorgen und den statutengemässen Zustand der Stiftung Psychologische Lehr- und Beratungsstelle wiederherstellen, damit diese ihre Tätigkeit zum Wohl der Allgemeinheit und zum Fortschritt kultureller Entwicklung wieder aufnehmen könne.

Unser Appell verhallte ungehört.

Gründung des »Verein zur Förderung der Psychologischen Menschenkenntnis«

Kurze Zeit später, am 10.8.1986, gründeten ehemalige Mitarbeitende und Teilnehmer, die im April 1986 die AG verlassen hatten, den *»Verein zur Förderung der psychologischen Menschenkenntnis«*. In der Gründerversammlung und den ersten Statuten war der Name als *»Zürcher Schule Friedrich Liebling – Verein zur Förderung der psychologischen Menschenkenntnis«* bezeichnet worden. Bei der nächsten Vereinsversammlung am 24.8.1986 wurde eine Neufassung der Statuten ohne Gegenstimme gutgeheissen. Darin fehlte der erste Teil des Namens und der Buchstabe P wurde zusätzlich gross geschrieben. Später wurde der Verein unter der Abkürzung *»VPM«* bekannt.

Gemäss Artikel 1 der Statuten vom 24.8.1986 hatte der Verein seinen Sitz in Zürich. Unter Artikel 2 wurde der Zweck des Vereins folgendermassen bestimmt:

»Der Zweck des Vereins besteht in der Weiterführung der von Friedrich Liebling in der Psychologischen Lehr- und Beratungsstelle aufgebauten und geführten Lehr-, Forschungs- und Beratungstätigkeit in folgenden Bereichen:

- *Ehe- und Erziehungsberatung*
- *Berufs- und Studienberatung*
- *Erteilung von psychologischer Lernhilfe*
- *Psychotherapie*
- *Gruppentherapie in Klein- und Grossgruppen*

Der Verein kann seine Mittel auch einsetzen für Forschung, wissenschaftliche Veröffentlichungen, Aus- und Weiterbildung mit Gewährung von Stipendien und Studiendarlehen, Druck und Verlag von

*Broschüren, Zeitschriften und Büchern, Finanzierung von Beratungs-
und Schulungsräumlichkeiten sowie die Durchführung von Tagungen, Seminarien und Kongressen zur Förderung der psychologischen
Erkenntnisse. Der Verein verfolgt ausschliesslich und unmittelbar gemeinnützige Zwecke.«*

In Artikel 5 wurde die Mitgliedschaft festgelegt: »*Mitglied
kann jede natürliche oder juristische Person werden, die über längere
Zeit das Anliegen des Vereins ernsthaft, in Kooperation mit den Vereinsmitgliedern und unter fachlicher Anleitung mitgetragen und gefördert hat.*« Und Artikel 6 bestimmte: »*Der Vorstand kann mit Einstimmigkeit Mitglieder, die schwerwiegend gegen den Vereinszweck
verstossen, ohne Begründung von der Mitgliedschaft ausschliessen.
Der Ausschluss ist der Generalversammlung bekanntzugeben. Der
Entscheid des Vorstands kann mit einfachem Mehr einer Generalversammlung zur Neuüberprüfung an den Vorstand zurückgewiesen
werden. Der anschliessend daran gefasste Beschluss des Vorstandes
ist endgültig.*«[71] Gemäss Vereinsprotokoll vom gleichen Tag wurde beschlossen: »*Alle Gruppen und Seminare im Rahmen des Vereins werden unter der fachlichen Anleitung von Frau Dr. Annemarie
Buchholz-Kaiser durchgeführt.*«[72]

Es fällt auf, dass der Zweck des Vereins – abgesehen von un-
bedeutenden Wortveränderungen – identisch mit dem Zweck der
Stiftung Psychologische Lehr- und Beratungsstelle war. Durch die
Bestimmungen über die Mitgliedschaft und über den Ausschluss
war der Willkür von Anfang an Tür und Tor geöffnet. Oppositionel-
le Kräfte würde es in diesem Verein kaum geben; einerseits wurden sie nicht aufgenommen, und, falls sie aufgenommen waren,
konnten sie ohne Begründung ausgeschlossen werden. Die Ausgrenzung bei abweichender Meinung war ein Hauptmotiv, weshalb die Vereinsmitglieder im April 1986 aus der »*Psychologischen
Lehr- und Beratungsstelle Friedrich Liebling AG*« ausgetreten waren.
Hier im Verein war nun der Ausschluss sogar ohne Begründung
möglich.

Klare Beweise: Steuerakten der Stiftung

Schon mit Beweisverfügung vom 3.7.1986 hatte Fürsprecher Hahnloser angeordnet, die Steuerakten und die Stiftungsratsprotokolle
als Beweismittel beizuziehen.[73] Nach mehreren Nachfragen erhielten wir am 10.9.1986 jene Stiftungsratsprotokolle, die Rudolf
Schaller bereits mit unserer Stiftungsaufsichtsbeschwerde 1984
ausgewertet und eingereicht hatte. Aktuellere Stiftungsratsprotokolle bekamen wir nicht, auch die Steuerakten fehlten.

Gleichzeitig setzte Fürsprecher Hahnloser eine neue Verhandlung auf den 15.10.1986 fest, an der am Vormittag ab 10 Uhr und am
Nachmittag ab 14 Uhr folgende »*Auskunftspersonen*« befragt werden
sollten: der neu gewählte Stiftungsratspräsident Jürg Aeschlimann,
die neu gewählte Vizepräsidentin Erika Vögeli, der dritte zeichnungsberechtigte Stiftungsrat Robert Bloch sowie Annemarie Buchholz-Kaiser, Antonio Cho, Leopold König, Peter Fuchs, Karl Sonderegger und Bruno Paglia, Inhaber eines Treuhandbüros, das seit 1978
als Kontrollstelle die Jahresrechnungen der Stiftung prüfte.[74]

Nach nochmaliger Bitte wurde unserem Anwalt endlich am
18.9.1986 ein Teil der Steuerakten – die Steuereinschätzungsakten –
der Stiftung zugestellt. Es fehlten aber die Akten betreffend Erteilung und Aufhebung der Steuerbefreiung, die beim Kantonalen
Steueramt Zürich, beim Verwaltungsgericht des Kantons Zürich
und beim Bundesgericht vorhanden sein mussten.

Aus den Steuereinschätzungsakten erfuhren wir bereits wichtige Tatsachen: Aus einem Formular des Kantonalen Steueramtes
vom 16.8.1983 ging hervor, dass Fürsprecher Hahnlosers Anzeige
vom 25.7.1977 als »*Entdeckung einer Steuerhinterziehung*« galt.[75]
Ein weiteres wichtiges Dokument war eine mehrseitige »*Aufstellung zum Nachsteuerverfahren der Stiftung 1974–76*«, datiert vom
7.7.1983. Darin wurde mitgeteilt, sowohl die Mitarbeiter als auch
Friedrich Liebling hätten auf Honorarzahlungen verzichtet.[76] Von
grosser Bedeutung war auch eine handschriftliche Aufstellung aller Daten des Verfahrens über den Verlust der Steuerbefreiung bis
zum Bundesgerichtsentscheid; dort war notiert, es sei am 12.4.1979
eine interne Mitteilung ergangen, die Steuerbefreiung sei aufzuheben.[77] Woher diese interne Mitteilung gekommen war, konnten wir
nicht feststellen. Auffällig war aber, dass damals das Verfahren be-

reits seit eineinhalb Jahren beim Steueramt pendent war und diese interne Mitteilung kurz nach der Kampagne in der »Leser-Zeitung« erfolgte, bei der der Steuerausweis Friedrich Lieblings veröffentlicht und somit der Verdacht der Steuerhinterziehung öffentlich aufgebracht worden war. Aus einem weiteren Dokument konnten wir erkennen, dass gegen Friedrich Liebling sogar ein Steuerhinterziehungsverfahren erwogen wurde.[78] Zudem lag an prominenter Stelle der Artikel »Lebenshilfe vom Zürichberg«.

Da aber die Akten betreffend Erteilung und Aufhebung der Steuerbefreiung noch immer fehlten und der 15.10.1986, der Tag der Einvernahme der *Auskunftspersonen*«, näher rückte, baten wir um sofortige Zustellung jener Akten. Nachdem wir keine Antwort erhielten, musste unser Anwalt um Verschiebung der Verhandlung bitten. Wir waren nicht bereit, ohne Beweise dazustehen. Fürsprecher Hahnloser sagte also die Verhandlung am 13.10. per Expressbrief an die Parteien und »*Auskunftspersonen*« ab, versehen mit einer Fussnote an unseren Anwalt, die somit allen Empfängern bekannt wurde: »*Die Steuerakten mit Einschluss derjenigen der Steuerbefreiung wurden Ihnen am 18. September 1986 zugestellt. Wir bitten Sie, diejenigen Akten zu bezeichnen, die nach Ihrer Auffassung fehlen sollen.*«[79] Rudolf Schaller protestierte, er habe die Akten betreffend Steuerbefreiung nicht erhalten und hakte wiederholt nach.[80]

Mit einem Schreiben des EDI vom 29.12.1986 erhielten wir einen weiteren Teil der Akten: den Rekurs der Stiftung vom 25.5.1979 und die Staatsrechtliche Beschwerde der Stiftung vom 12.5.1980. Diese Dokumente widerlegten die Behauptung des Stiftungsrats und dessen Anwälten, wonach Ratsuchende und Mitarbeiter nicht mit der Stiftung, sondern mit einer Einzelfirma in Rechtsbeziehung getreten seien. So hatte die Stiftung im damaligen Rekurs klargestellt, jedermann sei berechtigt, ihre Dienste in Anspruch zu nehmen. Und weiter: »*Niemand in der Stiftung verfolgt individuelle Interessen. Jeder Franken soll allein den vielen Hilfesuchenden zugute kommen.*«[81] Und in der damaligen Staatsrechtlichen Beschwerde sprach die Stiftung ausdrücklich davon, dass ihre Leistungen einem offenen Destinatärkreis zugutekämen. Auch führte sie aus, dass sie »*weder ein gewerblicher Betrieb ist, noch einen solchen betreibt*«. Sie rügte die Rechtsprechung des Verwaltungsgerichts als willkürlich, weil dieses einen Entscheid, der für eine AG zutreffe, unrealistisch und materiell unangepasst auf die Stiftung angewendet habe. Und zum Abschluss hielt die Stiftung fest, dass vom Entscheid »*Tausende von Menschen*«[82] betroffen wären.

Nach Erhalt dieser beiden Rechtsschriften der Stiftung drückte Anwalt Schaller am 12.1.1987 gegenüber der Stiftungsaufsicht seine Empörung darüber aus, dass die Wiederherstellung des gesetz- und statutenmässigen Zustandes der Stiftung unverantwortlich verschleppt werde. Die vom Stiftungsrat in die Welt gesetzte Unwahrheit von einer angeblichen »*Einzelfirma des Stifters*« erweise sich aufgrund dieser Rechtsschriften als »*wider besseres Wissen aufgestellte Behauptung, welche mit der tatsächlichen Situation der Stiftung zu Lebzeiten des Stifters in klarem und offensichtlichem Widerspruch*«[83] stehe. Die in jenen Rechtsschriften aufgeführten Zeugen seien als Auskunftspersonen zum voneherein unglaubwürdig und befangen, weil sie Mittäter der Verleumdung des Stifters nach dessen Tod und der Schädigung der Stiftung durch Gründung oder Duldung der statuten- und sittenwidrigen AG seien. Ebenfalls komme die Kontrollstelle als Auskunftsperson nicht infrage, da sie vom Stiftungsrat fehlinformiert und daher befangen sei.

Nach etlichen weiteren Bittgesuchen erhielten wir mit einem Schreiben des EDI vom 19.3.1987 auch die Akten über die Erteilung und Aufhebung der Steuerbefreiung, hinzugezogen von der Rechtsabteilung des Kantonalen Steueramtes Zürich. Darin befand sich an erster Stelle das Original der Aktennotiz vom 25.7.1977 über die Anzeige von Fürsprecher Hahnloser. Bisher kannten wir deren Inhalt nur aus den Urteilen des Verwaltungsgerichts vom 16.8.1979 und des Bundesgerichts vom 13.4.1983. Dort war aber jeweils nur der erste Absatz wiedergegeben worden. Nun hiess es in einem zweiten Absatz: »*Bei dieser Sachlage drängt sich eine Kontrolle der Steuerbefreiung auf. Wir teilen Fürsprecher Hahnloser mit, dass wir in der nächsten Zeit ein Überprüfungsverfahren über die der Stiftung mit Verfügung der Finanzdirektion vom 17. Oktober 1974 gewährte Steuerbefreiung eröffnen werden.*«[84]

Demnach hatte Eugen Gallasz, der zuständige juristische Sekretär der Rechtsabteilung des Kantonalen Steueramtes, die Anzeige der Aufsichtsbehörde als »*Sachlage*« betrachtet, die eine Kontrolle

der Steuerbefreiung aufdränge. Und Fürsprecher Hahnloser war
über die Einleitung dieses Verfahrens informiert worden.

Aus den weiteren Akten sahen wir, dass lediglich die Jahresberichte und die Jahresrechnungen der Stiftung 1974/75, 1976 und 1977
in die Untersuchung einbezogen wurden. Die Anzeige wurde der
Stiftung nicht bekannt gegeben, es wurden keine weiteren Unterlagen verlangt, und weder Friedrich Liebling noch andere für die
Stiftung tätigen Personen wurden zu den Vorwürfen befragt.

Auch die Vernehmlassung der Rechtsabteilung des Kantonalen Steueramtes vom 19.6.1979 zum Rekurs der Stiftung war uns
neu. Hier tauchte zum ersten Mal die Behauptung auf, die Stiftung verschaffe sich ihre Mittel »*im wesentlichen mittels eines nach
kaufmännischen Grundsätzen geführten Betriebes*«, und dieser Betrieb unterscheide sich »*im wesentlichen nicht von anderen, nach
kaufmännischer Art geführten, gewinnstrebenden Schulinstituten
wie z.B. Institut Juventus, Minerva, Akademikergemeinschaft für
Erwachsenenfortbildung AG usw*«.[85]
Weiter enthielten diese Akten ein Dokument, das die schwerwiegende Verdächtigung und Beschuldigung des Steueramts gegenüber Friedrich Liebling und der Stiftung belegte. Dieses Dokument entstand so: Nachdem Jutta Siegwart-Gensch und ich vom
Verlust der Steuerbefreiung der Stiftung erfahren hatten, stellten
wir am 8.8.1985 ein Gesuch um Revision jenes Verfahrens. Anwalt
Schaller wies in einer Replik vom 24.10.1985 unsere Legitimation
für dieses Revisionsgesuch nach. Darin widerlegte er die Behauptung, Friedrich Liebling habe die Psychologische Lehr- und Beratungsstelle als Einzelfirma geführt. So schrieb er, es werde Friedrich Liebling mit dieser Behauptung unterstellt, er habe mit der
Stiftung »*die Gemeinnützigkeit seiner Tätigkeit vorgespiegelt*«. Daneben stand nun handschriftlich vom Steuersekretär: »*das stimmt
aber.*« Weiter standen neben dem Namen »*Psychologische Lehr- und
Beratungsstelle*« die Bemerkungen: »*Einzelfirma F. Liebling*« und
»*Privatgeschäft F. Liebling*«.[86] Diese Notizen dokumentieren, in
welch krasser Weise das Steueramt die Unschuldsvermutung gegenüber Friedrich Liebling verletzte.

Bei einer Akteneinsicht am 24.3.1987 bei der Stiftungsaufsicht erhielten Jutta Siegwart-Gensch, Anwalt Schaller und ich drei Stellungnahmen zur Kenntnis, die 1986 an das EDI gerichtet worden waren. Darin äusserten sich Karl Sonderegger, Leopold König und Erna Grob-Liebling zur gegenwärtigen Entwicklung.

Karl Sonderegger ersuchte am 22.9.1986 Fürsprecher Hahnloser, nicht am 15.10.1986 zur vorgesehenen – und dann wieder abgesagten – Befragung erscheinen zu müssen. Er wolle »*mit dieser lausigen Sache*« nichts mehr zu tun haben. »*Ich bin am 1.2.1983 mit Protest aus dem Stiftungsrat ausgetreten, weil eine offene Diskussion über die ganze Problematik überhaupt nicht möglich war und es offenbar bis heute nicht ist. Rein rechtlich hat der Stiftungsrat seine Aufsichtspflichten sicher bis heute kaum verletzt, weil die Stiftungsurkunde ja nur festlegt, dass die Stiftung die PLUBS mit allen Mitteln unterstützen muss. Der ganze Streit und Diskussion geht um die Frage, in welchem Geist und wie wird die PLUBS geführt und geleitet.*« Dieser letzte Satz wurde von der Stiftungsaufsicht unterstrichen.

Weiter erklärte Karl Sonderegger, es habe ihm »*im tiefsten Herzen weh getan, wie man die Stiftung im Laufe des Jahres 1982/83 zugunsten der PLUBS ihrer natürlichen Einkünfte (Mieten) systematisch beraubte mit dem fadenscheinigen Argument, man wolle ihr wieder die Gemeinnützigkeit verschaffen*«. Inzwischen hätten sich die Direktoren zerstritten, wobei Annemarie Buchholz-Kaiser den Anspruch erhebe, im Sinn Friedrich Lieblings zu arbeiten. Vor vier Jahren sei sie sich aber mit den Töchtern Friedrich Lieblings und anderen »*Fortschrittlern*« völlig einig gewesen, dass man alles ganz anders machen müsse. »*Es spielen nach wie vor reine Machtüberlegungen, und eine offene Diskussion über die ganze Sache ist überhaupt nicht möglich. Ich schlage Ihnen als Aufsichtsorgan der Stiftung deshalb vor, die Entwicklung der Sache noch über Jahre abzuwarten und vorher gar nicht zu handeln mit einer Neuverteilung der Häuser (beispielsweise). So wie ich die Sache abschätze, wird es insbesondere im Lager Buchholz zu weiteren Spaltungen kommen.*«

Es sei für ihn die bitterste Erfahrung seines Lebens, dass sich die grosse Sache Friedrich Lieblings unter seinen Nachfolgern derart katastrophal entwickelt habe. Zum Schluss ersuchte er darum, seine Ausführungen nur den Berechtigten zum Einblick zu öffnen, *»da insbesondere Frau Buchholz in der Lage ist, aus jeder Aussage die grösste Hetzkampagne und Verleumdung loszulassen gegen ihr unliebsame Personen«.*[87] Er bat die Aufsichtsbehörde für den Fall, dass sie weitere Auskünfte benötige, ihm diese schriftlich zu stellen, da er beruflich sehr engagiert sei.

* |

Mit einer Eingabe gelangte Leopold König am 21.12.1986 erneut an die Stiftungsaufsicht. Darin verwahrte er sich gegen diffamierende Äusserungen über ihn und andere. Da diese seit 1982 begonnen hätten und kein Ende nähmen, habe er sich jetzt entschlossen, öffentlich zu den Vorwürfen Stellung zu beziehen. Er verwies auf einen beigelegten Brief an zwei langjährige Mitarbeiter, wobei Namen und Adressen abgedeckt waren.

In seinem Brief bezog er sich auf ein Schreiben, das er im Frühjahr 1983 von den beiden Adressaten erhalten habe. *»Darin bezichtigten Sie mich, ich wäre hinter dem Geld der Psychologischen Lehr- und Beratungsstelle her gewesen. Ihre Entrüstung und Abschätzigkeit haben Sie wohl zum Ausdruck gebracht, wann und auf welche Weise ich versucht haben soll, an Geld der Beratungsstelle zu gelangen, haben Sie aber nicht angegeben. Die Antwort auf diese Frage – die den Beweis für die rufmörderische Anklage liefern müsste – ist m. W. bis jetzt nicht gegeben worden, obschon ich zu mehreren Malen (zuletzt in meinem Brief vom 16. August 1986 an Dr. Annemarie Buchholz-Kaiser) ein Verfahren zur Klärung der Anschuldigungen gegen Leo König verlangt habe!«* Seine Enttäuschung und Resignation seien damals so gross und der Vorwurf so absurd gewesen, dass er nicht imstande gewesen sei zu antworten.

Dann nannte er einige Fakten: *»Ich habe im Sommer 1958 die Psychologische Lehr- und Beratungsstelle über Dr. Josef Rattner kennengelernt. [...] Ich war von jenem Zeitpunkt an ununterbrochen, d. h. während 25 Jahren – mein halbes Leben – Teilnehmer bzw. Schüler, und in der zweiten Hälfte dieser Zeitspanne Mitarbeiter der Psychologischen Lehr- und Beratungsstelle. Im Herbst 1973 habe ich meine Stelle als vollbeschäftigter und gewählter Berufsschullehrer (nach zehnjähriger erfolgreicher Lehrtätigkeit) aufgegeben, um am Aufbau*

*der Zürcher Schule als in Ausbildung befindlicher, vollbeschäftigter
Mitarbeiter tätig zu sein. – Folglich habe ich eine, auch in finanzieller Hinsicht, gesicherte Stellung aufgegeben, um, aus menschlicher
Faszination für das Wirken unseres Lehrers Friedrich Liebling, an
der Arbeit [...] teilnehmen zu können.«* Er habe dabei, wie viele Kollegen der damaligen Zeit, finanzielle Opfer nicht gescheut: »*Nach
den Unterlagen, die mir zur Verfügung stehen, habe ich von Herrn
Liebling die folgenden Beträge für meine Mitarbeit erhalten: 1973,
1974 und 1975 keine Entschädigung, 1976 und 1977 je CHF 10 000, 1978
CHF 14 000, 1979 CHF 20 000, 1980 CHF 25 000 und 1981 CHF 30 000. Das
macht ein Total von CHF 109 000 oder im Durchschnitt der Jahre 1976
bis und mit 1981 etwa CHF 1500 pro Monat (wenn man die Jahre 1973,
1974 und 1975 als unentgeltliche Lehrjahre betrachtet). [...] Man kann
unter diesen Umständen kaum sagen, der Leo König sei auf das Geld
aus, wenn er solche ›Entlöhnung‹ hinnimmt, nachdem er als Lehrer
etwa CHF 5500 im Monat verdient hatte.«*[88]

Über die Situation nach Friedrich Lieblings Tod schrieb er:
»*Dann ist unser Lehrer Friedrich Liebling am 28. Februar 1982 gestorben, und wir haben mit grosser Trauer und Enttäuschung mitansehen
müssen, wie unsere Arbeit von seinen Töchtern in Besitz genommen
wurde. Mit der beflissenen Hilfe der ›provisorischen Leitung‹ wurde,
in erschreckend kurzer Zeit nach dem Hinschied von Herrn Liebling,
der Boden, auf dem er in Jahrzehnten die Zürcher Schule aufgebaut
hatte, verlassen. Es wurden die Weichen gestellt für eine Akademi-
sierung der Arbeit, eine Hierarchie wurde errichtet, Positionen wurden vergeben und vor allem: Jeder Mitarbeiter und Teilnehmer der
Psychologischen Lehr- und Beratungsstelle, der sich nicht voll hinter
die neuen Verhältnisse stellen wollte, wurde unerbittlich überwacht,
verfolgt und ausgestossen.«* In Anbetracht der Tatsache, dass er
nicht mehr in Ausbildung gewesen sei, habe er für seine Arbeit
eine angemessene Entschädigung verlangt. Es sei ihm aber weiterhin eine Entschädigung von CHF 2500 pro Monat aufgezwungen
worden. Und nicht einmal diese habe er erhalten; heute müsse er
von den Erbinnen den Lohn für die Monate Januar und Februar
1983 gerichtlich einfordern.

Über seinen Zustand im Jahr 1983 heisst es: »*Ich war nach meinem Austritt [...] so angewidert vom Vorgehen der Leitung und der Er-*

binnen, dass ich keine Schritte unternehmen konnte und wollte, um das grosse Unrecht anzuprangern, das rundum geschah; nicht einmal Ihren Brief habe ich beantwortet. Ich konnte damals, in den Jahren 1983 und 1984 [...] mich nicht dazu entschliessen, öffentlich gegen die autoritäre Entwicklung unserer Arbeit aufzutreten und dadurch grosse Unruhen mit wahrscheinlich gefährlichen Folgen zu bewirken; ich wollte an keinem Gemetzel teilhaben.«[89]*

Jetzt werde er vonseiten des Vereins zur Förderung der Psychologischen Menschenkenntnis stärker denn je mit einer Flut von Schmutz zugedeckt. Hierauf zählte er einige *»Fragen«* auf, die an ihn gerichtet würden. Beispielsweise werde er angefragt, ob es stimme, dass er auf Einzahlungsscheinen von Zahlungen für die Stiftung Psychologische Lehr- und Beratungsstelle seine Initialen gesetzt habe, um spätere Machenschaften vorzubereiten. Er erklärte dazu, alle Mitarbeiter hätten auf Vorschlag Friedrich Lieblings ihre Initialen oder Namen auf die Zahlungsabschnitte gesetzt.[90] Weitere Fragen betrafen Gerüchte, wonach er eine Dokumentation gegen Annemarie Buchholz-Kaiser vorbereite bzw. einen Prozess gegen sie führe. Leopold König wies beides zurück und meinte, man solle sie nach entsprechenden Beweisstücken fragen. Als letzte Frage führte er auf, ob es stimme, dass Friedrich Liebling die Arbeit von ihm und Heinz Hug in kontrollanalytischer und administrativ-finanzieller Hinsicht schwer gerügt habe. Dazu schrieb er: *»Solche ausserordentlich belastende und rufmörderische Aussagen sollten selbstverständlich und unabdingbar von den Personen, die sie verbreiten, belegt werden müssen. Derart schwerwiegende Belastungen kann man nicht (in grobfahrlässiger Weise) auf ein Hörensagen hin weitergeben.«*[91]

Zum Schluss wiederholte er, dass in dieser Stimmung keine Menschlichkeit und keine Psychologie gedeihen könne. Dies müsse von Grund auf geändert werden, wenn die Arbeit im Sinn und Geist Friedrich Lieblings wieder möglich sein sollte.

Aus dieser Stellungnahme Leopold Königs konnte die Aufsichtsbehörde erfahren:

- dass auch er sich über rufmörderische Behauptungen beklagte.
- dass auch er der Meinung war, dass die Entwicklung nach Friedrich Lieblings Tod nicht im Sinn und Geist des Stifters war.

- dass es ihm in den Jahren 1982 und 1983 nicht möglich war, gegen diese Entwicklung zu protestieren, obwohl er die Vorkommnisse als schweres Unrecht beurteilte.
- dass die Mitarbeiter aus Idealismus und »*menschlicher Faszination*« tätig waren und keine oder sehr geringe Unkostenentschädigungen erhielten.
- dass Leopold König die Psychologische Lehr- und Beratungsstelle 1958 über Josef Rattner kennengelernt hatte. Somit bestand schon damals eine Gemeinschaft von zwei Personen, nämlich von Friedrich Liebling und Josef Rattner. Auch sprach Leopold König nie von Einzelfirma oder Einzelpraxis, auch nie von Psychologische Lehr- und Beratungsstelle Friedrich Liebling, sondern verwendete den Ausdruck »*die Arbeit*« oder den Namen Psychologische Lehr- und Beratungsstelle.
- wie die Teilnehmer des VPM durch Halbwahrheiten desinformiert wurden. Gegen Annemarie Buchholz-Kaiser wurden tatsächlich Prozesse geführt, aber nicht von Leopold König. Ebenfalls wurde ein Buch vorbereitet, aber – wie 1990 öffentlich bekannt wurde und hiernach beschrieben wird – von einem Teilnehmer und Mitarbeiter, der sich nach der Spaltung von ihr abgewendet hatte.

*

Vom 29.12.1986 datierte ein Brief von Erna Grob-Liebling, der gemäss Eingangsstempel am 21.1.1987 beim EDI eintraf. Darin wandte sie sich an Fürsprecher Hahnloser: »*Ich bin die Tochter von Friedrich Liebling, des Gründers der Stiftung Psychologische Lehr- und Beratungsstelle in Zürich. Nach dem Tode meines Vaters im Februar 1982 wurde von mir und meiner Schwester, Frau Lillian Rattner, New York, die Psychologische Lehr- und Beratungsstelle Friedrich Liebling AG gegründet, um das Lebenswerk meines Vaters weiterzuführen. Der Hauptzweck der Stiftung blieb, wie zu Lebzeiten meines Vaters, die Förderung und Unterstützung der Arbeit der Lehr- und Beratungsstelle.*«

Nun bezog sie sich auf eine Aussprache, die Antonio Cho und Ernst Frei am 9.12.1986 mit Fürsprecher Hahnloser gehabt hätten. Diese hätten ihr danach mitgeteilt, es bestehe die Möglichkeit, dass die Stiftung die Häuser kündigen und an den neu gegründeten Verein zur Förderung der Psychologischen Menschenkenntnis oder ihm nahestehende Gruppen übergeben werde. »*Ich möchte gegen diese Entwicklung eindringlich protestieren. Der neue Verein hat mit dem Lebenswerk meines Vaters nichts gemeinsam, und kann sich daher nicht darauf berufen, legitimer Nachfolger der Arbeit meines Vaters zu sein. Der Ausschluss aller Mitglieder aus dem Stiftungsrat, die die Psychologische Lehr- und Beratungsstelle Friedrich Liebling weiterführen, und auch mir zeigt klar, dass im neuen Stiftungsrat eine autoritäre Tendenz vorherrscht, und dass es dem jetzigen Vorstand nicht daran gelegen ist, etwaige Meinungsverschiedenheiten auf eine demokratische Art und Weise zu lösen.*«

Weiter fügte sie hinzu, »*dass sowohl ich als auch meine Schwester keine finanziellen Interessen an der PLB haben. Der Grund, warum wir unser Erbgut aufgaben, war, den Mitarbeitern der PLB zu ermöglichen, ihre Arbeit in Ruhe und Frieden weiterzuführen. Die Handlungen des Stiftungsrates in der jüngsten Zeit sind diesem Ziel diametral entgegengesetzt und laufen darauf hinaus, die Wirksamkeit der PLB zu zerstören.*

Erna Grob-Liebling ersuchte Fürsprecher Hahnloser, sich mit Dr. Wehinger in Verbindung zu setzen. »*Herr Wehinger kann Ihnen erklären, welche Überlegungen für meine Schwester und mich massgebend waren, die zur Gründung der Aktiengesellschaft führten. Selbstverständlich stehen auch meine Schwester und ich Ihnen jederzeit zur Verfügung, wenn es darum geht, etwaige Probleme abzuklären.*«[92]

Fürsprecher Hahnloser antwortete am 28.1.1987: »*Die Differenzen, die zwischen der Stiftung Psychologische Lehr- und Beratungsstelle sowie der PLB Friedrich Liebling in letzter Zeit entstanden sind, sind uns bekannt. Da die Aktiengesellschaft nicht unserer Aufsicht unterstellt ist, bestehen für uns beschränkte Möglichkeiten zu einem Einschreiten. Hingegen haben wir den interessierten Stellen unsere Bereitschaft zu einer Vermittlung erklärt, falls dies von beiden Seiten gewünscht wird. Von Ihrem Angebot, bei Dr. Wehinger nähere Angaben über die Umstände einzuholen, die zur Gründung der Aktiengesellschaft geführt haben, machen wir gerne Gebrauch. Wir werden uns in diesem Sinne mit Dr. Wehinger in Verbindung setzen.*«[93]

Eine Entschuldigung und mehrere Erkenntnisse

Am 9.3.1987[94] läutete bei Jutta Siegwart-Gensch und mir das Telefon. Am Apparat war ein ehemaliger Kollege der Zürcher Schule. Er hatte sich im Jahr 1982 und 1983 aktiv an der Hetzkampagne gegen uns beteiligt, vor Gericht war er als Zeuge gegen uns aufgetreten. Auch die Urkunde über die Gründung des Vereins zur Förderung der Psychologischen Menschenkenntnis hatte er mit unterzeichnet. Nun entschuldigte er sich, die Rolle, die er gespielt habe, sei beschämend.

Wir trafen ihn mehrmals. Er berichtete uns, dass er im Frühjahr 1986 mit Annemarie Buchholz-Kaiser mitgegangen sei in der Hoffnung, man werde wieder in Freiheit und Gleichheit zusammen arbeiten und zusammen forschen. Aber nun sei er selber von ihr verstossen und vom neu gegründeten Verein ausgeschlossen worden. Jetzt habe er am eigenen Leibe die Ablehnung und Diffamierung erlebt, sodass ihm bewusst geworden sei, was er selber getan habe. Weiter erfuhren wir, dass Annemarie Buchholz-Kaiser schon kurz nach Friedrich Lieblings Tod ihn und etliche andere jüngere Mitarbeiter/innen, die mit ihr in enger Beziehung standen, regelmässig im Geheimen informiert hatte. Dabei beschwerte sie sich insbesondere über Leopold König: Er säe Misstrauen gegen die Erbinnen und die Leitung. Bei allen späteren Vorkommnissen habe sie ihn als heimlichen Drahtzieher verdächtigt und beschuldigt. Diese Entschuldigung war für Jutta Siegwart-Gensch und mich ein grosses Erlebnis. Wir hofften, dass die Vernunft wieder einkehren werde und die Gemeinschaft, die an der Psychologischen Lehr- und Beratungsstelle geforscht, gelehrt und gelernt hatte, aus ihrer Verblendung erwache.

Ein anderes Erlebnis aus jener Zeit ist mir ebenfalls unvergesslich. Am 21.3.1987[95] spazierten Jutta Siegwart-Gensch und ich auf dem Waidberg in Zürich. Plötzlich rannte ein Mann mitten durch das hohe Gras in unsere Richtung. Als er näher kam, erkannten wir einen ehemaligen Teilnehmer der Zürcher Schule. Er begrüsste uns freudig und überschwänglich. Ob wir eigentlich erfahren hätten, was seit unserer Vertreibung geschehen sei? Die jüngeren Mitarbeiter/innen hätten wieder zum Sinn und Geist Friedrich Lieblings zurückkehren wollen, es sei zu einer Spaltung gekommen und jetzt gebe es einen Verein. Er sei sich aber auch nicht so sicher, ob dort wirklich wieder im Sinn Friedrich Lieblings gearbeitet werde. Und er befragte uns nach unseren Forschungsergebnissen. Wir sprachen lange und berichteten ihm, was wir in Erfahrung hatten bringen können. Regelmässige Treffen kamen nicht zustande. Doch die Freude, mit der er uns begrüsste, war nach der langen Eiszeit wie eine wärmende Sonne.

Der zuvor erwähnte Kollege, der sich bei uns entschuldigt hatte, nannte uns Ehemalige, mit denen man nun wieder sprechen könne. So riefen wir verschiedene an und trafen sie. Es waren alles Personen, die sich sowohl von der AG als auch vom Verein abgesetzt hatten. Sie hatten erkannt, dass die freiheitliche und gleichberechtigte Zusammenarbeit auch im Verein nicht verwirklicht wurde, sondern dort eine noch autoritärere Linie herrschte. Immer wieder wurde uns von den Gesprächen, die im Frühjahr 1986 mit den Töchtern Friedrich Lieblings stattgefunden hatten, berichtet, insbesondere mit Empörung davon, Lillian Rattner-Liebling habe sie als »Pöbel« beschimpft. Mehrere hatten jetzt die Gespräche des Stiftungsrates, die nach Friedrich Lieblings Tod stattfanden, nachgehört. Wir baten alle um die Tonbandkassetten. Doch Angst und Misstrauen sassen offenbar noch tief, sie hatten wohl Bedenken, in Schwierigkeiten zu geraten, falls sie uns die Aufnahmen weiterreichen würden.

Im April 1987 lag eines Tages aber doch ein Paket in unserem Briefkasten, ohne Angabe eines Absenders. Darin befanden sich die ersehnten Tonbandkassetten. Nun vertieften wir uns in die Gespräche des Stiftungsrates aus dem Jahr 1982 und die Gespräche mit Erna Grob-Liebling und Lillian Rattner-Liebling aus dem Jahr 1986.

Bisher waren wir davon ausgegangen, die Psychologische Lehr- und Beratungsstelle sei erst im Herbst des Jahres 1982 zu einer Einzelfirma erklärt worden, um dann im Februar 1983 in eine AG umgewandelt zu werden. Nun erfuhren wir aber aus den Tonbandaufnahmen, dass die Erbinnen unmittelbar nach Friedrich Lieblings Tod die Psychologische Lehr- und Beratungsstelle als ihr Erbe betrachteten, in der Meinung, diese sei rechtlich eine Einzelfirma. Wir hörten, dass Annemarie Buchholz-Kaiser schon in der ersten Stiftungsratssitzung nach Friedrich Lieblings Tod, am 19.3.1982, ausgeführt hatte, es habe sich jetzt herausgestellt, die Psychologische Lehr- und Beratungsstelle sei eine Einzelfirma gewesen. Weiter hatte sie berichtet, Erna Grob-Liebling und Lillian Rattner-Liebling seien am Tag nach Friedrich Lieblings Tod zu einem Rechtsanwalt gegangen, damit dieser für sie noch Rechnungen ordne, die allenfalls fürs Krankenbett oder andere private Dinge eintreffen könnten. »*Und dieser hat sie dann aufgeklärt über die ganze Situation. Und diesen haben sie dann eingesetzt als Sachwalter.*«[96] Jetzt wurde uns klar, dass die Fehlqualifikation der Psychologischen Lehr- und Beratungsstelle als Einzelfirma Friedrich Lieblings gleich nach dessen Tod geschah und von Dr. Wehinger stammen musste.

Durch diese Tonbandaufnahmen erfuhren wir auch, dass Lillian Rattner-Liebling und Erna Grob-Liebling die Erbschaft offenbar nur widerwillig angenommen hatten. So hörten wir Lillian Rattner-Liebling beim Gespräch vom 20.4.1986 sagen, sie und ihre Schwester seien zuerst der Meinung gewesen, »*wir wollen es nicht übernehmen, es gehört nicht uns, es gehört euch*«.[97] Auch in der Stiftungsratssitzung vom 13.8.1982 hatten Lillian Rattner-Liebling und ihr Ehemann Leo Rattner berichtet, sie seien ebenso überrascht gewesen wie die Stiftungsräte, als sie herausgefunden hätten, dass sie die »*Plubs*« geerbt hätten. Das habe ihnen vorher niemand gesagt, auch nicht Friedrich Liebling. Sie hätten absolut kein finanzielles Interesse und das Erbe nur deshalb übernommen, weil man ihnen gesagt habe, wenn sie es nicht nehmen würden, nehme es der Staat. Und wir hörten sie in Bezug auf ihren Rechtsanwalt sagen: »*Was er nicht versteht, ist die Idee der Plubs. Er versteht es mehr als ein Geschäft.*«[98]

Bisher hatte ich die Töchter Friedrich Lieblings verdächtigt, dass sie die Psychologische Lehr- und Beratungsstelle aus finanziellen Interessen an sich gerissen hätten. Jutta Siegwart-Gensch hingegen war stets eher der Meinung gewesen, es müsse ein Fehler vorliegen. Sie konnte sich schwer vorstellen, dass die Töchter Friedrich Lieblings wirklich in eigennütziger Absicht gehandelt haben sollten. Ich hatte 1982 meine Verdächtigungen gegenüber Jutta Siegwart-Gensch verschwiegen, weil ich befürchtete, sie könnte aufgrund ihrer Vertrautheit mit Erna Grob-Liebling dieser alles verraten. Nun erkannte ich, dass die Entwicklung vielleicht anders verlaufen wäre, hätte ich sie damals vollständig informiert. Vielleicht wäre es ihr gelungen, die Irrtümer und Missverständnisse aufzudecken.

Nachdem wir die Tonbandaufnahmen analysiert hatten, wollten wir den Ehemaligen, die uns zu treffen bereit waren, unsere neue Erkenntnis vermitteln. Aber es gelang uns nicht. Sie waren tief enttäuscht, zum Teil auch überzeugt von den unlauteren Absichten der Töchter Friedrich Lieblings. Vermutlich trafen auch wir nicht den richtigen Ton, nicht die richtigen Worte. Der Kontakt verebbte nach einigen Treffen wieder.

*

Nachdem wir die Stellungnahmen von Lillian Rattner-Liebling auf den Tonbändern gehört hatten, wollten wir mit ihr und ihrer Schwester unbedingt persönlich sprechen. Jutta Siegwart-Gensch rief Ende April 1987 an und bot ihr an, nach Amerika zu kommen. Sie habe erst jetzt Lillian Rattner-Lieblings Stellungnahmen vom letzten Jahr gehört und bemühe sich seit vier Jahren herauszufinden, was geschehen sei. Dies möchte sie ihr erklären und auch, wie alles zu beheben sei.

Lillian Rattner-Liebling sah darin keinen Sinn, weil wir sie ja eingeklagt hätten. Leo Rattner pflichtete bei, solange die Klage laufe, sehe er nicht, wie man gemeinsam miteinander sprechen könne. Jutta Siegwart-Gensch erläuterte, sie habe erst jetzt erfahren, dass alles ein grosser Irrtum sei, ein Missverständnis. Das könnte aufgeklärt werden, und die Menschen könnten sich beruhigen, wenn sie es erführen. Leo und Lillian Rattner wiederholten, es sei vollkommen unangebracht und sinnlos, jetzt zu sprechen. Sie würden Ende Mai, in vier Wochen, kommen, und dann könnten sie mit Jutta Siegwart-Gensch, Anwalt Schaller und Dr. Wehinger zusammensitzen und nach einer Lösung suchen, doch Jutta Siegwart-Gensch wandte ein: *»Frau Rattner, Sie haben auf dem Tonband gesagt, dass Menschen zugrunde gehen, und es geschieht in Ihrem Namen. Es darf kein Tag vergehen.«*

Lillian Rattner-Liebling erwiderte, es seien jetzt schon vier Jahre vergangen. Es drohe noch viel Schlimmeres, meinte Jutta Siegwart-Gensch. Lillian Rattner-Liebling wandte ein, sie würden sich nur verteidigen. *»Wir sind eingeklagt worden, und wir wissen nicht, für was.«* Es sei alles zerstört worden durch die Uneinigkeiten. Sie habe da keinen Einfluss. Sie wisse nur, dass sie von allen

Seiten angegriffen und beschimpft worden sei. Und Leo und Lillian Rattner blieben dabei, man könne sich in vier Wochen treffen. Auch wenn Jutta Siegwart-Gensch »*die Wahrheit*« wisse, könne die Spaltung nicht ungeschehen gemacht werden. Sie seien jetzt, so kurz vor ihrer Abreise, zudem sehr beschäftigt.

Lillian Rattner-Liebling schrieb Telefonnummer und Adresse von Jutta Siegwart-Gensch auf. Dann schlug sie noch vor, Jutta Siegwart-Gensch könne auch mit Dr. Wehinger in Verbindung treten und mit ihm sprechen. Sie, Lillian Rattner-Liebling, wolle ihn anrufen und ihm dies sagen. Jutta Siegwart-Gensch bejahte sofort, wandte dann aber ein: »*Ja, und trotzdem, es wäre besser mit Ihnen.*« – »*Wir werden uns dann im Mai sehen, wenn wir in Zürich sind*«,[99] kam Lillian Rattner-Liebling zum Schluss.

Nach diesem Gespräch bemühten wir uns um einen Termin. Am 8. Mai schlug die Kanzlei von Dr. Wehinger schriftlich ein Treffen am 21. Mai um 14 Uhr vor.[100] Da aber Anwalt Schaller vom 16. bis 24. Mai im Ausland sein würde, baten wir sofort um einen Termin am 25. Mai. Doch Dr. Wehinger meinte, Leo Rattner habe ihm erklärt, dass wir von unserem Anwalt enttäuscht seien und den Rechtsweg beenden wollten; deshalb verstehe er nicht, weshalb Anwalt Schaller dabei sein sollte. Auch sei das Ehepaar Rattner am 25. Mai wohl nicht mehr in Zürich. Wir erklärten, dass offenbar ein Missverständnis vorliege. Schliesslich kamen wir überein, dass ein Gespräch ohne die Anwälte, nur mit dem Ehepaar Rattner stattfinden sollte. Doch als Jutta Siegwart-Gensch am 22. Mai im Hotel anrief, teilte Leo Rattner ihr mit, er und seine Frau hätten keine Zeit, mit ihr zu sprechen. Auf ihren Einwand, sie möchte ihnen etwas Wichtiges erklären, meinte er, sie solle schreiben. Die Bitte von Jutta Siegwart-Gensch, man könne es nicht schreiben, man müsse es zeigen und darüber sprechen, nutzte nichts. Da wir wussten, dass das Ehepaar Rattner noch bis zum 25. Mai in Zürich weilte, übergaben wir am Hotelempfang Briefe für sie.

Am Abend des 23.5. hielt Leo Rattner im Volkshaus einen Vortrag über das Gemeinschaftsgefühl. Es war eine absurde Situation: Jutta Siegwart-Gensch und ich sassen da, hörten die schönen Worte des bekannten Individualpsychologen Rattner und wussten, dass er nicht mit uns sprechen wollte. Wir waren versucht, ihn nach dem

Vortrag anzusprechen, waren uns aber gleichzeitig bewusst, dass es unmöglich war, dass es als Störung und Belästigung ausgelegt würde und allenfalls noch die Polizei gerufen werden könnte.

Sein Vortrag veranlasste mich, am nächsten Tag nochmals einen Brief zu schreiben. Aber es half alles nichts. Leo und Lillian Rattner-Liebling reisten ab, ohne dass es zu einem Gespräch kam.

* |

Am 20.5.1987 zog ich meine Klage gegen Lillian Rattner-Liebling und Erna Grob-Liebling vorbehaltlos zurück, da mein Verdacht, sie hätten sich bereichern wollen, nach dem Hören der Tonbandaufnahmen entkräftet wurde. Ich verlegte mich darauf, Jutta Siegwart-Gensch mit all meinen Kräften zu unterstützen. Leo und Lillian Rattner-Liebling schickte ich mit dem Einverständnis von Jutta Siegwart-Gensch am 6.6.1987 die Replik vom 29.5.1987 von Anwalt Schaller, worin er das Gesellschaftsverhältnis zwischen Jutta Siegwart-Gensch und Friedrich Liebling erneut erklärt hatte. Sie sollten erfahren, weshalb sie eingeklagt worden waren und welche Beweise wir bisher für den Bestand der einfachen Gesellschaft herausgefunden hatten. Auch Erna Grob-Liebling erklärte ich schriftlich die Gründe für meinen Rückzug und bat sie um ein Gespräch mit Jutta Siegwart-Gensch und mir. Auch später schickten Jutta Siegwart-Gensch und ich den Töchtern Friedrich Lieblings regelmässig die Rechtsschriften und erklärende Briefe dazu. Es kam keine direkte Antwort von ihnen.

Im ursprünglichen Persönlichkeitsschutzprozess gegen die *»Psychologische Lehr- und Beratungsstelle Friedrich Liebling AG«*, die Stiftung sowie gegen die acht natürlichen Personen, die sich an den eingeklagten Briefen und persönlichkeitsverletzenden Äusserungen beteiligt hatten, hatten wir – wie ausgeführt – am 5.9.1985 die Berufungsschrift eingereicht. Diese ruhte vorerst beim Obergericht; am 13.2.1986 wurde das Berufungsverfahren wegen unserer staatsrechtlichen Beschwerde im Prozess betreffend Feststellung einer einfachen Gesellschaft sistiert. Nach beinahe zwei Jahren, am 31.8.1987, hob das Gericht die Sistierung auf und setzte Dr. Jezler, der alle Beklagten vertrat, eine Frist, um unser dringendes vorsorgliches Gesuch vom 5.9.1985 um sofortigen Zutritt zu unserer Wirkungsstätte sowie die Berufungsschrift zu beantworten; diese Wirkungsstätte hatte sich jedoch inzwischen verändert. Es sollte aber noch weitere Zeit vergehen, bis er sich dazu und zur Berufungsschrift aus dem Jahr 1985 äusserte.

Am 6.10.1987 zog ich auch hier meine Klage zurück.

Neuigkeiten über die Entstehung der »Einzelfirma«

Die Töchter Friedrich Lieblings antworteten uns nicht persönlich. Ihr Rechtsanwalt gab aber in seiner nächsten Rechtsschrift, der Duplik vom 30.6.1987, wichtige neue Tatsachen und Beweismittel zum Thema »Einzelfirma« bekannt. Diese Duplik erhielt Anwalt Schaller am 25.9.1987 zusammen mit dem Bezirksgerichtsurteil vom 3.9.1987. Das Bezirksgericht hatte die Klage betreffend Feststellung einer einfachen Gesellschaft zum zweiten Mal vollumfänglich abgewiesen.[101]

Aus der Duplik erfuhren wir nun, dass sich bei Friedrich Lieblings Tod 4,5 Millionen Franken auf dem Postcheckkonto »Friedrich Liebling, Psychologische Lehr- und Beratungsstelle« befunden hatten, und dass diese Summe als »*persönliches Vermögen des Erblassers*« und materielle Grundlage seiner angeblichen »*nicht im Handelsregister eingetragenen Einzelfirma*« betrachtet worden war.

Während Dr. Lutz noch am 1.6.1984 behauptet hatte, Friedrich Liebling habe »*in all seinen Handlungen bis zu seinem Ableben immer zum Ausdruck gebracht, die Psychologische Lehr- und Beratungsstelle sei eine Einzelfirma,*«[102] räumte nun Dr. Wehinger ein: »*Dass es sich bei der Psychologischen Lehr- und Beratungsstelle um eine Einzelfirma gehandelt hat, ergibt sich nicht in erster Linie daraus, dass sie von ihrem Inhaber als solche explizit bezeichnet worden wäre, sondern vielmehr aus dem Fehlen einer anderen Rechtsform. So dokumentiert die getrennte Buchführung zwischen der Psychologischen Lehr- und Beratungsstelle und der Stiftung eindeutig, dass zwischen diesen beiden Vermögen keine Einheit bestand. Dabei lauteten die Konti der Psychologischen Lehr- und Beratungsstelle auf den Namen von Friedrich Liebling. Anzeichen für das Vorliegen eines Gesellschaftsverhältnisses fehlen vollständig, so dass diese Fakten den Schluss nahelegten, die Psychologische Lehr- und Beratungsstelle sei eine Einzelfirma gewesen.*«[103]

Weiter behauptete er, niemand habe etwas von diesem Vermögen gewusst: »*Alle Beteiligten haben den Nachlass von Friedrich Liebling in der Rechtsform angetroffen, in der er sich beim Tode des Erblassers präsentierte. Und dabei lässt sich nun einmal nicht wegdiskutieren, dass neben dem Stiftungsvermögen noch ein erhebliches persönliches Vermögen des Erblassers existierte. Dass es sich um persönliches Vermögen und nicht um Gesellschaftsvermögen gehandelt hat, wird schon daraus ersichtlich, dass kein ›Gesellschafter‹ überhaupt von diesem Vermögen gewusst hatte und damit offensichtlich von der Geschäftsführung der Psychologischen Lehr- und Beratungsstelle nur geringe Kenntnisse hatte, was ebenfalls gegen irgendein Gesellschaftsverhältnis spricht.*«[104]*

Die Behauptung, kein Gesellschafter habe etwas von diesem Vermögen gewusst, kann von mir und Hunderten Teilnehmern der Psychologischen Lehr- und Beratungsstelle widerlegt werden: Die meisten hatten von Zeit zu Zeit, insbesondere bei der Umstellung der Buchhaltung auf Computer 1979/80, Aufstellungen über ihren Kontostand beim Konto »Stiftung Psychologische Lehr- und Beratungsstelle« und beim Konto »Friedrich Liebling, Psychologische Lehr- und Beratungsstelle« erhalten. Über das erste Konto wurden Zahlungen für Kongresse, Abendkurse, Kinderferien usw. abgerechnet, über das zweite Zahlungen für psychologische Einzel- und Gruppengespräche, Nachhilfeunterricht usw. Es war bekannt, dass man sich bei Rückfragen an Leopold König oder Heinz Hug wenden konnte. So mussten zumindest diese beiden Personen Kenntnis von diesem Vermögen und der Geschäftsführung haben. Statt sich bei ihnen über die innere Ordnung der finanziellen Verwaltung der Stiftung zu erkundigen, wurden sie anlässlich der ersten Sitzung nach Friedrich Lieblings Tod am 4.3.1982 beschuldigt, Unregelmässigkeiten begangen zu haben, und an der weiteren Verwaltung der Konten gehindert.

Als »*Beweis*« brachte Dr. Wehinger vor, es sei »*für die Psychologische Lehr- und Beratungsstelle bereits vor dem Tode von Friedrich Liebling jedes Jahr eine gesonderte Bilanz und Erfolgsrechnung erstellt*« worden. Den beigelegten »*Bilanz- und Erfolgsrechnungen*« für die Jahre 1978 bis zum Todestag am 28.2.1982 war aber zu entnehmen, dass sie erst nach Friedrich Lieblings Tod erstellt wurden;

sie waren ohne Briefkopf, Datum und Unterschrift, und die Adresse lautete »*Psychologische Lehr- und Beratungsstelle F. Liebling, 8044 Zürich*«. Dieser Name war erst nach Friedrich Lieblings Tod eingeführt worden.

Hingegen lagen drei echte Dokumente aus der Zeit Friedrich Lieblings bei, wovon zwei im Briefkopf den Stempel »*Psychologische Lehr- und Beratungsstelle, Leitung: Friedrich Liebling, 8044 Zürich, Susenbergstr. 53*« trugen. Es handelte sich um Zusammenstellungen der Einnahmen und Ausgaben für die Jahre 1978, 1979 und 1980 für die Postcheckkonti »Friedrich Liebling, Psychologische Lehr- und Beratungsstelle« und »Psychologische Menschenkenntnis, Friedrich Liebling«. Daraus wurde ersichtlich, dass sämtliche Ausgaben zweckgebunden für die Psychologische Lehr- und Beratungsstelle und für die Monatszeitschrift verwendet wurden, also für die Erfüllung des Stiftungszwecks. Beispielsweise waren im Jahr 1980 für »Telefon und Porti« 9600 Franken ausgegeben worden. Dies konnte nicht nur für Friedrich Liebling persönlich gewesen sein, auch nicht für eine »Einzelfirma« oder »Einzelpraxis«, die ja ab einem Umsatz von 100 000 Franken ins Handelsregister hätte eingetragen werden müssen. Es handelte sich um jene Gelder, die für Einzel- und Gruppengespräche bei Friedrich Liebling und seinen Mitarbeitern einbezahlt und für den Aufbau und Betrieb der Psychologischen Lehr- und Beratungsstelle verwendet wurden.

Aus heutiger Sicht drängt sich die Vermutung auf, dass dieses Vermögen nach Friedrich Lieblings Tod als dem Fiskus vorenthaltenes Schwarzgeld fehlinterpretiert wurde. Zu jener Zeit herrschte in der Öffentlichkeit und bei Ämtern die Meinung, Friedrich Liebling betreibe neben der Stiftung ein »*cleveres Geschäft*« und hinterziehe Steuern. Durch die Fehlinterpretation des stiftungszweckgebundenen Vermögens als »*persönliches Vermögen Friedrich Lieblings*« schien dieses Geld nun nach seinem Tod aufgetaucht zu sein. Dies war wohl die »*Wahrheit*«, die Lillian Rattner-Liebling im offenen Brief vom 5.5.1986 an Annemarie Buchholz-Kaiser und wiederum im Telefonat mit Jutta Siegwart-Gensch angesprochen hatte. Diese »*Wahrheit*« galt es – wohl sogar zum vermeintlichen Schutz Friedrich Lieblings – geheim zu halten; die »*Einzelfirma*« war ein Mäntelchen, mit dem man diese Gelder zu legitimieren suchte.

Am 19.10.1987 reichte Jutta Siegwart-Gensch eine neue Eingabe an die Stiftungsaufsicht ein. Darin brachte sie in fünf Teilen auf 32 Seiten und 32 Beilagen die neuen Tatsachen und Erkenntnisse vor.

Sie bezog sich eingangs auf die Behauptung im Schreiben des EDI vom 24. Juni 1983: *»Der springende Punkt ist der, dass wir es also mit zwei verschiedenen Rechtssubjekten zu tun haben. Die Stiftung Psychologische Lehr- und Beratungsstelle trat keineswegs etwa an die Stelle der Einzelfirma ›Psychologische Lehr- und Beratungsstelle Friedrich Liebling‹. Vielmehr führte Friedrich Liebling die letztere auch nach der Errichtung der Stiftung rechtlich unverändert bis zu seinem Tode weiter.«* Sie führte aus, erst im Verlauf dieses Jahres habe sie Kenntnis davon erhalten, dass die Psychologische Lehr- und Beratungsstelle unmittelbar nach Friedrich Lieblings Tod zu einer Einzelfirma erklärt wurde. Aufgrund dieser neuen Information müsse sie ihre ursprüngliche Beschwerde korrigieren. Vom Stiftungsrat sei sie darüber getäuscht worden, dass ihre ehrenamtliche, ganztägige Tätigkeit für die Stiftung seit Friedrich Lieblings Tod und rückwirkend bis 1974 von einer Geschäftsfirma beansprucht worden sei. Als Unterzeichnende bezeuge sie, dass die Psychologische Lehr- und Beratungsstelle unter der Leitung Friedrich Lieblings eine einfache Gesellschaft mit ideellem Zweck gewesen sei.

Die erfolgreiche Erfüllung des Stiftungszwecks habe zu rufschädigenden Verdächtigungen vonseiten der Aufsichtsbehörde und der Kontrollstelle geführt. Als Folge davon habe das Steueramt Zürich willkürlich einen *»nach kaufmännischer Art geführten Betrieb«* angenommen. Friedrich Liebling habe alles in seiner Macht Stehende unternommen, um die Haltlosigkeit dieser Verdrehung aufzudecken und nachzuweisen. Auch hier zitierte sie zum Beweis aus verschiedenen Dokumenten.

Schliesslich beschrieb sie erneut die letzten Worte Friedrich Lieblings: *»Kurz vor seinem Tod hatte Friedrich Liebling noch einmal seinen Willen bekräftigt, die Erhaltung seines Lebenswerkes durch die Stiftung zu sichern, indem er mir in Anwesenheit seiner Tochter Frau Erna Grob und Stiftungsrätin Frau Dr. Annemarie Buchholz-*

*Kaiser sagte, dass er sterben werde ohne ein Testament, und die Wor-
te sprach: ›ES BLEIBT SO, WIE ES IST, DIE STIFTUNG.‹«*

In einem zweiten Teil stellte Jutta Siegwart-Gensch dar, aus den ihr neu bekannt gewordenen Tatsachen gehe klar hervor, dass Annemarie Buchholz-Kaiser hauptverantwortlich dafür sei, dass die Fehlannahme des Dr. Wehinger, es handle sich bei der Psychologische Lehr- und Beratungsstelle um eine Einzelfirma, nicht aufgeklärt und korrigiert worden sei. Als Vertreterin der Ehrverletzungsklage der Stiftung gegen die Journalisten des »Tages-Anzeigers« hätte sie die Interessen der Stiftung verteidigen und Friedrich Lieblings Ehre schützen sollen. Stattdessen habe sie bei der ersten Stiftungsratssitzung nach Friedrich Lieblings Tod erklärt, es habe sich jetzt »*herausgestellt, dass rechtlich die Psychologische Lehr- und Beratungsstelle eine Einzelfirma ist*«. Und Jutta Siegwart-Gensch zitierte die Äusserungen von Annemarie Buchholz-Kaiser ausführlich.

Da sie, Jutta Siegwart-Gensch, zu Lebzeiten Friedrich Lieblings für die Psychologische Lehr- und Beratungsstelle unterzeichnet habe, hätte Annemarie Buchholz-Kaiser sie über die neue Tatsache informieren müssen. Denn durch die rückwirkende Annahme einer Einzelfirma sei ihre gesamte Tätigkeit für die Stiftung als Tätigkeit für eine Geschäftsfirma, die die Stiftung zur Steuerhinterziehung missbraucht habe, dargestellt worden. Und weiter: »*Frau Dr. Buchholz war sich bewusst, dass ich nie im Rahmen der neuen Firma mitgearbeitet hätte. Da meine Tätigkeit für die Stiftung in unvereinbarem Gegensatz zu der von Frau Dr. Buchholz geführten Geschäftstätigkeit war [...], flüchtete sie sich zur Waffe planmässiger Untergrabung meines guten Rufes bei den mit der Stiftung in Verbindung stehenden Personen und schürte hinter meinem Rücken eine Hysterie.*« Als Folge davon sei sie zunehmend isoliert worden.

In einem dritten Teil zeigte Jutta Siegwart-Gensch anhand von Zitaten aus den Jahren 1982 und 1986 auf, dass die Töchter Friedrich Lieblings nur deshalb die angebliche Einzelfirma als Erbe angetreten hätten, weil ihnen von ihrem Anwalt gesagt worden sei, es falle sonst an den Staat.

Am 30.6.1987 habe dieser Anwalt Dr. Wehinger schliesslich eingestanden, dass es sich bei der Psychologischen Lehr- und Beratungsstelle um eine Einzelfirma gehandelt habe, ergebe sich nicht in erster Linie daraus, dass sie von Friedrich Liebling explizit als solche bezeichnet worden sei, »*sondern vielmehr aus dem Fehlen einer anderen Rechtsform*«. Dies belegte Jutta Siegwart-Gensch mit Zitaten und Belegen aus der Rechtsschrift von Dr. Wehinger.

Daraus ging hervor, dass 4,5 Millionen Franken zur geerbten Grundlage der »*Einzelfirma*« erklärt worden waren. Der Stiftungsrat habe nach Friedrich Lieblings Tod nicht dafür gesorgt, dass dieses Vermögen für die Erfüllung des gemeinnützigen Stiftungszwecks verwendet wird.

In einem vierten Teil führte sie aus, dass und weshalb der neu gegründete »Verein zur Förderung der Psychologischen Menschenkenntnis« widerrechtlich sei. Dieser Verein bestehe aus Personen, die von 1982 bis 1986 bei der Psychologischen Lehr- und Beratungsstelle Friedrich Liebling und der Psychologischen Lehr- und Beratungsstelle Friedrich Liebling AG tätig gewesen seien. Dies, obwohl sie miterlebt hätten, wie Friedrich Liebling sich trotz seines hohen Alters gegen Verdächtigungen, die Psychologische Lehr- und Beratungsstelle sei ein Geschäft neben der Stiftung, gewehrt habe. Sie hätten gewusst, dass die Tätigkeit der Psychologischen Lehr- und Beratungsstelle unvereinbar sei mit einem nach kaufmännischer Art geführten Betrieb und dass niemand ausgeschlossen werde, weder aus finanziellen noch aus anderen Gründen.

Aufgrund der Rechtsschriften von Anwalt Schaller habe Annemarie Buchholz-Kaiser die krasse Unvereinbarkeit ihrer Tätigkeit als Geschäftsführerin stiftungszweckwidriger Firmen mit ihren Pflichten als Stiftungsrätin erkannt. Sie hätte eingestehen müssen, dass sie durch Zustimmung zur Fehlannahme Dr. Wehingers die Stiftung geschädigt und vier Jahre lang die Beseitigung dieser Schädigung verhindert habe.

In einem fünften Teil bestand Jutta Siegwart-Gensch darauf, dass es ihr mit Friedrich Liebling übereinstimmender Wille sei, dass die Früchte ihrer Tätigkeit ausschliesslich zur Verwirklichung des gemeinnützigen Stiftungszwecks verwendet würden. Abschliessend führte sie aus: »*Seit langem beantrage ich die Sicherung des von mir in den Räumen der Stiftung aufgebauten Tonbandkassettenarchivs, welches den Willen Friedrich Lieblings in Tausenden von Gesprächsstunden dokumentiert. Ich beantrage erneut, dass dieses wissenschaftliche Werk nun endlich ausschliesslich zur Erfüllung des gemeinnützigen Stiftungszwecks verwendet wird und mir nicht länger der Zutritt verweigert wird.«*[105]

* |

Einige Tage später schrieb ich eine persönliche Stellungnahme an das EDI. Ich bestätigte die Ausführungen von Jutta Siegwart-Gensch vollumfänglich und brachte eine mich betreffende Korrektur an: *»Aufgrund der neuen Informationen ist mir bewusst geworden, dass auch ich in den Monaten nach dem Tode Friedrich Lieblings es versäumt habe, den Bemühungen von Frau Dr. Siegwart um Abklärung aller Unstimmigkeiten die notwendige Aufmerksamkeit zu schenken, und es dadurch mitverschuldet habe, dass die geheimen Vorkehren nicht ans Licht gebracht wurden. Ich war durch das brutale Vorgehen von Frau Dr. Buchholz-Kaiser und ihren Gehilfen derart in Angst und Schrecken versetzt, dass ich vorerst zu den Intrigen und Verleumdungen schwieg und später in Panik geriet.«*[106]

Zwei Gesuche an Bundesrat Cotti

Auf Ende 1986 war Bundesrat Alphons Egli zurückgetreten; ab Januar 1987 hiess der neu gewählte Vorsteher des EDI Flavio Cotti. Rudolf Schaller sandte ihm am 29.10.1987 die Eingabe von Jutta Siegwart-Gensch vom 19.10.1987 mit der Bitte zu, das Beschwerdeverfahren zu überprüfen und geeignete Massnahmen anzuordnen, um die Schädigung der Stiftung und seiner Mandantin zu beheben. Vor Kurzem sei bekannt geworden, dass nach dem Tod des Stifters stiftungszweckgebundenes Vermögen in der Höhe von über 4,5 Millionen Franken anstatt der Stiftung einer nach dem Tod des Stifters unrechtmässig ins Leben gerufenen Einzelfirma, später AG, zugeführt worden sei. Seine Mandantin habe die Sachlage zusammengefasst, jede Tatsachenbehauptung sei anhand der 32 Beilagen bewiesen. Auch aus der Korrespondenz zwischen Friedrich Liebling und Journalisten des »Tages-Anzeigers« von 1980 gehe hervor, *»dass es sich bei der Psychologischen Lehr- und Beratungsstelle, welche von dem erfahrenen Gelehrten Friedrich Liebling in einer 30-jährigen Forschungsarbeit aufgebaut und geleitet wurde, seinem*

Stifterwillen gemäss um eine gemeinnützig tätige Gesellschaft handelt, deren Tätigkeit ausschliesslich zur Erfüllung des statutarischen, gemeinnützigen Stiftungszwecks zu verwenden ist«.[107]

Mit einer Verfügung vom 19.11.1987 stellte die Aufsichtsbehörde dieses Gesuch sowie die Eingabe vom 19.10.1987 von Jutta Siegwart-Gensch und meine Eingabe vom 28.10.1987 Stiftungsanwalt Dr. Jezler zur Stellungnahme bis zum 15.12.1987 zu. Gleichzeitig ersuchte sie um Herausgabe der Tonbandaufzeichnungen der Stiftungsratssitzungen vom 19.3. und 13.8.1982 bei der Stiftung sowie vom 20.4. und 22.5.1986 bei der Psychologischen Lehr- und Beratungsstelle Friedrich Liebling AG. Vier Tage später erging eine neue Verfügung, in der eine Verhandlung auf den 17.12.1987 angesetzt wurde. Verhandlungsgegenstand sollten die Befragung des Inhabers der Kontrollstelle der Stiftung, Bruno Paglia, die Tonbänder und das weitere Vorgehen sein.

Mit Schreiben vom 27.11.1987 protestierte Rudolf Schaller bei Bundesrat Cotti gegen die Einvernahme Bruno Paglias als Auskunftsperson: Bereits vor einem Jahr, mit Schreiben vom 11.9.1986, habe Fürsprecher Hahnloser Bruno Paglia über die Fragen, die ihm gestellt werden sollten, unterrichtet; Fragen, die aufgrund der Akten bereits beantwortet seien. Gleichzeitig verweigere Fürsprecher Hahnloser, die übrigen Beweise abzunehmen, wie die Edition des Tonbandarchivs, der Buchhaltung, der Korrespondenz.

Weiter erklärte er: *»An sich ist der Fall Stiftung Psychologische Lehr- und Beratungsstelle sehr einfach. Die Akten können nicht uminterpretiert werden; sie bringen sehr klar zum Ausdruck, dass die Behauptung, es hätte eine Privatfirma Friedrich Lieblings bestanden, eine Erfindung ist. Es gab neben der Stiftung Psychologische Lehr- und Beratungsstelle lediglich eine Gemeinschaft von Personen, welche unter der Leitung von Friedrich Liebling den Stiftungszweck erfüllten. Dies ist eine EINFACHE GESELLSCHAFT, nicht ein vererbbares Rechtssubjekt. Von dieser einfachen Gesellschaft vereinnahmte Gelder wurden treuhänderisch verwaltet und waren Stiftungsgelder. Dass die per Todestag von der einfachen Gesellschaft treuhänderisch verwalteten CHF 4,5 Millionen nicht der Stiftung zugeführt, sondern in eine ›Privatfirma‹, später AG, flossen, unter Zustimmung des Fürsprechers B.*

Hahnloser und der Kontrollstelle Bruno Paglia, sollte schon längst Gegenstand einer Strafuntersuchung sein.«[108]

Jutta Siegwart-Gensch habe im Rahmen der Stiftung über Jahre hinweg als Gesellschafterin den Stiftungszweck gefördert. Ihre unentgeltliche Tätigkeit und die dadurch vereinnahmten Gelder seien natürlich für die Stiftung bestimmt gewesen, nicht für ein Privatgeschäft! Durch die unerträgliche Falschbehauptung, sie sei zu einer Privatfirma, nicht aber zur Stiftung in Rechtsbeziehung getreten, werde nicht nur Friedrich Liebling postum zum Betrüger gestempelt, sondern auch sie, die für die Psychologische Lehr- und Beratungsstelle unterzeichnet habe. Er bat Bundesrat Cotti, sich persönlich dieser Sache anzunehmen. Doch dieser teilte mit, Fürsprecher Hahnloser sei von Amtes wegen mit der Instruktion des Beschwerdeverfahrens befasst. Nach Durchführung des Beweisverfahrens werde der Entscheid des Departements erfolgen. Er sehe keinen Anlass, ins gesetzlich vorgeschriebene Verfahren einzugreifen.[109]

*|

Am 17.12.1987 fand die angekündigte Verhandlung statt. Anwesend waren aufseiten der Stiftung der Inhaber der Kontrollstelle Bruno Paglia sowie Stiftungsratspräsident Jürg Aeschlimann, Vizepräsidentin Erika Vögeli, Stiftungsrat Robert Bloch und Stiftungsanwalt Jezler; auf unserer Seite Anwalt Schaller, Jutta Siegwart-Gensch und ich; von der Stiftungsaufsicht der stellvertretende Generalsekretär Hahnloser, der wissenschaftliche Adjunkt Blessing und die Sekretärin. Über diese Verhandlung existieren das Protokoll des EDI sowie handschriftliche Mitschriften von Jutta Siegwart-Gensch und mir.

Zuerst las der Vorsitzende Hahnloser die Stellungnahme der Stiftung vor. Diese hatte sich sehr kurz zur Eingabe vom 19.10. von Jutta Siegwart-Gensch, zu meiner Eingabe vom 28.10. und zum Gesuch vom 29.10.1987 von Rudolf Schaller an Bundesrat Cotti geäussert. Die Stiftung setzte sich inhaltlich nicht mit den neu aufgedeckten Tatsachen auseinander, sondern verwies auf den *»Entscheid des EDI vom 24. Juni 1983«*, der rechtskräftig sei; es liege kein Revisionsgrund vor. Damit entfalle auch die Edition der angeforderten Tonbänder, jene aus dem Jahr 1986 seien ohnehin nicht in ihrem Besitz.

Fürsprecher Hahnloser wies die Sekretärin an, nicht verbal, sondern nur dann zu protokollieren, wenn er es ihr sage. Danach schritt er zur Befragung von Bruno Paglia. Er erklärte diesem, er stehe nicht unter Zeugeneid, sei aber trotzdem zur Wahrheit verpflichtet. Zuerst las er die ersten zwei Fragen vor, die er Bruno Paglia bereits ein Jahr zuvor im Schreiben vom 11.9.1986 gestellt hatte: »*Kann anhand der Buchhaltung nachgewiesen werden, dass Herr Liebling, wie dies von der Stiftung behauptet wird, auch nach Gründung im Jahre 1974 weiterhin eine Einzelfirma betrieb bzw. auf eigene Rechnung neben seiner Tätigkeit zugunsten der Stiftung eine Praxis für psychologische Beratung und Lehre führte?*« Die zweite Frage: »*Können Sie Belege (Kopien) dafür vorlegen, dass getrennt, Stiftung einerseits, allfällige persönliche Praxis von Herrn Liebling andererseits, Rechnung gestellt wurde (z.B. Honorarrechnungen, Aufwendungen)? Hat Herr Liebling diesbezüglich eine eigene Buchhaltung geführt?*«[110]

Bruno Paglia führte aus, man habe in der Stiftung immer unterschieden, »*dass es Gelder gibt, die einerseits zur Praxis von Herrn Liebling gehören, andererseits zur Stiftung*«.[111] In der Stiftungsrechnung sei stets ein Kontokorrent-Konto Friedrich Lieblings geführt worden. Dafür habe er Belege. Es habe Gelder gegeben, die in die Stiftung flossen, aber Friedrich Liebling gehörten bzw. in die Praxis flossen, aber der Stiftung gehörten. »*Zum Teil arbeiteten dieselben Leute für die Stiftung wie auch für Herrn Liebling.*«[112]

Fürsprecher Hahnloser: »*Wer hat in welchem Namen Rechnung gestellt?*«[113] Bruno Paglia erwiderte, für die Praxis könne er das nicht beantworten. Es habe neben der Stiftung einen Beratungsteil gegeben, der immer »*die Praxis*« genannt worden sei. Mit »*Praxis*« meine er die Dienstleistungen, die Friedrich Liebling nicht für die Stiftung erbracht habe, er wisse aber nicht, in wessen Namen.

»*Ihr habt nur die Rechnungen gesehen, die im Namen der Stiftung gestellt worden sind?*«, erkundigte sich Fürsprecher Hahnloser. Bruno Paglia bejahte.[114] Bernhard Hahnloser: »*In diesem Fall wissen Sie nicht, ob Herr Liebling eine private Buchhaltung führte?*«[115] Bruno Paglia erklärte, er sei dreimal mit Friedrich Liebling zusammengekommen, »*wegen Abgrenzungsproblemen zwischen der Stiftung und der Praxis*«.[116] Bei diesen Gesprächen sei es um die Frage gegangen, ob den Mitarbeitern irgendwelche Saläre oder

Honorare ausbezahlt werden. Friedrich Liebling habe das klar verneint und gesagt, er regle das »*privat über seine Praxis*«.[117] Ob er dies getan habe, entziehe sich seiner Kenntnis. Tatsache sei, dass in der Stiftung nie Saläre oder Entschädigungen für Mitarbeiter ausbezahlt worden seien. Fürsprecher Hahnloser stellte fest, von ihm aus gesehen seien die wesentlichen Punkte beantwortet.

Bruno Paglia fügte hinzu, ein wichtiger Punkt sei noch: »*Man hat Herrn Liebling oder der Praxis immerhin Rechnung gestellt.*«[118]

Fürsprecher Hahnloser wiederholte: »*Für mich ist es klar.*«[119]

Rudolf Schaller fragte: »*Wurde die Rechnung an Psychologische Lehr- und Beratungsstelle, Leitung: Friedrich Liebling, gestellt?*«[120] Bruno Paglia fand in seinen Unterlagen einen Beleg für die Jahre 1979 und 1980: Auf Papier mit dem Briefkopf »Stiftung Psychologische Lehr- und Beratungsstelle« wurde am 13.12.1980 eine Rechnung für »*Mietzinsen 1980*« von 600 000 Franken für Räumlichkeiten an der Susenbergstr. 53, Toblerstr, 72, Hochstr. 1, Spyristr. 14, Seestrasse Rote Villa, Badenerstr. 254/256 und Stampfenbachstr. 153 an folgenden Adressaten gestellt: »*Herrn F. Liebling, Psychologische Lehr- und Beratungsstelle, Susenbergstrasse 53, 8044 Zürich.*« Er übergab auch eine Kopie der Rechnung für 1979 von ebenfalls 600 000 Franken sowie einen Zahlungsabschnitt mit dem Stempel »*Psychologische Lehr- und Beratungsstelle, Leitung: Friedrich Liebling, 8044 Zürich, Susenbergstr. 53*«.[121] Es war also klar, dass die Miete für die Jahre 1979 und 1980 von insgesamt 1,2 Millionen Franken nicht von Friedrich Liebling persönlich bezahlt worden war, sondern von der Psychologischen Lehr- und Beratungsstelle, die unter seiner Leitung stand und an allen aufgeführten Adressen tätig war.

Der Stiftungsanwalt fragte, ob bei der Diskussion über die Abgrenzung auch ausgemacht worden sei, welche Honorareingänge der Stiftung gehörten und welche Friedrich Liebling. Bruno Paglia antwortete, für 1977 und 1978 habe er das mit Friedrich Liebling nicht besprochen. Ab 1979 habe es eine Besprechung zur Frage gegeben, welche Honorareingänge nicht über die Stiftung, sondern über die Praxis laufen würden. Friedrich Liebling habe erklärt, »*nach der Aufhebung der Steuerbefreiung wolle er sich nicht mehr wegen der Steuern ärgern, sondern seine Dienstleistungen privat erbringen, alle über seine Privatpraxis laufen lassen. Er hat noch hin-*

zugefügt, dass er lieber privat die Steuern bezahle für die Honorare, anstatt die Steuerauseinandersetzung mit der Stiftung zu haben«.[122]

Fürsprecher Hahnloser fragte nach Belegen, dass Friedrich Liebling eine eigene Praxis zu seinen Gunsten geführt habe. Es gebe dafür viele Belege, antwortete Bruno Paglia. In allen Jahren seien Zahlungen bei der Stiftung eingegangen, die zugunsten von Friedrich Liebling hätten verbucht werden müssen, das sei der Kontokorrentverkehr. Hierzu Bernhard Hahnloser: *»Das hat uns immer gestört beim Lesen von ›zugunsten Herrn Liebling‹. Ich verstehe das jetzt langsam.«*[123] Als Beleg brachte Bruno Paglia einen *»Detailnachweis Verkehr auf dem Kontokorrent F. Liebling bei der Stiftung vom 1. Oktober 1974–28. Februar 1982«* vor.[124] Das Dokument datierte vom 7.7.1983, also über ein Jahr nach Friedrich Lieblings Tod. Inhaltlich ging daraus hervor, dass verschiedene Zahlungen von Ratsuchenden, die auf das Stiftungskonto eingegangen waren, auf das Kontokorrent übertragen wurden.

Als weiteren *»Beweis«*, dass Friedrich Liebling eine eigene Buchhaltung geführt habe, legte Bruno Paglia eine Rechnung eines Treuhandbüros von 100 Franken vor. Daraus gehe hervor, dass Friedrich Liebling von diesem Büro betreffend Geschäftsabrechnung und Steuerfragen beraten worden sei. Aus der Rechnung selbst wurde ersichtlich, dass sie für eine Besprechung vom 28.3.1979 gestellt wurde; daran teilgenommen hatten Leopold König, Heinz Hug sowie Annelies Gassmann. Das Thema der Besprechung war *»Beratung betr. Ihre Geschäftsabrechnung und Steuerfragen«.*[125] Die Rechnung war an Friedrich Liebling adressiert, der gar nicht dabei gewesen war. Offenbar hatten jene Personen, die sich mit den Finanzen befassten, die Konsultation bei jenem Treuhandbüro in Anspruch genommen.

Die nächste Frage von Fürsprecher Hahnloser, die Bruno Paglia ebenfalls bereits schriftlich gestellt worden war, lautete: *»Lässt sich ganz grob feststellen, wie die Stiftung, abgesehen von den ihr geschenkten Liegenschaften, zu Einkommen und Vermögen kam? Sind es eigene Einkünfte aus der Beratungstätigkeit oder, wie zu einem andern Zeitpunkt von der Stiftung behauptet wurde, laufende Schenkungen von Herrn Liebling? Belege hierfür.«*[126] Bruno Paglia erklärte, es seien Leistungen, die im Namen der Stiftung erbracht worden seien, fakturiert worden und eingegangen. Zusätzlich habe die Stiftung das Vermögen des Vereins im Jahre 1976 erworben.

Fürsprecher Hahnloser fragte die Runde: *»Nach Auffassung der Beschwerdeführerinnen handelt es sich um eine einfache Gesellschaft. Was ist die Psychologische Lehr- und Beratungsstelle?«* Rudolf Schaller: *»Es ist eine einfache Gesellschaft zum Zweck der Erfüllung des Stiftungszwecks.«* Bruno Paglia war anderer Meinung, es seien zwei Gebilde, *»die zwar zusammenarbeiten können, es aber nicht explizit müssen«*.[127] Friedrich Liebling habe ihm wörtlich gesagt, er sei frei zu entscheiden, was er der Stiftung zukommen und was er über seine Praxis laufen lasse.

Daraufhin brachte Anwalt Schaller neun Dokumente vor: Honorarnoten von 1975 mit dem Briefkopf »Psychologische Lehr- und Beratungsstelle, Leitung: Friedrich Liebling«, adressiert an mich und meinen früheren Ehemann; darunter waren Honorarnoten für eine *»Teilnehmerkarte für Gruppentherapie und Kurse«* sowie für *»Gruppenpsychotherapie«* und *»Einzel-Sitzungen«*, wobei die Namen oder Initialen unserer Gesprächspartner Annemarie Cho und Antonio Cho in Klammer vermerkt waren. Fürsprecher Hahnloser fragte Bruno Paglia, wie er diese Honorarnoten interpretiere. Bruno Paglia: *»Das sind die Rechnungen, die Herr Liebling in seiner Praxis gestellt hat, aber nicht für die Stiftung.«*[128] Damit war also klargestellt, dass Bruno Paglia mit *»Praxis von Herrn Liebling«* die Psychologische Lehr- und Beratungsstelle, Leitung: Friedrich Liebling, meinte.

Fürsprecher Hahnloser zeigte daraufhin Bruno Paglia die *»Bilanz und Erfolgsrechnung«*, die wir mit der Duplik von Dr. Wehinger erhalten hatten. Aus diesem Dokument ging hervor, dass 4,5 Millionen Franken, die bei Friedrich Lieblings Tod auf dem Postcheckkonto der Psychologischen Lehr- und Beratungsstelle lagen, als geerbtes Vermögen aufgelistet worden waren. Bruno Paglia sagte, er habe dieses Dokument noch nie gesehen. Fürsprecher Hahnloser erklärte, es sei die *»These«* Dr. Wehingers gewesen, dass das Erbgut 4,5 Millionen Franken betrage, und das sei vom Stiftungsrat anerkannt worden. Bruno Paglia: *»Ich habe eine Anfrage von Herrn Dr. Wehinger erhalten über den Stand der Schuld- und Forderungsverhältnisse in der Stiftungsbuchhaltung im Verhältnis zu Herrn Liebling. Im wesentlichen habe ich die entsprechenden Aufstellungen auf-*

grund der vorhandenen Buchhaltungsbelege gemacht. [...] Mit dem übrigen Vermögen des anderen Gebildes hatte ich nichts zu tun.« Er habe Friedrich Liebling in der erwähnten Besprechung betreffend Steuern »*darauf aufmerksam gemacht, dass, wenn er inskünftig Honorare für Dienstleistungen in seinem Namen über seine Privatpraxis laufen lässt, diese Beträge zu seinem Privatvermögen gehören werden und dass er dies als Einkommen und Vermögen versteuern müsse. Hier liegt der Kernpunkt!«*[129] Er habe mit den Steuerbehörden telefoniert und die gesamte Aufstellung als Grundlage für das Nachsteuerverfahren machen müssen. Hierauf Fürsprecher Hahnloser: »*Also doch erst nach dem Tod!*« Er als Vertreter der Aufsichtsbehörde habe aber 1977 verlangt, »*es sei auseinanderzuhalten, privat Herr Liebling und Stiftung.*«[130] Anwalt Schaller meinte, sicher könnten die Steuerbehörden bestätigen, dass die Aufstellungen über das Vermögen der Erbinnen und der Stiftung erst nach Friedrich Lieblings Tod gemacht worden sei.

Zum Schluss hielt Fürsprecher Hahnloser gemäss Protokoll des EDI fest, er wolle die Steuererklärungen von Friedrich Liebling seit 1974 abklären. »*Von der Aufsichtsbehörde wird noch abgeklärt, welche Steuererklärungen Herr Liebling zu Lebzeiten abgegeben hat, und zwar ab 1974.*«[131] Bis zum 31.1.1988 sollten dann beide Parteien eine abschliessende Stellungnahme einreichen.

Weitere Beweise: Steuerakten Friedrich Lieblings | 5.3

Fürsprecher Hahnloser hatte am 4.1.1988 dem Chef des Steueramtes des Kantons Zürich einige Fragen bezüglich der Steuerakten Friedrich Lieblings schriftlich gestellt: Ob Friedrich Liebling ab 1974 bis zu seinem Tod sein volles Einkommen und Vermögen deklariert habe, oder ob dieses erst nachträglich festgesetzt worden sei; welches Einkommen und Vermögen Friedrich Liebling selbst ab 1974 deklariert habe; ob er die Steuererklärung persönlich ausgefüllt oder ob ein Berater sie abgefasst habe; ob Friedrich Liebling Hinweise gemacht habe, »*dass er Teile des Einkommens bzw. Vermögens fiduziarisch für Dritte verwalte, oder dass er sich sonstwie nicht als alleinigen Eigentümer betrachte*«.[132]

Das Steueramt beantwortete die Fragen nicht, sondern sandte mit einem förmlichen Begleitschreiben die entsprechenden Steuerakten; darin waren überraschende neue Fakten enthalten. Bernhard Hahnloser erstreckte die Frist für eine abschliessende Stellungnahme bis zum 23.2.1988. Die Akten beinhalteten die Steuererklärungen Friedrich Lieblings von 1975, 1977, 1979 und 1981. Zu jener Zeit musste man alle zwei Jahre eine Steuererklärung für die zwei verflossenen Jahre ausfüllen. Die Steuererklärungen betrafen also die Jahre 1973/1974, 1975/1976, 1977/1978 und 1979/1980.

Ein erstes, wichtiges Dokument befand sich in der Steuererklärung 1975. Es bezog sich auf die Jahre 1973 und 1974, also auf die Zeit vor Gründung der Stiftung.[133] Darin teilte Friedrich Liebling dem kantonalen Steueramt mit: »*Die auf mein Postcheckkonto eingezahlten Beträge gehören zum Grossteil meinen Schülern, die sich der Ratsuchenden angenommen und die Behandlung übernommen haben. Meine Einnahmen, die erst errechnet werden müssen, werden höchstens CHF 50 000–60 000 betragen.*«[134] Dieses Dokument beweist die treuhänderische Verwaltung von Geldern der Psychologischen Lehr- und Beratungsstelle durch Friedrich Liebling.

Weitere wichtige Dokumente waren Aufstellungen über die Einnahmen und Ausgaben der Postcheckkonti »*Friedrich Liebling, Psychologische Lehr- und Beratungsstelle*« und »*Psychologische Menschenkenntnis, Friedrich Liebling*« für die Jahre 1973 bis 1979.[135] Aus diesen Aufstellungen wurde klar, dass diese Gelder ausschliesslich zum Aufbau und Betrieb der Psychologischen Lehr- und Beratungsstelle, also ab Gründung der Stiftung zur Verwirklichung des gemeinnützigen Stiftungszwecks, verwendet wurden. Die Einnahmen umfassten Einzahlungen auf die beiden Postcheckkonti sowie Bareinnahmen. Die Bezeichnungen für die Ausgaben waren in all den Jahren von 1973 bis 1980 gleich oder sehr ähnlich: »*Miete an den Verein*« bzw. »*Miete an die Stiftung*«, »*Für Mitarbeit und Unterricht*«, »*Möbel, Renovation und Sonstiges*«, »*Bücher, Zeitungen und Zeitschriften*« bzw. »*Fachliteratur*«, »*Telefon und Porti*«, »*Verpflegung von Schülern*« usw. Aus der Höhe der Beträge war klar ersichtlich, dass es sich nicht um persönliche Ausgaben Friedrich Lieblings, sondern um solche der Psychologischen Lehr- und Beratungsstelle handelte.

Eine Überraschung bargen die Steuererklärungen selber: Friedrich Liebling war nicht gewillt, die treuhänderisch verwalteten Gelder zu versteuern. Er wehrte sich dagegen, da ja die Psychologische Lehr- und Beratungsstelle seit 1974 eine gemeinnützige Stiftung war. Während er die Steuererklärung 1975, die die Zeit vor der Stiftungsgründung betraf, ausgefüllt und unterzeichnet hatte, schickte er die Steuererklärung 1977 unausgefüllt und unübersehbar mit einem grossen Fragezeichen versehen zurück. Die Steuererklärung 1979 war ohne Unterschrift; die eingetragenen Zahlen trugen die Handschrift des Steuerbeamten. Die Steuererklärung 1981 hatte Friedrich Liebling leer unterzeichnet; auch hier war die einzige Zahl offensichtlich durch den Steuerbeamten hineingeschrieben worden.[136] Friedrich Liebling hatte also unübersehbar seine Weigerung zum Ausdruck gebracht. Mit Einschätzungsentscheid vom 1.3.1978 war er aber gezwungen worden, diese Gelder zu versteuern.[137]

Ein weiteres wichtiges Dokument in den Steuerakten war eine Aufstellung über die Vermögensverhältnisse Friedrich Lieblings bei dessen Todestag. Er hatte kein persönliches Vermögen hinterlassen: Barschaft war keine da, das Tresorfach war leer, Versicherungsansprüche und sonstige Aktiven waren keine vorhanden, und die Wohnungseinrichtung war *»ohne fiskalische Bedeutung«*.[138] Sämtliches Vermögen, das nach seinem Tod als *»sein Vermögen«* aufgeführt wurde, betraf die treuhänderisch verwalteten, stiftungszweckgebundenen Gelder der Konten Psychologische Lehr- und Beratungsstelle, Psychologische Menschenkenntnis und des Kontokorrents bei der Stiftung.

Auch in einem Schreiben von Dr. Wehinger an das Steueramt der Stadt Zürich wird bezeugt, dass der Verstorbene vollständig gemeinnützig tätig war: Dr. Wehinger schrieb, dass es im Zusammenhang mit den *»ausstehenden Forderungen gegenüber den Teilnehmern und Schülern der Psychologischen Lehr- und Beratungsstelle«* zu berücksichtigen gelte, *»dass der Verstorbene nie jemanden gemahnt oder betrieben hat und dass er den Schulteilnehmern immer völlig anheim gestellt hat, ob und in welchem Umfang sie ihre Schulgelder bezahlen wollten. Eigentliche Forderungen im Rechtssinne sind damit gar nie entstanden.«*[139]

In den Steuerakten waren vier weitere wichtige Dokumente enthalten: Bestätigungen für Gelder, die Teilnehmer für Weiterbildung bezahlt hatten. Alle vier Bestätigungen trugen Briefkopf und Stempel der Psychologischen Lehr- und Beratungsstelle. Zwei Bestätigungen vom Februar 1978 und März 1979 waren unterzeichnet von Friedrich Liebling, zwei weitere Bestätigungen vom August 1979 und Dezember 1980 von Friedrich Liebling und Jutta Siegwart-Gensch. Sie hatten bestätigt, dass die genannten Teilnehmer in den Jahren 1977, 1978 und 1979 *bei uns* gewisse Gelder für Weiterbildung bezahlt hatten.[140]

Ebenfalls ging aus den Steuerakten hervor, dass Friedrich Liebling postum wegen Steuerhinterziehung verurteilt wurde, indem für ihn hohe Nach- und Strafsteuern verfügt wurden.[141] Der Grund dafür liegt in den falschen Behauptungen seiner Töchter und deren Anwalt, dass es sich bei den Geldern der Psychologischen Lehr- und Beratungsstelle um sein Privatvermögen gehandelt habe.

Die Steuerakten Friedrich Lieblings brachten den Beweis, dass die jahrelangen Behauptungen der Beamten der Stiftungsaufsicht über die angeblichen Steuern Friedrich Lieblings nicht zutrafen. So hatte Fürsprecher Blessing in einer internen Information Bundesrat Egli am 11.12.1984 mitgeteilt: *»Schon zu Lebzeiten des Stifters gab es eben neben der Stiftung den Privatmann Liebling mit seinem ganzen Vermögen.«*[142] Bei unserem ersten Akteneinsichtsversuch am 10. 1. 1985 hatte Fürsprecher Hahnloser davon gesprochen, ein *»Indiz für die Einzelfirma«* sei, dass Friedrich Liebling gegenüber den Behörden *»sein Eigentum und das der Stiftung auseinandergenommen«* habe; dass er *»das Hauptkapital versteuert habe, spreche dafür, dass er es ›auf seine Kappe nehmen wollte‹«.*[143] Und Fürsprecher Hahnloser und Fürsprecher Blessing hatten in ihrer gemeinsamen Stellungnahme an Bundesrat Egli auf unser Ausstandgesuch hin erklärt, der Stiftungsrat habe bei der vermögensrechtlichen Auseinandersetzung *»auf die Darstellung des Stifters zu dessen Lebzeiten«* abgestellt, so wie sie *»gegenüber den Steuerbehörden«* erfolgt sei.[144] Auch Dr. Lutz hatte ausgeführt, Friedrich Liebling habe *»in all seinen Handlungen bis zu seinem Ableben immer zum Ausdruck gebracht, die Psychologische Lehr- und Beratungsstelle sei eine Einzelfirma. [...] Auch gegenüber den Steuern trat Friedrich Liebling als Einzelfirma auf«.*[145]

In einer Eingabe vom 22.2.1988 wiederholte Rudolf Schaller die Anträge, die bereits früher gemacht und auch in der Beschwerde vom 19.10.1987 von Jutta Siegwart-Gensch vorgebracht wurden, unter anderem

- Es sei festzustellen, dass die Stiftung Psychologische Lehr- und Beratungsstelle ihren statutarisch festgelegten Zweck des Aufbaus und Betriebs der Psychologischen Lehr- und Beratungsstelle als Lehr-, Forschungs- und Beratungszentrum für Ehe- und Erziehungsberatung usw. erfüllen müsse.

- Es sei festzustellen, dass die von Friedrich Liebling geleitete Psychologische Lehr- und Beratungsstelle rechtlich eine einfache Gesellschaft von Gönnern und Destinatären der Stiftung Psychologische Lehr- und Beratungsstelle darstelle.

- Es sei festzustellen, dass das materielle und immaterielle Vermögen der Psychologischen Lehr- und Beratungsstelle der Stiftung Psychologische Lehr- und Beratungsstelle gehöre.

- Es sei festzustellen, dass die nach dem Tod Friedrich Lieblings widerrechtlich erklärte Einzelfirma und ihre Duldung durch den Stiftungsrat die Statuten verletze.

- Den statutenwidrigen, widerrechtlich gegründeten Rechtssubjekten »Psychologische Lehr- und Beratungsstelle Friedrich Liebling AG« und »Verein zur Förderung der Psychologischen Menschenkenntnis« sollte jegliche Tätigkeit untersagt werden, durch die der statutarische Stiftungszweck konkurriert wird.

- Nötigenfalls auf dem Rechtsweg sollte die Nichtigerklärung der »Psychologischen Lehr- und Beratungsstelle Friedrich Liebling AG« und des »Verein zur Förderung der Psychologischen Menschenkenntnis« erwirkt werden.

- Nötigenfalls auf dem Rechtsweg sollte Ersatz für den der Stiftung zugefügten Schaden erwirkt werden.

- Zudem sollten alle Massnahmen getroffen werden, um die Beschwerdeführerin Jutta Siegwart-Gensch, den Stifter Friedrich Liebling und die Stiftung Psychologische Lehr- und Beratungsstelle vollständig zu rehabilitieren.

Anschliessend begründete er auf 30 Seiten diese Anträge.[146]

Auch Jutta Siegwart-Gensch und ich schrieben im Dezember, Januar und Februar mehrere Eingaben an das EDI, in denen wir uns zur Befragung des Treuhänders und zu den Steuerakten äusserten und die innere Ordnung der finanziellen Verwaltung der Stiftung erklärten. Noch vor Erhalt der Steuerakten hatten wir ein grosses Plakat hergestellt und es am 29.12.1987 Bundesrat Cotti gesandt. Es war übertitelt mit: »*Das Schicksal unserer Zuwendungen für die gemeinnützige Stiftung Psychologische Lehr- und Beratungsstelle unter Aufsicht des Bundes.*« Ausgehend von der Anzeige der Stiftungsaufsicht vom 25.7.1977 zitierten wir in einer kreisförmigen Darstellung deren Folgen beim Steueramt, bei der Presse bis hin zur Stellungnahme der Geschäftsprüfungskommission. Ebenfalls zitiert waren die Abwehrmassnahmen der Stiftung zu Lebzeiten des Stifters. In der Mitte fett gedruckt befand sich die Äusserung Friedrich Lieblings gegenüber dem Einzelrichter des Bezirksgerichts Zürich am 23.7.1981: »*Es geht nicht ums Geld; es handelt sich nicht um mein Geld, sondern es ist das Geld der armen Studenten, der Lehrlinge, denen wir helfen können; ganz abgesehen davon handelt es sich um die Feststellung, dass bei uns keine Absicht besteht, etwas vorzumachen, etwas vorzutäuschen.*«[147]

Stiftungsanwalt Dr. Jezler hatte bereits am 21.1.1988, vor Erhalt der Steuerakten, eine nur vierseitige letzte Stellungnahme abgegeben. Wesentlich sei, dass das Beweisverfahren ergeben habe, dass neben der Stiftung »*die psychologische ›Praxis‹ von Friedrich Liebling bestand*«. Dazu verwies er insbesondere auf die Aussagen Bruno Paglias und erklärte, abgesehen von der Miete sei Friedrich Liebling frei gewesen, »*seine Praxiserlöse*« ganz oder teilweise an die Stiftung abzuführen. Als die Steuerbefreiung widerrufen worden sei, sei er frei gewesen, diese Zuwendungen zu stoppen. Wie Bruno Paglia dargelegt habe, seien »*die Aktiven der Stiftung einerseits und diejenigen der Praxis von Herrn Liebling andererseits buchhalterisch minuziös auseinandergehalten worden*«. Dies sei auch nach Friedrich Lieblings Tod so gehalten worden. »*Es bestehen keinerlei Anhaltspunkte, dass die Erben von Friedrich Liebling sich Vermögen der Stiftung angeeignet hätten.*« Die Stiftung habe nach wie vor dieselben Liegenschaften als wichtigste Aktiven, und die Schuld- und Forderungsverhältnisse seien auch gegenüber den Erben klar abgegrenzt geblieben. Zum Hausverbot erklärte er, wir würden ja seit bald fünf Jahren Prozesse gegen die Stiftung und ihr nahestehende Personen führen. Es sei undenkbar, dass eine sinnvolle Zusammenarbeit je wieder möglich wäre. Und er fügte bei: *»Durch den Ausschluss der Beschwerdeführerinnen steht die Funktionsfähigkeit der Stiftung zweifellos nicht in Frage.«*[148]

Es fällt auf, dass in dieser Stellungnahme nicht mehr von *»Einzelfirma«*, sondern neu von *»Praxis«* gesprochen wurde.

Artikel im »Beobachter« | 5.4

Seit der kurzen Nachricht am 3. März 1982 im »Tages-Anzeiger«, dass Friedrich Liebling gestorben sei, waren – mit Ausnahme je eines Artikels im »Blick« im Sommer 1984[149] und in der Jugendzeitschrift »21« im Dezember 1987[150] – meines Wissens keine Zeitungsartikel mehr zum Thema »Zürcher Schule« und »Friedrich Liebling« erschienen. Nun trat innerhalb der Frist, in der bei der Stiftungsaufsicht die letzten Stellungnahmen geprüft und der Entscheid durch Bundesrat Cotti gefällt werden sollte, die Presse wieder in Aktion.

Am 26.2.1988 erschien im »Der Schweizerische Beobachter« ein mehrseitiger Bericht von Hans Caprez. Auf dem Cover prangte eine Karikatur von Friedrich Liebling als Denkmal, und zwei Sägen sowie die Schlagzeile: *»Streit um Lieblings Geld und Geist: Ein Denkmal wird angesägt.«* In der Inhaltsübersicht stand: *»Die weltlichen und geistigen Erben des renommierten Zürcher Psychologen Friedrich Liebling liegen sich in den Haaren. Natürlich sind Macht und Millionen im Spiel.«* Die Überschrift des Artikels lautete: »Die verratenen Jünger«, und darunter als Lead: *»Jahrelang stellten sich Hunderte von Menschen vorbehaltlos in den Dienst der von Friedrich Liebling gegründeten Psychologischen Lehr- und Beratungsstelle Zürich. Ihr Gratiseinsatz wurde schlecht belohnt. Andere kassierten, jetzt werden Schülern und Patienten Honorarforderungen in Millionenhöhe präsentiert.«* Als Zwischentitel waren zu lesen: *»Millionen verdient …«*, *»… und steuerfreie Stiftung gegründet«*, *»Andere rahmen ab«*, *»Eine Prozesslawine …«*, *»… und das dicke Ende für Schüler und Patienten.«*

Zu Beginn des Artikels war von einer Aktionärsversammlung am 10.12.1987 die Rede. Dort hätten die Anwälte das grosse Wort geführt und die Versammlung sei dann abgebrochen worden. Es habe »*gespannte, feindselige Stimmung, mühsam zurückgehaltene Aggressionen, Sprachlosigkeit unter professionell tätigen Psychologen und Seelenärzten*« geherrscht.

In einem Rückblick wurde behauptet: »*Dank Gratisarbeit, Schulgeldern und Therapiehonoraren gedieh die von Friedrich Liebling als Privatpraxis geführte Psychologische Lehr- und Beratungsstelle auch finanziell. Hunderttausende von Franken flossen jährlich auf die Konten des inzwischen renommierten Zürcher Psychologen. Friedrich Liebling wurde Millionär.*« Friedrich Liebling habe das Geld in vier Villen am Zürichberg investiert. »*Besitzerin wurde die von Liebling gegründete und präsidierte Stiftung ›Psychologische Lehr- und Beratungsstelle‹.*« Weiter hiess es: »*Heute behaupten selbst ehemalige Liebling-Vertraute, der Meister habe die Stiftung gegründet, um saftigen Steuern zu entgehen.*«

Einige Jahre nach der Gründung der Stiftung habe der Kanton Zürich das Steuerprivileg aufgehoben. »*Die von Liebling angerufenen Gerichte bis hinauf zum Bundesgericht stützten den Entscheid der kantonalen Steuerbehörde. Hauptargument: Die Stiftung ›verfolge ganz offensichtlich einen Erwerbszweck‹. Die Steuerbefreiung sei auch deshalb aufzuheben, weil die Stiftung – dank diesem Privileg – gegenüber anderen Psychologen einen Wettbewerbsvorteil habe. Die Stiftung blieb weiterhin bestehen, doch flossen die Honorarzahlungen wieder über die Einzelpraxis von Friedrich Liebling. Weitere Millionen häuften sich an. Das störte die bienenfleissigen Gratisarbeiter allerdings nicht. Friedrich Liebling war ja kein Prasser. Er lebte bescheiden und genoss grosses Ansehen. Den Anhängern war die Gemeinschaft wichtig und die Gewissheit, dass das Geld für diese gebraucht werde. Das hatte Liebling auch immer versprochen.*«

Aber bei seinem Tod »*hätte immerhin auffallen sollen, dass er nichts Entscheidendes vorgekehrt hatte, um die Zukunft des Werkes und seiner über 60 Mitarbeiter sicherzustellen*«. Die »*aus den USA herbeigeeilten Töchter*« hätten zwar versichert, sie hätten »*keine finanziellen oder sonstigen Interessen an der PLB. Dennoch floss der grösste Teil des von den Mitarbeitern erwirtschafteten Vermögens bald in die*

Privatschatullen der Erbinnen. Allein die drei Postscheckkonti wiesen Guthaben von 5,706 Millionen Franken auf.« Lieblings Beratungsstelle sei von den beiden Töchtern in eine AG umgewandelt worden, in der die Töchter *»die Mehrheit und damit das Sagen«* gehabt hätten. Bald schon seien Differenzen entstanden. Die Mitarbeiterinnen und Mitarbeiter *»sahen, wer effektiv von den durch sie erwirtschafteten Millionen profitierte«.* Die *»ursprünglich verschworene Gemeinschaft«* sei zerfallen, viele hätten sich *»geprellt«* gefühlt. Eine *»Mehrheit von ehemaligen Mitarbeitern und fast alle Kursteilnehmer«* hätten sich von der AG gelöst und den *»Verein zur Förderung der psychologischen Menschenkenntnis«* gegründet. Dieser erhebe *»den Anspruch, im Sinne des verstorbenen Lehrers zu arbeiten. Das gleiche behauptet auch die PLB AG.«* Der Autor stellt nun die Frage: *»Wer sollte nun in den Räumen der millionenschweren Stiftung gratis logieren können, der Verein oder die Aktiengesellschaft?«*

Unter dem Titel *»Eine Prozesslawine«* wurde dargestellt, dass die PLB AG ihre Vertreter im Stiftungsrat verloren und nun mit einer Beschwerde beim EDI reagiert habe. Ihr Hauptbegehren sei: *»Die Wahlen seien zu annullieren, und die Aktiengesellschaft solle das Recht haben, die Villen weiterhin gratis für sich zu nutzen.«* Mit der *»allseits propagierten Friedfertigkeit«* sei es vorbei gewesen; Praxisräume seien überwacht und Anschuldigungen hüben und drüben erhoben worden.

Als *»dickes Ende«* wurde berichtet, *»der Computer«* habe über Jahre erfasst, *»wer wann, wo und an welchen Kursen teilgenommen hatte«.* Es habe sich jetzt eine *»wahre Rechnungsflut«* über ehemalige Schüler und Kursteilnehmer ergossen. *»Unzählige ›Ehrenschulden‹ sollten sich nun – schwuppdiwupp! – in echte Schulden verwandeln. Die dreiste Post der PLB AG an ehemalige Kursteilnehmer hat bei vielen Empfängern Knieschlottern ausgelöst.«* Alle, die eine Rechnung erhalten hätten, seien aufgefordert worden, die Richtigkeit schriftlich zu bestätigen und anzugeben, welche Teilrückzahlungen sie leisten könnten. *»Aus der bisherigen ›Ehrenschuld‹ kann dadurch eine echte und betreibungsfähige Schuld entstehen.«* Die zwei Leiter der PLB AG hätten zwar das Gerücht, dass jemand betrieben werde, zurückgewiesen. Aber im Fall eines *»Andreas M.«,* der die Bestätigung nicht unterschrieben habe, sei bereits ein

Anwalt eingeschaltet und mit einer gerichtlichen Klage gedroht worden. Der Artikel endete mit dem Abschnitt: »*Selbst wenn sich nur wenige einschüchtern lassen und bezahlen, geht die PLB AG ohne grossen Aufwand goldenen Zeiten entgegen. Die Gesamthöhe der sogenannten Ehrenschulden beträgt nämlich über 13 Millionen!*«

In einem separaten Kasten unter dem Titel »Eine Welt für sich« legte der Autor eingangs einen »*seltsamen Widerspruch*« dar: »*Im Umgang erscheinen die Menschen friedlich, freundlich und sanft, sie sind gesprächsbereit, bis auf einen Punkt. Der 1982 verstorbene Lehrmeister Friedrich Liebling wird von jeglicher Kritik ausgenommen. Ein Mensch ohne Fehler, ein Heiliger fast? Kritik gegen Liebling und seine Arbeitsweise erscheint den Anhängern sogleich als diffamierend und verleumderisch.*« Danach nimmt er auf den Artikel »*der Psychologen Dieter Hanhart und Hans W. Grieder im ›Tages-Anzeiger-Magazin‹*« Bezug, wogegen die »*Anhänger*« mit einer »*Brief- und Telefonflut*« reagiert hätten. Auch im Zürcher Schulwesen hätten sich die »*Liebling-Anhänger (vor allem in der kantonalen Maturitätsschule für Erwachsene) nicht nur positiv bemerkbar*« gemacht, was auch vom Regierungsrat bestätigt worden sei. »*Kritikloser Glaube an einen Meister und an eine Weltanschauung kann zur Isolation von der übrigen sozialen Umwelt führen. Umso stärker sind die betroffenen Menschen dann auf die Gruppe in der Gemeinschaft angewiesen.*« Nun wurde der Zürcher Regierungsrat aus dem Jahre 1981 zitiert: »*Die jahrelange Inanspruchnahme von Betreuungsangeboten für den einzelnen kann zu erheblicher psychischer Abhängigkeit sowie finanzieller Belastung führen.*« Und: »*Er hat – das zeigen die jetzigen Vorgänge um die Psychologische Lehr- und Beratungsstelle – recht bekommen.*«[151]

Durch diesen Artikel erfuhren Jutta Siegwart-Gensch und ich, dass offenbar ein Beschwerdeverfahren der »*Psychologischen Lehr- und Beratungsstelle Friedrich Liebling AG*« gegen die Stiftung Psychologische Lehr- und Beratungsstelle bei der Stiftungsaufsicht existierte. Rudolf Schaller schrieb deshalb am 11.4.1988 an Bundesrat Cotti. Er legte dar, seit dem 17.3.1983 sei eine Aufsichtsbeschwerde seiner Mandantin pendent, worin die Wiederherstellung des gesetz- und statutenmässigen Zustandes der Stiftung gefordert werde. Anstatt der kolossalen Schädigung einen Riegel zu schieben, habe die Aufsichtsbehörde die Beschwerde sogar zum Anlass genommen, um den Stiftungszweck krass widerrechtlich als »*Einzelfirma*« zu definieren. Anwalt Schaller wies die Behauptung des Autors, wonach Friedrich Liebling »*nichts Entscheidendes vorgekehrt*« habe, »*um die Zukunft des Werkes und seiner über 60 Mitarbeiter sicherzustellen*«, als besonders stossend zurück. Der Beschluss des Stiftungsrats vom 5.1.1979, worin dieser seine Nachfolge als Leiter und Treuhänder der Stiftung geregelt habe, sei missachtet worden.

Weiter rügte Rudolf Schaller, dass ihm die Akten des Beschwerdeverfahrens zwischen der AG und der Stiftung bei seinen Akteneinsichten nicht gezeigt worden seien. Er habe stets Einsicht in sämtliche Akten verlangt, letztmals am 8.1.1988. Er beantragte erneut Einsicht in alle Akten und hielt fest, dass der Stiftungsrat kein schützenswertes Interesse an der Geheimhaltung der Aktenstücke habe.[152] Bundesrat Cotti antwortete nicht.

Aus dem Artikel des »Schweizerischen Beobachters« wurde uns klar, dass der Journalist Hans Caprez durch den »Verein zur Förderung der Psychologischen Menschenkenntnis« informiert sein musste. Im Nachhinein ist auch offenkundig, dass einige Stellen aus dem Bericht vom 21.5.1986 von Annemarie Buchholz-Kaiser stammen mussten, denn sie sprach darin von »*Einzelpraxis*«, ein Ausdruck, der zuvor in keiner uns bekannten Schrift vorgekommen war. Auch die Zahl 13 Millionen stand auf Seite 24 jenes Berichts, sie verwendete auch mehrfach die Bezeichnung »*Ehrenschulden*«.[153]

Rudolf Schaller setzte sich mit Hans Caprez in Verbindung. Jutta Siegwart-Gensch und ich sandten ihm die Eingabe vom 22.2. 1988 an das EDI sowie unser Plakat als chronologische Übersicht zu. Hans Caprez erklärte sich an einem Gespräch mit uns interessiert, hatte aber vorerst keine Zeit. Er schrieb am 8.4.1988: »*Zwar merkte ich schon vor der Verfassung des Artikels, dass die Dinge ausserordentlich kompliziert sind. Und nach der Publikation wandten sich dann weitere Personen an uns, die in der Liebling-Schule eine wichtige Rolle spielten, in den mir zur Verfügung stehenden Akten doch eher am Rand auftraten. Zwar habe ich mich vor dem Verfassen des Artikels recht eingehend über die Situation informiert. Ich habe zahlreiche Gespräche geführt, Akten studiert, drei Bücher gelesen. [...] Eines wird für einen aussenstehenden Beobachter doch recht klar sein: Trotz gegenteiligen Aussagen hat Dr. Liebling eben doch nichts wirklich Entscheidendes unternommen, um sein Lebenswerk abzusichern. Sonst wäre zumindest ein Teil der Nachfolgeauseinandersetzungen vermeidbar gewesen. Wenn Dr. Liebling seine Nachfolge geregelt haben sollte, hätten ja einflussreiche Mitarbeiterinnen und Mitarbeiter seine Wünsche missachtet oder gar gewisse Unterlagen verschwinden lassen. Sollten Sie darüber Näheres wissen, bin ich an entsprechenden Informationen sehr interessiert.*

Die seit Jahren andauernden Auseinandersetzungen stellen meines Erachtens auch das geistige Vermächtnis von Dr. Liebling in Frage. Wo ist dieser Geist geblieben, wenn sich langjährige Liebling-Schüler dermassen unversöhnlich gegenüberstehen, ja sich richtiggehend bekämpfen? Unter diesen Zerwürfnissen leiden doch in erster Linie all jene Leute, die in der Liebling-Schule Beratung suchen.

Als Beobachterredaktor bin ich keiner der sich streitenden Parteien verpflichtet. Auch die da und dort geäusserte Vermutung, wir seien durch Frau Buchholz-Kaiser oder Herrn Nyläus direkt informiert worden, ist falsch. Mit Frau Buchholz-Kaiser habe ich bisher überhaupt noch nie gesprochen. Beim Lesen der zahlreichen Unterlagen und bei verschiedenen Gesprächen gewann ich persönlich allerdings den Eindruck, dass gerade sie im Verein einen grossen Einfluss hat und offenbar von vielen Vereinsmitgliedern als geistige Nachfolgerin von Dr. Liebling betrachtet wird. Ähnlich wie in Bezug auf Friedrich Liebling wird auch Frau Buchholz-Kaiser richtiggehend verehrt und von jeglicher Kritik ausgenommen. Bei nüchterner Betrachtung müsste aber auch den Vereinsmitgliedern auffallen, dass sich Frau Buchholz-Kaiser zumindest teilweise recht widersprüchlich verhielt. Erschrocken bin ich auch über die Unfähigkeit vieler Liebling-Schüler, Arbeit und Methode ihres ehemaligen Lehrers kritisch anzuschauen. Eine ähnliche Haltung macht sich heute auch über Frau Buchholz-Kaiser bemerkbar, zumindest von Seiten der Vereinsmitglieder.«[154]

Es kam zu keinem Gespräch mit Hans Caprez. So blieb für uns rätselhaft, wie er »*zahlreiche Gespräche geführt, Akten studiert, drei Bücher gelesen*« und trotzdem in seinem Brief wiederholt Friedrich Liebling mit einem Doktortitel versehen konnte.

Entscheid der Europäischen Menschenrechtskommission vom 11.4.1988

Am 10.10.1985 hatte Jutta Siegwart-Gensch eine Beschwerde bei der Europäischen Menschenrechtskommission gegen das erste Bundesgerichtsurteil betreffend Ausstand der Zürcher Gerichte erhoben. Später schickte sie die weiteren Bundesgerichtsurteile mit den vorinstanzlichen Dokumenten. Sie legte stets dar, worin sie eine Verletzung der Menschenrechtskonvention sah. Am 18.4.1986 bat sie, in Anbetracht der Monstrosität ihres Falles, die Problematik mündlich darlegen zu dürfen. Der damalige Sekretär der Kommission, Dr. Mark Villiger, der bisher die Eingänge der Dokumente bestätigt hatte, antwortete am 8.5., es stehe ihr frei, während den Bürozeiten persönlich vorzusprechen. So reisten Jutta Siegwart-Gensch und ich kurz darauf nach Strassburg. Mark Villiger empfing uns sehr freundlich, hörte uns respektvoll und mit Anteilnahme zu und ermutigte uns, fortlaufend alle Dokumente zu schicken, damit sich die Kommission ein genaues Bild machen könne. Ich verstand ihn so, dass er eine Art Vorprüfung mache und dann der Kommission den Fall unterbreite. Wir waren sehr glücklich und reisten im Gefühl, einen Freund in Strassburg zu haben, nach Hause.

Am 18.3.1988 schrieb Mark Villiger nach einer weiteren Eingabe von Jutta Siegwart-Gensch: »*Im übrigen weise ich Sie darauf hin, dass die obige Beschwerdesache der Kommission in ihrer am 2. Mai 1988 beginnenden Sitzung vorgelegt werden wird.*«[155] Doch in einem Schreiben vom 11.4.1988, unterzeichnet von H.C. Krüger, einem anderen Sekretär der Kommission, stand: »*Ich teile Ihnen mit, dass die Europäische Menschenrechtskommission nach Beratung in nichtöffentlicher Sitzung am 11. April 1988 entschieden hat, dass diese Beschwerde unzulässig ist. Eine Ausfertigung der Entscheidung der Kommission wird Ihnen zugesandt werden. Im übrigen werden Sie um Mitteilung gebeten, ob es Ihnen möglich ist, nach Zustellung der Entscheidung ihre umfangreichen Unterlagen – ca. 7000 Seiten – persönlich hier in Strassburg abzuholen.*«[156]

Mit einem weiteren Schreiben vom 10.5.1988 von H.C. Krüger erhielt Jutta Siegwart-Gensch dann den Entscheid. Die Europäische Menschenrechtskommission hatte tatsächlich am 11.4.1988 die Beschwerde vom 10.10.1985 und deren Ergänzungen als unzulässig abgewiesen. Im Tatbestand ging auch sie davon aus, der Psychologe »Mr. F.L.« habe in Zürich ein psychologisches Institut für Lehre und Beratung gegründet (»*a psychology institute for teaching and counseling*«). Eine weitere Stiftung (»*A further foundation*«) in Zürich habe den Zweck, Liegenschaften zu erwerben und das Institut mit Räumen für Konferenzen und für die Weiterführung »F.L.s« Lehre nach seinem Tod zu unterstützen.[157] Nach Friedrich Lieblings Tod sei das Institut durch unterschiedliche Personen fortgeführt worden. Zwischen diesen und der Beschwerdeführerin sei ein Streit über gewisse Lehrmeinungen des Instituts entstanden.[158] Anschliessend seien verschiedene Prozesse der Beschwerdeführerin vor Zürcher Gerichten durchgeführt worden. Daraufhin zählte die Kommission die Bundesgerichtsurteile auf und umschrieb kurz deren Inhalt.

Zur Beschwerdebegründung hielt die Kommission fest: Die Beschwerdeführerin berufe sich in umfangreichen Eingaben unter anderem zuerst auf Artikel 3 der Konvention, wonach die verschiedenen Gerichte sie in eine unmenschliche Situation gebracht hätten. Unter Artikel 6 Absatz 1 beklage sie, die Schweizer Gerichte hätten in ihrem Fall systematisch die Prinzipien von Fairness und Treu und Glauben verletzt. Unter Artikel 8 bringe sie vor, sie werde systematisch und unkorrekt in ein falsches Licht gestellt. Ebenfalls beklage sie unter diesem Artikel, dass gewisse Verleumdungsprozesse, die sie gegen verschiedene Personen angestrengt habe, öffentlich verhandelt würden, und dass das Bundesgericht in seinem Urteil vom 8.5.1985 es unterlassen habe, diese Situation zu korrigieren. Weiter habe sie sich über Verletzungen von Artikel 9, 11, und 14 der Konvention beschwert.

In der darauffolgenden Beurteilung befasste sich die Kommission ausführlich mit der Frage, ob die Abweisung des Gesuchs um Ausschluss der Öffentlichkeit in zwei Ehrverletzungsprozessen eine Verletzung des Anspruchs auf Schutz des Privatlebens von Jutta Siegwart-Gensch bedeute (Art. 8 der Europäischen Menschenrechtskonvention). Sie hielt fest, Artikel 6 Absatz 1 der Konvention gewährleiste das Prinzip einer fairen und öffentlichen Verhandlung, erlaube aber auch den Ausschluss der Öffentlichkeit zum Schutz des Privatlebens, wenn ein Prozessbeteiligter dies verlange.

Weiter habe die Kommission schon früher befunden, dass die Offenlegung der kriminellen Taten einer Person in einer öffentlichen Verhandlung das in Artikel 8 Absatz 1 garantierte Recht, das Privatleben zu respektieren, verletzen könne. Eine solche Verletzung könne aber gerechtfertigt sein aufgrund von Artikel 8 Absatz 2 »*zum Schutz der Rechte und Freiheiten anderer*«.[159]

Es sei von allgemeinem Interesse, dass Gerichtsverhandlungen öffentlich durchgeführt werden; dieses Interesse sei in Artikel 6 Absatz 1 der Konvention festgehalten, wonach Gerichtsverhandlungen im Prinzip öffentlich durchgeführt werden sollten. Ferner habe das Bundesgericht in seinem Urteil vom 5.5.1985[160] sorgfältig das Interesse der Beschwerdeführerin an einer nicht öffentlichen Verhandlung erwogen. Es habe jedoch begründet, dass die betreffenden Verhandlungen nicht zur Privatsphäre gehörende Fakten offenlegten. Das Bundesgericht sei zum Schluss gekommen, dass sich der Fall in Wirklichkeit um einen Disput zwischen verschiedenen Lehrmeinungen drehe und es deshalb nicht gerechtfertigt sei, die Öffentlichkeit von den Gerichtsverhandlungen auszuschliessen.[161]

Die Kommission entscheide daher, dass die Verletzung der Privatsphäre »*zum Schutz der Rechte und Freiheiten anderer*« stattgefunden habe und »*notwendig für eine demokratische Gesellschaft*« gewesen sei, was Artikel 8 Absatz 2 der Konvention entspreche. Das Vorgehen sei für das verfolgte legitime Ziel angemessen gewesen und enthalte daher keine Verletzung von Artikel 8 der Konvention. Daraus folge, dass dieser Teil der Beschwerde offenkundig unbegründet sei.

Die Kommission habe auch noch den Rest der Beschwerden geprüft. Jedoch, unter Berücksichtigung der Beschwerden als Ganzes, befinde sie, dass keine Verletzung der Rechte und Freiheiten gemäss der Konvention stattgefunden habe. Folglich sei der Rest der Beschwerde ebenfalls offenkundig unbegründet. Die Kommission erkläre die Beschwerde als unzulässig. Der fettgedruckte Entscheid lautete: »*For these reasons, the Commission DECLARES THE APPLICATION INADMISSIBLE.*«[162]

∗ |

Bereits zuvor, am 15.9.1987, hatte das Bundesgericht über unsere Ehrverletzungsklage vom 23.9.1983, die wir wegen der beiden Eingaben der Stiftung vom 3.6.1983 an die Stiftungsaufsicht und vom 15.8.1983 an die Polizei erhoben hatten, geurteilt. Das Bundesgericht verwies in der kurzen Begründung auf die Ausführungen des Zürcher Obergerichts. Diesen Erwägungen sei »nichts Wesentliches beizufügen«, sie »halten vor Bundesrecht stand«.[163]

Das Zürcher Obergericht hatte am 10.6.1986 befunden, die eingeklagten Äusserungen hätten mit der Geltung als ehrbarer Mensch nichts zu tun. So meinte es bezüglich der Behauptung, Jutta Siegwart-Gensch sei nie eine Mitarbeiterin, sondern gegenteils »ein anhängliches Sorgenkind« gewesen: »Es sind auch dies rein feststellende Aussagen – ob richtig oder falsch, ist unter dem Titel des strafrechtlichen Ehrenschutzes belanglos.« Sogar die Beschuldigung, ihr Verhalten nach Friedrich Lieblings Tod habe »in einigen Fällen zu einer schwerwiegenden Gefährdung der Ratsuchenden« geführt, wurde als nicht ehrverletzend beurteilt; dieser Passus müsse vor dem Hintergrund »unterschiedlicher Meinungen über Fachfragen« gesehen werden. Diese und etliche andere Äusserungen seien eine berufliche Kritik, die nicht strafrechtlich geschützt sei. Hingegen betreffe der Brief vom 15.11.1982, worin ihr eine wiederholte krasse Verletzung der ärztlichen Sorgfaltspflicht vorgeworfen worden sei, mehr als die berufliche Ehre. Aber dagegen habe sie sich ja »nicht etwa nach Erhalt des Briefes mit einer Anklage wegen Beschimpfung innert der Antragsfrist«[164] gewehrt. Auch die Darstellung, wonach wir Klägerinnen einem »ominösen und selbsternannten ›Komitee‹« angehört hätten, über dessen »unverantwortliche Aktionen und Stellungnahmen« die Ärzte und Medizinstudenten empört seien, betreffe lediglich die berufliche Ehre. »Auf keinen Fall sind diese kritischen Ausführungen [...] von einer derartigen Intensität und Schärfe, dass damit zugleich die Geltung der von dieser beruflichen Kritik Angesprochenen als ehrbare Menschen betroffen würde.«[165]

In einem weiteren Urteil, ebenfalls vom 15.9.1987, bestätigte das Bundesgericht auch, dass die Weiterverbreitung des an Jutta Siegwart-Gensch gerichteten ehrverletzenden Briefs vom 15.11. 1982 nicht widerrechtlich gewesen sei. Stiftungsanwalt Dr. Jezler hatte diesen Brief zu Beginn der Befragung vom 16.1.1984 dem Untersuchungsrichter verdeckt unter der EDI-Antwort vom 24.6.1983 überreicht; wir entdeckten dies später in den Akten. Daraufhin klagte Jutta Siegwart-Gensch diese Weiterverbreitung als Neuauflage einer Ehrverletzung ein.

Das Bundesgericht wiederholte nun die Ausführungen des Zürcher Obergerichts, das über diese Klage ebenfalls am 10.6.1986 geurteilt hatte: Dr. Jezler habe »*in Wahrnehmung berechtigter Verteidigungsinteressen gehandelt*«. Im Übrigen habe Jutta Siegwart-Gensch selbst »*das erwähnte Schreiben dem Bezirksgericht Zürich (in einem andern Ehrverletzungsprozess) schon eingereicht gehabt sowie dieses im Rahmen des Beschwerdeverfahrens beim Eidgenössischen Departement des Innern als Beilage eingereicht und damit Dritten zur Kenntnis gebracht, weshalb die Rechtswidrigkeit der Weitergabe des Schreibens vom 15. November 1982 entfalle [...]. Diese Begründung der Vorinstanz [...], hält vor Bundesrecht stand.*«[166]

Unserer Meinung nach machte es aber einen Unterschied, ob Jutta Siegwart-Gensch diesen ehrverletzenden Brief dem Gericht oder der Stiftungsaufsichtsbehörde einreichte, um Hilfe gegen die darin enthaltenen falschen Beschuldigungen und deren Folgen zu erhalten, oder ob der Stiftungsanwalt den Brief dem Untersuchungsrichter verdeckt übergab, um Jutta Siegwart-Gensch anzuschwärzen.

Am 4.5.1988 wies das Bundesgericht auch die Ehrverletzungsklage vom 13.9.1983 gegen das Dreiergremium und Dr. Lutz betreffend Hausverbotsbrief ab. Das Bundesgericht fand, es sei nicht einzusehen, »*weshalb das Verbot, gewisse Räumlichkeiten zu betreten, den Ruf des Betroffenen, ein ehrbarer Mensch zu sein, in objektiver Weise tangieren sollte; dies könnte allenfalls die Begründung des Hausverbots, nicht aber letzteres selbst. Daran vermag nichts zu ändern, dass im vorliegenden Fall auch die Teilnahme der Beschwerdeführerinnen an der Tätigkeit der Psychologischen Lehr- und Beratungsstelle auf dem Spiele steht. Denn allein daraus schliesst der unbefangene Dritte noch keineswegs, es fehle den vom Verbot Betroffenen an ›Vertrauenswürdigkeit und Ehrenhaftigkeit‹*«. Zur Frage, ob die Angeklagten zu Recht zum Wahrheitsbeweis zugelassen worden seien, meinte das Bundesgericht: »*Es muss bei der verbindlichen Feststellung der kantonalen Sachrichter sein Bewenden haben, dass es den Angeklagten darum gegangen sei, in ihrer Institution Ruhe einkehren zu lassen und einen weiteren Zerfall durch interne Auseinandersetzungen zu verhindern [...] sowie das auszusprechende Hausverbot zu begründen [...]. Unter diesen Umständen aber ist die Zulassung zum Entlastungsbeweis nicht zu beanstanden.«*[167]

Bezüglich der Begründungen des Hausverbots hatte das Bundesgericht auf die Erwägungen des Obergerichts des Kantons Zürich verwiesen. Dieses hatte in seinem Urteil vom 11.11.1986 eine Ehrverletzung verneint. Den Vorwurf der »*Beschimpfung*« hatte es als wahr erachtet; es führte dazu verschiedene Stellen aus unseren Briefen an die Angeklagten an, so beispielsweise, diese hätten »*mit erneuten Beleidigungen*« geantwortet, eine »*Psychose angerichtet*« oder sie würden »*ein Klima der Angst schaffen*«. Auch »*Drohung mit Persönlichkeitsverletzung*« und »*Missbrauch der Adresse*« wurden als wahr angesehen, ebenfalls aufgrund unserer Briefe. Ebenso entsprach »*Belästigungen*« nach Meinung des Gerichts der Wahrheit, da mehrere Zeugen ausgesagt hätten, sich belästigt gefühlt zu haben. Nach dem Gesagten sei auch der Begriff »*Störaktionen*« nicht aus der Luft gegriffen. »*Die Angeklagten hatten, wie erwähnt, als rechtlich Verantwortliche für einen erspriesslichen Betrieb zu sorgen. Ob sie das richtig oder falsch an die Hand nahmen, ist im Ehrverletzungsverfahren nicht zu entscheiden.*«[168]

Nun waren die angeklagten Stiftungsräte rehabilitiert. Unser guter Ruf war laut den Gerichten nicht beeinträchtigt, und falls doch etwas Ehrverletzendes über uns gesagt wurde, entsprach es gerichtlich festgestellter Wahrheit. Damit war die Bahn frei für die Entscheidung der Stiftungsaufsichtsbehörde.

5.6 | End-Entscheide betreffend Stiftungsaufsichtsbeschwerde

Beschwerde-Entscheid des EDI vom 13.5.1988

Am 24.5.1988 erhielt Anwalt Schaller den Beschwerde-Entscheid des EDI vom 13.5.1988, unterzeichnet von Bundesrat Cotti. Zu unserer Bestürzung verwies das EDI darin mehrmals auf einen uns unbekannten »*Entscheid EDI vom 31. März 1988 i.S. Psychologische Lehr-*

und Beratungsstelle Friedrich Liebling AG gegen Stiftung Psychologi-sche Lehr- und Beratungsstelle«. Dieser Entscheid wurde leider für uns zu einem Präjudiz, weil das EDI im Tatbestand des uns betref-fenden Entscheides vom 13.5.1988 von der verheerend falschen Vor-stellung ausging, Friedrich Liebling habe seit 1955 ein umfassendes Lehr- und Beratungszentrum aufgebaut, das von ihm *»bis zu seinem Tod am 28. Februar 1982 als im Handelsregister nicht eingetragene Einzelpraxis ›Psychologische Lehr- und Beratungsstelle‹ geführt wur-de.«* Zum Schluss des Tatbestands wurde auf den uns unbekannten Entscheid vom 31.3.1988 zwischen der Aktiengesellschaft und der Stiftung verwiesen mit der Bemerkung, dieser sei *»nur indirekt für den jetzt zu beurteilenden Fall von Belang«*.[169]

Auf dieser Grundlage wurde uns jegliches Recht entzogen, denn weiter hiess es, wir seien zu dieser *»Einzelpraxis«*, nicht aber zur Stiftung in Beziehung getreten: *»Was die Beschwerdelegitimati-on betrifft, so ist davon auszugehen, dass die beiden Beschwerdefüh-rerinnen, namentlich Frau Dr. Jutta Siegwart-Gensch, Schülerinnen und Lehrgangsteilnehmerinnen bei Friedrich Liebling waren, später, wiederum namentlich Frau Dr. Siegwart, in gewisser Weise auch dessen Mitarbeiterinnen. In diesem Sinne hatten sie eine relativ enge Beziehung zur Praxistätigkeit (Psychologische Lehr- und Praxistä-tigkeit) von Friedrich Liebling. Zur Stiftung indessen hatten sie keine Beziehung. [...] Es besteht auch kein irgendwie gearteter stichhaltiger Hinweis, dass etwa neben der Stiftung eine einfache Gesellschaft mit Gesamteigentum bestanden hätte, denn in allen finanziellen und Ei-gentumsverhältnissen hat Liebling allein und autonom für sich ent-schieden und beispielsweise auch die Steuern bezahlt. Es fehlt dem-nach an der Beschwerdelegitimation, so dass auf die Beschwerden von daher nicht eingetreten werden kann.«*[170]

Der weitere Tatbestand enthielt eine Darstellung, die offensicht-lich Dieter Hanharts Artikel »Lebenshilfe vom Zürichberg« ent-nommen war. Das EDI sprach von Friedrich Lieblings *»Privatpra-xis bzw. seine Psychologische Lehr- und Beratungsstelle«*[171] und wei-ter: *»Die gesamte Facharbeit und auch die Ausbildung im Sinne der psychologischen Lehr- und Beratungsstelle unterstand jederzeit Fried-rich Liebling direkt. Er war es, der die über 60 Mitarbeiter einstellte und entlöhnte.«*[172]

In einem Exkurs über Steuerfragen nahm das EDI auch zur telefonischen Denunziation Bernhard Hahnlosers vom 25.7.1977 beim Kantonalen Steueramt Zürich Stellung. Sein Vorgehen wurde nun mit den gleichen Worten gerechtfertigt, wie es dieser selbst am 11.12.1985 gegenüber Bundesrat Egli getan hatte.

Es folgten noch etliche ungenaue und aktenwidrige Aussagen bezüglich Friedrich Liebling und dessen Steuern. Unter anderem tat das EDI den wichtigen Brief Friedrich Lieblings an das Steueramt, der seine fiduziarische Verwaltung belegte, in einem Nebensatz mit der Bemerkung ab, er habe darauf hingewiesen, »*das Vermögen gehöre gar nicht ihm, sondern allen seinen Mitarbeitern und der Stiftung.*« Friedrich Liebling hatte aber nichts von Stiftung geschrieben, da sich jenes Schreiben auf die Jahre vor Gründung der Stiftung bezog. Weiter behauptete das EDI: »*Friedrich Liebling hatte es jedoch nie sehr genau genommen mit seinen Angaben gegenüber den Steuerbehörden. Er hatte u.a. Nachzahlungen zu leisten.*«[173] Wie aus den Steuerakten jedoch hervorging, wurden die Nachzahlungen erst nach seinem Tod aufgrund der Abmachungen der Erbinnen und deren Rechtsanwalt mit dem Steueramt festgesetzt und geleistet.

In einer Zusammenfassung der Ergebnisse des Beweisverfahrens hielt das EDI vier Punkte fest: Erstens hätten immer zwei verschiedene Geldkonten bestanden, »*nämlich eines der Stiftung und andererseits eines von Liebling persönlich*«. Zweitens sei festzustellen, dass die rund 60 Mitarbeiter oder Schüler »*für Liebling arbeiteten und ihre Entschädigungen, die allerdings recht knapp waren (beispielsweise von mitunter etwa 500.– über 1000.– bis 1500.– im Monat), von Liebling erhielten. Auch die Tonbänder blieben im Eigentum von Liebling. Es liegt jedenfalls kein Beweis vor, dass sie als Stiftungseigentum zu betrachten wären.*« Drittens könne man feststellen, »*dass mindestens zu Lebzeiten des Stifters Liebling nach aussen eine Einheit zwischen Praxis Liebling und Stiftung bestand. [...] Intern aber wurde doch eine durchaus feststellbare Separation von Einkommen und Vermögen durchgeführt und auch effektiv gehandhabt.*« Viertens stehe fest, »*dass Liebling seine Nachfolge nicht geregelt hat. Es fehlt ein Testament. Es fehlen auch sonst jegliche Hinweise, dass die Mitarbeiter irgendwelche Mitbestimmungsrechte in vermögensrechtlicher Hinsicht haben sollten. Diesbezüglich hat eben Liebling immer selber entschieden.*«[174]

Alle vier Argumente waren durch unsere Beweismittel widerlegt, wie in den vergangenen Kapiteln ausführlich dargestellt wurde.

In einem zweiten Teil des Entscheids führte das EDI aus, dass selbst dann, wenn auf die Beschwerde eingetreten werden könnte, diese vom Materiellen her abgewiesen werden müsste. Die Begründung: »*Bezüglich der Frage, ob der Stiftungsrat Urkunde oder sonstiges Recht verletzt hat oder nicht, darf auf den unlängst ergangenen Entscheid des Departementes, nämlich den EDI-Entscheid vom 31. März 1988 in Sachen Stiftungsaufsichtsbeschwerde der Psychologischen Lehr- und Beratungsstelle Friedrich Liebling AG, verwiesen werden. Dort wird u.a. festgestellt, dass die Stiftungstätigkeit aus der Warte der Stiftungsaufsicht nicht beanstandet werden kann.*« Und weiter: »*Wenn Friedrich Liebling in der Stiftungsurkunde von Aufbau und Betrieb der Psychologischen Lehr- und Beratungsstelle sprach, so meinte er damit seine eigene Praxis, die er vorerst mit dem Verein, dann mit der Stiftung zu integrieren versuchte, wobei er seine bis zu 60 Mitarbeiter und den Stiftungsrat als Schüler und Lehrer gegenüber den mehreren Tausend Hilfesuchenden miteinbezog. Dieses Schüler/ Lehrer Gemeinschaftsverhältnis, das typisch für den beispiellosen Erfolg von Lieblings Tätigkeit war, konnte nur zu Lebzeiten des Stifters in dem Sinne funktionieren, dass keine Divergenzen aufkommen konnten. Eine Nachfolgeregelung hat indessen Friedrich Liebling, wie bereits mehrfach betont, in keiner Weise in juristisch verbindlicher und eindeutiger Fixierung getroffen.*«[175] Es war also auch dem Bundesrat aufgefallen, dass hier ein »*Gemeinschaftsverhältnis*« bestand, also Friedrich Liebling nicht allein war. Trotzdem behauptete er, Friedrich Liebling habe die Psychologische Lehr- und Beratungsstelle als »*Einzelpraxis*« geführt und im Stiftungszweck mit deren Aufbau und Betrieb »*seine eigene Praxis*« gemeint.

Als Quintessenz wurde festgehalten, Friedrich Liebling habe »*seine Nachfolge bzw. diejenige seiner Einzelpraxis*« nicht geregelt. Deshalb hätten seine beiden Töchter als Erbinnen das namhafte »*materielle Erbe*« von über vier Millionen Franken antreten können. Sie hätten immerhin daneben noch eine AG gegründet. Nun hätten sich Stiftung und AG auseinandergelebt. Dies zeige, dass sich das »*geistige Erbe*« nicht in einer Einheit erhalten lasse. »*Das gemeinsame Werk des Psychologen Liebling hat sich in verschiedene*

Richtungen aufgespalten.« Die AG müsse ihren Weg gehen, sowie auch die Stiftung. Die Tätigkeit der Stiftung sei nicht zu beanstanden. Im Übrigen könne es nicht Sache der Aufsichtsbehörde sein, *»sich in bestehende Einzelstreitigkeiten einzumischen oder gar diesbezüglich Remedur schaffen zu müssen«.*[176]

Es fällt auf, dass das EDI im ganzen Entscheid den Stiftungsratsbeschluss vom 5.1.1979 vollständig verschweigt. Jener Beschluss war eine rechtlich einwandfreie Nachfolgeregelung. Damit wären die auf dem Konto der Psychologischen Lehr- und Beratungsstelle liegenden Gelder weiter durch die beiden bisher mit den Finanzen befassten Mitarbeiter und Stiftungsräte Leopold König und Heinz Hug stiftungszweckgemäss verwaltet worden, denn sie waren Ausschussmitglieder und zeichnungsberechtigt.

Auch fiel im ganzen Entscheid kein einziges Mal das Wort *»Einzelfirma«.* Alle unsere Beweise, dass die rechtliche Definition der Psychologischen Lehr- und Beratungsstelle als *»Einzelfirma«* falsch und erst nach Friedrich Lieblings Tod entstanden war, blieben unbeachtet. Vollständig ignoriert wurden beispielsweise die Aussagen der Stiftungsräte und der Töchter Friedrich Lieblings aus den Jahren 1982 und 1986, wonach jene rechtliche Qualifikation von Dr. Wehinger stammte und durch Annemarie Buchholz-Kaiser im Stiftungsrat verteidigt wurde. Ebenfalls ausser Acht gelassen wurden die wiederholten Äusserungen der Töchter Friedrich Lieblings, sie hätten die Psychologische Lehr- und Beratungsstelle nicht erben wollen; ihre erste Reaktion sei gewesen: *»Es gehört nicht uns, es gehört euch.«*

*

Nach Erhalt des Entscheids vom 13.5.1988 bat Anwalt Schaller umgehend Bundesrat Cotti als Vorsteher des EDI, ihm den Entscheid vom 31.3.1988 zuzustellen und ihm Einsicht in die diesbezüglichen Akten zu gewähren. Die Antwort erfolgte am 20.5.1988, unterzeichnet von Bernhard Hahnloser: *»Wir müssen Ihnen in Beantwortung Ihrer Anfrage vom 16. Mai leider mitteilen, dass der Entscheid und die Akten i.S. PLB Friedrich Liebling AG nur mit Zustimmung der Parteien herausgegeben werden können, da es sich um ein Verfahren* *handelt, an welchem die Beschwerdeführerinnen nicht beteiligt sind. Dies gilt umso mehr, als der Entscheid EDI vom 31. März 1988 nicht direkt entscheidrelevant für die vorliegende Angelegenheit war.«*[177]

Daraufhin erhob unser Anwalt für Jutta Siegwart-Gensch am 13.6.1988 eine Verwaltungsgerichtsbeschwerde gegen den Entscheid vom 13.5.1988 und gegen den Entscheid vom 31.3.1988, ohne diesen zu kennen. Jutta Siegwart-Gensch schrieb zudem eine eigene Beschwerde, als persönliches Zeugnis ihrer Betroffenheit. Rudolf Schaller verlangte die Aufhebung beider Entscheide, eventuell sei das EDI anzuweisen, den Entscheid vom 31.3.1988 zu eröffnen und eine Frist von 30 Tagen zur Vervollständigung der Verwaltungsgerichtsbeschwerde zu setzen. Er rügte das Vorgehen des EDI, das *»gleichsam hinterrücks einen Entscheid trifft, welcher die Basis für den Entscheid in Sachen Stiftungsaufsichtsbeschwerde von Frau Dr. J. Siegwart-Gensch bilden soll«.*[178] Dies sei eine Missachtung des Anspruchs auf rechtliches Gehör und auf Achtung der Menschenwürde. Zudem widerlegte er den Beschluss vom 13.5.1988 im Detail und sparte nicht an deutlichen Worten. So führte er unter anderem aus, wer den absurden Gedankengang des EDI weiterdenke, komme unweigerlich zum Schluss, dass dieses Friedrich Liebling einen Betrug in Millionenhöhe unterstelle.

»Unter Vorspiegelung einer ›umfassenden Gemeinschaft‹, einer ›Einheit zwischen Praxis Liebling und Stiftung‹, hätte Friedrich Liebling ein privates Unternehmen weitergeführt, auf welches er nach freiem Willen die im Rahmen der umfassenden Gesellschaft erhaltenen Zuwendungen abgeführt hätte. [...] Es wäre ja unsittlich und widerrechtlich, eine gemeinnützige Stiftung dazu zu benützen, privates Vermögen zu bilden: würde die Falschbehauptung der Vorinstanz zutreffen, wäre sie gerade verpflichtet, im Rahmen der Stiftungsaufsicht einzugreifen. Die Grosszügigkeit und Uneigennützigkeit von Friedrich Liebling, welcher freiwillig sein Lebenswerk durch die Errichtung einer gemeinnützigen Stiftung der Allgemeinheit übermacht hat, verbietet den Gedanken, die Stiftung hätte den unsittlichen und widerrechtlichen Zweck, eine vererbbare Privatpraxis zu fördern. Der Stiftungsrat überging eindeutig den Stifterwillen und handelte statuten- und rechtswidrig, als er nach dem Tode Friedrich Lieblings die Errichtung einer ›Privatpraxis‹ förderte und es

unterliess, die von Friedrich Liebling treuhänderisch für die Stiftung verwalteten 4,5 Millionen Zuwendungen der Stiftung zuzuführen.« Auch führte er aus, dass die Vorinstanz das *»Wesensmerkmal der Beziehung zwischen Jutta Siegwart-Gensch, dem Stifter und der Stiftung«* übergehe: nämlich *»die wissenschaftliche Forschung auf dem Gebiet der Psychologie. Gerade Geldfragen waren Nebensache, wenn sie auch zur Erfüllung des Stiftungszwecks unumgänglich waren und selbstverständlich korrekt gehandhabt wurden.«* Es sei also völlig unhaltbar, *»wenn die Vorinstanz die von ihr falsch verstandene ›interne Vermögensregelung‹ als Kriterium für die Beziehung zwischen der Stiftung und Frau Dr. J. Siegwart-Gensch ansieht und die wissenschaftliche Tätigkeit sowie den Aufbau des Tonbandkassettenarchivs vollständig übergeht.«*[179] Es müsse die gesamte Beziehung zu Friedrich Lieblings Lebenswerk geprüft werden.

Ich selber verzichtete auf eine eigene Beschwerde, weil meine Rechte durch die Wahrung der Rechte von Jutta Siegwart-Gensch gewahrt waren. Würde sie Recht erhalten, wären ich und alle mit der Stiftung verbundenen Personen in ihren Rechten als Mitarbeiter und Destinatäre der Stiftung geschützt.

* |

Ende August 1988 wurden Rudolf Schaller die Vernehmlassungen des EDI und der Stiftung zur Verwaltungsgerichtsbeschwerde zugestellt. Beide behaupteten, die Beschwerdeführerin Jutta Siegwart-Gensch sei nicht legitimiert, den Entscheid vom 31.3.1988 anzufechten. Das EDI hatte den Entscheid jedoch als Beilage aufgeführt. Sofort ersuchte Rudolf Schaller das Bundesgericht, ihm diese Beilage zuzusenden und ihm eine Frist von 30 Tagen zur Ergänzung der Verwaltungsgerichtsbeschwerde zu setzen, damit er diesen Entscheid anfechten könne. Zugleich ersuchte er um Einsicht in die Akten beider Verfahren beim Bundesgericht. Postwendend kam die Antwort: *»Es ist nicht Sache des Bundesgerichts, Ihnen den Entscheid des EDI vom 31. März 1988 unter Ansetzung einer Frist zur Beschwerdeführung zuzustellen, wie Sie es verlangen, denn das Bundesgericht ist nur für die Eröffnung seiner eigenen Entscheide zuständig. Ob sodann eine Ergänzung ihrer Beschwerde vom 13. Juni 1988 zulässig ist, wird vom Instruktionsrichter zu gegebener Zeit zu prüfen sein.«*[180] Hingegen stehe es ihm frei, in die Akten, zu denen auch der Entscheid vom 31.3.1988 gehöre, Einsicht zu nehmen.

So reisten am 15.9.1988 Rudolf Schaller, Jutta Siegwart-Gensch und ich nach Lausanne, wo wir in Anwesenheit des Kanzlisten die Akten ansehen konnten. Der Entscheid vom 31.3.1988 war jedoch nicht darunter. Die Akten unseres Beschwerdeverfahrens befanden sich in einem äusserst unübersichtlichen Zustand, waren in verschiedene Mappen aufgeteilt und nicht im zeitlichen Ablauf eingeordnet; auch fehlte ein chronologisches Aktenverzeichnis. Wir fanden ein Dokument, das uns bei unseren früheren Akteneinsichten beim EDI offenbar vorenthalten worden war: Es war ein Schreiben von Fürsprecher Hahnloser vom 19.3.1987 an Dr. Wehinger. Darin kam er auf ein kürzlich geführtes Gespräch zurück und bat den Anwalt um Zusendung aller in Aussicht gestellten Unterlagen, »*welche seinerzeit der Feststellung des Vermögens von Herrn Liebling (als Grundlage für die Bestimmung der Sacheinlage zugunsten der neu zu gründenden Aktiengesellschaft) und die entsprechende Abgrenzung vom Stiftungsvermögen gedient haben*«.[181]

Anwalt Schaller schrieb erneut dem Bundesgericht. Er hielt fest, dass sich der versprochene Entscheid des EDI nicht in den Akten befunden habe und bat um Zustellung einer Kopie. Auch bemängelte er verschiedene Punkte, u.a.: Das Schreiben des EDI an Dr. Wehinger und die darauf beim EDI eingegangenen Unterlagen seien ihm bei seinen Akteneinsichten vorenthalten worden, was eine Verweigerung des rechtlichen Gehörs darstelle. Die EDI-Akten seien mangelhaft präsentiert und es fehle ein ordentliches Aktenverzeichnis; dadurch werde das Recht der Beschwerdeführerin auf Überprüfung des vorinstanzlichen Verfahrens durch das Bundesgericht ernsthaft gefährdet. Es bedurfte aber noch eines weiteren Bittgesuchs, bis am 8. 10. 1988 der EDI-Entscheid bei Rudolf Schaller eintraf. Es befand sich auch die Kopie eines Formulars des EDI dabei: »*30.9.1988: Wir bedauern die etwas komplizierte Zusammenstellung der Unterlagen und hoffen, dass Ihnen dieses Exemplar des EDI-Entscheids vom 31.3.1988 dienlich sein kann.*«[182]

Am 14.10.1988 bedankte sich Rudolf Schaller für die Zustellung des Entscheids und kündigte an, dass Jutta Siegwart-Gensch den Entscheid anfechten werde; deshalb bitte er um Einsicht in die Akten jenes Verfahrens. Von der Bundesgerichtskanzlei wurde ihm nun beschieden: »*Im Auftrag des Instruktionsrichters teile ich Ihnen mit, dass Ihrem Gesuch vom 14. Oktober 1988 nicht stattgegeben wurde, weil dem Entscheid des EDI [...] für das hängige Verfahren vor Bundesgericht keine unmittelbare Bedeutung zukommt, vielmehr dieser Entscheid nur hinsichtlich der rechtlichen Argumentation von Belang sein kann.*«[183]

Präjudizieller Beschwerde-Entscheid des EDI vom 31.3.1988

Aus dem uns endlich zugänglichen Entscheid vom 31.3.1988, ebenfalls unterzeichnet durch Bundesrat Cotti, konnten wir entnehmen, dass die Psychologische Lehr- und Beratungsstelle Friedrich Liebling AG am 30.6.1987 eine Beschwerde gegen die Stiftung erhoben hatte. Die AG bemängelte, dass jene sechs Stiftungsräte, die nicht zum VPM übergelaufen waren, aus dem Stiftungsrat abgewählt worden waren, nämlich Erna Grob-Liebling, Ernst Frei, Antonio Cho, Michael Kanitz und zwei weitere Stiftungsräte. Zudem hatte der Stiftungsrat den »*Überlassungvertrag betr. Immobilien vom 20. Januar 1983*«[184] gekündigt; beides wollte die AG rückgängig machen, denn sie sei die einzige Destinatärin, deshalb müssten die Liegenschaften ihr weiter unentgeltlich zur Verfügung stehen.

Das EDI ging davon aus, Friedrich Liebling habe die Psychologische Lehr- und Beratungsstelle bis zu seinem Tod als »*im Handelsregister nicht eingetragene Einzelpraxis*« geführt.[185] Und: Da Friedrich Liebling keine Nachfolgeregelung getroffen habe, könne man nach dessen Hinschied folgern, »*dass es sich mit dem Wegfall der Einzelpraxis um einen offenen Destinatärkreis handeln muss*«.[186] Friedrich Liebling habe mit »*Aufbau und Betrieb der Psychologischen Lehr- und Beratungsstelle*« seine »*eigene Praxis*« gemeint. Es könne zusammengefasst zum ganzen Zweckartikel gesagt werden, »*dass es sich hier um eine illustrativ-pragmatische Umschreibung dessen handelt, was das gesamte Lebenswerk des Stifters und Psychologen Friedrich Liebling darstellt, eine im Laufe der Jahre gewordene Institution im Sinne einer psychologischen Lehr- und Beratungsstelle, ein buntgefächertes Werk, das inhaltlich sehr viele verschiedene*

Aktualisierungsmöglichkeiten in sich birgt. [...] Man kann daher der Stiftungsurkunde nicht entnehmen, dass die Beschwerdeführerin (die AG, als angebliche Nachfolgerin der früheren Einzelpraxis Friedrich Lieblings) einzige Begünstigte der Stiftung sei.«[187]

Der Entscheid nahm u.a. Bezug auf den »Beobachter«-Artikel und meinte, die dort angetönte »*Eintreibungsaktion (Honorarforderungs-Inkasso) seitens der AG ist nicht gerade dafür angetan, als Musterbeispiel eines Handelns im Sinn und Geist des verstorbenen Stifters Friedrich Liebling gelten zu können, da für die Aufsichtsbehörde aktenkundig ist, dass eines der Grundprinzipien des Stifters war, den ›Schülern‹ die Bezahlung von Honoraren, für die nur Pro-Forma-Rechnungen ausgestellt wurden, freizustellen.«*[188]

Zum Schluss stellte das EDI fest: »*Bei dieser Sachlage kann darauf verzichtet werden, die von beiden Parteien beantragten Beweise abzunehmen. Selbst wenn sich die behaupteten Tatsachen beweismässig erhärten liessen, würde dies nichts am Umstand ändern, dass Friedrich Liebling seine Nachfolge bzw. diejenige seiner Einzelpraxis nicht rechtlich einwandfrei geregelt hat, dass sich dies angesichts der ganz an seine Person gebundene Lehr- und Behandlungsmethode möglicherweise auch gar nicht hätte regeln lassen, dass seine Töchter als gesetzliche Erben wohl das auf über vier Millionen bezifferte materielle Erbe, nicht aber das geistige Erbe antreten konnten, und dass namentlich die AG, deren Ausgestaltung Liebling ja gar nicht kannte, ab initio nicht als geistige Nachfolgerin seines Lebenswerks und damit als Destinatärin i.S. von Art. 2 der Stiftungsurkunde ohne dominierende Mitwirkung der Stiftung funktionieren kann. Die Beschwerde ist daher abzuweisen.«*[189]

Durch die neue Unterscheidung zwischen »*materiellem*« und »*geistigem Erbe*« wurde es dem Stiftungsrat ermöglicht, nun die Räumlichkeiten dem »Verein zur Förderung der Psychologischen Menschenkenntnis VPM« zu überlassen. Indem der AG die Eigenschaft einer »*geistigen Nachfolgerin*« von Friedrich Lieblings Lebenswerk abgesprochen wurde, war der Weg frei für eine neue »*geistige Nachfolgerin*«.

Wie ich durch meine Akteneinsicht im Januar 2001 erkennen konnte, hatten weder die Stiftung noch die AG von »*materiellem*« bzw. »*geistigem Erbe*« gesprochen. Auch hatte keine der beiden Parteien behauptet, die »*Einzelpraxis*« Friedrich Lieblings sei nach dessen Tod weggefallen und es bestehe daher ein offener Destinatärkreis. Beide Parteien waren davon ausgegangen, die Psychologische Lehr- und Beratungsstelle sei eine »*Einzelfirma*« Friedrich Lieblings gewesen. Die AG hatte argumentiert, der Stifter habe »*mit seiner psychologischen Beratung ein ausserordentlich einträgliches Geschäft geführt*«.[190] Er habe die Stiftung »*offensichtlich aus steuerlichen Überlegungen*«[191] gegründet. Die Stiftung hingegen hatte sich sogar zur Behauptung verstiegen, der erste Teil des Stiftungszwecks »*Aufbau und Betrieb der Psychologischen Lehr- und Beratungsstelle*« sei gar nie verwirklicht worden. Der Stifter habe »*seine (Einzelfirma) Psychologische Lehr- und Beratungsstelle (nachfolgend PLB genannt) auch nach Errichtung der Stiftung uneingeschränkt weitergeführt und nie auf die Stiftung übertragen*«. Es müsse gefolgert werden, dass »*der entscheidende Absatz 1 des Zweckartikels 2 nie verwirklicht wurde und eigentlich auch nie verwirklicht werden sollte, auch wenn man dem Stifter und seinen Beratern durchaus zugute halten darf, dass sie bei der Konzipierung der Statuten noch an eine Realisierung gedacht haben. Jedenfalls kam es tatsächlich nie dazu: Der in Artikel 2 Absatz 1 als Stiftungszweck genannte Aufbau und Betrieb der PLB durch die Stiftung selbst ist von allem Anfang an und bis zum heutigen Tag toter Buchstabe geblieben.*«[192]

Damit hatten sowohl die AG als auch die Stiftung zuhanden der Stiftungsaufsichtsbehörde ein falsches Geständnis abgelegt: Die Stiftung sei »*aus steuerlichen Überlegungen*« gegründet worden und ihr Hauptzweck sei »*von Anfang an und bis zum heutigen Tag toter Buchstabe geblieben*«. Gemäss dieser Darstellung hätte sich die gemeinnützige Stiftung Psychologische Lehr- und Beratungsstelle als eine Scheinstiftung entpuppt – ein Rechtsmissbrauch. Die Aufsichtsbehörde wäre somit 1977 zu Recht gegen diesen »*Extremfall*«[193] eingeschritten.

In Wirklichkeit waren aber die Darstellungen der Rechtsanwälte der Stiftung und der AG eine Folge des Rufmordes, der im Laufe der Jahre zu Allgemeingut geworden war. Wer Friedrich Liebling war und was die Stiftung Psychologische Lehr- und Beratungsstelle zu seinen Lebzeiten leistete, war unter einem Berg von

Unwahrheiten und Missverständnissen begraben. Und diejenigen Personen, die sich dagegen wehrten und die tatsächlichen Verhältnisse durch viele Beweismittel belegt hatten, blieben in einem parallelen Verfahren ungehört und ohne Beschwerdelegitimation.

Verwaltungsgerichtsbeschwerde vom 7.11.1988

In der 94-seitigen Verwaltungsgerichtsbeschwerde gegen den desaströsen EDI-Entscheid vom 31.3.1988 beantragte Anwalt Schaller u.a. beim Bundesgericht die Zurückweisung der Sache an das EDI mit der Auflage, dass der Stiftungsrat abgesetzt und ein Kurator eingesetzt werden sollte mit dem Auftrag, »*das nach dem Tode des Stifters abgetrennte Vermögen der Stiftung zurückzuführen und die Nichtigerklärung der Psychologischen Lehr- und Beratungsstelle Friedrich Liebling AG und des Vereins zur Förderung der Psychologischen Menschenkenntnis zu erwirken*«.[194]

In der Begründung legte er dar, dass Jutta Siegwart-Gensch durch diesen EDI-Entscheid berührt sei und ein schutzwürdiges Interesse an dessen Aufhebung habe. Sie sei »*mit ihrer Unterschrift dafür eingestanden, dass es sich beim statutarischen Stiftungszweck ›Aufbau und Betrieb der Psychologischen Lehr- und Beratungsstelle …‹ um einen gemeinnützigen Zweck handelt, und dass die Zuwendungen an diesen Zweck ausschliesslich zur Erfüllung des Stiftungszwecks zu verwenden sind*«. Es sei bedenklich, dass das EDI im Wissen um die Betroffenheit von Jutta Siegwart-Gensch »*gleichsam hinterrücks in einem parallelen Verfahren mit der gleichen Nummer (!) den angefochtenen Entscheid getroffen hat*«.[195]

Weiter widerlegte er anhand von Dokumenten und Zitaten die Behauptung, die Psychologische Lehr- und Beratungsstelle sei eine »*Einzelfirma*« bzw. »*Einzelpraxis*« gewesen. Er belegte auch, dass das stiftungszweckgebundene Vermögen des Kontos der Psychologischen Lehr- und Beratungsstelle von 4,5 Millionen Franken als »*Erbschaft*« deklariert wurde. Auch erklärte er die Widerrechtlichkeit und absolute Nichtigkeit der »*Psychologischen Lehr- und Beratungsstelle Friedrich Liebling AG*« und des »*Vereins zur Förderung der Psychologischen Menschenkenntnis VPM*«. Zudem rügte er das Vorgehen von Annemarie Buchholz-Kaiser: Anstatt ihre Aussage, die Psychologische Lehr- und Beratungsstelle sei eine »*Einzelfir-ma*« gewesen, zu korrigieren, habe sie durch ihre Kündigung bei der AG und Neugründung des Vereins viel menschliches Unglück verursacht und die Schädigung der Stiftung vergrössert.

In der materiellen Begründung bezog er sich auf die neue Aus-legung des Stiftungszwecks, wonach die sogenannte »*Einzelpraxis*« nach Friedrich Lieblings Tod weggefallen und die Stiftung befugt sei, ihre Liegenschaften Rechtssubjekten zu überlassen, die keine behördliche Aufsichtsinstanz kennten; dies bezeichne das EDI nun fälschlicherweise als »*offenen Destinatärkreis*«. Damit werde dem Stifter unterstellt, in den Statuten vorgesehen zu haben, die Stif-tung könne eine »*eigene Praxis*« oder mehrere nicht der behördli-chen Aufsicht unterstehende Rechtssubjekte begünstigen. In der Folge wies er nach, dass diese Auslegung des Stiftungszwecks gegen den Stifterwillen, gegen das Stiftungsrecht und gegen das Prinzip des Handelns nach Treu und Glauben verstiess. Unter anderem ana-lysierte er die Formulierung des Stiftungszwecks: »*Aufbau und Be-trieb der Psychologischen Lehr- und Beratungsstelle als Forschungs-, Lehr- und Beratungszentrum.*« Er führte dazu aus: »*Mit dem Wort ›ZENTRUM‹ wird ausgesagt, dass es sich nicht um eine juristische Per-son, nicht um einen Verein, nicht um eine Einzelfirma, nicht um eine Einzelpraxis handelt, sondern um einen TREFFPUNKT VON PERSO-NEN, welche an der Verwirklichung des gemeinnützigen Aufbaus und Betriebs der Psychologischen Lehr und Beratungsstelle interessiert sind und in irgendeiner Weise daran teilnehmen möchten.*«[196]

Ebenfalls belegte er, dass die Behauptung des EDI, der Stifter habe keine Nachfolgeregelung getroffen, haltlos war. Er zitierte den Beschluss vom 5.1.1979 des Stiftungsrats, wonach ein Fünferaus-schuss die Leitung der Stiftung nach Friedrich Lieblings Tod über-nehmen sollte. Damit habe Friedrich Liebling auch die Verwaltung der treuhänderisch verwalteten Gelder geregelt. Die vollkommene Aufopferung Friedrich Lieblings für sein gemeinnütziges Werk do-kumentiere sich auch aus der Aufstellung »*Vermögensverhältnisse, Steuerwert per Todestag*«. Daraus gehe hervor, dass er kein persönli-ches Vermögen hinterlassen habe. Sämtliches Vermögen, das nach Lieblings Tod als »*sein Vermögen*« aufgeführt worden sei, betreffe die treuhänderisch verwalteten, stiftungszweckgebundenen Gelder.

In einem weiteren Kapitel legte Rudolf Schaller dar, dass die wirklichen Destinatäre der Stiftung die Menschen seien, die am Aufbau und Betrieb der Psychologischen Lehr- und Beratungsstelle in irgendeiner Weise mitmachen könnten, sei es als Schüler, als Mitarbeiter und als Forscher auf dem Gebiet der Psychologie. Friedrich Liebling habe die Destinatäre mehrfach bezeichnet.

Auch die Behauptung des EDI, die Stiftung sei weder finanziell noch personell an der Gründung der AG beteiligt gewesen, wurde von Rudolf Schaller widerlegt. Vier der fünf Gründungsmitglieder seien Stiftungsräte gewesen, Annemarie Buchholz-Kaiser sei erst kürzlich aus dem Verwaltungsrat zurückgetreten.[197] Die neue Version des Stiftungsrates, wonach dieser nun die AG als vormals *»einzige Destinatärin«* bekämpfe, dürfe nicht darüber hinwegtäuschen, *»dass von allem Anfang an Frau Dr. Buchholz-Kaiser und der übrige Stiftungsrat massgeblich an der Konstruktion eines sogenannten selbständigen Rechtssubjekts nach dem Tode des Stifters beteiligt waren. [...] Es geht nicht an, dass die Stiftungsaufsichtsbehörde den Ausschluss gewisser Stiftungsräte zulässt, wodurch Frau Dr. Buchholz-Kaiser nunmehr den Stiftungsrat kontrolliert und, wie früher die AG, heute den von ihr kreierten Verein zum Destinatär der Stiftung ernennen kann.«*[198]

Abschliessend nahm Anwalt Schaller noch Stellung zur Ansicht der Stiftungsaufsichtsbehörde,[199] die Äusserungen von Friedrich Liebling seien nicht rechtserheblich. Rudolf Schaller betonte: *»Indessen ist die Kenntnis des Stifterwillens von grundlegender Bedeutung. Die Tonbandkassetten sind ein weiterer Beweis dafür, dass für Friedrich Liebling nur die Stiftung als Rechtssubjekt existieren durfte. Damit verbunden war die einfache Gesellschaft zur Förderung des Stiftungszwecks, nicht aber eine ›Privatpraxis‹ oder ›Einzelpraxis‹.«* Das EDI habe auch über das *»vererbte«* Vermögen ausgeführt: *»Über den weiteren Verbleib der rund 4.3 Mio. Franken (der Stiftungsrat nimmt sogar an, dass es gegen 7 Mio. Franken gewesen sein könnten) ist nichts aktenkundig.«* Diese Feststellung sei für eine Stiftungsaufsichtsbehörde unverantwortlich. *»Das EDI weiss aus den Akten, dass diese Millionen nicht aus einer Erwerbstätigkeit von Friedrich Liebling (welcher zudem krank und sehr betagt war; er ist mit 88 Jahren gestorben), sondern von Spenden und ›Honoraren‹, auf welche Mitarbeiterinnen* *und Mitarbeiter zugunsten der Stiftung verzichtet hatten, stammen. Seit 1983 verlangt Frau Dr. med. Jutta Siegwart-Gensch, dass sich die Stiftungsaufsichtsbehörde endlich um diese stiftungszweckgebundenen Millionen kümmert.«*[200]

Somit hatte Rudolf Schaller dem Bundesgericht alle Tatsachen dargelegt und mit Beweisen untermauert, die Jutta Siegwart-Gensch, er und ich in einem fünfjährigen Kampf aufgedeckt hatten.

* |

Zeitungsartikel über die »Lieblinge« vor dem zu erwartenden Bundesgerichtsurteil

Seit dem Artikel im »Schweizerischen Beobachter« vom 26.2.1988 waren keine weiteren Meldungen zum Thema »Zürcher Schule« in der Presse erschienen. Nur die wenig bekannte Jugendzeitschrift »21i«[201] brachte am 4.5.1988 mehrere Seiten über den »Verein zur Förderung der Psychologischen Menschenkenntnis«. Dabei wurde in einem Kasten unter einem Foto von Friedrich Liebling und dem Titel: »Friedrich Lieblings Stiftung ›Zürcher Schule‹«[202] der Stiftungszweck zitiert. Ein weiterer Beitrag lautete: »Wer aussteigt, ist geschädigt.«[203] Fünf anonymisierte ehemalige Vereinsmitglieder, Karin, Herbert, Daniela, Stefan und Thomas sowie der mit seinem vollen Namen auftretende Leiter des Alfred-Adler-Institutes Dr. Victor Louis berichteten, wie sie die Zeit nach Friedrich Lieblings Tod, die Spaltung 1986 und die Zeit im VPM erlebt hatten. *»Nach Friedrich Lieblings Tod 1982 ist eine AG gegründet worden, deren Aktienmehrheit einer der Töchter des Altmeisters gehört. Ein Verwaltungsrat konstituierte sich; eine Hierarchie, wie sie zu Lieblings Lebzeiten nicht existiert hatte, entstand. Der ganze Apparat wurde bürokratisiert, Räume waren plötzlich nicht mehr für alle offen, bestimmte Gruppen durfte man nur noch mit einer akademischen Vorbildung besuchen – kurz: Die letzten Überreste der einst als egalitär und freiheitlich gedachten ZS schienen bedroht zu sein.«* Nach dem Votum eines Verwaltungsrats im April 1986 sei die Stimmung eskaliert. *»Die lang unterdrückte Diskussion nahm ihren entfesselten Lauf, ein kurzer Frühling der Anarchie setzte ein. ›Wir schaffen die Leitung ab, wir sind keine Herde blökender Schafe; das war damals die Grundstimmung‹, erinnert sich Karin.«* Zwei Wochen lang sei heftig debattiert worden. Dabei seien sich zwei Meinungen gegenübergestanden: »*Die einen wünschten sich die alte, für jedermann offene Schule zurück. Die anderen hatten sich die internationale Anerkennung in den Kopf gesetzt, was eine wissenschaftliche Ausbildung der Psychotherapeuten bedeutet hätte. Eine Einigung konnte nicht erreicht werden, die ganze Schule kam ins Wanken.*« Im August habe sich der »*Verein zur Förderung der Psychologischen Menschenkenntnis*« von der »*heute international anerkannten AG*« abgespalten. Die beiden Gruppierungen seien verfeindet und gegenseitig in Prozesse verstrickt. »*Was diese Trennung für die Schüler bedeutet hat, ist nur schwer auszumalen. Daniela: ›Mir hat sich die Frage gestellt, wohin ich gehen solle – in den Verein mit den anderen oder mit meinem Therapeuten in die AG.‹ Psychotherapeut Dr. Victor Louis, der damals Lehranalysen mit Lieblingen gemacht hat, erinnert sich an die struben Zeiten: ›Viele Familien, Partnerschaften und Freundschaften flogen damals auseinander. Ich erlebte dramatische Situationen.‹*« Der neue Verein habe sich aber keineswegs in Richtung Basisdemokratie entwickelt; die Hierarchie sei bald wiederhergestellt gewesen. So könne der Vorstand beispielsweise Mitglieder, die schwerwiegend gegen den Vereinszweck verstiessen, ohne Begründung ausschliessen. »*›Aber die Macht im Hintergrund, sozusagen der Verein in Personalunion, ist Dr. Annemarie Buchholz-Kaiser‹, wertet Karin. Buchholz-Kaiser, die schon der Schulleitung der alten AG angehört hatte, setzte sich recht schnell und erstaunlich wendig (früher war auch sie für die internationale Anerkennung) an die Spitze des neuen Vereins. [...] Das neue Regiment begann sie noch straffer zu führen als das alte. Die alten Inhalte von der neuen, freiheitlichen Kultur gingen nun gänzlich verloren. Dass die Gruppe um Liebling einmal ein ›kleiner anarchistischer Haufen‹ gewesen ist, der mit den Ideen des Sozialismus sympathisiert hat, glaubt man heute kaum mehr.*« Der Ausstieg sei kein Zuckerschlecken gewesen. Es werde ihnen nachgesagt, sie hätten kein Gemeinschaftsgefühl, ehemalige Freunde grüssten nicht mehr, und es seien Beschimpfungen wie »*Du bist Dreck!*« oder Drohungen »*Ich weiss nicht, ob du je Karriere machen willst. Denke an deine Drogenvergangenheit!*« vorgekommen. Aber auch der Zusammenbruch des Weltbildes mache ihnen zu schaffen: »*Daniela: ›Man muss alles neu überdenken, nichts stimmt mehr.‹*

*Und Karin: ›Es schwächt ungemein, wenn man den ganzen Boden un-
ter den Füssen verliert.‹«* Es herrsche eine AIDS-Hysterie, sogar das
Baden im Zürichsee werde als gefährlich angesehen: *»Auch die
aberwitzigen Gebote, allen voran die AIDS-Phantastereien, sind im
grossen und ganzen ein Produkt des heutigen Klimas, das Mitglieder
verängstigt und so fügsam macht. ›Heute regiert der Verein mit Not-
standsgesetz: jede Kritik wird als Teil einer gigantischen Verschwö-
rung betrachtet, hinter welcher eine feindliche Macht steht‹, bringt
es Thomas auf den Punkt.«*

Danach verschwand das Thema »Zürcher Schule« für ein halbes Jahr gänzlich aus den Medien. Ende November 1988 bis anfangs
Januar 1989 aber, in der Zeit, in der ein Bundesgerichtsentscheid
erwartet wurde, erschienen plötzlich viele Artikel in verschiedenen Zeitungen, die ein erstaunliches öffentliches Auftreten der
Mitglieder des VPM an der Universität beschrieben und über dessen Hintergründe spekulierten.

Als Erstes berichtete am 28.11.1988 die Gratiszeitung »ZS«
[»Zürcher Student«, heute: »Zürcher Studierendenzeitung«], dass
der Verband Studierender an der Universität Zürich [VSU] sich eine
neue Struktur geben wolle. Nun habe eine grosse Menge von Stu-
dent/innen, die bisher nicht in der Studienpolitik mitgearbeitet
hätten, in den Fachvereinen Medizin und Geschichte gegen die
geplante Strukturänderung polemisiert und die Mehrheitsverhältnisse in den Versammlungen gekippt. Ein Leserbriefschreiber
verriet: *»Dann sprach sich herum, dass die OpponentInnen aus dem
Kreis der sogenannten ›Lieblinge‹ kommen.«*[204]

Fünf Tage später berichtete der »Tages-Anzeiger«, innerhalb
weniger Stunden seien 5000 Exemplare des »Zürcher Student« an
der Uni und der ETH verschwunden. Darin sei ein kritischer Leserbrief über *»Tätigkeiten der ›Lieblinge‹ an der Uni«* abgedruckt gewesen. *»Der von Liebling-Schülern gegründete ›Verein zur Förderung
psychologischer Menschenkenntnis‹«* sei an der Universität vor allem in den Fachvereinen Geschichte, Psychologie, Pädagogik und
Medizin aktiv. *»Die gut organisierten Liebling-Studenten verfügten,
so wird an der Universität hinter vorgehaltener Hand geflüstert, als
einzige Gruppierung über den erforderlichen Organisationsgrad, um
in relativ kurzer Zeit gegen missliebige Publikationen vorzugehen.«*[205]

Zehn Tage später folgten im »Zürcher Student« die weiteren Artikel »Liebliche Unscheinbarkeit« und »Zu den Praktiken der ›Lieblinge‹«. Bei den Leuten, die in verschiedenen Fachvereinen aufträten, handle es sich um »*Menschen, die der vom Psychologen Friedrich Liebling gegründeten ›Zürcher Schule‹ (heute: Verein zur Förderung der psychologischen Menschenkenntnis) verbunden sind (›Lieblinge‹)*«.[206]

Die »WoZ« schilderte am 16.12. unter dem Titel »Lieblinge machen mobil« eine »*Schicksalsvollversammlung*« des Fachvereins Geschichte, zu der sehr viele Studenten erschienen seien. »*Die StudentInnen reagieren auf die Aktivität einer Psychogruppe, die in Zürich schon seit Jahren Schlagzeilen liefert, auf Leute aus dem Umfeld der ›Zürcher Schule‹ (ZS), die seit ihrer Spaltung 1986 ›Verein zur Förderung der psychologischen Menschenkenntnis‹ heisst. ›Lieblinge‹ nennt der Volksmund die ZS-Leute nach ihrem geistigen Vater, dem 1982 verstorbenen Karl Liebling. Liebling, ein Schüler von Alfred Adler, vertrat eine einfache Lehre [...]. Ein Kenner spricht vom ›grössten und gleichzeitig verstecktesten psychologischen Institut‹ in der Schweiz.*«[207]

Auch die »Neue Zürcher Zeitung« berichtete in der Wochenend-Ausgabe vom 17./18.12.: »*Studentenschaft durch ein ›Phantom‹ infiltriert?, Spannungen des VSU mit Anhängern der ›psychologischen Menschenkenntnis‹*«. Der VSU habe an einer Pressekonferenz seine Besorgnis »*über einen Kreis von Studenten geäussert, den er der auf den Psychologen Friedrich Liebling zurückgehenden ›Zürcher Schule‹ zuordnet*«. Gegen das Vorhaben des eher links gerichteten VSU, die Fachvereine sollten ihm beitreten, zeige sich »*eine überraschend starke, verschiedentlich erfolgreiche Opposition*«. Zwar bekämpfe auch der liberale »Studenten-Ring« diese Idee, aber es würden auch etliche ungebundene Studenten diese Meinung teilen. Diese gehörten zum »*›Verein zur Förderung der psychologischen Menschenkenntnis‹, der sogenannten Zürcher Schule oder ihrem Umfeld*«. Es wurde berichtet, die »*Anhänger der ›Zürcher Schule‹*« wollten mithilfe von Mentorensystemen junge Studenten für ihre Kreise gewinnen. Unter dem Zwischentitel »*Keine Sekte*« wurde festgehalten, der »*Verein zur Förderung der psychologischen Menschenkenntnis*« sei 1986 entstanden, »*als Abspaltung von der Psychologischen Lehr- und Beratungsstelle, die auf den 1982 verstorbenen Friedrich Liebling zurückgeht*«. Der Präsident beschreibe den

Verein auf Anfrage als »*Zusammenschluss selbständiger Ärzte und Psychologen mit dem Zweck, gemeinsame Kurse und Veranstaltungen durchzuführen. ›Die Behauptung, es handle sich um eine Massenorganisation oder ›Sekte‹, sei absurd.*«[208]

Der »Tages-Anzeiger« titelte am selben Wochenende: »Unterwandern die ›Zürcher Schüler‹ die Studentenorganisationen?« Im Lead: »*Einige Fachvereine werden von Mitgliedern des Vereins zur Förderung der psychologischen Menschenkenntnis (besser bekannt unter dem Namen ›Zürcher Schule‹) systematisch unterwandert.*« An der Uni herrsche Verunsicherung. »*Der Grund, aus der Sicht der Verunsicherten: Anhänger der sogenannten Zürcher Schule – eine umstrittene, von Friedrich Liebling gegründete psychologische Bewegung – versuchen, die Fachvereine zu unterwandern, um eine VSU-Statutenrevision und damit den Kollektivbeitritt der einzelnen Vereine zum VSU zu verhindern.*«[209] Der Anteil der »Zürcher Schüler« an der Universität werde auf 3000 bis 5000 geschätzt.

Ebenfalls am 17.12. berichteten in ähnlicher Weise die »Zürichsee-Zeitung«, der »Allgemeine Anzeiger vom Zürichsee«, die »Grenzpost am Zürichsee« unter dem Titel »VSU wehrt sich gegen Liebling-Anhänger.«[210] Das »Tagblatt der Stadt Zürich« titelte »Anhänger der ›Zürcher Schule‹ blockieren Uni«.[211] Und auch das »Volksrecht« berichtete am 19.12.1988 unter dem Titel »Ungeliebte ›Lieblinge‹«. Hier stand im Lead: »*An der Universität Zürich fühlen sich verschiedene Fachvereine der Studierenden von Anhängern der vom verstorbenen Psychologen Friedrich Liebling gegründeten ›Zürcher Schule‹ (ZS) überfahren.*«[212] Am 23.12.1988 folgten im »Tages-Anzeiger« Leserbriefe unter der Überschrift: »Liebling-Anhänger sind überall am Unterwandern.«[213] Und am 6.1.1989 folgte auf der Leserbriefseite die Frage: »Braucht es in Sachen Zürcher Schule eine Endlösung?«[214]

Allen diesen Artikeln war gemeinsam, dass sie den »Verein zur Förderung der Psychologischen Menschenkenntnis« in eine Reihe stellten mit Friedrich Liebling, der Zürcher Schule und – im Fall des »21i« – mit der Stiftung Psychologische Lehr- und Beratungsstelle. Inhaltlich ging aus den Artikeln hervor, dass der Verein offenbar eine grosse und schlagkräftige Gruppierung war, die sich linksgerichteten Kräften energisch und erfolgreich entgegenstellte. Damit wurden sowohl die Existenz als auch die neue politische Ausrichtung der angeblichen Nachfolgeorganisation der Zürcher Schule öffentlich bekannt gemacht. Auf dem Hintergrund des Kampfs um die Stiftung vor dem Bundesgericht kann vermutet werden, dass der Zweck des plötzlichen Engagements des VPM bei den universitären Fachvereinen darin bestand, ihr neues politisches Profil der Öffentlichkeit und den Zeitung lesenden Behörden und Bundesrichtern zu präsentieren.

Jutta Siegwart-Gensch sandte den Chefredaktoren des »Tages-Anzeigers« und der »NZZ« Briefe und Unterlagen, worin sie diese darüber aufklärte, dass der VPM und dessen Streitigkeiten nichts mit Friedrich Liebling zu tun habe, sondern auf einem Versagen der Stiftungsorgane und der Aufsichtsbehörde beruhe; dies dürfe nicht ihm als Stifter zur Last gelegt werden. Ihre Sicht wurde aber nicht publiziert.

Bundesgerichtsurteile vom 23. 12. 1988

Das Bundesgericht hatte am 23.12.1988 drei Urteile zur Stiftung Psychologische Lehr- und Beratungsstelle gefällt: Das erste betreffend *»Psychologische Lehr- und Beratungsstelle Friedrich Liebling AG«* gegen den fatalen EDI-Entscheid vom 31.3.1988; das zweite betreffend Jutta Siegwart-Gensch gegen den EDI-Entscheid vom 13.5.1988; das dritte betreffend Jutta Siegwart-Gensch gegen den EDI-Entscheid vom 31.3.1988. Da uns das erste Bundesgerichtsurteil zwischen AG und Stiftung erst nachträglich bekannt wurde, werde ich zuerst die Urteile zwei und drei darstellen.

Bundesgerichtsurteil vom 23.12.1988, 5A.16/1988/mp

Das zweite Bundesgerichtsurteil betraf den Hauptentscheid über das Stiftungsaufsichtsbeschwerdeverfahren von Jutta Siegwart-Gensch und mir. Das Bundesgericht führte aus, das EDI habe Jutta Siegwart-Gensch die Legitimation zur Beschwerde abgesprochen. *»Zu prüfen bleibt daher einzig, ob diese Aberkennung der Beschwerdelegitimation vor Bundesrecht standhält.«*[215]

Zum Beschwerderecht gegen Handlungen und Unterlassungen von Stiftungsorganen führte das Bundesgericht zuerst aus: *»Art. 84*

Abs. 2 ZGB schreibt vor, dass das Stiftungsvermögen seinen Zwecken gemäss verwendet werde. Aus dieser Bestimmung wurde seit jeher abgeleitet, dass jeder am Einschreiten der Stiftungsaufsichtsbehörde Interessierte auf dem Beschwerdeweg an diese Behörde gelangen kann. In Übereinstimmung mit der Lehre pflegt dabei die Rechtsprechung die Befugnis zur Beschwerdeführung weit zu fassen. So wurde unlängst festgehalten, dass die Beschwerdelegitimation insbesondere den tatsächlichen oder potentiellen Destinatären zuzuerkennen ist.«[216]

Der Stiftungszweck wurde folgendermassen ausgelegt: »*Gemäss Art. 2 der Stiftungsurkunde soll der Zweck der Stiftung ›Psychologische Lehr- und Beratungsstelle‹ im Aufbau und Betrieb der Psychologischen Lehr- und Beratungsstelle als Lehr-, Forschungs- und Beratungszentrum bestehen. Das Bundesgericht hat in einem Parallelverfahren hiezu ausgeführt, dass mit dieser Zweckbestimmung das zu Lebzeiten des Stifters von ihm selbst in seiner Einzelpraxis verwirklichte Lehr- und Beratungskonzept umschrieben werden sollte, mithin in keiner Weise beabsichtigt war, einzelne Personen – seien sie nun Schüler, Lehrgangsteilnehmer oder Mitarbeiter des Stifters – direkt zu begünstigen oder als potentielle Destinatäre anzusprechen (Urteil des Bundesgerichts vom 23. Dezember 1988 i.S. Psych. Lehr- und Beratungsstelle F. Liebling AG c. Stiftung Psych. Lehr- und Beratungsstelle). Mit dem Tod des Stifters haben sich diesbezüglich keine wesentlichen Änderungen ergeben. Auch heute muss für die Stiftung gelten, dass sie sich nicht auf einzelne Individuen auszurichten und ihre Leistungen nicht zugunsten bestimmter Destinatäre zu erbringen hat. Nach wie vor soll die Stiftung der Lehre oder dem mit Lebenswerk umschreibbaren immateriellen Erbe des Friedrich Lieblings insgesamt förderlich sein, weshalb es das Bundesgericht im erwähnten Parallelentscheid auch abgelehnt hat, der von den beiden Töchtern des verstorbenen Stifters gegründeten ›Psychologischen Lehr- und Beratungsstelle Friedrich Liebling AG‹ die Stellung einer einzigen und ausschliesslichen Destinatärin einzuräumen.«*[217]

Das Bundesgericht fuhr fort: »*Die Beschwerdeführerin kann mit gutem Recht von sich behaupten, sich zu Friedrich Lieblings Lebzeiten für die Person des Stifters und die von ihm in Gemeinschaft mit Schülern, Lehrgangsteilnehmern und Mitarbeitern verkörperte Lehr- und Beratungsstelle mit Hingabe eingesetzt zu haben. Davon kann jedoch zurzeit keine Rede mehr sein. Äussere Umstände, auf die im vorliegen-*

den Verfahren nicht einzugehen ist, haben ihre Möglichkeit, in vergleichbarem Masse an der Fortführung des vom verstorbenen Stifter geschaffenen Lebenswerks mitzuwirken oder den Gang der Stiftung zu beeinflussen, zum Erliegen gebracht. Ihr Bestreben scheint sich heute vielmehr darin zu erschöpfen, ihrer Verbitterung über das Geschehen nach dem Tode des Stifters Genugtuung zu verschaffen, indem sie ihre eigenen Vorstellungen über die Fortführung seines Lebenswerks mit Mitteln der Stiftungsaufsichtsbeschwerde durchzusetzen sucht.«[218]

Weiter erklärte das Bundesgericht: »*Dazu reicht allerdings auch ein besonders tief empfundenes, persönliches Verantwortungsgefühl für die vom Stifter zu Lebzeiten verfochtene Sache nicht aus, solange der Beschwerdeführerin nicht eine zumindest potentiell begünstigte Stellung, mithin ein besonderes persönliches Interesse zuerkannt werden kann. Angesichts des massgeblichen Stiftungszwecks, namentlich der überindividuellen Ausrichtung der Stiftung, reicht die persönliche, im näheren Umfeld des Stifters verbrachte Vergangenheit zur Begründung eines die Beschwerdebefugnis rechtfertigenden Interesses nicht aus.«*[219]

Der letzte Teil der Begründung lautete: »*Daran ändert auch die von der Beschwerdeführerin hartnäckig verfochtene Auffassung nichts, wonach die Stiftung und die vom Stifter geführte Beratungspraxis sowohl nach aussen als auch nach innen eine unausgeschiedene Einheit gebildet hatten, an der sie selber wesentlichen Anteil gehabt habe und infolgedessen noch immer haben müsse. Wunschdenken und Wirklichkeit klaffen hier auseinander, was auch von der Beschwerdeführerin nicht länger verkannt werden darf.«*[220]

Die Behauptung, »*äussere Umstände*« hätten es Jutta Siegwart-Gensch verunmöglicht, »*beim Lebenswerk Friedrich Lieblings mitzuwirken oder den Gang der Stiftung zu beeinflussen*«, trifft nicht zu. Zum einen waren es Stiftungsräte, die ihren guten Ruf untergraben und ihren Ausschluss bewerkstelligt hatten. Zum andern hatte sie gerade über die Stiftungsaufsichtsbeschwerde ihre Möglichkeiten wahrgenommen, den Gang der Stiftung zu beeinflussen. In seiner ganzen Begründung hatte sich das Bundesgericht nicht mit den Beweismitteln von Jutta Siegwart-Gensch auseinandergesetzt. Alle eingereichten Belege wie etwa Briefpapier, Rechtsschriften der Stiftung zu Lebzeiten des Stifters, Steuerakten, Äusserungen Friedrich Lieblings, Stiftungsratsprotokolle, Aussagen der Stiftungsräte und Erbinnen nach Friedrich Lieblings Tod blieben ungehört.

<u>Bundesgerichtsurteil vom 23. 12. 1988, 5A.31/1988/mp</u>

Auf die Verwaltungsgerichtsbeschwerde von Jutta Siegwart-Gensch vom 7.11.1988, die den Beschwerde-Entscheid zwischen AG und Stiftung vom 31.3.1988 betraf und zu dem fatalen Resultat geführt hatte, ihr jede Berechtigung in Bezug auf die Stiftung zu entziehen, trat das Bundesgericht mit dem dritten Urteil nicht ein. Zur Begründung genügten ihm zwei Seiten: »*Gemäss Art. 103 lit a OG ist zur Verwaltungsbeschwerde berechtigt, wer durch die angefochtene Verfügung berührt ist und ein schutzwürdiges Interesse an deren Aufhebung oder Abänderung hat. Nach Lehre und Rechtsprechung bedarf es zur Erhebung einer Verwaltungsgerichtsbeschwerde an das Bundesgericht nebst einem aktuellen Rechtsschutzinteresse auch der formellen Beschwer. Zur Beschwerdeführung gilt demnach nur als befugt, wer mit seinem Begehren vor der Vorinstanz nicht oder nur teilweise durchgedrungen ist. Beschwert kann somit bloss sein, wer sich bereits am vorausgehenden vorinstanzlichen Verfahren beteiligt hat. Anders verhält es sich einzig dann, wenn der Rechtsuchende unverschuldeterweise nicht Gelegenheit hatte, sich ab Beginn des Verfahrens als Partei zu beteiligen [...]. Die Beschwerdeführerin war im vorinstanzlichen Verfahren nicht Partei. Überdies ist weder dargetan noch in irgendeiner Weise ersichtlich, inwiefern sie unverschuldeterweise nicht Gelegenheit gehabt haben sollte, sich am Verfahren zu beteiligen. Schliesslich ist darauf hinzuweisen, dass der angefochtene Entscheid ihr gegenüber gar keine Rechtskraft zu entfalten vermag.*«[221]

Rudolf Schaller hatte in den Verwaltungsgerichtsbeschwerden vom 13. 6. und 7. 11. 1988 mehrfach ausgeführt, Jutta Siegwart-Gensch habe nichts vom parallelen Verfahren der Psychologischen Lehr- und Beratungsstelle Friedrich Liebling AG gegen die Stiftung gewusst und es wäre Pflicht der Stiftungsaufsichtsbehörde gewesen, sie darüber zu orientieren.[222]

Anwalt Schaller erhielt erst über ein halbes Jahr später, am 13.7.1989, das erste der drei Bundesgerichtsurteile vom 23.12.1988. Wir sahen unsere Vermutung bestätigt, dass in diesem Bundesgerichtsurteil ohne jeglichen Beweis davon ausgegangen worden war, Friedrich Liebling habe die Psychologische Lehr- und Beratungsstelle als »*Einzelpraxis*« geführt. Direkt am Anfang unter Buchstabe A stand: »*Friedrich Liebling (1893–1982) betätigte sich ab 1955 als freischaffender Psychologe in Zürich. Im Laufe der Jahre schuf er ein umfassendes Lehr- und Beratungszentrum, das er bis zu seinem Tode als nicht im Handelsregister eingetragene Einzelpraxis ›Psychologische Lehr- und Beratungsstelle‹ führte.*«[223]

Hierauf wurde die Gründung der Stiftung erwähnt und der Zweckartikel zitiert. Anschliessend folgte die Feststellung, Lieblings Vermögen sei mit seinem Tod kraft gesetzlicher Erbfolge an seine beiden Töchter gefallen. Diese hätten im Jahre 1983 die Psychologische Lehr und Beratungsstelle Friedrich Liebling AG gegründet. Nach einer anfänglich »*fruchtbaren Zusammenarbeit*« hätten sich im Laufe des Jahres 1986 »*Meinungsverschiedenheiten über die Fortführung des Wirkens von Friedrich Liebling*« ergeben; in der Folge hätten »*mehrere der Stiftung nahestehende Psychologen*« den Geschäftsbetrieb der AG verlassen. Es sei dann zur Abwahl verschiedener Stiftungsräte gekommen, und die Stiftung habe schliesslich jenen Vertrag aufgelöst, »*mit dem der Aktiengesellschaft am 20.1.1983 die früher von Liebling genutzten Liegenschaften zum grundsätzlich unentgeltlichen Gebrauch überlassen worden waren*«.[224]

Das Bundesgericht ging davon aus, Friedrich Liebling habe die Liegenschaften der Stiftung »*praktisch unentgeltlich genutzt*«: »*Die Ausdeutung des Stiftungszwecks durch die Aufsichtsbehörde ist nicht zu beanstanden. Ohne Zweifel wird in Art. 2 der Stiftungsurkunde unmittelbar das Lehren und Wirken von Friedrich Liebling angesprochen. Tatsächlich hat der Genannte die stiftungseigenen Liegenschaften praktisch unentgeltlich für seine Tätigkeiten genutzt.*«[225] Erstens hatte Friedrich Liebling die stiftungseigenen Liegenschaften nicht »*praktisch unentgeltlich*« genutzt, sondern er hatte die Erträge der Gemeinschaft dem Stiftungskonto geäufnet, vorerst direkt als Honorarerträge, später als ortsüblichen Mietzins. Zweitens hatte er die

Liegenschaften nicht für »*seine*« Tätigkeiten genutzt, sondern Nutzer der Liegenschaften war die Gemeinschaft der Psychologischen Lehr- und Beratungsstelle unter seiner Leitung.

Weiter heisst es: »*Trotz entsprechender Bemühungen ist es aber zu Lebzeiten des Stifters offensichtlich nicht mehr gelungen, seine alles verbindende und beherrschende Persönlichkeit durch eine juristisch klar gefasste Trägerschaft der bisherigen – als Einzelpraxis geführten – ›Lehr- und Beratungsstelle‹ zu ersetzen. Der Stifter hat seine vererbbaren Vermögenswerte vielmehr der gesetzlichen Erbfolge unterworfen und somit seine geistige Hinterlassenschaft insoweit vom Nachlass ausgenommen, als sie nicht in bestimmten zur Erbmasse gehörenden Werten bzw. einem darin enthaltenen Sondervermögen verdinglicht war.*«[226] Mit der Gründung der Stiftung gab es jedoch seit 1974 »*eine juristisch klar gefasste Trägerschaft*«. Natürlich wurde die Persönlichkeit Friedrich Lieblings, die wohl »*verbindend*«, aber nicht »*beherrschend*« war, dadurch nicht ersetzt. Die Gemeinschaft, die im Rahmen dieser Stiftung tätig war, hätte ihn aber zu ersetzen versucht, wäre sie nicht daran gehindert worden.

Mit der Unterscheidung zwischen »*vererbbaren Vermögenswerten*« und »*geistiger Hinterlassenschaft*« stimmte das Bundesgericht dem EDI zu, das von »*materiellem*« und »*geistigem Erbe*« gesprochen hatte. In Wirklichkeit hatte Friedrich Liebling sowohl das materielle als auch das immaterielle Vermögen auf die Stiftung übertragen, indem er 1974 den weiteren Aufbau und Betrieb der Psychologischen Lehr- und Beratungsstelle zum Zweck der gemeinnützigen Stiftung bestimmt hatte.

Das Bundesgericht führte anschliessend aus, die AG berufe sich darauf, »*dem vererbbaren Nachlass sei auch die von Friedrich Liebling geführte ›Psychologische Lehr- und Beratungsstelle‹ in Gestalt einer ›Einzelfirma‹ zugegangen und schliesslich von den beiden Erbinnen als ›Sondervermögen‹ in die neu gegründete Aktiengesellschaft eingebracht worden*«. Die Stiftungsaufsichtsbehörde habe sich »*zumindest anfänglich nicht widersetzt. In einem Schreiben an Frau Jutta Siegwart-Gensch vom 24. Juni 1983 hielt das EDI ausdrücklich fest, es betrachte die Aktiengesellschaft als Rechtsnachfolgerin der bisher als Einzelfirma in Erscheinung getretenen ›Psychologischen Lehr- und Beratungsstelle‹.*«[227]

Weiter erklärte das Bundesgericht, es habe damals eine *»enge Verknüpfung in personeller Hinsicht«* zwischen der AG und der Stiftung bestanden, *»indem eine beachtliche Zahl von Stiftungsräten auch im Verwaltungsrat der Aktiengesellschaft Einsitz genommen hätten«.* Und es fuhr fort: *»Tatsächlich schuf die Stiftung mit der Überlassung der eigenen Liegenschaften an die Aktiengesellschaft eine der wesentlichen Voraussetzungen für die Weiterführung des bisherigen Betriebs, gewährte sie mithin dieser die gleiche Vorzugsstellung, wie sie vorgängig Friedrich Lieblings Einzelfirma zugekommen war. Dies änderte sich offensichtlich erst im Laufe der Jahre, als die Aktiengesellschaft mit ihrer Tätigkeit sowohl inhaltlich als auch organisatorisch Wege zu beschreiten begann, die nicht mehr von all jenen mitgetragen werden konnten, denen die Fortsetzung des überlieferten Gemeinschaftswerkes von Friedrich Liebling wichtig war.«*[228] Hier schrieb nun das Bundesgericht von *»Friedrich Lieblings Einzelfirma«* und zeigte damit, dass es keinen Unterschied zur neuen Bezeichnung *»Einzelpraxis«* gab. Auch sprach es von *»Verknüpfung in personeller Hinsicht«*, was dem Hauptargument des EDI, die Stiftung habe zur Gründung und Entwicklung der AG nur *»Ja und Amen«* sagen können, widerspricht.

Daraufhin erwog das Bundesgericht: *»Unter diesen Umständen kommt der Frage wesentliche Bedeutung zu, ob den Stiftungsorganen eigene Entscheidungsbefugnis darüber zusteht, wie das Werk des Gründers und die bereits zu seinen Lebzeiten geübte Arbeitsteilung zwischen Stiftung und früherer Einzelpraxis fortzusetzen sei.«* Die Vorinstanz habe diese eigene Entscheidungsbefugnis des Stiftungsrates bejaht. Das Bundesgericht kommt zum Schluss: *»Inwieweit der Stiftungszweck überhaupt noch erfüllt werden kann, scheint zumindest gegenwärtig fraglich, muss jedoch in diesem Beschwerdeverfahren nicht entschieden werden. Zu beurteilen bleibt einzig, ob die Vorinstanz als Aufsichtsbehörde im Sinne von Art. 84 Abs. 2 ZGB mit der Anerkennung eines Autonomiebereichs zugunsten der Stiftungsorgane die Erreichung des Stiftungszwecks vereitelt hat. Die vorinstanzliche Betrachtungsweise hält indessen auch einer näheren Überprüfung stand. Wird insbesondere die vom Stifter gewollte Trennung zwischen Stiftung einerseits und ›Psychologische Lehr- und Beratungsstelle‹ andererseits bzw. die nicht erfolgte rechtliche Verankerung einer engeren Verknüpfung der beiden Bereiche berücksichtigt, kann die Beurteilung*

des Entscheidungsfreiraumes für die Stiftungsorgane durch die Vorins-
tanz nicht als derart sachfremd bezeichnet werden, dass das Stiftungs-
aufsichtsrecht ein berichtigendes Eingreifen gebieten würde.«[229]

Das Bundesgericht gewährte dem Stiftungsrat einen »*Auto-*
nomiebereich« bzw. »*Entscheidungsfreiraum*« mit der Begründung,
der Stifter habe »*eine Trennung zwischen Stiftung einerseits und*
›Psychologische Lehr und Beratungsstelle‹ andererseits« gewollt und
es sei keine »*rechtliche Verankerung einer engeren Verknüpfung der*
beiden Bereiche« erfolgt. In den Verwaltungsgerichtsbeschwerden wurde aber durch Zitate und Dokumente darlegt, dass diese
Trennung erst nach Friedrich Lieblings Tod erfolgte. Eine »*recht-*
liche Verankerung einer engeren Verknüpfung der beiden Bereiche«
war durch die Gründung der Stiftung bereits seit 1974 vorhanden;
im Alter von über 80 Jahren hatte Friedrich Liebling den weiteren
Aufbau und Betrieb der Psychologischen Lehr- und Beratungsstelle
als Lehr-, Forschungs- und Beratungszentrum zum Stiftungszweck
bestimmt und damit in die Hand der Stiftung gelegt. Dadurch hatte er den Bereich der Psychologischen Lehr- und Beratungsstelle
mit der Stiftung eng verknüpft und rechtlich für alle Zukunft als
»*ewige Anstalt*«[230] verankert.

Ergebnis der drei Bundesgerichtsurteile vom 23.12.1988

Unser mehr als fünf Jahre dauernder Aufwand an Zeit und Geld,
unsere hart erkämpften Argumente und Beweismittel blieben in
diesen drei Entscheiden unbeachtet und ungehört. Stattdessen
verwies das Bundesgericht auf ein Parallelverfahren und unterstellte Jutta Siegwart-Gensch ungute Motive und Absichten. Wie
ich nach der Akteneinsicht vom 17. 1. 2001 mit grossem Erstaunen
feststellen musste, hatte der erstmals von Annemarie Buchholz-
Kaiser in ihrem Bericht verwendete Begriff »*Einzelpraxis*« sogar
auf das Bundesgericht durchgeschlagen. Als Ergebnis blieb die
Stiftung ohne Einnahmen, da das Bundesgericht davon ausgegangen war, die Liegenschaften seien bereits zu Lebzeiten Friedrich
Lieblings unentgeltlich genutzt worden. Der VPM konnte sie wiederum – wie vorher die AG – unentgeltlich nutzen.

Für die meisten mit der Stiftung verbundenen Personen wurde zudem ein Dauerzustand der Verletzung ihrer Rechte geschaffen, indem ihnen die Beschwerdelegitimation abgesprochen wurde. Der Stiftungszweck habe eine »*überindividuelle Ausrichtung*«;[231] sie sollte »*der Lehre oder dem mit Lebenswerk umschreibbaren immateriellen Erbe des Friedrich Liebling insgesamt förderlich sein*«.[232] Weder kann eine »*Lehre*« noch ein »*Lebenswerk*« und auch nicht ein »*immaterielles Erbe*« Beschwerde erheben; demnach hatten die mit der Stiftung verbundenen Personen keine Möglichkeit, sich gegen ein statuten-, gesetz- oder sittenwidriges Verhalten der Stiftungsorgane bei der Aufsichtsbehörde zu wehren. Zur Beschwerde legitimiert wäre allenfalls ein Stiftungsorgan oder eine juristische Person, wie vielleicht ein ehemaliger Stiftungsrat oder eine AG bzw. ein Verein. Hier aber gestand das Bundesgericht dem Stiftungsrat eine »*eigene Entscheidungsbefugnis*« darüber zu, »*wie das Werk des Gründers [...] fortzusetzen sei*«.[233] Dadurch war jede Beschwerde zum Scheitern verurteilt.

6 | Zwei Bücher sorgen für Aufruhr, und die Stiftung ändert ihren Zweck

Rudolf Schaller erhob am 31.8.1989 für Jutta Siegwart-Gensch wegen der Bundesgerichtsurteile vom 23.12.1988 eine Beschwerde an die Europäische Menschenrechtskommission. Es war für uns klar, dass die Entscheidung unseres Beschwerdeverfahrens mit dem Hinweis auf ein anderes, vor uns geheim gehaltenes Parallelverfahren, den Grundsatz eines fairen Prozesses verletzte. Auch war der stellvertretende Generalsekretär Hahnloser, der unser Beschwerdeverfahren instruiert hatte, in unseren Augen weder unabhängig noch unparteiisch gewesen. Die Beschwerde wurde am 9.10.1991 von der Europäischen Menschenrechtskommission in einem einseitigen Entscheid als unzulässig erklärt. Die Kommission bestätigte, die Beschwerde geprüft zu haben, und stellte fest, sie enthülle keinen Anschein einer Verletzung der Rechte und Freiheiten der Europäischen Menschenrechtskonvention[1].

Ich hatte weiterhin den oberen Teil meines Reiheneinfamilienhauses in Zürich-Altstetten vermietet und bewohnte mit Jutta Siegwart-Gensch die kleine Einlegerwohnung im Untergeschoss.

Inzwischen hatten wir zwei Schreibmaschinen und in beiden Zimmern je einen multifunktionalen Tisch, der zum Essen, Schreiben oder als Ablage benutzt wurde. Auch Büchergestelle hatten wir uns angeschafft, denn unsere Akten fanden längst nicht mehr Platz in den Küchenschränken. Jede von uns legte alle Dokumente an, sodass wir sie doppelt besassen. Auf diese Weise ging sicher nichts verloren und wir hatten einen gesuchten Beleg schnell zur Hand.

In Bezug auf die Ehrverletzungsprozesse hatten Jutta Siegwart-Gensch und ich die ehemaligen Angeklagten schriftlich gebeten, auf die ihnen zugesprochene Prozessentschädigung zu verzichten. Annemarie Buchholz-Kaiser schrieb uns jedoch am 7.11.1987: *»Wie Ihnen sicherlich bekannt ist, haben wir die Prozessentschädigung schon vor längerer Zeit an Herrn Dr. Jezler zediert, damit die Anwaltskosten daraus beglichen werden können und nicht die Stiftung belasten.«*[2] Da wir uns weigerten, die Entschädigungen widerstandslos zu entrichten, betrieb uns der Stiftungsanwalt und leitete auch Pfändungen ein. So bezahlten wir schliesslich für die Diffamierungskampagne, die ja gemäss gerichtlicher Feststellung weder Verleumdung noch üble Nachrede gewesen war.

Im öffentlichen Lesesaal der Museumsgesellschaft, im heutigen Literaturhaus, gab es viele Zeitungen und Zeitschriften, auch juristische und psychologische Wochen- und Monatsschriften. So verfolgte ich insbesondere die Artikel über den *»Verein zur Förderung der Psychologischen Menschenkenntnis VPM«*, blätterte stets das *»Handelsamtsblatt«* durch und las juristische Beiträge über Entscheidungen, die irgendeine Ähnlichkeit mit unserer Sache aufwiesen.

Im letzten Heft des Jahres 1988 der »Psychologischen Menschenkenntnis« teilte Antonio Cho den Lesern mit: *»Unsere Zeitschrift ›Psychologische Menschenkenntnis‹ bekommt zum Jubiläum des 25. Jahrganges ihres Erscheinens ab der nächsten Nummer (Januar/Februar 1989) ein neues Kleid und einen neuen Namen.«* Dieser neue Name »Psychologie im Gespräch, Ein Forum der psychologischen Auseinandersetzung« wolle zweierlei zum Ausdruck bringen: *»Zum einen ist es die Anteilnahme an zentralen Fragen, welche im Bereich der Psychologie und Psychotherapie unserer Zeit im Gespräch sind. Dabei liegt der Hauptakzent auf der Tiefenpsychologie. Wir wollen zum andern aber auch offen sein für eine Vielfalt von Gesichtspunkten und für verschiedene Fragen aus Kultur, Gesellschaft und anderen Wissensbereichen. ›Psychologie im Gespräch‹ soll weder eine spezifische Fachzeitschrift noch eine populärwissenschaftliche Publikation sein. Fachleute schreiben, um interessierten Lesern Anregung zu bieten.«*[3]

Das erste Doppelheft des Jahres 1989 widmete sich der Thematik
»Frau- und Mann-Sein«; das zweite für die Monate März/April dem
Thema »Trauer«.[4]

Die AG ändert den Namen

Am 22.12.1988 war dem »Schweizerischen Handelsamtsblatt« zu
entnehmen, dass Ernst Frei am 13.12.1988 aus dem Verwaltungsrat der »*Psychologischen Lehr- und Beratungsstelle Friedrich Liebling AG*« ausgeschieden sei.[5] In einem Schreiben vom 8.11.1988 an
Antonio Cho und Erna Grob-Liebling, das auf dem Handelsregisteramt für alle Interessenten einsehbar war, begründete er seinen
Austritt; daraus konnte man auch etwas über die Entwicklung der
AG in den letzten Jahren erfahren.

Ernst Frei monierte, dass die von einem Wirtschaftsberater
dringend empfohlenen Massnahmen nicht durchgeführt worden
seien, insbesondere die Reorganisation der inneren Strukturen in
einer Weise, »*dass es ein Zusammenarbeiten aller bisherigen Mitarbeiter möglich gemacht hätte*«. Der Druck auf die Mitarbeiter sei
deshalb so gross geworden, »*dass im Verlaufe dieses Jahres für eine
Mehrzahl von ihnen eine Zusammenarbeit im Rahmen der PLB nicht
mehr denkbar war*«. Er trete für eine »*Konzeption der inneren Strukturen ein, welche es allen Mitarbeitern, die anfangs Jahr noch angestellt waren, möglich gemacht hätte, im Rahmen der Gesellschaft
weiterzuarbeiten*«. Er sei nicht einverstanden damit, dass die Führung der AG von einer »*Minderheitsgruppe von vier Mitarbeitern*«
übernommen werde und dass nach deren Vorstellungen die inneren Strukturen realisiert und durch VR-Mehrheitsbeschlüsse
durchgesetzt würden. Eine Mehrheit der Mitarbeiter habe dies
nicht befürworten können. Offensichtlich sei es aber der Wille
von Erna Grob-Liebling und ihrer Schwester, »*dass ausschliesslich
diese kleine Gruppe von Mitarbeitern an den Mitteln der Gesellschaft
partizipieren soll*«.[6]

Am 11.4.1989 gab das »Schweizerische Handelsamtsblatt« bekannt, dass die »*Psychologische Lehr- und Beratungsstelle Friedrich
Liebling AG*« sich einen neuen Namen und neue Statuten gegeben
habe. Sie hiess nun »PIAP Praxisgemeinschaft für individualpsy-

chologisch-analytische Psychotherapie«. Ihr neuer Zweck war:
»*Führung psychologischer Beratungsstellen, psychotherapeutischer
Praxen und Unternehmungen, welche der psychologischen Fortbil-
dung und Information dienen; Zweck der Gesellschaft ist im Sinne
von Art. 620 Abs. 3 OR ein nichtwirtschaftlicher, ideeller mit gemeinnütziger Zielsetzung, welcher darin besteht, psychologische Erkenntnisse und Hilfeleistungen für möglichst breite Kreise der Bevölkerung
fruchtbar werden zu lassen; kann im Rahmen dieser Zweckbestimmung verschiedene Aktivitäten entfalten, welche geeignet sind, den
Gesellschaftszweck zu fördern oder zu erleichtern, insbesondere die
Förderung des AZIP (Ausbildungszentrum für Individualpsychologische Psychotherapie und –analyse) und des Verlags ›Psychologie im
Gespräch‹.*«[7] Erna Grob-Liebling war aus dem Verwaltungsrat ausgeschieden und ihre Unterschrift erloschen; der neue Präsident
hiess Antonio Cho.

Der VPM distanziert sich von der »Vorgängerorganisation«

Mit einer Stellungnahme vom Juni 1989, die mit einem Begleitbrief
vom 21.7.1989 verschiedenen Behörden und Entscheidungsträgern
zugestellt wurde, distanzierte sich der VPM von der »Zürcher Schule« als Vorgängerorganisation.

Während im Protokoll der Gründerversammlung vom 10.8.
1986 der Name noch: »Zürcher Schule Friedrich Liebling – Verein
zur Förderung der psychologischen Menschenkenntnis« gelautet
hatte, hiess es in der Stellungnahme nun deutlich im Titel: »*Der
VPM ist KEINE Nachfolgeorganisation der ›Zürcher Schule‹ Friedrich
Lieblings.*« Danach wurde fett gedruckt zusammengefasst, in gewissen Pressemitteilungen werde der VPM regelmässig mit Begrif-
fen wie »PLB Friedrich Liebling«, »Zürcher Schule« bzw. »Lieblinge«
gleichgesetzt. Der 1986 gegründete VPM grenze sich von jeglicher
Vorgängerorganisation ab, er sei eine eigenständige und unab-
hängige Organisationsform. Er arbeite auf anerkannten psychologischen Grundlagen, mit steter Offenheit für neue theoretische
und praktische Befunde.

Auf vier Seiten folgte eine Darstellung über die Entwicklung
vor und seit Friedrich Lieblings Tod. Als erster Satz stand: »*Die*

Psychologische Lehr- und Beratungsstelle (PLB) Friedrich Liebling wur-
de von Friedrich Liebling als psychologische Praxis und tiefenpsycho-
logische Schule aufgebaut und bis zu seinem Tod im Februar 1982
persönlich geleitet.« Über Friedrich Liebling enthielt die Stellungnahme einen einzigen weiteren Satz: *»Er hatte kein geschlossenes*
Lehrgebäude ausgearbeitet, sondern die tiefenpsychologische For-
schung zu seiner Zeit verfolgt.« Die Aussage, er habe die psychologische Forschung zu seiner Zeit verfolgt, erweckte den Anschein,
als wäre diese Forschung längst überholt.

Weiter hiess es: *»Nach Friedrich Lieblings Tod (1982) traten die*
in den USA lebenden beiden Töchter das Erbe und die Nachfolge ih-
res verstorbenen Vaters an. So wurde die PLB Aktiengesellschaft ge-
gründet: die einzig je existierende Nachfolgeorganisation der PLB
Friedrich Lieblings. Die AG-Gründung war der Versuch, eine Struktur
zu finden, innerhalb derer das bisherige breite Spektrum an Meinun-
gen und Einstellungen und die heterogene Zusammensetzung der
Teilnehmer fortbestehen sollte. Einige Teilnehmer opponierten aus
verschiedenen Motiven gegen die beabsichtigte Gründung einer AG,
drangen aber nicht durch und setzten sich in der Folge von der ganzen
Arbeit ab.« Dass damals *»einige Teilnehmer gegen die beabsichtigte*
Gründung einer AG opponierten«, entspricht nicht den Tatsachen;
denn ich und andere, die damals von den ersten Teilnahmeverbo-
ten betroffen waren, wussten gar nichts von dieser Absicht.

In den Jahren 1982–1986 sei es langsam deutlich geworden,
»dass die beiden Töchter Friedrich Lieblings an amerikanischen Vor-
bildern orientiert waren, was sich durch eine intendierte Kommer-
zialisierung der PLB AG bemerkbar« gemacht habe. Es seien immer
mehr Vorschriften und Auflagen gemacht worden. Eine *»gedeih-*
liche Zusammenarbeit von eigenverantwortlichen und qualifizierten
Berufskollegen« sei immer schwieriger geworden. Deshalb habe
sich im Frühjahr 1986 ein Teil der Teilnehmer abgesetzt, und die
Hälfte der angestellten Psychologen habe sich durch Kündigung
von der AG zurückgezogen. Jeder Teilnehmer habe diese Entscheidung völlig frei getroffen; ein Teil habe ins Auge gefasst, *»auf ei-*
ner gegenüber der Rechtsform der Aktiengesellschaft freieren Basis
eine Organisationsform mit mehr Mitspracherecht jedes einzelnen,
nämlich einen Verein, zu bilden«. Bei den Vorbereitungen zur Ver-

einsgründung habe erneut *»eine kleine Gruppe links-ideologisch motivierter Teilnehmer«* versucht, *»ein absolut strukturloses Konzept durchzusetzen«.* Diese hätten sich aber *»je nach politischer oder ideologischer Sympathie«* anderen Gruppierungen angeschlossen.

In einer abschliessenden Zusammenfassung hiess es: *»Ausschliesslich rechtliche und tatsächliche Nachfolgeorganisation der von Friedrich Liebling als Einzelpraxis geführten Psychologischen Lehr- und Beratungsstelle (PLB) ist die nach Friedrich Lieblings Tod von den Erbinnen gegründete Psychologische Lehr- und Beratungsstelle Friedrich Liebling AG (PLB AG).«*[8] Von der Stiftung Psychologische Lehr- und Beratungsstelle war im ganzen Papier keine Rede.

* |

Wie bereits in den Studentenverbänden machte sich der VPM nun durch kämpferisches Auftreten in der Drogen-, Aids- und Schulpolitik in der Öffentlichkeit bekannt. Er positionierte sich als konservative bis rechtsgerichtete Kraft und wurde von linker Seite attackiert. In der damaligen »Weltwoche« war am 30. März 1989 zu lesen, der VPM habe den gleichen PR-Berater engagiert wie die »Schweizerische Volkspartei« (SVP).[9] Tatsächlich sammelten VPM-Mitglieder, die früher progressiv eingestellt waren, nun Unterschriften für rechtskonservative Anliegen der SVP und schrieben entsprechende Leserbriefe.

Der »Tages-Anzeiger« vom 21.7.1989 berichtete unter dem Titel »Der Streit unter Lieblings geistigen Erben«.[10] Hier kamen Ehemalige zu Wort, die *»happige Vorwürfe«* gegen die *»Liebling-Bewegung«* erhoben. Im Mittelpunkt stand der Vorwurf, die Lehrer hätten damals und würden nun weiterhin unter dem neuen Namen VPM die Schulen unterwandern. Ein Vertreter der Erziehungsdirektion zeigte sich überzeugt, dass sich unter den Volksschullehrern *»einige Liebling-Anhänger«* befänden; sie gäben sich nun einfach nicht mehr als solche zu erkennen. In einem Kasten mit dem Titel »Von der ›Zürcher Schule‹ zum VPM« wurde aus einer Broschüre des VPM zitiert: Ab 1984 seien die *»bewährten Arbeitsgrundlagen Friedrich Lieblings«* durch Antonio Cho, Ernst Frei und die Erbinnen *»zunächst schleichend, dann offenkundig verändert«* worden. Als Annemarie Buchholz-Kaiser in ihren Arbeitsmöglichkeiten

eingeschränkt worden sei, sei für alle klar gewesen, dass »*damit
die Garantie für eine Weiterführung der Arbeit im Sinne Friedrich
Lieblings nicht mehr gegeben*« gewesen sei. Deshalb hätten dann
»*über zweitausend Teilnehmer, darunter weit über hundert die Arbeit tragende Psychologen, Lehrer, Erzieher, Ärzte, erdrutschartig
die Räume der PLB AG*« verlassen. Kernaussage dieses zweiseitigen
Berichts des »Tages-Anzeiger« war, dass der VPM die Fortsetzung
des »*von Friedrich Liebling geschaffenen Psycho-Imperiums*« sei; die
»*PLB AG*« habe sich hingegen total vom Therapiekonzept Friedrich
Lieblings losgesagt, was in ihrem neuen Namen »Praxisgemeinschaft für individualpsychologisch-analytische Psychotherapie
(PIAP)« zum Ausdruck komme.

Der Präsident des VPM hielt in einem Leserbrief vom 29.7.1989
fest: »*Der VPM besteht seit 1986 und ist keine Nachfolgeorganisation
der ›Zürcher Schule‹ Friedrich Lieblings. Zielsetzung, Arbeitsweise
und Organisationsform beruhen auf eigenständiger und unabhän-
giger Grundlage. Gegenstand unserer Tätigkeit sind psychologische
Fragestellungen, wie sie in der Fachwelt allgemein diskutiert werden.
[...] Der VPM distanziert sich entschieden von vergangenen oder zu-
künftigen Konstruktionen, die Bezüge aller Art herstellen wollen, die
bis weit in die Zeit vor seiner Gründung zurückreichen.*«[11]

Es erschienen weitere Artikel und Leserbriefe. Der VPM publizierte ganzseitige Inserate, worin er seine Position publik machte.
Das erste entdeckte ich in der »Zürichsee-Zeitung« vom 14.7.1990. Es
war von zirka 300 Personen unterzeichnet. Der Titel: »Wehrt euch
gegen links-militanten Aktivismus. Lasst nicht zu, dass die Stadt
und das Staatswesen von Feinden der Demokratie ausgehöhlt wird!«
Der Öffentlichkeit wurde darin u.a. mitgeteilt, der VPM trete für
»*die Erhaltung bewährter demokratischer Formen des Zusammenlebens*« ein.[12] Ein weiteres ganzseitiges Inserat wurde in der gleichen
Zeitung am 27.9.1990 abgedruckt: »Europäische Kongressteilnehmer entsetzt: Hetzkampagne gegen eine psychologische Schule.«[13] Hier unterschrieben zirka 500 Personen aus Deutschland. Am
5.12.1990 erschien auch in der »NZZ« ein ganzseitiges Inserat über
ein »Internationales Symposium gegen Drogen«, das der VPM mit
700 Teilnehmern am 19./20. 11. 1990 im Kongresshaus Zürich veranstaltet habe.[14] Unter dem Titel »Der VPM informiert« erschienen

in der »ZüriWoche« von November 1990 bis Januar 1991 weitere ganzseitige Inserate zu verschiedenen Themen und mit einer »*Petition an die zuständigen Behörden zum Schutz des VPM und seiner Mitglieder*«, die der Leser unterzeichnen konnte.[15] VPM-Mitglieder gründeten die Vereine »Studenten-Forum« und »AIDS-Aufklärung Schweiz« und bildeten verschiedene Komitees. Die Studentenzeitung »Standpunkt« des »Studenten-Forums« lag an der Universität auf, Flugblätter wurden verteilt und weitere Inserate publiziert. Auch in unserem Briefkasten landete am 3.2.1991 ein Flyer des VPM.

Besonders interessant waren zwei Berichte über Verbindungen zwischen dem VPM und Bundesrat Cotti, der ja am 13.5.1988 über unsere Stiftungsaufsichtsbeschwerde entschieden hatte. Einem Artikel der »NZZ« vom 12.3.1991 über eine Fragestunde des Parlaments war zu entnehmen, dass Bundesrat Cotti die Wahl eines VPM-Mitglieds in die Eidgenössische Drogenkommission damit begründet hatte, die Frau sei »*ad personam und nicht als Vertreterin irgendeiner Vereinigung*« gewählt worden.[16] Der »Tages-Anzeiger« berichtete am 4.7.1992 ausführlicher darüber. In Drogen- und Aids-Fachkreisen werde offen über die Verbindungen dieses Bundesrats mit Mitgliedern des VPM diskutiert. Wenn man ihn nach solchen und weiteren Berührungspunkten befrage, werde er ungeduldig. Bei Vernehmlassungen werde der VPM bevorzugt. Die Behauptung, der VPM habe das Bundeshaus erobert, sei wohl übertrieben; er habe aber »*einen Schuh in der Tür des Departements Cotti*«.[17]

Jutta Siegwart-Gensch schrieb öfter an die Chefredaktoren der »NZZ« und des »Tages-Anzeiger«: Der VPM könne nicht als Nachfolgeorganisation der Zürcher Schule für Psychotherapie bzw. der Psychologischen Lehr- und Beratungsstelle, für die sie zu Lebzeiten Friedrich Lieblings unterzeichnet habe, gelten. Sie legte auch Belege bei; keiner ihrer Leserbriefe wurde publiziert.

Gemäss einem Artikel im »Tages-Anzeiger« vom 18.4.1990 hatte der VPM eine Persönlichkeitsschutzklage beim Bezirksgericht Zürich eingereicht. Mit einer vorsorglichen Verfügung wurde verboten zu behaupten, der VPM sei eine »*Psychosekte*« oder er betreibe »*Manipulation der öffentlichen Aids-Diskussion*«. Hingegen blieb die Feststellung erlaubt, er sei eine »*Nachfolgeorganisation von Friedrich Liebling*«, ebenso die Bezeichnung »*Lieblinge*«.[18]

Geständnis über die Entstehung der »Einzelfirma«

Dr. Wehinger liess sich inzwischen im Prozess betreffend Feststellung einer einfachen Gesellschaft durch einen Anwalt seiner Kanzlei, Jürg Reutimann, vertreten. In der Berufungsantwort vom 5.2.1990 an das Obergericht des Kantons Zürich führte dieser über Jutta Siegwart-Gensch aus: »*Ihre Tätigkeit erbrachte sie für die Einzelfirma.*« Bezüglich des Tonbandarchivs bekräftigte er: »*Rechtmässiger Eigentümer der Tonbänder war die Einzelfirma.*«[19] In einer Vernehmlassung beim Bundesgericht behauptete er am 21. 2. 1990: »*Die Einkünfte von F. Liebling aus seiner Tätigkeit in der Einzelfirma wurden stets seinem privaten Konto überwiesen und von der Beschwerdeführerin jahrelang akzeptiert, weil sie eben Bescheid wusste darüber, dass es keine einfache Gesellschaft, sondern eine Einzelfirma war.*«[20]

Jutta Siegwart-Gensch erachtete diese Unterstellung als ehr- und persönlichkeitsverletzend und verwahrte sich dagegen. Sie ersuchte am 20. 3. 1990 beim Gericht um einen unentgeltlichen Rechtsbeistand und um Sistierung des Prozesses bis zur rechtskräftigen Feststellung, dass die Behauptungen von Anwalt Reutimann persönlichkeitsverletzend seien.[21] Gleichzeitig reichte sie beim Friedensrichter eine Persönlichkeitsschutzklage gegen ihn ein.[22] Sie wies nach, inwiefern die Annahme, sie sei für die »*Einzelfirma*« tätig gewesen, haltlos war und für sie selbst als Unterzeichnende der Psychologischen Lehr-und Beratungsstelle einen persönlichkeitsverletzenden Dauerzustand erzeugt hatte.

Wie dargestellt, war die »*Einzelfirma*« bisher als historische Tatsache hingestellt worden. Erst Dr. Wehinger hatte im Juni 1987 den Sachverhalt präzisiert: Er schrieb, die »*Einzelfirma*« habe sich nicht daraus ergeben, dass Friedrich Liebling sie als solche bezeichnet hätte, sondern »*aus dem Fehlen einer anderen Rechtsform*«.[23]

Nun erklärte Anwalt Reutimann am 17.4.1990 gegenüber dem Obergericht, wie die »*Einzelfirma*« entstanden war: »*Nach dem Ableben von F. Liebling wurde im Rahmen der Nachlassregelung eine Analyse der rechtlichen Strukturen vorgenommen. Dabei wurde seitens der involvierten Anwälte festgestellt, dass einerseits die von F. Liebling errichtete Stiftung existierte und daneben aber auch eine private Tätigkeit von F. Liebling im Rahmen einer von ihm geführten, nicht im Handelsregister eingetragenen Einzelfirma erfolgte.*«[24] Zur

Begründung stützte er sich neu auf Dr. Lutz, »*dem die Verhältnisse bekannt waren*«.[25]

Diese »*Analyse*« musste innerhalb weniger Tage entstanden sein. Denn bereits an der Sitzung vom 4.3.1982, vier Tage nach Friedrich Lieblings Tod, wurde die Ausschussregelung übergangen, die Psychologische Lehr-und Beratungsstelle als geerbt betrachtet und namens der Erbinnen eine provisorische Leitung bestimmt.

Anwalt Reutimann war – nach Leopold König im Frühjahr 1984 – der Zweite, der zur Sühneverhandlung beim Friedensrichter kam. Diese fand am 18.4.1990 statt, zu einem Zeitpunkt also, an dem uns Reutimanns Eingabe vom Vortag an das Gericht noch nicht bekannt war. Hier kam es zu einem langen Gespräch zwischen Jutta Siegwart-Gensch, mir und ihm. Anwalt Reutimann meinte, seine Ausführungen beruhten auf den erhaltenen Instruktionen; weshalb eine Persönlichkeitsverletzung vorliegen solle, sei ihm schleierhaft. Jutta Siegwart-Gensch erklärte ihm genau, welche Konten es gab und dass allein deren Namen, nämlich »Psychologische Lehr- und Beratungsstelle« und »Psychologische Menschenkenntnis«, auf die Zweckgebundenheit hingewiesen hätten. Sie sei zugunsten der Stiftung tätig gewesen, ebenso Friedrich Liebling; alle Gelder seien stiftungszweckgebunden gewesen. Die einfache Gesellschaft habe subsidiär zur Stiftung existiert. Auch die Ausschussregelung des Stiftungsrats wurde besprochen. Sie legte ihm auch dar, dass nach Friedrich Lieblings Tod ein Fehler passiert sei, indem die Gelder auf jenen Konten als sein »*Privatvermögen*« und die Psychologische Lehr- und Beratungsstelle als seine »*Einzelfirma*« qualifiziert worden seien. Für Friedrich Liebling und auch für sie sei dadurch ein ehr- und persönlichkeitsverletzender Dauerzustand geschaffen worden, weil sie damit beschuldigt würden, im Rahmen einer gemeinnützigen Stiftung ein Privatgeschäft betrieben und ein Privatvermögen angelegt zu haben. Anwalt Reutimann begegnete ihr zunehmend respektvoll und hörte aufmerksam zu.

Wir hofften auf die Wirkung des Gesprächs, deshalb reichte Jutta Siegwart-Gensch die Weisung des Friedensrichters nicht beim Gericht ein. Somit verzichtete sie auf die Klage gegen Anwalt Reutimann.

Wenige Tage nach der Sühneverhandlung bekamen wir die erwähnte Schrift vom 17.4.1990 zur Kenntnis, worin Dr. Reutimann gegenüber dem Obergericht eingestanden hatte, dass die »*Einzelfirma*« das Produkt einer »*Analyse*« der Rechtsanwälte nach Friedrich Lieblings Tod war. Nun war nach unserer Meinung der letzte Beweis erbracht, dass die »*Einzelfirma*« ein Fehler war.

*

In dieser Zeit grüssten mich ehemalige Bekannte aus der Zürcher Schule öfter wieder, wenn ich ihnen zufällig begegnete. Manchmal sprach ich spontan mit jemandem; wenn es möglich war, verabredete ich mich mit ihnen.

Am 8.1.1990 traf ich eine Frau, die Friedrich Liebling und Josef Rattner schon sehr früh kennengelernt und viele Jahre lang aktiv mitgearbeitet hatte. Sie hatte sich etwa zwei Jahre zuvor vom VPM abgewendet. Die Vereinsmitglieder würden entweder wegen der Sicherung ihrer finanziellen Existenz oder aus Angst vor Alleinsein und Missachtung dort bleiben. Es sei das grösste Unrecht, dass der VPM die Räume der Stiftung nutzen könne, weil dessen Leiter zuerst gesagt hätten, sie verwirklichten das Anliegen Friedrich Lieblings am besten, sich aber nachher davon distanziert hätten. Sie meinte, man könnte und müsste rechtlich etwas unternehmen, aber das koste Geld und Zeit, das hätten die Leute nicht. Als ein langjähriger Mitarbeiter von allem nichts mehr habe wissen wollen, sei sie erstaunt gewesen; heute könne sie ihn verstehen, denn sie wolle auch von allem nichts mehr wissen.[26]

Am 13.6. und am 27.12.1990 lud mich ein früherer Bekannter, den ich öfter in der Museumsgesellschaft sah, zum Kaffeetrinken ein. Dabei berichtete er mir im Sommer, Annemarie Buchholz-Kaiser habe eine Gruppe einer langjährigen Mitarbeiterin, an der er schon seit etlichen Jahren teilgenommen habe, »*in die Luft gejagt*«; er meinte damit, sie sei aufgelöst worden. Im Dezember erzählte er, jene Mitarbeiterin habe sich von Annemarie Buchholz-Kaiser abgesetzt. Mehreren älteren Mitarbeiter/innen sei es verboten worden, Beratungsgespräche zu führen.[27]

Auch mit denjenigen, die 1983 mit mir zusammen ausgeschlossen worden waren, konnte ich mich nun wieder treffen. So sprach ich einige Male mit dem Ehepaar Richiger; mit meinem früheren Ehemann Paul Truttmann – inzwischen waren wir geschieden – kam es ebenfalls zu mehreren Gesprächen. Mit Leopold König nahm ich auch wieder Kontakt auf; obwohl es schwierig war, setzten er und ich die Gespräche in der Bemühung fort, einander verstehen zu lernen.

Von jenem Jugendlichen, mit dem ich früher im Rahmen der Psychologischen Lehr- und Beratungsstelle oft gelernt und der mich nach dem Ausschluss heimlich noch weiterhin besucht hatte, erfuhr ich, wie es ihm inzwischen ergangen war. Wegen seiner kritischen Meinung und Sympathie für die Ausgeschlossenen, die er in persönlichen Gesprächen und an Kongressbeiträgen eingebracht hatte, erteilte seine Mutter dem Fünfzehnjährigen ein Kontaktverbot mit uns, woran er sich aber nicht hielt. Da er weiter seine Meinung äusserte, setzte ihn seine Mutter 1986 auf die Strasse. Inzwischen hatte er die Matura gemacht und studierte Geschichte und Deutsch.

Am 26.9.1990 klopfte eine Jugendliche, die 1983 in der Wohngemeinschaft bei meinem damaligen Ehemann und mir gewohnt hatte, gegen Mitternacht an meine Tür.[28] Es ging ihr sehr schlecht, sie steckte offensichtlich in den Drogen. Sie blieb bis zum Morgen, aber ich konnte sie nicht länger bei mir unterbringen, da ich ja selber zu wenig Platz hatte. Sie erzählte, die Zürcher Schule sei auseinandergefallen, es sei alles zugrunde gegangen, es herrsche Streit und Chaos, auch unter den Jugendlichen. Sie gab mir ihre Adresse, und ich versuchte sie zu besuchen oder regelmässig zu treffen. Aber sie war meistens nicht dort; ich legte ihr jeweils eine Notiz oder eine Süssigkeit in den Briefkasten. Ihre Schwester, die ich Jahre später zufälligerweise traf, erzählte mir, dass sie an der Drogensucht gestorben sei.

Die Psychologische Lehr- und Beratungsstelle wird aus der Stiftung ausgeschlossen | 6.1

Am 23.7.1990 entdeckte ich im »Schweizerischen Handelsamtsblatt«, dass die Stiftung Psychologische Lehr- und Beratungsstelle ihren Zweck geändert hatte. Die Formulierung »*Aufbau und Betrieb*

*der Psychologischen Lehr- und Beratungsstelle als Lehr-, Forschungs-
und Beratungszentrum«* war entfernt worden. Die Neuumschrei-
bung des Stiftungszwecks lautete: *»Förderung der psychologischen
Forschung, Lehre und Beratung in Form von Ehe- und Erziehungsberatung, Berufs- und Studienberatung, psychologischer Lernhilfe,
Persönlichkeitsschulung für Pädagogen, Psychologen und Ärzte, Psychotherapie und Gruppentherapie. Die Stiftung kann ihre Mittel auch
einsetzen für psychologische Grundlagenforschung, wissenschaftliche Veröffentlichungen, Aus- und Weiterbildung mit Gewährung von
Stipendien und Studiendarlehen, Druck und Verlag von Broschüren,
Finanzierung von Schulungs- und Kursräumlichkeiten sowie die
Durchführung von Tagungen, Seminarien und Kongressen zur Förderung der psychologischen Erkenntnisse.«*[29]

Durch eine Akteneinsicht beim Handelsregisteramt wurden
Jutta Siegwart-Gensch und mir die neuen Statuten und die Verfügung vom 4.5.1990 des EDI bekannt. Darin zitierte das EDI die Begründung, die der Stiftungsrat für die Zweckänderung vorgebracht
hatte: *»Art. 2 Abs. 1 bezog sich einzig und allein auf die seinerzeitige
Einzelfirma ›Psychologische Lehr- und Beratungsstelle‹ des Stiftungsgründers Friedrich Liebling, der 1982 verstorben ist. So betrachtet, ist
dieser Teil des Zweckartikels der Stiftung obsolet und in der heutigen
Situation in einem gewissen Sinne auch irreführend geworden. Diesem Umstand wird durch die vorgeschlagene Änderung der ersten drei
Zeilen von Art. 2 Abs. 1 der Stiftungsstatuten Rechnung getragen.«*[30]

Aus den mir erst im Jahr 2001 bekannt gewordenen Akten des
EDI konnte ich entnehmen, dass der neue Stiftungsanwalt Dr. Felix
von Streng die Zweckänderung am 23.3.1990 beantragt hatte. Sein
Gesuch begann mit dem Satz: *»Bezug nehmend auf meinen gestri-
gen tel. Anruf möchte ich Sie namens der Stiftung Psychologische
Lehr- und Beratungsstelle ersuchen, als zuständige Aufsichtsbehörde
gemäss Art. 86 ZGB dem Bundesrat zu beantragen, den Zweck der Stiftung wie folgt zu ändern ...«*[31] Die Stiftungsaufsicht bejahte bereits
mit Schreiben vom 28.3.1990: *»In Beantwortung Ihres telefonischen
Anrufes sowie Ihres Schreibens vom 23.3.1990 teilen wir Ihnen nach
erfolgter Überprüfung mit, dass wir den beantragten Änderungen
grundsätzlich zustimmen.«* Man bat lediglich noch um Zusendung
von vier unterzeichneten Exemplaren der neuen Stiftungsurkun-

de und des Protokolls des entsprechenden Stiftungsratsbeschlusses, »*gegebenenfalls mit Diskussionsvoten und Begründungshinweisen*«.[32] Gestützt darauf könne dann die Änderungsverfügung des EDI erlassen werden, mit Eröffnung an den Stiftungsrat und den Handelsregisterführer.

Dem Protokoll des Stiftungsrates vom 22.3.1990 war zu entnehmen, dass die Änderung des Stiftungszwecks von den 18 Stiftungsratsmitgliedern einstimmig gutgeheissen worden war. Hier war nicht von »*Einzelfirma*« die Rede, sondern von »*Beratungsstelle*«: »*Da die Beratungsstelle schon immer selbständig bestanden hat und der erste Absatz des Zweckartikels der Stiftung seit den Anfängen nicht zur Anwendung kam und auch keine Funktion hat, schlägt Frau Dr. Annemarie Buchholz-Kaiser (Gründungsmitglied der Stiftung) vor, den Passus ›… Aufbau und Betrieb der Psychologischen Lehr- und Beratungsstelle …‹ zu streichen. Der grösste Teil vom Schülerkreis Friedrich Lieblings arbeitet heute in seinem Sinne im Rahmen des Vereins zur Förderung der Psychologischen Menschenkenntnis (VPM) weiter. Dieser beansprucht keine Destinatärstellung für sich. Die PIAP AG kann keine Destinatärrechte für sich ableiten, da sie mit der Arbeit Friedrich Lieblings inhaltlich und formal nichts mehr zu tun hat. Um Unklarheiten und neue rechtliche Auseinandersetzungen zu vermeiden, erscheint es sinnvoll, den Zweckartikel offener zu formulieren.*«[33]

Dieses Protokoll wurde samt geänderter Stiftungsurkunde am 9.4.1990 vom Stiftungsanwalt an Fürsprecher Hahnloser gesandt mit der Aufforderung: »*Darf ich Sie um Zustellung einer Kopie Ihrer Änderungsverfügung bitten.*«[34] Dies geschah dann mit der Verfügung vom 4.5.1990. Mit der Anmeldung beim Handelsregisteramt wurde jedoch noch zugewartet bis zum 11.7.1990; die Publikation erfolgte erst am 23.7.1990, mitten in den Sommerferien.

Die Publikation war aber nicht vollständig, denn der wichtige letzte Satz des neuen Stiftungszwecks fehlte. Dieser lautete: »*Im Rahmen dieses Stiftungszweckes entscheidet der Stiftungsrat über die Verwendung der Stiftungsmittel nach freiem Ermessen.*«[35] Dieses freie Ermessen war in der Verfügung des EDI vom 4.5. ausdrücklich bestätigt worden: »*Schliesslich wird noch präzisiert, dass der Stiftungsrat im Rahmen des Stiftungszwecks über die Verwendung der Stiftungsmittel nach freiem Ermessen entscheidet.*«[36]

Mit diesem Satz wurde dem Stiftungsrat eine extrem weitreichende Kompetenz eingeräumt, und die Stiftungsaufsicht entledigte sich dadurch ihrer Aufsichtspflicht über die Stiftung Psychologische Lehr- und Beratungsstelle in extrem weitreichender Weise.

Nach der Stiftungszweckänderung wird auch klarer, weshalb im Frühjahr 1990 etliche ältere Mitarbeiter/innen des VPM ohne Begründung kaltgestellt wurden. Diese gehörten zur ersten Generation von Mitarbeitern und hatten jahrelang unentgeltlich oder mit geringer Unkostenentschädigung am Aufbau der Psychologischen Lehr-und Beratungsstelle unter der Leitung von Friedrich Liebling mitgewirkt. Sie wären eventuell mit der Stiftungszweckänderung nicht einverstanden gewesen. Insbesondere besassen sie auch Rechte aufgrund der Tatsache, dass sie wesentlich an der einfachen Gesellschaft beteiligt waren. Zwar waren ihnen diese Rechte nicht bewusst, Annemarie Buchholz-Kaiser hatte jedoch durch die Darlegungen von Rudolf Schaller Einblick in diese Rechtsverhältnisse gewonnen.

* |

Jutta Siegwart-Gensch erhob am 14.9.1990 eine Verwaltungsgerichtsbeschwerde an das Bundesgericht gegen die Änderung des Stiftungszwecks. Es sei rechtsmissbräuchlich, einen Stiftungszweck, der seinerzeit von allen Beteiligten richtig verstanden worden sei, nach dem Tod des Stifters rechtlich falsch als *»Einzelfirma«* zu qualifizieren, und diesen Zweck dann für *»obsolet«* und *»irreführend«* zu erklären, anstatt die fehlerhafte Qualifikation zu korrigieren.

Auch sei es rechtsmissbräuchlich, dem Stiftungsrat zu erlauben, im Rahmen des neuen Zwecks über die Verwendung der Stiftungsmittel *»nach freiem Ermessen«* zu entscheiden. Damit werde etwas anderes bezweckt, *»nämlich eine Einschränkung der gesetzlichen Pflicht zur Beaufsichtigung der Stiftung«*. Der Stifter habe in Art. 3 der Stiftungsurkunde klar festgehalten, dass *»das Stiftungsvermögen und dessen Erträge ausschliesslich für die Erfüllung des Stiftungszwecks zu verwenden sind«*. Durch die Gutheissung dieses *»freien Ermessens«* versuche die Aufsichtsbehörde, ihre widerrechtliche Unterlassung der Beaufsichtigung der Stiftung im Nachhinein zu stützen.

Ein weiterer Rechtsmissbrauch sei darin zu sehen, dass der hauptsächliche Zweck, dem die Stiftung gewidmet sei, der Aufbau und Betrieb der Psychologischen Lehr- und Beratungsstelle, nun aus der Stiftungsurkunde entfernt werde. Damit bezwecke die Änderung offensichtlich, »*das Stiftungsvermögen anderen Zwecken als dem vom Stifter mit der Stiftungsgründung beabsichtigten zuzuführen*«.

Weiter sei die Zweckänderung auch deshalb rechtsmissbräuchlich, weil damit versucht werde, die Verletzung ihrer Rechte zu zementieren. Bei der Psychologischen Lehr-und Beratungsstelle, deren Aufbau und Betrieb die Stiftung bezwecke, handle es sich um eine einfache Gesellschaft mit ideellem Zweck. Seit 1984 ersuche sie um gerichtliche Feststellung des Bestandes dieser einfachen Gesellschaft. Zudem habe sie zu Lebzeiten des Stifters ein Tonbandkassettenarchiv aufgebaut und verwaltet. Indem nun der Zweck, dem das Tonbandarchiv diene, aus der Stiftungsurkunde entfernt werde, wolle man ihre Bemühungen um Sicherstellung und Verwaltung dieses Archivs untergraben. Seit dem Tod des Stifters werde ihre Tätigkeit für die Stiftung als Tätigkeit für eine »*Einzelfirma*« verleumdet. Indem in der Begründung der Zweckänderung die üble Nachrede von einer »*Einzelfirma*« aufgenommen worden sei, würden ihre Bemühungen, diese Ehr- und Persönlichkeitsverletzung feststellen zu lassen, vereitelt.

Weiter sei die Änderung der Zweckbestimmung »*Gruppentherapie in Klein- und Grossgruppen*« durch Streichung der Formulierung »*in Klein- und Grossgruppen*« rechtsmissbräuchlich. Es handle sich bei diesem Zusatz um eine vom Stifter gewollte Präzisierung seines Willens. Das bekannte Anliegen des Stifters, die psychologischen Erkenntnisse einem grösseren Kreis von Menschen zugänglich zu machen, sei nach wie vor aktuell.

Sie werde durch die Stiftungszweckänderung der Rechtsgrundlage beraubt, auf der ihr Recht auf Teilnahme an der Psychologischen Lehr-und Beratungsstelle im Sinne der ursprünglichen Zweckbestimmung gründe. »*Dies bedeutet, dass das mir seit dem Tode des Stifters durch den Stiftungsrat zugefügte stossende Unrecht nicht zu beseitigen ist und ich gegenüber den Teilnehmern der Psychologischen Lehr- und Beratungsstelle, Leitung: Friedrich Liebling, welche ebenfalls ihrer Destinatärrechte beraubt werden, nicht reha-bilitiert werde.«*[37]

Buch eines »Insiders« während der pendenten Stiftungszweckänderung

Ende Dezember 1990 erschien das Buch »Lieblings-Geschichten« von Eugen Sorg, zu Lebzeiten Friedrich Lieblings ein engagierter junger Mitarbeiter der Psychologischen Lehr-und Beratungsstelle. Ich hatte seine pointierten Stellungnahmen an den Kongressen und in Gruppengesprächen stets bewundert.

Mit seinem Buch informierte Sorg die Öffentlichkeit als »*In-sider*«. Früher hatte Sorg mit Hochachtung und Wertschätzung von Friedrich Liebling gesprochen. Nun zog er ihn ins Lächerliche: Friedrich Liebling habe an den traurigen Ritter Don Quijote erin-nert: »*Auf seiner klapprigen Mähre aus dem aussterbenden Gestüt des Anarchismus reitend, bewaffnet mit einer Lanze individualpsy-chologischer Bauart und bewehrt mit dem zerbeulten Schild antire-ligiöser Argumente freidenkerischer Provenienz, kommandierte er den Angriff auf Windmühlen, in denen er die alten Drachen mono-lithischer Religionen und habsburgischer Staatlichkeit zu erkennen meinte.*« Leider habe ihm kein schlauer Sancho Panza zur Seite ge-standen. »*An Stelle des pfiffigen Knappen begleitete ihn eine gefügi-ge Truppe, welche die Chimären ihres Gebieters kritiklos teilte und so deren Macht ins Unangreifbare ausufern liess.*«[38]

Sorg verbreitete in seinem Buch die Auffassungen des Stif-tungsrats, der Steuerbehörden und des EDI. Er bezeichnete die Psychologische Lehr-und Beratungsstelle als »*Unternehmen*« und deren finanzielle Mittel als Friedrich Lieblings »*Privatvermögen*«. So lautete der Untertitel des Buches: »Die ›Zürcher Schule‹ oder In-nenansichten eines Psycho-Unternehmens.« Im Kapitel »Geld und Macht« disqualifizierte er die gemeinnützige Tätigkeit der Mitar-beiter als »*therapeutische Gehversuche*«, wofür keine Bezahlung erwartet worden sei, und erklärte dazu: »*Das Honorar stand einzig der Gruppe, der Institution, dem Meister zu [...]. Beim Tod des Meis-ters im Jahre 1982 stand es mit fünf Liegenschaften zu Buche. Das Lieblingsche Privatvermögen belief sich auf fünf Millionen Franken.*«

Und weiter: »*Die Millionen, die er als alter Mann plötzlich verdiente, liess er bis zuletzt auf dem Postcheckkonto liegen, wie zu den Zeiten, als er noch ein Kleinverdiener gewesen war.*« Und: »*Er wusste zum Kummer der Steuerbeamten bis zuletzt nicht, wie man eine Steuererklärung ausfüllt. Es interessierte ihn nicht. Sein Verhältnis zum Geld war widersprüchlich, launisch, unkalkulierbar.*«[39]

Eugen Sorg teilte die Auffassung, Friedrich Liebling habe keine Nachfolgeregelung getroffen. Im Kapitel »Die vergebliche Suche nach einem Nachfolger« deutete er das »*Psychogramm*« Friedrich Lieblings als das einer an »*Verfolgungsängsten, Altersstarrsinn und Grossmannssucht*« leidenden Person, die »*auf abweichende Meinungen überreizt und auf Autonomiebewegungen nahestehender Personen panisch*« reagiert habe. Dank dieses »*psychischen Amalgams*« seien verschiedene Bemühungen um die Nachfolge gescheitert: »*Um sein Lebenswerk wirksam abzusichern, gründete er eine Stiftung. Dieser vermachte er sein gesamtes Privatvermögen und setzte Stiftungsräte ein. Die Stiftung sollte rechtliche Erbin seiner Beratungsstelle werden. Doch das Experiment scheiterte. Einmal eröffnete die Finanzdirektion des Kantons Zürich ein Verfahren, welches der Stiftung die Steuerfreiheit aberkennen sollte, dann passten Liebling die Stiftungsräte plötzlich nicht mehr. Er ersann eine neue Variante und setzte einen Vertrag auf, in welchem er die gesamte Beratungsstelle fünf seiner vertrautesten SchülerInnen als persönlichen Besitz verkaufte. Die fünf mussten sich verpflichten, ›gut miteinander auszukommen‹. Der Preis: ›Was die Leute bisher gearbeitet haben.‹ Der Vertrag wurde unterzeichnet, alles schien geregelt, bis Liebling im allerletzten Moment auch diese unorthodox-feudale Version verwarf: ›Ungültig‹, schrieb er quer über das ausgefüllte Vertragspapier. Was danach kam, war eigentlich eine Nicht-Variante, die jedoch für den weiteren Verlauf der Geschichte einschneidende Konsequenzen haben sollte. Liebling verzichtete auf eine spezielle rechtliche Erbregelung, womit er die Tatsache schuf, dass sein Vermögen und seine Beratungsstelle nach seinem Tod automatisch an die Töchter in den USA fielen. Nach der Eröffnung des Verfahrens bezüglich der Steuerfreiheit für die Stiftung, die weiterhin bestand, hatte Liebling alle Honorar-Zahlungen wieder direkt auf sein Privat-Konto fliessen lassen, welches in den wenigen noch verbleibenden Jahren auf den satten*

Stand von über fünf Millionen Franken anwuchs. Die Töchter Lillian Rattner-Liebling und Erna Grob-Liebling nahmen nach dem Tode ihres Vaters diese glückliche Summe abzüglich unbezahlter Nachsteuern gerne entgegen, verzichteten aber auf die Beratungsstelle, auf welche weiterhin täglich Honorare der Patienten-Massen eingingen. [...] Anspruch hätten die Töchter überdies auch auf 70 Prozent des Geldes gehabt, das in den letzten fünf Jahren in die Stiftung überwiesen worden war. Das Stiftungsvermögen, das auf fünf Liegenschaften am Zürichberg angewachsen war [...], betrug damals, 1982, etwa acht Millionen Franken. Von diesem Recht machten die Erbinnen ebenfalls keinen Gebrauch.« Er schloss das Kapitel mit den Worten: »*Nach dreissig Jahren psychagogischer Knochenarbeit und philanthropischer Menschenbildung war es ihm nicht gelungen, einen Nachfolger heranzuziehen, obwohl, oder gerade weil viele der möglichen AnwärterInnen während Jahrzehnten ihre Zeit, ihre Intelligenz, ihre Energie, ihr ganzes Herz ihm überantwortet hatten, auf dass er sie in seinem Sinn modelliere.«*[40]

Diese Darstellung deckt sich mit derjenigen der AG sowie teilweise auch von Annemarie Buchholz-Kaiser in ihrem Bericht vom 21.5.1986. Es ist erstaunlich, dass Sorg offenbar Informationen über den Kauf- und Gesellschaftsvertrag hatte, hingegen die Nachfolgeregelung Friedrich Lieblings und des gesamten Stiftungsrates vom 5.1.1979 im ganzen Buch nicht erwähnt. In jenem Beschluss hatten Friedrich Liebling und der gesamte Stiftungsrat einen Ausschuss für die Leitung der Stiftung für die Zeit nach Friedrich Lieblings Tod bestimmt. Die Suche nach einem Nachfolger war also geglückt, sie wurde aber erst nach Friedrich Lieblings Tod durch die Missachtung dieses Beschlusses zu einer »*vergeblichen Suche nach einem Nachfolger*«, wie Sorg das Kapitel nannte.

Am 20.12.1990 brachte der »Tages-Anzeiger« eine begeisterte Rezension von Sorgs Buch. Unter dem Titel »Die brisante Geschichte der ›Lieblinge‹« empfahl er dessen Lektüre möglichst vielen Lesern und listete auf, wer es vor allem lesen sollte: »*Behördenmitglieder, Kindergärtnerinnen, Lehrerinnen und Lehrer, Rektoren, Politiker, Eltern. Und Richter.*«[41]

Das Buch schlug ein wie eine Bombe und landete sofort auf Platz drei der »züri-tip«-Bestsellerliste. Die ersten 500 Exemplare waren nach wenigen Wochen ausverkauft, und es wurden weitere Auflagen gedruckt. Die Leiterin des VPM, Annemarie Buchholz-Kaiser, wollte das Buch wegen Persönlichkeitsverletzung gerichtlich verbieten lassen, was jedoch nicht gelang.[42]

Buch des VPM während der pendenten Stiftungszweckänderung

Wenige Monate später, im Februar 1991, wandte sich der VPM mit dem 661-seitigen Buch »Der VPM. Was er wirklich ist« an die Öffentlichkeit.[43] Unter »Die Stiftung Psychologische Lehr- und Beratungsstelle« berichtete der VPM: »*Anfänglich plante man, das gesamte Lehr-, Forschungs- und Beratungszentrum im Rahmen der Stiftung zu führen. Friedrich Liebling integrierte sogar einen Teil seiner Privatpraxis in die Stiftung.*«[44] Die Anzeige der Aufsichtsbehörde vom 25.7.1977 wurde verschwiegen, es hiess nur: »*Infolge einer Falschinformation des Buchhalters an die Behörden hob die Finanzdirektion des Kantons Zürich 1979 die Steuerbefreiung auf.*« Die Reaktion: »*Um der Stiftung die Steuerfreiheit zu erhalten, hatte Friedrich Liebling im Zusammenhang mit dem anhängigen Verfahren bereits 1977 die Beratungstätigkeit zu einem grossen Teil wieder in die Psychologische Lehr- und Beratungsstelle zurückverlegt, die neben der Stiftung weiter bestanden hatte.*«[45]

Und der VPM enthüllte: »*Nach seinem Tod fand sich wider Erwarten kein Testament. Allerdings bemerkte der Rechtsvertreter der beiden Töchter und gesetzlichen Erbinnen, Lillian Rattner-Liebling und Erna Grob-Liebling, die seit Jahrzehnten in den USA lebten, drei Wochen nach der Inventaraufnahme vom 10. März 1982, dass Friedrich Liebling bei einer bestimmten Agentur der Zürcher Kantonalbank ein Bankfach gemietet hatte. Der Schlüssel dieses Safes konnte jedoch nie aufgefunden werden. Beim daraufhin amtlich verfügten Aufbrechen des Bankfachs stellte man fest, dass es leer war. Zweieinhalb Jahre später, im Herbst 1984, vertraute der Rechtsanwalt der Erbinnen Frau Dr. A. Buchholz-Kaiser an, dass sich anlässlich der amtlichen Öffnung des Safes noch etwas anderes herausgestellt habe: die beiden Töchter hatten in den wenigen Tagen zwischen dem Tod ihres Vaters und der amtlichen Inventaraufnahme unberechtigterweise das Bankfach mit dem von ihnen als verschollen erklärten Schlüssel geöffnet. Weshalb verheimlichten sie damals sogar ihrem Anwalt, dass sie das Bankfach geöffnet hatten? Was fanden sie darin vor? Warum reisten sie schon wenige Tage nach dem Tode ihres Vaters und noch vor der amtlichen Inventaraufnahme vom 10. März 1982 wieder in die USA zurück? Die Nachwelt wird es wohl nie erfahren.«*[46]

Diese Darstellung ist zumindest aus zwei Gründen zu bezweifeln: Annemarie Buchholz-Kaiser hatte in ihrem Bericht vom 21. Mai 1986 geschrieben: »*Nach dem Tod von Friedrich Liebling hatte ich die beiden Töchter aufmerksam gemacht, dass ev. noch Geld in einem Tresorfach bei der Kantonalbank Stampfenbachstrasse sei. Herr Liebling hatte das 10 oder 12 Jahre davor einmal mir gegenüber erwähnt und mich gebeten, falls ihm einmal unerwartet etwas zustossen sollte, dafür besorgt zu sein, dass das nicht vergessen gehe. Ich erwähnte das auch Dr. Wehinger gegenüber. Er bat darum, dass der Schlüssel gesucht werde. Trotz fleissigen Suchens kam er nicht zum Vorschein. Einige Wochen später wurde das Fach dann notariell geöffnet – und war leer.«*[47]

Somit ist die Darstellung des VPM nicht korrekt, wonach Dr. Wehinger dieses Bankfach drei Wochen nach Lieblings Tod bemerkt habe. Weiter verwahrte sich Dr. Wehinger offenbar gegen die Behauptung, die Erbinnen hätten heimlich das Schrankfach geöffnet und nachher die Schlüssel als unauffindbar bezeichnet; er drohte dafür sogar eine Ehrverletzungsklage an.[48]

Der VPM fuhr fort: »*Weil ein Testament fehlte, fielen das gesamte Privatvermögen und die Eigenpraxis von Friedrich Liebling, d.h. seine Psychologische Lehr- und Beratungsstelle, von Gesetzes wegen beiden Töchtern zu. [...] Das auf den Namen von Friedrich Liebling lautende Vermögen der PLB betrug bei seinem Tod rund 5 Millionen Franken. Zusätzlich wurden im Laufe des Jahres 1982 weitere 2,1 Millionen Franken eingezahlt.«* Die Erbinnen hätten bekräftigt, kein finanzielles Interesse zu haben. 1983 hätten sie mit einem Aktienkapital von 200 000 Franken die »*Psychologische Lehr- und Beratungsstelle Friedrich Liebling AG (PLB AG)«* gegründet und einen Teil der Aktien an die Mitarbeiter verteilt. Aber: »*Angesichts der Tatsache, dass die Erbinnen im Herbst 1984 – entgegen ihrem früheren Versprechen – die gesamten Bankguthaben heimlich in die USA*

*abzogen, erscheint das Ganze als gezieltes Täuschungsmanöver. Im
nachhinein muss wohl auch die Verteilung einiger Aktien der PLB AG
als taktischer Schritt eingeordnet werden, mit dem die Illusion aufrechterhalten werden sollte, es werde tatsächlich ›alles übergeben‹.
Die Aktienmehrheit blieb nämlich mit 51 Prozent bei der Präsidentin
des Verwaltungsrates, Frau Erna Grob-Liebling. Wäre der Transfer des
Geldes nicht heimlich geschehen, hätten Mitarbeiter und Teilnehmer
ein solches Vorgehen schon damals als schamlosen Verstoss gegen
Treu und Glauben und als eindeutigen Betrug erkannt und benannt.«*[49]

Einerseits behauptet der VPM, die Psychologische Lehr-und
Beratungsstelle sei eine »*Eigenpraxis*« von Friedrich Liebling und
das auf dem Konto sich befindende Geld sei sein »*Privatvermögen*«
gewesen, andererseits empört er sich über den Transfer dieses Geldes. Und: Die Erbinnen hätten es »*seit 1982 verstanden, die Teilnehmer im Glauben zu lassen, dass sie als Erbinnen – obwohl faktisch im
Besitz des Vermögens – sich nur als dessen Sachwalter verstünden.*«[50]
Damit räumten die Vereinsmitglieder ein, dass sie von einer fidu-
ziarischen Verwaltung des Vermögens durch die Erbinnen ausgingen. Dies ist aber ein Widerspruch zur Behauptung, es habe sich
um Friedrich Lieblings »*Privatvermögen*« bzw. um seine »*Eigenpraxis*« gehandelt.

Von der Existenz des Buchs erfuhr ich aus dem »Tages-Anzeiger« am 1.3.1991. Dort wurde berichtet, dass dessen Verkauf und
Auslieferung schon zwei Tage nach der Lancierung durch eine superprovisorische Verfügung des Bezirksgerichts Zürich verboten
wurde, weil der VPM auf 50 Seiten die Persönlichkeitsrechte von
Eugen Sorg verletze. Der VPM habe daraufhin mitgeteilt, es seien
bereits 2500 Exemplare verkauft worden.[51] Auch später wurde der
Buchinhalt in der Öffentlichkeit kaum bekannt. Wenn überhaupt,
wurde das Buch wohl eher von Mitgliedern des VPM gelesen.

Bundesgerichtsurteil vom 19. 1. 1993 betreffend
Änderung der Stiftungsurkunde

Das Bundesgericht trat am 19.1.1993 auf die Verwaltungsgerichtsbeschwerde von Jutta Siegwart-Gensch vom 14.9.1990 wegen fehlender Beschwerdelegitimation nicht ein. Die kurze Begründung:

»Nach Art. 103 lit a OG ist zur Verwaltungsgerichtsbeschwerde legitimiert, wer durch die angefochtene Verfügung berührt ist und ein schutzwürdiges Interesse an deren Aufhebung oder Änderung hat. Wie das Bundesgericht [...] festgestellt hat, ist die Beschwerdeführerin nicht als Destinatärin der Stiftung Psychologische Lehr- und Beratungsstelle zu betrachten und hat kein besonderes persönliches Interesse an der Verfolgung des Stiftungszwecks. Es hat ihr deshalb mangels eines unmittelbaren Rechtsschutzinteresses die Legitimation zur Stiftungsaufsichtsbeschwerde abgesprochen. Aus dem gleichen Grund fehlt ihr auch ein schutzwürdiges Interesse daran, gegen die Verfügung des Departements, mit welcher die Stiftungsurkunde der Stiftung abgeändert worden ist, Verwaltungsgerichtsbeschwerde zu führen. Auf die Beschwerde kann daher mangels Legitimation der Beschwerdeführerin nicht eingetreten werden.«[52]

Die Stiftung sowie das EDI hatten in ihren Vernehmlassungen vom 6.11.1990 bzw. 10.10.1990 beantragt, auf die Beschwerde nicht einzutreten oder sie abzulehnen.

6.2 | Der Rechtsweg endet

Nach meinem Rückzug der Klagen und einer längeren Sistierung der beiden Prozesse betreffend Persönlichkeitsschutz und Feststellung der einfachen Gesellschaft, auferlegte das Obergericht Jutta Siegwart-Gensch eine – für unsere Verhältnisse sehr hohe – Kautionsauflage von 26 000 Franken für zukünftige Gerichtskosten; sie ersuchte um unentgeltliche Rechtspflege. Ihre Bedürftigkeit stand ausser Frage, doch verneinte das Obergericht die Prozessaussichten und somit die Bewilligung der unentgeltlichen Rechtspflege. Hätte sie die Kaution nicht bezahlt, wären beide Verfahren kurzerhand abgeschlossen worden, und die bezirksgerichtlichen Fehlurteile wären rechtskräftig geworden. Deshalb hinterlegte ich beim Zürcher Obergericht für Jutta Siegwart-Gensch am 7.8.1989 eine Bankgarantie für die verlangte Summe.

Obwohl das Kassationsgericht schon 1985 ausgeführt hatte, der Bestand der einfachen Gesellschaft müsse in beiden Prozessen als Vorfrage geprüft werden, blieb diese Frage im Persönlichkeitsschutzprozess gegen die Stiftung, die AG und acht langjährige Mitarbeitende der Psychologischen Lehr- und Beratungsstelle vollständig ausgeklammert; äusserten sich Anwalt Schaller oder Jutta Siegwart-Gensch dazu, wurden ihre Darlegungen vom Gericht nicht einmal wiedergegeben oder sogar zurückgeschickt.[53] So erfuhren die eingeklagten ehemaligen Mitarbeiter/innen der Psychologischen Lehr- und Beratungsstelle, die die einfache Gesellschaft miterlebt und eventuell ebenfalls noch Rechte aus diesem Gesellschaftsverhältnis hätten geltend machen können, nichts über diese Rechtsgrundlage – in ihrem Verfahren drehte sich alles ausschliesslich um die eingeklagten ehr- und persönlichkeitsverletzenden Äusserungen und Handlungen.

Nach dem Eingeständnis von Anwalt Reutimann im April 1990, dass die angebliche »*Einzelfirma*« das Resultat einer »*Analyse der rechtlichen Strukturen*« durch die »*involvierten Anwälte*«[54] nach Friedrich Lieblings Tod war, konnten nach unserer Meinung die Prozessaussichten nicht mehr verneint werden. Doch auch jetzt beharrte das Obergericht darauf und drohte, Jutta Siegwart-Gensch habe im Fall »*weiterer querulatorischer Eingaben und rechtsmissbräuchlicher Prozessführung*«[55] mit disziplinarischen Massnahmen zu rechnen. Sie sollte nun ohne anwaltliche Hilfe die Berufungsrepliken in beiden Prozessen einreichen, zudem war im Prozess betreffend Feststellung der einfachen Gesellschaft eine weitere Kautionserhöhung um 8000 Franken verlangt worden.

Jutta Siegwart-Gensch gelangte an das Zürcher Kassationsgericht, das Anwalt Schaller als unentgeltlichen Rechtsanwalt für das dortige Verfahren bestellte; dieser begründete daraufhin die Nichtigkeitsbeschwerden eingehend. Am 13.11.1991 im Prozess betreffend Feststellung der einfachen Gesellschaft und am 20.12.1991 im Persönlichkeitsschutzprozess fasste das Kassationsgericht zwei über weite Strecken identische Beschlüsse: Die Verweigerung der unentgeltlichen Rechtspflege durch das Obergericht wurde in beiden Prozessen bestätigt, da die Gründe gegen die Aussichtslosigkeit der Prozesse »*ungenügend substantiiert*« seien. Es setzte Jutta Siegwart-Gensch eine letzte 30-tägige Frist zur Einreichung der Berufungsreplik in beiden Prozessen und eine 10-tägige Frist für eine Stellungnahme zur Kautionserhöhung.

Gegen diese beiden Beschlüsse verfasste Jutta Siegwart-Gensch zwei staatsrechtliche Beschwerden ans Bundesgericht. Sie wiederholte u.a., dass ihr willkürlich jeglicher Schutz gegen lebensgefährlichen Rufmord verweigert werde. Sie werde beschuldigt, als Mitarbeiterin der Psychologischen Lehr- und Beratungsstelle ihre Tätigkeit für eine sittenwidrige, von Friedrich Liebling neben der Stiftung geführte, nicht im Handelsregister eingetragene *»Einzelfirma«* erbracht und gewusst zu haben, dass es keine einfache Gesellschaft, sondern eine *»Einzelfirma«* sei. Aufgrund der Rechtsschriften von Rechtsanwalt Reutimann sei erwiesen, *»dass die Darstellung der behaupteten ›Einzelfirma‹ als historische Tatsache falsch war, da es sich um das Resultat einer nach dem Tode Friedrich Lieblings vorgenommenen Analyse von Rechtsanwälten handelt«.*[56] Deshalb seien ihre Prozesse nicht aussichtslos.

Wegen diesen staatsrechtlichen Beschwerden wurden beide Prozesse am Obergericht sistiert. Im Prozess betreffend Feststellung einer einfachen Gesellschaft trat das Bundesgericht am 14.1.1992 auf die staatsrechtliche Beschwerde *»mangels einer tauglichen Begründung«*[57] nicht ein. Am 9.3.1992 wies es auch die staatsrechtliche Beschwerde im Persönlichkeitsschutzprozess ab, weil Jutta Siegwart-Gensch *»nicht behauptet«* habe, dass sie beim Kassationsgericht *»hinreichende Ausführungen über die Erfolgsaussichten ihrer Berufung«*[58] gemacht habe. Nach diesen Bundesgerichtsurteilen beantragte niemand die Aufhebung der Sistierung, und auch das Obergericht des Kantons Zürich unternahm nichts.

Jutta Siegwart-Gensch hatte mit gesundheitlichen und existenziellen Problemen zu kämpfen. Am 4.11.1994 ersuchte Anwalt Reutimann um Fortsetzung des Verfahrens und erklärte, die eingeklagten widerrechtlichen Handlungen seien verjährt; zudem erkundigte er sich, ob die Kaution von 8000 Franken hinterlegt worden sei. Nun setzte das Obergericht mit einem Beschluss vom 13.2.1995 den Parteien eine Frist, um sich zur Frage der Fortsetzung des Prozesses zu äussern. Daraufhin zog Jutta Siegwart-Gensch am 2.3.1995 beide Klagen zurück. Sie führte dazu aus: *»Durch den Fehler, dass die Psychologische Lehr- und Beratungsstelle nach dem Tode des Stifters fälschlicherweise als ›Einzelfirma‹ deklariert und behandelt wurde, und die darauf beruhende, den Stifterwillen verletzende*

Entwicklung in der Stiftung Psychologische Lehr- und Beratungsstelle bin ich als Mitarbeiterin der Psychologischen Lehr- und Beratungsstelle in meinen Rechten verletzt.

Ob die vorliegenden Prozesse geeignet sind, diesen Verletzungszustand zu beheben, erscheint mir heute angesichts der vielen Unstimmigkeiten in den Prozessakten fraglich. Ich ziehe deshalb die Klagen zurück und hoffe, dass dadurch die Korrektur des obenerwähnten Fehlers und der darauf beruhenden Schädigung der Stiftung Psychologische Lehr- und Beratungsstelle und von mir gefördert wird.«[59]

Erfährt man von einer über zehnjährigen Dauer eines Prozesses nimmt man vielleicht an, es sei ein kompliziertes Beweisverfahren durchgeführt worden. In beiden Prozessen war es aber zu keinem Beweisverfahren gekommen. Es gab jedoch einige Zugeständnisse der beklagten Personen bzw. ihrer Anwälte, die erhellten, was nach Friedrich Lieblings Tod wirklich geschehen war.

Jutta Siegwart-Gensch hatte alles gegeben, hatte sich mit Beharrlichkeit und Geduld für ihre Rehabilitierung und die Rechte der mit der Stiftung verbundenen Personengemeinschaft eingesetzt. Anwalt Schaller kämpfte mit enormem Engagement für die Aufdeckung und Respektierung der historischen Wahrheit, und auch ich bemühte mich zeitlich, emotional und finanziell. Unsere Ressourcen waren jedoch zu gering, während die Stiftung mit drei kooperierenden Anwälten arbeitete und über Informationskanäle zu den mit der Stiftung verbundenen Personen und über genügend finanzielle Mittel verfügte. Entscheidend war aber wohl, dass die ursprüngliche Zürcher Schule durch die Spaltung, Gründung des VPM und Änderung des Stiftungszwecks mehr und mehr auseinanderbrach und dass diese Entwicklung durch die Stiftungsaufsicht geschützt wurde, sodass unsere Rehabilitation und die Wiederherstellung des rechtmässigen Zustandes der Stiftung mit der Zeit illusorisch erschien.

7 | Die letzten Jahre von Jutta Siegwart-Gensch

Unsere finanziellen Verhältnisse waren äusserst prekär, ich konnte die Hypotheken nicht mehr weiter erhöhen und die Einnahmen aus der Vermietung des oberen Teils meines Einfamilienhauses reichten nicht aus, um unsere Ausgaben zu bewältigen. Wir hatten hohe Gerichtskosten und Entschädigungen für die Gegenparteien zu bezahlen.

Deshalb entschloss ich mich im Oktober 1991, eine Arbeit zu suchen, und bewarb mich als Betreuerin in einer Institution, in der an Epilepsie oder psychischen Krankheiten leidende Menschen wohnten. Neben der Arbeit als Betreuerin hatte ich dort auch Korrespondenz, Buchhaltung und Kassaführung zu erledigen. Es war eine Teilzeitstelle, die für Studenten ausgeschrieben war. Ich studierte inzwischen Jura, hatte aber die Lehrveranstaltungen nicht regelmässig besuchen können; wenn es mir jedoch gelang, an Vorlesungen und Seminaren teilzunehmen, genoss ich die einleuchtenden Gedanken und Grundsätze der Rechtswissenschaft, deren Anwendung ich in der Praxis so anders erlebte.

Neben den Wochenenden, die ich seit zirka 1990 bei meiner Mutter verbrachte, konnte ich nun auch während der Woche ab und zu an meiner Arbeitsstelle im Rahmen des Pikett-Dienstes übernachten. So wurden unsere beengten Wohnverhältnisse weiter entlastet. Die Arbeit im Betreuerteam und mit den Bewohner/

innen tat mir gut. Ich fühlte mich geschätzt und erlebte einen wohltuenden und unvoreingenommenen Umgang.

Im Frühling 1992 konnte ich wieder in den Schuldienst einsteigen. Ich übernahm ein dreiwöchiges Vikariat in einer Einschulungsklasse;[1] nach den Sommerferien konnte ich diese Klasse jeweils am Samstag und Montag zur Entlastung des Klassenlehrers unterrichten. Die Arbeit mit den Kindern machte mir grosse Freude. Ihre Spontaneität und Herzlichkeit taten mir gut, und mit ihren Schwierigkeiten konnte ich mitfühlen. Waren sie entmutigt und trauten sich ihre Aufgaben nicht zu, konnte ich erkennen, dass es mir ja in Bezug auf das Gericht und die Anforderungen, die sich mir dort stellten, genauso erging. So wie Jutta Siegwart-Gensch mich mit Geduld und Beharrlichkeit immer wieder aufgerichtet hatte, versuchte ich es auch mit den Kindern.

Seit ich die Wochenenden bei meiner Mutter verbrachte, ging ich regelmässig wandern; meistens auf die nahe Rigi, manchmal überquerte ich sie auch und war den ganzen Tag unterwegs. Bei diesen einsamen, ausgiebigen Wanderungen konnte ich mich erholen und in Ruhe nachdenken. Ich wünschte mir, einmal eine Gletschertour zu machen und meldete mich für eine geführte Tour über den Aletschgletscher im August 1993 an. Dabei lernte ich meinen langjährigen Lebensgefährten und jetzigen Ehemann David Mayer kennen. Bei unseren ersten Treffen nach der Gletschertour erzählte ich ihm von meiner Zeit in der Zürcher Schule und von der Entwicklung nach Friedrich Lieblings Tod. Er reagierte offen, interessiert und respektvoll.

1995 wechselte ich zurück zum Psychologie-Studium. Ich hatte alle Testate gemacht, und diese wurden noch akzeptiert. Meine Arbeit bei der Institution für Epilepsiekranke wurde mir als erstes Praktikum angerechnet. Im Sommer 1995 absolvierte ich ein siebenwöchiges Praktikum auf der Akutstation einer psychiatrischen Klinik. Der Chefarzt fragte mich zum Schluss nach meinen Eindrücken. Ich erwähnte unter anderem, es sollten mehr Psycholog/innen angestellt werden, auf jeder Abteilung einen, damit die Patient/innen mehr Gespräche über ihre Lebensprobleme führen könnten. Er lachte und meinte, ich sei eine gute Anwältin für meinen Berufsstand. Das Studium schloss ich aber nicht ab; es war zu viel neben meinen beiden Arbeitsstellen. Da ich zudem an der bisherigen Schule im sonderpädagogischen Bereich bleiben wollte und ein abgeschlossenes Psychologiestudium nicht als genügende Qualifikation für diese Arbeit anerkannt worden wäre, entschloss ich mich im Sommer 1998 für eine entsprechende berufsbegleitende Ausbildung am Heilpädagogischen Seminar.

In den ganzen Jahren verfolgte ich die zahlreichen Presseartikel über den VPM. Der Verein wurde zumeist als Nachfolger der Zürcher Schule für Psychotherapie dargestellt, obwohl allmählich auch einzelne Journalisten feststellten, dass der autoritäre Führungsstil und die rechtspolitische und rechtskatholische Ausrichtung des Vereins der ehemaligen Zürcher Schule entgegengesetzt waren. Es wurden zwar einige Bücher über den VPM geschrieben, aber niemand hinterfragte die Vorgeschichte, die überhaupt zu dessen Gründung führte. Statdessen übernahmen die Autoren unreflektiert die Behauptung, dass Friedrich Liebling die Stiftung zur Steuerumgehung gegründet und Millionen angehäuft habe, die durch seine Erbinnen samt der »Psychologischen Lehr- und Beratungsstelle« rechtmässig geerbt worden seien.[2]

* |

Nachdem Jutta Siegwart-Gensch die Klagen zurückgezogen hatte, bat ich alle Beklagten schriftlich, auf die Prozessentschädigung zu verzichten, und rief sie danach an, um ihre Antwort zu erfahren. So kam es, dass ich am 1.12.1995 Antonio Cho und am 6.12. seine ehemalige Frau Annemarie Cho traf. Beide erklärten sich bereit, auf die Prozessentschädigung zu verzichten, und sie brachten auch zum Ausdruck, dass es ihnen sehr leidtue, was geschehen sei. Annemarie Cho war selber durch den VPM diffamiert und ausgestossen worden und hatte es nun am eigenen Leibe erlebt. Ebenso hatte Antonio Cho schwere Zeiten hinter sich. Mit ihm traf ich mich später mehrmals, und er beantwortete mir etliche Fragen über die genauen Vorgänge und Motive. Andere wollten mich nicht treffen und reagierten abweisend am Telefon. Jemand meinte, was mir einfalle, ihn noch immer zu duzen, er sei doch jetzt Professor, aber auch er verzichtete auf die Entschädigung. Ein Arzt sagte mir am am Telefon,[3] er habe damals in Bezug auf Jutta Siegwart-Gensch unbedacht mitagiert, weil er Annemarie Buchholz-Kaiser habe unterstützen wollen. Unsere Prozesse seien ihm eine Lehre gewesen. Bezüglich Jutta Siegwart-Gensch tue es ihm sehr leid; ich solle ihr einen Gruss ausrichten.

Aber der Verzicht der Beklagten hatte keinen Einfluss, wir mussten trotzdem alles bezahlen, da uns die Anwälte betrieben und sogar vor einer Pfändung nicht zurückgeschreckt wären, hätten wir ihre Forderungen nicht beglichen. Lediglich Dr. Lutz verzichtete nach der Betreibung auf die Einleitung der Pfändung, sodass wir die von ihm geforderten 7000 Franken nicht bezahlten.

Der einzige Entschuldigungsbrief und die letzte Zeit

Heinz Hug hatte ich schon früher zufälligerweise im Sozialarchiv gesehen, und wir trafen uns danach einige Male. Er war der Einzige, der sich bei Jutta Siegwart-Gensch schriftlich entschuldigte:

»Sehr geehrte Frau Dr. Siegwart

Es ist eine lange Zeit vergangen, seit wir an der Psychologischen Lehr- und Beratungsstelle bei Herrn Liebling zusammengearbeitet haben. Wie Sie wissen werden, habe ich mich von dieser Institution und ihren Nachfolgeorganisationen zuerst äusserlich und immer stärker auch innerlich getrennt; ich stehe zu jener Epoche meines eigenen Lebens heute in einer grossen Distanz.

Neben sehr vielem Unrecht, das damals und auch später vielen Menschen geschehen ist, geht mir allerdings das Unrecht, das Ihnen nach dem Tode von Herrn Liebling widerfahren ist, nicht aus dem Sinn – hauptsächlich, weil ich an diesem Unrecht selber mitgewirkt habe, in erster Linie dadurch, dass ich jenen Brief, der Sie sicherlich aufs tiefste verletzt haben wird, mitunterschrieben habe. Ich betrachte ihn aus meiner heutigen Perspektive als eine schwerwiegende Diffamierung Ihrer Person und Ihrer Tätigkeit als Ärztin. Den VerfasserInnen jenes Briefes ging es zweifellos nicht um eine objektive Darstellung eines Sachverhalts, sondern um eine Diffamierung, die zur Folge haben sollte, Sie als unbequeme Kritikerin aus der Psychologischen Lehr- und Beratungsstelle auszuschalten. Er war Teil eines Machtkampfes um die Führung des Erbes, das Herr Liebling hinter-

*lassen hat, und der lange Jahre – teilweise bis heute – mit unmensch-
licher Härte geführt wurde bzw. wird.*

*Ich habe damals – wie einige andere auch – den Brief nicht aus
Überzeugung unterschrieben; es war mir indes aus verschiedenen,
vorab persönlichen Gründen nicht möglich, die Unterschrift zu ver-
weigern. Heute tut es mir – seien Sie dessen versichert – aufrichtig
leid, dass ich es getan habe. Ich möchte Sie deshalb mit allem mir zur
Verfügung stehenden Ernst um Entschuldigung bitten. Ich bin mir
bewusst, dass diese Bitte meinerseits für Sie reichlich spät kommt,
hoffe aber trotzdem, dass sie für Sie – zumindest eine kleine – Genugtuung bedeutet.«*[4]

Jutta Siegwart-Gensch antwortete ihm:

»Sehr geehrter Herr Dr. Hug

*Es kommt mir so vor, wie wenn das Leben 10 Jahre unter Eis und
Schnee erstarrt gewesen wäre, und nun Tauwetter hereinbricht. Warum haben Sie so lange gewartet? So einen schönen Brief schreibt
man doch sofort, und dann noch einen und noch einen … und überhaupt sollten wir ja solche schönen Briefe gemeinsam unterschreiben … Der Fehler ist doch, dass wir, Sie und ich, nicht zusammengearbeitet haben. Hätten wir uns über alles, was nach dem Tode geschehen ist, verständigt, wäre alles anders herausgekommen und viel Unglück hätte vermieden werden können. Ich möchte Ihren schönen Brief
am liebsten an die elf anderen Unterschreiber als leuchtendes Vorbild
schicken. Ich glaube, dass er Medizin wäre und den Tauprozess be-
schleunigen könnte. Sie haben doch sicher nichts dagegen oder?
Möchten Sie ihn selber schicken mit der freundlichen Einladung, Ihrem guten Beispiel zu folgen? Ich würde mich freuen, wieder von Ihnen zu hören.«*[5] Darauf erhielt sie die Antwort, wenn sie den Brief
an andere schicken möchte, könne sie dies ohne Weiteres tun, er
selber möchte es nicht. Jutta Siegwart-Gensch schickte den Brief
nicht an andere und verwendete ihn auch nicht im Persönlichkeitsschutzprozess gegen Heinz Hug und die übrigen Beklagten,
der zu dieser Zeit sistiert war.

* |

Jutta Siegwart-Gensch hatte häufig Kontakt mit Pfarrer Ernst Sieber. Sie sei in den letzten Jahren oft vorbeigekommen, sei einfach

dagesessen und habe dem Betrieb zugeschaut, berichtete er mir später. Er sagte auch: »*Sie war eine Blume von der Ewigkeit. Sie hat nicht gepasst in diese Welt. Obwohl sie viel Schlechtes erlebt hat, ist sie nicht verhärmt gewesen.*«[6]

Bis Mitte 1998 schrieb sie unentwegt Briefe an Behörden, Persönlichkeiten des öffentlichen Lebens sowie an Bekannte aus dem Kreis der ehemaligen Zürcher Schule. In ihrem letzten Brief an eine ehemalige Mitarbeiterin meinte sie: »*Wenn man so gar kein Echo bekommt auf ernste Bemühungen um andere Menschen, ist man sehr arm dran und weiss wirklich nicht, wie man es anstellen muss, damit der andere erleben kann, dass man ihm gut gesinnt ist. Zum Glück hat uns Herr Liebling gelehrt, dass bei Misserfolgen immer der Gesprächspartner sich in Frage stellen muss, da besteht wenigstens nicht die Gefahr, dass man verzweifelt und die Flinte ins Korn wirft.*

›Mit der Zeit werden wir so weit, dass wir das anders sehen, dass wir andere Gefühle haben‹, hat uns Herr Liebling gesagt, und ich beobachte mit grossem Erstaunen bei mir, dass dies tatsächlich so ist. Was ich bis heute beim besten Willen nicht verstehen kann, ist, warum ich seit nun über 15 Jahren von den Menschen, die zusammen mit mir am Tisch unseres grossen Lehrers essen durften, so wenig Anteilnahme und Zuwendung erlebe.

Ich versteh zwar ein bisschen, dass der Rechtsweg, den ich beschritten habe (gezwungenermassen), um herauszufinden, was eigentlich nach dem Tode von Herrn Liebling Furchtbares geschehen ist, bei manchen zu dem Missverständnis geführt hat, ich habe etwas gegen sie. Hätte man meine Rechtsschriften gründlich studiert, hätte man natürlich sehen können, dass es mir um die Behebung fehlerhafter Vorkommnisse, unter denen alle, einschliesslich derer, die diese Fehler gemacht haben, gelitten haben und leiden, geht, und niemals eine Bemühung von mir gegen einen Menschen gerichtet ist. Herr Liebling hat ja gerade gewollt, dass wir wie eine Familie zueinander sein sollten und uns auf unsere Fehler aufmerksam machen und einander immer helfen sollten. Es kommt mir so vor, wie wenn das ausser mir niemand gehört hätte.«[7]

Im Herbst 1998 ging es Jutta Siegwart-Gensch sehr schlecht. Sie war abgemagert und wirkte zerbrechlich, mir gegenüber erklärte sie stets, das komme von ihrer Rheumaerkrankung. Ihr Arzt riet ihr dringend, den Winter in einer warmen Gegend zu verbringen und vermittelte eine Adresse auf den Kanarischen Inseln. Am 31.10.1998 flog sie nach La Palma, ich begleitete sie zum Flughafen. Als sie hinter der Passkontrolle verschwand, fragte ich mich besorgt, ob ich sie jemals wiedersehen werde. Aber ich tröstete mich mit dem Gedanken, dass man nicht an Rheuma stirbt. Ab und zu tauchte in mir der Verdacht auf, ob sie vielleicht an Krebs erkrankt sein könnte, wies diese Idee aber von mir. Ich hatte zwei enge Beziehungspersonen – zuerst meinen Grossvater und später meinen Vater – an Krebs verloren. Diese Krankheit war für mich mit grosser Angst verbunden.

* |

In jenem Winter spazierten mein Partner und ich eines Tages an der Toblerstrasse 82 vorbei, am letzten Wohnsitz Friedrich Lieblings, wo Jutta Siegwart-Gensch ein Praxiszimmer hätte erhalten sollen. Das Haus war vollständig verwahrlost. Wir überstiegen den verbarrikadierten Eingang. Im ehemaligen Esszimmer, wo früher auch Gruppengespräche stattgefunden hatten, war alles übersät mit Trümmern. Im ersten Stock aber waren zwei Zimmer frei von Unrat. Hier wohnten offensichtlich Hausbesetzer, es gab ein Sofa, einen kleinen Tisch und einen Platz für einen Hund. Ich musste daran denken, dass in einem dieser Zimmer Friedrich Liebling, in Anwesenheit von Jutta Siegwart-Gensch, gestorben war.

In den Weihnachtsferien besuchten mein Partner und ich Jutta Siegwart-Gensch auf La Palma. Sie war weiter abgemagert, freute sich aber an der Sonne, der Wärme und den wunderbaren Früchten. Trotz der Schmerzen meinte sie, es gehe ihr besser als vorher. In meiner Agenda notierte ich mir einen Gedanken aus einem Gespräch vom 25.12. mit ihr, der mir sehr wichtig war: »*Wegkommen von der Frage, wie es mir mit den anderen geht. Die Medizin ist: Wie geht es den anderen mit mir, mit mir komischem Kauz. Sich als Opfer zu sehen ist das kindliche Gemüt, das Nehmen. Der Erwachsene sieht sich als Täter, der Gebende.*«[8]

Am Samstag, 6.3.1999, holte ich Jutta Siegwart-Gensch auf La Palma ab. Sie sass in einem Rollstuhl, ich hatte ihr Krücken mitgebracht. Im Flugzeug hatte sie grosse Schmerzen und durfte sich auf der hintersten Reihe hinlegen. Bei der Fahrt im Taxi schmerzte sie jede Unebenheit der Strasse, und danach schleppte sie sich an den Krücken mühsam zur Wohnung. Aber sie freute sich sehr, wieder zu Hause zu sein. Sie fragte nach meiner Arbeit, nach meinem Partner und berichtete über ihre Zeit in La Palma und die Gedanken, die sie sich dort gemacht hatte.

Ich nahm in dieser Zeit an einer Intensivwoche am Heilpädagogischen Seminar teil, wo ich im ersten Ausbildungsjahr war. Am frühen Morgen machte ich ihr alles bereit für den Tag, am Abend leistete ich ihr Gesellschaft und erledigte gewisse Dinge im Haushalt, bis es Zeit zum Schlafen war. Immer noch hoffte ich, dass das Rheuma jetzt, in der warmen Wohnung und beim wärmeren Wetter, besser würde. Am Donnerstag, 18.3., sagte sie mir, dass sie an einem bösartigen Tumor in der Brust leide und die Schmerzen entweder Muskelschmerzen oder vielleicht bereits Metastasen seien.

Es gab Tage, an denen sie sich besser fühlte, aktiv und vital war und wir Hoffnung hatten, dass sie die Krankheit überleben könnte. In solchen Momenten sprach sie viel über ihre Gedanken und Erkenntnisse. Wenn sie schlief, machte ich mir Notizen darüber.

Ende April kam ein Brief von ihrer Mutter. Jutta Siegwart-Gensch hatte ihren Eltern, die schon sehr alt waren, über all die Jahre nichts von ihren Schwierigkeiten berichtet. Die Mutter schrieb: »*Liebes grosses Juttakind, unsere goldige Mausi von einst! Deine schöne Karte mit dem herrlichen Baum und den tausenden Löwenzähnen vom 10.4. hat uns sehr gefreut, herzlichen Dank! Ich habe schon auf deine Nachricht gewartet in der Hoffnung, dass dich deine Schritte einmal wieder in Richtung Münster leiten. Rheuma ist ein bitteres Leiden.*« Danach berichtete sie von Ostern mit der Familie und schloss mit den Worten: »*Sei lieb umarmt und gegrüsst von deiner Mutter und Vater.*«[9] Es belastete sie, dass sie nicht die Kraft hatte zu antworten. Wir überlegten, ob ich ihrer Mutter schreiben solle, aber sie meinte, es werde sich ja bald herausstellen, wie es mit ihr weitergehe.

Da Jutta Siegwart-Gensch nicht ins Krankenhaus wollte, blieb sie zu Hause. Sie hatte noch anfangs März auf der Suche, was ihr helfen könnte, einen Artikel von Helga Pohl mit dem Titel »Schmerztherapie ohne Chemie«[10] gelesen. Darin war auch der

Zusammenhang von Muskelschmerzen und seelischen Problemen beschrieben. Jutta Siegwart-Gensch meinte, die Ursache ihrer Krankheit sei der jahrelange Stress, der Ausschluss, das alles habe zu Muskelverspannungen geführt, die immer stärker zugenommen hätten. »*Wenn ich sterbe, dann sterbe ich an der Unkenntnis von mir und der Welt über das muskuläre Problem. Lass dir von niemandem was anderes aufschwatzen.*«[11]

In diesen Tagen regnete es unaufhörlich, und es kam überall zu Überschwemmungen. Wie ich später in der Zeitung las, brannte es in der Nacht vom 11.5. an der Toblerstrasse 82, am letzten Wohnsitz Friedrich Lieblings. Hausbesetzer hatten in der Nacht vergessen eine Kerze zu löschen.[12]

Am 17.5. hatte Jutta Siegwart-Gensch grosse Schmerzen. Ich hielt ihre Hand und sagte ihr, wie sehr ich sie schätze und dass die Menschen ihr Werk noch würdigen würden. Auch ihrer Familie wollte ich erklären, dass sie eine Grosse sei. Sie war bewegt, versuchte etwas zu sagen, aber konnte nicht mehr sprechen. Danach war sie lange Zeit ganz ruhig und lächelte. Es regnete in Strömen, als diese tapfere Frau im 54sten Altersjahr am späten Nachmittag des 18.5.1999 starb.

Einige Tage nach ihrem Tod las ich ihre letzte Schrift, die sie in La Palma unter grossen Schmerzen verfasst hatte; sie umfasste Aufzeichnungen zwischen dem 10.1. und dem 7.2.1999 und begann mit den Worten: »*Ich muss mich nicht an Herrn Liebling erinnern, weil er für mich nicht gestorben ist, sondern immer da ist, wenn ich ihn brauche. Wenn ich oft mit meiner Weisheit am Ende war und wirklich nicht mehr wusste, was ich in einer ausweglos erscheinenden Situation, die mein Leben bedrohte, tun sollte, rief ich ihn und fragte ihn, was ich tun sollte, was er meinen würde. Und im Höhepunkt meiner Verzweiflung trat eine Veränderung ein und ich hatte plötzlich eine Idee, auf die ich vorher nicht gekommen war.*

Herr Liebling lehrte, dass alles zu verändern war. Diese Gewissheit faszinierte mich besonders und eröffnete einen Horizont, der mir bis dahin unbekannt war und der meine Phantasie beflügelte. Die Möglichkeit, dass sich der Mensch und die Menschheit ins Unendliche entwickeln könnten und dadurch nicht nur alles Leid hinter sich lassen könnten, sondern sich zu unbekannten Ufern fortbewegen könnten, begeisterte mich dermassen, dass ich dieser Arbeit mein Leben widmen wollte und mir dies um keinen Preis wegnehmen lassen wollte. Nicht nur würden die Menschen alle ihre Träume, die sie seit Urzeiten hatten, verwirklichen können, sondern sie würden sich in Gefilde hinein entwickeln, wovon sie sich niemals zuvor etwas träumen lassen konnten. Für mich persönlich bedeutete es die Hoffnung, alle Begrenzungen und Beschränktheiten und Unfähigkeiten in mir überwinden zu können, um alsdann anderen ebenfalls dabei helfen zu können, so dass diese ihrerseits anderen dabei helfen könnten und sich allmählich immer mehr Menschen dieser unbegrenzten persönlichen Entwicklung öffnen und an ihrer Weiterverbreitung an andere arbeiten würden. Die Vorstellung einer Gesellschaft solcher Menschen mit ihrem Riesenpotential beflügelte mich vor allem seit dem Tode von Herrn Liebling, seit dem Verlust des mir ideal erscheinenden Menschen. Ich wollte mir das Verlorene mit den Menschen, die noch lebten, erschaffen.«[13]

8 | Chronologie der Ereignisse und abschliessende Betrachtungen

Bei der Trauerfeier für den Schriftsteller Vaclav Havel am 18.12.2011 würdigte der tschechische Staatspräsident Vaclav Klaus das geistige Vermächtnis des Verstorbenen unter anderem mit der Feststellung, dass »*ein Wort beträchtliche Macht besitzt, dass es töten und heilen, dass es verletzen und helfen kann*«.[1] Beim Aufbau und bei der Zerschlagung der Zürcher Schule für Psychotherapie spielten helfende und heilende sowie tödlich verletzende Worte eine Hauptrolle.

Die Persönlichkeit und das Wirken Friedrich Lieblings sind heutzutage unter einem Berg von Unwahrheiten, Halbwahrheiten, Missverständnissen und Abwertungen verschüttet. Als ich mich als junge Primarlehrerin 1974 um eine Stelle in Zürich bewarb, galt meine einjährige Weiterbildung an der Psychologischen Lehr-und Beratungsstelle unter der Leitung von Friedrich Liebling noch als Pluspunkt.

Friedrich Liebling war ein österreichischer Psychologe, Humanist und Lehrer der Psychologie. Von Beginn der 1950er-Jahre an bis zu seinem Tod im 89sten Altersjahr am 28.2.1982 baute er in Zürich, zunächst zusammen mit Josef Rattner, später mit seinen Schüler/innen und Mitarbeiter/innen, ein Zentrum für psychologische Forschung, Lehre und Beratung auf, die Psychologische Lehr- und Beratungsstelle. Den Begründer der Individualpsychologie Alfred Adler bezeichnete Friedrich Liebling als seinen Lehrer.

Oft sprach Friedrich Liebling auch darüber, dass er als Freiwilliger für »*Gott, Kaiser und Vaterland*« in den I. Weltkrieg gezogen sei und viele Menschen habe sterben sehen; danach habe er nicht mehr geglaubt, sondern alles hinterfragt. Er war gegen jede Form des Krieges, und vertrat die Überzeugung, es sei möglich und notwendig, der Allgemeinheit psychologisches Wissen zu vermitteln, damit die Menschen ihr Leben individuell und auch über Grenzen hinweg friedlicher und glücklicher gestalten könnten.

Die beiden Gründer Friedrich Liebling und Josef Rattner berieten Ratsuchende nicht nur in Einzelgesprächen, sondern luden sie zu Gruppengesprächen über Fragen des menschlichen Zusammenlebens ein. So entstand im Lauf der Jahre eine Gemeinschaft von psychologisch Interessierten. In allgemein verständlicher Sprache wurden psychologische Themen besprochen und erforscht. Jeder und jede durfte unabhängig von den finanziellen Möglichkeiten teilnehmen und sprechen, niemand wurde abgewiesen oder ausgeschlossen. Freiheit, Gleichheit, Gewaltlosigkeit, gegenseitiges Verständnis und Geduld waren wichtige Grundlagen des gemeinsamen Forschens und Zusammenlebens.

Ab 1964 gab die Psychologische Lehr- und Beratungsstelle die Monatszeitschrift »Psychologische Menschenkenntnis« heraus, worin sie ihre Forschungsarbeit der Öffentlichkeit vorstellte. 1967 gaben sich Friedrich Liebling und sein Kreis – Josef Rattner hatte gerade einen Lehrauftrag an der Freien Universität Berlin aufgenommen – den Namen »Zürcher Schule für Psychotherapie«, um ihre wissenschaftliche Arbeit von anderen psychologischen Richtungen abzugrenzen.

1974 gründete Friedrich Liebling die gemeinnützige »Stiftung Psychologische Lehr- und Beratungsstelle«. Der Stiftungszweck bestand im »*Aufbau und Betrieb der Psychologischen Lehr- und Beratungsstelle als Lehr-, Forschungs- und Beratungszentrum für Ehe- und Erziehungsberatung, Berufs- und Studienberatung, Erteilung von Nachhilfeunterricht auf psychologischer Grundlage, Psychotherapie, Gruppentherapie in Klein- und Grossgruppen*«. Die Stiftung konnte auch Stipendien vergeben, Publikationen drucken und verlegen, Kurs- und Schulungsräumlichkeiten finanzieren sowie Tagungen und Kongresse durchführen. Mit dieser Stiftung sollte sein Lebenswerk über seinen Tod hinaus Bestand haben. Nach behördlicher Prüfung des Entwurfs der Stiftungsurkunde und der Finanzierung wurde die Stiftung der eidgenössischen Stiftungsaufsicht unterstellt und durch die Zürcher Finanzdirektion von den Steuern befreit.

In dieser Zeit arbeitete etwa ein Dutzend langjährige Schüler/innen unentgeltlich oder für geringe Unkostenentschädigungen als psychologische Berater/innen mit. Andere engagierten sich in vielfältiger Weise bei Gruppengesprächen, in der Betreuung von Gästen und Pflegekindern, durch Beiträge und Mitarbeit in der Zeitschrift, bei Arbeitstagungen und Kongressen. 1977 begann ein Ausbildungslehrgang für Psychagogik und Psychotherapie, in dessen Verlauf eine zweite Generation von psychologischen Berater/innen heranwuchs, sodass das Team um Friedrich Liebling im Jahr 1980 ungefähr 60 Personen umfasste.

Am 5.1.1979 traf der Stiftungsrat einstimmig Regelungen für den Fall einer Handlungsunfähigkeit oder des Todes von Friedrich Liebling. Ein fünfköpfiger Stiftungsratsausschuss, bestehend aus Leopold König, Prof. Dr. Thomas Marthaler, Dr. Heinz Hug, Dr. Annemarie Buchholz-Kaiser und Margrit Beringer, sollte in Funktion treten, wenn Friedrich Liebling nicht mehr in der Lage wäre, die Stiftung zu leiten. Die Verantwortung des über zwanzig Personen zählenden Stiftungsrats sollte weiterbestehen bleiben. 1981 erlosch die Unterschrift Friedrich Lieblings. Weiter zeichnungsberechtigt blieben Leopold König und Thomas Marthaler, neu kam Heinz Hug als dritter Zeichnungsberechtigter hinzu.

Als Friedrich Liebling am 28.2.1982 starb, war die Zürcher Schule für Psychotherapie massiv gewachsen; zirka 3000 bis 4000 Menschen standen mit ihr in Verbindung, wobei ein grosser Teil davon regelmässig einmal oder mehrmals wöchentlich an ihren Veranstaltungen teilnahm und mitwirkte.

* |

Die Untergrabung des guten Rufes der Stiftung und Friedrich Lieblings begann nachweislich am 25.7.1977 durch eine telefonische Denunzierung bei der Zürcher Steuerbehörde: Der stellvertretende Generalsekretär des EDI, Bernhard Hahnloser, äusserte als Vertreter der Aufsichtsbehörde schwerwiegende Vorwürfe gegen die Stiftung und gegen Friedrich Liebling. Erst im April 1980 erfuhr die Stiftung von den Beschuldigungen der Aufsichtsbehörde; die Denunzierung war in einem Entscheid des Verwaltungsgerichts des Kantons Zürich betreffend Entzug der Steuerbefreiung zitiert worden.

Als Folge des verhängnisvollen Telefonats eröffnete die Finanzdirektion im August 1977 ein Verfahren auf Aufhebung der Steuerbefreiung gegen die Stiftung. Weder überprüfte sie die Beschuldigungen der Aufsichtsbehörde, noch wurden angebotene Beweise wie Buchhaltung, Korrespondenz und Zeugen abgenommen. Bald erschienen erste Presseberichte, die Friedrich Liebling als unseriös und gewinnstrebend darstellten. Die Stiftung wehrte sich mit einem Rekurs und einer staatsrechtlichen Beschwerde.

Die Gesundheitsdirektion des Kanton Zürich erstattete im Dezember 1979 durch den Kantonsarzt eine Anzeige wegen angeblicher Übertretung des Gesundheitsgesetzes beziehungsweise Verletzung der Ärzteverordnung gegen Friedrich Liebling und die Ärztin Jutta Siegwart-Gensch. Die Anzeige stützte sich auf Schreiben der Psychologischen Lehr- und Beratungsstelle an die Fremdenpolizei, die von den beiden Beschuldigten unterzeichnet worden waren. Im darin verwendeten Begriff »*Psychotherapie*« erblickte der Kantonsarzt eine Gesetzesübertretung, obwohl die nicht ärztliche Psychotherapie im damaligen Gesetz noch nicht geregelt war.

Während der beiden pendenten Verfahren begann 1980 eine intensive Pressekampagne des »Tages-Anzeigers« gegen die Zürcher Schule für Psychotherapie. Am 20./27.9.1980 erschien der mehrseitige Bericht »Lebenshilfe vom Zürichberg« im Magazin des »Tages-Anzeigers«. Darin wurden die Psychologische Lehr- und Beratungsstelle als »*Unternehmen*« und Friedrich Liebling als »*cleverer Geschäftsmann*« bezeichnet: Er führe die Psychologische Lehr- und Beratungsstelle als »*seine private Praxis*« und missbrauche die Stiftung zur Steuerhinterziehung. Die psychologische Arbeit wurde als dilettantisch und gefährlich angeprangert.

Friedrich Liebling verwahrte sich in vielen Gesprächen gegen die verunglimpfende Darstellung des »Tages-Anzeigers«. Die Psychologische Lehr-und Beratungsstelle wehrte sich mit einer Ehrverletzungsklage, zwei Dokumentationen und einer öffentlichen Veranstaltung. Es erschienen viele weitere Artikel in verschiedenen Zeitungen. Alle möglichen Vorwürfe wurden erhoben; insbesondere wurden die sich an der Psychologischen Lehr- und Beratungsstelle weiterbildenden Lehrer beschuldigt, die öffentlichen Schulen zu unterwandern. Dazu nahm der Regierungsrat am 25. 11.1981 öffentlich Stellung. Die mit der Stiftung verbundenen Lehrpersonen stellte er unter Generalverdacht: Es bedürfe im Einzelfall genauer Abklärung, ob sich Lehrer innerhalb des Rahmens üblicher kollegialer Zusammenarbeit *oder aber zur wirksameren Durchsetzung der von der Beratungsstelle vermittelten Lehre und Weltanschauung* zusammenschlössen; allenfalls müssten die Schulbehörden einschreiten. Zum Schluss wies er auf ein kommendes Urteil hin: Es sei *noch nicht rechtskräftig entschieden*, ob sich *die Beratungsstelle* einer Übertretung des Gesundheitsgesetzes schuldig gemacht habe.

Friedrich Liebling und Jutta Siegwart-Gensch waren bereits im Dezember 1980 mit einer Busse bestraft worden. Dagegen erhoben sie gerichtliche Einsprache. Weil das Urteil vom 23.7.1981 jedoch erst nach Eintritt der Verjährung zugestellt wurde, trat es gar nie in Kraft. Formaljuristisch waren also Friedrich Liebling und Jutta Siegwart-Gensch jemandem gleichgestellt, gegen den nie ein Verfahren stattgefunden hatte und nie ein Urteil gesprochen wurde. Ein Freispruch im eingeleiteten Berufungsverfahren war nicht mehr möglich, denn sie galten ja formalrechtlich als unschuldig. Allerdings war das Verfahren dazu geeignet, sie als schuldig hinzustellen: Weil das Urteil durch die Presse veröffentlicht wurde und die Rehabilitation ausblieb, sind sie bis heute vielen Menschen als schuldig in Erinnerung.

Die Entwicklung ab März 1982

Nach Friedrich Lieblings Tod im Februar 1982 kam es zu einer desaströsen Entwicklung, in deren Verlauf ungeahnt toxische Wörter fielen. Eines dieser Wörter spielte eine Schlüsselrolle, indem es die Weichen für die ganze weitere Entwicklung stellte: Es lautete *Einzelfirma*.

Der Anwalt Dr. Urs Wehinger, den die beiden in den USA lebenden Töchter Friedrich Lieblings unmittelbar nach dem Tod ihres Vaters konsultierten, deutete die Psychologische Lehr- und Beratungsstelle als Friedrich Lieblings *nicht im Handelsregister *eingetragene Einzelfirma*« und deren Postcheckkonto, auf dem sich 4,5 Millionen Franken befanden, als »*Privatkonto Friedrich Lieblings*«. Nach Aussage der Erbinnen war ihre erste Reaktion, das gehöre nicht ihnen, sondern den Menschen, die es zusammen mit ihrem Vater aufgebaut hätten. Aber der Anwalt habe ihnen erklärt, da kein Testament vorhanden sei, müssten sie dies als Erbschaft übernehmen, sonst falle es an den Staat.

In Wirklichkeit war die Psychologische Lehr-und Beratungsstelle eine einfache Gesellschaft von Friedrich Liebling und seinen Schüler/innen und Mitarbeiter/innen, die die im Zweckartikel aufgeführten Tätigkeiten erfüllte. Die Stiftung war eine echte, gemeinnützige Stiftung, in deren Rahmen diese einfache Gesellschaft tätig war. Friedrich Lieblings Testament war die Stiftung, mit der er die Weiterführung seines Lebenswerks im Alter von 80 Jahren über seinen Tod hinaus gesichert hatte. Da er kein persönliches Vermögen besaß, musste er kein weiteres Testament hinterlegen.

Die beiden bisherigen Geschäftsführer der Stiftung, Leopold König und Heinz Hug, erfuhren erst nach vier Tagen von Friedrich Lieblings Tod. An einer Sitzung vom 4.3.1982 konfrontierten die beiden Erbinnen und deren Anwalt sie mit dieser schockierenden Nachricht und bezichtigten sie gleichzeitig ohne Begründung eines widerrechtlichen Verhaltens. Die Erbinnen setzten ein Dreierkollegium als »rechtlich Verantwortliche« der angeblich geerbten Psychologischen Lehr-und Beratungsstelle ein, bestehend aus Annemarie Buchholz-Kaiser, Antonio Cho und Ernst Frei. Die bisherigen Geschäftsführer wurden an der weiteren Wahrnehmung ihrer Pflichten gehindert. Auf Wunsch der Erbinnen, die ihrerseits den Instruktionen ihres Anwalts folgten, wurde eine strikte Trennung zwischen »Psychologische Lehr- und Beratungsstelle« und »Stiftung Psychologische Lehr- und Beratungsstelle« eingeführt. Der fünfköpfige Stiftungsratsausschuss, der die Leitung der Stiftung hätte übernehmen sollen, trat nicht in Funktion.

Der Stiftungsratspräsident Leopold König und zwei Stiftungsräte und Juristen, Peter Fuchs und Karl Sonderegger, bezweifelten die Richtigkeit der Auskünfte der Erbinnen und ihrer Bevollmächtigten. Sie verlangten eine Orientierung durch einen unabhängigen Rechtsanwalt, was jedoch von der Stiftungsratsmehrheit abgelehnt wurde. Gegenüber den Teilnehmer/innen und Mitarbeiter/innen wurden die rechtlichen Änderungen geheim gehalten. Hingegen kam es zu einer zunehmenden Hierarchisierung in der bisherigen gleichwertigen Zusammenarbeit und zu einer Abwertung der früheren Ausbildung bei Friedrich Liebling.

*

Zurück zum Schauplatz der Presseberichte: Das Dreierkollegium verhinderte sämtliche Bemühungen, den guten Ruf wiederherzustellen. Anstelle des mit Friedrich Liebling besprochenen offenen Briefes, mit dem man auf die Stellungnahme des Regierungsrats reagieren wollte, sowie öffentlicher Vorträge oder einer Sondernummer der Zeitschrift »Psychologische Menschenkenntnis« hiess es nun, man solle »*Gras darüber wachsen*« lassen. Dass die Ehrverletzungsklage der Stiftung zurückgezogen werden sollte, wurde bereits in der ersten Stiftungsratssitzung nach Friedrich Lieblings Tod besprochen. Im September 1982 zog Dr. Gustav Lutz diese Klage der Stiftung zurück, obwohl er inzwischen die »*Einzelfirma*« vertrat.

Am 15.11.1982 wurde Jutta Siegwart-Gensch mit einem Mitarbeitsverbot belegt. Sie hatte sich besonders für die Wiederherstellung des guten Rufs der Psychologischen Lehr-und Beratungsstelle eingesetzt. In einem Schreiben, unterzeichnet von zwölf langjährigen Mitarbeiter/innen, wurde sie in einer Weise angegriffen, die ihre ganze berufliche und persönliche Geltung infrage stellte.

Am 6.12.1982 traf es Jutta Dierks, eine Mitarbeiterin aus Deutschland. Unter falschen Beschuldigungen untersagte das Dreiergremium auch ihr brieflich, weitere Einzel- und Gruppengespräche zu führen. Sie hatte wiederholt versucht, den vom Dreiergremium übergangenen Stiftungsratbeschluss, wonach ein fünfköpfiger Ausschuss die Nachfolge für Friedrich Liebling hätte übernehmen sollen, der ganzen Gemeinschaft zur Kenntnis zu bringen.

Da es bisher noch nie vorgekommen war, dass einer Mitarbeiterin die Mitarbeit verboten worden war, schüchterte das Exempel viele ein; zudem gerieten die direkt betroffenen Ratsuchenden der beiden Mitarbeiterinnen in Not. Während die meisten schwiegen, bemühte sich etwa ein Dutzend Personen – unter ihnen mein damaliger Ehemann Paul Truttmann und ich – in

Gesprächen und Briefen um eine Zurücknahme der Verbote. Das nächste Verbot traf Paul Truttmann und mich: Am 7.2.1983 schrieb uns das Dreierkollegium, unsere »*Störaktionen*« zwängen sie, uns mitzuteilen, dass wir »*ab sofort nicht mehr an den Kursen, Lehrgängen und sonstigen Veranstaltungen der Psychologischen Lehr- und Beratungsstelle Friedrich Liebling teilnehmen*« könnten.

Im Stiftungsrat wurden Leopold König und die zwei Stiftungsräte und Juristen Peter Fuchs und Karl Sonderegger, die Zweifel und Einwände gegen die Entwicklung seit Friedrich Lieblings Tod erhoben hatten, als »*Drahtzieher*« angegriffen; sie traten aus Protest gegen diese Vorgänge zurück. Am 1.3.1983 wurden mehrere dem Dreierkollegium Nahestehende neu als Stiftungsräte gewählt.

*|

Am 18.2.1983, ein Jahr nach Friedrich Lieblings Tod, gründeten die beiden Erbinnen Erna Grob-Liebling und Lillian Rattner-Liebling zusammen mit Annemarie Buchholz-Kaiser, Antonio Cho und Ernst Frei die »Psychologische Lehr- und Beratungsstelle Friedrich Liebling AG«. Deren Gesellschaftszweck bestand in der »*Weiterführung der von Friedrich Liebling sel., in Zürich, gegründeten und betriebenen psychologischen Lehr- und Beratungsstelle als Lehr-, Forschungs- und Beratungszentrum für Ehe- und Erziehungsberatung*« usw. Gemäss Gründungsurkunde übernahm sie von den Erbinnen Friedrich Lieblings »*einen Teil seines unter der im Handelsregister nicht eingetragenen Einzelfirma ›Psychologische Lehr- und Beratungsstelle Friedrich Liebling‹ in Zürich geführten Geschäftes*«.

Jutta Siegwart-Gensch erhob am 17. März 1983 eine Stiftungsaufsichtsbeschwerde bei der eidgenössischen Stiftungsaufsicht. Diese bestätigte in einem Schreiben vom 24. Juni 1983 die Rechtsauffassung der Stiftung, wonach die Psychologische Lehr- und Beratungsstelle zu Lebzeiten Friedrich Lieblings als dessen »*Einzelfirma*« neben der Stiftung bestanden habe. Teilnehmende und Mitarbeitende seien nicht zur Stiftung, sondern zu dieser Einzelfirma in Rechtsbeziehung getreten. Sie seien nicht begünstigt, »*sondern begünstigt war und ist die Psychologische Lehr- und Beratungsstelle, d.h. früher die Einzelfirma, jetzt die AG als deren Rechtsnachfolgerin*«. Die Aufsichtsbehörde sei für die in der Beschwerde beanstandeten Vorkommnisse nicht zuständig und Jutta Siegwart-Gensch nicht zur Beschwerde legitimiert.

Mit Schreiben vom 15. 6. 1983 erhielten alle, die sich um die Zurücknahme der Ausschlüsse bemüht hatten, durch Dr. Lutz ein Hausverbot. Allen Empfängern untersagte er, die Grundstücke und Räumlichkeiten seiner Mandantin zu betreten. Am Sommerkongress wurde Ende Juli weiteren Personen, die mit den Ausgeschlossenen sympathisiert hatten, der Zutritt verweigert.

Mein damaliger Ehemann und einige andere engagierte ehemalige Teilnehmer der Zürcher Schule, unter ihnen auch Leopold König sowie Karl Sonderegger und seine Frau, arbeiteten von da an auf gleichwertiger Basis zusammen und pflegten das Gedankengut und die Forschungsweise der Zürcher Schule für Psychotherapie weiter, ebenso Jutta Dierks in Deutschland..

Jutta Siegwart-Gensch, Annemarie Richiger-Bonderer und ich wollten innerhalb der Gemeinschaft der Psychologischen Lehr- und Beratungsstelle persönlich rehabilitiert werden und schlugen den gerichtlichen Weg ein.

Glücklicherweise lernten wir Ende 1983 Anwalt Rudolf Schaller kennen, der von der Integrität Friedrich Lieblings ausging. Nach Befragung von Jutta Siegwart-Gensch und nach Sichtung unserer Dokumente stellte er fest, dass die Psychologische Lehr- und Beratungsstelle subsidiär zur Stiftung eine einfache Gesellschaft gewesen war, bestehend aus Friedrich Liebling und seinen Schülern. Er erhob für uns eine Klage betreffend Feststellung der einfachen Gesellschaft beim Gericht sowie eine neue Stiftungsaufsichtsbeschwerde. Im Laufe unserer rechtlichen Bemühungen erhielten wir viele wichtige Dokumente, die unsere Rechtsauffassung bestätigten. Im Rahmen des Prozesses gegen die Erbinnen räumte deren Vertreter Dr. Wehinger schliesslich 1990 ein, dass die »*Einzelfirma*« eine rechtliche Interpretation von ihm und Dr. Lutz nach Friedrich Lieblings Tod gewesen sei. Nach Abschluss der Verfahren und bereits nach dem Tod von Jutta Siegwart-Gensch erhielt ich im Jahr 2000 weitere Dokumente von Leopold König, darunter den Entwurf eines Kauf- und Gesellschaftsvertrags, der aber nicht realisiert worden war; darin wurde die Psychologische Lehr-und Beratungsstelle ausdrücklich als einfache Gesellschaft bezeichnet.

Unsere Rechtssuche gestaltete sich kafkaesk. Durch Aufsplitterung bzw. Nicht-Vereinigung unserer Klagen, aufwändige Zwischenentscheide, Kautionsauflagen, prozessuale Finessen, Versehen der Kanzlei usw. ging kostbare Zeit verloren. Unsere Begehren wurden systematisch abgelehnt, es entstand uns grosser Aufwand und Schaden.

* |

Überraschend trennte sich im April 1986 Annemarie Buchholz-Kaiser von den zwei andern Leitern der AG. Sie und andere gründeten am 10.8.1986 den »Verein zur Förderung der Psychologischen Menschenkenntnis«, der sich bald die Abkürzung »VPM« gab. Dieser Verein beanspruchte nun – wie die AG – die »*Weiterführung der von Friedrich Liebling in der Psychologischen Lehr- und Beratungsstelle aufgebauten und geführten Lehr-, Forschungs- und Beratungstätigkeit*« und führte die im Stiftungszweck enthaltenen Bereiche wie »*Ehe- und Erziehungsberatung*« usw. nahezu wörtlich auf.

Annemarie Buchholz-Kaiser verfasste einen vom 21.5.1986 datierten 28-seitigen Bericht über die Entwicklung der Psychologischen Lehr-und Beratungsstelle von den Anfängen bis zum Frühjahr 1986. Darin bezeichnete sie diese neu als »*Einzelpraxis*«. Diesen Bericht sandte sie im November und Dezember 1986 mit der Bitte um Geheimhaltung an die Aufsichtsbehörde; tatsächlich wurde er Jutta Siegwart-Gensch, mir und unserem Anwalt im Beschwerdeverfahren nicht zur Kenntnis gebracht, obwohl es sich um ein justizförmiges Verfahren handelte und alle Akten hätten gezeigt werden sollen. Ich erhielt den Bericht erst 2001.

Nachdem die Presse seit Friedrich Lieblings Tod zum Thema Zürcher Schule geschwiegen hatte, erschien am 26.2.1988 ein Artikel im »Schweizerischen Beobachter«, worin die Psychologische Lehr- und Beratungsstelle als »*Einzelpraxis*« Friedrich Lieblings bezeichnet und behauptet wurde, die Stiftung habe der Steuerhinterziehung gedient. Am 13.5.1988 entschied das EDI über unsere Stiftungsaufsichtsbeschwerde: Wir seien lediglich zur »*Einzelpraxis*« Friedrich Lieblings in Beziehung getreten, hingegen nicht zur Stiftung. Somit seien wir zur Beschwerde nicht legitimiert. Dass die Psychologische Lehr- und Beratungsstelle eine »*Einzelpraxis*« von Friedrich Liebling gewesen sei, hatte das EDI in einem

Parallelverfahren zwischen der AG und der Stiftung, von dem wir nichts wussten, am 31.3.1988 entschieden. Auf diesen parallelen Entscheid verwies das EDI zudem bei der Feststellung, die Stiftungstätigkeit könne auch materiell aus der Warte der Stiftungsaufsicht nicht beanstandet werden. Jutta Siegwart-Gensch focht beide Entscheide beim Bundesgericht an.

Ende November 1988 erschienen zahlreiche Presseartikel zum Thema VPM, weil sich der Verein unerwartet in die Studentenpolitik der Universität Zürich eingeschaltet hatte. Damit präsentierte er der Öffentlichkeit sein neues politisches Profil: Als grosse, bürgerliche Gruppierung stellte er sich linksgerichteten Kräften an der Universität energisch entgegen. Alle Artikel stellten den VPM als Nachfolger von Friedrich Liebling und der Zürcher Schule für Psychotherapie dar.

Das Bundesgericht hiess am 23.12.1988 den EDI-Entscheid gut und bezeichnete die Psychologische Lehr- und Beratungsstelle als »*Einzelpraxis*« und »*Einzelfirma*« Friedrich Lieblings. Die Stiftung habe eine »*überindividuelle Ausrichtung*«. Darauf gestützt, sprach es Jutta Siegwart-Gensch und allen natürlichen Personen wie »*Schüler, Lehrgangsteilnehmer oder Mitarbeiter des Stifters*« die Beschwerdelegitimation ab. In einem parallelen Urteil vom gleichen Tag obsiegte die Stiftung über die AG, wodurch der VPM die Räumlichkeiten der Stiftung weiter nutzen konnte.

* |

In den folgenden Jahren distanzierten sich sowohl die AG als auch der VPM von der Zürcher Schule für Psychotherapie oder der Psychologischen Lehr- und Beratungsstelle als Vorgängerorganisation. Die AG gab sich den neuen Namen: »PIAP Praxisgemeinschaft für individualpsychologisch-analytische Psychotherapie«. Der VPM betätigte sich in der Drogen-, Schul- und Aidspolitik als äusserst konservative Kraft und rief in ganzseitigen Zeitungsinseraten zum Kampf gegen »*links-militanten Aktivismus*« auf, der unsere Demokratie aushöhle. Ehemals progressiv eingestellte Teilnehmer der Zürcher Schule für Psychotherapie, die im VPM mitmachten, sammelten nun Unterschriften für Anliegen der SVP. Unter den Mitgliedern des VPM war die Angst gross: Gemäss Vereinsstatuten konnte jedermann ohne Begründung ausgeschlossen werden. Aber auch ausserhalb lauerte Gefahr: Personen, die verdächtigt wurden, ehemalige *Lieblinge* zu sein oder dem VPM nahezustehen, verloren ihre Arbeitsstelle oder befürchteten, sie zu verlieren. Zwar schrieben die Medien viel über das Phänomen VPM, doch wurden die Hintergründe nie recherchiert, die Leserbriefe von Jutta Siegwart-Gensch nicht gedruckt.

1990 beantragte die Stiftung eine Änderung des Stiftungszwecks. *»Aufbau und Betrieb der Psychologischen Lehr- und Beratungsstelle als Lehr-, Forschungs- und Beratungszentrum«* wurde gestrichen; dieser Teil habe sich einzig und allein auf die seinerzeitige *»Einzelfirma«* des Stiftungsgründers bezogen und sei deshalb *»obsolet«*. Die Aufsichtsbehörde hiess das Gesuch sofort gut. Jutta Siegwart-Gensch führte dagegen am 14.9.1990 eine Verwaltungsgerichtsbeschwerde ans Bundesgericht.

Ende Dezember 1990 erschien das Buch »Lieblings-Geschichten« von Eugen Sorg. Die Psychologische Lehr-und Beratungsstelle bezeichnete er als *»Unternehmen«* und deren finanzielle Mittel als *»Lieblings Privatvermögen«*, die Stiftung sei ein gescheitertes *»Experiment«* gewesen. Auch der VPM veröffentlichte 1990 ein Buch: »Der VPM. Was er wirklich ist.« Er bezeichnete die Psychologische Lehr- und Beratungsstelle als *»Privatpraxis«*, sprach aber gleichzeitig auch vom *»gesamten Lehr-, Forschungs- und Beratungszentrum«*. Die Erbinnen hätten sich als *»Sachwalter«* dargestellt, die VPM-Mitglieder seien durch sie getäuscht und betrogen worden.

Am 19.1.1993 bejahte das Bundesgericht die Stiftungszweckänderung und trat auf die Beschwerde von Jutta Siegwart-Gensch nicht ein: Wie schon in früheren Entscheiden festgestellt, habe sie kein *»besonderes persönliches Interesse an der Verfolgung des Stiftungszwecks«* und deshalb keine Beschwerdelegitimation.

Ich hatte meine Klagen 1987 zurückgezogen und beschränkte mich in der Folge darauf, die weiteren gerichtlichen Bemühungen von Jutta Siegwart-Gensch zu unterstützen. 1995 zog auch sie ihre Klagen zurück. Es war ihr zuvor wiederholt die unentgeltliche Rechtspflege verweigert worden mit der Begründung, ihre Klagen seien aussichtslos. Sie war inzwischen krank geworden und starb am 18.5.1999.

Annemarie Buchholz-Kaiser zog im Jahr 2000 in den Kanton Thurgau, wo sie aufgewachsen war. Etliche Vereinsmitglieder siedelten sich ebenfalls dort an. Der VPM galt als rechtsstehend und streng katholisch; er löste sich 2002 auf. Alle Häuser der Stiftung in Zürich wurden bis Januar 2005 verkauft, die Stiftung verlegte ihren Sitz nach Bazenheid, Kanton St. Gallen. Die Eidgenössische Stiftungsaufsicht versicherte mir im März 2005, dass dies alles im Rahmen des freien Ermessens des Stiftungsrates liege und aufsichtsrechtlich nicht zu beanstanden sei.

Inzwischen sind viele der Akteure, die im Kampf um Friedrich Lieblings Vermächtnis entscheidende Positionen einnahmen, verstorben: Lillian Rattner-Liebling am 30.3.2001 in New York, Erna Grob-Liebling am 13.3.2011 in Philadelphia, Annemarie Buchholz-Kaiser am 21.5.2014 in Dussnang, Leopold König am 12.5.2016 in Birmensdorf.

Was bleibt von der Zürcher Schule?

Die Psychologische Lehr- und Beratungsstelle war ein Ort der Hilfeleistung und des Studiums; es befanden sich dort vor allem Menschen, die daran interessiert waren, mithilfe psychologischer Erkenntnisse das Leben für sich und ihre Umwelt glücklicher gestalten zu können. Sie strebten nicht nach öffentlicher Aufmerksamkeit.

An der Zürcher Schule für Psychotherapie erfüllte es viele mit Begeisterung, mithelfen zu dürfen, dass sie selbst und andere besser zurechtkamen in Liebe, Arbeit und Gemeinschaft. Die psychologische Grundlage stillte zudem den Wunsch nach eigenem Lernen und Forschen. Man opferte sich nicht für andere auf, sondern lernte durch die Mitarbeit sehr viel für die eigene Partnerschaft, die Familie, den Beruf und über die Welt. Durch die Grundlage der Zusammenarbeit in Freiheit, Gleichheit und Gewaltlosigkeit konnte sich jedes Individuum mit seinen Fähigkeiten und Bedürfnissen einbringen. Das Verlangen nach materiellen Gütern ist in einer innerlich ausgefüllten Situation weniger stark. Die meisten arbeiteten Teilzeit ausserhalb und konnten mit diesem Einkommen leben. Liegt die ganze Fehlentwicklung womöglich daran, dass die Behörden es für unvorstellbar hielten, dass sich jemand ohne finanzielle oder religiöse Motive derart umfassend engagierte? Beim Gespräch, das Jutta Siegwart-Gensch und ich mit Bernhard Hahnloser am 8.4.1986 führten, hatte ich den Eindruck, er könne kaum glauben, dass Friedrich Liebling und die Mitarbeitenden ihren Einsatz unentgeltlich oder mit nur geringen Unkostenentschädigungen leisteten.

Für uns Junge waren die Zeitungsartikel, durch die wir erstmals mit Diffamierung konfrontiert wurden, wie Trommelfeuer. Den Hintergrund des Steuer- und des Strafverfahrens kannten nur wenige genauer. Indem jede Richtigstellung nach Friedrich Lieblings Tod durch die neue Leitung unterbunden wurde, entstand ein geschlossenes System, das zunehmend autoritärer wurde: Verängstigt durch in der Öffentlichkeit herrschende Vorurteile war man darauf bedacht, dass nichts nach aussen dringe, was von Journalisten ausgeschlachtet werden könnte. Dadurch wurde die bisherige offene Erforschung aller Fragen verunmöglicht. Wie die Geschichte zeigt, erwies sich die Meinung, es werde »*Gras darüber wachsen*«, als falsch: Bis heute werden die damaligen Pressekampagnen und die Stellungnahme des Regierungsrats immer wieder aufgewärmt.

* |

Viele Ehemalige versuchten, was sie bei Friedrich Liebling gelernt hatten, in ihrem privaten und beruflichen Umfeld anzuwenden; etlichen gelang es, ein befriedigendes Leben zu gestalten. Manche waren erfolgreich als Dozenten und Professoren, Unternehmer, Ärzte, Schulleiter und Lehrer, Journalisten, Autoren, Psychologen etc., oft ohne Wissen der Umwelt, dass sie in ihrem Werdegang wesentlich von der Zürcher Schule für Psychotherapie geprägt worden waren. Sehr viele litten jahrelang an den Erlebnissen und Enttäuschungen; mehrere zerbrachen gar daran. Einige pflegen bis heute in kleineren Kreisen die Forschungsarbeit der Zürcher Schule weiter. Viele Freundschaften blieben über Jahre bestehen oder wurden später wieder neu geknüpft.

Von der Zürcher Schule für Psychotherapie bleibt, dass diese bisher einzigartige psychologische Schule tatsächlich viele Jahre lang existierte, dass ein Zusammenleben und Zusammenarbeiten in Gleichheit, Freiheit und Gewaltlosigkeit unter vielen Menschen möglich ist und dass psychologisches Wissen der Allgemeinheit zugänglich gemacht werden kann und auf Interesse stösst. Es bleibt auch die Tatsache, dass es massiver Gewalt von aussen und von innen bedurfte, um die Zürcher Schule für Psychotherapie zu zerschlagen.

Abschliessend möchte ich Friedrich Liebling zu Wort kommen lassen: »*Es wird eine Zeit kommen, wo die Erziehung ganz anders vor sich gehen wird. Die Eltern, die Erzieher, die Erwachsenen werden wissen um die Natur des Kindes und werden sich danach verhalten. Sie werden das Kind führen und es informieren, so dass andere Menschen, gesunde Menschen, seelisch gesunde Menschen heranwachsen werden, die sich ihr Leben im persönlichen Bereich, in der Gemeinschaft so einrichten, dass es jedem gutgeht, dass jeder sein Leben hat in jeder Beziehung.*«[2]

Ein interessanter psychologischer Lehrer wirkt in Zürich

1 Der Lehrerkurs war 1972 aus einer Initiative einiger Lehrer/innen entstanden und wuchs mit der Zeit. 1974/75 nahmen ca. 50–100 Personen wöchentlich daran teil. Das Gespräch war frei, jemand brachte eine Frage auf und jeder Zuhörer konnte sich dazu äussern.

2 Nach seinem Tod gab es verschiedene Nachforschungen zu seiner Lebensgeschichte. Vgl. Gerda Fellay, »Friedrich Liebling. Leben und Werk – Eine Einführung«, Sitten 2010; Peter Boller, »Mit Psychologie die Welt verändern«, Zürich 2007; Moritz Grasenack, »Die libertäre Psychotherapie von Friedrich Liebling«, Lich/ Hessen 2005; Josef Rattner, »Friedrich Liebling und die Grossgruppentherapie«, in: Alfred Lévy, Gerald Mackenthun (Hg.), Würzburg 2002, S. 175ff.; Eugen Sorg, »Lieblings-Geschichten«, Zürich 1991, S. 109ff.

3 Diese verständliche Sprache war eine wichtige Grundlage des methodischen Konzepts der psychologischen Forschung, Lehre und Beratung. Andererseits mag sie auch eine Hauptquelle der Unterschätzung dessen gewesen sein, was an der Psychologischen Lehr- und Beratungsstelle in wissenschaftlicher Hinsicht geschah. Einige mochten denken, diese verständliche Sprache entspringe einem undifferenzierten Geist. Friedrich Liebling und viele seiner Mitarbeiter/ innen waren jedoch mit den philosophischen, psychologischen und wissenschaftstheoretischen Disputen jener Zeit vertraut. In den ersten Jahrgängen der »Psychologischen Menschenkenntnis« wurden zum Beispiel pro Jahr 80 bis 100 Bücher besprochen.

4 Mit dem Begriff »Irritation« schliesst Friedrich Liebling an Alfred Adler an. Adler versteht die Psyche des Menschen als Sammlung

innerer Bilder der Welt und des Menschen, die sich ein Individuum im Laufe seiner Lebensgeschichte in je individueller Weise aufbaut. Als Erwachsener lebt er dann so, »als ob« die Welt so wäre, wie sie in seinem Geiste abgebildet ist. Adler stützt sich dabei auf den Philosophen Vaihinger. Vgl. Vaihinger, Hans: »Fiktionalismus und Finalität«, in: Ansbacher Heinz L., Ansbacher Rowena R.: »Alfred Adlers Individualpsychologie«, München/Basel 2004, S. 65ff. Heute gehört diese Konzeption von Psyche in der Philosophie des Bewusstseins, den Kognitionswissenschaften und in der Neurologie zum Allgemeingut, auch wenn sich die Autoren nicht explizit auf Adler beziehen. Vgl. u. a. Thomas Metzinger, »Der Ego-Tunnel«, München 2014; Michael Tomasello, »Eine Naturgeschichte des menschlichen Denkens«, Berlin 2014; Antonio Damasio, »Im Anfang war das Gefühl«, München 2017.

5 Friedrich Liebling, »Psychologische Menschenkenntnis«, in: Zeitschrift »Psychologische Menschenkenntnis«, Dezemberheft 1964, Hrsg.

Psychologische Lehr- und Beratungsstelle.

6 Zusammenstellung der Eintragungen unter den Namen »Psychologische Lehr- und Beratungsstelle« bzw. »Friedrich Liebling« bzw. »Josef Rattner« von 1953/1954 bis 1984/1986 aus dem Telefonbuch der Stadt Zürich.

7 Josef Rattner, »Friedrich Liebling und die Grossgruppentherapie.« In Alfred Lévy und Gerald Mackenthun, »Gestalten um Alfred Adler«, Würzburg 2002, S.177.

8 Einzel- und Gruppengespräche sowie Nachhilfeunterricht wurden auch an der Spyrisstrasse 14, Hochstrasse 1 (beide Kreis 6), an der Badenerstrasse 256 (Kreis 4) und später an der Toblerstrasse 72 und 82 (Kreis 7) durchgeführt. Bevor die Räume an der Badenerstrasse 1972/73 gemietet wurden, gab es Gespräche im Haus zum Korn, Birmensdorferstasse 67.

9 Heinz Hug, ein Stiftungsrat und Mitarbeiter, sagte mir im März 1982 anlässlich unserer Vorbereitungen für den Vortrag vom 17.3.1982 im Hotel Nova Park, Friedrich Liebling habe stets von 4000 Teilnehmern gesprochen. Er selber sei der Meinung, es seien

etwa 3000 Personen wirklich mit der Psychologischen Lehr- und Beratungsstelle in Verbindung, weitere 1000 Personen hätten einige Male hereingeschaut und seien dann weggeblieben.

10 Schreiben, 3.5.1980 und 9.8.1980, Friedrich Liebling an Dr. Dieter Hanhart, Dokumentation »Die Psychologie und die Zürcher Presse«, Band 1, S.44 und 87/88.

11 Jahresbericht der Stiftung Psychologische Lehr- und Beratungsstelle für das Jahr 1981, 5.12.1982.

12 Schreiben, 9.8.1980, Friedrich Liebling an Dr. Dieter Hanhart, Dokumentation »Die Psychologie und die Zürcher Presse«, Band 1, S.87/88.

13 Gespräch in Dino, 19.10.1977, Abschrift und Tondokument.

14 23.8.1981, Tondokument, Rote Villa.

15 Gespräch mit Karlsruher Gruppe, 7.7.1979, Abschrift und Tondokument.

16 Gespräch, 5.2.1980, Rote Villa, Zürich, Tondokument.

17 Gespräch, 18.8.1981, 11 Uhr, Rote Villa, Zürich, Tondokument.

18 Gespräch mit Karlsruher Gruppe, 7.7.1979, Abschrift und Tondokument.

19 Moritz Grasenack, »Die libertäre Psychotherapie von Friedrich Liebling«, Lich/Hessen 2005, S. 162, und Tondokument.

20 »Psychologische Menschenkenntnis«, Juli 1978.

21 Gespräch, 5.2.1980, Rote Villa, Zürich, Tondokument.

22 Weitere Artikel von Friedrich Liebling lauteten: »Ursachen der Jugendverwahrlosung«, »Schulzeugnis und Versagen in der Schule«, »Tiefenpsychologie und Kinsey-Bericht«, »Psychologische Menschenkenntnis«, »Tiefenpsychologische Menschenkenntnis«, »In der Sprechstunde des Seelenarztes«, »Die seelische Erkrankung, ihre Verhütung und Heilung«, alle in: »Psychologische Menschenkenntnis«, Jahrgänge 1964–1966.

23 Weitere Artikel von Josef Rattner lauteten: »Warum spielen Kinder?«, »Der Kindergarten«, »Die Angst des Kindes«, »Nur ein Mädchen!«, »Das erste Lebensjahr«, »Erziehung und Kultur bei den Naturvölkern«, »Sexuelle Aufklärung«, »Das Problem der Homosexualität«, »Der psychogene Tod«, »Psychologie des Humors«, »Warum Selbstmord?«, »Jugend und Schundliteratur«,

»Psychosomatische Medizin«, »Psychologie des genialen Menschen«, alle in: »Psychologische Menschenkenntnis«, Jahrgänge 1964–1966.

24 »Psychologische Menschenkenntnis«, Jahrgang 1967, S.37ff.

25 »Psychologische Menschenkenntnis«, Jahrgang 1967, S.177ff.

26 »Psychologische Menschenkenntnis«, Jahrgang 1968.

27 »Psychologische Menschenkenntnis«, Jahrgang 1964, S.1.

28 November/Dezember 1971 und Januar 1972, »Psychologische Menschenkenntnis«, Heftumschlag Innenseite.

29 6.5.1987, Gespräch mit Peter Fuchs, Agenda 1987; sowie 19.10.1987, Eingabe Jutta Siegwart-Gensch an EDI, S. 4.

30 Schweizerisches Obligationenrecht. Überarbeitete Auflage, Zürich 1990.

31 Vgl. dazu: Dr. Arthur Mayer-Hayoz, Dr. Peter Forstmoser, »Grundriss des Gesellschaftsrechts«, Bern, 1989, S.181 ff.

32 http://de.wikipedia.org/wiki/Schule_(Psychologie), 1.7.2017.

33 Moritz Grasenack, »Die libertäre Psychotherapie von Friedrich Liebling«, Lich/Hessen 2005, S. 147, und Tondokument.

34 Gespräch mit der Münchner Gruppe, Abschrift, undatiert.

35 »Die Psychologie und die Zürcher Presse«, Band I, Zürich 1980, S. 53.

36 Friedrich Liebling, »Die Bedeutung Alfred Adlers für die moderne Psychologie« in: »Der Psychologe«, 9/1957, S.231.

37 Ebd., S.233.

38 Gespräch mit Karlsruher Gruppe, 7.7.1979. Abschrift und Tondokument.

39 Siehe auch: Joachim Bauer, »Prinzip Menschlichkeit«, Hamburg 2006; Michael Tomasello, »Warum wir kooperieren«, Berlin 2010; Gerold Hüther, »Würde«, München 2018, u.a.m.

40 6.4.1968, Stellungnahme von Friedrich Liebling, Tondokument.

41 Friedrich Liebling, »Die seelischen Erkrankungen, ihre Verhütung und ihre Heilung«, in »Psychologische Menschenkenntnis«, 2. Jahrgang, Heft 1, S.35,

42 Aus: »Neue Wege in der Psychologie, Wörtlich wiedergegebene Einzel- und Gruppengespräche«, Band 1, »Lebensprobleme im Lichte der modernen Psychologie«, Herausgeber: Psychologische

Lehr- und Beratungsstelle, Zürich 1980, S.94–96.

43 Ebd. S.11ff.

44 Gespräch vom 1.11.1980, Rote Villa, Tondokument.

45 Gespräch vom 19.4.1981, Rote Villa, Tondokument.

46 »Psychologische Menschenkenntnis«, Jahrgang 1980, S.306f.

47 Denis Diderot, Jean Meslier, Claude Adrien Helvétius, Paul Thiry d'Holbach, Ludwig Feuerbach u.a.m.

48 Leo Tolstoi, Peter Kropotkin, Michail Bakunin, Johann Most, Emma Goldman, Max Stirner, Vera Figner u.a.m.

49 Panait Istrati: »Auf falscher Bahn«, »So geht es nicht«, »Russland nackt«,1930, [ohne Impressum].

50 Moritz Grasenack, »Die libertäre Psychotherapie von Friedrich Liebling«, Lich/Hessen 2005, S. 199, und Tondokument.

51 Joachim Bauer, »Lob der Schule«, Hamburg 2007; Gerald Hüther, Uli Hauser, »Jedes Kind ist hochbegabt«, München 2014; Sylviane Schmitt, Pierre-Francois Glayman, »Die geheimnisvolle Welt der Babys. Die ersten 365 Tage im Leben«, Film.

52 Gespräch vom 19.9.1977, Tondokument.

53 »Psychologische Menschenkenntnis«, Jahrgang 1980, S.57.

54 Von der Psychologischen Lehr- und Beratungsstelle 1980/1981 herausgegeben: »Neue Wege in der Psychologie. Wörtlich wiedergegebene Einzel- und Gruppengespräche«, Band 1: »Lebensprobleme im Lichte der modernen Psychologie«, Band 2: »Die Eltern und ihre Sorgen«; Beiträge zum 18., 19. und 20. Kongress der Zürcher Schule für Psychotherapie: »Psychologie und Weltanschauung«, »Angst und Charakter«, »Neue Wege in der Persönlichkeitsbildung«; »Vier Vorträge zur Arbeit der Psychologischen Lehr- und Beratungsstelle. Über die Bedeutung der Erziehungsfrage«.

Spätere Publikationen: Moritz Grasenack, »Die libertäre Psychologie von Friedrich Liebling«, Lich/Hessen 2005. Peter Boller: »Mit Psychologie die Welt verändern«, Zürich 2007. Gerda Fellay, »Friedrich Liebling. Leben und Werk – Eine Einführung«, Sitten 2010. Michael Ricklin, »Friedrich Liebling – Zwei

Seiten einer Medaille«, Zürich 2015.

55 »Die Psychologie und die Zürcher Presse«, Band 1, S. 266, 1981, Langnau/Zürich.

56 Diese Protokolle erhielten Jutta Siegwart-Gensch und ich 1985 vom ehemaligen Protokollführer Peter Fuchs.

57 Dr. A. Egger, Kommentar zum ZGB, Art. 86, RN 1, Zürich, 1930.

58 Dr. P. Tuor, Kommentar zum ZGB, 6. Aufl., S. 117, Zürich, 1953.

59 Ebd., S. 118.

60 Dr. A. Egger, Kommentar zum ZGB, 2. Aufl., Art 81, RN 6, Zürich, 1930.

61 Scheiben, 1.4.1974, EDI an Rechts- und Verwaltungsbüro Rüegg+Ringger, unterzeichnet mit »i.A. sig. Angéloz«.

62 Aktennotiz, 4.4.1974, angeheftet an Stiftungsurkunde: »La fondation doit recevoir ultérieurement environ 500 000 francs de l'association fondatrice. J'ai confirmé que, dans ces conditions rien ne s'opposait à la constitution de la fondation et à son inscription au registre du commerce. 4.4.74 – Az«, Akteneinsicht, 22.4.1985.

63 Schreiben, 29.4.1974, Treuhandfirma Fluri+Greutert, Treuhand- und Revisions AG, unterzeichnet Gubler, an Stiftung Psychologische Lehr- und Beratungsstelle, aus Akten des Handelsregisteramts des Kantons Zürich.

64 Öffentliche Urkunde über die Errichtung der Stiftung Psychologische Lehr- und Beratungsstelle, 11.6.1974.

65 Schreiben, 6.9.1974, EDI an Handelsregisteramt Zürich.

66 Handelsregistereintrag, 16.9.1974.

67 »Schweizerisches Handelsamtsblatt« 28.9.1974.

68 Schenkungsvertrag vom 17.6.1975. Für den Verein unterzeichneten Leopold König und Heinz Dätwyler, für die Stiftung Friedrich Liebling und Walter Müntener. Dieser Vertrag wurde mir durch Akteneinsicht am 17.1.2001 beim EDI bekannt.

69 Bericht der Kontrollstelle Gubler Treuhand AG für das Jahr 1976, 6.10.1977, S. 1, sowie Registeraktenkopie des Handelsregisteramts Kt. Zürich, 5.9.2019.

70 Verfügung des EDI, 1.10.1974, betreffend Aufsicht über die Stiftung Psychologische Lehr- und Beratungsstelle.

71 Verfügung, 17.10.1974, Finanzdirektion Kanton Zürich be-

treffend Steuerbefreiung für die Stiftung, unterzeichnet von Dr. Gallasz.

72 Öffentliche Urkunde über die Errichtung der Stiftung Psychologische Lehr- und Beratungsstelle, 11.6.1974.

73 Öffentliche Urkunde über die Errichtung der Stiftung C.G. Jung-Institut Zürich, Statut, 24.4.1984, S.1.

74 Öffentliche Urkunde über die Errichtung der Stiftung des Szondi-Instituts mit Sitz in Zürich, 28.4.1969, S.2.

75 Handelsregistereintrag, 23.5.1973 (Gründung) und 13.4.1985 (Löschung).

76 Reimann, Zuppinger, Schärrer, Kommentar zum Zürcher Steuergesetz, Bern 1961, S.207.

77 Ebd S.209.

78 Psychologische Lehr- und Beratungsstelle [Hrsg.], »Die Psychologie und die Zürcher Presse«, Band 1, S.81.

79 Hauptverhandlung, 23.7.1981, Protokoll des Bezirksgericht Zürich in Sachen Statthalteramt Zürich gegen Siegwart-Gensch Jutta und Liebling Friedrich, S.3.

80 Kontrollstellbericht zum ersten Berichtsjahr 1974/75, 30.6.1976, Gubler Treuhand AG an Stiftung Psychologische Lehr- und Beratungsstelle.

81 Tätigkeitsbericht der Stiftung Psychologische Lehr- und Beratungsstelle 1974/75, 31.3.1976, unterzeichnet von Friedrich Liebling, Leopold König und Thomas M. Marthaler.

82 Beilage zum Tätigkeitsbericht 1974/75, Bestätigung, 31.3.1976, unterzeichnet von Friedrich Liebling, Thomas M. Marthaler, Leopold König,

83 Gespräch in Dino, 19.10.1977, Abschrift und Tondokument.

84 »Die Psychologie und die Zürcher Presse«, Band I, S.54.

85 Protokoll der Stiftungsratssitzung, 5.1.1979, unterzeichnet von Protokollführer Peter Fuchs.

Angriffe und Abwehr

1 Fürsprecher ist die bernische Bezeichnung für Rechtsanwalt.

2 Aktennotiz des Kantonalen Steueramtes, 25.7.1977, unterzeichnet von Dr. Eugen Gallasz. Diese Aktennotiz findet sich im Original in den Steuerakten der Stiftung Psychologische Lehr- und Beratungsstelle, die Jutta Siegwart-Gensch und mir im März 1987 bekannt wurden.

3   Jahresrechnung und Kontroll-
    stellbericht 1976, 6.10.1977,
    Gubler Treuhand AG an
    Stiftung Psychologische Lehr-
    und Beratungsstelle, unter-
    zeichnet von Gubler.

4   3.6.1986, Amtliches Bulletin
    der Bundesversammlung,
    S.555.

5   Schreiben, 16.8.1977, EDI an
    Friedrich Liebling, unter-
    zeichnet von Peter Blessing.

6   Schreiben, 14.9.1977, EDI
    an Stiftung Psychologische
    Lehr- und Beratungsstelle,
    unterzeichnet von Bernhard
    Hahnloser.

7   Kontrollstellbericht 1976,
    6.10.1977, Gubler Treuhand AG
    an Stiftung Psychologische
    Lehr- und Beratungsstelle, S.1.

8   Ebd., S.3.

9   Schreiben, 6.12.1977, EDI an
    Stiftung Psychologische Lehr-
    und Beratungsstelle.

10 Schreiben, 24.2.1978, Stiftung
    Psychologische Lehr- und
    Beratungsstelle an EDI z.Hd.
    Herrn Bernhard Hahnloser.

11 Damit waren die Räume an der
    Badenerstrasse sowie die für
    Tagungen und Kongresse spe-
    ziell gemieteten Säle im Hotel
    Spirgarten oder im Kongress-
    zentrum Zürichhorn gemeint.

12 Ergänzungsbericht der
    Stiftung Psychologische Lehr-
    und Beratungsstelle zur Jah-
    resrechnung 1976, 24.2.1978.

13 Ergänzungsbericht, 10.2.1978,
    Kontrollstelle Gubler Treu-
    hand AG an EDI.

14 Schreiben, 7.3.1978, EDI an
    Stiftung Psychologische Lehr-
    und Beratungsstelle, unter-
    zeichnet von B. Hahnloser.
    Herr Gubler war der Inhaber
    der Kontrollstelle, Herr Bau-
    mann der von der Stiftung
    neu eingestellte Buchhalter.

15 Der französische Jude Haupt-
    mann Alfred Dreyfus wurde
    Ende des 19. Jahrhunderts des
    Geheimnisverrats verdäch-
    tigt, des Landesverrats für
    schuldig befunden und auf
    die Teufelsinsel verbannt.
    Ein fälschlicherweise ihm
    zugeschriebenes Dokument
    hatte ohne sein Wissen unter
    den Entscheidungsträgern
    die Runde gemacht, und eine
    Lüge erzeugte die nächste.
    Die Richter waren voller
    Vorurteile und besorgt um
    das Ansehen der Armee.
    Zur Verteidigung des Haupt-
    manns Dreyfus schrieb Emile
    Zola seine berühmte Schrift
    »J'accuse«. Vgl. Louis Begley,
    »Der Fall Dreyfus, Teufelsin-
    sel, Guantanamo, Alptraum
    der Geschichte«, Frankfurt
    am Main, 2009. Siegfried

Thalheimer [Hrsg.], »Die Affäre Dreyfus«, München, 1963 und 1986.

16 August Reimann, Ferdinand Zuppinger, Erwin Schärrer, Kommentar zum Zürcher Steuergesetz, Band I, Bern 1961 und 1969, S. 200f.

17 Ebd., S. 207.

18 Ebd., S. 201f.

19 Heinz Hug, »Die Psychologie und die Zürcher Presse«, Bd. 2, S. 52.

20 Verfügung, 4.5.1979, Finanzdirektion des Kantons Zürich betr. Steuerbefreiung (Aufhebung) für die Stiftung Psychologische Lehr- und Beratungsstelle, S. 3f.

21 Wenn man von 4.6 Mio Franken in drei Jahren und drei Monaten ausgeht, entspricht dies pro Jahr ca. 1.4 Mio. Teilt man diese Summe durch 2000 Teilnehmer, ergibt dies 700 Franken pro Person und Jahr.

22 Rekurs, 25.5.1979, Stiftung Psychologische Lehr- und Beratungsstelle an das Verwaltungsgericht des Kantons Zürich.

23 Ebd., S. 5–12.

24 Ebd., S. 15.

25 Ebd., S. 18.

26 Vernehmlassung, 19.6.1979, Kantonales Steueramt an Verwaltungsgericht des Kantons Zürich, unterzeichnet von Sek-retär Eugen Gallasz, act 10/3.

27 Ebd., S. 3.

28 Ebd., S. 4.

29 »Tages-Anzeiger-Magazin«, 20./27.9.1980, »Lebenshilfe vom Zürichberg«, »Organisation, Finanzen, Ausbildung an der Zürcher Schule – das heimliche Imperium«, Hans W. Grieder und Dieter Hanhart.

30 Entscheid des Verwaltungsgerichts des Kantons Zürich, 16.8.1979, versandt 10.4.1980

31 Ebd., S. 10/11.

32 Das Verwaltungsgericht berief sich auf RB 1975 Nr. 31. Dies bedeutet: Entscheid der Oberrekurskommission vom 18.12.1975, veröffentlicht in RB [Rechenschaftsbericht der Oberrekurskommission] 1975, Nr. 31. Das Verwaltungsgericht trat 1959 an die Stelle der Oberrekurskommission (§99 Verwaltungsrechtspflegegesetz vom 24.5.1959.) http://www2.zhlex.zh.ch/ appl/zhlex_r.nsf/0/E3ACDC1 B35FC72DBC1256F480032265 4/$file/175.2_24.5.59_47.pdf, 24.7.2017.

33 Staatsrechtliche Beschwerde, 12.5.1980, S. 17/18.

34 Ebd., S. 19/20.

35 Ebd., S. 21/22.

36 Diese Akten wurden Jutta Siegwart-Gensch und mir im Rahmen unseres Stiftungsaufsichtsbeschwerdeverfahrens am 19.9.1986 durch die Aufsichtsbehörde zugänglich gemacht, nachdem wir deren Beizug als Beweismittel seit Langem beantragt hatten.

37 Vernehmlassung des Kantonalen Steueramtes, 19.6.1979, unterzeichnet von Eugen Gallasz.

38 »Züri Leu«, 20.1.1978.

39 Ebd.

40 Ebd.

41 »Züri Leu«, 27.1.1978.

42 »Züri Leu«, 20.1.1978.

43 Dokumentation »Die Psychologie und die Zürcher Presse«, 1981, S. 50 ff.

44 Ebd., S. 73.

45 Ebd., S. 311f.

46 »LeserZeitung« Nr.1, S.2, »Brief an die Leser«.

47 »LeserZeitung« Nr.92, 28.11.1978, S.5–8.

48 »LeserZeitung« Nr.94, 2.1.1979, S.14–15.

49 »LeserZeitung« Nr.93, 12.12.1978; Nr.94, 2.1.1979; Nr.95, 16.1.1979.

50 »LeserZeitung« Nr.92, 28.11.1978, S.5.

51 Ebd., S.6.

52 Gerald Hüther, Uli Hauser, »Jedes Kind ist hochbegabt«, München 2014; Joachim Bauer, »Schmerzgrenze, Vom Urspung alltäglicher und globaler Gewalt«, München 2011; Daniel Goleman, »Emotionale Intelligenz«, München 1996; Prof. Dr. Ernst Pöppel, Dr. Beatrice Wagner, »Je älter desto besser, Überraschende Erkenntnisse aus der Hirnforschung«, München, 2012; u.a.m.

53 »LeserZeitung« Nr.94, 2.1.1979, S.14–15.

54 Ebd. S.14.

55 »Tages-Anzeiger« vom 12.2.1982.

56 Sitzung des Kantonsrats,1.10.1979, Antwort des Regierungsrates auf eine Interpellation von Dr. Emanuel Hurwitz betreffend Bezahlung psychotherapeutischer Behandlung durch nicht ärztliche Mitarbeiter des Arztes durch die Krankenkassen. Protokoll des Kantonsrates 1979–83, S.1319 ff.

57 Gesundheitsgesetz des Kantons Zürich, 2.4.2007.

58 Polizeirapport, 8.11.1979, Stadtpolizei Zürich, Det.Wm. Krebs, Dienststelle Kriminalkommissariat III, Ausländer-Abteilung, zu »Abklärung betreffend

Beschäftigung von Ausländern ohne behördliche Bewilligung (Schwarzarbeiter)« bei der Stiftung Psychologische Lehr- und Beratungsstelle, Susenbergstr. 53, 8044 Zürich.

59 Ebd. S.2/3.

60 Ebd. S.3.

61 Auch im Bericht vom 29.11.1979 der Stadtpolizei Zürich, Abteilung Verwaltungspolizei, an die Gesundheitsdirektion des Kantons Zürich, Dr. Spengler, heisst es: »... konnte kein Verstoss im Sinne des Ausländergesetzes festgestellt werden.«

62 Dr. med. Carl Heinrich Spengler wird im »Regierungsetat des Kantons Zürich« bzw. »Amtlicher Staatskalender des Kantons Zürich« erstmals 1971/73 und letztmals 1982/83 als Kantonsarzt aufgeführt.

63 Polizeirapport, 8.11.1979, Stadtpolizei Zürich, Det.Wm. Krebs, Dienststelle Kriminalkommissariat III, Ausländer-Abteilung, zu »Abklärung betreffend Beschäftigung von Ausländern ohne behördliche Bewilligung (Schwarzarbeiter)« bei der Stiftung Psychologische Lehr- und Beratungsstelle, Susenbergstr. 53, 8044 Zürich, S.4; ebenso Bericht, 19.11.1979, Stadtpolizei Zürich,

Det.Wm. Krebs, Dienststelle Kriminalkommissariat III, Ausländer-Abteilung, S.2; ebenso Bericht, 23.11.1979, Fremdenpolizei des Kantons Zürich, W. Kaufmann, Adjunkt, an Gesundheitsdirektion des Kantons Zürich, Dr. med. C.H. Spengler, S.2; ebenso Bericht, 29.11.1979, Stadtpolizei Zürich, Abteilung Verwaltungspolizei, lic. iur. Birchler, an Gesundheitsdirektion des Kantons Zürich, Dr. med. C.H. Spengler, S.2.

64 Schreiben, 25.6.1966, Psychologische Lehr- und Beratungsstelle an Kreisbüro 6, 8006 Zürich, unterzeichnet von Friedrich Liebling und Dr. med. et phil. Josef Rattner.

65 Schreiben, 21.5.1979, Psychologische Lehr- und Beratungsstelle an Kant. Fremdenpolizei, unterzeichnet von Friedrich Liebling und Jutta Gensch.

66 Schreiben, 4.7.1978, Gesundheitsdirektion des Kantons Zürich, Kantonsarzt Spengler, an Sekretariat der Invalidenversicherungskommission des Kantons Zürich.

67 Schreiben, 2.7.1979, Gesundheitsdirektion des Kantons Zürich, Kantonsarzt Spengler, an Fremdenpolizei des

Kantons Zürich, Dr. Werner Zehnter.

68 Schreiben, 27.8.1979, Gesundheitsdirektion des Kantons Zürich, Kantonsarzt Spengler, an Stadtpolizei Zürich, lic. iur. F. Birchler, Abteilung Verwaltungspolizei.

69 Anzeige, 12.12.1979, Direktion des Gesundheitswesens des Kantons Zürich, Kantonsarzt Dr.med. Carl Heinrich Spengler, an Kantonspolizei Zürich, Abt. Gesundheitswesen.

70 Zwei Schreiben, 12.12.1979, Direktion des Gesundheitswesens, Kantonsarzt Dr.med. Carl Heinrich Spengler an Fremdenpolizei des Kantons Zürich, z.Hd. W. Kaufmann.

71 Aktennotiz, 12.12.1979, Dr.med. Carl Heinrich Spengler.

72 Bestätigung vom 30.10.1978, unterzeichnet von Friedrich Liebling und Dr.med. Jutta Gensch, ohne Briefkopf und ohne handschriftliche Unterschrift. Es handelt sich offensichtlich um den Schreibmaschinendurchschlag des Originals; wie aus einem Tondokument vom 9.11.1979 hervorgeht, hatte die Psychologische Lehr- und Beratungsstelle dieses Dokument dem Kantonspolizisten übergeben.

73 Anzeige, 12.12.1979, Direktion des Gesundheitswesens des Kantons Zürich, Kantonsarzt Dr.med. Carl Heinrich Spengler, an Kantonspolizei Zürich, Abt. Gesundheitswesen.

74 Friedrich Liebling sprach wohl kaum von »Institut«, sondern von »Beratungsstelle« oder »Psychologische Lehr- und Beratungsstelle«, was dann kurz als »Institut« protokolliert wurde.

75 Protokoll Kantonspolizei Zürich, 6.5.1980, 09.00 Uhr, act. 1/6.

76 Ebd., 09.50 Uhr, act. 1/9.

77 Auch hier wurde vermutlich fälschlicherweise »Irretation« protokolliert. Es sollte »Irritation« heissen.

78 Protokoll Kantonspolizei Zürich, 6.5.1980, 10.30 Uhr, act. 1/11.

79 Schreiben der Psychologischen Lehr- und Beratungsstelle, 2.10.1979, unterzeichnet von Friedrich Liebling und Jutta Gensch, betreffend Aufenthaltsbewilligung.

80 Protokoll Kantonspolizei Zürich, 6.5.1980, 11.20 Uhr, act. 1/14.

81 Protokoll Kantonspolizei Zürich, 7.5.1980, 15.45 Uhr, act. 1/18.

82 Ebd., 16.15 Uhr, act 1/19.

83 Protokoll Kantonspolizei Zürich, 6.5.1980, 09.00 Uhr, act 1/5.

84 Verzeigungsvorhalt der Kantonspolizei Zürich, 9.5.1980, Det Wm Kunz Ernst, Dienststelle Gesundheitswesen.

85 Ebd.

86 Schreiben, 15.8.1980, Statthalteramt Zürich an Direktion des Gesundheitswesens, Kantonsarzt Spengler, act. 1/21.

87 Schreiben, 10.9.1980, Direktion des Gesundheitswesens des Kantons Zürich, Kantonsarzt Spengler, an Statthalteramt des Bezirkes Zürich, z.Hd. Statthalter Werner Dörig, act. 1/22.

88 Strafverfügung, 12.12.1980, Statthalteramt des Bezirkes Zürich an Friedrich Liebling, act 27.

89 Strafverfügung, 12.12.1980, Statthalteramt des Bezirkes Zürich an Jutta Siegwart-Gensch.

90 Alle Zitate aus Protokoll, 4.6.1981, Statthalteramt des Bezirkes Zürich, act. 1/36.

91 Hier hatte Jutta Siegwart-Gensch vermutlich korrigierend gesagt, es handle sich um die Stiftung Psychologische Lehr- und Beratungsstelle, kein »Institut«.

92 Protokoll vom 4.6.1981, Statthalteramt des Bezirkes Zürich, act. 1/37.

93 »Tages-Anzeiger-Magazin«, 20./27.9.1980, »Lebenshilfe vom Zürichberg«, act 3/3.

94 »NZZ«, 3.4.1981, Nr.78. Dr. Erhard Bertele: »Fragwürdige Gesetzgebung über Psychotherapie«. act 3/5.

95 Ebd.

96 Ebd.

97 Gerichtsprotokoll vom 23.7.1981.

98 § 359 der damals geltenden Strafprozessordnung des Kantons Zürich.

99 Antrag der Redaktionskommission, 29.9.1981, Gesetz über das Gesundheitswesen (Änderung), act 3/7. Die Abkürzung »Ges.Dir.« bedeutet »Gesundheitsdirektion«, wo Hans Langmack, Dr. iur., seit vielen Jahren tätig war. Er wird erstmals aufgeführt im Regierungsetat des Kantons Zürich 1948/51.

100 Entwurf Gesundheitsdirektion des Kantons Zürich, 7.1.1980, Verordnung über die Psychotherapeuten, act 3/8.

101 Protokoll-Notiz, Tel. mit Dr. Spengler, Kantonsarzt, 9.11.1981, act. 3/9.

102 Protokoll des Kantonsrats 1979–1983, S.8109 f., Antwort des Regierungsrates vom 25.11.1981.

103 Urteil des Bezirksgerichts, 23.7.1981, S.11.

104 Ebd., S.4.

105 Protokoll des Kantonsrats
1959–63, S. 2295.

106 Roland Asanger, Gerd Wen-
ninger, »Handwörterbuch der
Psychologie«, Weinheim und
Basel 1980, S. 394.

107 Ebd. S. 395.

108 Ebd. S. 404.

109 Urteil des Bezirksgerichts,
23.7.1981 S. 5.

110 Urteil des Bezirksgerichts,
S. 6.

111 Ebd. S. 7.

112 Ebd. S. 8.

113 Ebd.

114 Hauptverhandlung, 23.7.1981,
Protokoll des Bezirksgerichts
S. 3 ff.

115 Urteil des Bezirksgerichts,
vom 23.7.1981, S. 9.

116 Urteil des Bezirksgerichts,
S. 10.

117 Hauptverhandlung, 23.7.1981,
Protokoll des Bezirksgerichts
S. 2 f.

118 Ebd. S. 3 f.

119 Urteil des Bezirksgerichts,
23.7.1981, S. 10.

120 Hauptverhandlung, 23.7.1981,
Protokoll des Bezirksgerichts,
S. 2.

121 »Tages-Anzeiger-Magazin«,
20./27.9.1980, »Lebenshilfe
vom Zürichberg«, act 3/3.

122 Berufungserklärung, 1.2.1981,
RA Lutz an Bezirksgericht
Zürich. Am 6.2.1982 schickten
Friedrich Liebling und Jutta
Siegwart-Gensch ihre Voll-
machten an Dr. Lutz.

123 »Tages-Anzeiger«, 12.2.1982.

124 Nicht veröffentlichte Urteile des Schweizerischen
Bundesgerichts gegen den
Kanton Zürich, vom 3.12. 1993,
2P.69/1992/ae; 2P.71/1992/ae;
2P.72/1992/ae; 2P.73/1992/ae.

125 Seite 16 des Urteils vom
3.12.1993, 2P.69/1992/ae.

126 Ebd.

127 »Tages-Anzeiger-Magazin«,
20.9.1980, S. 23–30.

128 »Tages-Anzeiger-Magazin«,
27.9.1980, S. 1.

129 Ein Exemplar des Artikels
»Lebenshilfe vom Zürichberg«
war von der Stiftungsauf-
sichtsbehörde am 24.9.1981
beim »Tages-Anzeiger« be-
stellt worden aufgrund eines
Hinweises in einem Artikel
im »Berner Bund«. Sowohl der
Brief an den »Tages-Anzeiger«
als auch der Artikel des
»Berner Bund« befanden sich
in den Akten des EDI (Akteneinsicht vom 10.10.1986).

130 »Radio DRS 2«, 1. Folge,
6.11.1979, 2. Folge, 20.11.1979.

131 »Die Psychologie und die Zürcher Presse. Dokumentation
zum Artikel über die Zürcher
Schule für Psychotherapie im
›Tages-Anzeiger-Magazin‹«.

Herausgeber: Psychologische Lehr- und Beratungsstelle, Leitung: Friedrich Liebling, Zürich 1981; Heinz Hug, »Die Psychologie und die Zürcher Presse«, Bd. 2.

132 »Die Psychologie und die Zürcher Presse«, Bd. 1, S.40.

133 Ebd. S.40–43.

134 Ebd. S.44.

135 Ebd. S.8, sowie Bd. 2., S.8.

136 »Die Psychologie und die Zürcher Presse«, Bd. 1, S.45/46.

137 Ebd. S.49.

138 Ebd. S.50 und 87.

139 Ebd. S.50–84.

140 Ebd. S.85.

141 Ebd. S.87ff.

142 Ebd. S.14.

143 »Die Psychologie und die Zürcher Presse«, Bd. 2, S.119.

144 »Die Psychologie und die Zürcher Presse«, Bd. 1, S.89.

145 Ebd. S.111.

146 Ebd. S.112.

147 »Tages-Anzeiger-Magazin«, 13.9.1980, S.5.

148 »Tages-Anzeiger-Magazin«, 20.9.1980, S.23.

149 »Die Psychologie und die Zürcher Presse«, Bd 1, S.50.

150 Ebd. S.51/52.

151 »Tages-Anzeiger-Magazin«, 20.9.1980, S.27/29.

152 »Tages-Anzeiger-Magazin«, 27.9.1980, S.2.

153 »Die Psychologie und die Zürcher Presse«, Bd. 2, S.119–143.

154 »Tages-Anzeiger-Magazin«, 20.9.1980, S.26.

155 Ebd., S.27.

156 »Die Psychologie und die Zürcher Presse«, Bd. 2., S.150/151.

157 »Tages-Anzeiger-Magazin«, 27.9.1980, S.2.

158 Ebd., S.2.

159 Ebd.

160 »Tages-Anzeiger-Magazin«, 20.9.1980, S.26.

161 »Die Psychologie und die Zürcher Presse«. Bd. 1, S.81–83.

162 Vernehmlassung, Kantonales Steueramt an Verwaltungsgericht, 19.6.1979, act. 10/3.

163 »Die Psychologie und die Zürcher Presse«, Bd.1, S.88.

164 »Tages-Anzeiger-Magazin«, 20.9.1980, S.27.

165 Gerda Fellay 2010, Peter Boller 2006, Moritz Grasenack 2005, Sorg 1991.

166 Hanspeter Kriesi, »Die Zürcher Bewegung«, Frankfurt/ New York, 1984, S.42.

167 Tanja Polli, »Das Doppelleben des Polizisten Willy S., Erinnerungen an die Zeit, als Zürich brannte«, Gockhausen, 2016.

168 Andreas Suttner, »Beton brennt, Hausbesetzer und Selbstverwalter im Berlin, Wien und Zürich der 80er«, Wien 2011, S.51.

169 »Tages-Anzeiger-Magazin«,
     27.9.1980, S.2.

170 Peter Schneider, »Unrecht
     für Ruhe und Ordnung, Ein
     Lehrbuch«, Zürich, 1982, S.83.

171 Ab Frühjahr 1981 begann ich
     mein Psychologiestudium
     an der Universität Zürich.
     Ebenfalls ab Frühjahr 1981
     nahm mein Ehemann, nach
     Abschluss seines Physikstudi-
     ums mit dem Doktorat, ganz-
     tags am Ausbildungslehrgang
     der Psychologischen Lehr-
     und Beratungsstelle teil.

172 Ab 1981 wurde die Übertra-
     gung mit Videoaufnahmen
     gemacht.

173 »Die Psychologie und die
     Zürcher Presse«. Bd. 1, S.146.

174 Ebd., S.148f.

175 Ebd., S.149.

176 Ebd., S.214ff.

177 Ebd., S.236.

178 Ebd., S.232.

179 Ebd., S.258.

180 Ebd., S.262.

181 Ebd., S.265.

182 Ebd., S.266.

183 Ebd., S.242.

184 Gesprächsabschrift: Dritter
     Abend zur Dokumentation,
     S.3f.

185 Ebd. S.8.

186 Gespräch, 17.1.1981, 10 Uhr,
     Gran Canaria, Tondokument.

187 Klageschrift der Stiftung
     Psychologische Lehr- und Be-
     ratungsstelle, 19.12.1980, Seite
     10, act. 3, Prozess-Nr. 707/1980.
     Jutta Siegwart-Gensch war im
     Besitz des Entwurfes dieser
     Klageschrift, datiert vom 6.
     12. 1980. Sie erhob selber für
     sich und in Vertretung von
     100 Personen ebenfalls eine
     eigene Ehrverletzungsklage,
     zog diese dann aber wieder
     zurück. Ihre Klage wurde mit
     jener der Stiftung vereinigt.
     So war sie berechtigt, alle Ak-
     ten beim Bezirksgericht Zü-
     rich einzusehen. Bei unserer
     gemeinsamen Akteneinsicht
     vom 3.5.1985 wurden auch
     mir die tatsächliche Klage-
     schrift vom 19.12.1980 sowie
     die gesamten Akten dieses
     Prozesses bekannt.

188 Ebd. S.3.

189 Ebd. S.15/16.

190 Klageschrift, 19.12.1980,
     An der Psychologischen
     Lehr- und Beratungsstelle in
     Mitarbeit, Ausbildung und
     Beratung Stehende, vertreten
     durch Dr. med. Jutta Sieg-
     wart-Gensch, S.2.

191 Ebd. S.5.

192 »Neue Wege in der Psycholo-
     gie, Wörtlich wiedergegebene
     Einzel- und Gruppengesprä-
     che«, Band 1: »Lebensproble-

me im Lichte der modernen Psychologie«, Hrsg. Psychologische Lehr- und Beratungsstelle, Zürich, 1980; »Die Eltern und ihre Sorgen«, 1981; »Die Lehrer und ihre Sorgen«, 1983.

193 »Psychologie und Weltanschauung«, Hrsg. Psychologische Lehr- und Beratungsstelle, Zürich, 1980; »Angst und Charakter«, 1981; »Neue Wege in der Persönlichkeitsbildung«, 1981; »Psychologie als Weg zur Selbständigkeit«, 1982.

194 Dieter Hanhart, »Tages-Anzeiger«, 14.5.1981, Leserseite.

195 »Tages-Anzeiger«,19.5.1981, Leserbrief.

196 »Aargauer Tagblatt«, 4.7.1981.

197 »Bündner Zeitung«, 8.8.1981.

198 »Oltener Tagblatt«, 31.7.1981.

199 Wir hatten kurze Zeit vorher unsere Unterlegenheitsgefühle besprochen, weil wir vom Land, aus Bauernfamilien, kämen. Friedrich Liebling nahm sich dieses Problems mit grosser Wertschätzung an und zeigte uns das Unrecht und die Abwegigkeit dieser Einstellung auf. Diese Gespräche halfen mir für mein ganzes späteres Leben.

200 Veranstaltung, 18.9.1981, Börsensaal, Tondokument, Abschrift des Einführungsreferats.

201 Veranstaltung, 18.9.1981, Börsensaal, Tondokument.

202 »Neue Zürcher Nachrichten«, 22.9.1981; »Bündner Zeitung«, »Oberländer Tagblatt«, 25.9.1981.

203 »Tages-Anzeiger«, 21.9.1981.

204 »Zürichsee-Zeitung«, »Allgemeiner Anzeiger vom Zürichsee«, »Grenzpost am Zürichsee«, alle am 21.9.1981.

205 »Schaffhauser Nachrichten«, 22.9.1981.

206 »Neue Zürcher Nachrichten«, 22.9.1981.

207 »Der Bund«, 22.9.1981.

208 »Aargauer Tagblatt«, »Brugger Tagblatt«, »Freiämter Tagblatt«, 22.9.1981.

209 »Badener Tagblatt«, 24.9.1981.

210 »Tages-Anzeiger«, 28.9.1981, Leserbrief.

211 »Neue Zürcher Zeitung«, 26./27.9.1981.

212 Protokoll des Kantonsrates 1979–1983, S.8106–8107.

213 Ebd. S.8107–8110.

214 »Neue Zürcher Zeitung«, 4.12.1981.

215 »Tages-Anzeiger« 4.12.1981.

216 »Zürichsee-Zeitung«, »Allgemeiner Anzeiger vom Zürichsee«, »Grenzpost am Zürichsee«, 4.12.1981.

217 »Badener Tagblatt«, 4.12.1981.

218 »Zürcher Oberländer«, 4.12.1981.

219 »St. Galler Tagblatt«, »Amriswiler Anzeiger«, »Ostschweizer Tagblatt«, »Appenzeller Tagblatt«, »Bündner Zeitung«, »Oberländer Tagblatt«, »Neue Zürcher Nachrichten«, »Luzerner Neueste Nachrichten«, »Schaffhauser Nachrichten«, »Der Bund«, alle 4.12.1981.

220 »Landbote Winterthur«, 5.12.1981.

221 »Tagblatt der Stadt Zürich«, 5.12.1981.

222 »Basler Zeitung«, 5.12.1981.

223 »Tages-Anzeiger«, 23.12.1981.

224 »Tages-Anzeiger«, 23.12.1981.

225 »Tages-Anzeiger«, 4.1.1982.

226 »Tages-Anzeiger«, 9.1.1982.

227 »Tages-Anzeiger«, 9.1.1982, Leserbrief von Peter Pozzi, Zürich.

228 »Tages-Anzeiger«, 4.1.1982, Leserbrief von R.B., Zürich.

229 »Tages-Anzeiger«, 12.2.1982.

230 »Tages-Anzeiger«, 5.3.1982.

231 Formularbriefe, 24.1.1979 und 4.2.1980, EDI an Stiftung Psychologische Lehr- und Beratungsstelle, unterzeichnet von B. Hahnloser.

232 Formularbrief, 28.1.1981, EDI an Stiftung Psychologische Lehr- und Beratungsstelle, mit Fussnote, unterzeichnet von B. Hahnloser.

233 Schreiben, 23.2.1981, Stiftung Psychologische Lehr- und Beratungsstelle an EDI, z.Hd. B. Hahnloser, unterzeichnet von Heinz Hug und Leopold König.

234 Schreiben, 16.3.1981, EDI an Stiftung Psychologische Lehr- und Beratungsstelle, unterzeichnet von B. Hahnloser.

235 Zirkularbeschlüsse der Stiftung Psychologische Lehr- und Beratungsstelle, 10.6.1981, unterzeichnet von Peter Fuchs.

236 Notiz von B. Hahnloser in Akten des EDI, 16.6.1981: »T mit Herrn Paglia: i.O. Kontrollstelle hat Sache weitgehend in der Hand. Liebling stellt 1 Mio. zur Verfügung, weil er sie wohl auf Ableben dann der Stiftung vermachen will. L. ist nicht finanziell orientiert. Buchhaltung sehr sauber. BH 16/6.«

237 Protokoll der Stiftung Psychologische Lehr- und Beratungsstelle, 4.12.1981.

238 Gespräch, 10.11.1981, Susenbergstrasse, Tondokument.

239 Gespräch, 3.12.1981, 10 Uhr, Susenbergstrasse, Tondokument.

240 Gespräch vom 5.12.1981, 10 Uhr, Susenbergstrasse, Tondokument.

241 1.2.1982, Berufungserklärungen von Friedrich Liebling und Jutta Siegwart-Gensch.

242 Da Jutta Siegwart-Gensch bei
der Stiftungsaufsichtsbehörde
und auch beim Gericht kein Gehör fand, versuchte sie, die letzten Worte Friedrich Lieblings
am 24.9.1983 als letztwillige
Verfügung beim Bezirksgericht
vorzubringen. Der zuständige
Einzelrichter war aber mit
der Begründung, das sei jetzt
viel zu spät, nicht bereit, sie
anzuhören oder das Schreiben
entgegenzu nehmen.

»Wir versinken im Dreck«

1 »Tagblatt der Stadt Zürich«,
   4.3.1982.

2 Brief, 5.3.1982, Psychologische
   Lehr- und Beratungsstelle:
   »An die Teilnehmer unserer
   Lehrgänge und Gruppen«,
   unterzeichnet von Dr. Annemarie Buchholz, Antonio Cho
   und Dr. Ernst Frei.

3 In den Akten Leopold Königs,
   die ich von ihm am 2.11.2000
   erhielt, bestätigt sich diese
   Tatsache. Er notierte am
   12.3.1982 die Aussage eines
   Mitarbeiters, der den Buchhaltungscomputer eingerichtet hatte: »Heinz Hug soll
   mit finanziellen Regelungen
   nichts mehr zu tun haben.«

4 »Züri-Leu«, 12.3.1982, S.17, und
   16.3.1982, Titelseite.

5 Marianne Truttmann, Heinz
   Hug, »Der Beitrag der Psychologie zur besseren Lebensgestaltung. Zur Tätigkeit der
   Psychologischen Lehr- und
   Beratungsstelle Zürich«,
   »Psychologische Menschenkenntnis«, Beiheft 1, Juni 1982,
   sowie Tondokument.

6 Beschluss des Stiftungsrates
   vom 5.1.1979.

7 Mit Stiftungsrats-Zirkular-
   beschluss vom 10.6.1981 und
   Handelsregistereintrag vom
   26.6.1981 erlosch die Unterschrift Friedrich Lieblings,
   dafür wurde Dr. Heinz Hug
   berechtigt.

8 Persönliche Notizen von
   Leopold König vom 28.2.1982
   bis 13.3.1982. Aus den persönlichen Akten von Leopold
   König, die ich am 2.11.2000
   von ihm erhielt.

9 So berichtete es Leopold König mir und anderen bereits
   im Sommer 1982 und danach
   noch oft.

10 Persönliche Notizen von Leopold König vom 28.2.1982 bis
   13.3.1982.

11 Protokoll des Interviews
   vom 7.12.2004, S.26, Peter Ott
   (Pseudonym für Heinz Hug)
   mit Peter Boller, Archiv für
   Zeitgeschichte, Zürich.

12 Ebd. S. 26/27.

13 Am 22.5.1986 bestätigte
Lillian Rattner-Liebling diese
Darstellung Leopold Königs:
»Und da meine Schwester
sehr befreundet war mit der
Annemarie und sehr viel von
ihr gehalten hat und noch
immer hält, hat sie gesagt:
›Annemarie, würdest du versuchen, die Leitung zu übernehmen?‹ Sie hat ›Ja‹ gesagt,
sie will es versuchen. Und
dann haben wir ihr gesagt:
›Aber du musst zwei noch
dazunehmen, einer allein
kann das nicht machen, wen
willst du? Gut, den Ernst Frei
und den Antonio Cho.‹ Und so
ist es zustande gekommen.«
Tondokument vom 22.5.1986.

14 Schreiben 8.3.1982 Lillian Rattner-Liebling an Dr.
Wehinger, Kopie u.a. an Leopold König.

15 Alle Zitate aus Tondokument
und Abschrift der Stiftungsratssitzung vom 19.3.1982.

16 In den Akten Leopold Königs,
die ich am 2.11.2000 von ihm
erhielt, befindet sich dazu
eine Notiz. Demnach fand
dieses Telefonat am 11.3.1982
statt. König notierte: »Er kann
nur mit Einwilligung von A.
Kaiser mit mir sprechen!«

17 Schreiben, 16.3.1981, EDI an
Stiftung Psychologische Lehr-

und Beratungsstelle, unterzeichnet von B. Hahnloser.

18 Vernehmlassung, 19.6.1979,
Kantonales Steueramt an Ver-
waltungsgericht des Kantons
Zürich, unterzeichnet von
Sek-retär Eugen Gallasz, act
10/3.

19 Stiftungsrat August Kaiser entschuldigte sich am
20.6.2015 anlässlich einer
Arbeitstagung bei Leopold
König; er habe Annemarie
Buchholz-Kaiser »blind vertraut« (Notizen zur Arbeitstagung vom 20.6.2015). Auch
bei einem Gespräch mit mir
am 25.11.2017 berichtete er, sie
habe ihn jeweils vor den Stiftungsratssitzungen instruiert
(Tagebuch, 25.11.2017).

20 Schreiben, 20.5.1982, Erna
Grob, Lillian Rattner an die
Stiftungsräte der Stiftung
Psychologische Lehr- und
Beratungsstelle.

21 Schreiben, 14.6.1982, Stiftung
Psychologische Lehr- und
Beratungsstelle, unterzeich-
net von Leopold König, an RA
Wehinger, mit Kopie an die
Erbinnen (aus den persön-
lichen Akten von Leopold
König, die ich am 2.11.2000
von ihm erhalten habe).

22 20.7.1982, »Kurzprotokoll der
Besprechung vom 28.6.82 in

meinem Büro«, RA Wehinger
an Leopold König (aus den
persönlichen Akten von Leopold König).

23   Schreiben Stiftung Psychologische Lehr- und Beratungsstelle an die Stiftungsräte,
15.6.1982, unterzeichnet Leopold König.

24   Handschriftlicher Brief,
23.6.1982, Stiftungsrätin Ellen
Naef an Leopold König (aus
den persönlichen Akten von
Leopold König).

25   Brief, 6.7.1982, Annemarie
Cho an Leopold König (aus
den persönlichen Akten von
Leopold König).

26   Tondokument der Stiftungsratssitzung vom 10.7.1982.

27   Ebd.

28   Protokolleingabe Karl Sonderegger, vom 17.7.1982 an
Stiftungsrat.

29   Der Kaufvertrag wurde in der
Folge nicht aufgelegt. In den
Akten, die ich am 2.11.2000
von Leopold König erhielt,
war er jedoch enthalten.
Er war überschrieben mit
»Kauf- und Gesellschafts-
vertrag«. Ziffer IV: »Die
Käufer verpflichten sich, die
Psychologische Lehr- und
Beratungsstelle in der Form
einer einfachen Gesellschaft
zu übernehmen und sie

gemeinschaftlich im bisherigen Sinne ihres Gründers,
Friedrich Liebling, weiterzuführen.« Ziffer V: »Der Beitrag
der Gesellschaftmitglieder
an die Schule besteht im
wesentlichen aus ihrer Arbeitsleistung für die Ziele der
Schule.« Ziffer VI: »Die Käufer
verpflichten sich, allfällige
Gewinne des Schulbetriebs
zum weiteren Aufbau der
Psychologischen Lehr- und
Beratungsstelle zu verwenden
und insbesondere zur För-
derung der Stiftung. Sollten
die Verluste die Gewinne
übersteigen, ist jedes Mitglied
berechtigt, den Gesellschaftsvertrag frühzeitig zu kündigen. Damit er dies beurteilen
kann, ist ihm jederzeit voller
Einblick in den Geschäfts-
gang zu gewähren.« Ziffer
VII: »Kündigt ein Mitglied
den Gesellschaftsvertrag, so
verpflichtet er sich, seinen
Liquidationsanteil den übrigen Mitgliedern, welche die
Schule weiterführen wollen,
unentgeltlich zu überlassen.
Er erklärt sich damit einverstanden, dass die übrigen
Gesellschafter die Schule
weiterführen können.«
Als Käufer waren die fünf
Ausschussmitglieder aufge-

listet, unterzeichnet wurde
der Vertrag am 18.8.1980 von
Friedrich Liebling und Heinz
Hug. Leopold König berichtete später, dass Friedrich Liebling zum Vertrag gesagt habe,
das gehe ohnehin nicht. Jutta
Siegwart-Gensch erzählte mir
etwa im Jahre 1983, als wir
vom Protokollführer Peter
Fuchs die Protokolleinlage
von Karl Sonderegger erhielten, dass Friedrich Liebling
sie eines Tages gefragt habe:
»Ist die Psychologische
Lehr- und Beratungsstelle
käuflich?« Sie habe die Frage
natürlich verneint.

30 Anträge von Antonio Cho für
die Stiftungsratssitzung vom
17.7.1982.

31 Tondokument der Stiftungsratssitzung vom 22.7.1982.

32 Protokolleingabe, 17.7.1982
Karl Sonderegger.

33 Tondokument der Stiftungsratssitzung, 22.7.1982.

34 Stiftungsratsprotokoll,
16.12.1982: »Anwalt für die
Stiftung: Dr. Lutz empfiehlt
Dr. Jetzler. Der Stiftungsrat
akzeptiert ihn. Anfangs 1983
soll er über das Gedankengut
der Stiftung informiert werden. Heinrich Reinfried [ein
Stiftungsrat, der am 1.3.1983,
nach dem Rücktritt von

Leopold König, Stiftungsratspräsident wurde, Anm. d. V.]
nimmt mit Dr. Jetzler Kontakt
auf.«

35 Alle Zitate aus Abschrift Tondokument der Stiftungsratsit-
zung, 13.8.1982.

36 »Friedrich Liebling 1893–1982
zum Gedenken, Gedenkfeier
vom 28.3.1982«, Zürich 1983,
S.111/112.

37 An der Gedenkfeier äusserten
sich weitere Gruppierungen:
Naturwissenschafter, Psychologen, Lehrer, Mediziner,
Eltern usw.

38 »Friedrich Liebling 1893–1982
zum Gedenken, Gedenkfeier
vom 28.3.1982«, Zürich 1983,
S.19/20.

39 Marianne Truttmann, Jutta
Gensch, »Was einem Men-
schen bei uns passieren
kann«, Nicht öffentliche
Dokumentation, 1983, S.27.

40 Brief, 2.6.1982, Psychologische Lehr- und Beratungs-
stelle an den Regierungsrat
des Kantons Zürich, mit
Kopie an leitende Stellen des
Erziehungswesens und der
Psychiatrie.

41 Marianne Truttmann, Jutta
Gensch, »Was einem Men-
schen bei uns passieren
kann«, Nicht öffentliche
Dokumentation, 1983, S.25ff.

42 Ebd., S.27.

43 Im Schreiben vom 2.6.1982 an
den Regierungsrat des Kantons Zürich steht, S. 1: »Unsere
Beratungsstelle ist in der
Presse fortgesetzt und gezielt
verunglimpft worden (vgl.
unsere Dokumentation 1 und
2). Wir ersuchten deshalb um
Richtigstellung.« Der Hinweis
auf die pendente Klage fehlte.

44 Marianne Truttmann, Jutta
Gensch, »Was einem Men-
schen bei uns passieren
kann«, Nicht öffentliche
Dokumentation, 1983, S.35ff.

45 Anmeldeformular: »Betrifft
die Ausbildungsgruppen an
der Susenbergstrasse 53, 8044
Zürich, Lehrgang 3. Quartal,
23.8.–8.10.82«, undatiert.

46 Marianne Truttmann, Jutta
Gensch, »Was einem Men-
schen bei uns passieren
kann«, Nicht öffentliche
Dokumentation, 1983, S.37.

47 »Tages-Anzeiger«, 9.1.1981,
»Nicht nur der TA kritisiert
die PLUBS.«

48 Wie etliche andere Mitarbeiterinnen verwendete Anne-
marie Buchholz-Kaiser in-
nerhalb der Psychologischen
Lehr- und Beratungsstelle
nach ihrer Heirat weiterhin
ihren Ledignamen. Zu jener
Zeit war es noch nicht möglich, bei der Heirat den Namen zu wählen, sondern alle
Frauen mussten vom Gesetz
her den Namen des Eheman-
nes übernehmen. So verwendeten etliche Frauen – nicht
nur an der Zürcher Schule
– ihren früheren Namen, den
sie gerne behalten hätten,
weiterhin im Alltag. Dies war
legal und weit verbreitet.

49 Marianne Truttmann, Jutta
Gensch, »Was einem Men-
schen bei uns passieren
kann«, Nicht öffentliche
Dokumentation, 1983, S.35.

50 Brief, 15.6.1982, Psychologische Lehr- und Beratungsstelle. Leitung: Friedrich Liebling, an Kursteilnehmer.

51 In der Jahresrechnung der
Stiftung Psychologische Lehr-
und Beratungsstelle für das
Jahr 1979 wurden Fr. 52 714.90
für »Tonbänder, Kassetten«
angegeben.

52 Die Zitate entstammen den
persönlichen Notizen von Jutta Siegwart-Gensch aus ihrem
Nachlass.

53 Telefonat, 3.12.1981, Tondokument.

54 Da Jutta Siegwart-Gensch in
der gleichen Sache eine Klage
eingereicht, aber wieder
zurückgezogen hatte, war sie
zur Akteneinsicht berechtigt.

55 Elisabeth Kopp, die Ehefrau des RA Dr. Hans W. Kopp, wurde 1984 erste Schweizer Bundesrätin. 1989 musste sie zurücktreten.

56 Schreiben, 10.6.1981, RA Lutz an Bezirksgericht Zürich, act. 13.

57 Aktennotiz, 25.11.1981, angeheftet auf act. 16/1.

58 Schreiben vom 8.2.1982, RA Born an Bezirksgericht Zürich.

59 Gerichtsprotokoll, S.4. Eine entsprechende Verfügung oder ein Brief befand sich nicht in den Akten und wurde auch nicht im Aktenverzeichnis aufgeführt, Proz. Nr. 707/1980.

60 Schreiben, 7.4.1982, RA Lutz an Bezirksgericht Zürich.

61 Gerichtsprotokoll, S.4, Proz.-Nr. 707/1980.

62 »Seine Klientschaft habe eigentlich kein Interesse an einer Verurteilung der Angekl., sondern vielmehr an einer Gg'darstellung im TA-Magazin«, Gerichtsprotokoll S.4, Proz-Nr. 707/1980.

63 Ebd.

64 Ebd.

65 Ebd.

66 Ebd.

67 Ebd., S. 4/5.

68 Schreiben, 9.8.1982, RA Born an Bezirksgericht, act. 19/1.

69 Schreiben, 9.8.1982, RA Born an RA Lutz, act. 19/2.

70 Schreiben, 28.9.1982. RA Lutz an Bezirksgericht, act. 20/1.

71 Schreiben, 27.9.1982 RA Born an RA Lutz, act. 20/2.

72 Beschluss Bezirksgericht, 30.9.1982, Prozess Nr. 707/1980.

73 »Tages-Anzeiger«, 5.3.1982, act. 13, Akten des Obergerichts des Kantons Zürich, I. Strafkammer, Nr. 30/82.

74 Notiz des Bezirksgerichts Zürich, Kanzlei für Strafsachen, zuhanden des Obergerichts, 8.3.1982: »Vm kommt«. Handschriftliche Notiz auf »Notiz zuhanden des Obergerichts«, angeheftet auf act. 10.

75 Schreiben Dr. Lutz ans Obergericht des Kantons Zürich, act. 15 der obergerichtlichen Akten, mit handschriftlicher Notiz, wonach eine Kopie am 15.3.1982 an das Statthalteramt Zürich ging.

76 Beschluss,1.4.1982, Obergericht des Kantons Zürich, I. Strafkammer, I. Str.K. Nr. 30/82 A, S.2.

77 Ebd. S.4f.

78 Schreiben, 5.5.1982, RA Lutz an Psychologische Lehr- und Beratungsstelle.

79 Revisionsverfahren gegen den Beschluss vom 1.4.1982, Kantonale Nichtigkeitsbe-

schwerde, 27.10.1984, S.3: Hier hatte Jutta Siegwart-Gensch den Treuebruch des RA Lutz dargestellt, der sich inzwischen zum Vertreter der als »Einzelfirma« fehlgedeuteten Psychologischen Lehr- und Beratungsstelle hatte machen lassen. Sie hatte ausgeführt, dass sie nach Eintritt der Verjährung hätte Revision machen sollen, dies aber durch RA Lutz verhindert worden sei. Indem er ihr empfohlen habe, auf die Teilnahme an der Berufungsverhandlung zu verzichten, sei ihre Berufung in Wirklichkeit gemäss § 424 StPO als zurückgezogen betrachtet worden. In § 424 der zürcherischen StPO stand: »Ausbleiben des Berufungsklägers bei der Berufungsverhandlung ohne genügenden Entschuldigungsgrund wird als Rückzug der Berufung betrachtet.«

80 Klageschrift wegen Verletzung in den persönlichen Verhältnissen vom 23.3.1984, S.21.

81 Protokoll des Bezirksgerichts Zürich vom 28.10.1983, Akt. Nr. 32, Proz.-Nr. 04–854/1983.

82 Kantonale Nichtigkeitsbeschwerde, 14.5.1982, Jutta Siegwart-Gensch an Kassa-

tionsgericht des Kantons Zürich.

83 Brief, 1.6.1982, Lillian Rattner-Liebling an Jutta Siegwart-Gensch.

84 Beschluss des Kassationsgerichts des Kantons Zürich, 13.9.1982, S.3.

85 Alle Zitate aus meiner Mitschrift vom 27.10.–3.11.1982.

86 Treffen mit Jutta Siegwart-Gensch, meine Agenda 1982.

87 Antonio Cho, einer der drei »rechtlich Verantwortlichen«, erzählte mir am 24.1.2011, dass er sich an die ganze Zeit nach Friedrich Lieblings Tod kaum mehr erinnere, alles sei in einen Nebel gehüllt, mit Ausnahme einiger weniger Situationen – eine davon sei jene Szene in der Küche. Jutta Siegwart-Gensch habe mit ihnen sprechen wollen. Annemarie Buchholz-Kaiser habe beide Arme hochgehoben und abgewehrt. Ernst Frei habe breitbeinig die Türe versperrt. Dies sei ihm so absurd und paranoid vorgekommen, dass er sich gedacht habe, weshalb soll man nicht mit ihr sprechen? Er habe dann mit ihr gesprochen. In diesem Gespräch am 24.1.2011 sagte Antonio Cho auch, es tue ihm leid, dass er uns wehgetan

habe. Annemarie Buchholz-Kaiser habe Jutta Siegwart-Gensch immer als riesige Gefahr gesehen und habe alles getan, um sie zu vernichten. Sie habe befürchtet, dass Jutta Siegwart-Gensch an dem Ast säge, auf dem sie sitze (Tagebuch, 24.1.2011).

88 Schreiben, 15.11.1982, Psychologische Lehr- und Beratungsstelle Friedrich Liebling an Jutta Siegwart-Gensch, unterzeichnet von 12 Mitarbeitenden.

89 Schreiben, 16.11.1982, RA Wehinger an Jutta Siegwart-Gensch.

90 Datum aus meiner Agenda 1982.

91 Termin in der Agenda 1982 von Jutta Siegwart-Gensch.

92 Jutta Siegwart-Gensch bezeichnete später den 18.11. als das Empfangsdatum. Es mag sein, dass sie sich hier oder später im exakten Datum geirrt hatte. In ihrer Agenda hatte sie am 19.11. 1982 notiert: »2 eingeschriebene Briefe.«

93 Persönliche Notizen, 11.1982 bis 01.1983, Jutta Siegwart-Gensch.

94 Brief, 25.11.1982, Jutta Siegwart-Gensch an die zwölf Unterzeichnenden des Briefs vom 15.11.1982.

95 Notiz, 29.11.1982, Annemarie Buchholz-Kaiser an Jutta Siegwart-Gensch.

96 Schreiben, 30.11.1982, Heinz Hug an Jutta Siegwart-Gensch.

97 Schreiben, 2.12.1982, Jutta Siegwart-Gensch an Kollegen.

98 Schreiben, 6.12.1982, Heinz Hug an Jutta Siegwart-Gensch.

99 Schreiben, 10.12.1982, Jutta Siegwart-Gensch an Heinz Hug.

100 Schreiben, 5.12.1982, Jutta Siegwart-Gensch an Stiftungsrat.

101 Schreiben, 6.12.1982, Psychologische Lehr- und Beratungsstelle Friedrich Liebling an Jutta Dierks.

102 Schreiben, 12.12.1982, Marianne Truttmann an Annemarie Buchholz-Kaiser.

103 Schreiben. 15.12.1982, Jutta Siegwart-Gensch an die Leitung der Psychologischen Lehr- und Beratungsstelle, Kopie an den Stiftungsrat und an Lilian Rattner-Liebling.

104 Schreiben, 22.12.1982, Kommission an die Unterzeichneten des Briefes vom 15.11.1982 (die vier Unterzeichneten des Briefes vom 6.12. waren darin enthalten).

105 Undatierte Notiz von Arno
     Fimian.

106 Tondokument, 21.12.1982, Paul
     und Marianne Truttmann mit
     17 Personen, Nachhören eines
     Ausbildungsgesprächs.

107 Alle Zitate aus Abschrift
     des Tondokuments vom
     23.12.1982, Marianne und Paul
     Truttmann mit 11 Mitarbei-
     tern.

108 Im Jahre 1976 (Protokoll vom
     31.1.1976) hatte der Stiftungs-
     rat tatsächlich eine Bau-
     kommission gewählt. Dieser
     gehörten der Architekt Frank
     Gloor, Leopold König und
     Annemarie Buchholz-Kaiser
     an. Die Kommission bestand
     einige Zeit, denn im Protokoll
     vom 17.12.1977 wird erwähnt,
     dass ihr Bericht verschoben
     worden sei. Der Beschluss
     betreffend des Ausschusses,
     der in Funktion treten sollte,
     »wenn es Friedrich Liebling
     nicht mehr möglich ist, die
     Stiftung zu leiten«, datierte
     aber vom 5.1.1979 und betraf
     die Stiftungsratsmitglie-
     der Leopold König, Prof.
     Dr. Thomas Marthaler, Dr.
     Heinz Hug, Dr. Annemarie
     Buchholz-Kaiser und Margrit
     Beringer. Am 17.7.1982 hatte
     Antonio Cho im Stiftungsrat
     beantragt, den Beschluss vom

5.1.1979 aufzuheben, was den
am Gespräch vom 23.12.1982
beteiligten Stiftungsräten
noch in Erinnerung gewesen
sein dürfte.

109 Telegrammabschrift,
     28.12.1982, i.V. Paul Trutt-
     mann an Erna Grob-Liebling
     und Lillian Rattner-Liebling.

110 Schreiben, 5.1.1983, Kommis-
     sion an die Unterzeichnenden
     der Briefe vom 15.11.1982 an
     Jutta Siegwart-Gensch und
     vom 6.12.1982 an Jutta Dierks.

111 Gespräch, 7.1.1983, Annema-
     rie Buchholz-Kaiser, Anto-
     nio Cho, Ernst Frei mit Paul
     Truttmann; Abschrift und
     Tondokument.

112 Friedrich Liebling fragte oft,
     weshalb die armen Bauern
     im I. Weltkrieg ihr Leben für
     Gott, Kaiser und Vaterland
     hingegeben hatten. Sie hätten
     ja nichts zu verlieren gehabt
     als den Strohsack, auf dem sie
     schliefen; diesen hätten sie
     als Protest gegen den Krieg
     anzünden können.

113 Brief, 11.1.1983, Jutta Siegwart-
     Gensch an alle Stiftungsräte.

114 Schreiben, 14.1.1983, Stiftung
     Psychologische Lehr- und
     Beratungsstelle an Jutta
     Siegwart-Gensch; siehe
     auch Stiftungsratsprotokoll,
     13.1.1983.

115 Notizen von Jutta Siegwart-Gensch sowie Termin in meiner Agenda 1983.

116 Stiftungsratsprotokoll, 13.1.1983.

117 Schreiben, 20.1.1983, Leopold König an Dreiergremium, z.Hd. Annemarie Buchholz-Kaiser (aus seinen Akten, von ihm erhalten am 2.11.2000).

118 Schreiben, 26.1.1983, Dreiergremium an Leopold König, ebd.

119 Schreiben, 6.2.1983, Leopold König an Dreiergremium, z.Hd. Annemarie Buchholz-Kaiser, ebd.

120 Schreiben, 13.1.1983, Paul und Marianne Truttmann an Stiftungsrat.

121 Schreiben, 18.1.1983, Jutta Siegwart-Gensch an Stiftungsrat.

122 20.1.1983, Feststellungen und Empfehlungen des »Komitees für eine Zusammenarbeit in Frieden, Freiheit und Gleichheit«.

123 Offener Brief, 30.1.1983, an die Teilnehmer der Psychologischen Lehr- und Beratungsstelle, für die Betroffenen unterzeichnet von Jutta Siegwart-Gensch.

124 Schreiben, 31.1.1983, Paul und Marianne Truttmann an die Erbinnen, Kopie an 100 langjährige Teilnehmer der Psychologischen Lehr- und Beratungsstelle.

125 Schreiben, 1.2.1983, Jutta Siegwart-Gensch an Telefondienst.

126 Schreiben, 6.2.1983, K.E. an Jutta Siegwart-Gensch.

127 Schreiben, 6.1.1983 (erhalten 7.2.1983, irrtümliche Datierung) N.L. an Jutta Siegwart-Gensch.

128 Marianne Truttmann, Jutta Gensch, »Was einem Menschen bei uns passieren kann«, Nicht öffentliche Dokumentation, 1983, S.152.

129 Schreiben, 7.2.1983, Psychologische Lehr- und Beratungsstelle Friedrich Liebling an Paul und Marianne Truttmann.

130 Schreiben, 7.2.1983, Psychologische Lehr- und Beratungsstelle Friedrich Liebling an Jutta Siegwart-Gensch.

131 Schreiben, 7.2.1983, Psychologische Lehr- und Beratungsstelle Friedrich Liebling an Leopold König. (Akten von Leopold König, von ihm erhalten am 7.11.2000.)

132 Stiftungsratsprotokoll, 16.12.1982.

133 Stiftungsratsprotokoll, 1.3.1983.

134 »Schweiz. Handelsamtsblatt«, No. 56–773, 8.3.1983.

135 Öffentliche Urkunde, 18.2.1983, über die Gründung der Psychologischen Lehr- und Beratungsstelle Friedrich Liebling AG.

136 Stiftungsaufsichtsbeschwerde, 17.3.1983, Jutta Siegwart Gensch an EDI.

137 Schreiben, 2.5.1983, Jutta Siegwart-Gensch an EDI.

138 Schreiben, 26.4.1983, Peter Fuchs an EDI.

139 Schreiben, 24.6.1983, EDI an Jutta Siegwart-Gensch.

140 Schreiben, 19.4.1983, Leopold König an Dreiergremium z.Hd., A. Buchholz-Kaiser.

141 Vernehmlassung, 3.6.1983, Stiftung Psychologische Lehr- und Beratungsstelle an EDI, S.4ff.

142 Ebd., S.2ff.

143 Ebd., S.17.

144 Schreiben, 25.6.1983, Jutta Siegwart-Gensch an EDI.

145 Schreiben, 8.7.1983, Jutta Siegwart-Gensch an Bundesrat Dr. Alphons Egli.

146 Eingabe, 16.7.1983, Jutta Siegwart-Gensch an EDI.

147 Schreiben, 10.8.1983, EDI, Fürsprecher Hahnloser an Jutta Siegwart-Gensch, mit Kopie an RA Jezler.

148 Das Urteil des Bundesgerichts vom 13.4.1983 in Sachen Stiftung Psychologische Lehr- und Beratungsstelle gegen Kanton Zürich, Verwaltungsgericht des Kantons Zürich, betreffend Steuerbefreiung, wurde dem RA von Jutta Siegwart-Gensch und mir im Rahmen unseres Stiftungsaufsichtsbeschwerdeverfahrens von der Stiftungsaufsichtsbehörde, Fürsprecher Hahnloser, am 11.11.1985 zugestellt.

149 Urteil des Schweizerischen Bundesgerichts, 13.4.1983, in Sachen Stiftung Psychologische Lehr- und Beratungsstelle gegen Kanton Zürich, S.2.

150 Peter Noll, »Strafrecht«, Besonderer Teil I, S.106, Zürich 1983.

151 »Tages-Anzeiger-Magazin«, 20./27.9.1980, »Lebenshilfe vom Zürichberg«, S.27.

152 Urteil des Schweizerischen Bundesgerichts, 13.4.1983, in Sachen Stiftung Psychologische Lehr- und Beratungsstelle gegen Kanton Zürich, S.5.

153 Ebd., S.7.

154 Ebd., S.8.

155 Ebd., S.8/9.

156 RB 1975 Nr.31 bedeutet: »Rechenschaftsbericht an den Kantonsrat« des Verwaltungsgerichts des Kantons Zürich,1975. Darin ist eine

Sammlung von veröffentlichten Entscheiden enthalten, u.a. auch Nr.31.

157 Staatsrechtliche Beschwerde, 12.5.1980, Stiftung Psychologische Lehr- und Beratungsstelle an Bundesgericht, S.11f.

158 Urteil des Schweizerischen Bundesgerichts, 13.4.1983, in Sachen Stiftung Psychologische Lehr- und Beratungsstelle gegen Kanton Zürich, S.9.

159 Ebd.

160 Ebd., S.10.

161 Staatsrechtliche Beschwerde, 12.5.1980, Stiftung Psychologische Lehr- und Beratungsstelle an Bundesgericht, S.16.

162 Ebd., S., 19f.

163 Schreiben, 11.2.1983, Paul und Marianne Truttmann an Dreiergremium.

164 Brief, 7.2.1983, D.B. und H.G. an Paul und Marianne Truttmann.

165 Brief, 10.1.1983 (wohl gemeint 10.2.1983), A.G. an Paul und Marianne Truttmann.

166 Brief, 12.2.1983, Dr.med. J.A. an Paul und Marianne Truttmann.

167 Brief, 26.2.1983, T.D. und S.J. an Paul und Marianne Truttmann.

168 Brief, 15.2.1983, U. an Paul und Marianne Truttmann.

169 Erst in den 2000er-Jahren erklärte mir Leopold König, dass er als Kind mit seiner jüdischen Mutter von Wien aus durch halb Europa geflüchtet war und schliesslich in der Schweiz Aufnahme gefunden hatte. Sein Grundgefühl sei, dankbar zu sein, geduldet zu werden. Sich zu wehren sei für ihn nie eine Option gewesen.

170 Brief, 29.3.1983, Jutta Siegwart-Gensch, Paul und Marianne Truttmann, Jutta Dierks an Friedensrichter.

171 Schreiben, 13.5.1983, Jutta Siegwart-Gensch, Paul und Marianne Truttmann und Peter Schellenberg an Stiftungsräte und weitere Adressaten.

172 Schreiben, 17.5.1983, Psychologische Lehr- und Beratungsstelle Friedrich Liebling an Paul und Marianne Truttmann und Jutta Siegwart-Gensch.

173 Brief, 20.3.1983, Erbinnen an Jutta Siegwart-Gensch.

174 Marianne Truttmann, Jutta Gensch, »Was einem Menschen bei uns passieren kann«, Nicht öffentliche Dokumentation, 1983, S.196.

175 Ebd., S.126f.

176 Ebd., S. 203.

177 Schreiben betreffend Hausverbot, 15.6.1983, RA Lutz an

Marianne Truttmann und
zirka 12 weitere Personen.

178 Schreiben, 18.6.1983, Annemarie Richiger und M.G. an
RA Lutz.

179 Schreiben, 21.6.1983, Marianne Truttmann an RA Lutz.

180 Schreiben, 11.7.1983, RA Lutz
an Marianne Truttmann und
weitere Personen.

181 Entscheid des Verwaltungsgerichts des Kantons Zürich,
25.10.1985.

182 Undatiertes Flugblatt von Jutta
Dierks und Heinrich Hundeloh
an die Kongressteilnehmer.

183 Überbrachter Rekurs, 5.8.1983,
Jutta Siegwart-Gensch, Ma-
rianne Truttmann, Annemarie
Richiger an Obergericht des
Kantons Zürich.

Bemühungen um Korrektur der Fehlentwicklung

1 Exposé Dr. Ullin Streiff,
9.8.1983.

2 Randnote 5 zu Art. 2, S.8,
A. Donatsch, T. Hansjakob,
V. Lieber, »Kommentar zur
Schweizerischen Strafpro-
zess-ordnung«, 2. Aufl., 2014.

3 Schreiben, 15.6.1983, Dr. Lutz
für die Psychologische Lehr-
und Beratungsstelle Friedrich
Liebling AG, an Marianne
Truttmann und andere.

4 Schreiben, 19.9.1983, Dr. Lutz
an Friedensrichter.

5 Beschluss, 7.10.1983, Bezirksgericht Zürich.

6 Schreiben, 15.11.1983, RA Jezler an Friedensrichteramt.

7 Protokoll des Bezirksgerichts
Zürich, 28.10.1983, S.1–2,
act. 29, Prozess Nr. 04-854/83.

8 Ebd., S.1, act. 32.

9 Ebd., S. 2f., act., 29.

10 Ebd., S.3, act. 31.

11 Ebd. S.3, act. 32.

12 Ebd. S.4, act. 29.

13 Da diese Frage nicht ins Protokoll aufgenommen wurde,
ersuchte sie später schriftlich
darum (Schreiben, 8.11.1983,
Jutta Siegwart-Gensch, Marianne Truttmann, Annema-
rie Richiger an Bezirksgericht
Zürich).

14 Protokoll des Bezirksgerichts
Zürich, 28.10.1983, S.2f., act.
32.

15 Gegendarstellung, 9.11.1983
an Bezirksgericht Zürich.

16 Datum aus meiner Agenda
1983.

17 Protokoll, 12.12.1983, Bezirksgericht Zürich, act.30, Prozess
Nr. 04-889/1983.

18 Protokoll vom 16.1.1984,
Bezirksgericht Zürich, act. 37,
Prozess Nr. 04-889/1983.

19 Ebd. S.2.

20 Ebd.

21 Meine Mitschrift, 16.1.1984, S.1f.

22 Ebd., S. 2. Im Protokoll dazu:
»Unter schwierigen Menschen
verstehe ich Leute, mit denen
es nicht leicht ist, auf die gleiche Ebene zu kommen, sich auf
gleicher Ebene zu unterhalten.
Ich meinte damit aber nicht
charakterlich schlechte Menschen.« Protokoll, 16.1.1984, Akt,
37, S.3, Prozess Nr. 04–889/1983.

23 Schreiben, 15.11.1982 Psychologische Lehr- und Beratungsstelle Friedrich Liebling an
Jutta Siegwart-Gensch.

24 Protokoll, 16.1.1984, Bezirksgericht Zürich, act. 38, Prozess
Nr. 04–889/1983.

25 Schreiben, 8.3.1984, Dr. Ullin
Streiff an Jutta Siegwart-
Gensch, Marianne Truttmann
und Annemarie Richiger.

26 Bei einer Akteneinsicht am
21. 5. 1984 entdeckten wir
eine Eingabe des Stiftungsanwalts, die uns nicht zugestellt
worden war. Er gab bekannt,
dass er acht Beklagte vertrete,
und führte aus, »bei drei Klägerinnen und elf Beklagten
ergibt dies notwendigerweise
33 Klagen …«, Schreiben, 30.
3. 1984, RA Jezler an Bezirksgericht Zürich.

27 Klageantwortschrift vom
30.5.1984, Leopold König an
Bezirksgericht Zürich. S.2.

28 Ebd.

29 Ebd. S. 4.

30 Ebd. S. 5.

31 Diese Bemerkung griff unser
späterer Anwalt Rudolf
Schaller in unserer Stiftungsaufsichtsbeschwerde am
13.9.1984, S.33, wieder auf und
wies darauf hin, dass es Friedrich Liebling darum gegangen sei, neue Wege in der Psychologie zu verwirklichen.
Ob davon überzeugt oder
nicht, müsse die Stiftungsaufsicht dafür sorgen, dass dieser Stifterwille verwirklicht
werde. Es gehe nicht an, dass
ein schöpferisches, geniales
Lebenswerk wegen einer
diese Genialität nicht verste-
henden Aufsichtsbehörde zu
einem traditionellen Geschäft
herabgewürdigt werde.

32 In unserer Beschwerde vom
6.6.1985 betreffend mut- und
böswillige Prozessführung
des Stiftungsrats hatten
wir S.40 festgehalten: »Bei
unserer Vorsprache im Herbst
1983 wurde uns von Herrn
Hahnloser empfohlen, einen
Rechtsanwalt zu suchen, dem
er in wenigen Minuten am
Telefon erklären könne, worum es gehe. Er setzte auch ein
Versöhnungsgespräch zwi-
schen dem Stiftungsrat und

uns in Aussicht, wenn wir einen Rechtsanwalt gefunden hätten.«

33 Schreiben, 13.10.1983, Jutta Siegwart-Gensch, Ehepaar Richiger, Peter Fuchs, Marianne Truttmann an Bundesrat Dr. Alphons Egli.

34 Schreiben, 7.11.1983, Bundesrat Dr. Alphons Egli an Jutta Siegwart-Gensch, Ehepaar Richiger, Peter Fuchs, Marianne Truttmann.

35 Schreiben, 1.11.1983, Insitut zur Förderung der Psychologischen Menschenkenntnis e.V., Köln, an Psychologische Lehr- und Beratungsstelle Friedrich Liebling AG, Zürich. Aufgrund dieses Schreibens hatte Jutta Siegwart-Gensch eine neue Ehrverletzungsklage gegen die Unterzeichner erhoben.

36 Beschluss des Obergerichts, 16.3.1984, versandt am 13.8.1984.

37 Schreiben, 19.4.1984, Bezirksgericht an Stadtpolizei Zürich.

38 Schreiben, 11.5.1984, RA Lutz an Bezirksgericht Zürich.

39 Bericht der Stadtpolizei Zürich vom 23.5.1984 an Bezirksgericht Zürich.

40 Beschluss, 1.7.1985, Obergericht des Kantons Zürich, zugestellt am 17.7.1985.

41 Aktennotiz vom 20.9.1985, 14.15 Uhr, act. 130 des Bezirksgerichts Zürich, Prozess-Nr. 04–854/83.

42 Zeugeneinvernahme, 20.9.1985, act 120, Prozess-Nr. 04-854/83.

43 Ebd., act 124.

44 Ebd., act 119.

45 Ebd., act 123.

46 Gespräch, 16.11.1983, Jutta Siegwart-Gensch, Marianne Truttmann mit Dr. Victor Louis, Agenda 1983.

47 Eine junge Bekannte, die 2015 die Anwaltsprüfung abgelegt hatte, berichtete mir, dass heutzutage bei dieser Prüfung gerade auf die Unterscheidung zwischen einfache Gesellschaft und Einzelfirma grossen Wert gelegt werde.

48 Klageschrift, 27.4.1984, S.8ff.

49 Eingabe, 6.4.1984, RA Lutz an Friedensrichter.

50 Stellungnahme zu Gesuch um vorsorgliche Massnahmen, 1.6.1984, RA Lutz an Bezirksgericht Zürich, S.4ff.

51 Beschluss, 29.6.1984, Obergericht des Kantons Zürich, S.4.

52 Urteil und Beschluss, 25.9.1984, Obergericht Kanton Zürich, zugestellt am 23.10.1984, I. ZivK.Nr. 77 K/84.

53 Aufsichtsbeschwerde vom 13.9.1984, S.4.

54 Ebd. S.6.

55 Ebd. S.10.

56 Ebd. S.29.

57 Stellungnahme, 11.12.1984, Peter Blessing, zur Kenntnis bekommen bei der Akteneinsicht, 30.6.1986.

58 Beschwerdeantwort, 17.12.1984, Stiftung Psychologische Lehr- und Beratungsstelle, S.3, 6 bzw. 10.

59 Ebd. S.3.

60 Staatsrechtliche Beschwerde, 14.12.1984, S.63.

61 Staatsrechtliche Beschwerde, 22.2.1985, S.47.

62 Anklageschrift, 12.8.1983, S.3, i.S. M.G., A.F. gegen A. Buchholz-Kaiser et al., Prozess Nr. 04-740/83.

63 Staatsrechtliche Beschwerde, 1.3.1985, S.9f.

64 Staatsrechtliche Beschwerde, 27.3.1985, S.21f.

65 Bundesgerichtsurteil, 14.3.1985, S.3, P924/84/st.

66 Ebd., S. 17.

67 Bundesgerichtsurteil, 3.5.1985, S.5f., P 3088/85/bz.

68 Bundesgerichtsurteil, 8.5.1985, S.14f., P 145/85/bz.

69 Bundesgerichtsurteil, 4.6.1985, S.8, P 144/85/ct.

70 Staatsrechtliche Beschwerde, 14.12.1984, S.79, mit Verweis auf BGE 105 Ia 160.

71 Ebd., S.79, mit Verweis auf BGE 108 Ia 53.

72 Meine Notizen, 2.4.1985 und 10.12.1985, Agenda 1985.

73 Bericht über unsere ›Akteneinsicht‹ am 10.1.1985, Marianne Truttmann, S.3.

74 Ebd., S.4.

75 Prof. Hans Michael Riemer hatte einen bekannten juristischen Kommentar und etliche juristische Fachpublikationen zum Stiftungsrecht publiziert.

76 Schreiben, 14.1.1985, RA Schaller an Bundesrat Egli.

77 Stellungnahme, 22.1.1985, B. Hahnloser und P. Blessing an Bundesrat Egli, S.3; uns bekannt geworden bei Akteneinsicht, 30.6.1986.

78 Ebd., S.4.

79 Schreiben des EDI, 20.2.1985, irrtümlich an RA Schaller.

80 Duplik, 17.4.1985, S.6.

81 Ebd., S.9.

82 Steuerausweise des Steueramts der Stadt Zürich, 20.3.1985, für Friedrich Liebling und Stiftung Psychologische Lehr- und Beratungsstelle; Einschätzungsvorschlag 28.2.1984 des Kantonalen Steueramts an Dr. Wehinger; Erklärung, 2.5.1984, Dr. Wehinger als Vertreter der Erbinnen.

83 Kopie der ersten Seite des Artikels »Lebenshilfe vom Zü-

richberg« mit handschriftlichem Vermerk »Interessant!«

84 »Sektiererische Aktivitäten der ›Zürcher Schule‹«, 22.9.1981, »Der Bund«.

85 Schreiben EDI, 24.9.1981, an »Tages-Anzeiger«, unterzeichnet von B. Hahnloser.

86 Aktennotiz, 4.4.1974, unterzeichnet von »Az« (Angéloz), angeheftet auf der Stiftungsurkunde.

87 Der Arzt hatte Bestätigungen für die Teilnahme am ganztägigen Ausbildungslehrgang vom Dezember 1980 bis November 1981 verlangt; diese seien ihm mündlich von Friedrich Liebling als »selbstverständlich« in Aussicht gestellt worden.

88 Klageantwort, 8.12.1982, RA Lutz an Bezirksgericht Zürich in Sachen Arzt gegen Psychologische Lehr- und Beratungsstelle, S.2.

89 Schreiben, 26.4.1985, RA Schaller an Bundesrat Egli.

90 Schreiben, 2.5.1985, EDI, gezeichnet B. Hahnloser an RA Schaller.

91 Meine Aufzeichnung vom 21.1.2007:
   »Am 30.10.2006 habe ich mich mit A. Cho im Da Capo getroffen. [...] Hier nur einige Dinge, die mir in Erinnerung geblieben sind: Archiv: Ich sagte ihm, dass mein Partner geerbt hätte und ich ihn deshalb fragen wolle, ob es möglich wäre, das Archiv ihm abzukaufen. Er sagte, es sei alles vernichtet, er hätte dies eigenhändig getan. Die Tonbänder und auch die Korrespondenz. Er hätte dies aus Gründen des Persönlichkeitsschutzes der beteiligten Gesprächspartner getan, da darin sehr heikle Daten enthalten gewesen seien. Es seien übrigens viele Briefe darunter gewesen, die für Herrn Liebling nicht positiv gewesen seien.«

92 Gesuch um vorsorgliche Massnahmen, 2.5.1985, RA Schaller an EDI, S.2.

93 Die Stiftung hatte in der Duplik vom 17.4.1985 ausgeführt: »Die Stiftung z.B., obschon von Friedrich Liebling selbst errichtet, trägt seinen Namen nicht; da die Mitarbeiter und Schüler Mitarbeiter und Schüler der Psychologischen Lehr- und Beratungsstelle sind, gehört das Adressmaterial zweifellos der Letzteren, nicht der Stiftung, ebenso – wie bereits oben erwähnt – das wissenschaftliche Material.«

94 Verfügung des Schweizerischen Bundesgerichts,
23.7.1985.

95 Buchhalterische Expertise
vom 19.6.1985 von Eidg. Dipl.
Buchhalter Urs Christen.

96 Schreiben, 5.7.1985, EDI an
Stiftung Psychologische Lehr-
und Beratungsstelle.

97 Schreiben, 10.10.1985, EDI an
Dr. Jezler, unterzeichnet B.
Hahnloser.

98 Urteil, 4.3.1985, Prozess-
Nr. 01–329/1984, S.5; Ur-
teil 4.3.1985, Prozess-Nr.
01–330/1984, S.4; Urteil 4.3.
1985, Prozess-Nr. 01–332/1984,
S.4; Urteil 6.6. 1985, Prozess-
Nr. 01–334/1984, S.9., alle vom
Bezirksgericht Zürich.

99 Urteil 4.3.1985, Bezirksgericht Zürich, Prozess-Nr. 01–
329/1984, S.12.

100 Ebd., S.12.

101 Ebd., S.16.

102 Ebd., S.17.

103 Ebd., S.18.

104 Ebd., S.17.

105 Klageantwort Dr. Jezler,
27.8.1984, Prozess-Nr. 01-
334/84, S.12; Prozess-Nr.
01–333/84, S. 12; Prozess-Nr.
01–329/84, S.20.

106 Beweisverfügung 4.3.1985,
Prozess-Nr. 01–334/1984, S.2:
»Den Beklagten wird der
Hauptbeweis auferlegt dafür

1 dass die Klägerin
Siegwart eine von der
Beklagten E. betreute
Frau von sich aus und
ohne Einwilligung der
Therapeutin zu einem
Gespräch einlud, und
dieser Frau erklärte, die
Beklagte E. schenke dem
Problem der Eifersucht,
unter welchem die Frau
litt, zu wenig Beachtung

2 dass die Klägerin Sieg-
wart der erwähnten Frau
überdies offerierte, bei
ihr könne sie jede Woche
ein Gespräch unter vier
Augen haben, was bei
der Beklagten E. nicht
möglich sei

3 dass durch das genannte
Vorgehen der Klägerin
Siegwart die erwähnte
Frau verunsichert, ihr
Vertrauensverhältnis zur
Beklagten E. gestört und
die Lösung ihrer Proble-
me erschwert wurde

4 dass die Klägerin
Siegwart im Herbst
1982 Gespräche mit
einer suizidgefährdeten
Studentin, die an einer
reaktiven Schizophrenie
mit Verfolgungswahn
litt, durchführte, obwohl
sie wusste, dass diese

Studentin Frau Dr. K.H.
unter Kontrolle und Mit-
wirkung der Beklagten
Buchholz zur Betreuung
zugewiesen worden war

5 dass die Klägerin Siegwart dem unter Ziffer 4
genannten schwierigen
Fall nicht gewachsen
war, da sie zur fraglichen
Zeit noch in Ausbildung
stand und über keiner-
lei klinische Erfahrung
verfügte

6 dass die Klägerin Siegwart
seit dem Frühjahr 1982
sich der Zusammenarbeit
und dem Gedankenaus-
tausch mit erfahrenen
Mitarbeitern über die
von ihr im Rahmen ihrer
Ausbildung geführten
Gespräche mit Ratsuchen-
den entzogen hat.«

107 Urteil, 6.6.1985, Bezirksgericht Zürich, S. 7., Prozess-Nr.
01-334/1984.

108 Ebd., S.16.

109 Ebd., S.18.

110 Ebd., S.50.

111 Ebd.

112 Ebd., S.51.

113 Fristerstreckungsgesuch,
19.5.1983, RA Jezler an EDI.

114 Protokoll, Bezirksgericht Zürich, Prozess-Nr. 04-889/1983,
S.18ff.

115 Urteil Bezirksgericht Zürich, 17.9.1985, Prozess-Nr.
04-889/1983, S. 2f.

116 Urteil Bezirksgericht Zürich,
10.12.1985, S.16f., Prozess-
Nr.04-854/1983.

117 Ebd., S.17.

118 Beschluss Kassationsgericht,
11.11.1985, Kass.-Nr.362/84.

119 Im Kanton Luzern wurde am
25.8.1985 ein deutsches Paar
verhaftet, das für die damals
noch bestehende DDR Spio-
nage betrieben haben soll; in
einer Rückschau im Rahmen
der Serie »Blick zurück –
Schweizer Episoden« be-
richtete die »NZZ« unter »Die
netten Spione von nebenan«
am 14.12.2015.

120 1989 erhielt Jutta Siegwart-
Gensch auf ihr Gesuch hin
ihre Fiche aus den Staatsschutzakten. Darin war als
Eintrag eine »Aktion« vom
12.6.1981 aufgeführt: weitere
Angaben dazu waren aber
abgedeckt. Obwohl sie zu
diesem Zeitpunkt bereits
verheiratet war, trug die Fiche
ihren Mädchennamen. Nach
entsprechenden Gesuchen
bekam sie am 29.10.1991 vom
Ombudsmann der Schweiz.
Bundesanwaltschaft, Pierre
Schrade, zur Antwort, diese
»Aktion« habe sich gegen Stu-

dent/innen gerichtet, die ab 1977 aus der DDR direkt oder über die BRD in die Schweiz eingereist seien. Das Amt für Verfassungsschutz habe 1977 festgestellt, »dass in mehreren Fällen angebliche Studentinnen und Studenten aus der DDR in die Bundesrepublik eingeschleust worden waren, in der Absicht, auf diese Weise sich nach Abschluss der Studien in Ämter und Betriebe zu infiltrieren, um unerlaubten Nachrichtendienst zu betreiben«. Weil man vermutet habe, dass die erwähnten Fälle nur die Spitze eines Eisberges seien, hätten sich die BRD und die Schweiz entschlossen, die Richtigkeit der von den Studenten angegebenen Angaben über ihr Vorleben und ihre Papiere zu kontrollieren. Der abgedeckte Eintrag in der Fiche beinhalte den Fantasie-Decknamen jener Aktion. »Unter diese Aktion in der Schweiz sind neben ca.300 anderen Studentinnen und Studenten auch Sie gefallen, mit dem Ergebnis, dass bei Ihnen (wie bei der grossen Mehrzahl der Überprüften) alles in Ordnung war.« (Schreiben, 29.10.1991, Pierre Schrade, Ombudsmann der Schweiz. Bundesanwaltschaft, an Jutta Siegwart-Gensch). Merkwürdig erscheint, dass Jutta Siegwart-Gensch bereits 1975 in die Schweiz eingereist und zu dieser Zeit nicht mehr Studentin war. Auch weshalb im Jahr 1981 die Fiche unter ihrem Mädchennamen angelegt wurde, wo es doch angeblich gerade darum ging, die Richtigkeit der Papiere zu kontrollieren, bleibt schwer verständlich.

121   Verhandlung bei der Stiftungsaufsicht, 2.7.1986, meine Mitschrift und Protokoll EDI.

122   Verfügung EDI, 31.10.1985.

123   Bundesgerichtsurteil, 13.4.1983; Verwaltungsgerichtsurteil Kanton Zürich, 16.8.1979; Verfügung der Finanzdirektion Kanton Zürich, 4.5.1979.

124   Schreiben des EDI, B. Hahnloser, 6.11.1985, an RA Schaller.

125   Schreiben, 11.11.1985, RA Schaller an EDI, Bundesrat Egli.

126   Protokollerklärung von Jutta Siegwart-Gensch und Marianne Truttmann anlässlich der Verhandlung, 13.11.1985.

127   Ebd.

128   Meine handschriftlichen Notizen, 13.11.1985.

129 Ebd.

130 Protokoll EDI, 13.11.1985, Parteiverhandlung.

131 In Artikel 71, Ziff. 1 des Bundesgesetzes über das Verwaltungsverfahren heisst es: »Jedermann kann jederzeit Tatsachen, die im öffentlichen Interesse ein Einschreiten gegen eine Behörde von Amtes wegen erfordern, der Aufsichtsbehörde anzeigen.« www.admin.ch/opc/de/classified-compilation/19680294/ Zuletzt aufgerufen 10.7.2019.

132 Art. 102 Ziff. 2 der damals geltenden BV vom 29. 5. 1874.

133 Stellungnahme, 9.1.1986, EDI an EJPD, unterzeichnet Bundesrat Egli.

134 Stellungnahme, 11.12.1985, B. Hahnloser an Bundesrat Egli, S. 3.

135 Ebd., S. 4ff.

136 Ebd., S. 7f.

137 Ebd., S. 8f.

138 Es ist auch möglich, dass uns diese Akten nicht gezeigt wurden. Es wurde uns und unserem Anwalt aber wiederholt schriftlich und mündlich mitgeteilt, dass uns alle Akten vorgelegt worden seien.

139 Notiz von B. Hahnloser in Akten des EDI, 16.6.1981: »T mit Herrn Paglia: i.O. Kontrollstelle hat Sache weitgehend in der Hand. Liebling stellt 1 Mio. zur Verfügung, weil er sie wohl auf Ableben dann der Stiftung vermachen will. L. ist nicht finanziell orientiert. Buchhaltung sehr sauber. BH 16/6.«

140 So z.B. eine Nachricht von B. Hahnloser an P. Blessing, handschriftlich festgehalten auf dem Brief der Kontrollstelle vom 10. 2. 1978, in dem diese andeutet, dass der Stiftungsrat eine Wahl in Bezug auf eine neue Kontrollstelle zu treffen habe. B. Hahnloser an P. Blessing: »Bg: Gubler hat Mandat als KStelle niedergelegt. Stiftungsrat soll aber umgehend neue KStelle wählen, anschliessend Buchhaltung bereinigen i.S. meiner Anfrage. Neue Fristen. Bitte energisch durchgreifen. Ev. mit Baumann telefonieren.« Eine weitere interne Mitteilung datiert vom Januar 1979: Die Stiftung hatte im Tätigkeitsbericht vom 22. 12. 1978 für das Tätigkeitsjahr 1977 auf die beiden vorangehenden Tätigkeitsjahre 1976 und 1974/75 verwiesen und lediglich die beiden neu hinzugekommenen Bereiche aufgeführt, nämlich »unent-

geltliche Erziehungsberatung an fünf Stellen in der Stadt Zürich« und ein »Lehrgang für Psychagogik und Psychotherapie, an welchem Lehrer, Sozialarbeiter, Ärzte, Psychologen, Studenten u.a.m. teilnehmen«. Danach schrieb B. Hahnloser an P. Blessing: »BG: Rechnung i.O. Es fehlt der Tätigkeitsbericht, der nachverlangt werden sollte. BH.«

141 Agenda, 1985, Treffen mit Urs Christen, eidg. dipl. Buchhalter, in Zug.

142 Stellungnahme, 30.12.1985, RA Schaller an Bundesrat Egli.

143 Entscheid EDI, 9.1.1986, Seite 2f.

144 Ebd., S.3 : »Nebst diesen hohen Eingängen war insbesondere auffallend, dass die Stiftung für Liegenschaften, die sie vom Stifter geschenkt erhalten hatte, Miete zahlen musste.«

145 Ebd., S.4.

146 Ebd., S. 5.

147 Ebd.

148 Urteil Bundesgericht, 4.7.1986, A 547/85/bu, S.3.

149 Beschwerde, 29.2.1986, an Sekretariat der GPK der Eidg. Räte.

150 Schreiben, 4.4.1986, der GPK des Nationalrates.

151 Gemäss meinen Notitzen vom 14.5.1986.

152 Amtliches Bulletin der Bundesversammlung 1986, 3.6.1986, S.554f.

Die Spaltung

1 Aus meinen Notizen, 8.4.1986.

2 Über unser Gespräch hatte Fürsprecher Hahnloser in einer Aktennotiz vom 10. 4. 1986 festgehalten: »Ohne Einladung sind die beiden Damen beim Unterzeichneten erschienen. Soweit überhaupt ein zielgerichtetes Gespräch (Dauer 5 ½ Stunden) möglich war, wird folgendes als bemerkenswert festgehalten: Die beiden Beschwerdeführerinnen erklären, ihren Anwalt, Herrn Rudolf Schaller, nicht mehr bezahlen zu können. Sie seien auch ausserstande, Kostenvorschüsse für Beweiserhebungen zu leisten. Das Verfahren sei indessen von Amtes wegen fortzusetzen. Der Unterzeichnete lehnt dies ab, mit Hinweis auf die Auskunft vom Jahre 1983. Ob eine unentgeltliche Rechtspflege möglich ist, müsste noch geprüft werden. Der Unterzeichnete weist darauf hin, dass eine Fortsetzung

des Verfahrens ohnehin ohne Sistierung der übrigen Verfahren nicht möglich ist. Die beiden Damen wünschen eine Bestätigung, dass das EDI einverstanden sei mit einer Sistierung der übrigen Verfahren, worauf sie bei den verschiedenen Instanzen [...] um Sistierung nachsuchen werden.« In einem dritten Absatz hielt er mögliche Beweismittel, die wir vorgeschlagen hatten, fest.

3 Siehe unser Schreiben, 12.4.1986, an EDI, worin wir Bezug auf unser Gespräch vom 8. 4. 1986 nahmen.

4 Handschriftliche Frage von B. Hahnloser an Fürsprecher P. Blessing: »BG: Bitte mir Anfrage der Stiftung und unsere Stellungnahme zur erfolgten Gründung der AG Fr. Liebling vorlegen. Hat Frau S. diese Aktenstücke nicht gesehen. Danke. BH 22.12.«. Die Antwort P. Blessings lautete: »m.W. gibt es keine solchen Aktenstücke. Soweit ich die Dinge kenne, wurden wir erst anlässlich des Beschwerdeverfahrens 1983 über die Gründung der AG orientiert (vgl. Entscheid v. 24.6.1983; sodann Beschwerde v. 13.9.1984 ff.). Bg, 23.12.87.«

5 Schreiben, 10.4.1986, EDI an Jutta Siegwart-Gensch und Marianne Truttmann, unterzeichnet von B. Hahnloser.

6 Datum aus meiner Agenda 1986.

7 Ebd.

8 Brief, 20.5.1986, A.N. an Marianne Truttmann.

9 Termin aus meiner Agenda 1986

10 Mitarbeitergespräch, 15.4.1986, Tondokument.

11 Ebd., S. 4.

12 Ebd., S. 31.

13 Hier meint Lillian Rattner-Liebling Antonio Cho und Ernst Frei, die weniger gewusst hätten. Als Jutta Siegwart-Gensch und ich 1987 die Tonbänder erhielten, die teilweise nicht sehr deutlich zu verstehen waren, glaubten wir, an dieser Stelle den Namen des RA der Erbinnen zu hören. Wir schrieben deshalb in den damaligen Eingaben an die Behörden: »... vom Herrn Wehinger gewusst ...« Da ich im Jahr 2016 deutlichere Aufnahmen erhielt, die zudem durch die Digitalisierung noch besser verstehbar wurden, erkannte ich, dass sie in Wirklichkeit gesagt hatte: »Die zwei haben weniger gewusst.«

Trotzdem ist die Annahme, die Erbschaft sei auf eine Rechtsbelehrung ihres RA zurückzuführen, richtig, weil Lillian Rattner-Liebling im früheren Gespräch um 9 Uhr gesagt hatte: »Dann war unser Rechtsanwalt schon richtig damit.«

14 Gespräch, 20.4.1986, 11 Uhr, Abschrift S. 18f., Tondokument.

15 Gespräch, 20.4.1986, 9 Uhr, Abschrift S. 22, Tondokument.

16 Gespräch, 20.4.1986, 11 Uhr, Abschrift S. 23. Tondokument.

17 Ebd., S. 12ff.

18 Ebd., S. 30.

19 Offener Brief, 5.5.1986, Lillian Rattner-Liebling an Annemarie Buchholz-Kaiser.

20 Gespräch, 22.5.1986, 20 Uhr, Lillian Rattner-Liebling mit Mitarbeitern, Tondokument.

21 RA Dr. Felix von Streng, der später auch die Stiftung vertrat, richtete ein Begleitschreiben vom 19.11.1986 an das EDI, z.H. Fürsprecher Hahnloser. Darin bezog er sich auf seinen Anruf und hielt fest, der Bericht von Annemarie Buchholz-Kaiser sei nur »zu Ihrer persönlichen Einsichtnahme«. Und: »Darf ich Sie um nachhe-

rige Rücksendung bitten.« »Rücksendung« wurde vom EDI unterstrichen, und auf dem Eingangsstempel des EDI vom 20.11.1986 befindet sich die Anweisung: »Separates Hängemäppli!«

22 Der ausführlichere Bericht umfasst 28 Seiten mit drei Anhängen, wobei Seite 1 mit der einleitenden Bemerkung fehlt; der reduzierte Bericht umfasst 21 Seiten und hat keine Anhänge.

23 Schreiben, 11.12.1986, Annemarie Buchholz-Kaiser an EDI, B. Hahnloser.

24 Begleitschreiben, 3.12.1986, Annemarie Buchholz-Kaiser an EDI, B. Hahnloser.

25 Bericht, 21.5.1986, Annemarie Buchholz-Kaiser, ausführlichere Fassung, S. 2.

26 Ebd., S. 8.

27 Ebd., S. 3.

28 Ebd., S. 4f. Hier irrte sich Annemarie Buchholz-Kaiser: Der Entscheid des Verwaltungsgerichts datierte vom 16. 8. 1979; der Entscheid der Finanzdirektion datierte vom 4. 5. 1979.

29 Ebd., S. 5. Die Zahlen des angeblichen »Reingewinns« für die Jahre 1978, 1980 und 1981 entstammen einer undatierten und nicht un-

terzeichneten »Bilanz- und Erfolgsrechnung« für eine »Psychologische Lehr- und Beratungsstelle F. Liebling«, die nach Friedrich Lieblings Tod erstellt wurde (Beilage zur Duplik von RA Wehinger vom 30.6.1987 im Prozess betreffend Feststellung einer einfachen Gesellschaft).

30 Ebd., S. 6. Hier verschwieg Annemarie Buchholz-Kaiser, dass es sich bei diesem Juristen um den Stiftungsrat Karl Sonderegger handelte.

31 Ebd., S.6f. Annemarie Buchholz-Kaiser lässt in ihrem Bericht unerwähnt, dass die vorgeschlagenen Käufer die Ausschussmitglieder des Stiftungsrates waren. In den Akten, die mir Leopold König am 2.11. 2000 gab, befand sich ein Exemplar jenes »Kauf- und Gesellschaftsvertrags«. Er war nur von Friedrich Liebling und Stiftungsrat Heinz Hug unterzeichnet. König berichtete stets, dass Friedrich Liebling gesagt habe, dieser Vertrag funktioniere nicht. Auch Jutta Siegwart-Gensch erzählte mir, Friedrich Liebling habe sie eines Tages überraschend gefragt, ob die Beratungsstelle käuflich sei, was sie spontan verneint habe.

32 Ebd., S. 8.

33 Ebd., S.8f. Es war neben dem Stiftungsratspräsidenten Leo König aber nicht der Vizepräsident, Thomas Marthaler, sondern der dritte Zeichnungsberechtigte, Heinz Hug, an jener Sitzung. Auch spricht Annemarie Buchholz-Kaiser von »drei Mitarbeitern«. Dass sie selbst eine davon war, wird nicht deutlich. Leopold König und Lillian Rattner-Liebling bezeichneten Annelies Gassmann als die zweite anwesende Mitarbeiterin; wer die dritte mitarbeitende Person gewesen sein soll, wird nicht klar. Zudem lässt sie unerwähnt, dass sie selbst dem Stiftungsratspräsidenten und dem dritten Zeichnungsberechtigten der Stiftung, Heinz Hug, den Tod Friedrich Lieblings verschwiegen hatte.

34 Ebd., S. 10f.

35 Ebd., S. 12f.

36 Ebd., S.13f. Nach einem Treffen mit Antonio Cho vom 29.4.2002 hielt ich seine Erklärungen folgendermassen fest: »Aufgrund der Angriffe war er der Meinung, dass man es so machen sollte wie anerkannte Institute: Leitung klar, nur Leute mit Abschluss können Gespräche machen

etc. Er wollte das durchsetzen. Wurde dabei unterstützt v. Fr. Rattner/Grob. Es ging dabei um die Macht, dass die Leitung als solche anerkannt wird. Und es war so, dass alle Mittel eingesetzt wurden, um die Macht durchzusetzen, auch Psychoterror, Verleumdung, Abstellen des Mikrophons, rechtliche Mittel. Es ging ihm und den andern Leitungsmitgliedern bewusst darum, die Macht durchzusetzen, ›sonst haben wir den Hühnerhof‹.« Am 2.8.2009 schrieb Antonio Cho mir: »Das sind Erinnerungen, die mich ein Leben lang plagen: wo ich hätte empathisch sein wollen und es aus weiss nicht was für Gründen und scheinbar rationalen Problem ›lösungen‹ versäumt habe – das sind echte, mich immer wieder plagende Schuldgefühle, die ich bei mir auch akzeptiere.« (E-Mail vom 2.8.2009)

37 Ebd., S. 15.

38 Ebd. S.17ff.

39 Antonio Cho schilderte dies so: »Auslöser für die öffentlich erhobene Forderung nach unserem Rücktritt war mein provokativer Vortrag mit dem Titel ›Die Diktatur des guten Menschenbildes‹ im Frühling 1986 in der roten Villa im Rieterpark in Zürich. Es war ein gewissermassen Stirnerscher Protest gegen die in der ›Zürcher Schule‹ vorherrschende ›Der-Mensch-ist-gut‹-Moralkultur. Meine Kollegin, der ich zuvor ahnungslos ein Manuskript meines Vortrags überlassen hatte, hatte alles gut vorbereitet. Die ›Jugend‹ so nannten wir die Teenager, die bei uns verkehrten und betreut wurden, inszenierten einen Aufstand gegen das von mir begangene Sakrileg.« Antonio Cho, »Wie das Katzerl im Teer«, In: »Der Einzige«. Vierteljahresschrift des Max-Stirner-Archivs, Leipzig. Heft 23 und 24, 2003.

40 Bericht, 21.5.1986, Annemarie Buchholz-Kaiser, ausführlichere Fassung, S. 22.

41 Ebd. S. 23f.

42 Ebd. S. 24ff.

43 Ebd. S. 27.

44 Ebd. S. 28.

45 Bericht, 21.5.1986, Annemarie Buchholz-Kaiser, ausführlichere Fassung, Anhang 2.

46 Ebd., Anhang 3.

47 Ebd., S. 7.

48 Das Begleitschreiben Leopold Königs kam mir erst durch

Akteneinsicht vom 17.1.2001
zur Kenntnis.

49 Stellungnahme »Was stimmt
wirklich?«, Juni 1986, Leopold
König, S. 1.

50 Ebd., S. 1f.

51 Ebd., S. 3f.

52 Ebd. S.5f.

53 Gemäss meiner Notizen
hatte Leopold König in
einem Gespräch mit mir am
18.9.2015 gesagt, Heinz Hug
und er hätten zusammen mit
Friedrich Liebling die Unterschriftsberechtigung für die
PC-Konti gehabt, je zu zweien
mit Friedrich Liebling. Er
bestätigte, dass Kongresse,
Kinderferien usw. über das
Stiftungskonto, Einzel- und
Gruppengespräche über das
Konto der Psychologischen
Lehr- und Beratungsstelle
liefen. (Agenda 2015)

54 Über ein Gespräch mit Antonio Cho vom 21.10.2009 hielt
ich fest: »Ich fragte ihn, wen
er damit gemeint habe, als
er geschrieben habe, dass es
unter uns Menschen gege-
ben habe, denen es ums Geld
ging. Zuerst meinte er, das sei
allgemein gewesen, er habe
nicht eine bestimmte Person
gemeint, sondern dass die AG
auch ein Betrieb gewesen sei,
wo das Geld eine Rolle spielte.

Ich zeigte ihm daraufhin
sein E-Mail in gedruckter
Form. Als er es gelesen hatte,
erinnerte er sich wieder, dass
er damit seinen Ärger und
seine Enttäuschung über
die Töchter zum Ausdruck
habe bringen wollen, denn
er habe gedacht, dass sie das
Geld, das ihnen zwar als Erbe
zugestanden sei, aber doch
nicht ihr Geld gewesen wäre,
wieder zurückgeben würden,
was aber nicht geschehen sei.
Auch Annemarie Kaiser sei
es ums Geld gegangen. Ich
erkundigte mich noch, ob er
nicht Leo K damit gemeint
habe, weil ja nach dem Tod
diese üble Nachrede über ihn
in Umlauf gewesen sei. Er
sagte, nein, nein, dem Leo sei
es ja um die Stiftung gegangen, dass in der Stiftung
genug Geld verbleibe, aber
nicht in seinen eigenen Sack.
Niemand von ihnen hätte
etwas in den eigenen Sack
nehmen können, es sei so
eingerichtet gewesen, dass
dies nicht möglich gewesen
wäre.« (Tagebuch, 21.10.2009)

55 Meine Mitschrift, 2.7.1986,
S. 1ff.

56 Ebd., S.3.

57 Protokoll des EDI über die Parteiverhandlung, 2.7.1986, S. 2.

58 Jutta Siegwart-Gensch erhielt
im Jahr 1989 ihre Fiche aus den
Staatsschutzakten, worin sie
mit unerlaubtem Nachrichtendienst für die DDR in Zusammenhang gebracht worden
war. Danach spekulierten wir,
ob Fürsprecher Hahnloser
vielleicht gewisse Informationen darüber erhalten haben
könnte, da er so scharf nach
Geburtsort, Aufwachsen und
Studium fragte.

59 Protokoll des EDI über die
Parteiverhandlung, 2.7.1986,
S. 3.

60 Ebd., S. 4ff.

61 Meine Mitschrift, 2.7.1986,
S. 4ff.

62 Ebd., S. 7.

63 Stiftungsratsprotokoll,
31.1.1976, Traktandum 3.

64 Stiftungsratsprotokoll,
28.11.1980, Traktandum 4.

65 Meine Mitschrift, 2.7.1986, S.
8.

66 Protokoll des EDI, Verhandlung, 2.7.1986, S. 8. Die
Baukommission wurde aber
am 31. 1. 1976, Traktandum 2,
gebildet.

67 Meine Mitschrift, 2.7.1986, S.
8.

68 Offener Brief an Bundesrat
Egli, 21.7.1986, S.1.

69 Es handelte sich um die
Artikel »Zum Problem der
Ehescheidungen«, »Ursachen
der Jugendverwahrlosung«,
»Schulzeugnis und Versagen
in der Schule«, »Psychologische Berufsberatung«,
»Tiefenpsychologische
Menschenkenntnis«, »Die
seelischen Erkrankungen,
ihre Verhütung und ihre Heilung«, veröffentlicht in den
ersten beiden Jahrgängen der
»Psychologische Menschen-
kenntnis«, 1964 und 1965.

70 Offener Brief an Bundesrat
Egli, 21.7.1986, S.49.

71 Protokoll der Gründerversammlung, 10.8.1986, Überschrift: »Zürcher Schule
– Verein zur Förderung der
psychologischen Menschen-
kenntnis«, mit Statuten.
Handelsregister des Kantons
Zürich.

72 Protokoll der Vereinsversammlung, 24.8.1986, S. 3.

73 Beweisverfügung EDI,
3.7.1986, unterzeichnet B.
Hahnloser.

74 Verfügung des EDI, 10.9.1986.

75 Formular des Kantonalen
Steueramtes Zürich, 16.8.1983:
»Wann wurde die Steuerhinterziehung entdeckt? 25.7.1977
Hinweis des Eidg. Departement des Innern als Auf-
sichtsbehörde der Stiftung
(siehe Aktennotiz v. 25.7.77 in

Steuerbefreiungsakten der Rechtsabteilung).«

76 »Aufstellung zum Nachsteuerverfahren der Stiftung 1974–76«, 7.7.1983, Stiftungsanwalt Jezler: In Bezug auf eine Rückstellung von 540 000 Franken wurde festgehalten: »Dieser Betrag wurde für den Fall zurückgestellt, dass für die Beratungsleistungen der Lehrbeauftragten/Ausbilder sowie auch von Herrn F. Liebling entsprechende Honorare ausbezahlt würden. Dieser Betrag wurde jedoch nicht ausbezahlt. Die Leistungen der Ausbilder wurden als persönliche Weiterbildung unentgeltlich erbracht. Ebenso verzichtete Herr Liebling auf eine Entschädigung für seine Beratungsleistungen in bzw. für die Stiftung.« Deshalb sei der Betrag in den nächsten beiden Jahren aufgelöst worden.

77 Undatierte Notizen aus den Steuerakten: »Mitteilung dass Steuerbefreiung aufzuheben int. am 12.4.79.«

78 Auf einer internen Notiz vom 2.5.1980 stand: »Wehrsteuerliche Auswirkungen der Aufhebung der Steuerbefreiung: a) Bei der Stiftung b) Bei Friedrich Liebling ev. Steuer-Hinterziehungs-Verfahren.«

79 Expressbrief, 13.10.1986, EDI an die Parteien und Auskunftspersonen.

80 Schreiben, 7.11.1986, Rudolf Schaller an EDI: »Bezugnehmend auf unser heutiges Telefongespräch halte ich noch einmal fest, dass die Vervollständigung der Akten unabdingbare Voraussetzung einer Einvernahme sowohl des Herrn Paglia wie auch anderer Personen ist.«

81 Rekurs, 25.5.1979, S.18.

82 Staatsrechtliche Beschwerde, 12.5.1980, S. 21.

83 Schreiben, 12.1.1987, RA Schaller an EDI, S. 2.

84 Aktennotiz des Kantonalen Steueramtes, 25.7.1977, unterzeichnet von Eugen Gallasz.

85 Vernehmlassung des Kantonalen Steueramtes, Rechtsabteilung, 19.6.1979, S. 3, unterzeichnet von Eugen Gallasz.

86 Replik, 24.10.1985, R. Schaller an Verwaltungsgericht, S. 2ff., act 11/8, 16, mit Anmerkungen des Steuersekretärs.

87 Schreiben, 22.9.1986, K. Sonderegger an Fürsprecher B. Hahnloser.

88 Brief, 21.12.1988, Leopold König an zwei langjährige Mitarbeiter der Psychologischen Lehr- und Beratungsstelle, S. 1f.

89 Ebd., S.2/3.

90 Gemäss Protokoll des Stiftungsrates vom 31.1.1976
wurde beschlossen, »dass
den Mitarbeitern der Stiftung
Psychologische Lehr- und
Beratungsstelle pro bezahlte Sitzung (Unterricht oder
Beratung) 10 Fr. rückwirkend
auf den 1. 10. 1974 ausgerichtet
wird.« Damit die Einzahlungen den einzelnen Mitar-
beitern zugeordnet werden
konnten, schrieben diese ihre
Initialen auf den Zahlungsabschnitt. Deshalb wurde in der
Jahresrechnung der Stiftung
eine Rückstellung von 540 000
Fr. vorgenommen, die aber
dann doch nicht den Mitarbeitern ausbezahlt, sondern
im Stiftungsvermögen belassen wurde.

91 Brief, 21.12.1986, Leopold König an zwei langjährige Mitarbeiter der Psychologischen
Lehr- und Beratungsstelle, S.
3.

92 Schreiben, 29.12.1986, Erna
Grob-Liebling an B. Hahnloser, EDI, mit Eingangsstempel
vom 21.1.1987.

93 Schreiben, 28.1.1987, EDI,
B. Hahnloser an Erna Grob-
Liebling.

94 Notizen in meiner Agenda,
9.3.1987.

95 Ebd., 21.3.1987.

96 Stiftungsratssitzung,
19.3.1982, Abschrift und Tondokument.

97 Gespräch, 20.4.1986, 9 Uhr,
Abschrift und Tondokument.

98 Stiftungsratssitzung,
13.8.1982, Abschrift und Tondokument.

99 Tondokument und Abschrift
des Telefonats zwischen Jutta
Siegwart-Gensch und dem
Ehepaar Rattner-Liebling, ca.
April 1987.

100 Schreiben Kanzlei RA Wehinger, 8.5.1987, an Jutta Siegwart-Gensch und Marianne
Truttmann-Schuler.

101 Die Begründung der Abweisung war hauptsächlich, es
fehle an einer klaren Vereinbarung, dass die behauptete
einfache Gesellschaft auch
nach Friedrich Lieblings Tod
weitergeführt werden solle.
Falls sie bestanden hätte,
wäre sie mit seinem Tod
aufgelöst worden. RA Schaller
erhob für Jutta Siegwart-
Gensch dagegen am 2.10.1987
Berufung. Bis zur Berufungsschrift vom 8.9.1988 verging
wiederum beinahe ein Jahr.

102 Stellungnahme, 1.6.1984, RA
Lutz an Bezirksgericht Zürich,
S. 6.

103 Duplik, 30.6.1987, RA Wehinger an Bezirksgericht Zürich, S. 6.

104 Ebd., S. 15.

105 Eingabe, 19.10.1987, Jutta Siegwart-Gensch an EDI, S. 12.

106 Schreiben, 28.10.1987, Marianne Schuler an EDI.

107 Schreiben, 29.10.1987, RA Schaller an Bundesrat Flavio Cotti.

108 Schreiben, 27.11.1987, RA Schaller an Bundesrat Flavio Cotti.

109 Schreiben, 15.12.1987, Bundesrat Cotti an RA Schaller.

110 Schreiben, 11.9.1986, EDI an Bruno Paglia; Verweis in Protokoll des EDI vom 17.12.1987, S. 2.

111 Meine Mitschrift, 17.12.1987; im Protokoll des EDI vom 17.12.1987 wurde festgehalten: »Seitens der Stiftung wurde immer unterschieden zwischen einer Praxis der Stiftung und einer Praxis von Herrn Liebling.«

112 Protokoll des EDI, 17.12.1987, S. 2.

113 Meine Mitschrift, 17.12.1987, S. 2.

114 Im Protokoll des EDI, 17.12.1987, S. 2, wurde vermerkt: »Ich selber sah als Kontrollstelle nur die Rechnungen, die im Namen der Stiftung gestellt wurden.«

115 Meine Mitschrift, 17.12.1987, S. 2.

116 Ebd., S. 2; im Protokoll des EDI: »... zwecks Erörterung von Abgrenzungsproblemen zwischen der Stiftung und seiner eigenen Praxis.«

117 Ebd., S. 2; im Protokoll des EDI beinahe übereinstimmend: »Privat in seiner Praxis.«

118 Ebd., S. 3; im Protokoll des EDI: »Ich habe beizufügen, dass Herrn Liebling für die Miete seiner Praxis Rechnung gestellt wurde.«

119 Ebd., S. 3.

120 Ebd., S. 3; im Protokoll des EDI: »Antwort auf die Frage von RA Schaller.« Die Frage selbst wurde nicht festgehalten.

121 Stiftung Psychologische Lehr- und Beratungsstelle, 13.12.1980 bzw. 23.4.1980 für Mietzinsen 1980 bzw. 1979, mit Zahlungsabschnitt vom 13.3.1980.

122 Meine Mitschrift, 17.12.1987, S. 4, übereinstimmend mit Protokoll EDI, S. 4.

123 Ebd., S. 5.

124 Paglia&Partner, 7.7.1983, Detailnachweis Verkehr auf dem Kontokorrent F. Liebling bei der Stiftung vom 1.10.1974– 28.2.1982; Aufstellung gemäss Auflage Steueramt des Kantons Zürich vom 8.6.1983.

125 Rechnung, 19.11.1979,
Kaufmännisch-Juristisches
Treuhandbüro, Dr. jur. Bättig,
»28.3.1979, Besprechung mit
Frau Gassmann und Herren
Hug und König, Beratung
betr. Ihre Geschäftsabrech-
nung und Steuerfragen.«
Betrag: Fr. 100.–.

126 Schreiben, 11.9.1986, EDI an
Bruno Paglia; Verweis in Protokoll des EDI vom 17.12.1987, S.5.

127 Protokoll des EDI vom
17.12.1987, identisch mit meiner Mitschrift.

128 Meine Mitschrift, 17.12.1987,
S. 8; im Protokoll des EDI: »Es
handelt sich hier um Rechnungen der Praxis Liebling
und nicht der Stiftung.«

129 Protokoll EDI, 17.12.1987, S. 7.

130 Meine Mitschrift, 17.12.1987,
S. 11: »H: Also doch erst nach
dem Tod. Also mit ganzer
Ausei-nandersetzung nicht
vorher befasst. Wir haben
verlangt, als Aufsichtsbehörde im 77, es sei auseinanderzuhalten, privat Herr Liebling
und Stiftung.«

131 Protokoll EDI, 17.12.1987, S. 8.

132 Schreiben, 4.1.1988, EDI an
den Chef des Steueramtes des
Kt. Zürich, Akteneinsicht,
8. 1. 1988.

133 Das erste Rechnungsjahr der
Stiftung begann am 1.10.1974.

134 Schreiben, 18.11.1976, Friedrich Liebling an Kant. Steueramt.

135 Die Aufstellungen für die
Jahre 1978 und 1979 waren uns
bereits bekannt; Dr. Wehinger hatte sie als Beilage zur
Duplik vom 30.6.1987 im Prozess betreffend Feststellung
einer einfachen Gesellschaft
dem Gericht eingereicht. Dr.
Wehinger hatte auch die Aufstellung für 1980 beigelegt, die
dasselbe Datum wie jene für
1979 trug, nämlich »Mai 1981«.

136 Der Steuerbeamte hatte
offenbar die Zahlen auf den
beigelegten Aufstellungen
für die jeweiligen zwei Jahre
addiert und das Ergebnis in
das Steuerformular hineingeschrieben.

137 In einem Entscheid von 1984
(Stempel teilweise unleser-
lich) der direkten Bundessteu-
er betr. Steuerhinterziehung
für die Jahre 1977/78 wird eine
»rechtskräftige Einschät-
zung vom 1.3.1978« erwähnt,
wonach Friedrich Liebling
damals Fr. 46 860.– bezahlt
hatte. Der Einschätzungsentscheid vom 1.3.1978 befand
sich aber nicht in den Akten.

138 Aufstellung »Vermögensverhältnisse, Steuerwert per
Todestag (28.2.1982)«.

139 Schreiben, 9.6. und 24.6.1982,
Dr. Wehinger an Steueramt
der Stadt Zürich.

140 Bestätigungen, 28.2.1978,
31.3.1979, 3.8.1979 und
2.12.1980. Der Wortlaut war
bei allen ähnlich: »Wir bestätigen hiermit, dass Herr [NN,
Adresse] für die psycholo-
gisch-pädagogische Weiterbildung bei uns im Jahre 1979
Fr. [Betrag] bezahlt hat.«

141 Verfügung der Finanzdirektion
des Kantons Zürich vom 18. 6.
1984; die Verfügung der Stadt
Zürich fehlte in den Akten; es
existieren aber Briefe, in denen
Zahlen der zu bezahlenden
Steuern genannt wurden.

142 Stellungnahme, 11.12.1984, P.
Blessing an Bundesrat A. Egli.

143 Bericht M. Truttmann über
»Akteneinsicht vom 10. 1.
1985«.

144 Stellungnahme, 22.1.1985, B.
Hahnloser und P. Blessing an
Bundesrat Egli, S.2.

145 1.6.1984, RA Lutz an Bezirksgericht Zürich.

146 Stellungnahme, 22.2.1988, RA
Schaller an EDI.

147 Plakat, 29.12.1987: »Das
Schicksal unserer Zuwendun-
gen für die gemeinnützige
Stiftung Psychologische Lehr-
und Beratungsstelle unter
Aufsicht des Bundes.«

148 Stellungnahme, 21.1.1988,
Stiftungsanwalt Jezler an EDI.

149 »Blick«, 27.7.1984: »Herbert
Schocks Frau drohte: Psychotherapie oder Scheidung.«

150 »21i«, 23.12.1987: »Friedrich
Lieblings ›Zürcher Schule‹:
›Heuchlerisch-gschlimig‹«

151 »Der schweizerische Beobachter«, 26.2.1988, Nr. 4.

152 Schreiben, 11.4.1988, RA
Schaller an Bundesrat Cotti.

153 Bericht, 21.5.1986, Annemarie Buchholz-Kaiser, am
19.11.1986 durch den späteren
Stiftungsanwalt an das EDI
gesandt.

154 Schreiben, 8.4.1988, Hans
Caprez an Jutta Siegwart-
Gensch.

155 Schreiben, 18.3.1988, Commission Européenne des
DROITS DE L'HOMME an Jutta
Siegwart-Gensch, unterzeichnet vom Sekretär der Europäischen Menschenrechtskom-
mission, i.A. Dr. M. Villiger.

156 Schreiben, 12.4.1988, Commission Européenne des
DROITS DE L'HOMME an Jutta
Siegwart-Gensch, unterzeichnet vom Sekretär der Europäischen Menschenrechtskom-
mission, H.C. Krüger.

157 »A further foundation
(Stiftung) in Zürich had the
purpose of acquiring real

property and assisting the institute with rooms for conferences and of upholding F.L.'s doctrines after his death.« Entscheid EMRK, 11.4.1988, Application No. 11912/86, S. 2.

158 »Between them and the applicant disputes arose as to certain doctrinal views of the institute.« Ebd., S. 2.

159 »for the protection of the rights and freedoms of others.« Ebd., S. 5.

160 Dieses Datum ist falsch, es sollte 8.5.1985 heissen.

161 »The Federal Court concluded that the case in fact turned on a dispute between different doctrines and did not warrant exclusion of the public from the court proceedings.« Entscheid EMRK, 11.4.1988, Application No. 11912/86, S. 5.

162 »Aus diesen Gründen erklärt die Kommission den Antrag als unzulässig.« Ebd., S. 6.

163 Bundesgerichtsurteil vom 15.9.1987, Str. 680/1987/tk, S. 4.

164 Urteil, 10.6.1986, Obergericht des Kantons Zürich, II. Str.K.Nr. 369/85 A, S. 32ff. Das Obergericht hatte aber in einem Urteil vom gleichen Tag in einem Parallelprozess festgehalten, Jutta Siegwart-Gensch habe in ihrer Klageschrift vom 24. 3. 1984 ausgeführt: »Dieser Brief habe sie damals schwer getroffen und in grosse – auch gesundheitliche – Schwierigkeiten gebracht, weshalb es ihr nicht möglich gewesen sei, innert der Antragsfrist den strafrechtlichen Ehrenschutz zu beanspruchen. Ursprünglich habe sie auch gemeint, ihr damaliger Anwalt werde sich um eine Vermittlung mit den rechtlich Verantwortlichen der Psychologischen Lehr- und Beratungsstelle bemühen, was dieser dann aber zu ihrer Enttäuschung unterlassen und eine Kehrtwendung vollzogen habe. Sie habe dann die Hoffnung gehabt, eine Korrektur dieses Schreibens, das einen schweren Verstoss gegen den Stifterwillen bedeutet habe, indirekt auf dem Weg einer Aufsichtsbeschwerde herbeiführen zu können. Diese Anstrengungen seien aber durch die ehrenrührige Beschwerdeantwort der Angeklagten vom 3. 6. 1983 vereitelt worden.« Urteil vom 10. 6. 1986, Obergericht des Kantons Zürich, II. Str.K.Nr. 366/85 A, S. 17.

165 Ebd., S. 39.

166 Bundesgerichtsurteil, 15.9.1987, Str. 679/1986/tk, S. 4.

167 Bundesgerichtsurteil,
4.5.1988, Str. 219/1987/bä, S. 3.

168 Urteil, 11.11.1986, Obergericht des Kantons Zürich, II.
Str.K.Nr. 228/86 A, S. 43.

169 Beschwerde-Entscheid,
13.5.1988, i.S. Jutta Siegwart-
Gensch, Marianne Schuler,
gegen Stiftung Psychologische Lehr- und Beratungsstelle, 413/571/Bg/gl, S. 2ff.

170 Ebd., S. 16/17.

171 Dieter Hanhart schrieb unter
der Überschrift: »Die Privatpraxis«: »dass er die gesamte
Psychologische Lehr- und
Beratungsstelle als seine
private Praxis führt«, »Tages-
Anzeiger-Magazin«, 20.9.1980.

172 Ebd.: »... untersteht die gesamte Facharbeit und auch
die Ausbildung Friedrich
Liebling direkt. Er ist es, der
die über 60 Mitarbeiter einstellt und entlöhnt ...«, »Tages-
Anzeiger-Magazin«, 20.9.1980.

173 Beschwerde-Entscheid,
13.5.1988, S. 15.

174 Ebd., S. 15f.

175 Ebd., S. 20f.

176 Ebd., S. 24f.

177 Schreiben, 20.5.1988, EDI an
RA Schaller, unterzeichnet
von Bernhard Hahnloser.

178 Verwaltungsgerichtsbeschwerde, 13.6.1988, RA Schaller an Bundesgericht, S. 8.

179 Ebd., S. 12f.

180 Schreiben, 7.9.1988, Bundesgericht an RA Schaller.

181 Schreiben, 19.3.1987, EDI an
Dr. Wehinger, unterzeichnet
von B. Hahnloser.

182 Übermittlungszettel der
Bundesgerichtskanzlei, mit
EDI-Formular, 30.9.1988, un-
terzeichnet i.A. Angéloz.

183 Schreiben Bundesgerichtskanzlei, 19.10.1988, an RA
Schaller.

184 EDI-Entscheid, 31.3.1988,
Psychologische Lehr- und
Beratungsstelle Friedrich
Liebling AG gegen Stiftung
Psychologische Lehr- und
Beratungsstelle, S. 4.

185 Ebd., S.2.

186 Ebd., S.15.

187 Ebd., S.14.

188 Ebd., S.17.

189 Ebd., S.18.

190 Beschwerdeschrift, 30.6.1987,
Psychologische Lehr- und
Beratungsstelle Friedrich
Liebling AG an EDI, S. 50.

191 Ebd., S.6.

192 Beschwerdeantwort,
20.10.1987, Stiftung Psychologische Lehr- und Beratungsstelle an EDI, S. 5f.

193 Amtliches Bulletin der
Bundesversammlung 1986,
3.6.1986, S. 554.

194 Verwaltungsgerichtsbeschwerde, 7.11.1988, S. 2/3.

195 Ebd., S. 5f.

196 Ebd., S. 65.

197 Ebd., S. 92f. Der Rücktritt von
Annemarie Buchholz-Kaiser
wurde am 21.4.1988 im SHAB
No 91-1573 publiziert. ihr Aus-
trittsschreiben datierte vom
27.1.1988, die Verfügung zum
Eintrag ins Handelsregister
trägt den Stempel 7.4.1988.

198 Ebd., S. 93.

199 Ebd., S. 93. RA Schaller bezog
sich auf die Vernehmlassung
des EDI vom 18.8.1988 zur Verwaltungsgerichtsbeschwerde
vom 13.6.1988.

200 Ebd., S. 94.

201 Das Jugendmagazin »21i«
erschien erstmals 1971 oder
1972. Es hiess ab 1992 »Toaster«
und wurde im Februar 2002
eingestellt. »NZZ«, 8.1.2002.

202 »21i«, Nr. 6, 4. 5. 1988.

203 Ebd.

204 »Zürcher Student«, 28.11.1988,
»Abgelehnt – aber warum?«

205 »Tages-Anzeiger« vom
3.12.1988, S. 20. »Studentenzeitung verschwunden: Was
steckt dahinter?«

206 »Zürcher Student«, 12.12.1988.

207 »WoZ«, 16.12.1988, S. 7.

208 »NZZ«, Nr. 295, 17./18. 12. 1988,
S. 53.

209 »Tages-Anzeiger«, 17.12.1988.

210 »Allgemeiner Anzeiger vom
Zürichsee«, »Zürichsee-
Zeitung«, »Grenzpost am
Zürichsee«, 17.12.1988.

211 »Tagblatt der Stadt Zürich«,
Nr. 295, 17.12.1988.

212 »Volksrecht«, 19.12.1988.

213 »Tages-Anzeiger«, 23.12.1988,
Leserbriefe.

214 »Tages-Anzeiger«, 6.1.1989,
Leserbriefe.

215 Urteil des Schweizerischen
Bundesgerichts, 23.12.1988,
5A.16/1988/mp, erhalten am
2.3.1989, S. 4.

216 Ebd., S. 5.

217 Ebd., S. 6f.

218 Ebd., S. 7.

219 Ebd., S. 7f.

220 Ebd., S. 8.

221 Urteil des Schweizerischen
Bundesgerichts, 23.12.1988,
5A.31/1988/mp, S. 2f.

222 RA Schaller führte u.a. aus:
»Im vorliegenden Fall schockiert das Vorgehen des EDI
im besonderen Masse das
Rechtsempfinden. Ein später
eingeleitetes Beschwerde-
verfahren wird parallel zum
Verfahren betreffend Stiftungsaufsichtsbeschwerde
von Frau Dr. Jutta Siegwart-
Gensch durchgeführt, ohne
Letztere in Kenntnis zu setzen.« (Verwaltungsgerichts-

beschwerde vom 13.6.1988, S. 53). In einem langjährigen Beschwerdeverfahren werde »der Anschein erweckt, die Beschwerde werde bearbeitet, während in einem der Beschwerdeführerin verheimlichten parallelen Beschwerdeverfahren aufgrund von der Beschwerdeführerin vorenthaltenen Tatsachen über wesentliche Fragen betreffend die gleiche Stiftung entschieden wird«; dies sei »in rechtsstaatlicher Hinsicht unhaltbar« und bedeute eine Verweigerung des rechtlichen Gehörs und eine krasse Verletzung der Menschenwürde (Verwaltungsgerichtsbeschwerde vom 7.11.1988 S. 57/58).

223 Urteil des Schweizerischen Bundesgerichts, 23.12.1988, 5A.11/1988/mp, S. 2.

224 Ebd., S.2f.

225 Ebd., S. 7.

226 Ebd.

227 Ebd., S. 8.

228 Ebd.

229 Ebd., S. 8f.

230 Dr. A. Egger, »Kommentar zum ZGB«, Art. 86, RN 1, Zürich, 1930.

231 Urteil des Schweizerischen Bundesgerichts, 23.12.1988, 5A.16/1988/mp, S. 8.

232 Ebd., S. 7.

233 Urteil des Schweizerischen Bundesgerichts, 23.12.1988, 5A.11/1988/mp, S. 8.

Zwei Bücher sorgen für Aufruhr, und die Stiftung ändert ihren Zweck

1 Entscheid EMRK, 9.10.1991, Application No. 15498/89.

2 Schreiben, 7.11.1987, Annemarie Buchholz-Kaiser an Jutta Siegwart-Gensch und mich.

3 »Psychologische Menschenkenntnis«, 24. Jahrgang, Nov./Dez. 1988. Herausgeber: Psychologische Lehr- und Beratungsstelle Friedrich Liebling.

4 »Psychologie im Gespräch«, Ein Forum der Auseinandersetzung. 25. Jahrgang, Jan./Febr. und März/April 1989, Herausgeber: AZIP-Forum Psychologie im Gespräch.

5 »SHAB«, No 299-5199, 22.12.1988, Bern, 106. Jahrgang.

6 Schreiben, 8.11.1988, Ernst Frei an Verwaltungsrat der »PLB F.Liebling AG«, Erna Grob-Liebling und Antonio Cho.

7 »SHAB«, 1434-No 69, 11.4.1989. Gemäss shabex.ch vom 22.10.2018 löste sich die AG am

14.6.2018 auf. Publiziert am 2.7.2018.

8 Stellungnahme Verein zur Förderung der Psychologischen Menschenkenntnis, Juni 1989, mir bekannt geworden im Herbst 1991.

9 »Weltwoche«, 30.3.1989. Der Berater ist Klaus J. Stöhlker.

10 »Tages-Anzeiger«, 21.7.1989.

11 »Tages-Anzeiger«, 29.7.1989, Leserbrief, Ralph Kaiser, Präsident des VPM, Zürich.

12 Inserat »Zürichsee-Zeitung«, 14.7.1990.

13 Inserat »Zürichsee-Zeitung«, 27.9.1990.

14 »NZZ«, 5.12.1990.

15 »Züri-Woche«, 29.11., 13.12., 20.12.1990, 3.1., 10.1., 24.1.1991.

16 »NZZ«, 12.3.1991.

17 »Tages-Anzeiger«, 4.7.1992.

18 »Tages-Anzeiger«, 18.4.1990, »›Lieblinge‹ und ›Anti-Lieblinge‹ streiten mit dem Zweihänder.«

19 Berufungsantwort, 5.2.1990, RA Reutimann, an Obergericht des Kantons Zürich.

20 Vernehmlassung, 21.2.1990, RA Reutimann an Bundesgericht.

21 Gesuch, 20.3.1990, betreffend unentgeltlichen Rechtsbeistand und Sistierung des Verfahrens, Jutta Siegwart-Gensch an Obergericht.

22 Klage betreffend Verletzung in den persönlichen Verhältnissen, 22.3.1990/ 9.4.1990 Jutta Siegwart-Gensch an Friedensrichteramt, Zürich.

23 Duplik, 30.6.1987, RA Wehinger an Bezirksgericht Zürich, S. 6.

24 Eingabe vom 17.4.1990, RA Wehinger an Obergericht, S. 3, unterzeichnet von RA Reutimann.

25 Ebd. S. 7.

26 Agenda 1990: Notizen über das Gespräch mit I.B. vom 8.1.1990.

27 Agenda 1990: Notizen über das Gespräch mit M.D. vom 13.6.und 27.12.1990. Mit V.K. sprach ich in den 2000er-Jahren öfter. Sie berichtete mir, dass im Frühling 1990 plötzlich die Personen, mit denen sie Beratungsgespräche geführt habe, nicht mehr gekommen seien; einen Grund dafür habe sie nicht erfahren. Sie habe mit Annemarie Buchholz-Kaiser sprechen wollen, sei aber immer vertröstet worden, und es sei zu keinem Gespräch gekommen. Es sei ihr damals tatsächlich sehr schlecht gegangen. Glücklicherweise habe sie dann die Matura nachgeholt und so wieder Fuss fassen können.

28 Notiz, 26.09.1990, in meiner Agenda 1990.

29 »SHAB«, 23.7.1990, 2940-No 140.

30 Verfügung EDI, 4.5.1990, unterzeichnet von B. Hahnloser.

31 Schreiben, 23.3.1990, Dr. F. von Streng an EDI.

32 Schreiben, 28.3.1990, EDI an Stiftungsanwalt, unterzeichnet B. Hahnloser.

33 Protokoll der Stiftungsratssitzung, 22.3.1990.

34 Schreiben, 9.4.1990, Dr. F. von Streng an B. Hahnloser.

35 Statuten der Stiftung Psychologische Lehr- und Beratungsstelle, 22.3.1990, S. 1.

36 Verfügung EDI, 4.5.1990, S. 2.

37 Verwaltungsgerichtsbeschwerde, 14.9.1990, Jutta Siegwart-Gensch an Bundesgericht, betr. Stiftungszweckänderung.

38 Eugen Sorg, »Lieblings-Geschichten«, S. 20, Zürich, 1991.

39 Ebd., S. 63f.

40 Ebd., S. 146ff.

41 »Tages-Anzeiger«, 20.12.1990.

42 »Tages-Anzeiger« 5.1.1991, »NZZ« 5.2.1991, »Tages-Anzeiger« 20.6.1992.

43 Verein zur Förderung der Psychologischen Menschenkenntnis (Hrsg.,) »Der VPM. Was er wirklich ist.« Tatsachen, Hintergründe, Analysen, 1991 Zürich.

44 Ebd. S. 304f.

45 Ebd. S. 305.

46 Ebd. S. 306.

47 Bericht, 21.5.1986 Annemarie Buchholz-Kaiser, ausführlichere Fassung, S. 9.

48 Beschwerdeantwort, 20.10.1987 der Stiftung Psychologische Lehr- und Beratungsstelle betreffend Aufsichtsbeschwerde der Psychologischen Lehr- und Beratungsstelle Friedrich Liebling AG, S. 24/25, mir bekannt geworden durch Akteneinsicht beim EDI, 17.1.2001.

49 Verein zur Förderung der Psychologischen Menschenkenntnis (Hrsg.,) »Der VPM. Was er wirklich ist.« Tatsachen, Hintergründe, Analysen, S. 307, 1991, Zürich.

50 Ebd. S. 307.

51 »Tages-Anzeiger«, 1.3.1991, »Superprovisorische Verfügung verbietet VPM-Buch.«

52 Urteil des Schweizerischen Bundesgerichts, 19.1.1993, 5A.50/1990/bh.

53 Anwalt Schaller reichte am 5.9.1989 – genau vier Jahre nach unserer selbst verfassten Berufungsschrift – eine Ergänzung dazu ein. Er legte darin die vielen inzwischen herausgefundenen Noven dar, durch die die Behauptung,

die Psychologische Lehr- und Beratungsstelle sei eine »Einzelfirma« gewesen, widerlegt wurde. Seine Ergänzung wurde jedoch durch Beschluss des Obergerichts vom 25.9.1989 umgehend zurückgeschickt mit der Begründung, die Noven seien »zu wenig substantiiert«; Jutta Siegwart-Gensch könne sie dann »ohne weiteres und ohne Nachteil« in umgearbeiteter Form mit der Berufungsreplik einreichen. Dies war aber dann nicht mehr möglich, da Jutta Siegwart-Gensch die Schrift nicht selber umarbeiten konnte und das Gericht die unentgeltliche Prozessführung nicht bewilligte.

54 Eingabe, 17.4.1990, RA Wehinger an Obergericht, S. 3, unterzeichnet RA Reutimann.

55 Beschluss des Obergerichts des Kantons Zürich, 23.4.1991, betreffend Feststellung der einfachen Gesellschaft.

56 Staatsrechtliche Beschwerde, 16.12.1991, Jutta Siegwart-Gensch an Bundesgericht, S. 10.

57 Bundesgerichtsurteil, 14.1.1992, Jutta Siegwart-Gensch gegen Lillian Rattner-Liebling und Erna Grob-Liebling, S. 5.

58 Bundesgerichtsurteil, 9.3.1992, Jutta Siegwart-Gensch gegen Psychologische Lehr- und Beratungsstelle Friedrich Liebling AG, Stiftung Psychologische Lehr- und Beratungsstelle sowie acht natürliche Personen, S. 4.

59 Rückzugsschreiben, 2.3.1995, Jutta Siegwart-Gensch an Obergericht.

Die letzten Jahre von Jutta Siegwart-Gensch

1 Die Einschulungsklasse war eine Sonderklasse im Kanton Zürich, an der Kinder die erste Klasse innerhalb zweier Schuljahre durchlaufen konnten. Ab 2005 galt ein neues Volksschulgesetz, das den Integrationsgedanken in den Vordergrund stellte. Dadurch wurden auch die meisten Einschulungsklassen geschlossen, Kinder mit besonderen Bedürfnissen in Regelklassen integriert und durch integrative Förderung (IF) und andere sonderpädagogische Massnahmen individuell unterstützt.

2 Hugo Stamm, »VPM – Die Seelenfalle«, Zürich 1993; Ingold Efler/Holger Reile (Hg.), »VPM

– Die Psychosekte«, Reinbek bei Hamburg 1995.

3 Notiz, 25.1.1996, in Agenda 1996.

4 Schreiben, 15.6.1992, Heinz Hug an Jutta Siegwart-Gensch.

5 Karte, 16.6.1992, Jutta Siegwart-Gensch an Heinz Hug.

6 Notizen, 21.5.1999, Gespräch mit Pfarrer Ernst Sieber, Agenda, 1999.

7 Brief, 3.7.1998, Jutta Siegwart-Gensch an Annelies Gassmann.

8 Agenda 1999, 25.12.1998, La Palma.

9 Brief, 25.4.1999, Mutter Hildegard Gensch an Jutta Siegwart-Gensch.

10 »Schmerztherapie ohne Chemie«. In: »Natürlich Leben«, 1999, Nr. 3, Zeitschrift für klassische Naturheilkunde, heute zu finden auf www.koerpertherapie-zentrum.de

11 Notizen, 1.5.1999, 9 Uhr.

12 »Tages-Anzeiger«, 12.5.1999, »Grossbrand in besetztem Haus« sowie »Tages-Anzeiger«, 22.5.1999, »Hausbesetzer vergass Kerze«.

13 Der ganze Text ist in: Marianne Schuler (Hg.), »Was einem Menschen bei uns passieren kann«, Zürich 2006, zu beziehen via marianneschuler@bluewin.ch

Chronologie der Ereignisse und abschliessende Betrachtungen

1 Michael Zantovsky, »Vaclav Havel. In der Wahrheit leben. Die Biografie.« Berlin, 2014, S. 25.

2 Gespräch, 28.5.1976, Tondokument. Die übrigen Zitate in diesem Kapitel wurden bereits in den vorangegangenen Kapiteln belegt.

Übersicht – Rechtsformen im Zusammenhang mit der Zürcher Schule für Psychotherapie

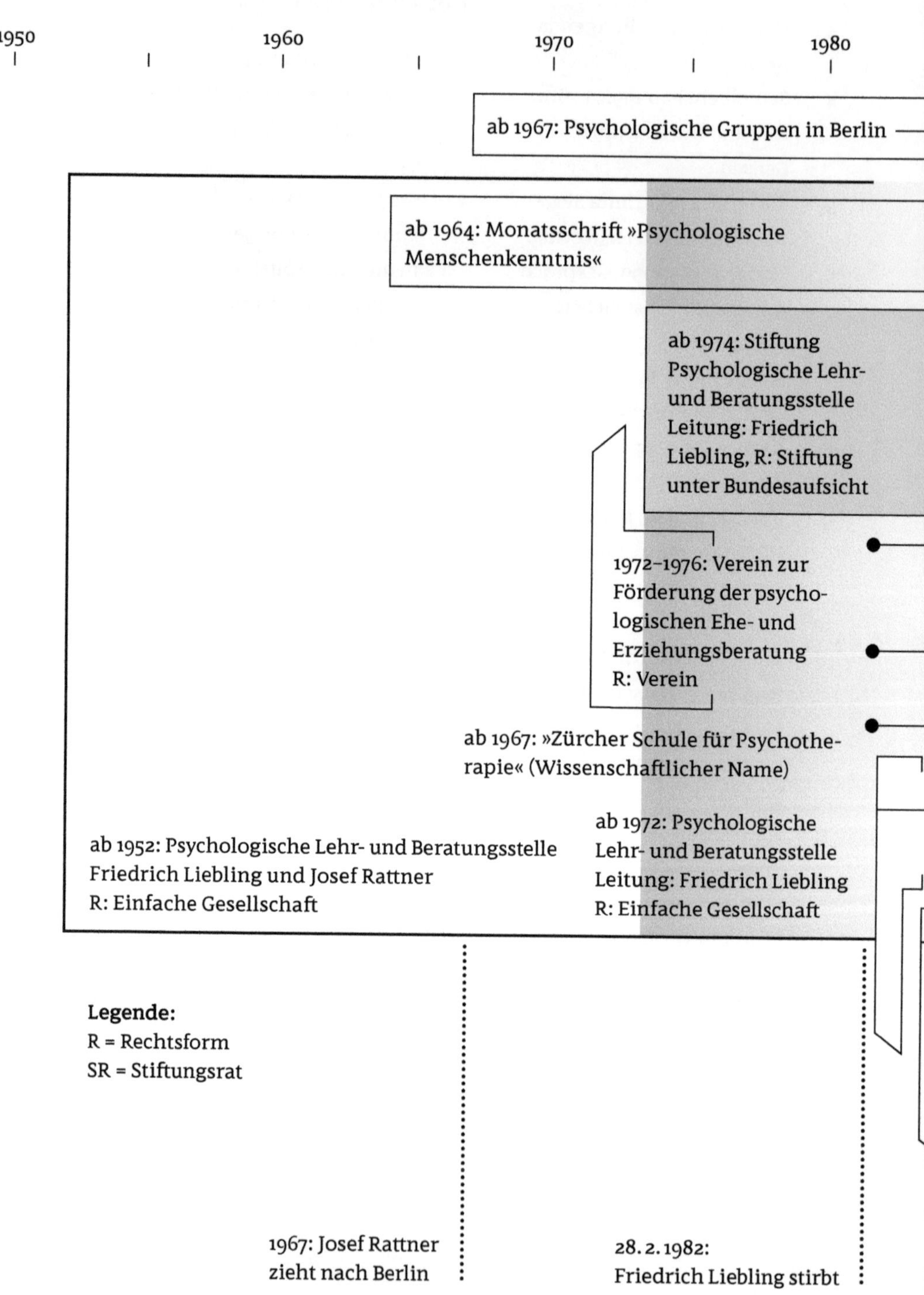

1990   2000   2010   2020

und anderen Städten im deutschen Sprachraum

1989 (1990: Einstellung): Namensänderung in »Psychologie im
Gespräch, Ein Forum der psychologischen Auseinandersetzung«

1990: Zweckänderung der Stiftung

März 1982: Missachtung des SR-Beschlusses (5. 1. 1979) betreffend
Nachfolge Friedrich Lieblings, Folge: Annemarie Buchholz-Kaiser,
Antonio Cho, Ernst Frei erhalten Leitungsfunktion

ab November 1982: erste Mitarbeits- und Teilnahmeverbote,
ab Juni 1983: schriftliche Hausverbote

Januar/März 1983: Rücktritte von drei Stiftungsräten unter Protest

Juni 1982–1983: Psychologische Lehr- und Beratungsstelle Friedrich Liebling
R: angeblich geerbte Einzelfirma Friedrich Lieblings

ab 1983: Psychologische Lehr- und Beratungsstelle Friedrich Liebling AG   2018:
R: Aktiengesellschaft   Auflösung

1989: Namensänderung zu »PIAP Praxisgemeinschaft für individualpsychologisch-analytische Psychotherapie«, R: Aktiengesellschaft

1986: Verein zur Förderung der   2002:
psychologischen Menschen-   Auflösung
kenntnis (VPM), R: Verein

1986–1995: Zeitschrift »Menschenkenntnis«
Herausgeber: VPM

© Marianne Schuler/Peter Boller 2019